平成災害史事典 総索引

日外アソシエーツ

A Cyclopedic Chronological Table of Disaster in the Heisei Era

1989-2018

Index

Compiled by

Nichigai Associates, Inc.

©2019 by Nichigai Associates, Inc.

Printed in Japan

本書はディジタルデータでご利用いただくことができます。詳細はお問い合わせください。

●編集担当● 木村 月子

刊行にあたって

　2019年4月30日、約30年間に及ぶ平成時代が終わりを告げ、5月1日より新元号「令和」時代が始まりを迎える。

　平成が終わりに近づくにつれ、テレビ・新聞などでは「平成をふりかえる」特集が多く組まれたが、平成時代は「災害が多かった」と印象づけられているようである。

　平成7年の阪神・淡路大震災、平成23年の東日本大震災という大地震をはじめとして、噴火、豪雨、台風といった自然災害が毎年のように列島を襲った。また、火災や交通事故、遭難といった事故においても、人々が犠牲となる事故は後を絶たず、時代は移ろうとも災害・事故は我々の生活に絡んでいくであろう。

　本書は、弊社が刊行した『平成災害史事典』の総索引である。『平成災害史事典　平成元年～平成10年』『同　平成11年～平成15年』『同　平成16年～平成20年』『同　平成21年～平成25年』『同　平成26年～平成30年』の既刊5冊の事典に掲載されている災害事故記事の見出しを、「災害別」「都道府県別」にまとめて横断検索を可能にした。

　令和時代も、災害への関心を深め、防災意識を高めるための一助として、本書を活用していただければ幸いと思う。

2019年4月

　　　　　　　　　　　　　　　　　　　　　　　　　　日外アソシエーツ

総目次

凡　例 …………………………………………………………… (3)

平成災害史事典総索引
　災害別一覧…………………………………………………………　1
　都道府県別一覧……………………………………………………　253

凡　　例

1. 本書の内容

　　本書は『平成災害史事典』①～⑤に収録した 14,345 件の災害の総索引である。

2. 本書の構成

　(1)「災害別一覧」と「都道府県別一覧」に分け、どちらからも見出しを引けるようにした。
　(2)「災害別一覧」は、災害の種別に分け、さらにその下を都道府県別順に分け見出しを収録した。また、「都道府県別一覧」は、発生地域である都道府県別に分け、さらにその下を災害種別順に分け見出しを収録した。詳細は各扉裏にある「災害別一覧目次」「都道府県別一覧目次」を参照されたい。

3. 見出しの排列

　(1)「災害別一覧」「都道府県別一覧」共に、『平成災害史事典』の各巻に収録した災害名を索引の見出しとし、いずれも災害発生日の順に排列した。
　(2) 見出しの後に、被災地（災害発生地）を丸括弧に入れ補記した。
　(3) 発生日は原則として年月日で示した。ただし、一部は災害が発生した日ではなく、災害が発表された日を示した。

4. 所在指示

　例）災害別一覧
　　　　　　　　【噴火・爆発】
　　　　　　　　◇東京都
　　　　　　　　　　三宅島噴火(三宅支庁三宅村)　　12.6.26
　　　　　　　　　　小笠原・硫黄島小噴火　　13.10.19
　　　　　　　　　　三宅島・雄山小噴火(三宅島)　14.4.2
　　　　　　　　　　伊豆鳥島噴火(伊豆諸島)　　14.8.12

『平成災害史事典』各巻の収録期間は以下の通りである。
① 平成元年～平成10年
② 平成11年～平成15年
③ 平成16年～平成20年
④ 平成21年～平成25年
⑤ 平成26年～平成30年

5. 出典・参考資料

　　朝日新聞
　　毎日新聞
　　読売新聞
　　「朝日年鑑」朝日新聞社
　　「読売年鑑」読売新聞社
　　「時事年鑑」時事通信社
　　「imidas」集英社
　　「現代用語の基礎知識」自由国民社
　　「知恵蔵―朝日現代用語」朝日新聞社
　　総務省消防庁　https://www.fdma.go.jp/
　　国土交通省　http://www.mlit.go.jp/
　　消費者庁　https://www.caa.go.jp/

災害別一覧

災害別一覧 目次

- 気象災害 …………………………… 3
  - 台風 ……………………………… 11
  - 豪雨(台風を除く) …………… 14
  - 豪雪 ……………………………… 19
- 地変災害 …………………………… 21
  - 地震・津波 …………………… 23
  - 噴火・爆発 …………………… 43
  - 地滑り・土砂崩れ …………… 44
  - 雪崩 ……………………………… 48
- 動植物災害 ………………………… 49
- 一般火災 …………………………… 54
  - 住宅火災 ……………………… 61
  - 店舗・事務所火災 …………… 79
  - 劇場・映画館火災 …………… 83
  - 旅館・ホテル火災 …………… 84
  - 学校・病院火災 ……………… 85
  - 神社・寺院火災 ……………… 88
  - 山林火災 ……………………… 89
- ガス中毒事故 ……………………… 91
  - 都市ガス等の爆発事故 …… 96
- 産業災害 …………………………… 99
  - 工場災害・汚染被害 ……… 102
  - 鉱山災害 ……………………… 110
  - 土木・建築現場の災害 …… 110
- 輸送機関の事故 ………………… 115
  - 列車・電車事故 …………… 117
  - 踏切事故 ……………………… 123
  - 自動車事故 …………………… 130
  - 船舶事故・遭難 …………… 180
- 航空機事故 ……………………… 188
- エレベーター・エスカレーターの事故 …………… 194
- 公害 ……………………………… 196
  - 原子力発電所事故 ………… 198
  - 福島第一・第二原発事故 … 199
  - 放射能汚染被害 …………… 200
- 医療・衛生災害 ………………… 202
  - 伝染病流行 …………………… 204
  - 食品衛生・食品事故 ……… 208
  - 集団食中毒 …………………… 214
  - 薬害・医療事故 …………… 218
- 山岳遭難 ………………………… 226
- 戦争災害 ………………………… 230
  - 軍隊・軍事基地の事故 …… 230
  - 機雷・不発弾の爆発 ……… 234
- 製品事故・管理不備 …………… 235
- その他の災害 …………………… 239

【気象災害】

《全国》

事象	日付
強風	11.3.22
太平洋側で荒天	11.5.27
強風	12.2.8—
強風で船舶事故	14.1.2
強風	14.3.21
熱中症	14.7.8
落雷	14.8.1—
竜巻	14.10.7
冷夏	15.7.
強風	16.4.27
強風	16.5.4
熱中症	16.7.9
熱中症	17.6.28
熱中症	18.7.13—
猛暑で熱中症・落雷相次ぐ	18.7.15
強風	19.3.5
熱中症	19.7.—
突風	20.1.24
猛暑	20.7.21
強風	21.4.26
猛暑	21.7.15
強風で交通に影響	22.3.20
熱中症で搬送4万人超	22.5.31—
熱中症	22.7.19—
猛暑日で熱中症	22.7.21
熱中症、水難事故で死者	22.7.22
猛暑日今年最多	22.8.5
猛暑	22.8.16
猛暑	22.8.28
猛暑で家畜被害	22.10.29
最も暑い夏	22.この年
猛暑	23.6.24
熱中症	23.6.28
猛暑	23.6.29
熱中症	23.7.9
熱中症、過去最多	23.8.2
熱中症	23.8.10
暴風雨	24.4.3—
猛暑	24.7.15—
猛暑	24.7.26—
猛暑	24.7.31
猛暑	24.8.30
熱中症	25.7.
熱中症と水難事故	25.7.7
熱中症	25.7.8—
熱中症	25.7.9
猛暑	25.7.12
猛暑日	25.7.19
熱中症搬送2万人突破	25.7.23
熱中症	25.7.29
猛暑	25.8.9
猛暑と水の事故	25.8.10
猛暑と局地的豪雨	25.8.12
熱中症による被害	25.この年
猛暑	26.7.25
熱中症	26.この年
猛暑	27.7.13—
猛暑	27.8.1
熱中症	27.この年
寒波	28.1.24
猛暑	28.7.3
熱中症	28.この年
熱中症	29.この年
秋なのに桜開花	30.10.
熱中症	30.この年

◇北海道

事象	日付
強風	11.3.6
竜巻(北竜町)	13.6.29
悪天候で登山者遭難	18.10.6—
竜巻	18.11.7
竜巻(奥尻島)	18.11.9
落雷(大空町)	19.8.7
ボートが転覆	21.12.11
強風	22.4.14
日本海側で強風	24.12.6
突風(苫小牧市)	25.9.7
北日本の降水量が過去最多	25.この秋
強風と大雪	26.12.17
強風と大雪	26.12.18
大雪と強風	27.1.7
強風	27.2.15
強風で作業船が転覆(函館市)	27.3.27
強風	27.10.2

気象災害　災害別一覧

山スキー中に遭難(斜里町)	28.3.21

《東北地方》

強風	11.2.27
強風	15.3.2
大雨・暴風	18.10.6—
強風で新幹線運休	19.2.4
強風や雪でダイヤ混乱	21.2.21
停電	22.12.31
日本海側で強風	24.12.6
強風・大雨	25.3.18
北日本の降水量が過去最多	25.この秋
強風と大雪	26.12.17
強風と大雪	26.12.18
大雪と強風	27.1.7
雪を伴う強風	27.2.13
強風	27.10.2

◇青森県

強風で漁船転覆(大畑町)	11.3.22
雪道でバスが横転(青森市)	20.1.4
竜巻(藤崎町)	20.6.13
強風で家屋損壊	21.2.21
竜巻(深浦町)	21.10.30
強風	22.4.14
熱帯夜の記録更新(青森市)	22.8.26
竜巻(弘前市)	24.7.5

◇岩手県

強風で列車脱線(三陸町)	6.2.22
落雷(陸前高田市)	19.8.7
竜巻(奥州市)	28.6.20

◇宮城県

強風で遊具が傾く(川崎町)	21.2.8
車内で熱中症死亡(仙台市)	29.8.2
航空写真撮影で熱中症(名取市)	30.7.18

◇秋田県

竜巻(八森町)	11.11.25
暴風雪	13.12.30
湖氷割れで転落(大潟村)	14.1.12
突風で屋根はがれ飛散(山本郡)	17.12.26
竜巻(八郎潟町)	20.11.2
強風で家屋損壊	21.2.21
乳児が車内放置され死亡(由利本荘市)	21.8.27
竜巻(能代市)	21.10.30
強風	22.4.14
秋田で突風発生(にかほ市)	24.10.5
秋田新幹線暴風雪で脱線(大仙市)	25.3.2
暴風(秋田市)	25.11.7—
竜巻(三種町)	26.6.14

◇山形県

排気ガス中毒	6.2.15
熱中症(東根市)	17.8.27
竜巻(鶴岡市)	21.9.13
強風	22.4.14

◇福島県

強風(白河市)	6.4.3
落雷(檜枝岐村)	16.7.24
落雪で園児死亡(下郷町)	18.1.16
熱中症	25.8.11

《関東地方》

突風	2.4.8
強風	11.2.27
雷雨	11.8.24
熱中症	12.7.23
雷雨	12.9.16
強風	15.3.2
雷雨	15.8.5
猛暑	15.8.24
雷雨	15.9.3
突風	15.10.13
大雨・暴風	18.10.6—
強風で電車遅延	18.11.7
突風	19.4.28
強風・雷雨	20.4.18
落雷	20.8.21
強風	20.12.5
強風で電車が遅れる	21.2.1
強風	21.3.14
強風	22.4.2
降雪	23.2.14

災害別一覧　　　　気象災害

各地で強い風雨	23.11.19
竜巻	24.5.6
関東甲信で荒天	24.5.10
強風	25.3.10
落雷	25.7.8
強風	25.11.25-
落雷で停電	28.8.1
雪の事故が相次ぐ	28.11.24

◇茨城県

車内で乳児熱中症(鉾田町)	11.7.1
突風(十王町)	11.10.27
落雷で釣り人が死亡(龍ヶ崎市)	19.4.28
竜巻(土浦市)	20.8.28
乱気流(守谷市)	21.5.13
竜巻(土浦市, 龍ヶ崎市)	21.10.8
釣り人が防波堤から転落(神栖市)	21.12.13
竜巻・突風	23.4.25
竜巻・突風被害	24.9.18-
強風	25.4.3
突風で軽傷(古河市)	25.6.8

◇栃木県

竜巻(宇都宮市)	2.9.19
突風で登山者滑落(那須町)	11.3.22
竜巻(高根沢町)	18.7.3
ハイキング中に落雷(佐野市)	19.6.10
強風	22.4.14
突風(鹿沼市, 矢板市, 塩谷町)	25.9.4
認可外保育施設で熱中症(宇都宮市)	26.7.26
竜巻(栃木市, 鹿沼市, 壬生町)	26.8.10
熱中症(那須烏山市)	28.8.9

◇群馬県

霧の関越道58台衝突(勢多郡赤城村)	5.6.23
強風(高崎市, 富岡市)	6.4.3
車内で幼児熱射病(高崎市)	11.8.27
竜巻(渋川市)	19.5.10
竜巻(館林市)	21.7.27
落雷(片品村)	24.5.28

◇埼玉県

落雷(飯能市)	3.6.27
熱中症	10.7.3
落雷(浦和市)	10.10.10
強風でバス停標識倒れる(川口市)	12.6.9
増水で流され死亡(本庄市)	12.7.8
踏切故障で電車・乗用車衝突(熊谷市)	12.8.9
落雷で住宅全焼(妻沼町)	12.8.9
熱中症(本庄市)	13.7.13
熱中症(小川町)	13.7.24
熱気球から転落(宮代町)	14.1.25
熱中症で4歳変死(上尾市)	17.8.10
強風でゴルフ練習場の鉄柱倒壊(坂戸市)	18.5.20
鉄道電気施設に落雷(戸田市)	19.8.22
熱中症(鴻巣市)	19.9.27
強風でサッカー場の扉が倒れる(さいたま市)	21.3.22
熱中症	22.7.18-
熱中症患者が死亡(蕨市)	22.7.24
熱中症が多発	22.8.15-
落雷で大規模停電	23.8.11
熱中症(熊谷市)	23.8.18
落雷事故(桶川市)	24.5.6
各地で雷雨被害	24.5.29
中学生6人が熱中症(美里町)	24.7.31
竜巻(越谷市, 松伏町)	25.9.2
突風で露店テント倒壊(上尾市, 桶川市)	29.7.16
観測史上最高気温(熊谷市)	30.7.23

◇千葉県

竜巻(茂原市)	2.12.11
熱中症	10.7.3
強風で屋根から転落(富津市)	11.5.27
ひょう	12.5.24
強風でバス停標識倒れる(市川市)	12.6.9
落雷	13.5.19
落雷(千葉市)	14.5.26
熱中症(松戸市)	15.9.12

気象災害　　　災害別一覧

落雷(白子町)　　　　　　　　17.7.31
部活動中に熱中症(小見川町)　17.8.11
落雷(成東町)　　　　　　　　17.9.4
乱気流(沖)　　　　　　　　　20.5.15
落雷(流山市)　　　　　　　　20.7.18
乱気流(成田市)　　　　　　　21.10.26
みこしに落雷(いすみ市)　　　22.9.23
突風　　　　　　　　　　　　22.11.1
竜巻・突風　　　　　　　　　23.4.25
熱中症　　　　　　　　　　　23.8.11
竜巻・突風被害　　　　　　　24.9.18−
強風　　　　　　　　　　　　25.4.3
熱中症　　　　　　　　　　　25.7.10
竜巻(野田市)　　　　　　　　25.9.2
乱気流で緊急着陸(成田市)　　26.12.16
竜巻など突風が相次ぐ　　　　27.9.6
塩害で停電、電車運休(千葉市)　30.10.5
ロードレースで熱中症(流山市)　30.10.7
塩害、千葉最多　　　　　　　30.この年

◇東京都
　ジャンボ機に落雷(大田区)　　1.3.29
　強風で看板落下(品川区)　　　2.2.11
　竜巻(田無市)　　　　　　　　2.6.16
　熱射病　　　　　　　　　　　2.7.18
　熱中症で男性死亡(葛飾区)　　10.7.29
　熱中症(立川市)　　　　　　　11.9.15
　強風　　　　　　　　　　　　12.3.20
　竜巻(足立区)　　　　　　　　12.9.12
　大雨　　　　　　　　　　　　12.9.23
　竜巻(大島町)　　　　　　　　12.12.25
　熱中症　　　　　　　　　　　13.6.27
　熱中症　　　　　　　　　　　13.7.
　雷雨　　　　　　　　　　　　13.10.10
　強風で屋根落下(新宿区)　　　14.1.8
　強風でバックネット倒れ下敷き(武蔵野市)　14.3.21
　熱中症(足立区)　　　　　　　14.8.6
　強風でビル窓落下(渋谷区)　　15.3.27
　熱中症　　　　　　　　　　　15.8.3
　熱中症　　　　　　　　　　　15.8.4
　東京で連続真夏日最長記録　　16.8.12
　高波で貨物船沈没(父島沖)　　17.2.2

野球場に落雷(江戸川区)　　　17.8.23
落雷で登山家死亡(奥多摩町)　18.4.25
落雷で男性死亡(板橋区)　　　18.8.8
悪天候で船転覆(新島)　　　　18.10.8
熱中症　　　　　　　　　　　20.7.−
熱中症(小笠原村)　　　　　　20.10.24
強風でサッカーゴールが転倒(足立区)　21.3.11
強風(八王子市)　　　　　　　22.1.13
濃霧で欠航(大田区)　　　　　22.2.25
熱中症で高齢女性死亡(練馬区)　22.7.26
熱中症が多発(江戸川区)　　　22.8.15−
熱帯夜の記録更新　　　　　　22.8.26
熱中症で高齢姉妹が死亡(豊島区)　22.9.1
強風　　　　　　　　　　　　22.12.3
熱中症(台東区)　　　　　　　23.6.29
熱中症(目黒区)　　　　　　　23.7.1
落雷で大規模停電　　　　　　23.8.11
熱中症(足立区)　　　　　　　23.10.16
熱中症による搬送　　　　　　25.7.8
熱中症　　　　　　　　　　　25.7.10
熱中症　　　　　　　　　　　25.8.11
熱中症(江戸川区)　　　　　　25.8.13
熱中症で死亡(渋谷区)　　　　27.8.11
熱中症で死亡(豊島区)　　　　27.8.11
熱中症(足立区)　　　　　　　28.8.9

◇神奈川県
　竜巻発生(綾瀬市)　　　　　　1.1.20
　突風でヨット転覆　　　　　　2.4.29
　東名高速玉突き事故(秦野市)　11.1.25
　強風で照明器具落下(横浜市)　11.5.1
　強風でバス停標識倒れる　　　12.6.9
　落雷で停電(横浜市)　　　　　12.8.9
　落雷(藤沢市)　　　　　　　　17.7.7
　高波で高速船浸水(三浦市)　　19.5.19
　強風で大銀杏倒れる(鎌倉市)　22.3.10
　野球用バックネット倒れる(相模原市)　22.3.13
　熱帯夜の記録更新(横浜市)　　22.8.26

熱中症	23.8.11	強風	22.12.3
熱中症(川崎市)	23.8.18	落雷	23.4.30
落雷による停電	24.4.24	沢下り中に流され死亡(富山市)	26.9.5
熱中症	25.7.10		
雪を伴う強風(厚木市)	27.2.13	◇石川県	
部活動中に熱中症(横浜市)	27.8.19	竜巻(羽咋郡富来町)	2.4.6
		竜巻	13.2.16
《中部地方》		熱中症(金沢市)	13.8.17
落雷	19.3.31	熱中症で死亡(珠洲市)	28.8.21
		大気不安定であられ観測	30.10.19
◇〈北陸地方〉		◇福井県	
落雷(北陸地方)	19.3.31	落雷で原子炉停止	3.9.5
日本海側で強風(北陸地方)	24.12.6	強風でマイクロバス横転(遠敷郡上中町)	5.3.29
猛暑日(北陸地方)	25.10.9	降雪で北陸自動車道路多重衝突事故(今庄町)	14.11.4
強風と大雪(北陸地方)	26.12.18	突風(敦賀市)	20.7.27
雪を伴う強風(北陸地方)	27.2.13	強風で原発クレーン倒壊(高浜町)	29.1.20
強風と大雪(北陸地方)	28.1.19		
		◇山梨県	
◇新潟県		強風で小屋倒壊(富士吉田市)	12.3.29
リフト事故(南魚沼郡湯沢町)	2.12.27	落雷(山中湖村)	12.8.7
落雷で住宅委全焼(北魚沼郡広神村)	8.4.27	猛暑(甲府市)	16.7.21
落雷(六日町)	13.5.19	◇長野県	
風で看板倒れ下敷き(上越市)	17.9.14	強風	6.4.3
強風でクレーン倒壊(新潟市)	18.11.7	ひょう	12.7.4-
スキー場で天候大荒れ(湯沢町)	19.1.7	強風で釣り船転覆(諏訪市)	12.11.18
乱気流(新潟市)	21.3.5	突風でテント倒壊(真田町)	15.5.24
竜巻(胎内市)	22.10.15	落雷	16.7.25
強風	22.12.3	落雷でロープウェイ停止	16.7.25
プレジャーボートが転覆(糸魚川市)	27.5.10	悪天候で登山者遭難	18.10.6-
糸魚川市駅北大火(糸魚川市)	28.12.22	スキー場で天候大荒れ(白馬村)	19.1.7
		登山中に落雷	20.8.6
◇富山県		中州に取り残される(飯田市)	21.5.11
強風タンカー横倒し(富山市)	1.3.8	強風(飯島町)	22.1.13
北陸自動車道多重衝突(入善町)	11.2.3	落雷	23.4.30
熱中症・脱水症状多発(富山市)	12.8.1	北アルプスで落雷	24.8.18
強風でヘリコプター墜落(立山町)	12.9.16	雷雨で帰宅困難(諏訪市)	25.8.15
強風	20.2.24		

気象災害

災害別一覧

◇岐阜県
- 熱中症(岐阜市) 15.8.4
- 悪天候で登山者遭難 18.10.6−
- 強風と大雪 26.12.17
- 運動会の練習で熱中症(瑞浪市, 大垣市) 28.9.14

◇〈東海地方〉
- 落雷で停電(東海地方) 3.7.12
- 雷雨(東海地方) 6.9.8
- 強風・雷雨(東海地方) 20.4.18
- 強風(東海地方) 20.12.5
- 各地で強い風雨(東海地方) 23.11.19

◇静岡県
- 竜巻(浜松市) 3.11.28
- 熱中症 10.7.3
- 雷雨 12.9.16
- 落雷(小山町) 13.8.1
- 熱中症(浜松市) 15.3.27
- 強風でサッカーゴール転倒(静岡市) 16.1.13
- 大雨・落雷 16.6.30
- 突風(袋井市) 19.2.14
- 突風 19.4.14
- 突風 20.7.28
- 富士山で落雷(富士宮市) 20.8.9
- 熱中症が多発(浜松市) 22.8.15−
- 熱中症 23.8.11
- 各地で雷雨被害 24.5.29
- 竜巻・突風被害 24.9.18−
- 高波にのまれる(牧之原市) 26.8.6
- 高波にさらわれ死亡(浜松市) 26.8.15

◇愛知県
- 突風で船外壁倒れ作業員転落(豊橋市) 4.4.10
- 落雷(中島郡祖父江町) 4.5.23
- 竜巻 11.9.24
- 竜巻(一宮市) 13.6.19
- タクシー転落 14.1.5
- 熱中症(豊田市) 16.4.10
- 工事現場で門扉倒れる(一宮市) 22.11.1
- 強風と大雪(名古屋市) 26.12.18
- 熱中症で小1死亡(豊田市) 30.7.17
- 潮位上昇(知多町) 30.9.30

《近畿地方》
- 西日本荒天 3.6.27
- 落雷で電圧低下 12.5.17
- 熱中症 14.7.24
- 落雷で鉄道トラブル 16.9.14
- 豪雨・落雷 18.8.22
- 落雷 19.3.31
- 落雷で新幹線停止 19.8.19
- 落雷で停電 19.8.22
- 強風 20.2.23
- 落雷・大雨 20.12.5
- 強風・豪雨 22.5.23−
- 強風 22.11.9
- 降雪 23.2.15
- 落雷 23.4.25
- 落雷 24.8.18
- 強風 25.3.10
- 熱中症 25.6.13
- 降雨と落雷 25.8.23
- 猛暑 28.7.5

◇三重県
- 竜巻(志摩郡) 2.3.12
- トラック強風で横転(鈴鹿市) 2.3.12
- 熱中症(小俣町) 13.7.24

◇滋賀県
- 猛暑で琵琶湖水位低下 12.8.28
- 渇水 14.11.1
- 琵琶湖でヨット転覆(滋賀郡志賀町) 15.9.15
- 強風でJR湖西線運休(志賀町) 17.9.25
- 落雷で工場火災(大津市) 18.8.12
- 強風で列車遅延(大津市) 18.11.24
- 突風(彦根市) 20.7.27
- テントが飛ばされ生徒負傷(近江八幡市) 22.5.15
- 落雷 24.8.18

災害別一覧　　　　　　　　気象災害

　突風でテントが飛ばされ
　　る(東近江市)　　　　　25.11.25
　突風被害相次ぐ　　　　　29.4.29
　竜巻(米原市)　　　　　　30.6.29
◇京都府
　工事金網倒れ通行人けが
　　(京都市上京区)　　　　2.3.12
　熱中症　　　　　　　　　15.9.9
　熱中症で死亡(京田辺市)　17.7.18
　熱中症(京田辺市)　　　　17.10.1
　落雷で新幹線一時停止　　19.8.30
　突風・豪雨　　　　　　　21.8.1
　野球部員が熱中症(亀岡市)　21.8.7
　ラグビー部員が熱中症か
　　(京都市)　　　　　　　23.9.10
　練習試合で熱中症(宇治市)　25.8.8
　熱中症　　　　　　　　　25.8.11
　突風被害相次ぐ(京都市)　29.4.29
◇大阪府
　鉄板強風で飛ばされる(大
　　阪市西区)　　　　　　2.3.12
　熱中症で高3男子死亡(柏原
　　市)　　　　　　　　　10.7.8
　強風でけが人相次ぐ　　　11.4.6
　氷塊民家直撃(河内長野市)　13.4.6
　クレーンが横転(大阪市)　14.1.23
　雷雨(豊中市)　　　　　　15.5.20
　雷雨　　　　　　　　　　15.8.26
　強風で停電(大阪市)　　　16.2.7
　強風で飛ばされパラソル
　　直撃(高槻市)　　　　　16.3.31
　体育祭の高校生が熱中症
　　(岸和田市)　　　　　　17.9.12
　高校野球部員が熱中症(枚
　　方市)　　　　　　　　18.8.12
　救難飛行艇に落雷(池田市)　19.4.26
　落雷で鉄道トラブル(岸和
　　田市)　　　　　　　　19.7.30
　落雷　　　　　　　　　　20.9.21
　強風でフェリーあおられ
　　る(大阪市)　　　　　　21.1.12
　体育授業中に死亡(茨木市)　21.7.15
　熱中症で高齢夫婦死亡(大
　　阪市)　　　　　　　　22.7.26

　強風で門扉倒れる(大阪市)　23.5.30
　熱中症(大阪市)　　　　　23.8.18
　体力測定中に小学生が熱
　　中症(八尾市東山本町)　24.4.19
　各地で雷雨被害　　　　　24.5.29
　落雷　　　　　　　　　　24.8.18
　運動会練習中に熱中症(東
　　大阪市中石切町)　　　　24.9.14
　大阪で局地的雷雨　　　　24.9.15
　熱中症(松原市)　　　　　25.7.3
　熱中症(東大阪市)　　　　25.8.13
　熱中症(大阪市)　　　　　25.8.24
◇兵庫県
　工事用囲い倒れ歩行者け
　　が(神戸市中央区)　　　2.3.12
　幼女熱中症で死亡(南光町)　10.8.5
　強風でけが人相次ぐ　　　11.4.6
　落雷で信号機故障(西宮市)　15.1.20
　落雷　　　　　　　　　　15.8.5
　突風でパラグライダー転
　　倒(猪名川町)　　　　　16.5.8
　熱中症(尼崎市)　　　　　16.7.24
　熱中症(篠山市)　　　　　16.7.30
　突風で鉄製ふた落下(宝塚
　　市)　　　　　　　　　19.5.10
　豪雨・落雷(西宮市)　　　20.8.7
　強風でフェリーあおられ
　　る(神戸市)　　　　　　21.1.12
　突風・豪雨　　　　　　　21.8.1
　ヨット転覆(西宮市)　　　21.11.2
　熱中症で死亡か(神戸市)　22.8.19
　甲子園で熱中症(西宮市)　23.8.18
　各地で雷雨被害　　　　　24.5.29
　高校野球関連の熱中症(西
　　宮市)　　　　　　　　25.8.8-
　熱中症(神戸市)　　　　　25.8.13
　強風で車が飛ばされ重軽
　　傷(篠山市)　　　　　　25.8.23
◇奈良県
　渇水でダム貯水率低下(宇
　　陀郡室生村)　　　　　　12.9.1
　渇水　　　　　　　　　　14.7.5
　落雷(奈良市)　　　　　　18.4.2

気象災害　　　災害別一覧

車内で熱中症、男児死亡（奈良市）　29.7.24

◇和歌山県
熱中症(和歌山市)　16.7.21
竜巻(串本町)　18.3.28
落雷で住宅全焼(田辺市)　18.11.11
落雷で鉄道トラブル(橋本市)　19.7.30
乱気流　21.11.19
熱中症　25.8.11
突風(串本町)　25.9.15
路面凍結でスリップ事故多発(橋本市、かつらぎ町)　26.12.15
拘置所で熱中症(和歌山市)　27.7.31

《中国地方》
西日本荒天　3.6.27
落雷で新幹線停止　19.8.19
強風　20.2.23
落雷・大雨　20.12.5
強風　25.3.10
強風と大雪　28.1.19

◇鳥取県
ハウス内で熱中症か(倉吉市)　24.4.28
強風で自転車転倒(江府町)　25.4.6

◇島根県
旅客機に落雷　3.1.27
熱帯夜の記録更新(松江市)　22.8.26
突風被害(出雲市松寄下町)　24.2.1
強風でシジミ漁船が転覆(松江市)　26.4.4

◇岡山県
ダウンバースト現象(岡山市)　3.6.27
落雷(井原市)　13.8.4
突風でコースター停止(倉敷市)　16.3.27
突風でパネル飛ばされ(鏡野町)　22.7.6
熱中症　25.7.10

◇広島県
運動会で熱中症(広島市)　28.9.27
突風被害相次ぐ(広島市)　29.4.29
体育祭で熱中症(広島市)　30.7.20

◇山口県
竜巻(阿知須町)　11.8.21
突風で遊漁船転覆(岩国市)　15.7.19
強風でバックネット倒れる(山口市)　22.6.12
熱帯夜の記録更新(山口市)　22.8.26
漁船6隻が転覆(下関市)　27.9.1

《四国地方》
落雷・大雨　20.12.5
強風・大雨　25.3.18
強風と大雪　28.1.19

◇徳島県
渇水　19.5.24
竜巻(徳島市)　19.8.29
乱気流　21.11.19

◇香川県
やぐら倒壊(坂出市)　2.12.2
渇水　19.5.24

◇愛媛県
貨物台船押し船沈没(三崎町)　14.1.26
熱中症(宇和町)　14.8.29
渇水　14.9.2
強風でサッカーゴール倒れる(伊方町)　21.11.2
事情聴取中に熱中症か(松山市)　24.5.17

◇高知県
竜巻(高知市)　15.9.12
竜巻(土佐清水市)　18.11.26
乱気流　20.10.1
熱中症(土佐清水市、高知市)　25.8.12
竜巻(宿毛市)　25.9.4
突風(香南市、南国市、安芸市、芸西村)　25.12.10
突風(室戸市)　27.8.30

災害別一覧　　　　　　　　　　台風

◇福岡県
　竜巻(北九州市門司区)　　2.9.14
　落雷で火災(筑後市)　　　3.7.27
　ビル工事現場足場崩れる
　　(福岡市中央区)　　　　3.12.11
　渇水　　　　　　　　　　14.10.1
　落雷(志摩町)　　　　　　17.4.3
　熱中症　　　　　　　　　25.7.10

◇佐賀県
　信号設備に落雷(杵島郡有明
　　町)　　　　　　　　　　3.3.11
　竜巻(佐賀市)　　　　　　16.6.27
　熱中症(佐賀市)　　　　　16.7.7
　竜巻(佐賀市)　　　　　　19.10.4
　野球部員が熱中症(佐賀市)　21.5.10

◇長崎県
　竜巻(壱岐の郷ノ浦町)　　9.10.14
　突風でテント倒壊(琴海町)　12.5.21
　巻き網漁船が転覆(平戸市)　21.4.14
　漁船6隻が転覆(対馬市)　　27.9.1
　竜巻(長崎市)　　　　　　28.9.30

◇熊本県
　落雷で住宅全焼(菊池市)　　5.6.18
　熱中症(中央町)　　　　　13.7.24
　落雷で空の便欠航　　　　18.8.11

◇大分県
　落雷で火薬爆発(津久見市)　3.7.27
　濃霧で貨物船衝突(佐賀関
　　町沖)　　　　　　　　　5.5.19
　竜巻(日田市)　　　　　　21.9.6
　熱中症　　　　　　　　　25.8.11

◇宮崎県
　竜巻(えびの市)　　　　　3.6.25
　落雷(東臼杵郡北方町)　　3.7.27
　竜巻(日南市)　　　　　　3.11.28
　竜巻(高鍋町)　　　　　　25.10.6

◇鹿児島県
　竜巻(枕崎市)　　　　　　2.2.19
　突風で車転落(名瀬市)　　2.10.6

　竜巻(姶良郡)　　　　　　3.6.25
　突風でテント倒壊(喜入町)　12.5.27
　副振動で漁船が転覆　　　21.2.24－
　突風・竜巻　　　　　　　30.9.28

◇沖縄県
　竜巻(金武町)　　　　　　2.4.3
　竜巻(久米島)　　　　　　3.4.7
　竜巻(佐敷町)　　　　　　9.3.29
　潮干狩り中高波にさらわ
　　れ死亡　　　　　　　　19.4.18
　強風・大雨(石垣島)　　　25.3.18
　突風・竜巻　　　　　　　30.9.28

【台風】

《全国》
　台風19号　　　　　　　　2.9.11－
　台風20号　　　　　　　　2.9.23－
　台風19号　　　　　　　　3.9.25－
　台風16号　　　　　　　　11.9.14
　台風18号　　　　　　　　11.9.24
　台風3号　　　　　　　　　12.7.7－
　台風11号　　　　　　　　13.8.21－
　台風15号　　　　　　　　13.9.11
　台風6号　　　　　　　　　14.7.11
　台風7号　　　　　　　　　14.7.14－
　台風13号　　　　　　　　14.8.19
　台風21号　　　　　　　　14.10.1
　台風22号　　　　　　　　14.10.13
　台風10号　　　　　　　　15.8.8
　台風6号　　　　　　　　　16.6.18－
　台風11号　　　　　　　　16.8.5
　台風16号　　　　　　　　16.8.30
　台風18号　　　　　　　　16.9.7
　台風21号　　　　　　　　16.9.29
　台風22号　　　　　　　　16.10.9
　台風23号　　　　　　　　16.10.20
　台風14号　　　　　　　　17.9.5－
　台風5号　　　　　　　　　19.8.2
　台風13号　　　　　　　　20.9.18－
　台風18号　　　　　　　　21.10.8
　台風6号　　　　　　　　　23.7.20
　台風12号　　　　　　　　23.9.3

台風　　災害別一覧

台風15号	23.9.21
台風4号	24.6.19
台風17号	24.9.30
台風18号	25.9.15−
台風27号	25.10.25
台風8号	26.7.4
台風11号	26.7.29
台風12号と大雨	26.7.30
台風18号	26.9.29
台風19号	26.10.3
台風11号	27.7.4
台風15号	27.8.15
台風18号	27.9.7
台風9号と11号、相次いで上陸	28.8.20
台風13号	28.9.6
台風16号	28.9.13
台風18号	28.9.28
台風18号	29.9.17−
台風21号	29.10.23
7月豪雨（西日本豪雨）	30.6.28−
台風12号	30.7.25
台風20号	30.8.18
台風21号	30.8.28
台風24号	30.9.21
台風25号	30.9.29

◇北海道

台風17号	1.8.25−
台風28号	2.11.30
台風12号	3.8.18−
台風17号	3.9.12−
台風18号	3.9.17−
台風4号	10.8.27
台風23号	27.10.2
台風10号	28.8.21
川に流され死亡（網走市）	28.9.4
台風13号	28.9.6

《東北地方》

台風13号	1.8.6−
台風17号	1.8.25−
台風28号	2.11.30
台風11号	5.8.27
台風17号	8.9.22−
台風4号	10.8.27
台風5号	10.9.16
台風7号	10.9.22
台風9号	19.9.6−
台風4号が東北横断	22.8.12
関東・東北豪雨	27.9.9
台風10号	28.8.21

《関東地方》

台風13号	1.8.6−
台風17号	1.8.25−
台風22号	1.9.19−
台風20号	2.9.23−
台風28号	2.11.30
台風12号	3.8.18−
台風18号	3.9.17−
台風11号	5.8.27
台風24号	6.9.18
台風12号	7.9.17−
台風17号	8.9.22−
台風4号	10.8.27
台風5号	10.9.16
台風7号	10.9.22
台風2号	16.5.21
台風7号	17.7.26−
台風11号首都圏直撃	17.8.26
台風9号	19.9.6−
台風20号	19.10.27
豪雨	21.8.9
台風11号	21.8.31
台風26号	25.10.16
関東・東北豪雨	27.9.9
台風13号	30.8.3

◇千葉県

台風7号で土砂崩れ	18.8.8−
台風4号が東北横断	22.8.12

◇東京都

台風7号で土砂崩れ	18.8.8−
伊豆大島土石流災害（台風26号被害）（大島町）	25.10.16

《中部地方》

台風17号	1.8.25−

災害別一覧　　　　　　　　台風

台風22号　　　　　　　1.9.19－
台風20号　　　　　　　2.9.23－
台風28号　　　　　　　2.11.30
台風4号　　　　　　　　10.8.27
台風5号　　　　　　　　10.9.16
豪雨　　　　　　　　　　21.8.9
浜松大停電　　　　　　　30.9.30

◇〈北陸地方〉
　台風7号(北陸地方)　　10.9.22
　台風5号(北陸地方)　　29.8.4－

◇〈東海地方〉
　台風9号(東海地方)　　19.9.6－

◇静岡県
　台風7号で土砂崩れ　　18.8.8－
　台風26号　　　　　　25.10.16
　浜松大停電(浜松市)　　30.9.30

《近畿地方》
　台風17号　　　　　　　1.8.25－
　台風22号　　　　　　　1.9.19－
　台風20号　　　　　　　2.9.23－
　台風21号　　　　　　　2.10.8
　台風28号　　　　　　　2.11.30
　台風12号　　　　　　　3.8.18－
　台風18号　　　　　　　3.9.17－
　台風13号　　　　　　　5.9.3
　台風26号　　　　　　　6.9.26
　台風4号　　　　　　　10.8.27
　台風7号　　　　　　　10.9.22
　台風10号　　　　　　　10.10.17－
　台風4号　　　　　　　15.5.31
　台風・大雨　　　　　　25.6.19
　台風5号　　　　　　　29.8.4－

◇滋賀県
　台風24号　　　　　　　25.10.9

◇京都府
　台風9号　　　　　　　21.8.10

◇大阪府
　台風で増水の用水路に転
　　落(和泉市)　　　　　16.10.22

関空が冠水、連絡橋分断
　(関西国際空港)　　　　30.9.4
紅葉狩りに台風被害　　　30.この年

◇兵庫県
　台風9号　　　　　　　21.8.10
　台風24号　　　　　　　25.10.9
　川に転落して死亡(宝塚市)　28.9.20

◇和歌山県
　ウメ、台風で被害　　　23.6.1

《中国地方》
　台風22号　　　　　　　1.9.19－
　台風21号　　　　　　　2.10.8
　台風17号　　　　　　　3.9.12－
　台風11号　　　　　　　4.8.6－
　台風7号　　　　　　　5.8.10
　台風13号　　　　　　　5.9.3
　台風10号　　　　　　　10.10.17－
　台風13号　　　　　　　18.9.16－
　台風・大雨　　　　　　25.6.19

◇鳥取県
　台風24号　　　　　　　25.10.9

◇島根県
　台風24号　　　　　　　25.10.9

◇岡山県
　豪雨(美作市)　　　　　21.8.9
　台風9号　　　　　　　21.8.10

◇広島県
　台風24号　　　　　　　25.10.9

◇山口県
　台風16号　　　　　　　24.9.15

《四国地方》
　台風22号　　　　　　　1.9.19－
　台風21号　　　　　　　2.10.8
　台風11号(九州・四国地方)　4.8.6－
　台風7号　　　　　　　5.8.10
　台風13号　　　　　　　5.9.3
　台風10号　　　　　　　10.10.17－

豪雨(台風を除く)　災害別一覧

台風4号	15.5.31
台風10号	16.8.2
台風13号	18.9.16－
台風4号	19.7.13
台風・大雨	25.6.19

◇徳島県

| 台風15号 | 14.8.－ |
| 台風9号 | 21.8.10 |

◇愛媛県

| 橋げた落下(今治市) | 10.6.10 |

◇高知県

台風5号(高知市)	11.7.28－
台風15号	14.8.－
用水路で女性不明(南国市)	23.9.16

《九州地方》

台風11号	1.7.27－
台風22号	1.9.19－
台風20号	2.9.23－
台風21号	2.10.8
台風17号	3.9.12－
台風11号(九州・四国地方)	4.8.6－
台風7号	5.8.10
台風13号	5.9.3
台風10号	10.10.17－
台風10号	18.8.18
台風13号	18.9.16－
台風4号	19.7.13
台風・大雨	25.6.19
台風12号	28.9.1
台風5号	29.8.4－
台風22号	29.10.29

◇福岡県

| 台風16号 | 24.9.15 |

◇鹿児島県

大型貨物船座礁(志布志湾)	14.7.25
台風15号	24.8.26
小型機が墜落(指宿市)	26.10.12

◇沖縄県

| 台風16号 | 13.9.7－ |

台風14号	15.9.11
台風3号(浦添市)	18.7.8－
台風で国内線欠航	21.8.6
台風15号	24.8.26
台風16号	24.9.15
台風・大雨	25.6.19
台風9号	27.6.30
シュノーケリング中に流される(宮古島市)	27.8.10
台風で扉に指、切断(うるま市)	30.7.2

【豪雨(台風を除く)】

《全国》

大雨で交通事故多発	11.6.24－
雷雨	12.7.4
大雨	12.7.25－
大雨	12.8.17
大雨	18.7.14
大雨	20.6.22
豪雨	23.8.26－
暴風雨	25.4.6－
猛暑と局地的豪雨	25.8.12
台風12号と大雨	26.7.30
8月豪雨	26.8.15
大雪	28.1.18
7月豪雨(西日本豪雨)	30.6.28－

◇北海道

集中豪雨	2.11.4－
土砂崩れ(北見市)	13.10.4
風雨で山岳遭難	14.7.11
豪雨(幌尻岳)	15.8.12
豪雨で断水(北見市)	19.6.23
登山中に鉄砲水(大樹町)	22.8.15
大雨で足止め(東川町)	22.8.24－
大雨	26.8.23
大雨	26.9.10
大雨で登山道に土砂が流入(上富良野町)	27.8.11
大雪	28.12.22
北海道で豪雨	29.7.22

災害別一覧　　　豪雨(台風を除く)

《東北地方》
　集中豪雨　　　　　　　　　　　2.11.4−
　大雨　　　　　　　　　　　　　11.7.13−
　大雨で鉄道運転見合わせ　　　　11.8.13−
　大雨　　　　　　　　　　　　　11.8.17
　大雨　　　　　　　　　　　　　11.10.27−
　豪雨　　　　　　　　　　　　　16.7.16−
　大雨　　　　　　　　　　　　　17.8.20
　大雨　　　　　　　　　　　　　19.9.18
　大雨　　　　　　　　　　　　　25.7.18
　大雨　　　　　　　　　　　　　25.7.27
　大雨　　　　　　　　　　　　　26.8.5
　大雨　　　　　　　　　　　　　27.6.21
　関東・東北豪雨　　　　　　　　27.9.9
　東北地方で豪雨　　　　　　　　29.7.22−
　東北地方で豪雨　　　　　　　　29.8.24−

◇岩手県
　豪雨　　　　　　　　　　　　　13.7.30−
　大雨　　　　　　　　　　　　　24.5.4
　秋田・岩手豪雨　　　　　　　　25.8.9

◇宮城県
　大雨　　　　　　　　　　　　　26.9.10

◇秋田県
　豪雨　　　　　　　　　　　　　13.7.30−
　豪雨(秋田市)　　　　　　　　　14.8.12
　秋田・岩手豪雨(仙北市)　　　　25.8.9
　秋田で記録的大雨、氾濫　　　　30.5.18−

◇山形県
　大雨　　　　　　　　　　　　　25.7.18
　土砂崩れ(白鷹町)　　　　　　　26.7.10

◇福島県
　大雨　　　　　　　　　　　　　11.4.25
　鉄砲水(只見町)　　　　　　　　12.8.7
　新潟・福島豪雨　　　　　　　　16.7.13
　新潟・福島で豪雨　　　　　　　23.7.29
　大雨による土砂崩れ　　　　　　25.8.5

《関東地方》
　豪雨　　　　　　　　　　　　　1.7.31−
　豪雨　　　　　　　　　　　　　4.10.8−
　大雨　　　　　　　　　　　　　11.7.13−
　大雨　　　　　　　　　　　　　11.7.21−
　大雨で鉄道運転見合わせ　　　　11.8.13−
　大雨　　　　　　　　　　　　　11.8.13−
　大雨　　　　　　　　　　　　　11.10.27−
　雷雨　　　　　　　　　　　　　12.7.2
　大雨　　　　　　　　　　　　　13.6.7
　豪雨　　　　　　　　　　　　　13.8.11
　豪雪　　　　　　　　　　　　　14.12.9
　大雨　　　　　　　　　　　　　15.8.13−
　首都圏豪雨　　　　　　　　　　17.9.4−
　局地的豪雨　　　　　　　　　　19.8.28
　大雨　　　　　　　　　　　　　20.4.8−
　豪雨　　　　　　　　　　　　　20.5.20
　ゲリラ豪雨　　　　　　　　　　20.8.5
　大雨　　　　　　　　　　　　　20.8.16
　大雨　　　　　　　　　　　　　20.8.24
　豪雨　　　　　　　　　　　　　20.8.29
　大雨　　　　　　　　　　　　　20.8.30
　豪雨　　　　　　　　　　　　　25.7.23
　大雨　　　　　　　　　　　　　25.7.27
　大雨による交通乱れ　　　　　　25.9.5
　大雨　　　　　　　　　　　　　26.6.6
　豪雨　　　　　　　　　　　　　26.7.24
　局地的大雨　　　　　　　　　　27.7.3
　関東・東北豪雨　　　　　　　　27.9.9

◇栃木県
　豪雨　　　　　　　　　　　　　13.8.27−

◇群馬県
　鉄砲水(利根郡水上町)　　　　　12.8.6
　大雨　　　　　　　　　　　　　12.9.8−
　豪雨　　　　　　　　　　　　　13.8.27−
　河川増水で男児流される
　　(前橋市)　　　　　　　　　　22.7.16

◇埼玉県
　豪雨(さいたま市)　　　　　　　17.8.13
　増水した川に流され死亡
　　(新座市)　　　　　　　　　　29.8.30

◇千葉県
　大雨　　　　　　　　　　　　　18.9.26
　大雨　　　　　　　　　　　　　26.9.10

豪雨(台風を除く)　　　災害別一覧

　局地的大雨　　　　　　　　27.7.3
　豪雨　　　　　　　　　　　29.9.28
　地震　　　　　　　　　　　30.7.7
◇東京都
　増水で男性死亡(葛飾区)　　11.8.15
　雷雨　　　　　　　　　　　11.8.29
　大雨　　　　　　　　　　　13.7.18
　雷雨　　　　　　　　　　　13.7.25
　地下室沈没(八王子市)　　　13.7.26
　局地的豪雨　　　　　　　　17.8.15
　大雨　　　　　　　　　　　19.8.24
　マンホール内で流され死
　　亡(豊島区)　　　　　　　20.8.5
　豪雨で浸水被害　　　　　　22.7.5
　大雨で飛行機遅延　　　　　22.9.23
　豪雨　　　　　　　　　　　26.7.24
　大雨　　　　　　　　　　　26.9.10
◇神奈川県
　増水でキャンプ流される
　　(足柄上郡山北町)　　　　11.8.14
　雷雨　　　　　　　　　　　13.7.25
　豪雨　　　　　　　　　　　13.8.29
　豪雨　　　　　　　　　　　18.8.17
　大雨で新幹線に遅れ　　　　19.7.4
　増水で四輪駆動車が流さ
　　れる(山北町)　　　　　　26.8.1
　豪雨　　　　　　　　　　　29.9.28
《中部地方》
　集中豪雨　　　　　　　　　2.11.4−
　大雨　　　　　　　　　　　7.6.30−
　大雨　　　　　　　　　　　11.6.27
　大雨で鉄道運転見合わせ　　11.8.13−
　大雨　　　　　　　　　　　11.8.17
　平成18年7月豪雨　　　　　18.7.15−
　◇〈北陸地方〉
　　豪雨(北陸地方)　　　　　17.7.1
　　豪雨(北陸地方)　　　　　17.7.11−
　　豪雨(北陸地方)　　　　　20.7.8
　　豪雨(北陸地方)　　　　　20.7.28
　　豪雨(北陸地方)　　　　　24.7.21
　　大雨(北陸地方)　　　　　25.7.28−

◇新潟県
　豪雨　　　　　　　　　　　13.8.4
　新潟・福島豪雨　　　　　　16.7.13
　大雨　　　　　　　　　　　17.6.27−
　新潟・福島で豪雨　　　　　23.7.29
　大雨による土砂崩れ(長岡
　　市)　　　　　　　　　　 25.7.30
◇富山県
　大雨　　　　　　　　　　　25.8.23
◇石川県
　大雨　　　　　　　　　　　25.8.23
　大雨(白山市)　　　　　　　27.6.21
　大雨(能登地方)　　　　　　30.9.10
◇福井県
　福井豪雨　　　　　　　　　16.7.17−
◇長野県
　豪雪　　　　　　　　　　　14.10.29
　大雨で道路寸断　　　　　　22.7.15
◇岐阜県
　福井豪雨　　　　　　　　　16.7.17−
　局地的大雨　　　　　　　　25.8.6
　用水路で遺体発見(羽島市)　30.7.6
◇〈東海地方〉
　豪雨(東海地方)　　　　　　4.10.8−
　東海豪雨(東海地方)　　　　12.9.11−
　大雨(東海地方)　　　　　　15.8.13−
　豪雨(東海地方)　　　　　　16.9.24
　豪雨で新幹線ストップ(東
　　海地方)　　　　　　　　 19.7.30
　大雨(東海地方)　　　　　　20.4.8−
　豪雨(東海地方)　　　　　　20.8.24
　豪雨(東海地方)　　　　　　20.8.29
　局地的大雨(東海地方)　　　27.7.3
　大雨(東海地方)　　　　　　28.8.2
◇静岡県
　豪雨　　　　　　　　　　　13.8.11
　豪雨　　　　　　　　　　　15.7.3−
　大雨　　　　　　　　　　　16.11.11
　大雨で新幹線に遅れ　　　　19.7.4

豪雨（台風を除く）

　大雨で新幹線乱れる　　　　23.7.27
　大雨　　　　　　　　　　　25.7.18
　豪雨(浜松市)　　　　　　　29.6.21
◇愛知県
　アーケード崩壊(豊橋市)　　22.10.9
　局地的大雨　　　　　　　　25.8.6
　大雨で地下鉄名古屋駅が
　　冠水(名古屋市)　　　　　26.9.25

《近畿地方》
　大雨　　　　　　　　　　　7.6.30-
　大雨　　　　　　　　　　　11.6.27
　大雨　　　　　　　　　　　11.9.17
　大雨　　　　　　　　　　　12.11.1-
　豪雨　　　　　　　　　　　13.9.6
　雷雨　　　　　　　　　　　15.5.8
　豪雨　　　　　　　　　　　16.7.10
　集中豪雨　　　　　　　　　16.7.25
　豪雨　　　　　　　　　　　16.8.17
　豪雨　　　　　　　　　　　16.9.24
　豪雨　　　　　　　　　　　17.7.3
　大雨　　　　　　　　　　　20.5.25
　大雨　　　　　　　　　　　20.6.20
　大雨　　　　　　　　　　　20.6.28-
　豪雨　　　　　　　　　　　20.7.8
　雷雨　　　　　　　　　　　20.7.28
　豪雨　　　　　　　　　　　20.8.5-
　強風・豪雨　　　　　　　　22.5.23-
　西日本集中豪雨　　　　　　22.7.
　近畿地方で大雨　　　　　　22.7.3
　大雨　　　　　　　　　　　24.5.2
　大雨　　　　　　　　　　　24.6.21-
　近畿地方で豪雨被害　　　　24.8.13-
　台風・大雨　　　　　　　　25.6.19
　大雨で住宅浸水相次ぐ　　　25.6.26
　大雨　　　　　　　　　　　25.7.15
　大雨　　　　　　　　　　　25.7.28-
　大雨　　　　　　　　　　　25.8.25
　大雨　　　　　　　　　　　25.9.4
◇滋賀県
　落雷で住宅火災相次ぐ(東
　　近江市)　　　　　　　　29.6.1

◇京都府
　突風・豪雨　　　　　　　　21.8.1
　落雷で住宅火災相次ぐ(南
　　丹市)　　　　　　　　　29.6.1
◇大阪府
　大雨　　　　　　　　　　　20.9.6
　局地的大雨　　　　　　　　25.8.6
　大雨　　　　　　　　　　　26.8.23
　大雨　　　　　　　　　　　26.9.10
　工場火災(豊中市)　　　　　28.9.12
◇兵庫県
　土砂崩れ多発(多紀郡丹南町)　8.8.28
　突風・豪雨　　　　　　　　21.8.1
　橋から転落(神戸市)　　　　21.8.2
　大雨で線路に土砂流入(神
　　戸市)　　　　　　　　　22.5.24
　大雨　　　　　　　　　　　26.9.10
　落雷で住宅火災相次ぐ(小
　　野市)　　　　　　　　　29.6.1
◇奈良県
　大雨　　　　　　　　　　　23.6.20
　豪雨　　　　　　　　　　　29.9.12
◇和歌山県
　雷雨　　　　　　　　　　　18.9.6
　豪雨　　　　　　　　　　　21.7.7
　豪雨(和歌山市)　　　　　　21.11.11
　大雨　　　　　　　　　　　23.6.20
　増水の川で流される(古座
　　川町)　　　　　　　　　24.7.20
　豪雨　　　　　　　　　　　29.9.12

《中国地方》
　大雨　　　　　　　　　　　7.6.30-
　大雨　　　　　　　　　　　11.6.29-
　豪雨　　　　　　　　　　　17.7.1
　豪雨　　　　　　　　　　　17.7.3
　平成18年7月豪雨　　　　　18.7.15-
　中国・九州北部豪雨　　　　21.7.19-
　西日本集中豪雨　　　　　　22.7.
　台風・大雨　　　　　　　　25.6.19
　大雨で住宅浸水相次ぐ　　　25.6.26

豪雨(台風を除く)　　　災害別一覧

大雨	25.7.15
大雨	25.7.28-
大雨	25.8.25
大雨	25.9.4
大雨	26.8.5

◇島根県

山口島根豪雨	25.7.28
豪雨	25.8.24
豪雨	29.7.5

◇岡山県

落雷で住宅火災相次ぐ(矢掛町)	29.6.1

◇広島県

集中豪雨(呉市)	14.8.11
広島土砂災害(広島市)	26.8.19
豪雨	29.7.5

◇山口県

豪雨	18.6.25-
豪雨	21.7.21
山口島根豪雨	25.7.28

《四国地方》

大雨	7.6.30-
大雨	11.6.29-
豪雨	13.9.6
豪雨	16.8.17
豪雨	17.7.1
豪雨	17.7.3
豪雨	19.7.6
大雨	20.6.28-
大雨	24.6.21-
台風・大雨	25.6.19
大雨	25.9.4
大雨	28.6.22

◇愛媛県

大雨	23.6.20
増水の川で流される(西条市)	24.7.20

◇高知県

大雨(室戸市)	11.8.10-
大雨	12.9.1
豪雨(土佐市)	13.9.2-
大雨	23.6.20

《九州地方》

豪雨	2.6.28-
大雨	7.6.30-
大雨	11.6.29-
豪雨	13.7.6
豪雨	13.9.6
豪雨	13.10.16
九州で豪雨	15.7.19-
豪雨	18.6.25-
平成18年7月豪雨	18.7.15-
豪雨	19.7.6
中国・九州北部豪雨	21.7.19-
西日本集中豪雨	22.7.
大雨	23.6.16
大雨	24.7.3-
九州北部豪雨	24.7.12-
台風・大雨	25.6.19
大雨	25.8.25
大雨	27.6.10
大雨	28.6.20
大雨	28.6.22

◇福岡県

豪雨でキャンプ場が孤立(那珂川町)	21.7.26
歩道が陥没(福岡市)	21.8.11
大雨	26.8.22
九州北部豪雨	29.7.5-

◇長崎県

水無川土石流(島原市)	4.8.12-
大雨で土砂災害が相次ぐ(長崎市)	28.6.28

◇熊本県

大雨	28.6.19
豪雨で倒木、土砂崩れ(熊本市)	29.6.25

◇大分県

大雨で土砂崩れ	17.7.10
大雨で山崩れ(九重町)	20.6.11

九州北部豪雨	29.7.5−

◇宮崎県

九州地方で大雨	22.7.3

◇鹿児島県

土石流(出水市)	9.7.10
豪雨	13.9.2
大雨で脱線(指宿市)	19.7.3
九州地方で大雨	22.7.3
豪雨	22.10.20
大雨	23.9.25
豪雨	23.11.2
大雨で特急列車が脱線(指宿市)	26.6.21
大雨	27.4.30
大雨	28.6.19
大雨で土砂災害が相次ぐ(姶良市)	28.6.28

◇沖縄県

鉄砲水(那覇市)	21.8.19
台風・大雨	25.6.19

【豪雪】

《全国》

豪雪	15.12.20
大雪・暴風	16.3.6
大雪	17.2.2
平成18年豪雪	17.12.−
大雪	20.12.27
大雪でダイヤ乱れる	21.1.10
大雪で交通機関に乱れ	22.3.10
大雪	22.12.31
豪雪	24.1.31−
南岸低気圧の影響で大雪	26.2.14
大雪	26.12.4
雪による被害	26.この年
大雪	27.1.2
雪による被害	27.この年
大雪で事故が相次ぐ	28.1.25
雪による被害	28.この年
大雪	29.1.11
大雪	29.2.9
雪による被害	29.この年
大雪	30.1.22
年末大雪	30.12.29
雪による被害	30.この年

◇北海道

道央自動車道で多重衝突	12.12.13
積雪でプールの屋根崩落(夕張市)	20.3.2
雪でスリップし多重追突(奈井江町)	20.11.20
猛吹雪	24.11.27
暴風雪	25.3.2−
猛吹雪	25.3.9
吹雪で多重事故	25.3.21
大雪	26.3.20
強風と大雪	26.12.17
強風と大雪	26.12.18
大雪と強風	27.1.7
暴風雪	27.3.10
吹雪	28.2.29
旅客機がオーバーラン(千歳市)	29.1.19
風雪、胆振地方で停電(胆振地方)	30.3.1
暴風雪で交通混乱	30.3.2

《東北地方》

大雪	17.1.14
大雪	19.3.12
大雪	21.12.17
除雪中の事故相次ぐ	23.2.1
猛吹雪	24.11.27
猛吹雪	25.3.9
首都圏記録的大雪	26.2.8
大雪	26.3.20
大雪	26.12.15
強風と大雪	26.12.17
強風と大雪	26.12.18
大雪と強風	27.1.7
大雪	30.2.3−

◇青森県

大雪	11.2.23

豪雪　　　　　　　　　災害別一覧

大雪でテレビ放送停止(階上町)　　　21.1.10
大雪で死者増加　　　25.2.24
大雪で特急列車が立ち往生(平川市)　　　27.2.1
風雪で事故　　　30.3.2

◇岩手県
吹雪の東北自動車道で多重衝突事故(安代町)　　　11.12.12
落雪事故(北上市和賀町)　　　24.2.7

◇宮城県
東北自動車道玉突き衝突(三本木町)　　　12.12.12

◇秋田県
温泉で硫化水素ガス充満(湯沢市)　　　12.2.19

◇山形県
山形新幹線・軽ワゴン車追突(南陽市)　　　13.1.14
大雪で料亭倒壊(米沢市)　　　13.1.23
大雪(鶴岡市)　　　21.12.17
大雪で車が立ち往生(酒田市)　　　24.2.1
大雪で死者増加(米沢市)　　　25.2.24
大雪で停電して電車が止まる(山形市)　　　26.12.3
落雪で死亡(大蔵村)　　　29.1.12

◇福島県
大雪で立往生(西会津町)　　　22.12.25
大雪で列車が立ち往生(会津坂下町)　　　27.2.9
落雪で女性死亡(西会津町)　　　29.1.23

《関東地方》
大雪　　　10.1.15
雪道でけが　　　20.1.23
大雪被害　　　20.2.3
積雪　　　22.2.1−
首都圏で積雪　　　24.1.23−
大雪で事故多発、停電も　　　25.1.14−
首都圏記録的大雪　　　26.2.8
大雪　　　26.3.20

◇栃木県
吹雪で温泉街で停電(日光市)　　　19.1.7

◇埼玉県
埼玉大雪　　　30.1.22−

◇千葉県
雪で相次ぐスリップ事故　　　25.1.28

◇東京都
大雪　　　11.2.12
雪と強風で欠航(大田区)　　　19.12.30−
首都大雪　　　30.1.22

◇神奈川県
東横線電車追突事故(川崎市)　　　26.2.15
大雪で格納庫の屋根が陥没(大和市)　　　26.2.15

《中部地方》
大雪　　　10.1.15

◇〈北陸地方〉
大雪(北陸地方)　　　21.12.17
日本海側で大雪(北陸地方)　　　23.1.30
大雪(北陸地方)　　　24.1.23−
猛吹雪(北陸地方)　　　24.11.27
強風と大雪(北陸地方)　　　26.12.18
日本海側寒波、大雪(北陸地方)　　　30.1.11−
大雪(北陸地方)　　　30.2.3−

◇新潟県
雪崩で遭難救助隊員死亡(北魚沼郡入広瀬村)　　　12.6.18
乗用車・JR羽越線特急電車衝突(中条町)　　　14.1.3
雪で旅館の屋根が崩落(小千谷市)　　　17.1.26
雪下ろし中に転落(小千谷市)　　　17.2.1
雪に埋もれ窒息死(小千谷市)　　　17.2.6
暴風雪で大規模停電　　　17.12.22
大雪(妙高市)　　　21.12.19
除雪中の事故相次ぐ　　　23.2.1

災害別一覧　　　　　　　　　地変災害

　大雪(魚沼市)　　　　　　　26.12.15
　大雪で立往生(三条市)　　　30.1.11
　日本海側で大雪　　　　　　30.2.12
◇富山県
　大雪　　　　　　　　　　　13.1.17
　大雪で立往生　　　　　　　30.1.11
　日本海側で大雪　　　　　　30.2.12
◇石川県
　大雪　　　　　　　　　　　13.1.15
　一酸化炭素中毒死(内灘町)　13.1.16
　大雪　　　　　　　　　　　16.1.22
　雪で民家倒壊(白山市)　　　18.1.5
　日本海側で大雪　　　　　　30.2.12
◇福井県
　大雪　　　　　　　　　　　13.1.
　暴風雪で大規模停電　　　　17.12.22
　福井で大雪　　　　　　　　30.2.8
　日本海側で大雪　　　　　　30.2.12
◇長野県
　大雪　　　　　　　　　　　13.1.27-
　落雪事故(飯山市)　　　　　24.1.30
　大雪(飯山市)　　　　　　　26.12.15
　踏切で特急と乗用車が衝
　　突(長野市)　　　　　　　26.12.18
　落雪(栄村)　　　　　　　　26.12.21
　雪の重みで折れた松が直
　　撃(栄村)　　　　　　　　29.1.14
　雪に絡む死亡事故、各地で
　　相次ぐ(安曇野市、白馬村)　29.1.14-
◇岐阜県
　体育館の屋根が崩落(山県
　　市)　　　　　　　　　　　17.12.23
　強風と大雪　　　　　　　　26.12.17
◇〈東海地方〉
　大雪(東海地方)　　　　　　23.1.17
◇愛知県
　強風と大雪(名古屋市)　　　26.12.18

《近畿地方》
　大雪　　　　　　　　　　　24.1.23-
　大雪　　　　　　　　　　　24.2.18
　大雪で停電、倒木　　　　　29.1.16
◇滋賀県
　大雪(米原市)　　　　　　　21.12.19
　除雪作業車が横転(長浜市
　　下八木町)　　　　　　　　24.2.2
◇京都府
　雪に絡む死亡事故、各地で
　　相次ぐ(福知山市)　　　　29.1.14-
　大雪で死者相次ぐ(宮津市)　29.2.11-
◇大阪府
　雪に絡む死亡事故、各地で
　　相次ぐ(阪南市)　　　　　29.1.14-
《中国地方》
　大雪　　　　　　　　　　　24.1.23-
◇鳥取県
　除雪機に挟まれ死亡(南部
　　町)　　　　　　　　　　　29.1.23
　大雪で死者相次ぐ(鳥取市)　29.2.11-
　雪の重みで漁船沈没　　　　29.2.13
　雪かき中、用水路に転落
　　(八頭町)　　　　　　　　29.2.15
◇広島県
　日本海側で大雪　　　　　　23.1.30
◇徳島県
　徳島で大雪(北部)　　　　　30.2.13
◇佐賀県
　ゲレンデで屋根崩落(佐賀
　　市)　　　　　　　　　　　20.3.4

【地変災害】

◇北海道
　トンネル崩落(島牧村)　　　9.8.25
　ゴルフ場で陥没(安平町)　　21.4.2

地変災害　　　　災害別一覧

◇青森県
- 高波(西津軽郡岩崎村)　13.12.21
- 山中で火山性ガス発生か(青森市)　22.6.20

◇宮城県
- ホテル送迎マイクロバス転落(加美郡宮崎町)　1.9.6
- 落雪で通行止め(仙台市)　27.1.31

◇茨城県
- ボート転覆(旭村)　11.8.8

◇栃木県
- 大谷石廃坑崩落(宇都宮市)　1.2.10
- 大谷石廃坑崩落(宇都宮市)　1.3.5
- 落石(塩谷郡藤原町)　1.8.25
- 落盤事故(宇都宮市)　2.2.24
- 大谷石採石場跡陥没(宇都宮市)　2.3.29
- 大谷石採取場陥没(宇都宮市)　3.4.29

◇群馬県
- 道路陥没(桐生市)　2.8.11

◇千葉県
- 高波(安房郡天津小湊町)　15.2.22

◇東京都
- 道路陥没(新宿区)　1.6.26
- 高波にさらわれ行方不明(三宅村)　11.8.6
- 高波(江戸川区)　12.7.30
- 高波(八丈町)　12.10.29
- しけで遊漁船大揺れ(小笠原村)　13.3.22

◇神奈川県
- 落石(足柄下郡箱根町)　1.4.20
- 道路陥没(横浜市鶴見区)　4.8.20
- 高波(小田原市)　11.10.28
- 高波(平塚市)　14.8.19
- 横波で漁船員転落(平塚市)　14.8.27

◇富山県
- 洞穴崩落で生き埋め(小矢部市)　22.5.29

◇山梨県
- ため池の堤防決壊(南都留郡忍野村)　1.7.27
- 落石(足和田村)　14.8.17

◇長野県
- 落石(北アルプス白馬岳)　1.7.22
- 鉄砲水(北安曇郡小谷村)　2.2.11
- 土石流(小谷村)　8.12.6
- 登山中落石で女性死亡(白馬村)　22.7.21
- 雪捨て場の雪山が崩落(信濃町)　27.1.22
- 登山中に落石(松本市)　27.5.3

◇岐阜県
- 落石(恵那郡加子母村)　3.7.24
- 高山線脱線事故(下呂町)　8.6.25
- 落石(武儀郡板取村)　13.6.6
- 町道が陥没(御嵩町)　22.10.20

◇静岡県
- 高波(伊東市)　2.11.5
- 高波(浜松市)　12.7.7
- 高波(富士市)　13.7.7
- 落石(富士宮市)　21.7.13

◇愛知県
- 道路陥没(西尾市)　2.2.5
- 交差点陥没(名古屋市西区)　4.9.8
- 線路に落石(南設楽郡鳳来町)　4.11.10

◇奈良県
- 増水で道路崩れる(奈良市)　3.3.23

◇島根県
- ため池あふれ避難(松江市)　16.9.16
- 落石が軽乗用車を直撃(邑南町)　28.5.4

◇岡山県
- 落石事故(久米郡久米町)　8.5.5

災害別一覧　　　　　　　　　　地震・津波

岡山県で地盤沈下(川北郡備中町)	11.4.1

◇広島県

福塩線普通列車落石に衝突(府中市)	8.12.4

◇徳島県

落石事故(鳴門市)	2.10.8

◇香川県

体育館に落石(丸亀市)	5.10.28

◇福岡県

道路冠水(福岡市)	5.6.30
歩道が陥没(福岡市)	21.8.11

◇長崎県

水無川土石流(島原市)	4.8.12-

◇熊本県

赤潮発生(天草郡)	2.7.

◇鹿児島県

鉄砲水(奄美大島)	2.2.22
高波(日置郡東市来町)	2.6.24
土石流(肝属郡根占町)	2.9.29
土石流(出水市)	9.7.10
大雨で道路陥没し軽トラック転落(鹿屋市)	12.6.3

◇沖縄県

西表島北西部で地盤沈下(西表島)	4.この年

【地震・津波】

《全国》

地震	14.7.24
地震	14.10.13
地震	15.11.12
紀伊半島沖地震	16.9.7
チリ地震で各地に津波	22.2.27
震災でエレベーター破損	24.3.17
比沖地震で津波注意報	24.8.31
地震	27.5.30
チリ沖を震源とする地震による津波	27.9.17

◇北海道

地震	1.1.25
地震	1.11.2
地震	3.11.27
地震	4.7.12
地震	4.8.8
地震	4.8.24
地震	4.12.28
平成5年釧路沖地震	5.1.15
地震	5.5.6
北海道南西沖地震	5.7.12
地震	5.8.3
余震	5.8.8
地震	5.10.12
地震	5.11.27
地震	5.12.4
地震	6.7.1
地震	6.7.2
地震	6.8.25
地震	6.8.31
平成六年北海道東方沖地震	6.10.4
余震	6.10.9
三陸はるか沖地震	6.12.28
余震	6.12.29-
余震	7.1.7
余震	7.1.21
地震	7.2.15
地震	7.5.23
地震	7.11.23
地震	8.2.17
地震	9.6.15
地震	11.3.19
樽前山で火山性地震続発	11.5.1-
地震	11.5.17
地震	12.1.28
地震	12.6.13
地震	13.4.14
地震	13.4.27
地震	15.7.3
地震	15.8.30
十勝沖地震	15.9.26

平成災害史事典総索引　23

地震・津波　　　　　災害別一覧

地震	15.10.4	地震	24.8.14
地震	15.10.8	地震	24.8.25
地震	15.10.9	余震	24.12.7
地震	15.10.11	地震	25.1.24
地震	15.11.24	地震で停電	25.2.2
地震	16.4.23	余震	25.5.18
地震	16.5.21	地震	25.10.26
地震	16.11.4	チリ震源地震による津波	26.4.2
地震	16.11.27	地震	26.7.8
地震	16.11.29	地震	26.8.10
地震	16.12.6	地震(函館市)	26.10.11
地震	16.12.14	地震	27.5.13
地震	17.1.13	地震(釧路市, 足寄町)	27.6.4
地震(東部)	17.1.18	地震	27.6.8
地震(留萌地方)	17.3.18	地震	27.9.12
地震	17.9.21	地震	27.11.28
地震	17.11.15	地震	28.1.14
地震	18.5.12	地震	28.1.21
地震	18.6.12	地震	28.6.16
地震	18.11.15	地震(函館市)	28.6.21
地震・津波	19.1.13	地震(函館市, 浦河町)	28.9.26
地震	19.5.19	地震	29.7.1
地震	19.7.1	地震(根室半島)	30.4.14
地震	19.7.16	北海道胆振東部地震	30.9.6
地震	20.4.29	地震(十勝地方)	30.12.30
地震	20.9.11	**《東北地方》**	
地震	20.11.22	地震	1.1.25
地震	21.2.28	地震	1.2.19
地震(根室市, 別海町, 厚岸町)	21.4.28	地震	1.3.6
地震	21.6.5	地震	1.11.2
地震(松前町)	21.7.28	地震	1.12.9
地震(浦河町)	21.9.8	地震	2.2.12
地震(中標津町)	21.9.29	地震	2.2.20
地震(釧路市, 標茶町)	21.12.28	地震	3.6.15
地震	22.6.19	地震	3.6.25
地震	22.6.28	地震	3.11.27
地震(根室市)	22.9.4	地震	3.12.12
地震	22.9.13	地震	4.2.2
地震	22.10.14	地震	4.7.12
余震	23.6.23	地震	4.8.24
地震	23.8.1	地震	4.12.28
地震	23.9.7	地震	4.12.31
地震	23.9.18	平成5年釧路沖地震	5.1.15
地震	24.3.14		

災害別一覧　　　　　　　　地震・津波

地震	5.5.6	地震	12.10.19
地震	5.5.21	地震	13.1.6
北海道南西沖地震	5.7.12	地震	13.8.14
余震	5.8.8	地震	13.10.2
地震	5.9.18	地震	13.12.2
地震	5.10.12	地震	13.12.23
地震	5.11.11	地震	14.2.14
地震	5.11.27	地震	14.5.12
地震	5.12.4	地震	14.8.12
地震	5.12.17	地震	14.10.14
地震	6.6.29	地震	14.10.21
地震	6.7.2	地震	14.10.25
地震	6.8.25	地震	14.11.3
地震	6.8.31	地震	15.3.3
平成六年北海道東方沖地震	6.10.4	地震	15.4.17
余震	6.10.9	宮城県沖地震	15.5.26
地震	6.12.18	地震	15.5.31
地震	6.12.21	地震	15.6.16
三陸はるか沖地震	6.12.28	地震	15.6.28
余震	6.12.29−	宮城県北部地震	15.7.26
余震	7.1.7	地震	15.7.27
余震	7.1.21	十勝沖地震	15.9.26
地震	7.3.23	地震	15.10.4
地震	7.4.1	地震	15.10.31
地震	7.4.12	地震	16.1.23
地震	7.7.3	地震	16.4.4
地震	8.2.17	地震	16.4.23
群発地震	8.8.11−	地震	16.5.29
地震	8.8.13	地震	16.6.12
地震	8.9.11	地震	16.8.10
地震	9.5.12	地震	16.8.19
地震	9.11.23	地震	16.9.1
地震	9.12.7	地震	16.10.16
地震	10.4.3	地震	16.11.4
地震	10.4.9	地震	16.12.1
地震	10.9.3	地震	16.12.6
地震	10.9.15	地震	16.12.28
地震	10.11.24	地震	17.2.26
地震	11.3.19	地震	17.4.4
地震	11.4.19	地震	17.5.27
地震	11.10.19	地震	17.6.3
地震	12.3.20	地震	17.7.30
地震	12.6.3	地震	17.8.16
地震	12.8.6	地震	17.8.22

地震・津波

災害別一覧

地震	17.8.31
地震	17.10.22
地震	17.11.15
地震	17.12.2
地震	17.12.17
地震	17.12.28
地震	18.1.18
地震	18.4.10
地震	18.4.22
地震	18.6.12
地震	18.7.1
地震	18.8.22
地震	18.9.9
地震	18.11.6
地震	18.12.28
地震・津波	19.1.13
地震	19.3.7
地震	19.3.31
地震	19.4.5
地震	19.5.19
地震	19.6.16
地震	19.7.1
地震	19.7.16
地震	19.8.25
地震	19.12.25
地震	19.12.26
地震	20.1.11
地震	20.1.19
地震	20.3.8
地震	20.4.11
地震	20.4.29
地震	20.5.8
地震	20.6.2
岩手・宮城内陸地震	20.6.14
地震	20.7.5
地震	20.7.19
地震	20.7.21
岩手北部地震	20.7.24
地震	20.7.29
地震	20.10.30
地震	20.12.21
地震	22.3.13
地震	22.6.19
地震	22.7.5
地震	22.11.30
地震	23.3.9
東北地方太平洋沖地震(東日本大震災)	23.3.11
余震	23.3.31
余震	23.4.7
余震	23.4.9
余震	23.6.23
余震	23.7.10
地震	23.8.1
地震	23.8.19
地震	24.1.1
地震	24.3.14
震災関連死	24.4.27
余震	24.12.7
地震で土砂崩れ	25.2.25
余震	25.5.18
地震	25.9.4
地震	25.10.26
チリ震源地震による津波	26.4.2
地震	26.6.16
地震	26.7.8
地震	26.8.10
東日本大震災の余震で津波	27.2.17
地震	27.5.13
地震	27.7.10
地震	27.10.21
地震	28.7.27
地震	28.8.19
福島県沖地震	28.11.22
地震	28.11.24
地震	29.7.20
地震	29.9.8
地震	29.9.9
地震	29.9.27
◇青森県	
地震	4.8.8
地震	6.7.1
地震	7.11.23
地震	11.5.17
地震	11.9.13
地震	13.4.3
地震	15.10.23

災害別一覧　　　　地震・津波

地震	19.8.22
地震(南部町)	21.2.15
サモア沖地震で津波観測	21.9.30
地震(東通村)	21.10.10
地震(東通村)	22.1.24
地震	22.3.1
地震	22.6.28
地震	22.9.13
地震	24.5.24
地震	24.8.14
地震で停電	25.2.2
地震	25.3.31
地震	25.7.16
地震	26.4.3
地震	26.8.10
地震	26.9.10
地震	26.10.11
地震	27.2.17
地震	27.4.23
地震	27.6.8
地震	27.6.23
地震	27.7.10
地震(階上町)	27.11.2
地震(南部町)	28.1.11
地震	28.6.16

◇岩手県

地震	12.2.24
地震	14.1.27
地震	16.7.9
地震	17.11.1
地震	19.4.10
地震	20.3.29
地震	21.2.15
地震(陸前高田市)	21.6.23
サモア沖地震で津波観測	21.9.30
地震	22.3.1
地震	22.6.28
地震	22.7.27
地震	22.9.13
震災後、病院・避難所での死亡相次ぐ	23.3.22
地震	23.7.11

地震	23.7.12
余震	23.7.23
地震	24.3.18
地震	24.3.27
地震	24.7.2
地震	24.8.14
地震で停電	25.2.2
ソロモン地震で津波	25.2.6
地震	25.2.13
地震	25.3.31
地震	25.4.17
地震	25.7.10
地震	25.7.16
地震	25.10.20
地震(一関市)	25.11.26
地震	26.2.6
地震	26.4.3
地震	26.7.5
地震	26.9.10
地震(盛岡市)	26.10.3
地震	26.10.11
東日本大震災の余震で津波	27.2.17
地震	27.2.17
地震	27.6.8
地震	27.7.10
地震(一関市)	27.8.1
地震	27.10.6
地震	28.2.2
地震	28.11.12
地震	29.12.16

◇宮城県

地震	14.2.13
地震	14.9.8
地震	14.9.19
地震	14.11.16
地震(鳴瀬町)	15.8.4
地震	15.8.8−
地震	15.8.12
地震	15.8.16
地震	15.9.4
地震	15.10.23
地震	15.11.8
地震	16.12.29

地震・津波　　災害別一覧

地震	16.12.30
地震	17.11.1
岩手・宮城地震の不明者発見(栗原市)	21.6.9
地震(気仙沼町市)	21.6.23
地震(大河原町)	21.8.9
サモア沖地震で津波観測	21.9.30
地震(大崎市, 蔵王町)	22.1.30
地震	22.7.27
震災後、病院・避難所での死亡相次ぐ	23.3.22
津波で水田の作付け不能	23.4.2
停電中にCO中毒死(石巻市)	23.5.10
被災地でハエ大量発生(気仙沼市)	23.6.-
地震	23.7.12
地震	23.8.11
地震	23.8.17
地震	23.8.21
地震	23.12.10
地震	24.5.16
地震	24.6.18
地震	24.8.30
地震	24.10.25
地震で停電	25.2.2
ソロモン地震で津波	25.2.6
地震	25.2.13
地震	25.3.31
地震	25.4.17
地震	25.8.4
地震	25.10.20
地震(南三陸町)	25.11.26
地震	26.2.6
地震	26.4.3
地震と津波	26.7.12
地震(角田市)	26.9.24
地震	26.12.18
地震	26.12.20
地震	26.12.25
地震	27.2.26
地震	27.5.13
地震	27.5.15
地震	27.7.2

地震	27.8.1
地震	27.10.6
地震	28.8.15
地震(石巻市, 登米市)	28.10.16
地震	28.11.12
地震	29.2.28
地震	29.11.11

◇秋田県

地震	22.3.1
地震	23.3.12
地震	23.4.19

◇山形県

地震	11.2.26
地震	15.10.6
地震	26.4.3
地震	26.12.25
吾妻山で火山性地震	27.1.14

◇福島県

地震	7.2.27
地震(猪苗代町)	11.2.21
地震(双葉郡大熊町)	12.7.21
群発地震(耶麻郡磐梯山)	12.8.16
地震	12.11.16
地震(福島市)	13.2.25
地震(下郷町)	13.12.16
地震	14.1.29
地震	14.3.9
地震	15.11.15
地震	17.4.3
地震	17.11.12
地震	18.1.31
地震	18.4.2
地震	18.8.1
地震	19.11.26
地震	21.1.3
地震	21.2.1
地震(相馬市, 葛尾村)	21.2.17
地震	21.7.22
地震	21.8.9
地震(柳津町)	21.10.12
地震(下郷町, 南会津町)	21.11.21
地震	22.6.13

地震	22.8.3	地震(矢祭町)	27.5.19
地震	22.9.29	地震	27.8.6
地震	23.2.10	地震	27.8.14
震災後、病院・避難所での死亡相次ぐ	23.3.22	地震	27.10.21
		地震	27.11.19
余震	23.3.23	地震	28.6.27
地震	23.4.11	地震	28.8.15
余震	23.4.11	福島県沖地震	28.11.22
余震	23.4.12	地震	28.11.24
余震	23.4.13	地震	29.1.5
地震	23.4.23	地震	29.1.13
地震	23.5.25	地震	29.2.27
原発で汚染水から湯気	23.6.4	地震	29.2.28
地震	23.7.3	地震	29.3.12
地震	23.7.11	地震	29.7.7
余震	23.7.31	地震	29.8.2
余震	23.9.29	地震	29.10.6
地震	24.1.12	**《関東地方》**	
地震	24.1.23	地震	1.2.19
地震	24.3.25	地震	1.3.6
地震	24.4.1	群発地震	1.7.9
地震	24.4.12	地震	1.10.14
地震	24.4.13	地震	1.11.2
地震	24.8.12	地震	1.12.9
地震	24.8.26	地震	2.2.12
地震	25.3.18	地震	2.2.20
地震	25.4.21	地震	2.5.3
地震	25.6.4	地震	2.6.1
地震	25.9.20	地震	2.6.5
地震	25.10.20	地震	2.8.23
地震	26.2.8	地震	2.10.6
地震(楢葉町)	26.4.13	地震	3.6.15
地震	26.5.5	地震	3.6.25
地震	26.6.16	地震	3.8.6
地震	26.7.10	地震	3.9.3
地震と津波	26.7.12	地震	3.10.19
地震(檜枝岐村)	26.9.3	地震	3.11.19
地震(檜枝岐村)	26.9.4	地震	3.11.27
地震	26.9.24	地震	3.12.12
地震(いわき市,富岡町)	26.11.20	地震	4.2.2
地震	26.12.20	地震	4.4.14
地震	26.12.25	地震	4.5.11
吾妻山で火山性地震	27.1.14	地震	4.12.28
地震	27.5.15		

地震・津波　　　　　災害別一覧

地震	5.5.21	地震	12.3.20
地震	5.9.18	地震	12.4.10
地震	5.10.12	地震	12.6.3
地震	5.11.27	地震	12.7.11
地震	6.6.29	地震	12.8.6
平成六年北海道東方沖地震	6.10.4	地震	12.8.18
地震	6.12.18	地震	12.9.9
地震	7.1.1	地震	12.9.29
地震	7.1.7	地震	12.10.11
阪神・淡路大震災	7.1.17	地震	12.10.14
地震	7.3.23	地震	12.10.19
地震	7.4.12	地震	13.2.2
地震	7.4.18	地震	13.4.3
地震	7.7.3	地震	13.4.10
地震	8.2.17	地震	13.9.18
地震	8.3.6	地震	13.10.2
地震	8.9.11	地震	13.11.17
地震	8.10.5	地震	13.12.8
地震	8.10.25	地震	14.2.5
地震	8.11.28	地震	14.2.11
地震	8.12.21	地震	14.2.25
地震	9.5.12	地震	14.3.28
地震	9.12.7	地震	14.5.4
地震	10.2.21	地震	14.5.19
地震	10.3.8	地震	14.6.14
地震	10.4.9	地震	14.7.13
地震	10.6.24	地震	14.7.27
地震	10.8.29	地震	14.10.16
地震	11.3.26	地震	14.10.21
群発地震	11.3.28	地震	14.12.23
地震	11.4.25	地震	15.3.13
地震	11.5.22	地震	15.4.8
地震	11.6.27	地震	15.4.21
地震	11.7.15	地震	15.5.10
地震	11.8.11	地震	15.5.12
地震	11.9.13	地震	15.5.17
地震	11.10.17	地震	15.5.31
地震	11.10.19	地震	15.6.16
地震	11.12.4	地震	15.8.18
地震	11.12.16	地震	15.9.20
地震	11.12.27	地震	15.10.15
地震	12.2.6	地震	15.10.31
地震	12.2.11	地震	16.1.6
地震	12.3.6	地震	16.1.23

災害別一覧　　　　　　　　地震・津波

地震	16.4.4	地震	18.5.20
地震	16.4.7	地震	18.6.20
地震	16.5.29	地震	18.8.22
地震	16.7.10	地震	18.8.31
地震	16.7.17	地震	18.9.7
地震	16.8.6	地震	18.10.14
地震	16.8.19	地震	19.1.9
地震	16.8.25	地震	19.1.16
地震	16.9.1	地震	19.2.4
地震	16.10.6	地震	19.3.22
地震	16.10.7	地震	19.5.8
地震	16.12.28	地震	19.6.1
地震	17.2.8	地震	19.6.2
地震	17.2.16	地震	19.6.9
地震	17.2.23	地震	19.6.28
地震	17.4.4	地震	19.7.3
地震	17.4.11	地震	19.7.12
地震	17.4.17	地震	19.7.24
地震	17.5.7	地震	19.8.16
地震	17.5.8	地震	19.10.6
地震	17.5.11	地震	19.11.30
地震	17.5.15	地震	20.1.19
地震	17.6.24	地震	20.2.10
地震	17.7.22	地震	20.3.8
地震	17.7.23	地震	20.3.9
地震	17.7.28	地震	20.3.24
地震	17.8.7	地震	20.4.1
地震	17.10.16	地震	20.4.4
地震	17.10.19	地震	20.4.25
地震	17.10.31	地震	20.5.1
地震	17.11.15	地震	20.5.8
地震	17.12.2	地震	20.5.9
地震	17.12.28	地震	20.7.6
地震	18.1.14	地震	20.7.15
地震	18.2.1	地震	20.7.19
地震	18.3.28	地震	20.7.21
地震	18.4.2	岩手北部地震	20.7.24
地震	18.4.10	地震	20.8.8
地震	18.4.14	地震	20.8.20
地震	18.4.20	地震	20.8.22
伊豆半島東方沖地震	18.4.21	地震	20.9.21
地震	18.4.30	地震	20.10.8
地震	18.5.1	地震	20.12.14
地震	18.5.2	地震	20.12.21

地震・津波　災害別一覧

地震	21.2.20	地震	28.11.24
地震	21.8.9	地震	29.6.25
地震	22.3.16	地震	29.8.2
地震	22.11.30	◇茨城県	
地震	22.12.6		
地震	23.2.26	地震	4.9.22
東北地方太平洋沖地震(東日本大震災)	23.3.11	地震	13.5.31
		地震	13.7.20
余震	23.3.14	地震	13.7.26
余震	23.4.9	地震	13.7.31
余震	23.6.23	地震	13.9.4
地震	23.8.17	地震	13.9.25
地震	24.1.1	地震	13.10.18
震災関連死	24.4.27	地震	13.11.2
地震	24.7.3	地震	14.2.12
余震	24.12.7	地震	15.2.14
地震	25.9.4	地震	15.11.15
地震	25.10.26	地震	17.5.14
地震	25.11.16	地震	17.11.12
チリ震源地震による津波	26.4.2	地震	18.3.13
地震	26.4.18	地震	18.8.1
地震	26.5.5	地震	19.1.4
地震	26.5.13	地震	19.6.23
地震	26.6.16	地震	20.2.9
地震	26.8.10	地震	21.2.1
地震	26.8.24	地震	21.2.20
地震	26.11.12	地震	21.7.22
長野神城断層地震	26.11.22	地震(小美玉市)	21.9.5
地震	26.12.20	地震	21.12.18
地震	27.1.26	地震	22.3.29
地震	27.5.13	地震	22.4.29
地震	27.5.30	地震	22.8.3
地震	27.6.9	地震	22.11.5
地震	27.7.10	地震	23.4.11
地震	27.8.6	余震	23.4.11
地震	27.9.12	地震	23.4.16
地震	27.10.21	地震	23.5.26
地震	27.11.7	地震	23.6.9
地震	28.2.7	地震	23.9.10
地震	28.7.17	地震	23.9.13
地震	28.7.20	地震	23.9.14-
地震	28.7.27	地震	23.9.21
地震	28.8.19	地震	23.9.26
福島県沖地震	28.11.22	地震	23.11.3

災害別一覧　　　　　　　　　　　　　　　　地震・津波

地震	23.11.20	地震	28.7.20
地震	24.1.12	地震	28.7.27
地震	24.2.19	地震	28.8.19
地震	24.2.28	地震	28.12.28
地震	24.3.10	地震	29.1.5
地震	24.3.14	地震	29.1.18
地震	24.4.12	地震	29.2.19
地震	24.5.18	地震	29.4.20
地震	24.8.3	◇栃木県	
地震	24.10.24	地震	4.9.22
地震	25.1.22	地震	12.10.18
地震	25.1.28	地震	13.3.31
地震	25.1.31	地震	18.3.13
地震	25.3.18	地震	18.8.1
地震	25.9.20	地震	19.12.24
地震	25.10.20	地震(日光市)	21.4.5
地震(筑西市)	25.11.3	地震(茂木町)	21.7.22
地震(神栖市)	25.12.3	地震(茂木町)	21.9.5
地震	25.12.21	地震	21.11.21
地震	25.12.31	地震	21.12.18
地震	26.1.9	地震	22.3.29
地震	26.4.18	地震	22.8.3
地震	26.7.3	地震	23.7.15
地震	26.7.10	地震で土砂崩れ(北部)	25.2.25
地震と津波	26.7.12	地震	25.3.18
地震	26.8.24	地震	25.9.20
地震	26.8.29	地震(真岡市)	25.11.3
地震	26.9.16	地震	25.12.21
地震(日立市)	26.9.24	地震と津波	26.7.12
地震	26.10.27	地震	26.9.3
地震	26.11.12	地震	26.9.4
地震	27.1.26	地震	26.9.16
地震	27.5.13	地震(大田原市)	26.9.24
地震	27.5.19	地震	26.10.27
地震	27.6.9	地震	27.7.10
地震	27.7.10	地震(下野市)	27.11.7
地震	27.8.6	地震	29.12.2
地震(石岡市,小美玉市)	27.9.16	◇群馬県	
地震	27.11.7	地震	21.4.5
地震	28.2.7	地震(邑楽町)	21.12.18
地震	28.3.22	地震	25.5.2
地震	28.5.16	地震	26.9.16
地震	28.6.18		
地震	28.7.17		

地震・津波　災害別一覧

地震	30.6.17

◇埼玉県

地震	21.12.18
地震	22.3.29
地震	22.11.5
地震(宮代町)	25.11.3
地震	26.9.16
地震	27.5.25
地震	29.9.14

◇千葉県

地震	13.4.17
地震(干潟町)	14.1.15
地震	14.6.20
地震	15.2.13
地震	15.6.10
地震	15.11.23
地震	17.5.19
地震	17.5.30
地震	17.6.20
地震	17.9.20
地震	18.4.11
地震	18.12.31
地震	19.8.17
地震	19.8.18
地震	20.10.12
地震	20.10.14
地震	20.10.16
地震	21.2.17
地震	21.8.13
地震	22.2.17
地震	22.9.27
地震	23.2.5
地震	23.4.12
余震	23.4.21
地震	23.12.3
地震	24.3.14
地震	24.4.29
地震	24.5.29
地震	24.6.6
地震	25.1.22
地震	25.4.19
地震(銚子市、旭市)	25.12.3
地震	26.5.13
地震	27.1.26
地震(銚子市)	28.4.22
地震	28.7.19
地震	28.10.20
地震	29.2.19
地震	29.8.10

◇東京都

地震（伊豆諸島）	4.5.14
地震(伊豆諸島)	4.6.15
地震(伊豆諸島)	4.10.17
地震(伊豆諸島)	5.3.25
地震(伊豆諸島)	5.10.10
群発地震(伊豆諸島)	6.3.11
群発地震(伊豆諸島)	6.3.16
地震(三宅島近海)	6.12.9
地震(伊豆諸島)	7.1.6
地震(三宅島)	7.5.13
地震(伊豆諸島)	7.7.16
地震(伊豆諸島)	7.10.6
余震(伊豆諸島)	7.10.20
地震(新島)	7.12.4
地震(神津島)	8.5.2
地震(伊豆諸島)	8.10.24
地震(伊豆諸島)	8.10.28
地震(伊豆諸島)	8.11.2
地震(伊豆諸島)	8.11.17
地震(伊豆諸島)	9.9.14
地震(関東地方)	10.11.8
群発地震(神津島村)	11.2.14
群発地震	11.3.14
地震(小笠原村)	11.7.20
群発地震(伊豆諸島)	11.7.30
地震(伊豆諸島)	11.7.30
地震	11.10.23
地震	11.12.21
地震	12.3.10
地震(小笠原村)	12.3.28
地震	12.4.14
伊豆諸島群発地震(神津島)	12.6.29−
地震	12.10.31
地震(伊豆諸島)	13.1.16
地震(新島村)	13.2.13

災害別一覧　　　　　　　　　　地震・津波

地震(新島・神津島)	13.3.4	地震(大島町)	22.10.17
地震	13.5.1	地震	22.12.22
地震	13.5.7	立体駐車場のスロープ滑	
地震	13.5.11	落(町田市)	23.3.11
地震(新島・神津島)	13.6.5	ソロモン地震で津波	25.2.6
地震(伊豆諸島)	13.6.27	地震(三宅島)	25.4.17
地震(青ヶ島村)	13.7.4−	地震(千代田区)	26.5.5
地震	13.8.7	地震と津波	27.5.3
地震	13.9.13	地震(小笠原村)	27.5.30
地震(式根島)	13.12.10	地震(小笠原村)	27.6.23
地震(式根島)	13.12.28	地震(府中市)	27.9.12
地震(式根島)	14.1.3	地震	28.2.5
地震(式根島)	14.1.12	地震(千代田区)	28.7.19
地震(伊豆大島)	14.1.18	地震が相次ぐ(大島町)	28.7.24
地震(大島町)	14.1.20	◇神奈川県	
地震(大島町)	14.1.21	地震	13.6.25
地震(伊豆諸島)	14.5.28	地震	19.10.1
地震(伊豆大島)	14.6.5	地震	21.8.13
地震(伊豆諸島)	15.2.12	地震	25.7.10
地震(伊豆諸島)	15.4.13	地震	26.12.11
地震(伊豆大島)	15.10.28	地震	28.2.5
地震	15.11.19	地震	28.7.19
地震	15.12.30	《中部地方》	
地震(八丈島)	16.1.27	地震	1.2.19
地震(式根島)	16.3.1	地震	1.3.6
地震	16.6.20	地震	2.1.1
地震(伊豆諸島)	17.5.1	地震	2.2.20
地震	17.7.12	地震	2.12.7−
地震	18.4.11	地震	3.8.28
地震	18.7.9−	地震	3.9.3
地震(伊豆諸島)	18.11.1	地震	4.2.2
地震	18.12.31	群発地震	5.3.−
地震(小笠原諸島)	19.4.16	地震	5.5.21
地震	19.5.5	地震	5.11.27
地震(伊豆大島)	19.7.20	地震	6.5.28
地震(伊豆諸島)	19.10.22	地震	6.6.28
地震	20.2.27	地震	6.6.29
地震で津波到達	21.1.4	地震	6.12.18
地震	21.8.13	阪神・淡路大震災	7.1.17
サモア沖地震で津波観測	21.9.30	地震	8.2.17
地震(新島村, 神津島村)	21.10.14	地震	8.3.6
地震(小笠原村)	21.10.21	群発地震	8.8.11−
地震	22.2.17	地震	8.9.11
地震	22.5.9		

地震・津波　　　災害別一覧

地震	8.10.25	地震	12.3.25
地震	9.5.12	地震	13.1.2
地震	10.2.21	地震	13.1.4
地震	10.8.29	地震	14.8.21
群発地震	11.3.28	地震	15.12.19
地震	11.12.16	地震	15.12.22
地震	12.3.19	地震	16.1.9
地震	12.6.3	地震	16.9.7
地震	13.4.3	新潟中越地震	16.10.23
地震	15.4.1	地震	16.12.23
地震	15.6.13	地震	16.12.25
地震	16.1.6	地震(中越地方)	17.1.9
地震	16.5.29	地震(中越地方)	17.1.18
地震	16.12.28	地震(中越地方)	17.2.20
地震	17.5.11	地震	17.2.26
地震	18.2.16	地震(中越地方)	17.2.26
地震	18.12.19	地震(中越地方)	17.6.20
地震	19.6.1	地震(中越地方)	17.7.9
地震	20.6.13	地震(中越地方)	17.8.21
地震	20.7.15	地震(中越地方)	17.11.4
余震	23.6.23	地震	18.12.26
地震で土砂崩れ	25.2.25	地震(中越地方)	19.1.8
余震	25.5.18	地震(中越地方)	19.3.10
地震	29.6.25	新潟県中越沖地震	19.7.16
◇〈北陸地方〉		地震	19.8.6
		地震	19.10.17
地震(北陸地方)	1.11.2	地震(出雲崎町,長岡市,柏崎市)	21.2.24
地震(北陸地方)	5.2.7		
地震(北陸地方)	5.10.12	地震	21.5.12
地震(北陸地方)	7.4.1	地震(十日町市,上越市)	21.10.23
地震(北陸地方)	8.2.7	地震	22.10.2
地震(北陸地方)	12.1.10	地震	22.10.3
地震(北陸地方)	12.6.7	地震	23.1.3
地震(北陸地方)	14.8.18	地震	23.3.12
地震(北陸地方)	19.1.22	地震	23.4.17
能登半島地震(北陸地方)	19.3.25	地震	23.6.2
地震(北陸地方)	19.4.28	地震	24.2.8
地震(北陸地方)	19.5.2	地震	24.10.18
地震(北陸地方)	19.6.11	地震	25.6.7
余震(北陸地方)	23.6.23	地震	26.4.8
長野神城断層地震(北陸地方)	26.11.22	地震	26.5.5
◇新潟県		地震	26.9.3
		地震	27.5.13
地震	7.9.14	地震	28.6.25

地震	28.6.27	地震	23.4.12
地震	28.10.31	地震	23.6.30
◇石川県		地震	23.10.5
地震	14.11.17	地震	24.2.14
地震	19.6.22	地震	24.7.10
地震	20.1.26	長野神城断層地震	26.11.22
地震(輪島市)	22.2.7	地震	27.8.27
◇福井県		地震	28.6.25
地震(和泉村)	11.1.11	地震(栄村)	28.10.31
地震	11.11.7	地震	29.12.6
地震	13.4.16	長野北部で地震続く(北部)	30.5.12
地震(上中町)	13.12.28	◇岐阜県	
地震	18.1.1	地震	15.10.5
地震	18.6.3	地震	18.1.1
地震	21.2.18	地震	18.2.18
地震	23.11.17	地震(揖斐川町)	21.2.18
地震	26.12.26	地震(高山市)	21.10.6
◇山梨県		地震	23.2.27
地震	17.7.31	◇〈東海地方〉	
地震	21.2.16	群発地震(東海地方)	1.7.5
地震	24.1.29	群発地震(東海地方)	1.7.9
地震	26.12.11	地震(東海地方)	5.1.11
地震	27.10.25	伊豆群発地震(東海地方)	5.5.31
◇長野県		群発地震(東海地方)	5.6.3
地震	10.7.1	地震(東海地方)	6.10.25
群発地震	10.8.7−	地震(東海地方)	7.4.18
地震	11.1.28	地震(東海地方)	8.2.7
地震	12.1.7	地震(東海地方)	8.10.5
地震	13.11.9	群発地震(東海地方)	8.10.15−
地震	14.8.2	地震(東海地方)	10.4.22
地震	14.12.4	地震(東海地方)	11.11.29
地震	15.5.18	地震(東海地方)	12.10.31
地震	15.7.10	地震(東海地方)	13.2.23
地震	15.7.18	地震(東海地方)	16.7.17
地震(南部)	17.1.2	地震(東海地方)	16.9.8
地震	17.4.23	地震(東海地方)	16.11.9
地震	18.12.26	地震(東海地方)	17.1.9
新潟県中越沖地震	19.7.16	伊豆半島東方沖地震(東海地方)	18.4.21
地震	21.10.6	地震(東海地方)	18.4.30
地震(木曽町)	21.10.12	地震(東海地方)	18.5.2
地震(栄村)	23.3.12	地震(東海地方)	19.4.15

地震・津波　　災害別一覧

地震(東海地方)	19.7.24	地震	2.2.20
地震(東海地方)	20.3.8	地震	3.8.28
地震(東海地方)	20.4.1	地震	3.9.3
地震(東海地方)	20.5.1	地震	6.5.28
長野神城断層地震(東海地方)	26.11.22	地震	6.6.28
地震(東海地方)	28.4.1	阪神・淡路大震災	7.1.17
◇静岡県		余震	7.1.21
		余震	7.1.23
地震	3.4.25	余震	7.1.25
地震	5.8.7-	余震	7.10.14
群発地震	7.9.11-	阪神・淡路大震災余震	7.この年
群発地震	9.3.3-	群発地震	8.1.8
群発地震	10.4.20-	地震	8.2.17
地震	13.6.1	地震	8.3.6
地震	13.6.3	地震	8.12.3
地震	18.4.11	地震	9.6.25
地震	18.7.9-	地震	10.4.22
地震	18.12.31	地震	10.6.23
地震	19.7.20	地震	11.2.12
地震で津波到達	21.1.4	地震	11.2.18
地震(富士宮市)	21.2.16	地震	11.3.16
地震	21.8.11	地震	11.4.17
地震	21.8.13	地震	11.7.15
地震(焼津市, 牧之原市, 御前崎市)	21.8.13	地震	11.10.30
		地震	12.4.28
地震(伊東市)	21.12.17-	地震	12.5.16
地震(伊東市)	22.1.21	地震	12.5.20
地震	22.3.16	地震	12.6.7
地震	22.11.2	地震	12.8.27
地震	22.12.6	地震	13.1.12
地震	23.1.31	地震	14.9.2
地震	23.3.15	地震	16.1.6
地震	23.8.1	地震	16.6.8
地震	24.7.3	地震	16.9.5
地震	25.7.10	地震	16.9.8
地震(御前崎市)	27.9.1	地震	16.10.27
地震(伊豆市)	27.9.8	地震	16.12.1
地震が相次ぐ(東伊豆町)	28.7.24	地震	17.2.14
◇愛知県		地震	17.11.1
		地震	18.2.16
地震	15.11.11	地震	18.5.15
地震	17.12.24	地震・津波	19.1.13
《近畿地方》		地震	19.1.22
地震	2.1.11	地震	19.4.15

地震	19.4.26
地震	19.11.6
地震	20.4.17
地震	20.8.8
地震	22.3.29
地震	22.7.21
地震	26.6.11
地震	27.2.6
地震	28.4.1
鳥取県中部地震	28.10.21
地震	28.11.19
大阪北部地震	30.6.18

◇三重県

地震	11.8.21
地震	17.12.28
地震	23.7.24

◇滋賀県

地震	15.12.23
地震	20.8.30
地震	26.12.26

◇京都府

地震	11.6.14
地震	12.5.21
地震	12.9.9
地震	13.1.26
地震	13.2.9
地震	13.8.25
地震	14.1.4
地震	15.2.6
地震(城陽市,井手町)	25.12.15
地震	26.8.6
地震(京都市)	26.8.26

◇大阪府

地震	11.8.2
地震	22.2.16
地震	23.5.10
地震	25.1.5
地震(高槻市,枚方市)	25.12.15
地震(能勢町)	26.8.6
地震(堺市)	26.8.26
大阪北部地震	30.6.18
地震で塀崩れ女児死亡(高槻市)	30.6.18

◇兵庫県

地震	6.6.17
地震	7.12.22
地震	8.1.3
地震	11.6.14
地震	13.1.14
地震	13.2.1
地震	13.2.16
地震	16.7.12
地震	25.4.13
地震(宍粟市,上郡町)	25.11.20
地震	26.8.26

◇奈良県

地震	17.12.28
地震	23.7.24
地震	23.9.16
地震	25.12.15

◇和歌山県

群発地震	7.6.6-
地震	7.12.22
地震	11.3.25
地震	11.11.3
地震	12.4.15
地震	12.12.20
地震	13.2.5
地震	13.3.23
地震	13.8.10
地震	13.10.15
地震	14.1.4
地震	14.2.4
地震	15.3.23
地震	15.8.6
地震	19.10.14
地震で津波到達	21.1.4
地震	23.2.21
地震	23.5.10
地震	23.5.12
地震	23.7.5
地震(日高川町)	23.8.10
地震	23.9.16

地震・津波　　　災害別一覧

地震	23.10.8
地震	25.1.5
地震	25.6.8
地震	25.8.30
地震	27.4.13
地震	28.11.19
地震	29.8.26
地震	29.9.27

《中国地方》

地震	3.8.28
地震	6.2.13
阪神・淡路大震災	7.1.17
地震	8.2.7
地震	8.12.3
地震	9.3.26
地震	9.6.25
地震	10.5.23
地震	11.4.17
地震	11.10.30
地震	12.6.8
地震	12.10.8
地震	12.11.4
地震	13.1.12
地震	13.1.22
芸予地震	13.3.24
地震	13.4.3
地震	14.3.6
地震	14.9.16
地震	16.9.21
地震	17.2.14
地震	17.3.8
地震	17.5.27
地震	17.7.28
地震	18.6.12
地震	18.9.26
地震	19.4.26
地震	19.5.13
地震	19.10.14
地震	20.3.8
地震	20.5.2
地震	26.3.14
地震	26.3.22
地震	27.2.6

鳥取県中部地震	28.10.21

◇鳥取県

鳥取県西部地震	12.10.6
地震	12.12.19
地震	12.12.20
地震	13.2.11
地震	13.3.30
地震	14.10.24
地震(湯梨浜町)	27.10.17
地震	27.12.14
鳥取県中部地震	28.10.21

◇島根県

地震	13.2.11
地震	14.1.24
地震	14.10.23
地震	15.4.2
地震	30.4.9

◇広島県

地震	11.7.16
地震	22.4.17
地震	23.11.21
地震	27.7.13

◇山口県

漁船衝突(岩国市)	2.6.7
地震(周防大島町)	22.2.21

《四国地方》

地震	3.8.28
地震	6.4.30
阪神・淡路大震災	7.1.17
地震	8.12.3
地震	9.3.26
地震	9.6.25
地震	11.4.17
地震	11.10.30
芸予地震	13.3.24
地震	13.4.3
地震	15.3.26
地震	15.8.14
地震	16.9.21
地震	17.2.14

災害別一覧　　　　　　　　　　地震・津波

地震	17.3.8
地震	17.5.27
地震	18.6.12
地震	18.9.26
地震	19.4.26
地震	20.3.8
地震	26.3.14
地震	26.3.22
地震	28.4.21
地震	29.3.2
地震	29.6.25

◇徳島県

地震	6.6.17
地震	7.12.22
地震	13.2.8
地震	14.3.11
地震	27.2.6
大阪北部地震	30.6.18

◇香川県

地震	15.12.13

◇愛媛県

地震	13.1.9
地震	14.3.25
地震(松野町)	14.4.6
地震	15.5.31
地震	18.2.1
地震	22.4.17
地震(西予市)	27.7.13
地震	29.9.19

◇高知県

地震で津波到達	21.1.4
地震(室戸市,安田町)	21.7.22
サモア沖地震で津波観測	21.9.30
地震(黒潮町)	21.12.16
地震	22.4.17
地震	22.10.6
地震	27.2.6
地震	28.4.21
地震	29.9.19

《九州地方》

地震	3.8.28
地震	3.10.28
地震	6.2.13
地震	6.4.30
阪神・淡路大震災	7.1.17
地震	7.10.19
地震	8.9.9
宮崎・日向灘地震	8.10.19
地震	8.12.3
地震	9.1.18
地震	9.3.26
地震	9.4.3
余震	9.4.4
地震	9.5.13
地震	9.6.25
地震	9.7.26
地震	10.5.23
地震	11.1.24
地震	12.6.8
地震	14.11.4
地震	15.3.26
地震	16.11.4
福岡県西方沖地震	17.3.20
地震	17.4.20
地震	17.5.31
地震	17.6.3
地震	18.2.4
地震	18.3.27
地震	18.6.12
地震	18.9.26
地震	20.7.8
地震	26.3.14
熊本地震	28.4.14
地震	29.3.2
地震	29.6.20

◇福岡県

地震	17.4.1
地震	17.4.10

◇佐賀県

地震と津波(白石町)	27.11.14

地震・津波　　　災害別一覧

◇長崎県
群発地震(雲仙)　　　　　　　2.11.20
雲仙岳で震度4(雲仙普賢岳)　　3.6.27

◇熊本県
地震　　　　　　　　　　　　19.3.23
地震　　　　　　　　　　　　21.8.3
地震　　　　　　　　　　　　23.10.5
地震　　　　　　　　　　　　27.7.13
熊本地震　　　　　　　　　　28.4.14
地震　　　　　　　　　　　　28.6.12
地震　　　　　　　　　　　　28.6.22
地震(嘉島町)　　　　　　　　28.8.9
地震　　　　　　　　　　　　28.8.31
地震　　　　　　　　　　　　28.9.1
地震(産山村)　　　　　　　　28.10.22
地震　　　　　　　　　　　　29.7.2

◇大分県
地震　　　　　　　　　　　　19.6.6–
地震(中津市、日田市、東峰村)　21.6.25
地震(佐伯市)　　　　　　　　21.8.5
地震　　　　　　　　　　　　27.7.13
熊本地震　　　　　　　　　　28.4.14
地震　　　　　　　　　　　　28.4.29
地震　　　　　　　　　　　　28.10.22

◇宮崎県
地震　　　　　　　　　　　　13.4.25
地震　　　　　　　　　　　　21.9.3
地震(日南市)　　　　　　　　22.1.25
地震　　　　　　　　　　　　27.8.26
地震　　　　　　　　　　　　28.10.22

◇鹿児島県
地震(奄美大島)　　　　　　　2.5.24
地震　　　　　　　　　　　　6.6.6
地震　　　　　　　　　　　　6.7.2
地震　　　　　　　　　　　　7.1.15
地震　　　　　　　　　　　　7.7.30
群発地震　　　　　　　　　　7.8.10
地震　　　　　　　　　　　　7.10.18
地震　　　　　　　　　　　　7.11.1
地震　　　　　　　　　　　　7.12.17
地震　　　　　　　　　　　　7.12.20

地震(奄美大島)　　　　　　　8.2.18
地震　　　　　　　　　　　　8.6.2
地震　　　　　　　　　　　　8.10.18
余震　　　　　　　　　　　　9.4.5
地震　　　　　　　　　　　　9.4.9
地震　　　　　　　　　　　　10.3.3
奄美大島悪石島地震(鹿児
　島郡十島村)　　　　　　　　12.10.2
地震　　　　　　　　　　　　19.1.16
地震(奄美諸島)　　　　　　　19.8.9
地震(奄美地方)　　　　　　　21.10.30
地震(天城町)　　　　　　　　22.1.7
地震　　　　　　　　　　　　22.1.25
ソロモン地震で津波　　　　　25.2.6
地震　　　　　　　　　　　　26.10.22
桜島で地震(鹿児島市)　　　　27.3.31
地震　　　　　　　　　　　　27.5.22
地震と津波　　　　　　　　　27.11.14
地震(知名町)　　　　　　　　28.9.26
地震　　　　　　　　　　　　29.7.11

◇沖縄県
地震　　　　　　　　　　　　2.4.25
西表島群発地震(西表島)　　　3.1.23–
地震(西表島)　　　　　　　　4.8.24
地震　　　　　　　　　　　　4.9.19
地震(八重山地方)　　　　　　4.9.29
群発地震(八重山地方)　　　　4.10.7
群発地震(沖縄西表島付)　　　4.10.14
群発地震(先島諸島)　　　　　4.10.15
群発地震(西表島)　　　　　　4.10.18
群発地震(西表島)　　　　　　4.10.20
群発地震(西表島)　　　　　　4.10.27
群発地震(西表島)　　　　　　4.11.18
群発地震(八重山地方)　　　　4.11.29
地震(西表島)　　　　　　　　4.12.12
地震(西表島)　　　　　　　　5.2.7
西表島で震度5(西表島)　　　5.5.17
地震(西表島)　　　　　　　　5.8.20
地震(西表島)　　　　　　　　6.1.18
地震　　　　　　　　　　　　7.1.15
地震　　　　　　　　　　　　7.12.20
地震　　　　　　　　　　　　9.2.12
地震　　　　　　　　　　　　9.6.19

地震	10.5.4	浅間山噴火	15.3.30
地震	16.10.15	浅間山噴火	15.4.7
地震(宮古島地方)	19.4.20	浅間山噴火	15.4.18
地震	19.8.9	浅間山噴火	16.9.1
地震	20.4.28	浅間山噴火	20.8.10
地震	20.7.8	浅間山が噴火	21.2.2
地震(宮古島市)	21.8.5	草津白根山で火山性地震	
地震	21.8.17	(草津町)	27.2.23
地震	22.2.7	浅間山噴火	27.6.16
地震	22.2.27	草津白根山噴火	30.1.23
地震	22.10.4	白根山火山性地震	30.9.28

【噴火・爆発】

◇北海道
- 十勝岳噴火(十勝岳) 1.1.8
- 駒ヶ岳噴火 8.3.5
- 駒ヶ岳噴火 10.10.25
- 有珠山噴火 12.3.31
- 駒ヶ岳噴火(渡島支庁駒ヶ岳) 12.9.4-
- 雌阿寒岳噴火 18.3.21
- 十勝岳の山頂に火か 24.6.30
- 雌阿寒岳活動活発か 30.11.23

◇山形県
- 吾妻山で火山性地震 27.1.14
- 吾妻山で火山微動 27.5.6

◇福島県
- 吾妻山で火山性地震 27.1.14
- 吾妻山で火山微動 27.5.6

◇群馬県
- 草津白根山小噴火(草津白根山) 1.1.6-
- 浅間山微噴火 2.7.20
- 浅間山活動活発化 14.6.22
- 浅間山小噴火 15.2.6

（地震続き右列）
- 緊急地震速報を発表せず 26.3.3
- 地震(宮古島市,多良間村) 26.9.18
- 地震 26.10.15
- 地震 26.10.22
- 地震(与那国町) 27.4.20
- 地震 28.9.26
- 地震(西表島) 30.3.1

◇東京都
- 三宅島噴火(三宅支庁三宅村) 12.6.26
- 三宅島噴火(三宅支庁三宅村) 12.7.8
- 三宅島噴火(三宅支庁三宅村) 12.8.10
- 三宅島小噴火 13.10.16
- 小笠原・硫黄島小噴火 13.10.19
- 三宅島・雄山小噴火(三宅島) 14.4.2
- 伊豆鳥島噴火(伊豆諸島) 14.8.12
- 三宅島噴火(三宅村) 16.12.7
- 三宅島で噴火(三宅村) 25.1.22
- 海底噴火で新島(小笠原村) 25.11.20-
- 西之島噴火(西之島) 29.4.20

◇神奈川県
- 箱根山の噴火警戒レベル引き上げ 27.5.6
- 箱根山で火山性地震が多発 27.5.15
- 箱根山が噴火 27.6.29

◇新潟県
- 新潟焼山が噴火(糸魚川市,妙高市) 28.5.6

◇長野県
- 水蒸気爆発(南安曇郡安曇村) 7.2.11
- 浅間山火山性地震(北佐久郡浅間山) 12.9.18
- 浅間山活動活発化 14.6.22
- 浅間山小噴火 15.2.6
- 浅間山噴火 15.3.30
- 浅間山噴火 15.4.7
- 浅間山噴火 15.4.18
- 浅間山噴火 16.9.1

浅間山噴火	20.8.10
浅間山が噴火	21.2.2
御嶽山噴火	26.9.27
浅間山噴火	27.6.16
北ア焼岳、地震頻回	30.11.22

◇岐阜県

御嶽山噴火	26.9.27
北ア焼岳、地震頻回	30.11.22

◇静岡県

伊東沖海底噴火(伊東市沖)	1.7.13
箱根山の噴火警戒レベル引き上げ	27.5.6
箱根山で火山性地震が多発	27.5.15
箱根山が噴火	27.6.29

◇長崎県

雲仙・普賢岳噴火(雲仙普賢岳)	2.11.17
雲仙・普賢岳火砕流発生(雲仙普賢岳)	3.6.3
雲仙岳火山性地震	13.1.19

◇熊本県

阿蘇中岳噴火(阿蘇中岳)	2.4.20
阿蘇山噴火	23.5.15
阿蘇山が噴火	27.9.3
阿蘇山噴火	28.10.8

◇宮崎県

新燃岳噴火	23.1.26
新燃岳の火口に穴	25.11.15
えびの高原で火山性微動(えびの市)	27.7.26
えびの高原で火山性微動(えびの市)	27.9.2
霧島連山・御鉢火山性地震	27.9.15
新燃岳噴火	29.10.11-
霧島山噴火(えびの市)	30.4.19

◇鹿児島県

桜島噴煙(桜島南岳)	2.5.1
桜島噴火	12.10.7
御岳小噴火(十島村)	14.8.19
桜島昭和火口噴火	18.6.4
桜島が爆発(鹿児島市)	21.2.1-
桜島が噴火(鹿児島市)	21.3.10
桜島が噴火(鹿児島市)	21.4.9
桜島の爆発的噴火(鹿児島市)	21.12.21
桜島の爆発的噴火が300回(鹿児島市)	22.3.9
新燃岳噴火	23.1.26
桜島爆発(鹿児島市)	23.12.2
桜島爆発で大量の降灰(鹿児島市)	24.5.20
噴火警戒レベル引き上げ(三島村)	25.6.4
桜島噴火(鹿児島市)	25.8.18
桜島噴火(鹿児島市)	25.9.4
新燃岳の火口に穴	25.11.15
桜島が爆発的噴火(鹿児島市)	26.5.10
口永良部島噴火(屋久島町)	26.8.3
桜島の爆発回数前年越え(鹿児島市)	27.5.2
口永良部島で爆発的噴火(屋久島町)	27.5.29
桜島噴火(鹿児島市)	27.8.15
霧島連山・御鉢火山性地震	27.9.15
桜島が噴火(鹿児島市)	28.2.5
新燃岳噴火	29.10.11-
桜島噴火((桜島))	30.6.16
口永良部島火山活動(屋久島町)	30.8.15
新岳噴火(口永良部島)	30.12.18

【地滑り・土砂崩れ】

《全国》

豪雨	13.6.18-
8月豪雨	26.8.15

◇北海道

土砂崩れ(網走支庁斜里町)	2.8.27
土砂崩れバス直撃(網走支庁斜里町)	2.8.27
豊浜トンネル崩落事故(後志支庁余市町)	8.2.10
落石(弟子屈町)	12.4.23
土砂崩れ(北見市)	13.10.4
土砂崩れ(静内町)	15.10.1

災害別一覧　　地滑り・土砂崩れ

　土砂崩れ(えりも町)　16.1.13
　土砂崩れで道路陥没(東川町)　22.8.24
　土砂崩れ(夕張市)　24.4.27
　大雨　26.8.23
　大雨で登山道に土砂が流入(上富良野町)　27.8.11

《東北地方》
　地震で土砂崩れ　25.2.25
　大雨　25.7.18
　大雨　26.8.5

◇青森県
　がけ崩れ(上北郡十和田湖町)　11.3.10
　土砂崩れ(十和田市)　17.5.31

◇岩手県
　天然記念物「玄武洞」崩落(雫石町)　11.9.3
　秋田・岩手豪雨　25.8.9
　土砂崩れ(宮古市)　27.12.11

◇秋田県
　斜面崩落(矢島町)　16.3.11
　秋田・岩手豪雨(仙北市)　25.8.9
　土砂崩れ(由利本荘市)　25.11.21

◇山形県
　大雨　25.7.18
　土砂崩れ(白鷹町)　26.7.10

◇福島県
　土砂崩れ(北塩原村)　15.8.18
　大雨による土砂崩れ　25.8.5

《関東地方》
　豪雨　21.8.9
　台風26号　25.10.16
　大雨　26.6.6

◇栃木県
　いろは坂崩落(日光市)　14.9.7
　地震で土砂崩れ(北部)　25.2.25

◇群馬県
　上信越道で土砂崩れ(富岡市)　11.8.21
　豪雨で石垣崩れ(伊香保町)　13.8.27

◇埼玉県
　橋工事中に地盤崩れる(草加市)　3.9.7
　西部秩父線吾野駅で土砂崩れ(飯能市)　11.8.14
　キャンプ場で土砂崩れ(大滝村)　11.8.15
　岩畳崩落(秩父郡長瀞町)　13.8.31
　土砂崩れ(秩父市)　23.12.24

◇千葉県
　京葉道路陥没(千葉市)　13.10.10
　台風7号で土砂崩れ　18.8.8-
　土砂崩れ(成田市)　25.10.19
　市道で土砂崩れ(市原市)　30.11.6

◇東京都
　JR武蔵野線線路埋没(小平市)　3.10.11
　小田急線脱線(多摩市)　3.10.11
　地震(伊豆諸島)　4.6.15
　雨水管工事現場土砂崩れ(目黒区)　8.2.27
　土砂崩れ(あきる野市)　8.3.18
　大雨　12.9.23
　コンクリート崩落(港区)　13.7.10
　台風7号で土砂崩れ　18.8.8-
　伊豆大島土石流災害(台風26号被害)(大島町)　25.10.16

◇神奈川県
　建築現場土砂崩れ(川崎市宮前区)　1.5.22
　がけ崩れ(横浜市)　11.2.17
　土砂崩れ(横須賀市)　15.6.14
　土砂崩れ(横浜市)　18.2.2
　線路陥没(伊勢原市)　30.9.7

《中部地方》
　平成18年7月豪雨　18.7.15-
　豪雨　21.8.9

地滑り・土砂崩れ　　　　災害別一覧

地震で土砂崩れ　　　　　　25.2.25
◇〈北陸地方〉
　大雨(北陸地方)　　　　　25.7.28-
◇新潟県
　復旧工事中に土砂崩れ(栃
　　尾市)　　　　　　　　17.11.8
　土砂崩れ(新潟市)　　　　18.1.27
　土砂崩れ(上越市)　　　　24.3.13
　大雨による土砂崩れ(長岡
　　市)　　　　　　　　　25.7.30
　土砂崩れ(柏崎市)　　　　25.12.7
◇富山県
　落石(黒部峡谷)　　　　　14.9.18
　落石で登山客転落(立山町)　15.7.15
　山岳で落石が直撃(立山町)　20.6.19
◇石川県
　地滑りで鉄塔倒壊(羽咋市)　17.4.1
◇福井県
　がけ崩れ(丹生郡越前町)　　1.7.16
　落石が車を直撃(上中町)　　16.11.26
◇山梨県
　ダム建設現場土砂崩れ(大
　　月市)　　　　　　　　8.12.13
　土砂崩れ(大月市)　　　　13.11.24
　土砂崩落(小菅村)　　　　14.1.29
　土砂崩れ(北杜市)　　　　21.10.31
◇長野県
　治山工事現場土砂崩れ(飯
　　田市)　　　　　　　　6.11.11
　トンネルで土砂崩れ(南安
　　曇郡安曇村)　　　　　11.9.15
　地滑り(長野市)　　　　　11.12.3
　土石流(白馬村)　　　　　15.6.28
　落石が走行ワゴン車直撃
　　(中川村)　　　　　　　17.5.7
　土砂崩れ(白馬村)　　　　17.8.11
　落石　　　　　　　　　　17.10.6
　土砂崩れ・玉突き事故(小
　　諸市)　　　　　　　　20.1.19
　山で落石(松本市)　　　　20.7.27

　登山道崩落(白馬村)　　　　20.8.19
　大雨で道路寸断　　　　　　22.7.15
　土石流で足止め(松本市)　　23.6.23
◇岐阜県
　土砂崩れ(白川村)　　　　　15.10.5
　落石　　　　　　　　　　　17.10.6
　土砂崩れ(中津川市)　　　　20.1.14
　中央道で土砂崩れ(瑞浪市)　29.8.18
◇静岡県
　土砂崩れ(三島市)　　　　　1.7.29
　採石場土砂崩れ(田方郡大仁
　　町)　　　　　　　　　　1.7.29
　土砂崩れ　　　　　　　　　15.8.15
　台風7号で土砂崩れ　　　　18.8.8-
　地滑り(浜松市)　　　　　　25.4.23
　大雨　　　　　　　　　　　25.7.18
　台風26号　　　　　　　　 25.10.16
　斜面が崩れて橋が崩落(浜
　　松市)　　　　　　　　　27.1.31
　土砂崩れ(浜松市)　　　　　29.4.18
◇愛知県
　工事現場土砂崩れ(豊田市)　2.4.26
　工事現場土砂崩れ(海部郡
　　七宝町)　　　　　　　　4.1.11
　土砂崩れ(小牧市)　　　　　4.10.16
　用水路工事現場土砂崩れ
　　(大府市)　　　　　　　　8.2.19
《近畿地方》
　大雨　　　　　　　　　　　25.7.15
　大雨　　　　　　　　　　　25.7.28-
　大雨　　　　　　　　　　　25.9.4
◇三重県
　土石流(員弁郡藤原町)　　　11.8.19
　土砂崩れ(上野市)　　　　　14.10.12
◇京都府
　客船に落石　　　　　　　　18.8.15
◇大阪府
　水道工事現場土砂崩れ(堺
　　市)　　　　　　　　　　3.3.18

災害別一覧　　　　　地滑り・土砂崩れ

路面陥没(阪南市)	20.5.5
採石場で生き埋め(太子町)	21.8.21
土砂崩れ(池田市)	24.5.7
土砂崩れで停電(豊能町)	26.2.25
大雨	26.8.23

◇兵庫県

土砂崩れ多発(多紀郡丹南町)	8.8.28
工事現場土砂崩れ(神戸市北区)	8.10.4
団地の裏山崩れる(神戸市須磨区)	9.9.17
民家裏山崩れる(神戸市)	11.5.19
人工砂浜陥没(明石市)	13.12.30
土砂崩れ(神戸市)	15.8.15
姫路で県道陥没(姫路市)	20.11.28
マンション敷地で土砂崩れ(芦屋市)	25.6.22

◇奈良県

ゴルフ場建設現場土砂崩れ(吉野郡吉野町)	3.1.12
土砂崩れ(上北山村)	19.1.30
古墳で崩落(明日香村)	21.8.11
土砂崩れ(東吉野村)	24.3.2

◇和歌山県

工事現場土砂崩れ(東牟婁郡古座川町)	8.10.5
土砂崩れ(高野町)	15.2.24
岩が崩落し民家直撃(和歌山市)	17.3.4
土砂崩れ(上富田町)	18.7.6

《中国地方》

平成18年7月豪雨	18.7.15−
中国・九州北部豪雨	21.7.19−
大雨	25.7.15
大雨	25.7.28−
大雨	25.9.4
大雨	26.8.5

◇鳥取県

土砂崩れ(東伯郡三朝町)	2.7.31
下水道工事現場土砂崩れ(日野郡日南町)	8.1.25
土砂崩れ(鳥取市)	8.3.17
採石残土で川をせき止め(八頭郡智頭町)	14.1.25

◇島根県

山口島根豪雨	25.7.28
豪雨	25.8.24

◇岡山県

土砂崩れ(倉敷市)	8.9.15
採石工場崩落(総社市)	13.3.12
JR津山線脱線事故(岡山市)	18.11.19
豪雨(美作市)	21.8.9

◇広島県

土砂崩れ(豊田郡安浦町)	3.7.4
土砂崩れ(東広島市)	21.7.25
広島土砂災害(広島市)	26.8.19
土砂崩れで列車が脱線(三次市)	28.7.14
駐車場陥没(福山市)	30.10.2

◇山口県

豪雨	21.7.21
山口島根豪雨	25.7.28

《四国地方》

大雨	25.9.4

◇徳島県

石垣崩れ生き埋め 徳島のダム工事現場で作業員2人が死亡(那賀郡木頭村)	8.2.20
マンション裏山崩れる(徳島市)	12.10.24
落石(上勝町)	15.4.29

◇愛媛県

土砂崩れ(双海町)	16.6.28
愚陀仏庵が全壊(松山市)	22.7.12
巨岩が道路に落下(西条市丹原町)	24.2.19

◇高知県

工事現場土砂崩れ(中村市)	8.7.22
大雨(室戸市)	11.8.10−

平成災害史事典総索引　47

《九州地方》
　平成18年7月豪雨　　　　　　　18.7.15-
　中国・九州北部豪雨　　　　　　21.7.19-
◇福岡県
　住宅裏で土砂崩れ(北九州
　　市八幡西区)　　　　　　　　3.7.4
　がけ崩れ(嘉穂郡庄内町)　　　　4.3.17
　土砂崩れ(北九州市)　　　　　　14.7.18
　豪雨でキャンプ場が孤立
　　(那珂川町)　　　　　　　　　21.7.26
◇長崎県
　土砂崩れ(新魚目町)　　　　　　1.9.13
　大雨で土砂災害が相次ぐ
　　(長崎市)　　　　　　　　　　28.6.28
◇熊本県
　建設現場土砂崩れ(球磨郡
　　湯前町)　　　　　　　　　　2.3.4
　工事現場土砂崩れ(水俣市)　　　2.5.16
　豪雨で倒木、土砂崩れ(熊
　　本市)　　　　　　　　　　　29.6.25
◇大分県
　土石流(竹田市)　　　　　　　　2.7.1
　土砂崩れで豊肥線列車脱
　　線(大分市)　　　　　　　　　5.6.15
　大雨で土砂崩れ　　　　　　　　17.7.10
　落石(中津市)　　　　　　　　　17.9.7
　巨岩が民家直撃(竹田市)　　　　17.11.4
　大雨で山崩れ(九重町)　　　　　20.6.11
　土砂崩れ(竹田市)　　　　　　　21.8.10
　大分中津土砂崩落(中津市)　　　30.4.11
◇宮崎県
　がけ崩れ(東諸県郡高岡町)　　　2.9.29
　工事現場土砂崩れ(椎葉村)　　　4.2.2
　九州地方で大雨　　　　　　　　22.7.3
◇鹿児島県
　がけ崩れ(鹿児島市新照院町)　　2.4.12
　土砂崩れで日南線列車脱
　　線(志布志町)　　　　　　　　5.6.24
　がけ崩れ(始良町)　　　　　　　17.2.8
　土砂崩れ(志布志市)　　　　　　19.11.23

　九州地方で大雨　　　　　　　　22.7.3
　大雨で土砂災害が相次ぐ
　　(始良市)　　　　　　　　　　28.6.28

【雪崩】
◇北海道
　雪崩　　　　　　　　　　　　　1.3.9
　雪崩(後志支庁)　　　　　　　　2.1.15
　雪崩(後志支庁ニセコ町)　　　　3.12.29
　雪崩(積丹町)　　　　　　　　　19.3.18
　雪崩(上富良野町)　　　　　　　19.11.23
　スキー場付近で雪崩(ニセ
　　コ町)　　　　　　　　　　　26.1.16
　雪崩でスノボ男性死傷(倶
　　知安町)　　　　　　　　　　29.2.25
◇青森県
　雪崩(岩木町)　　　　　　　　　14.1.19
　雪崩(青森市)　　　　　　　　　19.2.14
◇岩手県
　雪崩(松尾村)　　　　　　　　　14.1.13
　雪崩(松尾村)　　　　　　　　　17.1.23
　雪崩(八幡平市)　　　　　　　　20.3.8
◇秋田県
　雪崩(仙北市)　　　　　　　　　18.2.10
　雪崩で岩盤浴場埋まる(仙
　　北市)　　　　　　　　　　　24.2.1
◇山形県
　雪崩(東田川郡立川町)　　　　　12.12.26
　雪崩(小国町)　　　　　　　　　14.2.9
　雪崩(長井市)　　　　　　　　　14.3.10
◇福島県
　雪崩で登山者死亡　　　　　　　29.3.27
◇栃木県
　雪崩(那須町)　　　　　　　　　21.4.2
　高校生那須雪崩事故(那須
　　町)　　　　　　　　　　　　29.3.27
◇群馬県
　登山者遭難(利根郡水上町)　　　2.1.3

雪崩で登山者遭難(水上町)	13.3.20	雪崩(木曽郡木曽福島町)	3.2.10
雪渓崩落(水上町)	13.7.5	登山者雪崩遭難(白馬村)	12.2.
雪崩(水上町)	17.1.16	雪崩(安曇村)	14.11.3

《中部地方》

登山者滑落(北アルプス剱岳)　　9.12.31

◇新潟県

水路工事中に雪崩(栃尾市)	9.2.25
新潟中越地震の被災地で雪崩続発(中越地方)	17.2.17−
雪崩(妙高市)	27.1.17

◇富山県

雪崩	2.3.7
雪庇崩落で登山者遭難	12.3.5
雪崩(中新川郡立山町)	13.1.4
雪崩(立山町)	13.2.5
雪崩(立山町)	17.11.23
雪崩で登山者ら死亡	18.5.1
雪崩(立山町)	19.4.18
雪崩	22.5.1
雪崩(立山町)	22.11.30
北アルプスで雪崩発生(上市町)	23.2.28
雪崩	25.4.27
雪崩(立山町)	25.11.23
雪崩で登山パーティーが遭難(立山町)	28.11.29
雪崩で登山者死亡	29.4.30
雪崩、遭難相次ぐ	29.5.4
雪崩・滑落	29.5.7

◇石川県

雪渓崩落(石川郡尾口村)　　12.8.15

◇山梨県

雪崩	1.3.15
雪崩(南アルプス甲斐駒ケ岳)	2.2.11
登山者雪崩遭難(北岳)	9.12.31
雪崩	11.3.31
雪崩(南アルプス市)	17.1.2
雪崩	25.4.27

◇長野県

雪崩　　2.3.8

雪崩(南安曇郡安曇村)	15.1.5
登山者雪崩遭難(大町市)	15.4.6
雪崩(白馬村)	16.4.10
雪崩で登山者遭難(松本市)	18.1.3
雪崩で登山者負傷	18.2.11
雪崩・遭難相次ぐ	18.4.8−
雪崩で登山者ら死亡	18.5.1
雪崩(小谷村)	20.2.3
雪崩(宮田村)	20.2.9
雪崩(白馬村)	23.4.29
冬山遭難相次ぐ	24.12.31−
雪崩	25.4.27
雪崩が高速バスを巻き込む(松本市)	26.2.27
雪崩(山ノ内町)	27.1.17
雪崩に遭い遭難(白馬村)	27.1.19
雪崩で登山者死亡	29.4.28
雪崩、遭難相次ぐ	29.5.4

◇岐阜県

山岳事故(上宝村)	14.1.4
雪崩(郡上市)	15.1.5
雪崩・遭難相次ぐ	18.4.8−
雪崩で遭難(高山市)	20.12.27
冬山遭難相次ぐ	24.12.31−

◇滋賀県

雪崩(余呉町)　　17.12.14

◇鳥取県

スキー場で雪崩(江府町)　　22.12.31

【動植物災害】

《全国》

狂牛病発生	13.9.10−
コイヘルペスウイルス病	15.11.6−
巨大クラゲ被害	16.2.−
ダニ感染で死亡	24.この秋

◇北海道

スクレイピー感染(士別市)　　8.5.

動植物災害　災害別一覧

競走用繁殖牝馬焼死(門別町旭町)　10.12.15
口蹄疫感染(本別町)　12.3.25
ヒグマに襲われ死亡　13.5.10−
羊がスクレイピー感染(本別町)　15.9.20
白鳥に鳥インフルエンザ発生(佐呂間町)　20.5.10
白鳥に鳥インフルエンザ発生(佐呂間町)　20.5.10
強毒性の鳥インフル検出(稚内市)　22.10.26
鳥インフルウィルス検出　23.1.19
カルガモが鳥インフルエンザ(帯広市)　25.11.5
カルガモが鳥インフルエンザ(帯広市)　25.11.5
土佐犬に襲われ死亡(白老町)　26.2.26
競走馬が逃走(むかわ町)　26.7.11
イワシが大量死(むかわ町)　26.11.3
死んだ羊を無許可で埋却処分(羽幌町)　27.5.9
ヒグマが特急列車に衝突(南富良野町)　27.7.13
ダニ媒介脳炎患者を確認　28.8.13
ダニ媒介脳炎で死亡　29.7.7

◇青森県
クマ出没相次ぐ　18.4.−
ハヤブサから鳥インフル陽性(三沢市)　23.3.10
鳥インフルエンザ(青森市)　28.11.28
鳥インフルエンザ(青森市)　28.11.28
クマ襲撃相次ぐ(田子町)　29.5.27−
リンゴ黒星病感染拡大　30.5.28

◇岩手県
クマに襲われ死亡　13.6.9
登山中クマに襲われる　28.4.24

◇宮城県
鳥インフルエンザ(登米市)　28.11.28
鳥インフルエンザ(登米市)　28.11.28

◇秋田県
牧場からヒグマ脱走(鹿角市)　24.4.20
十和田大湯クマ襲撃(鹿角市、五城目町)　28.5.21
クマ襲撃相次ぐ(仙北市、羽後町)　29.5.27−

◇山形県
コイヘルペスウイルス感染(南陽市)　16.6.3

◇福島県
クマ3頭出没(西会津町)　22.10.18
鳥インフルウィルス検出　23.1.19
住宅街でクマが出没(会津美里町)　25.7.18

◇茨城県
豚舎全焼(旭村)　9.9.16
ブリーダー住宅火災(下館市)　14.1.29
豚舎火災(岩井市)　14.7.16
養鶏場火災(内原町)　14.10.11
鳥インフルエンザ発生　17.6.26
鳥インフルエンザ発生　17.6.26
馬インフルエンザ発生　19.8.16
調教師が馬に蹴られる(美浦村)　21.4.3
鴨猟で誤射(笠間市)　30.12.16

◇群馬県
クマに襲われ重傷(利根郡片品村)　11.6.6
イノシシが猛進(邑楽町)　19.11.17
サファリパークでクマに襲われ死亡(富岡市)　28.8.16
イノシシに襲われ死亡(桐生市)　28.11.11

◇埼玉県
所沢ダイオキシン報道(所沢市)　11.2.1
養豚小屋火災(秩父市)　13.12.27
鳥インフルエンザ発生　17.6.26
鳥インフルエンザ発生　17.6.26

災害別一覧　　　動植物災害

犬2頭に4人襲われ負傷(所沢市)　19.5.29
ハイキング中にクマに襲われる(秩父市)　28.8.7
クマに襲われケガ(秩父市)　30.10.13

◇千葉県
土佐犬にかまれ死亡(千葉市)　19.4.12
スズメバチに刺され死亡(成田市)　26.9.19
養鶏場で火災(館山市)　27.5.11
人を襲った紀州犬を射殺(松戸市)　27.9.13
土佐犬逃亡(九十九里町)　30.12.2

◇東京都
皇居外堀のコイ大量死(千代田区)　1.8.3
皇居でハチが大量発生(千代田区)　9.7.-
皇居で馬暴れる　24.4.23
水族園でマグロ大量死(江戸川区)　27.1.14
羽田空港滑走路に犬(大田区)　28.5.11
犬にかまれ乳児死亡(八王子市)　29.3.9
公園でカラス大量死(練馬区,板橋区)　29.3.24-
水族館で魚大量死(豊島区)　29.11.8

◇神奈川県
オウム病に集団感染(川崎市)　26.5.30
ハイキングでクマに襲われる(山北町)　28.6.24

◇新潟県
コイヘルペスウイルス感染(小千谷市)　18.6.23
ハチに刺され軽傷(弥彦村)　20.7.19
イノシシが小学校に侵入(長岡市)　20.10.21
高速道路にクマが出没(糸魚川市)　28.11.5

鳥インフルエンザ(上越市,関川村)　28.11.28
鳥インフルエンザ(上越市,関川村)　28.11.28

◇富山県
クマ被害　16.9.-
クマに襲われ死亡(富山市)　17.3.26
クマに襲われ死亡(入善町)　18.10.26

◇石川県
名木「夫婦松」伐採(金沢市)　15.6.20
クマ被害　16.9.-

◇福井県
クマ被害　22.10.24
火力発電所でクラゲ原因のトラブル　24.8.29

◇山梨県
クマが電車に衝突(甲州市)　18.9.18
土佐犬にかまれ死亡(笛吹市境川町)　24.5.1
観光施設の犬に噛まれる(北杜市)　26.8.3

◇長野県
イノシシがスーパーに侵入(上田市)　26.12.12
飼育中のクマに襲われる(安曇野市)　28.10.15
リンゴ黒星病感染拡大　30.5.28
レース中ハチに襲われる(松本市)　30.8.26

◇岐阜県
国道でクマと衝突(大野郡丹生川村)　3.11.6
ブタ焼死(関市)　4.1.3
競走馬・トラック衝突(羽島郡笠松町)　9.1.10
バスターミナルがクマ被害(高山市)　21.9.19
クマに襲われ負傷(高山市)　29.4.25

◇静岡県
狩野川シアン検出　1.9.

動植物災害　災害別一覧

　　豚舎火災(湖西市)　　　　　14.10.31
　　熊に襲われ死傷(裾野市)　　17.10.25
◇愛知県
　　酸欠で魚浮く(名古屋市名東区)　　3.5.23
　　鳥インフルが弱毒性と判明(豊橋市)　　21.2.27
　　鳥インフルウィルス検出　　23.1.19
　　鳥インフルエンザ(新城市)　23.2.14
　　学生が馬に蹴られ重体(尾張旭市)　　30.11.23

《近畿地方》
　　鶏大量死　　　　　　　　　2.7.-
　　キウイフルーツかいよう病の感染拡大　　26.5.29
◇三重県
　　アコヤガイ大量死　　　　　14.4.2
　　神事で馬が暴走(桑名市)　　20.5.4
　　送電線に蛇が巻きつき停電　25.7.23-
　　クマに襲われ重傷(いなべ市)　27.5.27
◇滋賀県
　　馬インフルエンザ発生　　　19.8.16
　　クマに襲われ重傷(多賀町)　27.5.27
　　イノシシに襲われる(彦根市)　　28.12.25
◇京都府
　　ツキノワグマが感電死(京都市)　　14.9.6
　　鳥インフルエンザ発生　　　16.1.12-
　　鳥インフルエンザ発生　　　16.1.12-
　　トラに襲われ飼育員死亡(京都市)　　20.6.7
　　イノシシがホテルに侵入(京都市)　　29.5.7
　　イノシシ、学生寮に侵入(京都市)　　29.6.13
　　イノシシに襲われ負傷(京都市)　　29.11.27
◇大阪府
　　コイヘルペスウイルス感染　16.4.28
　　落馬(河南町)　　　　　　　18.9.24
　　卸売市場で牛に押され死亡(大阪市)　　18.11.15
　　サルにかまれ重軽傷(岸和田市)　　19.6.6-
　　イノシシ大暴れ(柏原市)　　20.4.8
　　闘犬に襲われ重傷(松原市)　20.10.27
　　動物園子牛ふん便からO157検出(大阪市)　　20.12.11
　　バードストライク　　　　　21.8.22
　　火力発電所でクラゲ原因のトラブル　　24.8.29
　　女王ヒアリの死骸発見(大阪市)　　29.7.4
◇兵庫県
　　イノシシ親子が特急に衝突　18.9.17
　　クマ被害(朝来市)　　　　　22.10.24
　　火力発電所でクラゲ原因のトラブル　　24.8.29
　　マダニによる感染　　　　　25.1.
　　イノシシに襲われる(神戸市)　　26.4.3
　　イノシシに襲われ負傷(西宮市)　　27.1.17
　　イノシシに襲われケガ(芦屋市)　　30.12.4
◇奈良県
　　カラスが感電しケーブルカー停止(生駒市)　　16.7.11
　　鳥インフルエンザ(五條市)　23.2.28
◇和歌山県
　　寄生虫で養殖マダイ大量死(串本町)　　15.12.13
　　猟犬に噛まれて死亡(田辺市)　　28.10.19
◇鳥取県
　　サメ出没(白兎海水浴場沖)　13.8.
　　放獣作業中にクマに噛まれる(八頭町)　　28.6.27
◇島根県
　　毒蛇海岸に漂着　　　　　　8.1.4-
　　オウム病発症(松江市)　　　13.12.-
　　鳥インフル検出(安来市)　　22.11.29

災害別一覧　　　　　　　　動植物災害

マダニによる感染	25.1.
クマに襲われ重傷(浜田市)	28.6.15

◇岡山県

猟犬が児童襲う(備前市)	20.11.15
マダニによる感染	25.1.
鳥インフルエンザ(笠岡市)	27.1.15
鳥インフルエンザ(笠岡市)	27.1.15

◇広島県

マダニによる感染	25.1.

◇山口県

毒蛇海岸に漂着	8.1.4−
ツキノワグマの出没相次ぐ	14.10.23
鳥インフルエンザ(阿武郡阿東町)	15.12.−
鳥インフルエンザ(阿武郡阿東町)	15.12.−
鳥インフルエンザ発生	16.1.12−
鳥インフルエンザ発生	16.1.12−
マダニによる感染	25.1.
鳥インフルエンザが発生(長門市)	26.12.14
鳥インフルエンザが発生(長門市)	26.12.14

◇徳島県

赤潮で養殖ハマチ大量死(鳴門市)	15.7.
マダニによる感染	25.1.
飼い犬からSFTS感染	29.10.10

◇香川県

鳥インフルエンザ(さぬき市)	30.1.10

◇愛媛県

赤潮発生(津島町)	16.7.22
迷いクジラ救出中に死亡(宇和島市)	19.3.13
マダニによる感染	25.1.
ハチに襲われ死亡(大洲市)	29.9.11

◇高知県

マダニによる感染	25.1.

《九州地方》

キウイフルーツかいよう病の感染拡大	26.5.29

◇福岡県

毒蛇海岸に漂着	8.1.4−
カメムシ異常発生	8.6.−
鶏舎4棟全焼(三輪町野町)	9.8.9
JR鹿児島線普通・快速列車追突(宗像市)	14.2.22
土佐犬にかまれ死亡(水巻町)	20.6.23
バードストライク	21.8.22
毒グモ被害(福岡市)	24.9.3

◇佐賀県

マダニによる感染	25.1.
鳥インフルエンザ(有田町)	27.1.15
鳥インフルエンザ(有田町)	27.1.15

◇長崎県

毒蛇海岸に漂着	8.1.4−
クラゲ大発生(対馬市)	21.6.30
マダニによる感染	25.1.

◇熊本県

豚の伝染病オーエスキー大量発生(阿蘇郡一の宮町)	2.6.12
ブロイラー大量死	2.7.
赤潮発生(天草郡)	2.7.
赤潮	12.7.7
狂牛病発生	16.9.13
祭りで馬が暴走(熊本市)	16.9.20
チンパンジーかみつく(阿蘇市)	24.9.6
マダニによる感染	25.1.

◇大分県

ひよこ1万羽焼死(緒方町)	9.2.7
ライオンに襲われ死亡(宇佐郡安心院町)	15.4.23
イノシシ暴走(大分市)	19.2.25
鳥インフルエンザ発生(大分市)	23.2.2
イノシシ大暴れ(大分市)	25.9.7

◇宮崎県

口蹄疫感染(宮崎市)	12.3.25
鳥インフルエンザ発生	19.1.-
鳥インフルエンザ発生	19.1.-
鳥インフルウィルス検出	23.1.19
マダニによる感染	25.1.
鳥インフルエンザが発生(延岡市, 宮崎市)	26.12.14
鳥インフルエンザが発生(延岡市, 宮崎市)	26.12.14
会見中にマダニ逃亡(宮崎市)	29.9.4

◇鹿児島県

イノシシ軽乗用車と衝突(伊集院町)	5.11.15
マッコウクジラ漂着(大浦町)	14.1.22
ツルに鳥インフル感染の疑い	22.12.21
鳥インフルウィルス検出	23.1.19
マダニによる感染	25.1.
野鳥から鳥インフルウイルス検出(出水市)	26.11.27
飼育員がトラに襲われ死亡(鹿児島市)	30.10.8

◇沖縄県

養豚舎場火災(豊見城村)	4.4.16
オニヒトデ駆除	14.9.9

《その他》

ウイルスでカエル大量死(地域非公表)	21.3.6
野良ネコからSFTS感染(不明(西日本方面))	29.7.24

【一般火災】

《全国》

火災	1.この年
火災	2.この年
火災	3.この年
火災	4.この年
火災	5.この年
火災	6.この年
火災	7.この年
火災	8.この年
火災	9.この年
火災	10.1.-
火災	11.この年
火災	12.この年
火災	13.この年
火災	14.この年
火災	15.この年
火災	16.この年
火災	17.この年
火災	18.この年
火災	19.この年
火災	20.この年
扇風機で火災	21.7.28
火災	21.この年
子供のライター火遊び	22.3.19
火災	22.この年
火災	23.この年
在宅酸素療法、たばこの火で火災	24.1.26
火災	24.この年
火災	25.この年
火災	27.この年
火災	28.この年
火災	29.この年
火災	30.この年

◇北海道

きゅう舎全焼(日高支庁静内町)	1.11.27
商店街火災(函館市)	6.8.3
商店街火災(札幌市中央区)	9.4.18
乗用車衝突炎上(十勝支庁豊頃町)	9.12.28
競走用繁殖牝馬焼死(門別町旭町)	10.12.15
下宿火災(函館市)	11.7.10
JR岩見駅全焼(岩見沢市)	12.12.10
世界最古の漆製品焼失(茅部郡南茅部町)	14.12.28
地震で精油所の貯蔵タンク火災(苫小牧市)	15.9.26-
自動車から出火し子供死亡(厚沢部町)	22.4.2

災害別一覧　　　　　　　　　　一般火災

　発電用の風車から出火(稚
　　内市)　　　　　　　　　　23.10.2
　貨物船火災(稚内市)　　　　25.5.16
　バス火災(小樽市)　　　　　29.9.9,14
◇青森県
　鶏舎全焼(倉石村)　　　　　12.12.27
　「三内丸山遺跡」内復元住
　　居焼失(青森市)　　　　　13.9.27
　強風で火災が延焼(青森市)　26.4.16
◇岩手県
　文化財全焼(雫石)　　　　　11.10.7
　サンマ漁船で火災(大槌町)　26.8.18
◇宮城県
　競走馬焼死(山元町)　　　　12.2.11
◇秋田県
　養鶏場放火(山本郡八竜町)　13.8.3
　役場庁舎全焼(八峰町)　　　18.10.3
◇山形県
　作業場爆発(長井市)　　　　2.6.12
◇福島県
　治療中酸素タンク燃え患
　　者死亡(福島市)　　　　　1.7.19
　強風(白河市)　　　　　　　6.4.3
　陸上自衛隊整備庫火災(郡
　　山市)　　　　　　　　　　11.8.2
　車両火災(桑折町)　　　　　13.3.21
　養豚場で火災(矢祭町)　　　28.12.7
◇茨城県
　火災(土浦市)　　　　　　　5.2.26
　乗用車追突炎上(つくば市)　5.7.23
　トラック・乗用車衝突炎上
　　(下妻市)　　　　　　　　7.6.4
　豚舎全焼(旭村)　　　　　　9.9.16
　老人焼死(つくば市)　　　　10.3.20
　古タイヤ・廃車炎上(牛久市)12.10.2
　高速実験炉「常陽」施設で
　　火災(東茨城郡大洗町)　　13.10.31
　豚舎火災(岩井市)　　　　　14.7.16
　養鶏場火災(内原町)　　　　14.10.11

　乗用車火災(筑西市)　　　　17.4.8
　プラズマ溶融炉から出火
　　(東海村)　　　　　　　　18.2.13
　火災(小美玉市)　　　　　　24.4.1
◇栃木県
　古タイヤ炎上(佐野市)　　　11.1.2－
　古タイヤ炎上(佐野市)　　　11.5.7
　養豚豚舎全焼(塩原町)　　　12.12.8
　古タイヤ火災(真岡市)　　　14.6.12
◇群馬県
　強風(高崎市)　　　　　　　6.4.3
　強風(富岡市)　　　　　　　6.4.3
　警察署火災(太田市)　　　　10.1.4
　鶏小屋全焼(伊勢崎市)　　　19.7.8
◇埼玉県
　連続放火(川口市)　　　　　1.4.20
　火災(蕨市)　　　　　　　　1.12.5
　飲食街火災(大宮市)　　　　2.11.10
　空自倉庫火災(狭山市)　　　13.11.21
　養豚小屋火災(秩父市)　　　13.12.27
　産業廃棄物処理会社内廃
　　棄物置場で火災(吉川市)　14.1.7
　トラック横転爆発(久喜市)　15.1.9
　東電トンネル火災(新座市)　28.10.12
　遊園地火災(所沢市)　　　　29.5.12
◇千葉県
　化学タンカー炎上(野島崎
　　海上)　　　　　　　　　　1.3.14－
　トラック炎上(東葛飾郡沼南
　　町)　　　　　　　　　　　1.6.5
　連続放火(銚子市)　　　　　2.1.3
　養鶏場で火災(大網白里町)　16.9.12
　竪穴式住居放火(千葉市)　　17.1.10
　豚舎火災(山田町)　　　　　18.1.27
　製油所爆発・炎上(市原市)　18.4.16
　遊戯施設火災(浦安市)　　　20.1.3
　厩舎火災(船橋市)　　　　　20.6.23
　倉庫で火災(千葉市)　　　　23.12.6
　火力発電所で火災(袖ケ浦市)25.6.14
　養鶏場で火災(館山市)　　　27.5.11
　養豚場火災(東庄町)　　　　30.12.17

一般火災　　　災害別一覧

◇東京都

項目	日付
火災(練馬区)	1.1.11
連続放火(練馬区)	1.1.11-
連続放火(大田区)	1.1.19
連続放火(板橋区)	1.2.1
連続放火(世田谷区)	1.2.25
火力発電所火災(品川区)	1.3.4
放火(町田市)	1.3.5
車両火災(江東区)	1.4.9
連続放火(足立区)	1.7.8
ビル火災(新宿区)	1.9.20
火災(北区)	1.12.13
作業場全焼(板橋区)	2.6.2
作業所全焼(世田谷区)	2.9.11
クレーン車炎上(世田谷区)	5.6.12
火災	5.この年
火災(足立区)	6.8.4
靴底加工会社爆発炎上(台東区)	6.12.24
アーケード商店街火災(品川区)	7.3.14
火災(目黒区)	7.12.17
商店街火災(小金井市)	8.12.8
地下鉄工事現場火災(港区)	9.3.26
作業所火災(足立区)	9.6.9
新宿駅西口地下段ボールハウス火災(新宿区)	10.2.7
はんてんに引火妻焼死(江東区)	10.2.17
走行中タクシー炎上(江戸川区)	10.12.24
車両火災(江戸川区)	11.1.2
車両火災(新宿区)	11.2.20
車両火災(狛江市)	11.3.10
駐車場火災(板橋区)	11.4.10
ビル火災(港区)	11.5.9
市場火災(中央区)	11.7.13
総武線信号ケーブル炎上(墨田区)	11.7.30
連続放火(足立区)	11.9.14
古タイヤ炎上(八王子市)	11.10.2
変電所通信用ケーブル放火(大田区)	11.12.29
ビル火災(中野区)	12.1.2
ごみ堆積場火災(大田区)	12.1.17
連続放火(府中市)	12.1.20
倉庫火災(千代田区)	12.2.16
母子生活支援施設火災(調布市)	12.2.20
NHK放送技術研究所火災(世田谷区)	13.3.10
倉庫兼作業所火災(墨田区)	14.3.17
ごみ処理場火災(大田区)	14.5.7
木材加工会社作業所・住宅火災(江東区)	14.7.28
連続放火	14.8.-
連続放火(練馬区)	14.11.19
貨物船座礁(大島町)	14.11.26
信号機器室内蓄電装置火災(文京区)	15.3.25
ビル放火(品川区)	15.12.13
地下鉄トンネル火災(港区)	16.8.8
旅客機整備施設で火災(大田区)	18.8.30
東京駅変電所のぼやで京葉線運休(中央区)	18.9.28
貨物船火災(伊豆大島)	18.12.6
鉄道変電施設火災(国分寺市)	20.4.10
「トトロの家」全焼(杉並区)	21.2.14
廃棄物処理場で火災(国立市)	23.11.8
路上生活の女性が大やけど(中央区)	24.2.1
橋梁下で火災(葛飾区)	24.12.13
首都高で火災(渋谷区)	26.3.20
ケーブル火災で運転見合わせ	27.8.18
カツオ漁船で火災(御蔵島村)	28.5.27
手術中にレーザーメスで出火(新宿区)	28.5.31
東電トンネル火災	28.10.12
現代アート展で火災(新宿区)	28.11.6
公園火災(八王子市)	29.1.5
車両火災(八王子市)	29.7.28

◇神奈川県

項目	日付
解体作業所火災(津久井郡城山町)	1.1.12
火災(横浜市緑区)	1.1.23

車両火災(藤沢市)	1.2.3
インド貨物船ジャグ・ドゥート爆発・炎上事故(横浜市神奈川区)	1.2.16
氷川丸火災(横浜市中区)	1.4.3
タイ貨物船火災(横浜市中区)	1.4.12
資生堂化粧品倉庫火災(横浜市緑区)	1.9.9
火災(横浜市港南区)	1.10.16
三井建設作業所火災(厚木市)	2.1.16
商店街火災(横浜市神奈川区)	2.3.4
飲食街火災(横浜市中区)	2.3.16
横浜中華街火災(横浜市中区)	2.3.25
工務店全焼(横浜市港北区)	5.2.26
玉突き事故(厚木市)	5.5.12
海上自衛隊潜水艦火災(横須賀市)	6.4.7
ゴルフ場クラブハウス全焼(茅ヶ崎市)	9.6.24
ホームレス男性焼死(横浜市保土ケ谷区)	10.12.27
米軍基地内で倉庫全焼(綾瀬市)	11.2.9
客船火災(横浜市)	11.2.11
米軍根岸住宅地区の消防署火災(横浜市)	14.3.30
製鉄所火災(川崎市)	14.8.11
石油タンク爆発炎上(横浜市)	14.11.23
石油タンク爆発・炎上(川崎市)	18.5.21
旧モーガン邸全焼(藤沢市)	19.5.12
タイヤ6000本焼損(平塚市)	20.12.22
旧住友家俣野別邸で火災(横浜市)	21.3.15
旧吉田茂邸が全焼(大磯町)	21.3.22
「斜陽」の舞台が全焼(小田原市)	21.12.26
火力発電所で火災(横浜市)	23.11.24
補給艦から出火(横須賀市西逸見町)	24.1.7
ビル火災(横浜市)	24.5.24
ビル火災(横浜市保土ケ谷区西谷町)	24.12.8
米陸軍相模総合補給廠で火災(相模原市)	27.8.24
資材置き場で火災(平塚市)	28.12.22
遊漁船火災(横浜市(大黒ふ頭))	30.10.15

◇〈北陸地方〉

相次ぐ火災(北陸地方)	24.1.15

◇新潟県

火災(上越市)	1.2.1
佐渡観光バス全焼(佐渡郡金井町)	1.5.6
鉱山火災(青海町)	15.5.4

◇富山県

廃車炎上(富山市)	9.8.29

◇福井県

新型転換炉「ふげん」でボヤ(敦賀市)	15.9.8
車炎上(福井市)	15.9.15
風力発電所で火災(福井市)	25.12.1

◇山梨県

飲食街火災(甲府市)	8.5.20
古タイヤ全焼(玉穂町)	11.4.23
養鶏場火災(中道町)	12.2.24

◇長野県

プラント火災(松本市)	4.11.7
強風	6.4.3
大型トラック・ワゴン車追突(富士見町)	9.12.19
野焼き中に火災(南牧村)	27.4.18

◇岐阜県

柳ケ瀬商店街火災(岐阜市)	3.3.6
ブタ焼死(関市)	4.1.3
乗用車衝突炎上(大垣市)	5.6.11
火災(郡上郡八幡町)	6.12.24
和菓子店火災(近江八幡市)	13.8.31
科学研究施設で火災(飛騨市神岡町)	24.11.20
核融合実験施設で火災(土岐市)	27.8.4

一般火災　災害別一覧

◇静岡県
商店街火災(静岡市)	1.1.26
火災(清水市)	1.12.2
水産加工所火災(沼津市)	2.6.23
日本坂トンネル多重追突(焼津市)	4.9.20
豚舎全焼(富士宮市)	11.11.26
運送業事務所兼住宅火災(榛原町)	14.4.30
豚舎火災(湖西市)	14.10.31
観光バスが走行中に出火(浜松市)	23.8.8

◇愛知県
車両火災(岡崎市)	1.6.10
連続放火(名古屋市熱田区)	2.1.30
ゴミ収集車のゴミ焼く(名古屋市天白区)	2.4.23
廃材置き場火災(小牧市)	2.9.5
駐輪場火災(名古屋市緑区)	2.12.29
キャンピングカー炎上(名古屋市名東区)	3.7.28
廃材パチンコ台炎上(春日井市)	4.1.20
作業所全焼(知多郡東浦町)	4.2.29
火災(西春日井郡新川町)	4.3.24
火災(名古屋市緑区)	4.7.20
東名高速車両火災(小牧市)	5.11.1
火災(名古屋市西区)	6.2.28
作業所火災(江南市)	6.9.16
東名高速炎上事故(宝飯郡音羽町)	7.3.17
ゴミ収集車火災	8.8.23
観光バス炎上(春日井市)	9.7.13
東名高速自動車道路玉突き衝突炎上(新城市)	15.6.23
ガソリン貯蔵タンク火災(名古屋市)	15.8.29
製鉄所火災(東海市)	15.9.12
学生寮火災(新城市)	25.5.8
バス火災(岡崎市)	29.9.9.14

◇三重県
火災(桑名市)	2.3.17
NKK製作所火災(津市)	3.1.24
タンクローリー炎上(上野市)	4.7.15
タンカー火災(津市)	4.9.25
廃車50台全焼(鈴鹿市)	6.2.1
係留の漁船燃える(三重郡楠町)	6.11.15
ごみ収集車回収中にボヤ(津市)	9.1.16
ごみ集積施設火災(上野市)	9.11.23
宗教施設が全焼(名張市)	23.2.13
城の櫓から出火(亀山市)	24.12.15

◇滋賀県
トレーラー衝突炎上(高島郡安曇川町)	5.3.17
玉突き衝突(大津市)	7.11.22
バス全焼(長浜市)	22.11.7
移動動物園で火災(守山市)	23.2.25
消火訓練中に火災(東近江市)	25.8.4
軽乗用車が炎上(大津市)	28.2.22

◇京都府
火災(京都市中京区)	2.1.20
乗用車衝突炎上(舞鶴市)	4.5.31
火災(京都市南区)	6.3.17
地下鉄工事現場で煙(京都市中京区)	7.6.14
作業場全焼(八幡市)	7.12.27
解体車両爆発(京都市山科区)	9.8.4
資料館火災(北桑田郡美山町)	12.5.20
車両火災(城陽市)	13.4.15
旧橋本関雪邸で火災(京都市)	21.3.31
東映撮影所で火災(京都市)	24.5.20
花火大会の屋台が爆発(福知山市)	25.8.15
新幹線の高架下で火災(長岡京市)	27.1.22

◇大阪府
地下街火災(大阪市北区)	1.12.27
大阪ガス堺製造所廃液タンク火災(堺市)	2.2.2
問屋街火災(大阪市中央区)	2.6.18
商店街火災(池田市)	2.8.31

災害別一覧　　　　　　　　一般火災

大型トラック・ワゴン車衝突(高槻市)	4.4.16
ガスボンベ発火(大阪市浪速区)	4.11.18
タンク車炎上(大阪市大正区)	4.12.5
火災(大阪市北区)	5.4.21
阪神電鉄地下化工事現場火災(大阪市福島区)	5.6.16
火災(東大阪市)	5.7.19
梅田地下街ボヤ(大阪市北区)	5.8.26
廃液タンク炎上(高石市)	5.9.5
阪神高速乗用車追突炎上(大阪市北区)	6.2.17
作業場火災(大阪市生野区)	6.7.24
乗用車追突(岸和田市)	7.9.3
JR大阪駅ボヤ(大阪市北区)	8.4.1
工事現場火災(大阪市北区)	8.5.12
ワゴン車炎上(島本町)	8.5.15
古タイヤ炎上(大阪市平野区)	8.8.9
工事現場火災(堺市)	9.1.9
資材倉庫全焼(和泉市)	9.5.22
ガス引き込み工場に放火？茨木、現場にボンベ(茨木市)	9.10.7
こたつで焼死(大阪市西淀川区)	10.1.17
地下鉄御堂筋線本町駅階段でボヤ(大阪市中央区)	10.3.27
千日前で火災(大阪市中央区)	10.11.26
連続放火(摂津市)	11.10.4
商店街火災(大東市)	13.11.28
USJスピーカー出火(大阪市)	15.3.2–
連続放火(大阪市)	15.5.29
フェリー火災(大阪市)	21.7.26
地下鉄梅田駅でぼや(大阪市)	24.2.22
資材置き場で火災(大阪市)	24.4.5
貨物船で火災(貝塚市)	24.9.27

◇兵庫県

車両火災(神戸市中央区)	2.3.3
大型トラック炎上(宝塚市)	2.3.3
異人館街火災(神戸市中央区)	4.1.30
トレーラー横転炎上(尼崎市)	5.1.26
商店街火災(明石市)	7.5.28
山陽道衝突炎上事故(相生市)	7.6.26
トラック・乗用車追突(川西市)	7.8.11
阪神高速玉突き事故(神戸市東灘区)	8.1.23
舞鶴自動車道玉突き事故(多紀郡丹南町)	8.2.10
カーフェリー火災(明石市)	12.2.28
連続不審火(姫路市)	17.2.7
JR芦屋駅ビル火災(芦屋市)	18.4.5
石油ストーブの蓋が外れ火災(加西市)	22.3.30
スクラップから出火(尼崎市東海岸町)	24.1.19
観光バスが出火しトンネル火災(神戸市)	25.5.31
市役所に放火(宝塚市)	25.7.12

◇奈良県

火災(大和高田市)	8.3.23
製材所火災(桜井市)	8.8.21
マンション駐輪場火災(奈良市)	9.6.7
トンネル内で衝突事故(川上村)	28.8.16
繁殖施設火災(葛城市)	30.12.28

◇和歌山県

駅前商店街火災(新宮市)	6.8.8
製鉄所で火災(和歌山市)	21.2.6
タンカー火災(白浜町)	23.12.17
観覧車で火災(白浜町)	28.11.29

◇島根県

火災(安来市)	4.6.11
乗用車・大型トレーラー衝突(益田市)	4.9.4

◇岡山県

乗用車炎上(津山市)	1.3.30
貨物船スタージャスミン号火災(倉敷市)	4.11.19
アーケード街火災(岡山市)	8.10.11
金山寺の本堂が全焼(岡山市)	24.12.24

一般火災　　　災害別一覧

◇広島県
- 郵便車炎上(広島市安佐北区)　1.7.13
- 乗用車炎上(呉市)　5.2.3
- 区役所放火(広島市)　12.2.13
- 連続放火事件(東広島市)　19.1.2
- 東広島山陽道トンネル火災(東広島市)　28.3.17

◇山口県
- 繁華街火災(宇部市)　4.5.13
- トラック・ワゴン車追突(厚狭郡山陽町)　4.8.20
- 商店街火災(柳井市)　4.12.2
- 木工所全焼(山口市)　5.3.2
- 商店街火災(柳井市)　9.3.14
- ショベルカー全焼(下関市)　9.5.15
- タンカー爆発(上関町沖)　15.12.24
- JR下関駅放火で在来線不通(下関市)　18.1.7

◇徳島県
- 乗用車・大型トラック衝突(鳴門市)　5.2.1

◇愛媛県
- タンカー火災(今治市)　2.6.2
- フェリーでトラック炎上(今治市沖)　4.6.3
- 海上タクシー火災(越智郡関前村沖)　8.9.6
- 託児施設火災(松山市)　12.1.15
- タンカー爆発(長浜町)　16.12.15
- 製油所タンク火災(今治市)　18.1.17

◇福岡県
- 火災(北九州市畑区)　1.1.27
- 商店街火災(久留米市)　1.10.11
- 製作所全焼(北九州市八幡西区)　2.1.16
- 製パン所全焼(北九州市小倉北区)　2.3.17
- 火災(柳川市)　3.9.12
- 作業場火災(粕屋郡粕屋町)　4.3.14
- 商店街火災(北九州市戸畑区)　4.11.26
- 鉄工所火災(福岡市博多区)　4.12.5
- 乗用車・トラック衝突(前原市)　5.3.12
- 火災(久留米市)　5.3.20
- 天満宮横丁商店街火災(福岡市中央区)　5.5.23
- 団地バイク置き場火災(福岡市中央区)　6.4.6
- 雷山キャンプ場火災(前原市)　6.7.22
- 軽乗用車炎上(久留米市)　6.11.4
- 火災(福岡市早良区)　7.3.11
- 建設現場事務所全焼(篠栗町)　8.1.2
- 商店街火災(北九州市八幡西区)　8.4.30
- 鶏舎4棟全焼(三輪町野町)　9.8.9
- 火災(福岡市城南区)　9.12.28
- 自衛隊官舎火災(築城町)　16.1.10
- 鶏舎火災(岡垣町)　18.11.21
- 台船火災(北九州市)　20.11.4

◇佐賀県
- 観光バス全焼(小城町)　6.6.6
- 商店街火災(武雄市)　6.12.11
- 気球炎上(佐賀市)　14.11.4

◇長崎県
- 瀬渡し船炎上(五島・奈良尾町)　9.2.10
- 米軍基地司令部全焼(佐世保市)　11.2.12
- 豪華客船火災(長崎市)　14.10.1
- 漁船炎上(生月島沖)　15.4.10
- 造船所で船舶火災(長崎市)　16.5.9
- 高速船で火災(西海市)　27.11.15

◇熊本県
- 乗用車炎上(下益城郡松橋町)　2.7.29
- 旅客船全焼(天草郡姫戸町)　4.7.25
- 落雷で住宅全焼(菊池市)　5.6.18
- 食堂街火災(熊本市)　6.11.27

◇大分県
- 火災(大分郡湯布院町)　2.1.14
- 商店街火災(別府市)　5.6.28
- ひよこ1万羽焼死(緒方町)　9.2.7

◇沖縄県
養豚舎場火災(豊見城村)　4.4.16
コンビナート火災(与那城町)　8.4.26
米軍キャンプ・ハンセン演習場火災(金武町)　9.6.23

《その他》
日航ジャンボのトイレでボヤ(太平洋上)　1.7.2

【住宅火災】

◇北海道
住宅火災(伊達市)　1.1.31
住宅火災(札幌市西区)　1.2.12
住宅火災(紋別市)　1.9.8
住宅火災(札幌市豊平区)　5.1.27
住宅火災(旭川市)　5.4.30
作業員寮火災(札幌市東区)　6.10.23
住宅火災(帯広市)　7.2.14
アパート火災(小樽市)　9.7.26
住宅火災(旭川市)　9.12.17
住宅火災(石狩市)　10.5.22
アパート火災(帯広市)　15.7.22
住宅火災(網走市)　16.7.26
住宅火災(苫小牧市)　17.3.29
住宅火災(札幌市)　17.6.28
住宅火災(札幌市)　18.1.31
住宅火災(札幌市)　18.2.26
隣家に侵入し放火(奈井江町)　19.10.30
住宅火災(室蘭市)　21.12.20
アパート火災(苫小牧市)　22.6.14
住宅火災(札幌市)　22.10.4
団地で火災(旭川市)　23.12.31
従業員宿舎で火災(枝幸町)　26.8.30
マンション火災(札幌市)　26.12.12
住宅火災(札幌市)　27.7.29
住宅火災(浦臼町)　29.2.23
アパート火災(札幌市)　29.10.26
自立支援住宅火災で死亡(札幌市)　30.1.31
マンション火災(札幌市)　30.4.10
住宅火災(札幌市)　30.11.19

◇青森県
住宅火災(岩木町)　13.8.18
住宅火災(南郷村)　14.3.12
住宅火災(青森市)　15.12.5
住宅火災(大鰐町)　16.1.3
住宅火災(下田町)　16.8.5
住宅火災(五所川原市)　16.8.23
住宅火災(五所川原市)　16.12.19
アパート火災(青森市)　17.1.20
農家火災(東通村)　17.8.3
住宅火災(十和田市)　17.12.19
住宅火災(南津軽郡)　17.12.25
住宅全焼(青森市)　22.1.10
住宅火災(青森市)　22.8.7
住宅火災(青森市千富町)　23.5.31
住宅火災(青森市)　26.7.12
住宅火災(田子町)　26.11.22
住宅火災(野辺地町)　27.5.13
住宅火災(青森市)　28.3.12
住宅火災(弘前市)　30.5.31
住宅火災(むつ市)　30.10.5

◇岩手県
住宅火災(盛岡市)　7.2.9
住宅火災(盛岡市)　12.6.2
住宅全焼(川井村)　12.10.18
住宅火災(岩泉町)　14.3.4
住宅火災(沢内村)　14.12.3
住宅火災(滝沢村)　16.12.5
住宅火災(盛岡市)　17.4.22
住宅火災(滝沢村)　19.3.16
住宅火災(大船渡市)　25.3.11
住宅火災(岩泉町)　28.3.2
住宅に女性2人の遺体(住田町)　28.11.15
住宅火災(遠野市)　29.2.28
東北3県で山火事相次ぐ(釜石市)　29.5.8
住宅火災(一関市)　30.11.8

◇宮城県
住宅火災(仙台市青葉区)　6.10.19
住宅火災(登米郡登米町)　9.1.6
住宅火災(村田町)　10.1.3

住宅火災　災害別一覧

項目	日付
住宅火災(仙台市青葉区)	10.11.28
住宅火災(仙台市)	11.8.20
店舗兼住宅全焼(仙台市)	12.12.21
住宅全焼(気仙沼市)	12.12.23
住宅火災(仙台市)	13.10.28
住宅火災(岩出山町)	15.11.21
住宅火災(一迫町)	16.5.15
住宅全焼(仙台市)	18.2.18
住宅全焼(松島町)	18.3.24
住宅全焼(大崎市)	18.6.13
住宅火災(仙台市)	18.12.26
住宅火災(栗原市)	19.6.19
住宅火災(加美町)	19.12.3
住宅火災(気仙沼市)	20.3.29
アパート火災(名取市)	22.2.22
住宅火災(石巻市)	23.9.12
住宅火災(南三陸町)	24.1.6
住宅火災(気仙沼市)	25.2.20
住宅火災(仙台市)	26.1.11
住宅火災(仙台市)	26.3.29
住宅火災(村田町)	28.3.6
東北3県で山火事相次ぐ(栗原市)	29.5.8
自宅に放火(登米市)	29.7.4
住宅火災で6人死亡(仙台市)	30.10.18

◇秋田県

項目	日付
住宅火災(仙北郡角館町)	1.2.25
住宅火災(秋田市)	5.1.22
住宅火災(平鹿郡平鹿町)	6.4.19
住宅火災(南秋田郡昭和町)	14.2.11
住宅火災(大館市)	16.7.24
住宅火災(田代町)	17.2.14
住宅火災(大館市)	17.3.25
住宅火災(潟上市)	17.8.10
住宅火災(能代市)	17.12.3
住宅全焼(秋田市)	18.5.19
住宅火災(大仙市)	19.5.22
住宅火災(秋田市)	19.12.22
住宅火災(大館市)	20.2.6
住宅火災(大館市)	20.2.8
住宅火災(秋田市)	20.6.26
住宅火災(秋田市)	23.1.5
住宅火災(能代市)	26.1.11
住宅火災(湯沢市)	26.5.23
住宅火災(由利本荘市)	26.7.3
住宅火災(大館市)	26.7.21
住宅火災(由利本荘市)	27.1.7
住宅火災(横手市)	27.2.9
住宅火災(湯沢市)	27.5.1
住宅火災(湯沢市)	27.12.24
アパート火災(横手市)	29.8.22
住宅火災(五城目町)	29.11.26

◇山形県

項目	日付
住宅火災(上山市)	3.3.18
住宅火災(村山市)	6.11.15
住宅火災(東田川郡藤島町)	9.1.1
住宅火災(酒田市)	13.12.23
住宅火災(松山町)	16.12.20
住宅火災(河北町)	17.1.12
住宅火災(山形市)	18.3.20
住宅火災(山辺町)	19.3.20
住宅火災(三川町)	19.5.16
住宅火災(山形市)	19.6.7
住宅火災(東根市)	20.10.16
住宅火災(鶴岡市)	21.11.26
住宅火災(山形市)	24.1.11
住宅火災(山形市)	24.2.11
住宅火災が相次ぐ(東根市)	26.1.2

◇福島県

項目	日付
住宅火災(いわき市)	2.1.27
住宅火災(梁川町)	10.11.29
住宅全焼(山都町)	12.1.28
住宅火災(いわき市)	13.12.22
住宅火災(安達町)	14.6.15
住宅火災(会津若松市)	16.2.28
住宅火災(福島市)	17.2.2
住宅火災(相馬市)	17.3.19
アパート火災(小野町)	17.11.24
住宅火災(田村市)	18.1.23
住宅全焼(いわき市)	18.9.13
住宅火災(いわき市)	18.12.31
住宅火災(須賀川市)	20.8.25
住宅火災が相次ぐ(郡山市)	26.1.2
住宅火災(二本松市)	26.4.19
住宅火災(いわき市)	27.3.30

住宅火災(いわき市)	27.12.16
住宅火災(田村市)	27.12.28
東北3県で山火事相次ぐ(会津坂下町)	29.5.8
住宅火災(会津若松市)	29.7.27
住宅火災(石川町)	29.9.13
住宅火災(喜多方市)	30.1.6
福島小野町住宅火災(小野町)	30.11.21
住宅火災(須賀川市)	30.12.19

◇茨城県

住宅火災(龍ケ崎市)	1.1.9
アパート火災(高萩市)	5.12.28
住宅火災(五霞村)	7.3.29
住宅火災(真壁町)	10.2.18
アパート火災(守谷町)	12.4.4
店舗兼住宅火災(ひたちなか市)	12.5.30
住宅火災(小川町)	13.7.7
住宅火災(瓜連町)	13.8.17
住宅火災(鹿嶋市)	13.11.16
ブリーダー住宅火災(下館市)	14.1.29
住宅火災(日立市)	14.2.1
住宅火災(岩井市)	14.4.4
住宅火災(水戸市)	14.5.31
住宅火災(牛久市)	14.8.16
住宅火災(水戸市)	14.11.16
アパート火災(下館市)	14.11.20
住宅火災(ひたちなか市)	14.11.28
住宅火災(笠間市)	14.12.16
住宅火災(藤代町)	15.1.13
住宅火災(東海村)	15.2.21
住宅火災(千代田町)	16.3.24
住宅火災(つくば市)	17.11.10
住宅全焼(行方市)	18.1.9
住宅火災(北茨城市)	19.5.28
アパート火災(つくば市)	19.9.5
住宅火災(笠間市)	20.10.16
団地火災(水戸市)	21.11.13
住宅火災(小美玉市)	24.1.22
住宅火災(つくば市)	25.1.15
住宅火災(水戸市)	26.12.27
住宅火災(筑西市)	27.4.13
住宅火災(那珂市)	27.10.27
住宅火災(坂東市)	28.11.24
住宅火災(利根町)	29.6.27
住宅火災(土浦市)	30.12.7

◇栃木県

住宅火災(小山市)	5.6.29
住宅火災(大田原市)	8.3.23
住宅火災(宇都宮市)	10.6.17
住宅火災(宇都宮市)	10.11.13
住宅兼治療院全焼(佐野市)	12.5.8
住宅火災(宇都宮市)	13.11.20
住宅火災(宇都宮市)	14.2.16
住宅火災(黒磯市)	14.3.9
住宅火災(南河内町)	14.9.16
住宅火災(小山市)	14.11.7
住宅火災(佐野市)	15.3.1
住宅火災(宇都宮市)	15.9.24
住宅火災(宇都宮市)	17.1.21
住宅火災(小山市)	20.2.20
店舗兼住宅火災(那須烏山市)	20.12.22
住宅火災(西方町)	23.8.22
住宅火災(栃木市)	26.12.27
住宅火災(日光市)	27.6.24
市営住宅で火災(佐野市)	28.1.27
住宅火災(鹿沼市)	29.1.30
店舗兼住宅火災(小山市)	29.2.4
住宅火災(さくら市)	30.12.25

◇群馬県

住宅火災(藤岡市)	13.10.13
住宅火災(新里村)	13.11.20
住宅火災(大間々町)	13.12.3
住宅火災(前橋市)	13.12.23
住宅火災(館林市)	13.12.24
アパート火災(太田市)	14.1.21
住宅火災(南牧村)	14.2.8
アパート火災(前橋市)	14.10.4
住宅火災(邑楽町)	14.12.22
住宅火災(前橋市)	15.2.14
住宅火災(伊勢崎市)	18.7.10
住宅全焼(長野原町)	18.10.22
老人施設で火災(渋川市)	21.3.19
住宅火災(富岡市)	22.6.11

住宅火災 災害別一覧

項目	日付
住宅火災(伊勢崎市)	23.2.2
住宅火災(伊勢崎市)	23.11.10
住宅火災(太田市内ケ島町)	23.12.16
住宅火災(桐生市)	24.3.2
住宅火災(渋川市)	26.12.10
住宅火災(みどり市)	27.1.14
住宅火災(前橋市)	27.2.19
住宅火災(太田市)	27.5.15
住宅火災(伊勢崎市)	28.1.12
住宅火災が相次ぐ(太田市、高崎市)	28.1.27
住宅火災(草津町)	28.10.18
住宅火災(伊勢崎市)	29.3.29
住宅火災(高崎市)	29.12.17
住宅火災(伊勢崎市)	30.5.29

◇埼玉県

項目	日付
住宅火災(浦和市)	7.8.4
住宅火災(富士見市)	7.8.16
マンション火災(鶴ヶ島市)	8.8.25
住宅火災(川口市)	8.10.11
住宅火災(川口市)	9.2.9
住宅火災(大宮市)	10.1.22
団地火災(富士見市)	10.3.2
アパート火災(羽生市)	10.8.31
住宅火災(越谷市)	10.12.15
住宅火災(川口市)	11.1.29
住宅火災(大里村)	11.5.11
住宅全焼(新座市)	11.5.26
住宅放火(幸手市)	11.10.29
住宅火災(上尾市)	12.2.21
アパート火災(浦和市)	12.3.10
落雷で住宅全焼(妻沼町)	12.8.9
店舗兼住宅火災(さいたま市)	13.5.23
住宅火災(長瀞町)	13.7.13
住宅火災(越谷市)	13.11.7
住宅火災(蕨市)	13.12.6
団地火災(吉川市)	14.1.23
住宅火災(志木市)	14.4.6
住宅火災(戸田市)	14.8.24
住宅火災(志木市)	14.9.26
マンション火災(杉戸町)	14.12.7
アパート火災(越谷市)	17.1.30
住宅火災(深谷市)	17.2.3
住宅火災(狭山市)	17.3.14
住宅火災(越谷市)	17.7.9
アパート火災(川口市)	17.9.2
住宅火災(朝霞市)	18.1.28
団地火災(狭山市)	18.2.24
住宅火災(草加市)	19.1.31
店舗兼住宅火災(蕨市)	19.10.18
土建会社社員寮で火災(宮代町)	20.7.4
住宅火災(志木市)	20.12.3
住宅火災相次ぐ	20.12.13
住宅火災(川越市)	20.12.30
ブリーダー宅で火災(春日部市)	21.3.26
住宅火災(行田市)	21.4.2
住宅火災(さいたま市)	21.10.5
住宅火災(ときがわ町)	21.12.2
住宅火災(越谷市)	22.2.21
店舗と住宅で火災(加須市)	24.6.26
住宅火災(熊谷市)	26.1.14
橋の下の小屋で火災(川口市)	26.1.20
住宅火災(所沢市)	26.11.3
住宅火災(越谷市)	26.11.8
住宅火災(蓮田市)	26.12.29
住宅火災(さいたま市)	27.4.2
住宅火災(桶川市)	27.7.2
住宅火災(坂戸市)	28.1.31
アパート火災(朝霞市)	29.2.13
マンション火災(さいたま市)	29.4.19
住宅火災(神川町)	29.5.14
住宅火災(草加市)	30.2.4
住宅火災(新座市)	30.6.16
住宅火災(北本市)	30.8.21

◇千葉県

項目	日付
住宅火災(松戸市)	1.9.28
火災(千葉市中央区)	6.1.2
住宅火災(海上郡海上町)	7.2.17
アパート火災(市川市)	10.12.2
住宅火災(木更津市)	11.7.31
住宅火災(茂原市)	11.9.6
マンション火災(千葉市)	11.9.27
住宅放火(東金市)	11.11.9

住宅火災(松戸市)	12.1.22	マンション火災(市川市)	29.1.26
住宅火災(松戸市)	12.2.2	住宅火災(九十九里町)	29.5.9
店舗兼住宅全焼(千葉市)	12.3.2	住宅火災(旭市)	29.6.5
住宅火災(銚子市)	12.4.1	住宅火災(印西市)	29.6.22
住宅火災(千葉市)	12.7.31	住宅火災(船橋市)	29.12.28
団地火災(八千代市)	13.3.3	マンション火災(富里市)	30.2.16
住宅火災(木更津市)	13.3.24	住宅火災(匝瑳市)	30.4.3
作業員宿舎火災(四街道市)	13.5.5	住宅5棟が火災(我孫子市)	30.7.16
住宅火災(流山市)	13.8.3	住宅火災(四街道市)	30.12.31
住宅火災(東金市)	13.11.23	◇東京都	
住宅火災(市川市)	14.1.22	住宅火災(葛飾区)	1.1.2
アパート火災(木更津市)	14.11.20	アパート火災(品川区)	1.1.13
住宅火災(松戸市)	14.12.8	住宅火災(江戸川区)	1.1.31
住宅放火(館山市)	15.12.18	アパート火災(杉並区)	1.2.1
住宅火災(八千代市)	17.2.5	住宅火災(台東区)	1.2.14
住宅火災(市川市)	17.8.31	マンション火災(新宿区)	1.2.19
住宅全焼(白井市)	18.1.8	アパート火災(足立区)	1.2.25
住宅全焼(船橋市)	18.8.15	住宅火災(墨田区)	1.3.2
住宅火災(南房総市)	19.3.11	アパート火災(府中市)	1.3.4
住宅火災(四街道市)	19.3.24	住宅火災(文京区)	1.4.3
住宅火災(袖ケ浦市)	19.10.4	住宅火災(江戸川区)	1.4.6
住宅火災(八街市)	19.11.1	住宅火災(荒川区)	1.4.10
住宅火災(市原市)	20.2.14	住宅火災(荒川区)	1.5.22
住宅火災(柏市)	20.3.11	住宅火災(足立区)	1.7.10
住宅火災(銚子市)	20.5.18	住宅火災(江東区)	1.12.29
住宅火災(多古町)	20.7.25	アパート火災(江東区)	2.1.13
団地火災(松戸市)	21.1.6	住宅火災(品川区)	2.3.12
住宅火災(君津市)	22.6.8	アパート火災(豊島区)	2.5.25
住宅火災(千葉市)	22.6.8	住宅火災(足立区)	2.12.25
工場火災が住宅に延焼(船橋市)	22.8.16	住宅火災(文京区)	4.3.12
住宅火災(横芝光町)	23.1.19	大蔵省官舎火災(渋谷区)	5.4.26
住宅火災(市原市)	23.1.31	住宅火災(江東区)	5.5.28
住宅火災(流山市)	23.8.22	アパート火災(墨田区)	6.2.5
住宅火災(東金市)	23.8.30	住宅火災(文京区)	6.7.13
相次ぐ火災	24.1.31	アパート火災(板橋区)	6.11.11
住宅火災(船橋市)	25.4.22	住宅火災(江戸川区)	7.1.13
住宅火災(千葉市)	25.12.10	住宅火災(足立区)	7.1.29
住宅火災(木更津市)	26.3.21	住宅火災(台東区)	7.2.8
アパート火災(千葉市)	26.6.16	陸上自衛隊宿舎火災(八王子市)	7.4.12
UR賃貸住宅で火災(千葉市)	26.11.28	住宅火災(墨田区)	7.11.1
住宅火災(木更津市)	27.3.7	建築工事中住宅から出火(目黒区)	7.11.25
自宅兼社屋に放火(印西市)	28.7.14		

住宅火災　　　　災害別一覧

共同住宅火災(多摩市)	8.2.22	住宅火災(大田区)	11.4.7
アパート火災(足立区)	8.7.31	住宅全焼(江戸川区)	11.4.28
住宅火災(墨田区)	8.9.11	マンション火災(品川区)	11.5.18
マンション火災(墨田区)	9.1.8	住宅火災(足立区)	11.5.20
住宅火災(武蔵野市)	9.9.22	住宅火災(国分寺市)	11.6.26
住宅火災(世田谷区)	10.1.4	住宅兼作業所全焼(大田区)	11.7.10
アパート火災(江戸川区)	10.1.5	店舗火災(立川市)	11.7.27
住宅火災(杉並区)	10.1.15	アパート火災(杉並区)	11.8.13
住宅火災(江東区)	10.1.21	住宅火災(荒川区)	11.8.20
マンション火災(江戸川区)	10.2.14	住宅火災(足立区)	11.8.28
住宅火災(足立区)	10.2.23	アパート火災(足立区)	11.9.4
団地火災(武蔵野市)	10.2.27	住宅火災(葛飾区)	11.10.8
アパート火災(品川区)	10.2.28	店舗兼住宅全焼(豊島区)	11.10.18
住宅火災(墨田区)	10.3.7	住宅火災(八王子市)	11.11.9
アパート火災(杉並区)	10.3.12	アパート火災(三鷹市)	11.11.20
住宅火災(品川区)	10.3.21	住宅火災(杉並区)	11.12.4
都営住宅火災(江東区)	10.3.24	住宅全焼(大田区)	11.12.7
アパート火災(豊島区)	10.3.24	店舗火災(北区)	11.12.8
マンション火災(渋谷区)	10.4.8	アパート火災(大田区)	11.12.11
マンション火災(豊島区)	10.4.16	農家納屋火災(昭島市)	12.1.2
住宅火災(世田谷区)	10.5.8	住宅火災(板橋区)	12.1.3
住宅火災(渋谷区)	10.5.14	住宅火災(練馬区)	12.1.4
マンション火災(品川区)	10.6.13	ハト屋敷放火(新宿区)	12.1.5
住宅火災(品川区)	10.7.3	アパート火災(港区)	12.1.8
マンション火災(中野区)	10.8.1	住宅火災(墨田区)	12.1.14
アパート火災(中野区)	10.11.11	住宅火災(板橋区)	12.1.15
住宅火災(葛飾区)	10.11.15	住宅火災(府中市)	12.1.22
アパート火災(北区)	10.11.16	住宅火災(目黒区)	12.1.23
アパート火災(葛飾区)	10.12.5	住宅全焼(文京区)	12.1.25
住宅火災(杉並区)	10.12.21	住宅火災(目黒区)	12.2.3
アパート火災(足立区)	10.12.22	店舗兼住宅火災(墨田区)	12.2.5
住宅火災(世田谷区)	10.12.24	マンション火災(北区)	12.2.5
住宅火災(杉並区)	10.12.29	マンション火災(渋谷区)	12.2.19
住宅火災(板橋区)	11.1.2	住宅全焼(中野区)	12.2.23
連続放火(杉並区)	11.1.6	アパート火災(江戸川区)	12.2.25
アパート火災(板橋区)	11.1.9	住宅火災(杉並区)	12.2.28
アパート火災(新宿区)	11.1.21	アパート火災(葛飾区)	12.3.2
住宅火災(足立区)	11.1.21	アパート火災(東大和市)	12.3.2
アパート火災(足立区)	11.2.20	住宅全焼(板橋区)	12.3.14
アパート火災(調布市)	11.2.22	住宅全焼(墨田区)	12.3.14
住宅火災(板橋区)	11.2.22	アパート火災(葛飾区)	12.3.26
住宅火災(品川区)	11.2.23	住宅火災(品川区)	12.4.17
住宅火災(新宿区)	11.2.28	住宅火災(練馬区)	12.6.7
アパート火災(府中市)	11.3.27	住宅火災(墨田区)	12.7.24

住宅火災(北区)	12.8.12	クリーニング店兼店舗火災(新宿区)	14.2.23
住宅全焼(大田区)	12.8.19	アパート火災(大田区)	14.3.10
住宅全焼(杉並区)	12.8.23	アパート火災(新宿区)	14.3.19
マンション火災(新宿区)	12.8.31	集合住宅火災(荒川区)	14.5.5
マンション火災(港区)	12.10.4	住宅火災(足立区)	14.8.12
アパート火災(板橋区)	12.10.30	住宅火災(墨田区)	14.9.19
マンション火災(豊島区)	12.11.13	アパート火災(葛飾区)	14.9.22
アパート火災(稲城市)	12.12.13	銭湯で火災(墨田区)	14.9.30
アパート火災(荒川区)	12.12.27	住宅火災(杉並区)	14.11.2
住宅火災(江東区)	13.1.23	店舗兼共同住宅出火(江東区)	14.11.6
マンション火災(港区)	13.2.8	住宅火災(江戸川区)	14.11.14
団地火災(昭島市)	13.2.9	アパート火災(杉並区)	14.11.20
アパート火災(大田区)	13.3.2	アパート火災(新宿区)	14.11.30
アパート火災(足立区)	13.3.10	住宅火災(葛飾区)	14.12.4
アパート火災(江戸川区)	13.3.15	住宅火災(足立区)	14.12.6
マンション火災(台東区)	13.4.1	住宅火災(墨田区)	14.12.6
小学生が住宅放火(中野区)	13.4.2	住宅火災(江戸川区)	14.12.18
アパート全焼(板橋区)	13.4.9	住宅火災(世田谷区)	14.12.22
住宅火災(世田谷区)	13.5.12	アパート火災(北区)	15.1.2
アパート火災(品川区)	13.5.12	住宅火災(品川区)	15.1.4
アパート火災(練馬区)	13.5.14	アパート火災(北区)	15.1.4
連続放火(足立区)	13.6.6	住宅火災(調布市)	15.1.16
住宅火災(杉並区)	13.7.7	アパート火災(品川区)	15.1.24
住宅火災(練馬区)	13.7.24	住宅火災(府中市)	15.1.25
住宅火災(東久留米市)	13.8.7	住宅火災(練馬区)	15.1.30
店舗兼住宅火災(荒川区)	13.8.16	マンション火災(大田区)	15.1.31
住宅火災(足立区)	13.8.17	住宅火災(西東京市)	15.2.1
住宅火災(大阪市)	13.8.18	住宅火災(足立区)	15.2.21
住宅火災(葛飾区)	13.9.18	アパート火災(練馬区)	15.2.21
住宅火災	13.9.20	住宅火災(江東区)	15.4.10
住宅火災(町田市)	13.9.22	アパート火災(江東区)	15.4.11
住宅火災(調布市)	13.9.23	マンション火災(港区)	15.4.12
店舗兼住宅火災(品川区)	13.11.24	住宅火災(港区)	15.4.17
アパート火災(品川区)	13.12.13	住宅火災(江東区)	15.4.20
住宅火災(港区)	13.12.14	アパート火災(足立区)	15.4.26
アパート火災(武蔵野市)	13.12.17	アパート火災(豊島区)	15.5.12
従業員寮火災(江戸川区)	14.1.7	住宅火災(文京区)	15.6.4
住宅火災(江戸川区)	14.1.11	アパート火災(足立区)	15.6.21
マンション火災(府中市)	14.1.25	住宅火災(世田谷区)	15.6.22
住宅火災(板橋区)	14.1.29	アパート火災(北区)	15.9.2
アパート火災(江戸川区)	14.2.2	団地火災(西東京市)	15.9.21
住宅火災(墨田区)	14.2.10	住宅火災(小金井市)	15.10.21
アパート火災(足立区)	14.2.22		

住宅火災　災害別一覧

住宅火災(町田市)	15.10.23
住宅火災(町田市)	15.11.13
住宅火災(町田市)	15.12.5
住宅火災(足立区)	16.1.2
マンション火災(品川区)	16.2.14
住宅火災(八王子市)	16.2.21
住宅火災(小平市)	16.2.25
住宅火災(杉並区)	16.7.17
住宅火災(世田谷区)	16.10.19
住宅火災(大田区)	16.10.28
マンション火災(葛飾区)	17.1.3
都営アパート火災(豊島区)	17.2.23
アパート火災(足立区)	17.12.31
アパート火災(狛江市)	18.1.31
住宅全焼(練馬区)	18.5.13
住宅全焼(八丈町)	18.5.15
住宅火災(三鷹市)	18.7.14
アパート火災(品川区)	18.8.22
住宅全焼(八王子市)	18.9.22
住宅全焼(墨田区)	18.12.29
アパート火災(足立区)	19.1.26
マンション火災(江戸川区)	19.1.31
住宅火災(府中市)	19.2.19
住宅火災(葛飾区)	19.4.6
マンション火災(町田市)	19.4.19
都営住宅火災(港区)	19.5.9
住宅火災(調布市)	19.6.8
住宅火災(文京区)	19.7.19
古い扇風機発火で火災(足立区)	19.8.20
アパート火災(福生市)	19.12.5
住宅火災(葛飾区)	20.1.30
アパート火災(足立区)	20.7.12
住宅火災(江戸川区)	20.7.19
住宅火災(国立市)	20.11.1
住宅火災(世田谷区)	20.11.26
住宅火災(世田谷区)	21.1.7
住宅火災(板橋区)	21.5.25
マンション火災(目黒区)	21.6.19
住宅火災(品川区)	21.8.23
店舗兼住宅で火災(荒川区)	21.12.24
住宅全焼(大田区)	22.1.3
住宅火災(練馬区)	22.2.5
アパート火災(練馬区)	22.2.17
住宅火災(足立区)	22.4.29
住宅火災(足立区)	23.8.4
アパート火災(新宿区)	23.11.6
住宅火災、送電線に延焼(北区)	24.1.21
相次ぐ火災	24.1.31
住宅火災(調布市)	24.2.14
住宅火災(板橋区)	24.2.14
住宅火災(文京区)	24.5.23
住宅火災(青梅市)	24.10.2
住宅倒壊(荒川区)	25.2.6
住宅火災(町田市)	25.3.7
アパート火災(台東区)	25.4.3
住宅火災(板橋区)	26.3.15
住宅火災(杉並区)	26.5.14
住宅火災(世田谷区)	26.12.29
住宅火災(中央区)	27.1.4
マンション火災(江東区)	27.2.20
アパート火災(葛飾区)	27.2.27
アパート火災(北区)	27.4.11
住宅火災(三宅村)	27.7.16
アパートに放火(大田区)	27.8.9
住宅火災(千代田区)	28.2.23
住宅火災(八王子市)	28.3.17
UR賃貸住宅で火災(江東区)	28.4.26
住宅火災(小平市)	28.6.30
住宅火災(東大和市)	28.12.21
マンション火災(豊島区)	29.1.24
住宅火災(三宅村)	29.2.17
住宅火災(足立区)	29.3.27
住宅火災(東村山市)	29.4.15
小田急沿線火災(渋谷区)	29.9.10
住宅火災(葛飾区)	29.11.17
住宅火災(目黒区)	29.11.25
アパート火災(荒川区)	30.2.16
住宅火災(練馬区)	30.5.24
都営住宅で火災(練馬区)	30.11.8

◇神奈川県

新築住宅火災(横浜市港北区)	2.4.26
アパート火災(横浜市南区)	6.6.14
建設会社宿舎全焼(海老名市)	6.7.6
アパート火災(川崎市中原区)	8.12.27

災害別一覧　住宅火災

住宅火災(鎌倉市)	10.1.29
アパート火災(川崎市幸区)	10.3.9
建設会社宿舎全焼(川崎市多摩区)	10.4.20
アパート火災(横浜市磯子区)	10.6.13
別荘火災(鎌倉市)	10.8.3
住宅火災(南足柄市)	10.8.23
会社寮火災(横浜市泉区)	10.9.29
住宅火災(開成町)	10.10.28
住宅火災(秦野市)	10.12.27
マンション火災(横浜市)	11.1.2
マンション火災(川崎市)	11.1.25
共同住宅火災(横浜市)	11.2.10
住宅火災(松田町)	11.2.15
住宅火災(横浜市)	11.3.8
店舗火災(横浜市)	11.3.10
住宅全焼(横浜市)	11.3.16
住宅全焼(横浜市)	11.7.27
住宅火災(川崎市)	11.8.10
アパート全焼(横浜市)	11.11.5
アパート火災(横浜市)	12.1.12
住宅全焼(横浜市)	12.2.1
住宅火災(横浜市)	12.2.3
アパート火災(横浜市)	12.2.14
アパート火災(横浜市)	12.2.17
住宅全焼(横浜市)	12.2.23
住宅全焼(横浜市)	12.4.10
住宅火災(相模湖町)	12.5.3
住宅全焼(平塚市)	12.11.25
住宅全焼(横浜市)	12.12.14
住宅全焼(湯河原町)	13.1.15
住宅火災(川崎市)	13.2.6
住宅全焼(小田原市)	13.2.25
アパート火災(横浜市)	13.3.17
住宅全焼(横浜市)	13.4.7
マンション火災(横浜市)	13.4.27
店舗兼住宅火災(横浜市)	13.11.10
住宅火災(相模原市)	13.12.19
住宅火災(横浜市)	14.1.8
住宅火災(横浜市)	14.1.9
住宅火災(川崎市)	14.1.26
住宅火災(三浦市)	14.4.20
アパート火災(横浜市)	14.5.9
住宅火災(藤沢市)	14.5.12
住宅火災(川崎市)	15.3.5
アパート火災(横須賀市)	15.3.8
住宅火災(横浜市)	15.3.14
住宅火災(横須賀市)	15.3.18
アパート火災(横浜市)	15.3.21
住宅火災(平塚市)	15.3.22
アパート火災(横浜市)	15.4.2
住宅火災(川崎市)	15.4.24
アパート火災(横浜市)	15.5.17
住宅火災(横須賀市)	15.11.10
住宅火災(横浜市)	15.11.26
マンション火災(横浜市)	15.12.25
住宅火災(鎌倉市)	16.1.19
住宅火災(横浜市)	16.7.6
アパート火災(横浜市)	16.8.5
住宅火災(相模原市)	16.9.12
住宅火災(川崎市)	16.9.27
アパート火災(横浜市)	17.1.15
住宅火災(横浜市)	17.7.23
住宅火災(横浜市)	17.12.15
住宅火災(茅ヶ崎市)	17.12.15
住宅火災(横浜市)	17.12.24
住宅火災(茅ヶ崎市)	18.1.24
住宅火災(相模原市)	18.3.15
住宅全焼(横浜市)	18.4.5
住宅火災(座間市)	18.4.5
住宅火災(川崎市)	18.7.8
アパート火災(川崎市)	18.9.11
住宅火災(川崎市)	18.12.25
住宅火災(伊勢原市)	19.4.19
住宅火災(平塚市)	19.5.27
住宅火災(横須賀市)	19.8.9
アパート火災(川崎市)	19.9.1
住宅火災(平塚市)	19.12.16
住宅火災(横浜市)	20.1.17
マンション火災(横浜市)	20.2.17
アパート火災(横浜市)	20.5.9
住宅火災(横浜市)	20.12.15
住宅火災(横浜市)	20.12.20
住宅火災(横浜市)	21.2.21
アパート火災(相模原市)	22.4.2
マンション火災(川崎市)	22.4.6
マンション火災(川崎市)	22.4.8
住宅火災(伊勢原市)	22.10.17

住宅火災　災害別一覧

住宅火災(川崎市)	22.12.11
住宅火災(横浜市)	23.1.31
住宅火災(相模原市)	23.2.2
住宅火災(横浜市)	23.7.3
相次ぐ火災	24.1.31
住宅火災(三浦市尾上町)	24.3.6
住宅火災(横浜市)	25.1.25
住宅火災(横浜市)	25.6.3
アパート火災(川崎市)	25.10.21
住宅火災(鎌倉市)	26.1.7
シェアハウスで火災(横浜市)	26.1.15
住宅火災(横浜市)	26.3.14
住宅火災(横浜市)	26.7.9
住宅火災(平塚市)	26.8.4
住宅火災(海老名市)	27.1.19
住宅火災(横浜市)	27.2.20
アパート火災(茅ヶ崎市)	27.3.3
アパート火災(川崎市)	27.3.16
住宅火災(三浦市)	27.6.17
住宅火災(横浜市)	28.2.3
住宅火災(横浜市)	28.3.4
住宅火災(葉山町)	28.10.13
住宅火災(藤沢市)	28.10.28
住宅火災(横浜市)	28.11.14
集合住宅火災(横浜市)	29.1.26
住宅火災(相模原市)	29.4.19
アパート火災(川崎市)	29.5.15
住宅火災(相模原市)	29.10.4
アパート火災(座間市)	30.4.15
団地火災(川崎市)	30.10.20

◇新潟県

火災(新発田市)	6.1.18
落雷で住宅委全焼(北魚沼郡広神村)	8.4.27
住宅火災(新潟市)	10.2.8
住宅火災(京ヶ瀬村)	11.1.16
住宅全焼(新発田市)	12.3.24
住宅火災(青海町)	13.11.20
住宅火災(十日町市)	14.3.14
住宅火災(新潟市)	14.3.16
住宅火災(見附市)	16.1.1
住宅火災(佐渡市)	17.11.20
住宅全焼(新潟市)	18.2.15
住宅全焼(長岡市)	18.3.15
住宅火災(阿賀野市)	19.6.23
住宅火災(南魚沼市)	20.1.18
住宅火災(五泉市)	21.2.2
住宅火災(川口町)	21.5.23
住宅火災(南魚沼市)	23.1.5
住宅火災(妙高市)	25.12.8
住宅火災(五泉市)	26.6.21
住宅火災(柏崎市)	27.2.17
米穀店兼住宅から出火(佐渡市)	28.7.3
住宅火災(新潟市)	28.11.6
住宅火災(新潟市)	29.6.8
住宅火災(新潟市)	30.3.1

◇富山県

住宅火災(高岡市)	9.11.21
住宅火災(富山市)	16.4.10
住宅火災(富山市)	16.10.14
住宅火災(南砺市)	21.1.1
住宅火災(富山市)	24.1.12
住宅火災(小矢部市)	27.5.10
住宅火災(入善町)	28.3.4
住宅火災(立山町)	28.3.18

◇石川県

住宅火災(金沢市)	10.12.29
住宅火災(七尾市)	16.1.24
住宅火災(小松市)	18.6.25
住宅火災(七尾市)	18.12.8
住宅火災(輪島市)	20.2.14
住宅火災(金沢市)	23.1.13
天理教の教会で火災(野々市市)	26.10.26
住宅火災(珠洲市)	28.1.31
住宅火災(津幡町)	30.11.8
住宅火災(白山市)	30.12.8
住宅火災(能美市)	30.12.23

◇福井県

住宅火災(鯖江市)	4.2.20
住宅火災(大野市)	6.11.7
住宅火災(鯖江市)	7.2.14
住宅全焼(坂井郡金津町)	8.12.7

住宅火災(和泉村)	16.12.16	住宅火災(岐阜市)	5.9.18
住宅火災(大野市)	18.3.25	住宅火災(揖斐郡揖斐川町)	6.11.24
住宅火災(福井市)	19.9.1	住宅火災(揖斐郡大野町)	7.9.29
住宅火災(福井市)	19.10.24	住宅火災(揖斐郡大野町)	8.2.7
店舗兼住宅で火災(大野市)	23.3.1	住宅火災(揖斐郡池田町)	8.2.24
温泉街で火災(あわら市)	29.10.27	住宅火災(土岐郡笠原町)	9.1.31
住宅火災(坂井市)	30.1.18	住宅火災(可児市)	9.6.10

◇山梨県

		マンション火災(岐阜市)	14.3.19
住宅火災(山梨市)	6.11.26	住宅火災(岐阜市)	16.2.28
住宅全焼(敷島町)	12.6.20	住宅火災(池田町)	17.12.18
住宅火災(西桂町)	14.3.15	住宅火災(関市)	18.3.5
住宅火災(富士吉田市)	14.3.20	住宅火災(岐阜市)	26.10.30
住宅火災(韮崎市)	14.12.20		

◇静岡県

住宅火災(山梨市)	19.4.30	団地火災(清水市)	2.1.18
住宅火災(富士吉田市)	20.1.6	住宅火災(下田市)	10.2.16
住宅火災(中央市)	20.4.5	アパート火災(豊岡村)	11.1.16
住宅火災(笛吹市)	21.10.9	工場放火(静岡市)	11.11.4
相次ぐ火災	24.1.31	住宅全焼(富士市)	11.11.19

◇長野県

		店舗兼住宅全焼(下田市)	12.1.4
住宅火災(長野市)	3.2.20	住宅火災(清水町)	12.1.13
住宅火災(塩尻市)	10.10.11	住宅全焼(御前崎町)	12.1.25
連続放火	11.2.16	住宅全焼(富士市)	13.1.20
住宅火災(松本市)	11.9.5	住宅火災(清水町)	13.2.17
住宅全焼(茅野市)	12.12.12	住宅火災(静岡市)	13.5.18
アパート火災(松本市)	13.9.17	住宅火災(伊東市)	14.2.12
住宅火災(諏訪市)	16.1.24	住宅火災(浜松市)	14.3.28
住宅火災(長野市)	16.8.14	住宅全焼(浜松市)	18.11.18
住宅火災(松本市)	17.4.10	住宅火災(浜松市)	22.6.13
住宅全焼(長野市)	18.2.10	アパート火災(伊東市)	25.7.31
住宅火災(塩尻市)	19.12.3	住宅火災(浜松市)	27.4.24
住宅火災(長野市)	19.12.24	住宅火災(伊豆市)	28.5.4
住宅火災(大町市)	21.4.8	住宅火災(熱海市)	29.1.13
生ごみ処理機で火災	21.10.30	各地で住宅火災相次ぐ(袋井市)	29.1.26—
住宅火災(栄村)	22.3.1	住宅火災(東伊豆町)	30.9.1
住宅と乗用車の火災(安曇野市)	22.5.1		

◇愛知県

住宅火災(飯田市)	27.3.28	住宅火災(名古屋市中区)	2.1.10

◇岐阜県

		店舗火災(名古屋市緑区)	2.1.11
住宅火災(揖斐郡池田町)	3.4.8	住宅火災(名古屋市中区)	2.1.20
住宅火災(羽島郡笠松町)	4.3.29	アパート全焼(名古屋市中区)	2.3.21
住宅火災(岐阜市)	4.8.13	住宅火災(名古屋市北区)	2.4.29
住宅火災(岐阜市)	5.1.8	住宅火災(西尾市)	2.7.20

住宅火災

災害別一覧

住宅火災(名古屋市緑区)	3.6.12
住宅火災(西春日井郡師勝町)	3.10.8
火災(常滑市)	4.5.4
落雷(中島郡祖父江町)	4.5.23
住宅火災(名古屋市南区)	4.8.12
火災(名古屋市中川区)	6.1.13
住宅火災(名古屋市瑞穂区)	6.1.21
住宅火災(名古屋市瑞穂区)	6.5.15
住宅火災(大府市)	7.3.26
住宅火災(岡崎市)	7.5.1
テレビから出火(豊橋市)	7.7.15
住宅火災(名古屋市中村区)	8.5.26
県営住宅火災(名古屋市南区)	9.1.1
アパート全焼(名古屋市)	12.12.24
住宅全焼(名古屋市)	13.2.27
住宅火災(名古屋市)	13.10.28
マンション火災(豊橋市)	14.2.8
住宅火災(豊橋市)	14.2.16
住宅火災(犬山市)	14.4.9
建設作業派遣会社作業員寮火災(大治町)	15.1.1
住宅火災(春日井市)	15.3.5
住宅火災(春日井市)	15.6.8
住宅火災(豊田市)	15.7.17
住宅火災(名古屋市)	15.12.12
住宅火災(名古屋市)	16.1.18
住宅火災(大洲市)	16.2.17
住宅火災(豊明市)	16.9.9
住宅火災(越智郡)	17.1.23
住宅火災(名古屋市)	17.12.11
住宅火災(一宮市)	18.1.5
住宅火災で消防士死亡(名古屋市)	18.6.10
事務所兼住宅火災(名古屋市)	18.7.9
マンション火災(名古屋市)	18.9.25
アパート火災(吉良町)	19.7.27
アパート火災(東海市)	19.10.3
アパート火災(豊川市)	19.10.4
住宅火災(東海市)	19.12.30
店舗兼住宅火災(岡崎市)	20.5.5
住宅火災(新城市)	21.1.21
住宅火災(名古屋市)	21.11.11
住宅火災(名古屋市)	23.5.25
アパート火災(名古屋市)	27.1.2
住宅火災(名古屋市)	27.3.8
マンション火災(刈谷市)	29.5.8

◇三重県

津で住宅全焼、一家3人が焼死(津市)	3.1.17
住宅火災(四日市市)	4.6.13
住宅火災(尾鷲市)	6.12.10
住宅火災(四日市市)	8.10.13
住宅火災(阿山町)	14.2.3
住宅火災(四日市市)	18.1.12
住宅火災(桑名市)	18.2.13
住宅火災(多気郡)	19.7.23
住宅火災(四日市市)	28.3.23
住宅火災(伊勢市)	30.6.2

◇滋賀県

住宅火災(彦根市)	8.1.11
住宅火災(甲賀郡水口町)	8.1.13
住宅火災(伊香郡木之本町)	8.4.10
住宅火災(大津市)	10.3.30
住宅火災(志賀町)	14.7.31
住宅火災(高島市)	17.11.5
住宅火災(米原市)	23.4.13
住宅火災(草津市)	25.5.1
住宅火災が相次ぐ(彦根市)	26.1.1
住宅火災(長浜市)	28.11.4
住宅火災(米原市)	29.3.13
落雷で住宅火災相次ぐ(東近江市)	29.6.1
住宅火災(長浜市)	30.12.7

◇京都府

住宅火災(京都市右京区)	2.12.28
住宅火災(京都市南区)	6.3.18
住宅火災(城陽市)	7.6.17
住宅全焼(京都市西京区)	7.12.29
住宅火災(船井郡園部町)	8.1.13
住宅火災(福知山市)	8.3.6
住宅火災(京都市右京区)	8.4.2
アパート全焼(京都市下京区)	8.11.14
住宅火災(京都市南区)	9.1.13
住宅火災(京都市下京区)	10.10.18
店舗兼住宅火災(京都市)	13.5.13
マンション火災(舞鶴市)	13.12.15

災害別一覧　　　　　　　住宅火災

住宅火災(京都市)	14.7.1
住宅火災(福知山市)	14.9.30
住宅火災(京都市)	16.9.2
住宅火災(八幡市)	16.12.19
住宅火災(京都市)	17.4.30
住宅火災(舞鶴市)	17.7.30
住宅火災(城陽市)	17.12.30
住宅全焼(宇治市)	18.1.10
団地火災(京都市)	18.2.18
団地火災(宇治市)	18.8.14
住宅火災(八幡市)	18.11.9
住宅火災(京都市)	19.4.22
住宅火災(京都市)	19.5.11
住宅火災(京都市)	20.4.6
連続不審火(京都市)	21.3.2-
住宅火災(京都市)	21.3.31
アパート火災(京都市)	21.9.5
住宅火災(舞鶴市)	22.3.22
住宅火災(京都市)	23.11.11
住宅火災が相次ぐ(宮津市)	26.1.1
住宅火災が相次ぐ	26.1.2
住宅火災が相次ぐ(京都市山科区)	26.1.20
落雷で住宅火災相次ぐ(南丹市)	29.6.1
住宅火災(宇治市)	30.11.8

◇大阪府

アパート火災(大阪市東住吉区)	2.1.10
アパート火災(大阪市住吉区)	2.1.29
アパート火災(門真市)	2.3.25
アパート全焼(東大阪市)	2.4.20
高層団地火災(堺市)	2.5.28
住宅火災(大阪市生野区)	2.9.13
アパート全焼(大阪市平野区)	2.11.10
マンション火災(大阪市住之江区)	2.12.24
住宅火災(藤井寺市)	3.11.26
一酸化炭素中毒(大阪市北区)	4.2.15
住宅火災(大阪市平野区)	4.8.17
アパート火災(門真市)	4.12.2
アパート全焼(大阪市福島区)	4.12.30
住宅火災(岸和田市)	7.6.28
アパート全焼(箕面市)	8.1.12
住宅火災(大阪市西淀川区)	8.4.2
従業員寮火災(豊中市)	8.11.25
住宅火災(大阪市東成区)	9.2.10
アパート火災(大阪市天王寺区)	9.2.24
住宅火災(大阪市港区)	9.3.20
高層住宅火災(大阪市住之江区)	9.8.22
アパート火災(大阪市西成区)	9.9.4
住宅火災(大阪市東淀川区)	9.10.22
住宅火災(堺市)	10.1.19
住宅火災(八尾市)	10.1.24
集合住宅火災(大東市)	10.1.28
住宅火災(豊中市)	10.2.3
文化住宅全焼(門真市)	10.2.3
長屋全焼(東大阪市)	10.2.19
アパート火災(大阪市住之江区)	10.3.10
住宅火災(大阪市生野区)	10.3.10
アパート火災(大阪市西成区)	10.3.17
府営住宅火災(富田林市)	10.3.22
文化住宅全焼(茨木市)	10.4.8
住宅火災(大阪市東住吉区)	10.4.28
マンション火災(大阪市西区)	10.5.11
文化住宅火災(枚方市)	10.10.26
深夜火事(八尾市)	10.11.16
住宅火災(東大阪市)	10.11.22
マンション火災(大阪市大正区)	10.11.24
住宅火災(大阪市平野区)	10.12.6
集合住宅火災(守口市)	10.12.12
住宅火災(美原町)	10.12.20
マンション火災(大阪市)	11.2.26
共同住宅火災(大阪市)	11.3.8
アパート火災(豊中市)	11.7.30
住宅火災(富田林市)	11.11.8
住宅火災(大阪市)	11.12.26
住宅全焼(東大阪市)	12.1.22
共同住宅火災(忠岡町)	12.3.15
住宅火災(四条畷市)	12.4.2
マンション火災(八尾市)	12.9.17
アパート火災(大阪)	12.12.27
アパート火災(大阪)	13.2.25
アパート火災(枚方市)	13.6.17

住宅火災　　　　　　　　　　災害別一覧

住宅火災(東大阪市)	13.8.27
団地火災(箕面市)	14.3.9
住宅火災(吹田市)	14.9.27
住宅火災(豊中市)	14.10.5
住宅火災(岸和田市)	15.2.1
マンション火災(大阪市)	15.4.1
店舗兼住宅火災(大阪市)	15.5.2
住宅火災(大東市)	15.11.11
マンション火災	15.11.28
住宅火災(箕面市)	16.1.1
住宅火災(大阪市)	16.1.16
住宅火災(大阪市)	16.5.3
マンション火災(堺市)	16.5.18
住宅火災(豊中市)	16.6.27
住宅火災(大阪市)	16.7.1
住宅火災(大阪市)	16.11.18
住宅火災(大阪市)	16.12.3
住宅火災(大阪市)	16.12.7
住宅火災(豊中市)	17.1.5
市営住宅火災(大阪市)	17.1.28
アパート火災(大阪市)	17.2.9
マンション火災(豊中市)	17.3.15
文化住宅火災(大阪市)	17.5.27
住宅火災(寝屋川市)	17.10.23
住宅火災(大阪市)	18.1.1
住宅全焼(茨木市)	18.1.13
店舗・住宅火災(大阪市)	18.2.9-
住宅全焼(門真市)	18.2.11
住宅火災(茨木市)	18.2.28
商店街火災(大阪市)	18.3.13
住宅全焼(河内長野市)	18.3.16
マンション火災(豊中市)	18.3.18
住宅火災(和泉市)	18.5.26
浴室乾燥機から出火(大阪市)	18.8.24
住宅火災(東大阪市)	18.9.23
住宅全焼(寝屋川市)	18.12.4
集合住宅火災(松原市)	19.1.15
住宅火災(交野市)	19.1.20
アパート火災(東大阪市)	19.4.1
共同住宅火災(大阪市)	19.5.5
住宅火災(八尾市)	19.8.27
住宅火災(富田林市)	19.11.28
住宅火災(貝塚市)	19.12.8
アパート火災相次ぐ	20.4.3-
府営住宅火災(八尾市)	20.5.2
住宅火災(大阪市)	20.7.9
住宅火災(東大阪市)	20.7.22
住宅火災(高石市)	21.1.7
共同住宅火災(大阪市)	21.1.18
住宅火災が相次ぐ(豊中市、大阪市)	21.1.25
住宅火災(大阪市)	21.4.6
住宅火災(熊取町)	21.5.9
住宅火災(藤井寺市)	21.5.23
アパート火災(堺市)	21.8.3
アパート火災(大阪市)	22.2.14
住宅火災(門真市)	22.5.3
住宅火災(大阪市)	22.8.17
火災で住宅や工場が燃える(大阪市)	22.8.19
住宅火災(豊中市)	22.8.31
団地火災(堺市)	22.10.22
住宅火災(高槻市)	22.11.27
火災(東大阪市)	23.1.3
住宅火災(大阪市)	23.1.4
住宅火災(豊中市)	23.1.27
住宅火災(能勢町)	23.1.28
住宅火災(枚方市)	23.5.21
集合住宅火災(羽曳野市)	23.8.21
住宅火災(大阪市)	23.9.13
住宅火災(大阪市)	23.12.20
相次ぐ火災	24.1.6-
住宅火災(和泉市黒鳥町)	24.2.14
住宅火災(松原市)	24.2.27
アパートで火災(高槻市古曽部町)	24.4.29
住宅火災(藤井寺市)	24.6.20
住宅火災(東大阪市)	24.8.4
住宅火災が相次ぐ(大阪市)	26.1.1
住宅火災が相次ぐ	26.1.2
マンション火災(大阪市)	26.1.31
住宅火災が相次ぐ(大阪市)	26.2.18
住宅火災が相次ぐ(茨木市)	26.2.18
住宅火災が相次ぐ(寝屋川市)	26.2.25
住宅火災が相次ぐ(八尾市)	26.2.25
マンション火災(藤井寺市)	26.5.13
住宅火災(箕面市)	26.6.29

災害別一覧　　　　　住宅火災

市営住宅で火災(大阪市)	26.8.22
住宅火災(堺市)	26.10.10
店舗兼住宅で火災(大阪市)	26.12.16
住宅火災(高石市)	27.3.1
アパート火災(東大阪市)	27.3.20
住宅火災が相次ぐ(堺市)	27.4.27
住宅火災が相次ぐ(大阪市)	27.4.27
市営住宅で火災(大阪市)	27.7.12
マンション火災(大阪市)	27.12.26
リコール対象のストーブで火災	28.1.19
住宅火災(忠岡町)	28.2.1
共同住宅火災(大阪市)	28.2.4
住宅火災(八尾市)	28.3.16
マンション火災(大阪市)	28.4.13
住宅火災(守口市)	28.11.4
各地で住宅火災相次ぐ(交野市)	29.1.26–
住宅火災相次ぐ	29.11.5
住宅火災(吹田市)	29.11.6
住宅火災(東大阪市)	29.12.2
アパート火災(豊中市)	29.12.8
棟割り長屋火災(大阪市)	29.12.26
住宅火災(忠岡町)	29.12.29
住宅火災(八尾市)	30.2.23
集合住宅火災(茨木市)	30.4.7
住宅火災(大阪市)	30.6.14
住宅火災(大阪市)	30.10.6

◇兵庫県

住宅火災(西宮市)	1.2.13
防衛庁関係の寮放火(伊丹市)	2.1.16
住宅火災(尼崎市)	2.6.21
住宅火災(神戸市長田区)	2.9.3
工場宿舎火災(神戸市兵庫区)	4.2.22
マンション火災(神戸市北区)	4.7.3
作業場火災(神戸市須磨区)	5.11.10
アパート火災(高砂市)	6.5.16
仮設住宅全焼(芦屋市)	7.12.22
住宅火災(伊丹市)	8.7.10
震災仮設住宅全焼(神戸市北区)	8.10.22
住宅火災(豊岡市)	8.12.16
建設会社寮全焼(西宮市)	9.5.26
住宅火災(御津町)	9.11.1
住宅火災(揖保郡御津町)	9.11.1
仮設住宅火災(神戸市東灘区)	9.12.6
仮設住宅火災(尼崎市)	10.1.23
住宅火災(西宮市)	10.1.31
住宅火災(西宮市)	10.2.14
文化住宅火災(尼崎市)	10.2.20
住宅火災(尼崎市)	10.3.3
住宅火災(尼崎市)	10.3.10
住宅火災(太子町)	10.4.11
住宅火災(洲本市)	10.4.26
アパート火災(尼崎市)	10.6.1
団地火災(津名町)	11.2.14
団地火災(神戸市)	11.3.12
住宅火災(宝塚市)	11.8.9
震災復興住宅火災(西宮市)	12.8.18
住宅火災(宝塚市)	14.2.19
住宅火災(宝塚市)	14.3.15
住宅火災(尼崎市)	14.6.7
住宅火災(神戸市)	15.6.2
住宅火災(西宮市)	15.12.19
住宅火災(黒田庄町)	16.1.26
アパート火災(神戸市)	16.2.18
住宅火災(姫路市)	16.8.5
住宅火災(明石市)	17.1.3
住宅火災(姫路市)	17.8.20
住宅火災(神戸市)	17.8.29
住宅火災(尼崎市)	17.11.2
住宅全焼(姫路市)	18.1.4
団地火災(赤穂市)	18.4.7
住宅火災(加古川市)	18.11.11
住宅火災(朝来市)	19.3.10
共同住宅火災(伊丹市)	19.4.28
住宅火災(豊岡市)	19.6.9
住宅火災(猪名川町)	19.10.2
住宅火災(神戸市)	19.11.5
住宅火災(姫路市)	19.12.11
住宅火災(西宮市)	20.4.21
住宅火災(明石市)	20.8.30
住宅火災(姫路市)	20.12.15
住宅火災(加古川市)	21.9.3
住宅火災(神戸市)	21.10.13
住宅火災(豊岡市)	21.11.17
住宅火災(神戸市)	22.1.28

住宅火災

住宅火災(加西市)	22.4.26
集合住宅で火災(尼崎市)	23.4.8
住宅火災(たつの市)	23.6.9
住宅火災(姫路市)	24.1.2
相次ぐ火災	24.1.6-
住宅火災(福崎町)	24.9.16
住宅火災(加古川市)	25.3.20
住宅火災(姫路市)	25.7.1
住宅火災が相次ぐ(加古川市)	26.1.20
住宅火災が相次ぐ(佐用町)	26.1.20
県営住宅で火災(神戸市)	26.9.18
住宅火災(尼崎市)	26.11.21
マンション火災(神戸市)	26.12.6
マンション火災(神戸市)	27.1.20
アパート火災(神戸市)	27.2.15
住宅火災(西宮市)	27.2.19
住宅火災(多可町)	29.2.6
落雷で住宅火災相次ぐ(小野市)	29.6.1
住宅火災(姫路市)	30.1.1
住宅火災(明石市)	30.2.4
マンション火災(尼崎市)	30.5.12
団地火災(加古川市)	30.5.30
住宅火災(稲美町)	30.11.19

◇奈良県

住宅火災(奈良市)	7.6.14
住宅火災(大和郡山市)	8.1.10
住宅火災(奈良市)	10.2.19
住宅火災(御所市)	10.4.6
住宅火災(奈良市)	10.12.10
住宅火災(橿原市)	10.12.22
住宅火災(菟田野町)	14.3.12
マンション火災(奈良市)	17.3.29
住宅火災(奈良市)	17.12.18
住宅火災(奈良市)	17.12.23
住宅全焼(高取町)	18.11.15
住宅火災(高取町)	18.11.15
住宅火災(天理市)	19.4.10
住宅火災(奈良市)	21.1.7
住宅火災(奈良市)	23.5.24
住宅火災(宇陀市)	25.2.9
住宅火災(御所市)	26.7.30
住宅火災(橿原市)	26.9.2
住宅火災(生駒市)	27.3.26
住宅火災(葛城市)	27.8.15
住宅火災(奈良市)	29.2.15
豪雨	29.9.12

◇和歌山県

住宅全焼(和歌山市)	3.11.10
住宅火災(和歌山市)	8.2.3
団地火災(岩出町)	10.4.6
住宅全焼(和歌山市)	12.2.16
住宅火災(海南市)	13.2.21
住宅火災(岩出町)	17.12.16
落雷で住宅全焼(田辺市)	18.11.11
住宅でガス爆発(和歌山市)	19.7.29
住宅火災(和歌山市)	21.3.29
住宅火災(岩出市)	23.6.18
住宅火災(御坊市)	28.12.5
豪雨	29.9.12
棟割り長屋火災(橋本市)	29.10.29

◇鳥取県

住宅火災(倉吉市)	6.4.2
住宅火災(鳥取市)	8.8.15
アパート火災(鳥取市)	14.9.14
住宅火災(米子市)	23.1.9
住宅火災(鳥取市)	26.10.11
住宅火災(北栄町)	27.6.18
住宅火災(倉吉市)	28.5.22

◇島根県

住宅火災(那賀郡旭町)	8.1.28
住宅火災(玉湯町)	13.5.9
住宅火災(安来市)	29.4.24
住宅火災(松江市)	30.9.28

◇岡山県

住宅火災(岡山市)	3.10.20
タンクローリー民家に突入(邑久郡長船町)	5.1.25
住宅火災(高梁市)	8.12.5
住宅火災(山陽町)	10.12.12
住宅火災(倉敷市)	10.12.12
住宅火災(岡山市)	17.3.9
住宅火災(岡山市)	19.3.13
住宅火災(倉敷市)	20.12.8

元会社寮で火災(岡山市)	21.2.5		◇山口県	
住宅火災(新見市)	21.11.9		住宅火災(下関市)	4.8.21
住宅火災(和気町)	22.12.12		住宅火災(下関市)	7.1.13
住宅火災(総社市)	23.2.26		住宅火災(徳山市)	7.2.4
住宅火災(倉敷市)	23.6.28		住宅火災(田万川町)	9.1.6
住宅火災(倉敷市)	25.9.5		住宅火災(宇部市)	18.3.4
住宅火災(岡山市)	27.2.14		住宅火災(周防大島町)	27.10.20
住宅火災(倉敷市)	29.1.28		住宅火災(阿武町)	30.11.24
住宅火災(真庭市)	29.4.5		◇徳島県	
落雷で住宅火災相次ぐ(矢掛町)	29.6.1		住宅火災(板野郡板野町)	2.11.28
住宅火災(倉敷市)	30.2.22		住宅火災(徳島市)	5.3.9
住宅火災(井原市)	30.2.27		住宅火災(徳島市)	8.3.2
住宅火災(倉敷市)	30.9.12		住宅火災(徳島市)	8.3.9
住宅火災(吉備中央町)	30.10.13		住宅火災(阿波郡市)	8.4.22
◇広島県			住宅火災(阿南市)	16.2.11
住宅火災(呉市)	2.7.18		住宅火災(北島町)	28.3.24
住宅火災(福山市)	4.2.8		住宅火災(阿南市)	28.6.25
一酸化炭素中毒(広島市西区)	7.12.29		店舗兼住宅火災(徳島市)	29.1.27
住宅火災(広島市安芸区)	8.4.2		◇香川県	
住宅火災(広島市安佐北区)	9.4.10		住宅火災(高松市)	6.12.8
住宅火災(広島市中区)	9.6.18		住宅火災(綾歌郡綾南町)	7.11.27
住宅火災(神石町)	9.9.27		住宅火災(高瀬町)	10.7.7
住宅火災(呉市)	15.10.11		住宅火災(坂出市)	17.2.3
住宅火災(広島市)	16.1.26		空き家全焼(多度津町)	20.4.6
住宅火災(福山市)	17.5.17		火災(高松市)	22.9.26
住宅火災(広島市)	17.12.30		住宅火災(さぬき市)	24.5.28
アパート火災(広島市)	18.12.12		住宅火災(宇多津町)	25.4.30
住宅火災(福山市)	20.12.25		◇愛媛県	
マンション火災(広島市)	21.11.23		マンション火災(松山市)	16.1.7
住宅火災(福山市)	22.5.6		住宅火災(松前町)	16.12.2
住宅火災(庄原市)	23.2.18		住宅火災(上島町)	17.1.23
住宅火災(呉市)	23.11.9		住宅火災(今治市)	18.2.11
住宅火災(広島市)	26.12.20		住宅火災(新居浜市)	19.7.26
マンション火災(広島市)	27.2.20		住宅火災(西条市)	23.1.6
マンション火災(広島市)	27.4.24		住宅火災(砥部町)	25.12.19
住宅火災(尾道市)	27.5.19		各地で住宅火災相次ぐ(今治市)	29.1.26−
住宅火災(東広島市)	28.9.22		住宅火災(西条市)	29.10.28
アパート火災(福山市)	28.11.30		◇高知県	
住宅火災(北広島町)	29.4.19		住宅火災(宿毛市)	8.3.1
住宅火災(尾道市)	29.9.9		住宅火災(高知市)	16.5.15
住宅火災(江田島市)	30.4.19			

住宅火災　災害別一覧

|住宅火災(高知市)|17.12.3|
|住宅火災で住宅全焼(高知市)|18.2.25|

住宅火災(高知市) 17.12.3
不審火で住宅全焼(高知市) 18.2.25
住宅火災(南国市) 22.7.21
住宅火災(宿毛市) 29.3.17

◇福岡県
住宅火災(北九州市小倉北区) 2.1.6
市営団地全焼(福岡市博多区) 2.1.13
住宅火災(北九州市小倉北区) 2.2.5
マンション火災(福岡市博多区) 2.2.23
住宅火災(大川市) 2.6.19
アパート火災(北九州市小倉北区) 2.9.17
住宅火災(北九州市戸畑区) 2.11.16
アパート全焼(北九州市小倉北区) 2.12.28
住宅火災(久留米市) 4.1.18
住宅火災(福岡市中央区) 4.1.19
ビル火災(福岡市中央区) 4.2.1
住宅全焼(福岡市早良区) 4.2.14
住宅火災(福岡市博多区) 4.3.9
火災(福岡市中央区) 4.5.14
住宅火災(福岡市東区) 4.7.15
住宅火災(苅田町) 6.8.21
住宅火災(城島町) 6.11.14
火災(中間市) 7.12.1
市営住宅火災(筑後市) 8.1.27
住宅火災(福岡市中央区) 8.5.3
住宅火災(稲築町) 8.11.29
住宅火災(北九州市小倉北区) 9.2.19
アパート火災(北九州市八幡東区) 9.3.4
住宅火災(那珂川町) 15.4.24
住宅火災(前原市) 17.5.12
住宅全焼(豊前市) 18.10.21
住宅火災(太宰府市) 23.5.12
長屋で火災(大牟田市) 27.3.9
住宅火災(宗像市) 27.4.29
各地で住宅火災相次ぐ(北九州市) 29.1.26−
北九州市アパート火災(北九州市) 29.5.7
住宅火災(大牟田市) 29.11.25

◇佐賀県
住宅火災(佐賀市) 4.7.13
住宅火災(佐賀市) 5.12.29
住宅火災(佐賀市) 30.11.9

◇長崎県
住宅火災(佐世保市) 4.12.22
住宅火災(佐世保市) 6.12.4
住宅火災(五島・富江町) 8.2.7
住宅火災(南高来郡小浜町) 13.6.15
住宅火災(川棚町) 14.8.13
アパート火災(大村市) 19.12.1
住宅火災(長与町) 21.8.1
住宅火災(長崎市) 27.7.23
住宅火災(長崎市) 27.12.25
住宅火災(長崎市) 28.1.27
市営住宅で火災、幼い兄弟死亡(長崎市) 30.1.3
住宅火災(長崎市) 30.7.23

◇熊本県
住宅火災(荒尾市) 14.2.6
住宅火災(一の宮町) 15.11.27
住宅火災(菊水町) 17.3.7
住宅火災(玉名市) 19.9.9
住宅火災(人吉市) 23.1.7
住宅火災が相次ぐ 26.1.2
住宅火災(荒尾市) 26.7.4

◇大分県
住宅火災(別府市) 9.3.8
住宅全焼(臼杵市) 13.4.21
住宅火災(別府市) 22.1.13
住宅火災(大分市) 22.6.6
住宅火災(中津市) 27.1.23
自宅に放火(杵築市) 27.7.5
住宅火災(別府市) 29.2.5
住宅火災(由布市) 30.4.10

◇宮崎県
住宅火災(北川町) 6.3.9
住宅火災(都城市) 6.5.19
住宅火災(西都市) 15.11.29
住宅火災(宮崎市) 16.5.27
店舗兼住宅で火災(都城市) 27.11.1

◇鹿児島県

住宅火災(鹿児島市)	2.1.7
住宅火災(松元町)	5.12.30
住宅火災(垂水市)	9.5.24
住宅火災(枕崎市)	14.3.15
住宅火災(奄美大島)	16.8.30
住宅火災(垂水市)	16.10.22
住宅火災(加世田市)	17.3.4
住宅火災(隼人町)	17.3.31
住宅火災(薩摩川内市)	18.5.31
住宅全焼(奄美市)	18.11.15
住宅火災(屋久島町)	25.1.21
住宅火災が相次ぐ	26.1.2
アパート火災(鹿児島市)	26.12.15
住宅火災(曽於市)	30.5.11
住宅火災(いちき串木野市)	30.10.20

◇沖縄県

プレハブ全焼(沖縄市)	5.4.6
住宅火災(浦添市)	8.6.10
住宅火災(南風原町)	16.11.14
住宅火災(中頭郡)	17.3.7

【店舗・事務所火災】

◇北海道

ビル火災(札幌市中央区)	1.12.13
施設火災(渡島支庁上磯町)	5.2.28
店舗火災(札幌市豊平区)	9.5.8
住宅火災(札幌市)	13.1.27
ガソリンスタンド跡地で火災(札幌市)	16.8.30
建物解体中に出火(小樽市)	18.6.27
店舗火災(美唄市)	19.10.27
風俗店で火災(札幌市)	20.4.28
雑居ビル火災(函館市)	21.1.7
札幌ガス爆発事故(札幌市)	30.12.16

◇青森県

店舗放火(弘前市)	13.5.8

◇岩手県

店舗火災(花巻市)	9.4.12

◇宮城県

店舗火災(名取市)	16.3.8

◇茨城県

店舗兼住宅全焼(笠間市)	11.11.4

◇栃木県

宝石店放火強盗(宇都宮市)	12.6.11
食堂火災(宇都宮市)	17.1.12
店舗兼住宅火災(那須烏山市)	20.12.22
店舗兼住宅火災(小山市)	29.2.4

◇群馬県

倉庫火災(玉村町)	29.2.24
店舗全焼で300人避難(高崎市)	30.11.15

◇埼玉県

倉庫火災(和光市)	1.9.1
店舗火災(新座市)	6.6.14
中央市場火災(浦和市)	6.10.2
店舗火災(浦和市)	11.2.5
倉庫でスプレー缶爆発炎上(幸手市)	11.6.5
店舗火災(さいたま市)	14.2.22
大型量販店で放火(さいたま市)	16.12.13
百貨店で不審火(志木市)	17.7.31
工場兼事務所火災(久喜市)	19.1.15
店舗兼住宅火災(蕨市)	19.10.18
菓子屋横丁火災(川越市)	27.6.21
ステーキ店で火災(さいたま市)	28.12.22
物流倉庫火災(三芳町)	29.2.16-
風俗店火災(さいたま市)	29.12.17

◇千葉県

東京ディズニーランドでボヤ(浦安市)	1.5.25
駅ビル火災(松戸市)	2.2.4
レストラン火災(鋸南町)	14.1.21
ガススタンドで爆発(市川市)	26.10.12

◇東京都

店舗火災(江東区)	1.1.12

店舗・事務所火災　　災害別一覧

店舗火災(文京区)	1.1.19
店舗火災(目黒区)	1.4.1
ラフォーレ原宿でボヤ(渋谷区)	1.4.7
JR貨物大井機関区総合事務所火災(品川区)	1.4.21
高層マンション火災(江東区)	1.8.24
卸売市場でボヤ(中央区)	1.9.2
渋谷駅でボヤ(渋谷区)	1.9.3
店舗火災(大田区)	1.10.21
フィリピン旧大使館火災(港区)	2.4.13
ビル火災(新宿区)	3.2.10
銀座ルイヴィトンで火災(中央区)	4.6.15
店舗火災(中野区)	4.12.30
ビル火災(中央区)	5.4.3
葛西臨海水族園で火災(江戸川区)	5.10.7
築地市場火災(中央区)	6.3.26
ビル火災(台東区)	6.6.4
店舗火災(世田谷区)	6.12.10
飲食店火災(福生市)	7.2.17
羽子板市の露店焼く(台東区)	7.12.19
店舗火災(文京区)	9.1.3
新型郵便物自動区分機出火(世田谷区)	9.5.3
ビル火災(豊島区)	9.9.8
高層ビル火災(墨田区)	9.9.14
築地市場火災(中央区)	9.12.21
雑居ビル火災(新宿区)	10.3.19
給油所事務所で爆発(足立区)	11.3.6
アメ横で放火(台東区)	11.3.29
住宅火災(大田区)	11.9.18
アパート火災(大田区)	11.9.19
店舗火災(墨田区)	11.11.20
店舗火災(新宿区)	11.11.24
ビル火災(渋谷区)	11.12.15
店舗火災(大田区)	12.3.2
集合店舗全焼(中央区)	12.3.3
住宅火災(大田区)	12.3.5
スーパー放火(西多摩郡日の出町)	12.7.25
アパート火災(葛飾区)	13.1.26
住宅全焼(調布市)	13.2.1
ビル放火(江東区)	13.2.8
住宅火災(足立区)	13.2.22
ビル火災(豊島区)	13.3.9
生活保護施設放火(足立区)	13.4.6
店舗兼住宅火災(荒川区)	13.8.16
新宿歌舞伎町ビル火災(新宿区)	13.9.1
新宿歌舞伎町ビル火災(新宿区)	13.10.29
設計事務所火災(練馬区)	13.10.31
焼き鳥店火災(北区)	14.12.7
塗装店火災(大田区)	15.4.5
ビル火災(台東区)	15.11.25
ビル火災(千代田区)	16.2.10
スタジオ火災(調布市)	16.11.21
倉庫火災(江東区)	17.2.22
ビル工事現場でぼや(千代田区)	19.1.31
商業ビル火災(港区)	19.4.4
店舗火災(葛飾区)	20.2.21
映画用の火薬調合中に爆発(渋谷区)	20.11.12
商店街火災(東大和市)	21.1.6
横田基地で火災(福生市)	21.1.20
居酒屋で火災(杉並区)	21.11.22
ゴルフ用品製造会社で火災(荒川区)	21.11.23
店舗兼住宅で火災(荒川区)	21.12.24
居酒屋が全焼(渋谷区)	22.12.6
有名そば店が火災(千代田区)	25.2.19
駅付近火災で新幹線が運休(千代田区)	26.1.3
催事場で火災(江戸川区)	26.5.14
寿司店で火災(台東区)	26.10.29
新宿ゴールデン街火災(新宿区)	28.4.12
倉庫火災(江東区)	29.6.20
築地場外市場火災(中央区)	29.8.3
雑居ビル火災(中央区)	29.10.4
センター街ビル火災(渋谷区)	30.10.31

災害別一覧　店舗・事務所火災

◇神奈川県
　料亭全焼(川崎市高津区)　1.1.10
　店舗火災(横浜市旭区)　10.2.14
　ビル火災(川崎市川崎区)　10.4.20
　店舗火災(横浜市)　11.2.24
　マージャン店放火(横浜市)　11.5.23
　店舗全焼(川崎市)　12.4.21
　料亭全焼(横浜市)　12.8.7
　店舗兼住宅全焼(川崎市)　13.1.9
　マンション火災(横浜市)　13.1.28
　住宅全焼(鎌倉市)　13.2.2
　ビル火災(川崎市)　16.1.26
　商店火災(横浜市)　17.2.15
　雑居ビル火災(横浜市)　22.1.8
　商店街で火災(横浜市)　23.8.8
　ビル火災(川崎市)　25.9.5
　料亭火災(横須賀市)　28.5.16

◇新潟県
　糸魚川市駅北大火(糸魚川市)　28.12.22

◇富山県
　電器店火災(朝日町)　27.1.24

◇福井県
　温泉街で火災(あわら市)　29.10.27

◇山梨県
　銀行放火(昭和町)　12.1.13
　犬舎全焼(都留市)　18.2.21

◇長野県
　スナック火災(大町市)　17.2.7
　商店火災(松本市)　17.10.8
　飲食店火災(茅野市)　19.5.2

◇岐阜県
　店舗火災(岐阜市)　5.1.3
　店舗火災(羽島市)　5.2.27

◇静岡県
　店舗火災(静岡市)　13.1.7
　倉庫で火災(藤枝市)　18.8.27
　マージャン店で火災(浜松市)　21.11.17

◇愛知県
　倉庫火災(名古屋市瑞穂区)　2.2.17
　倉庫全焼(豊橋市)　2.3.24
　倉庫全焼(名古屋市港区)　2.5.3
　倉庫全焼(瀬戸市)　2.5.14
　スーパー全焼(名古屋市北区)　2.11.20
　店舗火災(豊橋市)　2.11.23
　名古屋駅構内でボヤ(名古屋市中村区)　4.2.27
　ショッピングセンター全焼(豊橋市)　5.2.14
　倉庫全焼(名古屋市南区)　5.3.8
　倉庫火災(半田市)　5.5.10
　配送センター全焼(西春日井郡豊山町)　6.4.10
　中央卸売市場火災(名古屋市熱田区)　6.7.19
　材木店火災(丹羽郡大口町)　6.9.20
　倉庫全焼(豊橋市)　7.1.4
　倉庫火災(名古屋市東区)　7.2.4
　パチンコ店全焼(小牧市)　7.10.15
　公民館全焼(豊橋市)　9.3.19
　工場倉庫全焼(一宮市)　9.4.21
　パチンコ店火災(名古屋市名東区)　10.5.6
　ビル全焼(名古屋市)　12.12.25
　事務所兼住宅火災(名古屋市)　18.7.9
　ビル火災(名古屋市)　20.3.3
　店舗兼住宅火災(岡崎市)　20.5.5
　放火(名古屋市)　22.9.3
　料理店「鳥久」で火災(名古屋市)　26.11.22

◇三重県
　店舗火災(津市)　7.3.7
　作業火災(安芸郡芸濃町)　8.3.18
　ワシントン靴店全焼(伊勢市)　8.5.22
　店舗火災(四日市市)　19.9.16

◇京都府
　新聞社支局で火災(宇治市)　18.5.29
　連続不審火(京都市)　21.3.2−
　住宅・店舗火災(京都市)　25.6.17
　運送会社で火災(田辺市)　26.10.28

店舗・事務所火災　災害別一覧

京都花街で火災(京都市)	28.7.5
中華料理店で火災(宇治市)	28.7.23
祇園三つ星割烹が焼ける(京都市)	30.5.12

◇大阪府

ビル火災(大阪市中央区)	1.2.16
倉庫火災(大阪市東住吉区)	2.1.20
枚方消防署火災(枚方市)	2.1.23
パチンコ店火災(富田林市)	2.2.8
倉庫火災(守口市)	2.2.10
工場倉庫火災(大阪市生野区)	2.3.7
倉庫火災(守口市)	2.7.27
雑居ビル火災(大阪市中央区)	3.4.1
ビル火事(大阪市北区)	3.10.19
石橋駅前6店全焼(池田市)	4.5.24
ビル火災(大阪市中央区)	4.7.12
雑居ビル全焼(大阪市北区)	4.10.26
倉庫火災(豊中市)	5.7.20
パチンコ店全焼(豊中市)	6.2.28
千日前火災(大阪市中央区)	7.11.16
建築中ビルでボヤ(大阪市中央区)	8.8.24
露店全焼(寝屋川市)	9.1.2
ガスボンベ爆発(大阪市東住吉区)	9.2.10
倉庫火災(門真市)	9.2.13
朝日新聞大阪本社火災(大阪市北区)	9.3.17
店舗火災(大阪市東淀川区)	9.6.12
マーケット全焼(堺市)	9.7.18
カラオケ店火災(大阪市東成区)	10.5.8
スーパー火災(大阪市)	11.11.29
店舗火災(大阪市)	13.8.25
料理店火災(大阪市)	15.12.27
ビル火災(大阪市)	16.2.11
電気店全焼(東大阪市)	17.9.24
市場で火災(豊中市)	17.12.20
店舗・住宅火災(大阪市)	18.2.9-
連続放火(吹田市)	18.2.19
商店街火災(大阪市)	18.3.13
ペットショップ火災(高槻市)	19.2.11
個室ビデオ店で火災(大阪市)	20.10.1
パチンコ店火災(大阪市)	21.7.5
商店街で火災(泉大津市)	22.1.15
配電盤出火でエレベーター閉じ込め(大阪市)	22.6.26
映画館で火災(守口市)	22.8.19
くいだおれビルでぼや(大阪市)	24.2.2
焼き肉店で火災(大阪市天王寺区下味原町)	24.3.21
ビル火災(大東市)	25.11.5
しょんべん横丁で火災(大阪市)	26.3.7
焼肉店で火災(大阪市)	26.4.6
コロッケ店で火災(豊中市)	26.4.28
焼肉店で火災(吹田市)	26.5.2
倉庫火災(門真市)	26.8.11
倉庫火災(大阪市)	26.10.10
倉庫火災(和泉市)	28.10.30
ホームセンター火災(吹田市)	30.11.28

◇兵庫県

料亭火災(西宮市)	1.4.7
尼崎の長崎屋火災(尼崎市)	2.3.18
甲子園市場全焼(西宮市)	4.11.20
高層ビル火災(神戸市中央区)	5.3.8
今津阪神市場全焼(西宮市)	5.5.30
倉庫全焼(神戸市長田区)	8.9.18
テレホンクラブ放火(神戸市)	12.3.2
店舗火災(尼崎市)	12.3.10
店舗火災(伊丹市)	17.3.26
カラオケ店で火災(宝塚市)	19.1.20
店舗火災(明石市)	19.8.4
ショッピングセンター火災(尼崎市)	21.3.8
ショッピングセンター火災(尼崎市)	21.3.20
市場で火災(尼崎市塚口町)	23.2.18
商店街で火災(尼崎市塚口本町)	24.1.17
スナックで放火(姫路市)	24.3.3
ホームセンターで火災(明石市)	25.11.3

店舗火災(神戸市)	29.2.23	無人駅舎全焼(久留米市)	6.6.7
酒蔵全焼	30.11.8	雑居ビル全焼(北九州市小倉北区)	7.4.3

◇奈良県
　倉庫火災(橿原市)　　　　　8.8.23
　土産物店火災(吉野町)　　　13.7.2
　倉庫火災(大和郡山市)　　　30.11.5

◇和歌山県
　飲食店火災(和歌山市)　　　17.5.29

◇広島県
　版画工房全焼(沼隈郡沼隈町)　6.2.8
　倉庫火災(呉市)　　　　　　21.4.15
　雑居ビル火災(広島市)　　　27.10.8

◇山口県
　店舗火災(豊浦郡豊田町)　　4.3.5
　大型店全焼(下関市)　　　　4.9.13
　店舗火災(柳井市)　　　　　6.2.11

◇徳島県
　店舗兼住宅火災(徳島市)　　29.1.27

◇香川県
　パチンコ店火災(丸亀市)　　9.11.3
　火災(高松市)　　　　　　　22.9.26
　動物園で火災(東かがわ市)　26.3.28

◇愛媛県
　「老人憩いの家」全焼(宇和島市)　　　　　　　　　8.5.20

◇福岡県
　雑居ビル火災(田川市伊田)　2.1.12
　倉庫全焼(北九州市小倉南区)　2.2.1
　バイク販売店火災(直方市)　2.12.23
　店舗火災(鞍手郡鞍手町)　　4.1.18
　倉庫火災(北九州市小倉南区)　4.8.14
　青果市場火災(福岡市博多区)　4.9.26
　刑務所冷蔵室出火(北九州市小倉南区)　　　　　　　5.8.28
　繁華街火災(北九州市八幡西区)　　　　　　　　　　5.11.2
　若宮町商工会館全焼(若宮町)　　　　　　　　　　　6.5.10

　地下スナックから出火(北九州市戸畑区)　　　　　7.6.30
　ビル火災(久留米市)　　　　8.5.20
　雑居ビル火災(北九州市八幡西区)　　　　　　　　　9.1.31
　作業場火災(那珂川町)　　　9.5.20
　日本最古のスーパー全焼(北九州市)　　　　　　　11.9.14
　商店街火災(北九州市)　　　13.10.26
　歓楽街で火災(北九州市)　　16.7.12
　商店街で火災(北九州市)　　18.2.16
　商店街で火災(福岡市)　　　22.3.1

◇佐賀県
　ビル火災(佐賀市)　　　　　2.3.17
　店舗火災(佐賀市)　　　　　16.7.19

◇長崎県
　公民館全焼(松浦市)　　　　4.8.28
　住宅火災(長崎市)　　　　　27.7.23
　レストランで火災(長崎市)　28.8.23

◇熊本県
　スナック放火(熊本市)　　　15.6.24

◇大分県
　店舗火災(大分市)　　　　　6.7.7
　市役所火災(宇佐市)　　　　13.3.4
　パチンコ店放火(大分市)　　13.12.5
　倉庫火災(佐伯市)　　　　　27.9.13

◇宮崎県
　店舗兼住宅で火災(都城市)　27.11.1

◇沖縄県
　連続放火(北谷町)　　　　　13.1.15
　飲食店火災(沖縄市)　　　　17.10.15
　風俗店火災(那覇市)　　　　19.10.14

【劇場・映画館火災】

◇栃木県
　多目的ホール火災(石橋町)　7.12.7

旅館・ホテル火災　　　災害別一覧

◇東京都
　にっかつ撮影所炎上(調布市)　　1.2.10

◇神奈川県
　ヌード劇場火災(川崎市川崎区)　　3.11.28

◇岐阜県
　劇場ビルぼや(岐阜市)　　8.6.2

◇大阪府
　「中座」火災(大阪市)　　14.9.9

【旅館・ホテル火災】

◇北海道
　ホテル火災(釧路支庁阿寒町)　　8.2.11
　ホテル火災(札幌市)　　11.5.14
　温泉旅館で火災(小樽市)　　26.12.4

◇青森県
　旅館火災(金木町)　　12.3.12

◇岩手県
　旅館火災(二戸市)　　21.10.4

◇秋田県
　旅館火災(横手市)　　16.2.14
　温泉旅館で火災(湯沢市)　　28.7.13

◇山形県
　旅館火災(米沢市)　　12.3.25

◇福島県
　旅館火災(原町)　　14.1.8
　温泉旅館で火災(福島市飯坂町)　　24.5.14
　旅館火災(福島市)　　25.8.29

◇栃木県
　ホテル全焼(栗山村)　　11.2.19

◇群馬県
　旅館でボヤ(伊香保町)　　12.10.17

◇千葉県
　旧旅館火災(成田市)　　12.2.26

◇東京都
　簡易宿泊施設全焼(立川市)　　2.5.15
　ホテル火事(台東区)　　3.12.30
　キャピトル東急ホテルでボヤ(千代田区)　　5.3.2
　「東京都奥多摩都民の森」宿泊施設火災(西多摩郡奥多摩町)　　6.3.12
　ホテル火災(豊島区)　　7.2.25
　ホテル火災(港区)　　20.2.15
　ホテル火災(豊島区)　　20.3.8
　簡易宿泊所で火災(板橋区)　　24.5.30
　ホテル火災(千代田区)　　25.4.5

◇神奈川県
　旅館全焼(津久井郡相模湖町)　　7.1.5
　旅館火災(箱根町)　　12.11.16
　ホテル火災(横浜市)　　20.1.4
　川崎簡易宿泊所火災(川崎市)　　27.5.17

◇新潟県
　ホテル火災(新潟市)　　25.7.8

◇富山県
　旅館火災(婦中町)　　16.11.28

◇石川県
　料亭全焼(金沢市)　　8.5.14

◇福井県
　老舗旅館が全焼(あわら市)　　30.5.9

◇岐阜県
　長良川ホテルでボヤ(岐阜市)　　3.11.10
　旅館でボヤ(高山市)　　9.6.16

◇静岡県
　ホテル全焼(熱海市)　　11.6.12

◇愛知県
　学校・旅館全焼(豊田市)　　2.1.14

ベビーホテル火災(名古屋市中区) 3.12.4
旅館火災(名古屋市東区) 5.5.10
ホテル地下駐車場で煙噴出(名古屋市中村区) 6.8.29

◇滋賀県
老舗旅館が全焼(近江八幡市) 22.12.10

◇京都府
旅館火災(京都市下京区) 2.1.30
民宿全焼(京都市右京区) 7.12.26
旅館火災(京都市中京区) 9.12.6
文化財全焼(京都市) 11.3.15

◇大阪府
ホテルでボヤ(大阪市北区) 2.8.19
ホテル全焼(大阪市天王寺区) 3.1.25
ホテル火災(大阪市北区) 3.8.13
ホテル火災(大阪市住吉区) 4.12.5
旅館火災(大阪市生野区) 8.1.2
ロイヤルホテルでボヤ(大阪市北区) 9.2.17
ホテル火災(大阪市) 20.5.21

◇兵庫県
旅館全焼(神戸市兵庫区) 4.3.16
旅館全焼(赤穂市) 8.4.4
城崎温泉で店舗火災(豊岡市) 27.1.3
有馬温泉で火災(神戸市) 28.11.11

◇奈良県
旅館全焼(奈良市) 4.12.28
旅館全焼(吉野郡十津川村) 5.8.13

◇広島県
ホテル火災(広島市中区) 5.2.6
旅館全焼(広島市) 18.2.12
ホテル火災(福山市西桜町) 24.5.13

◇山口県
ホテルでボヤ(山口市) 3.5.5

◇愛媛県
松山の道後温泉街で6棟全半焼 けが人なし(松山市) 3.11.9

◇福岡県
博多のホテル火事、500人避難 3ヵ所から火つきたばこ(福岡市博多区) 3.8.17
ホテル火災(福岡市博多区) 6.7.6

◇大分県
旅館全焼(別府市) 2.8.14
ホテルでボヤ(別府市) 2.11.1

◇宮崎県
国民宿舎火災(北諸県郡山之口町) 1.11.4

◇鹿児島県
ホテル全焼(姶良郡霧島町) 4.5.11

【学校・病院火災】

◇北海道
グループホーム火災(札幌市) 22.3.13

◇宮城県
老人ホーム火災(仙台市) 20.11.13

◇秋田県
第5小学校全焼(能代市) 5.9.23

◇山形県
病院火災(米沢市) 6.12.22

◇福島県
病院で爆発(いわき市) 15.10.4
学校の体育館で火災(原町) 17.12.11
老人介護施設で火災(いわき市) 20.12.26

◇茨城県
豊里中学校火災(つくば市) 9.7.8

学校・病院火災　　　災害別一覧

◇栃木県
　泉が丘中学校火災(宇都宮市)　1.9.28

◇埼玉県
　社会福祉施設全焼(寄居町)　13.4.4

◇千葉県
　病院で放火殺人(柏市)　20.6.7
　大学研究棟が火災(千葉市)　30.10.24

◇東京都
　日医大病院火災(文京区)　1.2.18
　産院火災(足立区)　1.3.17
　国立予防衛生研究所でボヤ(品川区)　1.5.12
　赤坂中でボヤ(港区)　1.9.5
　羽田旭小学校ボヤ(大田区)　3.7.18
　大泉第一小学校給食室焼ける(練馬区)　5.2.25
　東京慈恵医大病院ボヤ(港区)　5.4.26
　道上小学校火災(葛飾区)　5.8.4
　東京理科大研究室全焼(新宿区)　7.3.16
　東京水産大学火災(港区)　12.2.14
　明治大学放火(杉並区)　12.5.15
　玉川学園高等部野球部部室全焼(町田市)　13.8.5
　日本体育大学校舎火災(世田谷区)　13.10.21
　歯科医院兼住宅火災(練馬区)　14.4.20
　入院患者が病室に放火(板橋区)　18.10.15
　小学校給食室で火災(世田谷区)　23.4.14
　大学で実験中に爆発(大田区石川町)　24.11.23

◇神奈川県
　学校放火(川崎市)　11.12.29
　障害者支援施設火災(綾瀬市)　20.6.2
　文化財小学校で火災(相模原市)　28.4.3

◇新潟県
　身障者施設火事(新潟市)　25.2.10

◇長野県
　大正時代建築の小学校が全焼(上田市)　24.9.5

◇岐阜県
　釜戸中学校火災(瑞浪市)　7.12.13
　陶都中学校ボヤ(多治見市)　9.3.22
　中学の部室で火災(羽島市)　17.12.12

◇静岡県
　東中学校全焼(賀茂郡南伊豆町)　2.2.7
　卒業アルバム放火(浜松市)　12.3.14

◇愛知県
　学校・旅館全焼(豊田市)　2.1.14
　名古屋大付属病院でボヤ(名古屋市昭和区)　3.7.27
　名古屋記念病院火災(名古屋市天白区)　5.2.10
　治郎丸中学校教室全焼(稲沢市)　7.2.22
　一宮興道高保健室火災(一宮市)　8.2.19
　市立若園中学校火災(豊田市)　8.3.17
　星城高校火災(豊明市)　9.1.15

◇三重県
　病院火災(桑名市)　3.5.3
　大安中学校体育館火災(員弁郡大安町)　4.8.25

◇京都府
　京都大学火災(京都市左京区)　1.5.3
　京大教養部火災(京都市左京区)　1.7.3
　中学校理科教室で火災(相楽郡山城町)　9.7.9
　病院で爆発事故(京都市)　16.1.13
　大学で火災(京都市)　16.5.10
　京大病院で火災(京都市)　28.7.1

◇大阪府
  三箇牧小学校全焼(高槻市)　2.2.22
  循環器病センター発煙騒ぎ(吹田市)　2.7.27
  病院廊下でボヤ(大阪市東淀川区)　3.1.10
  倉庫火災(門真市)　3.9.8
  呉服小学校倉庫でボヤ(池田市)　3.9.25
  診療所火災(大阪市東淀川区)　5.1.30
  陵南中学校火災(堺市)　9.1.28
  学校連続放火(豊中市)　12.3.19–
  大学倉庫で火災(堺市)　16.4.26
  連続放火(吹田市)　18.2.19
  介護施設で火災(大阪市)　23.11.8
  理科室で爆発(大阪市)　24.1.24
  病院で火災(大阪市)　24.11.24
  病院火災(大阪市)　28.7.7

◇兵庫県
  消毒薬から出火、生徒は避難し無事 尼崎の浦風小(尼崎市)　3.6.15
  須磨裕厚病院火災(神戸市須磨区)　5.8.14
  女子校でボヤ(宝塚市)　23.11.25
  グラウンドで火災(神戸市)　26.3.24

◇奈良県
  県立城内高校火災(大和郡山市)　9.1.12

◇和歌山県
  和歌山県立医大付属病院火災(和歌山市)　9.3.18

◇鳥取県
  小学校給食室火災(岩美町)　19.6.20

◇島根県
  松江記念病院火災(松江市)　8.2.3
  リコール未修理給湯器出火(斐川町)　18.8.21

◇岡山県
  川崎医大病院火事(倉敷市)　9.1.20

  学校の調理室から出火(倉敷市)　30.10.29

◇広島県
  広島大で火災(広島市南区)　3.11.11

◇徳島県
  総合病院で火災(鳴門市)　23.2.9

◇愛媛県
  障がい者施設放火(松野町)　29.3.12

◇福岡県
  長糸小学校本館全焼(糸島郡前原町)　2.10.12
  中学校倉庫火災(北九州市小倉北)　3.4.22
  筑山中学校管理人室全焼(筑紫野市)　3.5.27
  工事現場火災(北九州市小倉北区)　5.1.27
  安徳北小学校で教室焼ける(那珂川町)　5.3.15
  貴船小学校火災(北九州市小倉北区)　5.12.5
  アイソトープ施設ボヤ(福岡市東区)　6.1.10
  大学の女子寮が全焼(福岡市)　24.12.21
  医院火災(福岡市)　25.10.11
  九大箱崎キャンパス火災(福岡市)　30.9.7

◇佐賀県
  病院で火災(嬉野市)　26.3.2

◇長崎県
  中学校火災(佐世保市)　3.9.17
  老人施設全焼(大村市)　18.1.8
  高齢者施設で火事(長崎市)　25.2.8

◇大分県
  教材用テレビから出火(宇佐市)　5.2.24
  山口病院火災(大分市)　6.2.10

神社・寺院火災　災害別一覧

【神社・寺院火災】

◇北海道
- 東山本妙寺全焼(小樽市) 4.2.9

◇青森県
- 浄林寺全焼(平内町) 12.3.25
- ウミネコ繁殖地の神社で火災(八戸市) 27.11.5

◇群馬県
- 寺院火災(尾島町) 16.6.1

◇埼玉県
- 狭山山不動寺本堂全焼(所沢市) 13.3.16
- 神社に放火(川越市) 21.2.3

◇千葉県
- 正福寺全焼(習志野市) 13.11.7

◇東京都
- 上野輪王寺全焼(台東区) 1.9.4
- 蓮昌寺火災(葛飾区) 1.12.19
- 住吉神社神楽殿全焼(八王子市) 2.8.25
- 東京本願寺火災(台東区) 3.1.1
- 天理教会火災(豊島区) 4.2.2
- 観栖寺と山林焼ける(八王子市) 5.2.3
- 神社社務所全焼(港区) 5.12.10
- 神社全焼(国分寺市) 11.9.13

《中部地方》
- 落雷 19.3.31

◇〈北陸地方〉
- 落雷(北陸地方) 19.3.31

◇新潟県
- 正念寺本堂全焼(上越市) 12.2.1

◇石川県
- 天理教の教会で火災(野々市市) 26.10.26

◇岐阜県
- 本堂全焼(各務原市) 3.5.13
- 光明寺本堂全焼(郡上郡明方村) 3.12.11
- 明寂寺火災(大垣市) 6.9.15
- 正道院本堂全焼(岐阜市) 6.12.31
- 永保寺本堂全焼(多治見市) 15.9.10

◇愛知県
- 神社の倉庫全焼(名古屋市南区) 2.10.10
- 川原神社全焼(名古屋市昭和区) 4.2.20
- 荒子観音本堂全焼(名古屋市中川区) 6.8.3
- 重要文化財念仏堂全焼(宝飯郡御津町) 6.8.9
- 神社拝殿全焼(豊明市) 7.4.25
- 冨士八幡社全焼(名古屋市瑞穂区) 7.12.16
- 法花院本堂全焼(海部郡甚目寺町) 13.1.20
- 寺院火災(名古屋市) 21.11.3

《近畿地方》
- 落雷 19.3.31

◇三重県
- 伊勢神宮の忌火屋殿火災(伊勢市) 15.1.25
- 宗教施設が全焼(名張市) 23.2.13

◇滋賀県
- 円蓮院全焼(大津市) 5.1.26
- 観音正寺火災(蒲生郡安土町) 5.5.22
- 妙福寺全焼(大津市) 9.9.28

◇京都府
- 妙蓮寺火災(京都市上京区) 5.12.29
- 寂光院本堂全焼(京都市) 12.5.9
- 仁和寺宿舎から出火(京都市) 17.6.19
- 長楽寺火災(京都市) 20.5.7
- 醍醐寺火災(京都市) 20.8.24
- 高台寺で火災(京都市) 27.2.17

災害別一覧　　　　　　　　山林火災

◇大阪府
　蓮浄寺火災(東大阪市)　　　　6.4.6
　誉田八幡宮火災(羽曳野市)　　9.8.17
　法善寺横丁火災(大阪市)　　　15.4.2
　重文の神社火災(吹田市)　　　20.5.23

◇兵庫県
　天理教分教会全焼(揖保郡
　　揖保川町)　　　　　　　　9.3.11
　天理教分教会火災(西脇市)　　14.2.12
　重要文化財の神社が火事
　　(姫路市)　　　　　　　　　24.2.3

◇奈良県
　橿原神宮神楽殿焼失(橿原
　　市)　　　　　　　　　　　5.2.4
　アジサイ寺火災(大和郡山市)　5.5.15
　連続寺院放火　　　　　　　　11.1.16−
　天益寺火災(大宇陀町)　　　　11.1.31
　天理教分教会全焼(大和高
　　田市)　　　　　　　　　　18.7.14
　国宝の拝殿に放火(天理市)　　21.3.12

◇和歌山県
　宿坊寺院火災(伊都郡高野町)　4.2.12
　観音寺本堂全焼(橋本市)　　　5.6.26
　上池院宿坊火災(高野町)　　　15.4.4

◇島根県
　隠岐国分寺全焼(隠岐の島町)　19.2.25

◇岡山県
　妙覚寺火災(御津町)　　　　　15.8.26

◇山口県
　サビエル記念堂全焼(山口
　　市)　　　　　　　　　　　3.9.5
　厳島神社全焼(下関市)　　　　4.6.17
　延龍寺本堂全焼(菊川町)　　　5.9.21
　仁壁神社全焼(山口市)　　　　9.3.10

◇徳島県
　教会火災(石井町)　　　　　　17.9.1
　重文保有寺院で火災(石井
　　町)　　　　　　　　　　　29.3.25

◇愛媛県
　一遍生誕の寺が全焼(松山
　　市)　　　　　　　　　　　25.8.10

◇高知県
　神社火災(香我美町)　　　　　16.1.1

◇福岡県
　大法寺全焼(糸島郡二丈町)　　2.10.18
　風治八幡社務所全焼(田川
　　市)　　　　　　　　　　　2.10.24
　白鳥神社本殿全焼(田川市)　　4.10.30

◇熊本県
　本妙寺拝殿全焼(熊本市)　　　13.2.8

◇宮崎県
　寺が全焼、住職死ぬ(延岡市)　3.1.31

【山林火災】

《全国》
　山林火災が相次ぐ　　　　　　21.4.10−

◇北海道
　釧路湿原で野火(釧路市)　　　4.11.2

◇岩手県
　山火事(石鳥谷町)　　　　　　9.5.2−
　盛岡林野火災(盛岡市)　　　　26.4.27
　東北3県で山火事相次ぐ(釜
　　石市)　　　　　　　　　　29.5.8

◇宮城県
　山林火災(丸森町)　　　　　　14.3.17
　森林火災(大和町)　　　　　　16.4.17
　東北3県で山火事相次ぐ(栗
　　原市)　　　　　　　　　　29.5.8

◇福島県
　山林火災(浪江町)　　　　　　11.2.7−
　山火事(浪江町)　　　　　　　29.4.29
　東北3県で山火事相次ぐ(会
　　津坂下町)　　　　　　　　29.5.8

◇茨城県
　山林火災(真壁町)　　　　　　14.3.10

平成災害史事典総索引　89

山林火災　災害別一覧

◇栃木県
- 山林火災(足利市)　26.4.15

◇群馬県
- 山火事(多野郡万場町)　5.4.27
- 山林火災(桐生市)　12.3.3
- 山林火災(桐生市)　26.4.15

◇埼玉県
- 山林火災(小鹿野町)　12.2.18
- 狭山山不動寺本堂全焼(所沢市)　13.3.16

◇東京都
- 観栖寺と山林焼ける(八王子市)　5.2.3
- 山林火災(檜原村)　11.1.23
- 古タイヤ炎上(八王子市)　11.10.2
- 山林火災(八王子市)　12.5.1
- 発泡スチロール再生工場火災(八王子市)　12.12.31
- 山林火災(八王子市)　16.2.27
- 山火事(奥多摩町)　17.3.21
- 山林火災(八王子市)　18.1.11
- 山火事(三宅村)　24.11.16−

◇神奈川県
- 強風で河川敷火災(川崎市)　12.9.3

◇石川県
- 山林火災(珠洲郡内浦町)　13.5.18

◇山梨県
- 山林火災(大月市)　12.3.9−

◇長野県
- 山火事(丸子町)　9.4.14−
- 山林火災(松本市)　14.3.21
- 森林放火(佐久市)　14.4.8
- 山林火災(岡谷市)　27.3.31
- 山火事頻発(飯田市)　30.4.2

◇岐阜県
- 山火事(高山市)　2.8.8
- 岐阜で山林火災　14.4.5
- 山林火災(多治見市)　30.8.8

◇愛知県
- 丘陵地野火(愛知郡長久手町)　2.3.10
- 東山公園雑木林火災(名古屋市天白区)　2.4.3
- 山林火災(春日井市)　2.4.12
- 雑木林火災(名古屋市守山区)　3.4.21
- 雑木林火災(名古屋市千種区)　4.3.14
- 山林火災(愛知郡日進町)　5.3.20
- 森林火災(鳳来町)　16.4.24

◇三重県
- 山林火災(大紀町)　21.2.7

◇滋賀県
- 山火事(野洲町)　9.10.26−
- 山林火災　13.5.19

◇京都府
- 野焼きが広がり火災(京都市)　22.3.15

◇大阪府
- 山火事(泉南郡岬町)　2.3.19
- 山火事(箕面市)　2.4.3
- 山林火災(箕面市)　2.11.18
- 山火事(岬町)　9.11.9

◇兵庫県
- 山火事(宝塚市)　2.5.27
- 乗用車横転炎上(洲本市)　9.1.3
- 山林火災(宝塚市)　14.3.19
- 山林放火(赤穂市)　19.4.3
- 山火事(高砂市)　23.1.24
- 山林火災(赤穂市)　26.5.11

◇奈良県
- 春日山原始林火災(春日野町)　15.5.23

◇和歌山県
- 山林火災(御坊市)　22.11.16

◇岡山県
- 山火事(玉野市)　16.4.29
- 山林火災　23.8.9

災害別一覧　　　　ガス中毒事故

◇広島県
　山火事(高田郡吉田町)　　　　5.4.17
　山林火災(豊田郡瀬戸田町)　　12.8.30
　森林火災(瀬戸田町)　　　　　16.2.14
　山林火災(福山市)　　　　　　18.1.12

◇徳島県
　山林火災(由岐町)　　　　　　14.8.19

◇香川県
　山林火災(高松市)　　　　　　14.4.3
　香川で山林火災(丸亀市)　　　14.8.20−
　山林火災(直島町)　　　　　　16.1.13
　山林火災　　　　　　　　　　23.8.9

◇愛媛県
　山林火災(宇摩郡土居町)　　　5.2.14−

◇福岡県
　平尾台でまた枯れ草燃える　今度は南側(北九州市小倉南区)　3.3.17
　草地燃える(北九州市小倉南区)　5.3.20
　山林火災(福岡市早良区)　　　5.4.26

◇熊本県
　山火事(南阿蘇村)　　　　　　19.3.1

◇大分県
　山林火災(九重町)　　　　　　6.5.7
　野焼きで火災(由布市)　　　　21.3.17

◇沖縄県
　不発弾爆発で山林火災(与那原町)　3.7.18
　山火事(金武町)　　　　　　　9.9.18

【ガス中毒事故】

《全国》
　温風機で一酸化炭素中毒　　　17.4.20
　パロマ工業製湯沸かし器事故　18.7.14−

◇北海道
　住宅火災(紋別市)　　　　　　1.9.8
　ガス中毒(室蘭市)　　　　　　4.4.28
　ガス中毒(旭川市)　　　　　　4.11.6
　居酒屋で一酸化炭素中毒(札幌市中央区)　6.9.12
　一酸化炭素中毒死(網走市)　　8.5.6
　警視が一酸化炭素中毒(旭川市)　13.4.21
　ボイラー点検で一酸化炭素中毒(室蘭市)　16.6.19
　乗用車内で一酸化炭素中毒(札幌市)　17.12.11
　アパートで一酸化炭素中毒(苫小牧市)　18.12.14
　道路埋設のガス管折れガス漏れ(北見市)　19.1.19
　ワカサギ釣り中にCO中毒　　　28.2.21
　温泉旅館で硫化水素中毒(足寄町)　28.10.20

◇青森県
　八甲田山陸自隊員死亡事故(青森市)　9.7.12
　老朽のガス管からガス漏れ(青森市)　19.1.22
　個展会場でCO中毒(青森市合子沢)　26.4.29

◇宮城県
　ガス中毒(仙台市青葉区)　　　1.12.2
　工場で一酸化炭素中毒(白石市)　18.4.10
　CO中毒(七ケ宿町)　　　　　24.1.29

◇秋田県
　ガス中毒(鹿角郡小坂町)　　　1.8.7
　登山者ガス中毒死(田沢湖町)　9.8.28
　温泉で硫化水素ガス充満(湯沢市)　12.2.19
　井戸で一酸化炭素中毒(能代市)　13.7.7
　温泉で硫化水素ガス中毒(湯沢市)　17.12.29
　温泉で硫化水素中毒(仙北市)　27.3.18

ガス中毒事故　災害別一覧

◇山形県
- 排気ガス中毒　6.2.15
- 一酸化炭素中毒(天童市)　6.11.
- コンテナで一酸化炭素中毒(天童市)　16.12.18
- 温風機修理後に一酸化炭素中毒(山形市)　17.12.2

◇福島県
- 火山ガス中毒(安達太良山)　9.9.15
- 一酸化炭素中毒死(北塩原村)　10.9.22
- 一酸化炭素中毒(郡山市)　12.1.27
- メッキ加工工場でガス中毒(矢祭町)　15.6.4
- 化学メーカー事業所でガス漏れ(会津若松市)　20.8.9
- 練炭でCO中毒か(棚倉町)　23.3.27

◇茨城県
- 一酸化炭素中毒(水戸市)　13.12.23
- 陶芸小屋でCO中毒(北茨城市)　21.10.16
- マンホール内でガス中毒(古河市)　22.10.28

◇栃木県
- 一酸化炭素中毒(宇都宮市)　4.4.2
- パン店でCO中毒(宇都宮市)　21.9.16
- 映画撮影現場でCO中毒(宇都宮市)　26.6.15

◇群馬県
- 一酸化炭素中毒(草津町)　10.1.17
- 一酸化炭素中毒(前橋市)　14.5.20
- 硫化水素ガス自殺で避難(高崎市)　20.5.4

◇埼玉県
- 一酸化炭素中毒(八潮市)　2.11.13
- ガス中毒死(大宮市)　8.9.30
- 室内塗装中に中毒(川口市)　17.2.5
- 教室でCO中毒(川越市)　22.2.22

◇千葉県
- 新日鉄君津製鉄所ガス漏れ事故(君津市君津)　2.2.16
- 一酸化炭素中毒(君津市)　10.3.26
- 一酸化炭素中毒(館山市)　11.8.14
- 工事現場で一酸化炭素中毒(成田市)　17.10.27
- 土砂運搬船で爆発(館山市)　27.5.22

◇東京都
- ガス中毒(保谷市)　1.2.1
- 排ガス中毒(世田谷区)　1.2.6
- 一酸化炭素中毒死(杉並区)　2.12.30
- 刺激臭発生(江東区)　8.10.31
- 一酸化炭素中毒死(東久留米市)　8.12.4
- 排気ガス中毒(大田区)　8.12.28
- 一酸化炭素中毒(杉並区)　11.7.15
- 一酸化炭素中毒死で誤診(江東区)　11.11.22−
- 一酸化炭素中毒(江東区)　12.2.12
- 一酸化炭素中毒(大田区)　12.3.16
- 一酸化炭素中毒(練馬区)　12.6.11
- 一酸化炭素中毒(江戸川区)　12.8.13
- 一酸化炭素中毒(西多摩郡日の出町)　15.1.3
- 一酸化炭素中毒(利島村)　15.1.16
- 建設現場で一酸化炭素中毒(文京区)　15.8.18
- ラーメン店で一酸化炭素中毒(新宿区)　15.9.14
- 調理実習で一酸化炭素中毒(小平市)　16.2.17
- 焼き肉店で一酸化炭素中毒(立川市)　17.6.24
- 工事現場でガス漏れ(板橋区)　18.2.9
- ケーキ店で一酸化炭素中毒(豊島区)　18.6.21
- 料理店で一酸化炭素中毒(中央区)　18.7.17
- 居酒屋で一酸化炭素中毒(武蔵野市)　19.4.6
- 実験でガス発生(小金井市)　19.6.20
- 理科の実験で中毒(台東区)　20.1.24
- 給食室で一酸化炭素中毒(杉並区)　20.7.3
- 硫化水素自殺に巻き添え(大田区)　20.8.6

災害別一覧　　　　　　　ガス中毒事故

遊戯施設で一酸化炭素中毒(あきる野市)	20.8.9
牛たん店で一酸化炭素中毒(渋谷区)	20.9.16
工業高校で異臭(杉並区)	21.6.9
居酒屋でCO中毒か(江戸川区)	21.7.3
保育園で異臭(江東区)	21.7.16
理科実験で硫化水素が発生(練馬区)	21.11.6
電車内で塩酸が漏れ出す(中央区)	21.11.18
ガス漏れ放置	25.10.31
学校の実験室でガス漏れ(武蔵野市)	30.10.15

◇神奈川県

ガス中毒(横浜市緑区)	1.2.9
住宅内装作業中に作業員死亡(横浜市)	12.1.26
飲食店で一酸化炭素中毒(厚木市)	13.7.14
硫化水素ガス中毒(横浜市)	14.7.18
映画撮影実習で一酸化炭素中毒(川崎市)	15.10.25
炭火鍋で一酸化炭素中毒(大和市)	18.8.9
火鉢で一酸化炭素中毒(川崎市)	18.12.7
硫化水素自殺に家族巻き添え(秦野市)	19.7.13
硫化水素自殺に巻き添え(横浜市)	20.5.23
工場でガス発生(横浜市)	29.5.24
露店のボンベが爆発(相模原市)	30.8.4

◇新潟県

排ガス中毒(中魚沼郡中里村)	1.12.9
ガス中毒死(湯沢町)	8.2.26
井戸の中で一酸化炭素中毒(小千谷市)	16.8.7
車中で一酸化炭素中毒死(妙高市)	18.1.4
菓子工場で一酸化炭素中毒(新潟市)	19.2.3

◇富山県

一酸化中毒(八尾町)	14.11.22

◇石川県

一酸化炭素中毒死(内灘町)	13.1.16
ホテルの飲食店でCO中毒(能登町)	26.7.31

◇山梨県

一酸化炭素中毒(都留市)	8.7.13
練炭で一酸化炭素中毒死(大月市)	18.3.2
硫化水素タンクで事故(甲州市)	20.4.4
キャンプ場で一酸化炭素中毒(富士河口湖町)	20.11.15
釣り船客がCO中毒(山中湖村)	25.1.3

◇長野県

一酸化炭素中毒死(上水内郡豊野町)	2.8.22
一酸化炭素中毒(白馬村)	14.3.23
硫化水素ガス中毒(安曇村)	16.2.17
温風機で中毒死再発(上田市)	17.11.21
菓子工場で一酸化炭素中毒(信濃町)	19.3.4

◇岐阜県

ガス中毒(土岐市)	4.1.28
石油ヒーター不完全燃焼(美濃市)	5.12.11
一酸化炭素中毒(高山市)	7.12.6
CO中毒死(岐阜市)	21.1.17

◇静岡県

有毒ガス発生(富士市)	3.7.12
硫化水素中毒(静岡市)	11.9.2
老朽のガス管からガス漏れ(静岡市)	19.1.24

◇愛知県

都市ガス漏れ(名古屋市南区)	3.8.10
一酸化炭素中毒死(名古屋市熱田区)	4.7.25

ガス中毒事故　　災害別一覧

一酸化炭素中毒死(東加茂郡下山村)	9.4.2
一酸化炭素中毒(名古屋市中川区)	9.7.28
一酸化炭素中毒(一宮市)	14.1.20
キャンピングカー内でCO中毒(一宮市)	22.5.29
ビルでガス不完全燃焼か(名古屋市)	30.9.6

《近畿地方》

トラック側壁に衝突・炎上で有毒ガス発生	12.3.9

◇三重県

ガス発生炉で中毒(桑名市)	3.8.7
反応槽破裂(四日市市)	3.8.22
配水管で作業中に一酸化炭素中毒(四日市市)	20.9.7
CO中毒(亀山市)	22.11.6

◇滋賀県

百貨店で有毒ガス(大津市)	17.6.10
硫化水素自殺に巻き添え(湖南市)	20.4.24

◇京都府

排気ガス中毒(相楽郡笠置町)	8.7.4
ガス漏れ(宇治市)	19.2.5

◇大阪府

一酸化炭素中毒(交野市)	1.2.26
一酸化炭素中毒死(大阪市西区)	2.1.29
フロンガス噴出(大阪市中央区)	2.2.27
ガス中毒(大阪市北区)	2.10.30
有毒ガス中毒(堺市)	3.2.19
一酸化炭素中毒(大阪市福島区)	4.1.4
酸欠死(泉大津市)	4.1.7
一酸化炭素中毒(大阪市北区)	4.2.15
ビル火災(大阪市中央区)	4.7.12
ガスボンベ爆発(大阪市東住吉区)	9.2.10
消火用炭酸ガス噴出(大阪市大正区)	9.5.8
一酸化炭素中毒死(泉大津市)	9.6.1
中国人密航者ガス中毒死(大阪市此花区)	9.11.29
排気ガス中毒(大阪市)	13.7.28
二酸化炭素中毒(大阪市)	14.7.4
工場で一酸化炭素中毒(大阪市)	16.12.27
ガス漏れ(大阪市)	18.10.27
ボンベ落下しガス噴出(大阪市)	19.9.8
ガス漏れ(大阪市)	19.9.21
硫化水素自殺に巻き添え(大阪市)	20.2.29
硫化水素自殺に巻き添え(枚方市)	20.4.4
硫化水素自殺に巻き添え(堺市)	20.6.16
パン店で一酸化炭素中毒(大阪市)	20.7.30
プールで塩素ガス発生(大阪市)	20.10.21
CO中毒(大阪市)	21.12.10
車が衝突しガス漏れ(堺市)	23.6.16

◇兵庫県

一酸化炭素中毒死(神戸市長田区)	8.3.4
金網ストーブで一酸化炭素中毒(神戸市)	19.2.10
洗浄機の排ガスで一酸化炭素中毒(宍粟市)	20.10.29
工場でCO中毒(尼崎市大浜町)	24.4.15

◇奈良県

ガス爆発(磯城郡田原本町)	8.9.15
僧堂で一酸化炭素中毒(田原本町)	17.1.22

◇和歌山県

一酸化炭素中毒(有田郡湯浅町)	4.2.10
一酸化炭素中毒(有田市)	12.3.25
硫化水素中毒(和歌山市)	12.6.22
化学工場でガス中毒(和歌山市)	16.12.13

ラーメン店で一酸化炭素中毒(和歌山市)	20.7.31	
◇鳥取県		
一酸化炭素中毒死(大山)	7.1.1	
◇島根県		
一酸化炭素中毒(浜田市)	8.5.28	
排水溝から硫化水素(松江市)	20.5.28	
◇岡山県		
タンカーからガス漏れ(岡山市)	17.4.8	
◇広島県		
実験中にガス噴出(福山市)	5.5.17	
一酸化炭素中毒(広島市西区)	7.12.29	
住宅で一酸化炭素中毒(広島市)	16.12.25	
理科実験中にガス発生(大竹市)	29.5.2	
◇山口県		
化学工場で有毒ガス漏出(新南陽市)	13.6.10	
貨物船の倉庫で死亡(下関市)	19.4.23	
修学旅行先でCO中毒(美祢市)	21.6.2	
◇徳島県		
一酸化炭素中毒(徳島市)	4.12.4	
◇香川県		
スケートリンクで一酸化炭素中毒(三木町)	19.2.19	
ガス中毒(高松市)	19.6.21	
◇愛媛県		
化学工場で硫化水素中毒(東予市)	12.7.29	
化学工場で一酸化炭素中毒(松山市)	15.7.9	
◇高知県		
化学工場爆発(高知市)	14.7.1	

硫化水素自殺で避難(香南市)	20.4.23	
◇福岡県		
一酸化炭素中毒死(福岡市博多区)	2.3.10	
塩素ガス漏れる(福岡市博多区)	2.6.18	
一酸化炭素中毒(北九州市戸畑区)	3.9.21	
可燃ガス流出(北九州市小倉北区)	3.9.27	
一酸化炭素中毒(福岡市早良区)	5.7.10	
ガス瞬間湯沸かし器不完全燃焼(城島町)	5.7.27	
一酸化炭素中毒死(水巻町)	7.1.29	
ガス中毒(筑紫野市)	11.10.6	
硫化水素ガス中毒(久留米市)	14.6.10	
ハロンガス漏れ(福岡市)	19.5.25	
空調設備からガス漏れ(太宰府市)	21.3.9	
バーガーショップでCO中毒	21.7.29	
◇佐賀県		
二酸化炭素中毒(佐賀郡諸富町)	4.3.27	
排ガス中毒(東脊振村)	9.12.4	
◇長崎県		
水産加工会社で1人死亡(佐世保市)	25.5.30	
トンネル工事現場でCO中毒(長崎市)	28.11.19	
◇熊本県		
ガス中毒(水俣市)	1.11.24	
◇宮崎県		
サイロでCO中毒(五ケ瀬町)	21.9.29	
調理実習中にCO中毒(門川町)	28.8.4	
◇鹿児島県		
火山ガス中毒(姶良郡牧園町)	13.10.24	

都市ガス等の爆発事故　　災害別一覧

たき火で一酸化炭素中毒（鹿児島市）	17.4.9
調理実習中にCO中毒（出水市）	21.1.26

◇沖縄県

ガス中毒死（糸満市）	8.12.30
船室で一酸化炭素中毒（伊是名島）	15.6.21

【都市ガス等の爆発事故】

◇北海道

アパートガス爆発（札幌市白石区）	1.7.3
漁船ガス爆発（根室市）	15.5.15
アパート爆発（札幌市）	22.7.2
ラーメン店でガスボンベ爆発（札幌市）	24.9.11
ガスボンベ爆発が相次ぐ（札幌市）	26.4.3

◇青森県

プロパン爆発（青森市）	8.1.15
居酒屋で爆発（弘前市）	22.11.20

◇秋田県

建設工事現場でガス爆発（大館市）	27.2.24

◇山形県

ガス施設でガス爆発（新庄市）	11.9.14
住宅でガス爆発（天童市）	17.8.25

◇茨城県

プロパンガス爆発（伊奈町）	13.3.5

◇栃木県

廃坑内ガス爆発（宇都宮市）	13.8.3

◇群馬県

ビール工場で爆発（千代田町）	25.6.19

◇埼玉県

ガス爆発（春日部市）	1.6.13
工事現場ガス爆発（川口市）	2.2.7
ガス爆発（浦和市）	2.5.25
アパートガス爆発（大宮市）	2.7.8
溶接用アセチレンガスボンベ爆発（川口市）	13.1.24
県立高バスケ部室で爆発（熊谷市）	18.7.14
マンションでガス爆発（富士見市）	25.4.27

◇千葉県

防衛庁官舎ガス爆発（鎌ヶ谷市）	1.4.3
マンションガス爆発（佐倉市）	4.1.8
マンションガス爆発（松戸市）	11.7.14
博物館でガス爆発（九十九里町）	16.7.30

◇東京都

ガス爆発（品川区）	1.2.18
ガス爆発（世田谷区）	1.2.19
アパートガス爆発（清瀬市）	1.3.10
ガス爆発（港区）	1.5.1
ガス爆発（渋谷区）	1.11.8
プロパンガス爆発（江戸川区）	1.11.28
卓上コンロ爆発（葛飾区）	1.12.30
アパートガス爆発（葛飾区）	2.1.14
ボンベ爆発（中央区）	3.1.11
アパートガス爆発（国立市）	3.4.16
一酸化炭素中毒（葛飾区）	4.1.21
ガス爆発（武蔵野市）	5.2.1
ガス爆発（江戸川区）	7.1.29
ガスボンベ爆発（豊島区）	8.10.12
ガス爆発（文京区）	8.10.22
ビル火災（港区）	11.5.9
配管工事でガス爆発（中央区）	11.6.3
卓上コンロ爆発（中央区）	13.8.14
ビル工事中にガス爆発（渋谷区）	13.11.21
ガス爆発（北区）	16.9.18
温泉掘削現場で火災（北区）	17.2.10
コンロのボンベ破裂（中央区）	19.1.9

都市ガス等の爆発事故

温泉くみ上げ施設爆発(渋谷区) 19.6.19
高校でガスボンベ爆発(豊島区) 20.9.20
ガス漏れ火災 29.10.12

◇神奈川県
ライターガス爆発(川崎市中原区) 1.4.8
プロパンガス爆発(相模原市) 1.4.10
プロパンガス爆発(横浜市泉区) 2.3.27
消火器爆発(横須賀市) 2.6.15
ガスボンベ爆発(川崎市宮前区) 2.8.25
ガス爆発(横浜市泉区) 8.3.16
ガスボンベ爆発(横浜市) 11.8.23
簡易コンロ爆発(横須賀市) 12.5.13
給油船爆発(横浜市) 15.8.27
共同住宅爆発(横浜市) 15.10.21
工場でガス爆発(横浜市) 22.8.5

◇新潟県
工場タンクが爆発(新潟市) 19.12.6

◇福井県
プロパンガス爆発(鯖江市) 10.9.1

◇長野県
工事現場でガス爆発(諏訪市) 11.1.16

◇岐阜県
ガス爆発(恵那郡山岡町) 9.4.18

◇静岡県
プロパンガス爆発(伊東市) 12.11.28
ボンベ爆発(沼津市) 25.8.24

◇愛知県
ガス爆発(瀬戸市) 1.12.8
ガス爆発(西春日井郡師勝町) 2.2.4
ボンベ爆発(幡豆郡幡豆町) 2.3.10
ガス爆発(名古屋市中区) 2.7.6
ガス爆発(名古屋市南区) 2.11.13
プロパンガス爆発(名古屋市港区) 3.5.1
プロパン爆発(名古屋市守山区) 3.5.5
プロパンガス爆発(岡崎市) 3.5.12
マンションガス爆発(名古屋市名東区) 3.5.17
プロパン爆発(尾西市) 3.6.27
ガス爆発(名古屋市中川区) 3.9.24
プロパンガス爆発(丹羽郡大口町) 4.1.1
ガス爆発(豊明市) 4.1.7
ガス爆発(名古屋市昭和区) 4.6.18
ガス爆発(名古屋市中区) 5.10.6
トヨタカローラ修理工場爆発(名古屋市東区) 8.1.10
ガス爆発(瀬戸市) 8.12.20
東山ビルガス爆発(名古屋市千種区) 9.9.11
アパートガス爆発(名古屋市北区) 9.11.6
ガス器具メーカー工場爆発(大口町) 12.12.27
建造中の船内で爆発(知多市) 19.8.6

◇三重県
ガス爆発(津市) 4.3.5
ガス爆発(桑名市) 9.5.1

◇京都府
ヘアスプレー缶爆発(京都市中京区) 2.5.9
ガス爆発(京都市上京区) 4.1.30
ガス爆発(宇治市) 5.8.23
土産物店のプロパンガス爆発(京都市) 14.7.14
タンクが爆発(京都市) 17.4.18
居酒屋でガスボンベ爆発(京都市) 22.3.25
水道管破裂でガス管損傷(京都市) 23.6.20
花火大会の屋台が爆発(福知山市) 25.8.15

◇大阪府
ガス爆発(門真市) 2.3.5
プロパンガス爆発(東大阪市) 2.4.2

都市ガス等の爆発事故　　災害別一覧

事故	日付
給油所事務所で爆発(八尾市)	3.2.26
アパートガス爆発(泉大津市)	3.3.27
コンロ爆発(守口市)	3.7.28
プロパン爆発(東大阪市)	3.7.29
ガス爆発(摂津市)	3.9.17
ガスカートリッジ爆発(大阪市西成区)	4.3.7
カセットボンベ破裂(豊中市)	4.12.22
社員食堂でガス爆発(寝屋川市)	5.2.26
マンションガス爆発(大阪市都島区)	6.1.9
ガス爆発(堺市)	6.4.19
プロパンガス爆発事故(柏原市)	6.5.9
ガス爆発(門真市)	7.4.21
ガス爆発(堺市)	7.12.13
住宅火災(豊中市)	9.3.3
カセットボンベ爆発(寝屋川市)	9.3.29
マンションガス爆発(堺市)	9.4.24
連続放火(摂津市)	11.10.4
ガス漏れ(大阪市)	12.1.24
公衆トイレでメタンガス爆発(大阪市)	12.5.23
カセットコンロのボンベが爆発(大阪市)	17.11.3
カセットコンロ爆発(大阪市)	18.12.23
飲食店でガス爆発(大阪市)	20.10.27
歯科医院で爆発事故(茨木市)	22.3.29
飲食店で爆発(大阪市)	24.5.19
ガス系消火設備で事故(大阪市)	24.9.28
土砂運搬船で爆発(大阪市)	24.12.11
和食店でガスボンベが破裂(大阪市)	28.1.7

◇兵庫県

事故	日付
ガソリンスタンドガス爆発(神戸市灘区)	2.10.14
ガス爆発(芦屋市)	7.3.16
ガスタンク爆発(西脇市)	17.4.4
クリ焼き機爆発(西宮市)	18.8.5
居酒屋でガス爆発(神戸市中央区琴ノ緒町)	24.1.24
ガス管工事で火傷(神戸市)	30.11.5

◇和歌山県

事故	日付
ボンベ爆発(西牟婁郡串本町)	4.8.13
ガス爆発(伊都郡高野町)	5.5.23
住宅でガス爆発(和歌山市)	19.7.29

◇広島県

事故	日付
ガス爆発(広島市中区)	8.12.26

◇山口県

事故	日付
製パン工場ガス爆発(防府市)	2.6.19
ガス工場で爆発(山陽小野田市)	27.8.5

◇福岡県

事故	日付
ガス爆発(福岡市西区)	2.4.25
プロパンガス爆発(北九州市八幡西区)	3.1.21
都市ガス爆発(北九州市小倉北区)	4.3.19
ホテルでガス爆発(福岡市中央区)	4.3.26
ガス爆発(大野城市)	5.11.17
ガス爆発(吉井町)	5.12.4
プロパンガス爆発(北九州市八幡西区)	7.3.17
ガス爆発(田川市)	7.11.4
調理実習室ガス爆発(福岡市早良区)	7.12.6
工事現場ガス漏れ炎上(久留米市)	8.1.26
ダンススタジオガス爆発(福岡市中央区)	9.10.22
マンションでガス爆発(飯塚市)	26.11.10

◇佐賀県

事故	日付
ガス会社爆発(佐賀市)	3.5.10
スーパーガス爆発(佐賀市)	5.4.15
ガス爆発(鳥栖市)	8.8.31

◇長崎県
　漁船爆発(北松浦郡小佐々町沖)　4.5.27

◇熊本県
　ガスボンベ爆発(天草郡新和町)　2.5.2
　雑居ビルガス爆発(熊本市)　2.9.25
　ガス爆発(玉名郡長洲町)　3.1.12
　ガス爆発(熊本市)　7.10.17

◇宮崎県
　マンションガス爆発(宮崎郡清武町)　2.2.27
　花見中にガスボンベ破裂(延岡市)　29.4.4

◇沖縄県
　プロパンガス爆発(南風原町)　4.10.6

【産業災害】

《全国》
　アスベスト労災請求・認定　22.6.29
　印刷会社で胆管がん多発　24.5.19

◇北海道
　トンネル崩落(島牧村)　9.8.25
　地震で精油所の貯蔵タンク火災(苫小牧市)　15.9.26-
　無線操縦ヘリ墜落で直撃死(せたな町)　22.7.19

◇青森県
　足場崩れ作業員転落(八戸市)　13.7.19
　使用済み核燃料貯蔵プールで漏水(六ヶ所村)　14.2.1
　精米倉庫で酸欠死(十和田市)　27.3.30

◇宮城県
　ロケット試験場で爆発(角田市)　3.5.16
　ガスボンベ爆発(大崎市)　24.9.4

◇秋田県
　精錬所タンクから発煙硫酸漏出(秋田市)　14.6.28
　ごみ処理施設で中毒か(秋田市)　24.7.10

◇福島県
　はしご車昇降機落下(郡山市)　16.7.7
　コースター点検中ひかれ死亡(郡山市安積町)　24.9.8

◇茨城県
　再処理工場で作業員被ばく(東海村)　1.3.16
　ウラン自然発火(東海村)　1.5.30
　東海村臨界事故(東海村)　11.9.30
　高速実験炉「常陽」施設で火災(東茨城郡大洗町)　13.10.31
　落雷で原子炉停止(東海村)　14.4.3
　日本原子力研究所大洗研究所の材料試験炉水漏れ(大洗町)　14.12.10
　プラズマ溶融炉から出火(東海村)　18.2.13
　原子力施設で被ばく(東海村)　23.2.8
　原子力機構内部被ばく事故(大洗町)　29.6.6

◇栃木県
　大谷石廃坑崩落(宇都宮市)　1.2.10
　大谷石廃坑崩落(宇都宮市)　1.3.5
　古タイヤ火災(真岡市)　14.6.12

◇埼玉県
　重量オーバーで橋崩れる(三郷市)　5.9.1
　溶接用アセチレンガスボンベ爆発(川口市)　13.1.24
　産業廃棄物処理会社内廃棄物置場で火災(吉川市)　14.1.7

◇千葉県
　窓清掃中ゴンドラ転落(千葉市)　2.9.10
　ガス中毒(千葉市)　13.1.24

産業災害

災害別一覧

土砂崩れ(長柄町)	15.7.10
製油所爆発・炎上(市原市)	18.4.16
火力発電所で供給停止(富津市)	24.2.7
土砂運搬船で爆発(富津市)	24.7.17

◇東京都

火力発電所火災(品川区)	1.3.4
水道管破裂(豊島区)	3.6.4
水道管破裂(文京区)	3.7.20
マンホール爆発(北区)	4.5.9
水道管破裂(江東区)	4.7.16
実験中に爆発(新宿区)	4.10.6
ビルの塗装作業ゴンドラ落下(新宿区)	6.5.7
医療用放射線発生装置で被曝(世田谷区)	13.12.21
舞台昇降台事故(北区)	13.12.21
ごみ処理場火災(大田区)	14.5.7
エレベーターで点検作業員死亡(江東区)	18.8.24
温泉くみ上げ施設爆発(渋谷区)	19.6.19
洗車機に挟まれる(豊島区)	21.4.7
エレベーターから転落(中央区)	21.12.14
変電所設備トラブルで停電	22.11.18
汚染水漏れ(狛江市)	25.2.25
放射性物質を含む水が漏えい(府中市)	25.12.19

◇神奈川県

廃油流出(横浜市鶴見区)	2.6.2
清掃作業死亡(川崎市川崎区浮島町沖)	2.10.29
コンテナ落下(横浜市中区)	2.12.22
フェノールを浴び7人けが(川崎市川崎区東扇島沖)	3.6.9
製鋼工場で溶鉱が流出(川崎市)	14.6.29
硫化水素ガス中毒(横浜市)	14.7.18
製鉄所火災(川崎市)	14.8.11
石油タンク爆発炎上(横浜市)	14.11.23
下水道工事現場で硫化水素中毒(横須賀市)	26.1.10

《中部地方》

大雨	11.6.27

◇新潟県

作業員感電死で停電(五泉市)	11.5.12
工場タンクが爆発(新潟市)	19.12.6

◇石川県

口蹄疫感染の疑い(志賀町)	23.2.11

◇福井県

新型転換炉「ふげん」トラブル(敦賀市)	11.1.23-
新型転換炉「ふげん」で爆発音(敦賀市)	15.7.4
新型転換炉「ふげん」でボヤ(敦賀市)	15.9.8
炉内中継装置が落下(敦賀市)	22.8.26
高速増殖炉で検出器トラブル(敦賀市)	24.3.14
もんじゅ機器点検漏れ問題(敦賀市)	25.6.21
風力発電所で火災(福井市)	25.12.1

◇岐阜県

ボイラー蒸気噴出(高山市)	16.5.19
点検中にダクト内で死亡(美濃市)	25.3.13
核融合実験施設で火災(土岐市)	27.8.4

◇愛知県

米ぬか油のタンク爆発(名古屋市港区)	2.2.28
掘削機落下(名古屋市中区)	2.8.22
劇薬漏れる(豊橋市)	3.3.2
生コン道路に散乱(西春日井郡豊山町)	4.8.5
ガソリン貯蔵タンク火災(名古屋市)	15.8.29
ガスタンク爆発(東海市)	15.9.3
製鉄所火災(東海市)	15.9.12
建造中の船内で爆発(知多市)	19.8.6

《近畿地方》
　大雨　11.6.27

◇三重県
　ドラム缶爆発(志摩郡浜島町)　2.7.14
　送電塔倒壊(度会郡御薗村)　2.9.19
　し尿処理船爆発(津市)　2.10.2
　石油精製会社研究棟薬品試験室爆発(川越町)　14.6.6
　ごみ固形燃料発電所爆発(桑名郡多度町)　15.8.14

◇京都府
　工事金網倒れ通行人けが(京都市上京区)　2.3.12
　大規模停電　11.10.27

◇大阪府
　重油漏れ事故(大阪市大正区)　2.6.27
　ゴンドラ転落(大阪市西区)　2.7.24
　ドラム缶爆発(高槻市)　2.12.21
　水道管が破裂(大阪市此花区)　3.1.4
　水道管破裂(堺市)　3.1.23
　砂利船が高圧線切断(大阪市西淀川区)　3.1.31
　鉄骨突出(摂津市)　3.2.6
　おもり落下(大阪市中央区)　3.8.29
　シンナー中毒(大阪市中央区)　4.4.14
　有機溶剤中毒死(羽曳野市)　10.10.14
　ごみ吸引機に吸い込まれ重傷(大阪市)　12.5.28
　小学校で塩化水素ガス漏出(四條畷市)　13.11.22
　農薬会社研究所で配管破裂(河内長野市)　14.4.4
　感電事故(大阪市)　16.7.1
　鉄板の下敷きで作業員死亡(堺市)　18.2.17
　送泥ポンプ場で爆発(高石市)　24.7.23
　胆管ガン、労災認定へ(大阪市)　25.2.20
　胆管がんの原因物質特定(大阪市)　25.3.14

◇兵庫県
　工事用囲い倒れ歩行者けが(神戸市中央区)　2.3.12
　リサイクル工場爆発(姫路市)　15.6.9
　自動車部品が直撃(三木市)　16.10.10
　有害物質漏洩(神戸市)　16.11.27
　高所作業車が転倒(姫路市)　21.3.5
　コンテナから転落(神戸市)　21.10.7
　アスベスト被害(尼崎市)　23.11.2
　貨物船の船倉で事故(神戸市)　28.10.30
　コンテナ火災、長期化(神戸市)　30.9.5
　収集車から手(神戸市)　30.9.13

◇奈良県
　井戸水から発がん性物質検出(北葛城郡王寺町)　14.8.26
　ダムの試験貯水で道路・民家に亀裂(吉野郡川上村)　15.8.1

◇岡山県
　採石工場崩落(総社市)　13.3.12
　精錬会社銅転炉で内壁崩落(玉野市)　14.7.25
　ガスタンク無届けで補修(倉敷市)　24.7.13

◇広島県
　建造中のタンカー爆発(能美町)　15.11.4
　工場ドックで転落(呉市)　16.7.5
　銭湯で作業中に死亡(広島市)　22.10.3

◇山口県
　希硫酸漏れる(徳山市)　2.8.20

◇香川県
　やぐら倒壊(坂出市)　2.12.2
　瀬戸大橋陥没事故(坂出市)　6.5.3
　建造中の貨物船爆発(丸亀市)　16.8.26
　建造中の貨物船爆発(多度津町)　16.10.12

工場災害・汚染被害　　災害別一覧

◇愛媛県
化学工場で一酸化炭素中毒(松山市)　15.7.9
製油所タンク火災(今治市)　18.1.17

◇福岡県
ベルトコンベヤーに巻き込まれて死亡(北九州市八幡東区)　3.5.31
ドラム缶爆発(春日市)　3.6.6
可燃ガス流出(北九州市小倉北区)　3.9.27
水道管破裂(北九州市八幡東区)　4.2.4
高圧線に触れ死傷(大牟田市)　4.6.12
大型タンクローリー横転(北九州市門司区)　4.7.31
ガス中毒(筑紫野市)　11.10.6
船内作業で船員死亡(北九州市)　15.12.3

◇佐賀県
風力発電所火災(唐津市)　29.8.21

◇長崎県
酸欠死(佐世保市)　3.8.17

◇大分県
臭素液漏れ(大分市)　3.3.20
落雷で火薬爆発(津久見市)　3.7.27
貨物船内で荷揚中に酸欠(大分市)　21.6.13

◇宮崎県
解体ビル外壁落下(宮崎市)　2.7.16
下水道で酸欠(宮崎市)　2.8.29
竜巻(日南市)　3.11.28
牛3頭口蹄疫感染(都農町)　22.4.20

◇沖縄県
コンビナート火災(与那城町)　8.4.26
原油漏洩事故(うるま市)　24.11.7

【工場災害・汚染被害】

《全国》
工場化学物質原因でガン　30.10.25

◇北海道
製油所火災(苫小牧市)　14.4.15
ボイラー爆発(旭川市)　20.1.26
工場で下敷きに(室蘭市)　21.12.22
ホクトきのこセンター火災事故(苫小牧市)　27.4.26
鉄工所で炉が爆発(旭川市)　29.4.25

◇青森県
核燃料再処理工場で硝酸溶液漏れ(六ヶ所村)　15.7.
工場で爆発(八戸市)　19.11.5
工場で放射性廃液漏れ(六ヶ所村)　21.1.22
核燃料再処理工場で放射性廃液漏れ(六ヶ所村)　21.10.22
核燃料再処理工場でレンガ破損(六ヶ所村)　22.2.24

◇岩手県
工場で作業員3人が圧死(北上市)　16.7.8
リサイクル工場で爆発(北上市)　16.9.30

◇宮城県
製油所火災(仙台市宮城野区)　9.1.6
キノコ工場全焼(古川市)　10.4.17
携帯部品工場爆発(大衡村)　13.8.1
工場火災(大衡村)　16.7.30
工場で一酸化炭素中毒(白石市)　18.4.10

◇秋田県
化学薬品工場で爆発(秋田市)　16.6.8

◇山形県
鋳物工場爆発(山形市)　2.3.29
作業場爆発(長井市)　2.6.12

工場災害・汚染被害

◇福島県
亜硫酸ガス中毒(いわき市) 1.8.18
メッキ工場火災(郡山市) 13.8.19
メッキ加工工場でガス中毒(矢祭町) 15.6.4
工場サイロで作業中生埋め(双葉町) 17.5.7
化学工場で爆発(いわき市) 17.5.11
菓子工場で釜爆発(福島市) 29.3.8

◇茨城県
工場火災(水戸市) 1.1.10
花火工場爆発(北相馬郡守谷町) 4.6.16
火災(土浦市) 5.2.26
動力炉・核燃料開発事業団東海事業所火災・爆発事故(東海村) 9.3.11
住金ケミカル爆発事故(鹿嶋市) 10.5.27
化学工場事故(神栖町) 11.1.7
化粧品工場爆発(総和町) 12.1.27
古タイヤ・廃車炎上(牛久市) 12.10.2
コンクリート工場爆発(下館市) 13.2.9
自動車解体工場炎上(境町) 15.9.19
化学プラント工場で爆発(波崎町) 16.1.13
製油所火災(神栖町) 16.4.21
建材工場で爆発(つくば市) 16.5.27
工場火災(岩間町) 16.9.30
廃棄物処理工場で事故(筑西市) 19.11.15
化学工場火災(神栖市) 19.12.21
工場火災(鹿嶋市) 24.3.19
工場火災(稲敷市) 29.3.17
薬品タンクが爆発(神栖市) 30.9.6

◇栃木県
工場火災(日光市) 9.12.20
塗料工場爆発(宇都宮市) 13.8.14
タイヤ工場火災(黒磯市) 15.9.8
レンズ工場で爆発(那須烏山市) 30.9.25

◇群馬県
工場火災(群馬郡群馬町) 1.11.25
富士重工場火災(太田市) 8.4.13
化学工場爆発(新田郡尾島町) 12.6.10
シリコン工場爆発(安中市) 15.9.5
花火工場で爆発(榛東村) 19.6.16
利根川で有害化学物質を検出 24.5.19
ビール工場で爆発(千代田町) 25.6.19

◇埼玉県
化学工場爆発(入間郡日高町) 1.10.11
製綿工場火災(草加市) 4.9.11
三菱マテリアル研で放射能汚染(大宮市) 11.3.17
段ボール製造工場火災(入間市) 13.1.20
クリーニング工場火災(戸田市) 14.4.15
段ボール工場火災(滑川町) 15.12.30
貨物用エレベーターに挟まれ死亡(所沢市) 18.7.6
工場兼事務所火災(久喜市) 19.1.15
シンナー工場火災(さいたま市) 20.9.5
利根川で有害化学物質を検出 24.5.19
化学工場で中毒事故(川口市) 24.5.29
金属工場タンク破裂(本庄市) 28.1.3
タンクローリー全焼(狭山市) 30.2.22

◇千葉県
新日鉄君津製鉄所ガス漏れ事故(君津市君津) 2.2.16
ライオン千葉工場爆発(市原市) 3.6.26
東電姉崎火力発電所煙突壊れストップ(市原市) 4.3.8
製油所爆発(袖ヶ浦市) 4.10.16
転落死(松戸市) 6.10.23
紙加工所火災(八街市) 10.11.27
化学工場火災(袖ヶ浦市) 12.12.1

工場災害・汚染被害　　災害別一覧

項目	日付
自動車解体工場火災(千葉市)	14.1.13
リサイクル工場爆発(市原市)	15.9.11
工場で化学反応釜爆発(市原市)	18.5.25
工場のタンク上から転落死(袖ヶ浦市)	18.12.27
工場火災(東庄町)	19.11.13
発煙筒製造工場爆発(市原市)	20.3.7
工場でガス漏れ(市原市)	20.5.8
工場火災が住宅に延焼(船橋市)	22.8.16
塩酸タンクに転落(船橋市)	23.8.24
化学工場で爆発	23.12.2
コークス炉から黒煙(千葉市)	24.1.6
利根川で有害化学物質を検出	24.5.19
廃棄物処理施設で爆発(野田市)	25.11.15
金属工場で炉が爆発(横芝光町)	29.2.17
工場倉庫火災(茂原市)	29.7.27
粉じん爆発(市川市)	30.12.4

◇東京都

項目	日付
工場火災(目黒区)	1.7.4
工場火災(墨田区)	1.9.12
工場火災(豊島区)	1.11.27
日立工場半導体処理室爆発(小平市)	1.12.13
作業場全焼(板橋区)	2.6.2
工場密集地火災(江戸川区)	2.7.24
花火工場爆発(秋川市)	2.8.9
作業所全焼(世田谷区)	2.9.11
作業員圧迫死(北区)	3.2.3
家具工場火災(江東区)	4.7.22
工場全焼(八丈町)	4.9.6
ワゴン車爆発(世田谷区)	4.9.18
工場全焼(板橋区)	5.2.4
工場火災(豊島区)	5.3.15
工場火災(八王子市)	6.4.23
東洋化学薬品化学工場爆発(板橋区)	6.5.13
靴底加工会社爆発炎上(台東区)	6.12.24
工場火災(江戸川区)	9.2.13
工場火災(荒川区)	11.2.7
工場火災(墨田区)	11.4.6
工場火災(足立区)	11.8.21
工場火災(北区)	11.12.7
工場火災(中野区)	11.12.26
工場火災(葛飾区)	12.1.8
ごみ堆積場火災(大田区)	12.1.17
工場火災(葛飾区)	12.7.17
自動車組み立て工場火災(日野市)	12.11.12
電機部品工場爆発(町田市)	12.11.24
発泡スチロール再生工場火災(八王子市)	12.12.31
印刷工場火災(北区)	13.1.15
自動車組み立て工場火災(日野市)	13.2.17
塩酸タンクに転落(北区)	14.4.27
工場火災(墨田区)	15.2.25
機械の下敷きで作業員死傷(昭島市)	18.8.22
工場火災(板橋区)	18.10.2
ガラス工場で爆発(江東区)	20.7.9
湧き水からトルエン検出(板橋区)	21.9.7
ゴルフ用品製造会社で火災(荒川区)	21.11.23
沖ノ鳥島で桟橋が転覆(小笠原村)	26.3.30
金属加工会社で火災(町田市)	26.5.13
作業員がCO中毒(文京区)	30.9.15

◇神奈川県

項目	日付
解体作業所火災(津久井郡城山町)	1.1.12
工場火災(川崎市川崎区)	1.2.21
日産座間工場火災(座間市)	1.4.13
工場火災(厚木市)	1.6.20
収集ゴミ爆発(川崎市川崎区)	4.10.26
工場火災(横浜市港北区)	4.11.7
工務店全焼(横浜市港北区)	5.2.26
東燃川崎工場火災(川崎市川崎区)	6.2.25

災害別一覧　　　工場災害・汚染被害

日本整油産廃施設ガス爆発(川崎市川崎区)	9.5.11
工場爆発(綾瀬市)	10.6.10
工場火災(相模原市)	11.10.22
工場火災(厚木市)	12.2.7
食用油再生工場火災(横浜市)	12.7.19
排ガス精製工場で爆発(伊勢原市)	16.3.15
工場の実験棟爆発(川崎市)	17.7.8
石油タンク爆発・炎上(川崎市)	18.5.21
建造中の船内で爆発(横浜市)	19.10.17
工場で爆発音(横浜市)	19.10.18
工場火災(秦野市)	20.1.7
工場爆発(横浜市)	20.4.7
化学工場で爆発(横浜市)	22.1.7
工場でガス爆発(横浜市)	22.8.5
化学工場で火災(横浜市)	24.2.3
塗装工場で火災(横浜市)	25.7.27
日鉄住金鋼管川崎製造所火災(川崎市)	27.8.24
製油所火災(横浜市)	28.6.24
工場でガス発生(横浜市)	29.5.24
工場火災(茅ヶ崎市)	30.10.27

◇新潟県

工場地下水からダイオキシン(胎内市)	17.12.3
化学工場で爆発(上越市)	19.3.20
鋳物工場で爆発事故(長岡市)	20.1.21

◇富山県

廃車炎上(富山市)	9.8.29
化学工場爆発(新湊市)	10.11.29
工場火災(大山市)	16.8.22
工場爆発(富山市)	17.1.8
薬品工場で爆発(富山市)	18.12.11
溶解炉から鉄があふれる(氷見市)	26.4.25

◇石川県

加工糸工場で火災(小松市)	18.12.20
製紙工場タンクに転落(白山市)	30.6.6

◇福井県

高速増殖炉「もんじゅ」ナトリウム漏出事故(敦賀市)	7.12.8
化学工場爆発火災(若狭町)	30.7.2
東洋紡工場火災(敦賀市)	30.9.6

◇山梨県

工場火災(甲府市)	8.7.31
古タイヤ全焼(玉穂町)	11.4.23

◇長野県

プラント火災(松本市)	4.11.7

◇岐阜県

工場火災(岐阜市)	1.10.20
有機溶剤蒸留塔爆発(安八郡輪之内町)	2.11.7
工場爆発(揖斐郡揖斐川町)	3.1.17
ガス中毒(土岐市)	4.1.28
染色工場火災(岐阜市)	4.7.21
工場機械爆発(不破郡関ケ原町)	6.2.1
工場火災(羽島郡笠松町)	9.11.20
中央道で土砂崩れ(瑞浪市)	29.8.18

◇静岡県

アルミ工場爆発(磐田郡竜洋町)	1.8.24
水産加工所火災(沼津市)	2.6.23
有毒ガス発生(富士市)	3.7.12
タンカー爆発(清水市)	11.9.8
溶けた鉄浴び作業員死亡(焼津市)	11.12.27
食品製造工場爆発(清水市)	12.4.29
製薬工場爆発(大東町)	14.2.19
古紙加工工場で爆発(富士宮市)	16.5.27
金属加工工場で爆発(浜松市)	19.9.4
繊維工場で爆発(長泉町)	19.9.22
ゴム工場爆発(掛川市)	20.6.5

工場災害・汚染被害　　災害別一覧

リフトに首を挟まれ死亡
　（沼津市）　21.5.12
化学工場で爆発(富士市)　24.1.24
化学工場爆発(富士市)　29.12.1
花火工場爆発(浜松市)　30.6.27
工場でCO中毒(焼津市)　30.10.24

◇愛知県

豆腐工場火災(丹羽郡扶桑町
　柏森)　2.1.26
工場火災(名古屋市中村区)　2.2.20
工場全焼(碧南市)　2.2.24
機械に巻き込まれ死亡(名
　古屋市西区)　2.3.15
織物工場全焼(一宮市)　2.4.2
織物工場全焼(一宮市)　2.4.13
木材工場全焼(名古屋市港区)　2.7.10
家具工場火災(豊橋市)　2.8.18
工員転落死(名古屋市南区)　2.11.2
みりん工場全焼(名古屋市中
　川区)　2.11.15
ウレタン工場全焼(名古屋
　市緑区)　2.12.2
工場全焼(高浜市高浜町古郷)　2.12.13
自動車修理工場全焼(名古
　屋市南区)　3.1.7
石油精製所全焼(豊田市)　3.1.12
転落死(名古屋市港区)　3.1.20
工場火災(名古屋市西区)　3.2.26
仏壇工場全焼(小牧市)　3.3.23
工場全焼(豊橋市)　3.5.8
布団工場全焼(春日井市)　3.5.14
転落死(岡崎市)　3.6.29
染色工場全焼(一宮市)　3.7.19
ロケット装置破裂(小牧市)　3.8.9
高温油かぶり作業員やけ
　ど(知多市)　3.8.20
アルミ溶液噴出(新城市)　3.12.10
工場全焼(名古屋市南区)　3.12.19
溶鉱炉爆発(名古屋市熱田区)　4.1.8
工場全焼(春日井市)　4.1.25
作業所全焼(知多郡東浦町)　4.2.29
仏壇工場全焼(名古屋市中川
　区)　4.4.5

突風で船外壁倒れ作業員
　転落(豊橋市)　4.4.10
工場全焼(名古屋市緑区)　4.4.16
工場全焼(津島市)　4.7.16
ウレタン加工場全焼(安城
　市)　4.7.30
工場火災(岡崎市)　4.7.30
工場全焼(名古屋市西区)　4.9.17
工場火災(名古屋市緑区)　5.1.8
工場全焼(宝飯郡御津町)　5.3.14
家具工場全焼(小牧市)　5.5.10
染め物工場全焼(名古屋市北
　区)　5.10.4
工場全焼(春日井市)　5.10.16
名古屋市化学館爆発(名古
　屋市中区)　6.3.24
木材工場全焼(名古屋市南区)　6.4.20
漆塗装工場全焼(名古屋市千
　種区)　6.6.3
工場火災(一宮市)　6.8.23
作業所火災(江南市)　6.9.16
工場火災(名古屋市緑区)　6.11.15
トヨタカローラ修理工場
　爆発(名古屋市東区)　8.1.10
製菓工場火災(名古屋市西区)　8.1.21
印刷工場全焼(海部郡美和町)　8.4.8
穀物工場全焼(江南市)　8.5.10
工場火災(愛知郡東郷町)　8.6.28
工場火災(刈谷市)　9.2.1
工場火災(小牧市)　9.6.29
焙煎工場全焼(名古屋市中川
　区)　9.7.5
工場火災(海部郡甚目寺町)　9.11.2
火薬工場爆発(知多郡武豊町)　12.8.1
廃液タンク爆発(岡崎市)　16.3.21
自動車部品工場で火災(常
　滑市)　18.8.3
製鉄所で炎噴出(東海市)　19.3.31
自動織機工場爆発(大府市)　20.5.7
工事現場で門扉倒れる(一
　宮市)　22.11.1
新日鉄住金名古屋製鉄所
　火災事故(東海市)　26.1.17
電気炉から溶鉄が吹き出
　す(豊橋市)　26.5.16

災害別一覧　　工場災害・汚染被害

新日鉄住金名古屋製鉄所火災事故(東海市)	26.9.3
工場で薬品タンク爆発(豊橋市)	29.7.8
塗料工場で火災、火傷(豊田市)	30.6.15
産廃処理工場で火災(東郷町)	30.8.7
コンベヤーに挟まれ死亡(東海市)	30.11.12

◇三重県

化学工場爆発(員弁郡東員町)	2.1.27
工場火災(四日市市)	2.5.1
薬品工場爆発(一志郡嬉野町)	2.10.23
工場爆発(四日市市)	2.12.17
プラント爆発(四日市市)	3.3.17
ガス発生炉で中毒(桑名市)	3.8.7
反応槽破裂(四日市市)	3.8.22
カネボウ綿糸工場火災(松阪市)	3.12.7
タオル工場全焼(久居市)	4.7.20
タンカー火災(津市)	4.9.25
廃車50台全焼(鈴鹿市)	6.2.1
三菱化学ガス爆発(四日市市)	7.12.29
ごみ集積施設火災(上野市)	9.11.23
工場爆発(伊勢市)	17.1.6
三菱マテリアル四日市工場爆発事故(四日市市)	26.1.9
工場火災(いなべ市)	29.3.20

◇滋賀県

実験車見物客はねる(草津市)	4.9.20
アルミ工場爆発(日野町)	17.10.21
落雷で工場火災(大津市)	18.8.12
工場で鋳造炉が爆発(野洲市)	22.9.20

◇京都府

工場爆発(宇治市)	2.1.11
三菱電機京都製作所工場火災(長岡京市)	6.8.8
工場火災(京都市右京区)	7.12.18
作業場全焼(八幡市)	7.12.27
解体車両爆発(京都市山科区)	9.8.4
グンゼ綾部工場火災(綾部市)	9.11.27
製薬工場で爆発(京都市)	21.11.16

◇大阪府

ガスタンク爆発(堺市)	1.1.15
工場で作業員下敷き(大阪市東成区)	2.1.28
大阪ガス堺製造所廃液タンク火災(堺市)	2.2.2
化学工場火災(豊中市)	2.2.3
製薬工場爆発(大阪市旭区)	2.3.20
化学工場全焼(枚方市)	2.3.22
工場火災(八尾市)	2.5.18
圧延機出火(大阪市此花区)	2.5.22
自転車部品工場火災(堺市)	2.7.21
プラスチック工場全焼(堺市)	2.8.31
工場爆発(豊中市千成町1丁目)	2.10.11
製薬所工場爆発(堺市)	2.10.15
ガス中毒(大阪市北区)	2.10.30
工場爆発(大阪市西成区)	2.12.13
工場火災(八尾市)	2.12.23
雪印工場火災(大阪市都島区)	3.1.18
工場全焼(泉南郡熊取町)	3.3.17
水素ボンベ爆発(高石市)	3.5.16
毛布工場半焼(和泉市)	3.6.13
工場全焼(大阪市旭区)	3.6.22
宇部興産堺工場火災(堺市)	3.9.25
工場全焼(大阪市東住吉区)	4.2.28
工場爆発(大阪市城東区)	4.7.15
紙袋工場全焼(豊中市)	5.2.5
廃液タンク炎上(高石市)	5.9.5
工場全焼(大阪市東淀川区)	5.10.16
作業場火災(大阪市生野区)	6.7.24
工場全焼(寝屋川市)	7.6.5
ガス爆発(大阪市港区)	7.7.16
ガス爆発(堺市)	7.12.13
工場火災(大阪市東成区)	8.3.26
工場火災(東大阪市)	8.6.30
工場火災(南河内郡河南町)	9.2.7
消火用炭酸ガス噴出(大阪市大正区)	9.5.8
紡績工場全焼(岸和田市)	9.7.8

工場災害・汚染被害　　災害別一覧

電池工場爆発(守口市)　9.8.10
模型飛行機工場全焼(東大阪市)　9.10.29
工場火災(貝塚市)　11.3.30
工場火災(大阪市)　11.11.5
工場火災(八尾市)　11.12.25
プラスチック加工工場火災(大阪市)　12.6.26
塗装工場爆発(八尾市)　15.6.5
工場火災(大阪市)　16.11.28
残り火で工場火災(大阪市)　16.11.29
工場爆発(高槻市)　17.2.2
工場火災(泉南市)　17.2.4
産廃処理作業場で爆発(大阪市)　17.2.26
工場で異臭騒ぎ(大阪市)　17.7.12
産廃処理工場爆発(枚方市)　17.10.26
石油製油工場火災(堺市)　18.4.10
工場火災(大阪市)　18.9.12
化学工場で爆発(東大阪市)　18.12.19
クレーン倒れ下敷き(大阪市)　19.9.18
電池検査で火災(守口市)　19.9.30
熱処理加工工場爆発(柏原市)　20.2.1
しょうゆ製造場で火災(枚方市)　20.2.18
フェルト工場火災(阪南市)　20.2.20
化学工場で爆発(大阪市)　21.12.24
プラスチック工場で火災(摂津市)　21.12.25
鉄工所で機械に挟まれ死亡(大阪市)　22.4.6
火災で住宅や工場が燃える(大阪市)　22.8.19
工場でガス漏れ(堺市)　23.1.11
機械にはさまれ死亡(東大阪市)　23.4.19
工場内溶解炉爆発(堺市)　25.4.9
工場で鉄板が落下(大阪市)　25.11.15
ゴム工場で火災(大阪市)　28.2.22
工場火災(豊中市)　28.9.12

◇兵庫県

化学工場爆発(明石市二見町南二見)　2.2.15
鋼管破裂(尼崎市)　2.11.8
ガス発生剤製造工程で爆発(揖保郡揖保川町)　3.6.27
発電所内で作業員死亡(高砂市)　3.9.19
化学工場爆発(加古郡播磨町)　4.1.22
重油タンク爆発(神戸市長田区)　4.9.13
工場全焼(伊丹市)　4.10.29
工場火災(川西市)　5.6.12
工場火災(高砂市)　6.6.18
脱水症状で死亡(加古川市)　7.8.19
工場爆発(姫路市)　13.1.7
重油タンク内に転落(尼崎市)　16.3.19
工場で爆発(神戸市)　17.8.14
海自潜水艦建造中に事故(神戸市)　20.7.9
タンクローリー火災(姫路市)　21.10.24
塩酸移し替え作業でやけど(神戸市)　22.8.17
工場でCO中毒(尼崎市大浜町)　24.4.15
化学工場で爆発(姫路市)　24.9.29
溶鉱炉から溶鉄がこぼれる(加古川市)　26.3.27
化学工場で火災(加古川市)　28.12.24
海自潜水艦整備中に死亡(神戸市)　29.1.23

◇奈良県

ゴム工場が全焼(生駒郡斑鳩町)　8.8.26
工場火災(大和郡山市)　20.12.2
リサイクル工場で事故が相次ぐ　28.8.2

◇和歌山県

油槽所タンク爆発(和歌山市)　1.7.10
住金工場火災(和歌山市)　2.5.26
溶けたはがね流出(和歌山市)　2.8.16
東燃工場火災(有田市)　2.8.17
家具工場全焼(和歌山市)　3.2.21
化学工場火災(和歌山市)　13.7.27
製鉄所で火災(和歌山市)　21.2.6

工場災害・汚染被害

石油工場火災(有田市) 29.1.22

◇岡山県
日本鉱業水島製油所プラント爆発(倉敷市) 1.3.6
カネボウ綿糸工場火災(岡山市) 2.11.2
ガソリン塔炎噴出(倉敷市) 3.5.16
ガス残留缶プレスで爆発(岡山市) 9.6.10
製鉄所でガス漏れ(倉敷市) 17.1.24
化学工場で爆発(岡山市) 17.9.9
れんが崩落(真庭市) 19.12.24
エネルギー会社で虚偽記録(倉敷市) 23.2.17
製鉄所で火災(倉敷市) 27.4.18
アルミ工場火災(総社市) 30.7.6

◇広島県
実験中にガス噴出(福山市) 5.5.17
工場火災(広島市) 16.12.15

◇山口県
製パン工場ガス爆発(防府市) 2.6.19
メッキ工場塩酸流出(小野田市) 2.7.23
油圧ポンプ爆発(熊毛郡田布施町) 4.12.7
木工所全焼(山口市) 5.3.2
化学工場で有毒ガス漏出(新南陽市) 13.6.10
化学工場爆発(和木町) 15.11.12
化学工場で爆発(下関市) 21.11.4
化学工場で爆発(周南市) 23.11.13
化学工場で爆発(和木町) 24.4.22
ガス工場で爆発(山陽小野田市) 27.8.5

◇徳島県
船舶工場ガス爆発(阿南市) 9.10.27
樹脂製造工場で爆発(徳島市) 18.2.8

◇香川県
東洋紡三本松工場火災(大川郡大内町) 9.2.22

工場の塩素漏れで異臭騒ぎ(坂出市) 18.8.7

◇愛媛県
工場で塩素ガス漏れ(新居浜市) 21.4.15
工場で砂が崩れ作業員死亡(松山市) 24.7.7

◇高知県
化学工場爆発(高知市) 14.7.1

◇福岡県
製作所全焼(北九州市八幡西区) 2.1.16
製パン所全焼(北九州市小倉北区) 2.3.17
人形工場全焼(八女市) 2.8.20
機械工場全焼(山門郡大和町) 2.8.27
工場全焼(直方市) 3.4.19
鉄板倒れる(北九州市戸畑区) 3.9.21
三菱化成黒崎工場火災(北九州市八幡西区) 3.11.22
ビル工事現場足場崩れる(福岡市中央区) 3.12.11
作業場火災(粕屋郡粕屋町) 4.3.14
花火倉庫爆発(三池郡高田町) 4.9.9
鉄工所火災(福岡市博多区) 4.12.5
紡績工場全焼(春日市) 5.4.25
タンク破裂(苅田町) 5.8.31
工場火災(古賀町) 6.3.19
トラックガスタンクに衝突(大野城市) 6.9.20
製紙工場火災(高田町) 6.12.1
仏壇工場火災(鞍手町) 7.8.24
プラスチック加工場全焼(北九州市若松区) 7.11.18
倉庫兼工場全焼(福岡市東区) 8.9.23
食品工場全焼(小郡市) 9.6.17
工場火災(北九州市小倉北区) 9.6.21
工場火災(田主丸町) 9.8.3
工場爆発(北九州市) 12.6.24
製鋼工場で鉄流出(北九州市) 15.7.11
工場火災(北九州市) 16.1.5
工場火災(甘木市) 16.8.20
花火工場全焼(八女市) 18.2.21

鉱山災害　災害別一覧

コークス工場火災(北九州市) 20.7.29
八幡製鉄所で爆発(北九州市) 25.11.25
工場タンク爆発(小竹町) 30.10.13

◇佐賀県
火薬爆発(東松浦郡北波多村) 2.9.6
作業員圧死(東松浦郡玄海町) 3.6.27
二酸化炭素中毒(佐賀郡諸富町) 4.3.27
製鋼工場で爆発事故(武雄市) 30.4.29

◇長崎県
造船工場爆発(平戸市) 2.7.30
魚雷部品の実験中に出火(諫早市) 4.8.28
橋げた用鉄板が倒れる(佐世保市) 4.8.29
ハム工場爆発(川棚町) 15.2.17
造船所で船舶火災(長崎市) 16.5.9

◇熊本県
花火工場爆発(飽託郡北部町) 2.7.9

◇大分県
造船所で落下事故(大分市) 21.1.23
製鉄所事故(大分市) 23.10.19

◇宮崎県
工場火災(延岡市) 14.3.12

◇鹿児島県
工場火災(名瀬市) 8.3.9
ガス供給工場でボヤ(鹿児島市) 12.12.15
花火工場爆発(鹿児島市) 15.4.11

◇沖縄県
ガス窯爆発(玉城村) 3.12.30
工場火災(西原町) 16.9.9

【鉱山災害】

◇北海道
南大夕張砿崩落事故(夕張市) 1.9.14

炭鉱で一酸化炭素異常発生(釧路市) 13.2.6

◇東京都
石灰石採掘現場崩落(西多摩郡奥多摩町) 3.12.2

◇新潟県
鉱山火災(青海町) 15.5.4

◇福岡県
三井三池鉱落盤(三池郡高田町) 4.6.9

◇長崎県
炭鉱火災(西彼杵郡外海町) 12.2.14

【土木・建築現場の災害】

◇北海道
くい打ち機住宅を直撃(札幌市白石区) 9.8.28
鉄パイプ落下(札幌市) 14.9.14
工事現場で土砂崩れ(美唄市) 17.11.17
建物解体中に出火(小樽市) 18.6.27
ガス管工事現場で爆発(岩見沢市) 24.5.31
ヘリから資材落下(福島町) 30.8.21

◇青森県
土砂崩れでパワーショベル生き埋め(天間林村) 12.12.14

◇宮城県
建設現場爆発(石巻市) 3.5.10
病院工事中ガス爆発(鳴子町) 10.8.8
地熱発電所で水蒸気噴出(大崎市) 22.10.17

◇秋田県
用水路工事で生き埋め(山本町) 16.10.14
建設工事現場でガス爆発(大館市) 27.2.24

災害別一覧　　土木・建築現場の災害

◇山形県
　住宅でガス爆発(天童市)　17.8.25

◇福島県
　土砂崩れ(北塩原村)　15.8.18
　エレベーター落下(いわき市)　17.7.28

◇茨城県
　マンホール内でガス中毒(古河市)　22.10.28
　製鉄所で作業中海へ転落(鹿嶋市)　24.6.30
　下水道工事現場が崩落(取手市)　27.4.17

◇栃木県
　落盤事故(宇都宮市)　2.2.24
　落盤事故(日光市)　3.10.2

◇群馬県
　中3がアルバイト中に事故死(桐生市黒保根町)　24.8.6
　ガス管下敷きで死傷(伊勢崎市)　29.11.27

◇埼玉県
　工事現場ガス爆発(川口市)　2.2.7
　作業員転落死(与野市)　3.6.6
　橋工事中に地盤崩れる(草加市)　3.9.7
　生コン注入で屋根落下(北本市)　4.3.6
　室内塗装中に中毒(川口市)　17.2.5
　裁断機落下(久喜市)　19.1.10
　足場倒れ園児を直撃(東松山市)　24.3.19

◇千葉県
　建設作業台船爆発(君津郡袖ケ浦町)　1.8.20
　トンネル水没(松戸市)　3.9.19
　作業員転落死(千葉市花見川区)　10.3.24
　クレーン横転(我孫子市)　15.5.8
　工事現場で一酸化炭素中毒(成田市)　17.10.27
　作業車アームとモノレール衝突(千葉市)　18.6.21
　重機が倒れる(八千代市)　21.10.15

◇東京都
　クレーン車アパート直撃(港区)　1.7.20
　転落事故(町田市)　1.8.19
　ガス漏れ事故(台東区)　1.10.20
　ガス爆発(渋谷区)　1.11.8
　鉄製パイル落下(杉並区)　2.11.10
　くい打ち機住宅直撃(立川市)　3.3.16
　クレーン車転倒事故(品川区)　3.3.19
　廃業ガソリンスタンド爆発(立川市)　3.5.15
　ガソリンタンク爆発(中野区)　3.5.16
　クレーン折れる(江東区)　3.6.26
　ビル改装現場火災(台東区)　3.8.10
　工事現場作業員転落(足立区)　4.3.16
　ビル工事現場床落下(文京区)　4.9.26
　乗用車・照明車衝突(杉並区)　6.4.21
　大型トレーラー・資材運搬車衝突(渋谷区)　6.9.20
　雨水管工事現場土砂崩れ(目黒区)　8.2.27
　マンション建設工事現場床落下(文京区)　8.3.29
　一酸化炭素中毒死(東久留米市)　8.12.4
　地下鉄工事現場火災(港区)　9.3.26
　クレーン車横転(足立区)　12.8.26
　解体工事現場で作業員生き埋め(大田区)　12.10.16
　NHK放送技術研究所火災(世田谷区)　13.3.10
　住宅造成地でコンクリートブロック崩れ(多摩市)　14.11.14
　ビル工事現場で床が抜け落ち転落(港区)　14.11.20
　鉄板落下(江戸川区)　15.1.14
　ビル解体現場で崩落(目黒区)　15.4.3

平成災害史事典総索引　111

土木・建築現場の災害　　災害別一覧

解体工事現場で側壁倒壊(中央区)　16.4.30
温泉掘削現場で火災(北区)　17.2.10
工事現場にタクシー激突(文京区)　17.10.8
工事現場でガス漏れ(板橋区)　18.2.9
エレベーター昇降路で転落死(八王子市)　18.8.30
ビル工事現場でぼや(千代田区)　19.1.31
工事現場からコンクリ落下(新宿区)　19.10.28
生コン落下(港区)　20.8.1
撮影クレーン横転(江東区)　20.8.22
建設現場ゴンドラ落下(港区)　20.8.29
外壁用コンクリート板落下直撃(葛飾区)　20.12.25
クレーンが倒れる(千代田区)　21.4.14
クレーンが落下(板橋区)　21.6.3
工事現場で機材落下(板橋区)　21.12.20
建設現場から化学物質(江東区)　23.2.9
工事現場で作業車が横転(品川区)　25.1.16
工事現場で鉄骨落下(渋谷区)　25.4.5
マンション建設現場で金属板が落下(港区)　26.1.15
首都高高架橋で火災(江戸川区)　27.2.16
工事現場から鉄パイプ落下(港区)　28.10.14
ビル工事現場で転落死(千代田区)　29.8.11
乗用車が標識車に衝突(目黒区)　29.9.22
多摩建設現場火災(多摩市)　30.7.26

◇神奈川県

建築現場土砂崩れ(川崎市宮前区)　1.5.22
工事現場やぐら倒壊(横浜市磯子区)　2.12.25
軽量鉄筋コンクリート落下(相模原市)　3.3.20
作業員が転落死(横浜市鶴見区)　3.7.14
作業員転落死(横浜市鶴見区)　9.12.6
解体作業工場爆発(横須賀市)　12.8.30
転倒クレーン車が高圧線を切断(川崎市)　17.11.26
作業用ゴンドラから転落(津久井町)　17.12.5
土砂崩れ(横浜市)　18.2.2
工事現場に乗用車衝突(横浜市)　18.10.11
タンクに転落(横浜市)　19.1.15
アルミ製円筒が倒れ死亡(川崎市)　19.1.30
クレーン倒壊(相模原市)　23.5.10
熱中症死亡で書類送検(大和市)　30.9.3

◇新潟県

水路工事中に雪崩(栃尾市)　9.2.25
土砂崩れ(新潟市)　18.1.27
トンネル工事中に爆発(南魚沼市)　24.5.24

◇富山県

工事中の斜面崩落で生き埋め(魚津市)　22.7.21

◇石川県

工事現場の足場倒壊(金沢市)　19.11.12

◇福井県

工事現場足場崩壊(大野郡和泉村)　8.11.5
鉄塔倒壊事故(美浜町)　20.9.15
ガス爆発(福井市)　23.2.14

◇山梨県

ダム建設現場土砂崩れ(大月市)　8.12.13
土砂崩落(小菅村)　14.1.29
土砂崩れ(北杜市)　21.10.31

◇長野県
　治山工事現場土砂崩れ(飯田市)　　　　　　　　　　6.11.11
　土石流(小谷村)　　　　　8.12.6
　工事現場でガス爆発(諏訪市)　　　　　　　　　　11.1.16
　土砂崩落　　　　　　　15.9.11

◇岐阜県
　壁倒壊で下敷き(岐阜市)　22.10.14
　工事現場にトラック突入(多治見市)　　　　　　　29.8.30

◇静岡県
　採石場土砂崩れ(田方郡大仁町)　　　　　　　　　　1.7.29
　ビル壁崩落(富士市)　　15.3.13
　ボンベ落下(伊東市)　　17.6.14
　エレベーター作業員が転落(浜松市)　　　　　　　19.2.16
　土砂撤去作業で転落事故(静岡市)　　　　　　　　23.9.23

◇愛知県
　ビル工事現場で転落死(名古屋市中区)　　　　　　2.1.21
　足場崩れ海に転落(名古屋市港区)　　　　　　　　2.1.25
　工事現場土砂崩れ(豊田市)　2.4.26
　建設現場足場崩壊(名古屋市千種区)　　　　　　2.10.26
　工事現場鉄骨落下(名古屋市中区)　　　　　　　　2.12.3
　無人トラック逆走(名古屋市東区)　　　　　　　　3.1.12
　工事現場土砂崩れ(海部郡七宝町)　　　　　　　　4.1.11
　作業員酸欠死(名古屋港沖)　4.4.6
　作業員転落(名古屋市中区)　4.6.16
　土砂崩れ(小牧市)　　　　4.10.16
　乗用車転落(名古屋市昭和区)　5.6.28
　ダム建設作業員転落死(北設楽郡豊根村)　　　　　7.2.16
　用水路工事現場土砂崩れ(大府市)　　　　　　　　8.2.19

　東山ビルガス爆発(名古屋市千種区)　　　　　　　9.9.11
　硫化水素ガス中毒(半田市)　14.3.11

◇三重県
　不発弾爆発(木曽岬町)　　11.2.9
　水道管に吸い込まれ死亡(津市)　　　　　　　　　20.11.3

◇滋賀県
　橋ケーブル切断(大津市)　21.7.6
　道路陥没(湖南市)　　　　22.12.3

◇京都府
　パネル落下(京都市中京区)　3.8.20
　シンナー中毒(京都市南区)　4.5.2
　地下鉄工事現場で煙(京都市中京区)　　　　　　　7.6.14
　建設工事現場作業員シンナー中毒(京都市左京区)　7.6.21
　舗装作業員ひかれる(宇治市)　　　　　　　　　　9.3.26
　タンクが爆発(京都市)　　17.4.18
　住宅解体作業中に壁が倒壊(京都市)　　　　　　　20.7.17
　工事用のリフト落下(京都市)　　　　　　　　　　20.7.26
　組立中ダクトが倒壊(舞鶴市)　　　　　　　　　　21.6.4
　クレーン転倒(南丹市)　　22.1.6
　トンネル工事で崩落(京丹後市)　　　　　　　　　25.4.23
　配管工事中に土砂崩れ(大山崎町)　　　　　　　　29.1.20

◇大阪府
　プレハブ倒壊(八尾市)　　2.5.5
　作業員圧死(吹田市)　　　2.8.1
　下水道工事現場で酸欠(枚方市)　　　　　　　　　2.12.6
　水道工事現場土砂崩れ(堺市)　　　　　　　　　　3.3.18
　高圧ケーブル破壊(大阪市都島区)　　　　　　　　3.10.6
　鉄筋倒れ作業員負傷(大阪市北区)　　　　　　　　3.10.26
　壁倒壊(堺市)　　　　　　4.4.25

土木・建築現場の災害　災害別一覧

ボンベ爆発(大阪市中央区)	4.7.10
作業員圧死(豊中市)	4.7.18
阪神電鉄地下化工事現場火災(大阪市福島区)	5.6.16
工場全焼(大阪市東淀川区)	5.10.16
清掃作業現場乗用車突入(大阪市此花区)	6.2.5
シンナー中毒(大阪市淀川区)	6.3.26
作業用ゴンドラ落下(大阪市北区)	6.6.23
松竹座建設現場転落事故(大阪市中央区)	8.4.19
工事現場火災(大阪市北区)	8.5.12
工事現場火災(堺市)	9.1.9
鉄柱乗用車直撃(八尾市)	9.8.26
地下鉄御堂筋線本町駅階段でボヤ(大阪市中央区)	10.3.27
クレーンが横転(大阪市)	14.1.23
ビル解体現場で重機転落(大阪市)	15.12.3
立体駐車場の鉄台に挟まれ死亡(大阪市)	17.9.9
壁の下敷きになり死亡(大阪市)	18.7.27
作業中に土砂崩落(堺市)	19.6.23
高圧電線に接触(大阪市)	19.6.27
コンクリート塊崩落で生き埋め(吹田市)	20.11.14
ブロック塀が崩れる(豊中市)	21.4.23
クレーン倒れる事故(豊中市新千里東町)	24.1.20
クレーン車が転倒(八尾市小畑町)	24.2.20
大雨で作業員が生き埋め(箕面市)	24.7.21
校舎工事でアスベスト飛散(堺市)	24.12.6
新名神工事現場で転落死(箕面市)	29.9.12

◇兵庫県

重油タンク火災(神戸市長田区)	2.1.27
建設現場で塗料缶落下(川西市)	2.9.27
鉄板落下(川西市)	3.4.25
軌道車衝突(佐用郡佐用町)	4.4.2
工事現場土砂崩れ(神戸市北区)	8.10.4
工事現場トラック突入(美嚢郡吉川町)	8.10.22
地下鉄工事現場土砂崩れ(神戸市)	11.4.10
ガスタンク爆発(西脇市)	17.4.4
地下汚水槽点検中に死亡(神戸市)	19.4.20
クレーン倒壊(神戸市)	19.8.25
作業用足場が倒壊(神戸市)	20.8.12
トンネルの掘削工事現場で爆発(養父市)	20.10.11
建設中のごみ処理施設が爆発(姫路市)	22.3.25
ビル解体工事現場の足場が倒壊(神戸市)	26.4.23
橋桁が落下(神戸市)	28.4.22
トラックにはねられ死亡(東灘区)	29.7.25

◇奈良県

ゴルフ場建設現場土砂崩れ(吉野郡吉野町)	3.1.12

◇和歌山県

工事現場土砂崩れ(東牟婁郡古座川町)	8.10.5
建設中の橋の下敷きで死亡(上富田町)	18.12.13

◇鳥取県

下水道工事現場土砂崩れ(日野郡日南町)	8.1.25
工事現場で鉄筋落下(東伯郡泊村)	11.6.15

◇岡山県

海底トンネル事故(倉敷市)	24.2.7

◇広島県

広島新交通システム工事現場橋げた落下(広島市安佐南区)	3.3.14
工事現場でコンクリート崩落(広島市)	16.10.26

台船作業員が海中に転落(呉市)	18.11.15	建設現場事務所全焼(篠栗町)	8.1.2
橋の足場破断で転落(広島市)	20.1.18	工事現場ガス漏れ炎上(久留米市)	8.1.26
砕石場で土砂崩れ(福山市)	29.10.26	地下水道工事で中毒(北九州市)	20.1.7
◇山口県		解体中の観覧車が倒壊(福岡市)	23.7.7
工事用橋げたが落下(玖珂郡錦町)	3.11.22	JR博多駅前道路陥没事故(福岡市)	28.11.8
橋げた崩落(下関市)	19.9.18	◇長崎県	
◇徳島県		足場崩れ作業員死傷(松浦市)	3.5.2
石垣崩れ生き埋め 徳島のダム工事現場で作業員2人が死亡(那賀郡木頭村)	8.2.20	豪華客船火災(長崎市)	14.10.1
土蔵解体中に倒壊(阿波市)	20.2.10	トンネル工事現場でCO中毒(長崎市)	28.11.19
◇香川県		◇熊本県	
造船所で爆発(丸亀市)	4.8.22	建設現場土砂崩れ(球磨郡湯前町)	2.3.4
建造中の貨物船爆発(丸亀市)	16.8.26	工事現場土砂崩れ(水俣市)	2.5.16
建造中の貨物船爆発(多度津町)	16.10.12	◇大分県	
ガス中毒(高松市)	19.6.21	転落事故(中津市)	3.10.17
瀬戸大橋塗装中に転落(坂出市)	20.4.1	◇宮崎県	
◇愛媛県		工事現場土砂崩れ(椎葉村)	4.2.2
工事現場で作業車衝突(今治市)	18.6.6	◇沖縄県	
クレーンから部品落下(大洲市)	30.11.8	不発弾が爆発(糸満市)	21.1.14
◇高知県		工事現場で作業員圧死(北中城村)	29.8.15
工事現場土砂崩れ(中村市)	8.7.22	【輸送機関の事故】	
下水道工事で生き埋め(高知市朝倉横町)	24.10.27	《全国》	
ヘリから生コンが落下(大豊町)	30.10.20	交通事故	21.この年
◇福岡県		交通事故	22.この年
鋼材落下作業員死亡(北九州市小倉北区)	2.5.10	交通事故	23.この年
		交通事故	24.この年
工事現場火災(北九州市小倉北区)	5.1.27	交通事故	25.この年
		交通事故	26.この年
トレーラー工事現場に突入(北九州市小倉南区)	7.6.6	交通事故	27.この年
		交通事故	28.この年
		交通事故	29.この年
		交通事故	30.この年

輸送機関の事故　　災害別一覧

◇北海道
　走行中のバスから出火(小樽市)　25.8.5
　スノーモービル衝突事故(札幌市)　28.2.14
　ロープウェイで死亡事故(函館市)　28.12.11

◇宮城県
　リフトカー逆走(本吉郡唐桑町)　6.4.17

◇山形県
　山形新幹線・軽ワゴン車追突(南陽市)　13.1.14

◇福島県
　プロライダー練習中に事故死(いわき市)　25.2.28

《関東地方》
　積雪予報で交通網混雑　25.2.6

◇茨城県
　バイクがコース外れる(稲敷市)　22.10.17

◇栃木県
　熱気球事故　25.6.23

◇群馬県
　リフト逆走(利根郡片品村)　1.1.29
　熱気球事故　25.6.23

◇千葉県
　窓清掃中ゴンドラ転落(千葉市)　2.9.10
　雪で相次ぐスリップ事故　25.1.28
　走行中にバス運転手死亡(成田市)　30.11.1

◇東京都
　ゴンドラから転落(中央区)　3.1.19
　ビルの塗装作業ゴンドラ落下(新宿区)　6.5.7
　建設現場ゴンドラ落下(港区)　20.8.29

　濃霧で欠航(大田区)　22.2.25
　大雨で飛行機遅延　22.9.23
　清掃車が男性巻き込む(江東区)　24.10.16
　首都高で火災(渋谷区)　26.3.20
　自転車と歩行者が衝突(港区)　28.12.30

◇神奈川県
　ゴンドラ故障(横浜市)　1.4.16
　ゴンドラ停止(横浜市)　1.8.28
　ゴンドラ宙づり(横浜市戸塚区)　5.12.23
　回転遊具から転落(横浜市金沢区)　9.8.19
　作業員転落死(横浜市鶴見区)　9.12.6
　作業用ゴンドラから転落(津久井町)　17.12.5
　自転車転倒、車にひかれ死亡(川崎市)　25.2.4
　自転車スマホで死亡事故(川崎市)　29.12.7
　電動自転車で抱っこ、転倒(横浜市)　30.7.5

◇新潟県
　リフト事故(南魚沼郡湯沢町)　2.12.27

◇富山県
　リフト落下(上新川郡大山町)　3.11.19
　トンネルからコンクリ片落下(黒部市)　25.1.9

◇山梨県
　リフト暴走(都留市)　9.10.27
　ゴルフ場のゴンドラ逆走(上野原市)　20.12.29

◇長野県
　ゴンドラ停止(北安曇郡白馬村)　3.8.17
　ゴンドラ宙づり(富士見町)　9.1.26
　リフトから転落(戸隠村)　15.3.1
　ゴンドラから転落(木曽郡三岳村)　15.10.15
　落雷でロープウェイ停止　16.7.25

災害別一覧　　　　　　列車・電車事故

ゴンドラの扉に挟まれ宙づり(野沢温泉村)	26.12.29
◇静岡県	
ゴンドラ宙づり(田方郡伊豆長岡町)	5.4.22
◇愛知県	
工事用簡易リフトに挟まれ圧死(名古屋市熱田区)	2.7.17
ダム建設作業員転落死(北設楽郡豊根村)	7.2.16
◇三重県	
ゴルフ場でカート事故(志摩市)	22.11.6
◇京都府	
工事用のリフト落下(京都市)	20.7.26
自転車が歩行者に衝突(大山崎町)	26.9.17
◇大阪府	
リフトにはさまれ従業員圧死(大阪市東住吉区)	2.1.10
ゴンドラ転落(大阪市西区)	2.7.24
作業員圧死(吹田市)	2.8.1
作業用ゴンドラ落下(大阪市北区)	6.6.23
エレベーター故障ワゴン車転落(豊中市)	8.2.24
◇兵庫県	
ゴンドラ宙づり(神戸市中央区)	3.12.7
エレベーター落下(神戸市中央区)	6.12.7
リフトのワイヤ外れ転落(養父市)	20.3.16
駅舎全焼(三木市)	30.3.4
◇鳥取県	
強風で自転車転倒(江府町)	25.4.6
◇岡山県	
ゴンドラ転落(岡山市)	3.9.11

◇広島県	
ロープウエー事故(宮島町)	16.5.6
◇福岡県	
清掃会社従業員ゴンドラから転落(北九州市八幡東区)	8.1.9
リフト式重機海中に転落(福岡市東区)	8.6.12

【列車・電車事故】

《全国》	
人をはね新幹線破損、運休	30.6.14
◇北海道	
貨物列車脱線谷へ転落(渡島支庁七飯町)	8.12.4
室蘭本線でトンネル天井剥落(胆振支庁虻田郡豊浦町)	11.11.28
特急列車から白煙(占冠村)	23.5.27
特急から白煙(伊達市)	23.6.6
鉄道信号機でトラブル(安平町)	23.6.15
JR北海道で部品脱落(岩見沢市)	23.7.5
貨物車が脱線(安平町)	24.2.16
貨物列車が脱線(函館市亀田本町)	24.4.26
土砂崩れ(夕張市)	24.4.27
特急床下から出火(八雲町)	25.4.8
特急列車で出火など相次ぐ(八雲町、北広島市)	25.7.6
電車のドアに挟まれ負傷(旭川市)	25.8.19
特急電車が無断で発車(恵庭市)	25.9.15
貨物列車脱線(七飯町)	25.9.19
貨物列車が脱線(木古内町)	26.6.22
ヒグマが特急列車に衝突(南富良野町)	27.7.13
青函トンネルで発煙事故	27.11.21
信号機が線路上に倒れる(札幌市)	30.11.9

列車・電車事故　　　　　　災害別一覧

《東北地方》
　新幹線トラブル　　　　　　23.1.15
◇岩手県
　強風で列車脱線(三陸町)　　6.2.22
◇宮城県
　保線作業員はねられ死亡(志田郡鹿島台町)　　5.6.19
　復旧初日の東北新幹線で停電　　23.4.25
　地下鉄でケーブル焼失(仙台市)　　30.4.18
◇秋田県
　列車脱線(大館市)　　　　　9.9.3
　秋田新幹線暴風雪で脱線(大仙市)　　25.3.2
◇山形県
　山形新幹線で枕木にひび　　12.8.31
　JR羽越線脱線事故(庄内町)　17.12.25
　大雪で停電して電車が止まる(山形市)　　26.12.3
◇福島県
　通信ケーブル切断(福島市)　21.2.20
　新幹線とクマ衝突か(福島市)　　24.5.1
　東北新幹線が停電　　　　　25.8.13
　大雪で列車が立ち往生(会津坂下町)　　27.2.9
◇茨城県
　たるみ事故　　　　　　　　1.10.24
　通勤列車駅ビル突入(取手市中央町)　　4.6.2
　保線作業員死亡(水戸市)　　5.3.30
　JR常磐線人身事故(土浦市)　14.11.15
　線路内に4歳児侵入(ひたちなか市)　　17.12.22
　トンネル火災(日立市)　　　27.4.11
◇栃木県
　東武伊勢崎線電車酒酔い運転(足利市)　　5.7.23
　新幹線トラブル　　　　　　23.1.15

　東北新幹線が停電　　　　　25.8.13
◇埼玉県
　鉄道電気施設に落雷(戸田市)　　19.8.22
　鉄道事故で乗客立往生(春日部市)　　22.7.9
　視覚障害の男性が線路に転落(川越市)　　24.3.6
　雨で線路脇が陥没(越谷市)　24.5.4
　列車事故(朝霞市)　　　　　24.6.19
　小学生が踏切事故で死亡(行田市)　　25.1.18
　落雷で電車故障(飯能市)　　25.8.23
　駅ホームで全盲男性転落死(蕨市)　　29.1.14
◇千葉県
　たるみ事故　　　　　　　　1.10.24
　銚子電鉄正面衝突(銚子市)　7.6.24
　総武線で人身事故(市川市)　11.8.20
　常磐線で人身事故(松戸市)　11.10.31
　作業車アームとモノレール衝突(千葉市)　　18.6.21
　停電で列車運休　　　　　　21.7.30
　列車の窓ガラスにひび(松戸市)　　24.6.24
　電車にはねられ幼児重体(鴨川市東町)　　24.8.13
◇東京都
　青梅線普通電車脱線(西多摩郡奥多摩町)　　2.2.1
　作業員電車にはねられる(新宿区)　　2.3.5
　東西線普通電車脱線(江東区)　　2.9.8
　小田急線脱線(多摩市)　　　3.10.11
　乗用車・京成電鉄押上線電車接触(葛飾区)　　4.3.16
　軽トラック線路落下(八王子市)　　5.2.19
　営団地下鉄銀座線電車発煙(千代田区)　　9.4.11
　営団職員街道電車にはねられ死亡(渋谷区)　　10.3.11

118　平成災害史事典総索引

災害別一覧　　列車・電車事故

項目	日付
電車にはねられ死亡(渋谷区)	11.1.8
保線作業員はねられ死亡(品川区)	11.2.21
八高線人身事故(昭島市)	11.3.11
総武線信号ケーブル炎上(墨田区)	11.7.30
中央線ホームで列車に引きずられ負傷(杉並区)	11.11.18
東海道線で人身事故(大田区)	12.3.6
地下鉄日比谷線脱線衝突事故(目黒区)	12.3.8
中央線で人身事故(八王子市)	12.6.18
JR新大久保駅転落死亡事故(新宿区)	13.1.26
JR武蔵野線人身事故(国分寺市)	13.8.20
山手線レール沈下(港区)	18.2.20
ゆりかもめ車輪脱落	18.4.14
都道拡幅工事で山手線運休(新宿区)	18.4.24
路面電車が試運転車両に追突(北区)	18.6.13
ベビーカー挟み発車(千代田区)	19.5.24
駅で信号トラブル(渋谷区)	21.4.7
停電で列車運休	21.7.30
始発電車に保守車が衝突(江東区)	21.9.9
電車内で塩酸が漏れ出す(中央区)	21.11.18
工事現場で機材落下(板橋区)	21.12.20
駅のホームから転落(新宿区)	22.8.23
鉄道事故(豊島区)	23.1.16
鉄道トラブル	23.2.25
鉄道で自殺巻き添え(葛飾区)	23.7.12
電車接触事故(町田市)	23.7.26
鉄道トラブル(多摩市)	23.8.8
視覚障害者、電車にはねられ死亡(昭島市)	23.10.3
タクシーが線路に転落(品川区)	23.10.25
渋谷駅で停電(渋谷区)	23.11.2
地下鉄レール交換中に事故(江東区)	23.12.7
電車が脱線(東村山市)	23.12.24
全盲男性、電車と接触し死亡(港区)	24.9.6
電車内でスプレー噴射(目黒区)	25.3.8
ホームから転落(新宿区)	25.5.27
全盲男性ホームから転落(中野区)	25.6.20
電車飛び込みで巻き添え(葛飾区)	25.6.27
駅付近火災で新幹線が運休(千代田区)	26.1.3
駅ホームで転落事故(荒川区)	26.1.8
レインボーブリッジの火災でゆりかもめが運休(港区)	26.7.15
ホームで飛び込み自殺(目黒区)	26.8.11
首都高高架橋で火災(江戸川区)	27.2.16
山手線が9時間不通(千代田区)	27.4.12
アパートに放火(大田区)	27.8.9
ケーブル火災で運転見合わせ	27.8.18
駅ホームから飛び込み自殺(品川区)	28.5.9
視覚障がい者が駅ホームから転落(港区)	28.8.15
電車と接触し2人巻き添え(千代田区)	29.4.27
小田急沿線火災(渋谷区)	29.9.10
都営線停電	30.2.24
地下鉄で案内パネル落下(台東区)	30.2.26
東武東上線停電(板橋区)	30.7.5
ホームから転落、視覚に障がい(品川区)	30.9.4
発煙で運転見合せ(江戸川区)	30.9.9
東北新幹線バッテリー発火事故	30.11.9
山手線でドア破損、ケガ(渋谷区)	30.11.14

列車・電車事故　　災害別一覧

新幹線ブレーキ故障((東京駅))　30.12.30

◇神奈川県
貨物列車レールの敷設作業員はねる(川崎市川崎区)　7.2.19
東海道線で人身事故(小田原市)　12.5.1
横須賀線で人身事故(逗子市)　12.6.21
相模鉄道人身事故(横浜市)　13.3.9
駅員が電車にはねられ死亡(横浜市)　16.3.26
試運転電車にはねられ死亡(横浜市)　18.12.1
電車に引きずられ転落(秦野市)　19.6.13
大雨で新幹線に遅れ　19.7.4
モノレールあわや正面衝突(鎌倉市)　20.2.24
貨物列車が人をはねる(横浜市)　21.12.10
架線切れで新幹線不通(横浜市)　22.1.29
新幹線で信号故障　22.1.31
大雨で脱線事故(横須賀市)　24.9.25
東横線電車追突事故(川崎市)　26.2.15
回送電車が脱線(相模原市)　26.6.19
線路内に立ち入りはねられる(横浜市)　26.9.4
新幹線の屋根に登り感電(横浜市)　26.11.15
アパート火災(茅ヶ崎市)　27.3.3
東海道新幹線で火災(小田原市)　27.6.30
資材置き場で火災(平塚市)　28.12.22
火災で登山電車運休(小田原市)　30.10.26
駅ホームでカバー落下(藤沢市)　30.11.5

◇〈北陸地方〉
新幹線トラブル(北陸地方)　23.1.15

◇新潟県
上越線特急倒木に接触(長岡市)　3.1.6
乗用車・JR羽越線特急電車衝突(中条町)　14.1.3
火花発生で列車が非常停止(柏崎市)　24.4.4
大雪で立往生(三条市)　30.1.11

◇富山県
大雪で立往生　30.1.11

◇石川県
線路脇で兄弟が事故(小松市)　30.5.25

◇福井県
京福電鉄電車正面衝突(吉田郡松岡町)　12.12.17
上下線電車正面衝突(勝山市)　13.6.24

◇山梨県
クマが電車に衝突(甲州市)　18.9.18
男児が電車と接触(昭和町)　27.6.29

◇長野県
飯田線電車衝突(上伊那郡南箕輪村)　1.4.13
特急あさま接触事故(長野市)　8.11.24
北陸新幹線が停電　30.12.9

◇岐阜県
中央線回送電車ポイント破壊(多治見市)　2.10.6
高山線貨物列車脱線(加茂郡坂祝町)　3.12.14
高山線脱線事故(下呂町)　8.6.25
名鉄名古屋本線加納駅ホームから転落(岐阜市)　11.8.7
急行電車オーバーラン(岐阜市)　15.10.18
新幹線ホームに転落(羽島市)　22.1.3
鉄道の保守車両脱輪(関ヶ原町)　23.10.9

東海道新幹線で停電　　23.12.26
◇静岡県
　　東海道線コンテナ貨物列
　　車・普通電車追突(沼津市)　9.8.12
　　走行中の新幹線から転落
　　　(菊川市)　　　　　　　19.3.24
　　大雨で新幹線に遅れ　　　19.7.4
　　新幹線が停電　　　　　　23.12.17
　　新幹線保守用車がトンネ
　　ル点検車に衝突(静岡市)　27.12.10
◇愛知県
　　保線作業員はねられ死亡
　　　(日進市)　　　　　　　6.12.16
　　名鉄特急・乗用車衝突(稲
　　沢市)　　　　　　　　　14.9.26
　　新幹線人身事故(蒲郡市)　16.2.9
　　駅ホームでもみ合い轢死
　　　(名古屋市)　　　　　　18.5.11
　　ホーム転落事故(名古屋市)　25.9.10
　　大雨で地下鉄名古屋駅が
　　冠水(名古屋市)　　　　　26.9.25
　　列車にはねられ死亡(犬山
　　市)　　　　　　　　　　29.2.19
　　新幹線台車に亀裂(名古屋市)　29.12.11
《近畿地方》
　　落雷で新幹線停止　　　　19.8.19
　　降雨と落雷　　　　　　　25.8.23
◇三重県
　　連結作業中に電車追突(亀
　　山市)　　　　　　　　　2.11.24
　　列車妨害(亀山市)　　　　5.10.15
　　近鉄大阪線特急・準急衝突
　　　(名張市)　　　　　　　6.1.6
　　特急にはねられ幼児死亡
　　　(名張市)　　　　　　　18.4.30
　　脱線(津市)　　　　　　　21.2.27
　　駅ホームから車いす女性
　　転落(津市)　　　　　　　29.3.24
　　橋から車転落、列車と衝突
　　　(伊賀市)　　　　　　　30.10.31

◇滋賀県
　　信楽高原鉄道衝突事故(滋
　　賀郡甲賀郡信楽町)　　　　3.5.14
　　保線作業員快速にはねら
　　れる(彦根市)　　　　　　8.8.3
　　JR湖西線人身事故(志賀町)　10.3.1
　　ワゴン車・寝台特急衝突
　　　(彦根市)　　　　　　　14.7.28
　　軽トラックと電車衝突(愛
　　知町)　　　　　　　　　17.3.18
　　列車風圧でフェンス飛ぶ
　　　(米原市)　　　　　　　20.12.10
　　特急が車掌置き去りで発
　　車(大津市)　　　　　　　23.4.16
　　東海道新幹線で停電　　　23.12.26
◇京都府
　　修学旅行列車・電気機関車
　　衝突(京都市下京区)　　　1.10.18
　　山陰線列車に倒木(船井郡
　　丹波町)　　　　　　　　2.10.8
　　新快速電車にはねられ死
　　亡(長岡京市)　　　　　　17.4.2
　　落雷で新幹線一時停止　　19.8.30
　　電車にはねられ死亡(京都
　　市)　　　　　　　　　　21.8.27
　　特急が幼児はねる(向日市
　　寺戸町)　　　　　　　　23.7.16
　　地震計の誤作動で停止(亀
　　岡市)　　　　　　　　　24.2.18
　　西山天王山駅で接触事故
　　　(長岡京市)　　　　　　26.1.21
　　新幹線の高架下で火災(長
　　岡京市)　　　　　　　　27.1.22
　　保線用作業車が脱線(京都
　　市)　　　　　　　　　　28.12.7
◇大阪府
　　関西線電車・回送電車接触
　　　(大阪市浪速区)　　　　1.5.22
　　天王寺駅電車暴走(大阪市
　　天王寺区)　　　　　　　1.8.27
　　東海道線機関車・電車衝突
　　　(大阪市淀川区)　　　　2.5.13
　　南海電車運行中にドア開
　　く(河内長野市)　　　　　3.2.8
　　作業車脱線(河内長野市)　4.12.10

列車・電車事故　　　災害別一覧

東海道線貨物列車脱線(茨木市)　5.2.24
ニュートラム暴走(大阪市住之江区)　5.10.5
回送電車暴走(泉南郡田尻町)　5.12.25
JR東海道線人身事故(大阪市)　14.11.6
列車事故(大阪市)　17.1.14
軽自動車と特急電車衝突(高石市)　18.1.9
陸橋にクレーン車が激突して電車脱線(泉佐野市)　19.7.12
男性がホームから転落(大阪市)　22.1.31
鉄道車庫停電(河内長野市)　23.6.9
鉄道事故(大阪市)　25.2.28
弁天町駅で飛び込み自殺(大阪市)　26.4.1
モノレールから出火(摂津市)　26.10.28
ホーム転落事故(豊中市)　27.3.23
全盲男性がホームから転落(柏原市)　28.10.16
駅ホームで全盲男性転落死(高石市)　29.10.1
駅ホームで視覚障がい者転落死(大阪市)　29.12.18
信号トラブルで運転見合せ(大阪市)　30.12.18

◇兵庫県
土木作業車線路に落下(神戸市垂水区)　3.6.1
軌道車衝突(佐用郡佐用町)　4.4.2
東海道線寝台特急・工事用台車衝突(神戸市中央区)　7.4.2
山陽新幹線窓ガラス破損(神戸市須磨区)　9.1.13
山陽人身事故(神戸市須磨区)　9.12.22
山陽新幹線保守用車両追突(神戸市)　11.9.27
JR福知山線脱線事故(尼崎市)　17.4.25
回送電車脱線(神戸市)　18.1.22
神戸電鉄脱線(神戸市)　18.2.4
イノシシ親子が特急に衝突　18.9.17

鉄道事故に巻き添え(明石市)　20.9.26
電車にイノシシが衝突(三田市)　21.9.27
新幹線内煙トラブル　22.3.3
ATS作動で緊急停止(尼崎市)　22.10.14
鉄道事故(神戸市)　22.12.17
トンネル内で列車にはねられる(神戸市)　28.9.18
山陽新幹線バッテリー発火事故　30.9.1
新幹線運転見合せ(姫路市)　30.10.19
標識未設置(新温泉町)　30.11.7

◇奈良県
近鉄電車脱線(生駒郡平群町)　3.12.29
鉄道事故(王寺町)　25.3.22

◇和歌山県
線路上の丸太で脱線(海南市)　16.6.2
踏切で工事車両が故障(和歌山市)　23.7.8
列車にはねられ男児死亡(和歌山市)　24.5.30
駅で停電(和歌山市)　25.6.26

《中国地方》
落雷で新幹線停止　19.8.19

◇鳥取県
電車にはねられ保線作業員死亡(江府町)　18.1.24

◇岡山県
山陽新幹線トンネルでモルタル片落下(笠岡市)　14.10.28
山陽新幹線で居眠り運転　15.2.26
JR津山線脱線事故(岡山市)　18.11.19
線路ではねられ男児死亡(岡山市)　29.2.22

◇広島県
土砂崩れ(豊田郡安浦町)　3.7.4
路面電車・ダンプ衝突(広島市西区)　5.10.8

災害別一覧　　　　　　　　　踏切事故

福塩線普通列車落石に衝突(府中市)	8.12.4
鉄道トラブル(広島市)	22.10.29
土砂崩れで列車が脱線(三次市)	28.7.14

◇山口県

山陽新幹線で停電	11.9.24
架線切断で、車両から出火(岩国市)	24.1.5

◇徳島県

作業員が列車にはねられ死亡(つるぎ町)	17.6.29

◇香川県

高松琴平電鉄の列車脱線	15.3.5

◇高知県

土佐くろしお鉄道列車衝突(大方町)	10.6.11
特急が駅舎に突入(宿毛市)	17.3.2
路面電車とトレーラーが衝突(高知市)	24.9.15

◇福岡県

JR香椎線列車脱輪(福岡市東区)	2.8.7
線路内に落下物(博多市)	2.9.21
列車にはさまれ死亡(北九州市門司区)	4.12.28
山陽新幹線トンネルでコンクリート塊落下(糟屋郡久山町)	11.6.27
山陽新幹線トンネル側壁剝落(北九州市)	11.10.9
JR鹿児島線普通・快速列車追突(宗像市)	14.2.22
九州新幹線、5時間停止	24.3.13
人をはね新幹線破損、運休(北九州市)	30.6.14

◇佐賀県

佐世保線コンクリート剝落で停電(杵島郡山内町)	12.1.3
寝台列車が電柱接触(鳥栖市)	25.10.7

唐津駅ホームで人身事故(唐津市)	26.3.26

◇長崎県

特急電車横転(諫早市)	15.7.18

◇大分県

土砂崩れで豊肥線列車脱線(大分市)	5.6.15
トンネル側壁崩落	11.2.22
倒木に乗り上げ脱線(日田市)	26.2.13

◇鹿児島県

土砂崩れで日南線列車脱線(志布志町)	5.6.24
日豊線快速電車倒木に衝突(財部町)	7.6.25
大雨で脱線(指宿市)	19.7.3
大雨で特急列車が脱線(指宿市)	26.6.21

【踏切事故】

◇北海道

トレーラー・函館線特急電車衝突(江別市)	1.12.13
室蘭線特急・乗用車衝突(胆振支庁白老町)	2.1.7
日高線列車・大型タンクローリー衝突(苫小牧市)	3.1.8
日高線普通列車・ダンプカー衝突(胆振支庁厚真町)	8.1.12
ワゴン車・室蘭線特急列車衝突(胆振支庁豊浦町)	8.12.1
鉄道にトレーラー衝突(美幌町)	19.3.1
特急とダンプカー衝突(深川市)	22.1.29
踏切事故(苫小牧市)	24.1.29
軽乗用車と特急が衝突(苫小牧市)	28.10.15

◇青森県

踏切で衝突事故(青森市)	27.1.25

平成災害史事典総索引　123

踏切事故　災害別一覧

◇岩手県
　田沢湖線特急・バス衝突
　　（盛岡市）　　　　　　2.10.30
　踏切事故（宮古市）　　　21.10.20

◇宮城県
　特急列車と乗用車衝突（岩
　　沼市）　　　　　　　　17.9.12

◇秋田県
　軽ライトバン・奥羽線列車
　　衝突（南秋田郡昭和町）　3.10.17
　踏切で人身事故（仁賀保町）16.8.18

◇山形県
　新幹線と乗用車衝突（天童
　　市）　　　　　　　　　25.3.27

◇福島県
　磐越西線電車・トレーラー
　　衝突（会津若松市）　　6.10.17
　第三セクター会津鉄道列
　　車・乗用車衝突（田島町）11.8.24
　踏切で列車と車衝突（いわ
　　き市）　　　　　　　　17.4.17

◇茨城県
　乗用車・気動車衝突（取手市）1.5.14
　乗用車・常磐線特急衝突
　　（新治郡千代田村）　　　3.6.21
　トラック・常磐線特急衝突
　　（牛久市）　　　　　　　3.9.1
　遮断機故障で事故（西茨城
　　郡友部町）　　　　　　　5.7.8
　軽自動車と電車衝突（関城
　　町）　　　　　　　　16.12.27
　「スーパーひたち」トレー
　　ラーと衝突（美野里町）　17.4.26
　乗用車と特急列車が衝突
　　（ひたちなか市）　　　28.11.11

◇栃木県
　乗用車・東武宇都宮線電車
　　衝突（宇都宮市）　　　　2.1.4
　わたらせ渓谷鉄道ディーゼ
　　ル列車・乗用車衝突（足
　　尾町）　　　　　　　　14.9.21

乗用車が電車と衝突（宇都
　宮市）　　　　　　　　17.2.11

◇群馬県
　遮断機誤作動（甘楽郡甘楽町）5.5.29
　JR信越線踏切人身事故（安
　　中市）　　　　　　　　13.11.7
　東武伊勢崎線踏切人身事
　　故（太田市）　　　　　14.12.19

◇埼玉県
　ワゴン車・電車衝突（羽生市）1.1.29
　特急寝台列車・オートバイ
　　衝突（上尾市）　　　　　1.5.2
　宇都宮線電車・乗用車衝突
　　（南埼玉郡白岡町）　　　5.10.25
　乗用車・高崎線貨物機関車
　　衝突（熊谷市）　　　　　7.9.4
　4輪駆動車・東武東上線電
　　車衝突（東松山市）　　　7.11.4
　東武東上線準急電車・軽乗
　　用車衝突（東松山市）　　10.4.1
　宇都宮線人身事故（栗橋町）11.7.30
　西武新宿線準急・大型ト
　　レーラー衝突（狭山市）　11.10.12
　踏切故障で電車・乗用車衝
　　突（熊谷市）　　　　　　12.8.9
　JR川越線踏切人身事故（川
　　越市）　　　　　　　　13.12.15
　東武伊勢崎線踏切人身事
　　故（越谷市）　　　　　　14.1.24
　乗用車と普通電車衝突（鷲
　　宮町）　　　　　　　　16.1.12
　踏切で車に電車衝突（さい
　　たま市）　　　　　　　18.5.20
　踏切で電車にはねられ死
　　亡（寄居町）　　　　　19.11.8
　列車とダンプが衝突（長瀞
　　町）　　　　　　　　　23.11.9
　踏切事故（坂戸市溝端町）23.12.12
　踏切で電車と軽自動車が
　　衝突（川越市）　　　　26.1.29

◇千葉県
　トラック・内房線電車衝突
　　（千葉市）　　　　　　　1.7.19

| 災害別一覧 | 踏切事故 |

総武本線普通電車・軽自動車衝突(千葉市若葉区)	9.5.1
外房線特急・乗用車衝突(一宮町)	11.6.4
内房線人身事故(市原市)	13.4.6
京成電鉄京成本線普通電車・ワゴン車衝突(習志野市)	15.1.23
乗用車・普通電車衝突(市川市)	15.12.21
電車に乗用車が衝突(野田市)	18.1.30
乗用車と電車が衝突(松戸市)	26.7.11

◇東京都

特急電車・乗用車衝突(葛飾区)	1.1.20
小田急急行・トラック接触(世田谷区)	1.1.23
ワゴン車・電車接触(世田谷区)	1.5.3
軽トラック・中央線快速電車衝突(国立市)	1.6.14
ワゴン車・中央線電車衝突(小金井市)	2.1.20
乗用車・西武国分寺線電車衝突(国分寺市)	2.3.2
乗用車・京王井の頭線電車衝突(杉並区)	3.1.3
西武新宿線人身事故(保谷市)	5.6.11
京成押上線人身事故(墨田区)	6.1.21
軽ワゴン車・中央線電車衝突(八王子市)	6.9.27
京浜東北線電車・トラック衝突(北区)	7.6.28
軽自動車・東武東上線電車衝突(練馬区)	7.10.21
南武線人身事故(稲城市)	11.2.21
東武東上線人身事故(板橋区)	11.3.18
井の頭線駒場東大前駅で警官はねられ死傷(目黒区)	11.4.4
中央線で人身事故(武蔵野市)	11.4.7
中央線で人身事故(国立市)	11.6.17
JR中央線踏切人身事故(武蔵野市)	14.10.21
普通電車脱線(練馬区)	15.9.16
竹ノ塚駅踏切死傷事故(足立区)	17.3.15
踏切開かず横断して事故(大田区)	17.10.12
自殺を制止しようと警官が死亡(板橋区)	19.2.6
車いす男性、列車にはねられ死亡(豊島区)	24.10.26
踏切進入で事故(葛飾区)	25.2.14
踏切で手押し車ひっかけ死亡(豊島区)	29.2.9
踏切渡りきれず死亡(葛飾区)	29.2.10

◇神奈川県

乗用車・南武線電車衝突(川崎市中原区)	1.6.18
トラック京浜急行踏切に放置(横浜市鶴見区)	3.1.24
ワゴン車・小田急江ノ島線電車が衝突(相模原市)	4.4.15
京浜東北線電車・ライトバン衝突(横浜市鶴見区)	9.1.12
小田急電車・乗用車衝突(海老名市)	9.7.31
乗用車・小田急江ノ島線電車衝突(大和市)	9.11.14
東海道線人身事故(茅ヶ崎市)	10.4.10
小田急江ノ島線で人身事故(藤沢市)	11.6.26
東海道線で人身事故(藤沢市)	12.2.18
小田急小田原線特急・ワゴン車・普通電車衝突(相模原市)	12.12.29
横浜線人身事故(横浜市)	13.1.31
JR東海道線普通電車にはねられる(川崎市)	13.12.19
小田急小田原線急行電車・乗用車衝突(厚木市)	14.9.1
ワゴン車が電車に衝突(川崎市)	16.12.9

踏切事故　災害別一覧

軽乗用車と衝突し列車脱線(茅ヶ崎市)	25.4.7
踏切で死亡事故(横浜市)	25.8.23
救助中女性がはねられ死亡(横浜市)	25.10.1
踏切で人身事故(座間市)	26.1.26
ロマンスカーと乗用車が衝突(川崎市)	28.5.15
踏切事故(川崎市)	29.4.15
踏切ではねられ死亡(川崎区)	30.12.6

◇富山県

軽乗用車と普通電車衝突(富山市)	16.9.15

◇石川県

鉄道事故(加賀市)	23.11.29

◇福井県

北陸線踏切事故(鯖江市)	7.7.4
特急にはねられ死亡(坂井市)	27.8.8

◇長野県

軽乗用車・長野電鉄河東線普通電車衝突(須坂市)	10.7.28
踏切で特急と乗用車が衝突(長野市)	26.12.18

◇岐阜県

トラック・名鉄竹鼻線電車衝突(羽島郡笠松町)	3.1.4
トレーラー・名鉄谷汲線電車衝突(揖斐郡大野町)	4.8.19
乗用車・名鉄美濃町線電車衝突(関市)	6.3.25
レールバス・ワゴン車衝突(郡上郡美並村)	6.7.24
軽乗用車・樽見鉄道レールバス運衝突(本巣郡本巣町)	8.1.22
名鉄竹鼻線電車・トラック衝突(羽島郡柳津町)	8.9.3
長良川鉄道レールバス・ダンプ衝突(郡上郡白鳥町)	8.10.10
レールバス・軽トラック衝突(本巣郡本巣町)	9.1.11
踏切で死亡事故(岐阜市)	29.6.25

◇静岡県

踏切でバスと列車が衝突(掛川市)	28.4.19

◇愛知県

乗用車・名鉄名古屋本線電車衝突(一宮市)	2.1.7
名鉄名古屋本線電車・小型トラック衝突(名古屋市緑区)	2.1.24
乗用車・東海道線貨物列車衝突(安城市)	2.1.26
名鉄名古屋本線特急電車・乗用車衝突(名古屋市緑区)	2.2.5
オートバイ・名鉄犬山線急行衝突(岩倉市)	2.4.16
東海道線寝台特急・乗用車衝突(宝飯郡小坂井町)	2.6.8
名鉄小牧線電車・乗用車衝突(春日井市)	2.8.8
武豊線列車。乗用車衝突(半田市)	2.8.18
豊橋鉄道渥美線電車・乗用車衝突(豊橋市)	2.12.25
乗用車・名鉄常滑線電車衝突(名古屋市南区)	3.1.6
トレーラー・名鉄名古屋本線電車衝突(岡崎市)	3.1.10
軽乗用車・名鉄名古屋本線電車衝突(一宮市)	3.2.11
ダンプ電線切断(稲沢市)	3.3.28
乗用車・東海道線貨物列車衝突(大府市)	3.6.6
名鉄名古屋本線電車・軽乗用車衝突(刈谷市)	3.6.26
名鉄蒲郡線電車・トラック衝突(幡豆郡幡豆町)	3.8.8
名鉄西尾線電車・乗用車衝突(西尾市)	3.11.17
名鉄河和線踏切事故(東海市)	3.12.28
名鉄名古屋本線特急・乗用車衝突(岡崎市)	4.2.28
名鉄常滑線急行・乗用車接触(東海市)	4.2.29

災害別一覧　　　　踏切事故

関西線列車・トラック衝突
(海部郡弥富町)　4.3.18
名鉄瀬戸線電車・乗用車衝突(名古屋市守山区)　4.4.1
ワゴン車・名鉄名古屋本線急行電車衝突(刈谷市)　5.2.27
乗用車・名鉄名古屋本線急行列車衝突(稲沢市)　5.4.15
トラック・名鉄回送電車衝突(宝飯郡小坂井町)　5.7.30
軽乗用車・ディーゼル機関車衝突(東海市)　5.9.4
トラック・名鉄名古屋線特急衝突(豊川市)　6.7.22
軽トラック・名鉄西尾線電車衝突(安城市)　7.4.8
東海道線電車・乗用車衝突(蒲郡市)　8.2.15
乗用車・名鉄尾西線電車衝突(海部郡佐織町)　8.3.11
乗用車・名鉄三河線普通電車衝突(碧南市)　8.5.4
乗用車・名鉄犬山線特急衝突(丹羽郡扶桑町)　8.6.28
ライトバン・名鉄特急電車衝突(稲沢市)　9.3.11
オートバイ・名鉄普通電車衝突(一宮市)　9.3.29
軽ワゴン車・名鉄豊川線普通電車衝突(豊川市)　9.4.7
乗用車・名鉄名古屋線急行電車衝突(知立市)　9.11.26
名鉄犬山線急行・乗用車衝突(西春日井郡西春町)　9.12.29
普通電車にワンボックスが衝突(武豊町)　16.9.2
踏切で人身事故(蒲郡市)　18.3.19
踏切で人身事故(名古屋市)　22.1.21

◇三重県

東海関西線列車・乗用車衝突(三重郡朝日町)　2.8.6
紀勢線列車・軽トラック衝突(多気郡大台町)　2.9.7
関西線普通電車・乗用車衝突(四日市市)　3.9.28
乗用車・近鉄名古屋線電車衝突(津市)　4.6.3
乗用車・三岐鉄道電車衝突(四日市市)　6.1.24
軽トラック・近鉄特急接触(四日市市)　7.12.27

◇滋賀県

東海道線新快速電車・トラック衝突(彦根市)　6.2.23
踏切事故(愛荘町)　19.9.21
踏切で特急にはねられる(長浜市)　26.10.24

◇京都府

福知山線衝突事故(福知山市)　3.6.25
乗用車線路暴走(京都市南区)　4.2.5
奈良線列車・乗用車衝突(宇治市)　5.10.15
乗用車・近鉄京都線特急衝突(綴喜郡田辺町)　5.11.27
京福電鉄嵐山本線電車・乗用車衝突(京都市中京区)　8.7.3
踏切ではねられ女児が死亡(城陽市)　22.4.10
線路進入の車が電車と衝突(京都市)　25.1.21

◇大阪府

関西線電車・ダンプカー衝突(柏原市)　3.2.18
阪急京都線電車・乗用車衝突(摂津市)　3.4.29
片町線快速・乗用車衝突(枚方市)　3.8.10
乗用車・阪急電鉄京都線阪急線急行電車衝突(摂津市)　3.10.11
軽乗用車・快速電車衝突(八尾市)　4.1.21
乗用車・阪急京都線電車衝突(摂津市)　5.7.16
軽乗用車・南海高野線電車衝突(大阪市浪速区)　5.12.4
軽自動車・阪急電鉄神戸線電車衝突(豊中市)　7.5.10
阪急電鉄神戸線回送電車・乗用車衝突(大阪市淀川区)　9.3.7

平成災害史事典総索引　127

踏切事故　災害別一覧

　4輪駆動車・阪急京都線急
　行電車衝突(大阪市東淀川
　区)　　　　　　　　　　9.3.11
　トラック・南海本線急行列
　車衝突(泉大津市)　　　　9.8.21
　自転車・阪和線快速衝突
　(堺市)　　　　　　　　　10.3.2
　阪和線人身事故(大阪市東住
　吉区)　　　　　　　　　10.4.3
　乗用車・阪和線電車衝突
　(大阪市住吉区)　　　　　10.5.29
　近鉄南大阪線人身事故(松
　原市)　　　　　　　　　10.7.3
　特急電車脱線(寝屋川市)　15.8.19
　電車と乗用車が衝突(高石
　市)　　　　　　　　　　23.2.6
　踏切事故(高槻市富田町)　24.2.22
　踏切事故(豊中市服部元町)　24.10.22
　鉄道事故(大阪市)　　　　25.2.28
　踏切で車椅子男性はねら
　れ死亡(高石市)　　　　　25.4.15
◇兵庫県
　線路内へトラック突入(揖
　保郡太子町)　　　　　　3.10.18
　山陽電鉄電車・トラック衝
　突(明石市)　　　　　　　4.2.5
　山陽線新快速・乗用車衝突
　(高砂市)　　　　　　　　4.5.1
　東海道線踏切事故(尼崎市)　6.5.13
　乗用車・山陽電鉄普通電車
　衝突(明石市)　　　　　　8.3.26
　阪急電車と乗用車衝突(尼
　崎市)　　　　　　　　　17.1.10
　踏切で車椅子脱輪(西宮市)　19.3.24
　踏切事故(神戸市)　　　　21.1.30
　踏切事故(丹波市)　　　　23.12.19
　踏切事故(明石市)　　　　24.2.17
　踏切事故(川西市)　　　　24.4.16
　踏切でトラック立ち往生
　(高砂市)　　　　　　　　25.2.12
◇奈良県
　ダンプカー・桜井線電車衝
　突(天理市)　　　　　　　1.11.7
　桜井線電車・トラック衝突
　(大和高田市)　　　　　　2.10.30

　桜井線電車・マイクロバス
　衝突(天理市)　　　　　　4.2.10
　桜井線電車・軽乗用車衝突
　(天理市)　　　　　　　　8.2.24
　軽乗用車・近鉄大阪線特急
　衝突(香芝市)　　　　　　8.4.15
　近鉄大阪線人身事故(橿原
　市)　　　　　　　　　　10.3.11
　自転車・関西線快速電車衝
　突(奈良市)　　　　　　　10.11.7
　軽自動車が踏切で柱に衝
　突(香芝市)　　　　　　　25.4.15
◇和歌山県
　トラック紀勢線架線接触
　(田辺市)　　　　　　　　3.1.19
　トレーラー・和歌山線電車
　衝突(伊都郡かつらぎ町)　3.2.16
◇岡山県
　山陽線列車・トラック衝突
　(浅口郡里庄町)　　　　　5.12.26
　踏切でトラック立ち往生
　(高梁市)　　　　　　　　19.8.24
　踏切でトラックと列車が
　衝突(倉敷市)　　　　　　27.2.13
◇広島県
　踏切事故(福山市)　　　　21.4.19
　踏切で女児死亡(福山市)　30.9.27
◇山口県
　山陽線貨物列車・乗用車衝
　突(防府市)　　　　　　　2.1.26
　山陰線列車・軽乗用車衝突
　(長門市)　　　　　　　　3.2.15
　山陽線寝台特急・乗用車衝
　突(柳井市)　　　　　　　3.6.13
　軽ワゴン車・山陽線特急衝
　突(宇部市)　　　　　　　7.12.22
◇香川県
　高徳線特急・トラック衝突
　(高松市)　　　　　　　　2.1.8
　予讃線快速・トラック接触
　(坂出市)　　　　　　　　5.12.24

災害別一覧　踏切事故

◇愛媛県

予讃線特急・軽トラック衝突(東宇和郡宇和町)　7.8.13

鉄道事故(松山市)　22.10.5

踏切事故で男児死亡(松山市)　26.1.5

◇高知県

軽トラック・土讃線特急衝突(窪川町)　10.9.11

◇福岡県

乗用車・西鉄宮地岳線電車衝突(宗像郡福間町南区)　2.3.16

日豊線列車・冷凍車衝突(北九州市小倉南区)　2.8.10

西鉄大牟田線急行・トラック衝突(筑紫野市)　2.10.4

乗用車・鹿児島線列車接触(福岡市南区)　3.2.26

香椎線遠足列車・パワーショベル衝突(福岡市東区)　3.3.12

トラック横転(北九州市小倉北区)　3.3.23

西鉄大牟田線踏切事故(小郡市)　3.7.27

乗用車・筑豊線列車衝突(飯塚市)　3.12.14

日豊線特急・軽乗用車衝突(豊前市)　4.1.7

軽ワゴン車・西鉄宮地岳線電車衝突(福岡市東区)　4.1.9

乗用車・西鉄大牟田線電車衝突(福岡市中央区)　4.1.15

鹿児島線特急・軽乗用車衝突(久留米市)　4.3.13

日豊線特急・乗用車衝突(苅田町)　4.4.5

西鉄大牟田線特急・軽乗用車衝突(小郡市)　4.4.8

軽トラック・日豊線特急衝突(椎田町)　5.3.22

オートバイ・香椎線列車衝突(福岡市東区)　5.5.18

乗用車・筑豊線列車衝突(筑紫野市)　5.7.18

平成筑豊鉄道ディーゼルカー・大型トラック接触(田川市)　6.1.21

トラック・鹿児島線特急衝突(福岡市南区)　6.2.5

久大線列車・乗用車接触(久留米市)　6.5.12

筑肥線列車・ライトバン衝突(福岡市西区)　6.9.17

鹿児島線踏切人身事故(福岡市南区)　7.1.19

鹿児島線特急・軽ワゴン車衝突(久留米市)　7.2.1

鹿児島線特急・乗用車衝突(太宰府市)　8.1.11

軽トラック・西鉄大牟田線電車衝突(高田町)　8.1.13

乗用車・西鉄大牟田線電車衝突(福岡市南区)　8.1.27

鹿児島線特急・乗用車衝突(福岡市博多区)　8.2.14

鹿児島線普通列車・軽乗用車衝突(宗像市)　8.3.7

筑豊電車列車・軽トラック衝突(北九州市八幡西区)　8.4.3

西鉄太宰府線電車・ワゴン車衝突(太宰府市)　8.10.11

軽乗用車・筑豊電鉄普通列車衝突(北九州市八幡西区)　8.11.5

西鉄大牟田線普通列車・乗用車衝突(福岡市博多区)　9.3.9

軽ワゴン車・筑豊線列車衝突(北九州市若松区)　9.4.19

自転車・鹿児島線特急衝突(福岡市博多区)　9.7.7

軽トラック・鹿児島線特急衝突(筑後市)　9.11.26

軽乗用車・普通電車衝突(久留米市)　13.12.15

◇佐賀県

長崎線特急電車・乗用車衝突(小城郡牛津町)　2.8.4

長崎線特急・ライトバン衝突(杵島郡白石町)　2.8.13

長崎線特急列車・軽乗用車衝突(小城郡三日月町)　4.1.18

自動車事故　　　災害別一覧

◇長崎県
　軽トラック・大村線列車衝突(大村市)　3.1.26
　乗用車・佐世保線列車衝突(佐世保市)　3.8.10
　大村線特急・ダンプカー衝突(佐世保市)　4.5.16
　トレーラー・松浦鉄道列車衝突(佐世保市)　8.1.18

◇熊本県
　鹿児島線普通列車・乗用車衝突(宇土市)　9.5.24
　踏切で衝突事故(八代市)　29.11.3

◇大分県
　ライトバン・原付きバイク衝突(別府市)　3.3.5
　日豊線電車・トラック衝突(山香町)　6.1.29
　日豊線特急・耕運機衝突(山香町)　7.6.9
　軽乗用車・日豊線特急衝突(宇佐市)　8.1.15
　乗用車・日豊線特急衝突(日出町)　8.7.12
　日豊線特急列車・ワゴン衝突(日出町)　8.8.27
　乗用車・日豊線普通列車衝突(大分市)　8.12.9
　久大線特急・トラック衝突(玖珠郡玖珠町)　9.2.1

◇宮崎県
　日南線列車・軽乗用車衝突(宮崎市)　2.8.14

◇鹿児島県
　軽乗用車・指宿枕崎線列車に衝突(喜入町)　7.2.11

【自動車事故】

《全国》
　交通事故　1.この年
　交通事故　2.この年
　交通事故　3.この年
　交通事故　4.この年
　交通事故　5.この年
　交通事故　6.この年
　交通事故　7.この年
　交通事故　8.この年
　交通事故　9.この年
　交通事故　10.この年
　大雨で交通事故多発　11.6.24–
　交通事故　11.この年
　交通事故　12.この年
　交通事故　13.この年
　交通事故　14.この年
　交通事故　15.この年
　交通事故　16.この年
　交通事故　17.この年
　交通事故　18.この年
　交通事故　19.この年
　交通事故　20.この年
　フロアマットでアクセル戻らず　22.3.30

◇北海道
　道央自動車道玉突き事故(恵庭市)　1.2.4
　観光バス追突(釧路支庁阿寒町)　1.6.2
　土砂崩れ(網走支庁斜里町)　2.8.27
　土砂崩れバス直撃(網走支庁斜里町)　2.8.27
　乗用車・大型トレーラー衝突(空知支庁栗沢町)　4.1.15
　乗用車衝突(札幌市豊平区)　4.7.12
　ワゴン車衝突(胆振支庁穂別町)　4.9.2
　自衛隊通信車・乗用車衝突(帯広市)　4.11.11
　マイクロバス横転(日高支庁日高町)　5.7.11
　ワゴン車・大型飼料運搬車衝突(帯広市)　5.8.3
　乗用車・トラック衝突(十勝支庁新得町)　5.11.30
　登校中の列にトラック(渡島支庁上磯町)　6.7.1
　ワゴン車・大型トラック衝突(網走支庁留辺蘂町)　6.11.8

災害別一覧　　　　　　　　　　自動車事故

災害	日付
乗用車・トラック衝突(旭川市)	7.2.14
ライトバン・トラック衝突(紋別市)	7.2.26
観光バス転落(網走市)	7.3.3
トレーラーからプレハブ住宅落下(江別市)	7.5.20
道央道車多重衝突(空知支庁奈井江町)	8.1.4
乗用車・観光バス衝突(壮瞥町)	8.1.13
観光バス・大型ダンプカー衝突(十勝支庁士幌町)	8.5.29
道央自動車道多重追突事故(札幌市厚別区)	8.6.29
観光バス横転(十勝支庁鹿追町)	8.7.24
オートバイ・パトカー衝突(札幌市西区)	8.8.25
バス横転(小樽市)	8.12.2
観光バス・ワゴン車衝突(千歳市)	9.2.12
道南バス・北都交通大型バス衝突(小樽市)	9.3.31
網走交通観光バス転落(上川管内南富良野町)	9.4.22
乗用車ガードロープに衝突(旭川市)	9.7.20
エルム観光バス横転(網走支庁小清水町)	9.8.21
観光バス追突(利尻富士町)	9.9.1
乗用車正面衝突(釧路支庁音別町)	9.12.26
乗用車衝突炎上(十勝支庁豊頃町)	9.12.28
乗用車ふ頭から転落(小樽市)	10.8.18
強風	11.3.6
大型バス・RV車衝突(標茶町)	11.7.10
RV・大型観光バス正面衝突(静内町)	12.6.4
乗用車・10トントラック衝突(新得町)	12.7.31
道央自動車道で多重衝突	12.12.13
竜巻(北竜町)	13.6.29
大型バス転落(茅部郡森町)	14.11.23
道央自動車道路玉突き事故(深川市)	15.2.12
観光バス・オートバイ衝突(足寄町)	15.8.24
脱輪タイヤが歩行者直撃(江差町)	16.2.18
トレーラー事故(厚岸町)	16.2.23
ワゴン車と大型トレーラー衝突(浦幌町)	17.2.17
車とトラックが正面衝突(小樽市)	17.2.19
乗用車が大型トラックと衝突(三笠市)	18.6.25
ワゴン車が馬券売り場に突入(岩見沢市)	20.8.10
雪でスリップし多重追突(奈井江町)	20.11.20
ひき逃げ(美唄市)	22.1.2
自動車から出火し子供死亡(厚沢部町)	22.4.2
交通事故でバスが横転(足寄町)	22.7.17
トンネルで多重衝突事故(石狩市)	22.7.20
タクシーがひき逃げ(札幌市)	22.8.1
バスとトラックの衝突事故(小樽市)	22.8.30
車横転事故(旭川市)	22.9.28
交通事故(音更町)	22.12.12
吹雪で相次ぐ交通事故	23.2.7
自動車が横転(浦臼町)	23.11.16
バスなど3台が衝突(喜茂別町)	24.10.26
バスとトラック正面衝突(上川町)	25.2.2
猛吹雪	25.3.9
吹雪で多重事故	25.3.21
中型バスが横転(白老町)	25.8.26
高速道路で多重事故(占冠村)	25.11.2
RVと乗用車が衝突し自転車を巻き込む(旭川市)	26.6.18
競走馬が逃走(むかわ町)	26.7.11
小樽飲酒ひき逃げ事故(小樽市)	26.7.13

自動車事故　災害別一覧

小学生の列に軽乗用車が
突っ込む(札幌市) 26.12.24
砂川一家死傷事故(砂川市) 27.6.6
サイクリング中の自転車9
台がはねられる(共和町) 27.8.19
乗用車にはねられ死亡(佐
呂間町) 27.9.29
陸自車両と乗用車が衝突
(恵庭市) 27.10.4
乗用車が信号柱に衝突(室
蘭市) 28.1.2
トラックにはねられ死亡
(岩見沢市) 28.1.4
観光バス横転(清水町) 29.8.18
バス火災(小樽市) 29.9.9,14
逃走車炎上(札幌市) 29.11.1
交通事故で親子3人死亡(占
冠村) 30.1.5
バススリップ事故(天塩町) 30.11.23

《東北地方》
猛吹雪 25.3.9

◇青森県
トラック・軽ワゴン車衝突
(弘前市) 4.5.2
東北自動車道玉突き事故
(南津軽郡大鰐町) 5.1.27
除雪機に巻き込まれ死亡
(弘前市) 17.2.6
警察追跡の乗用車が衝突
(青森市) 17.5.22
病院バスとワゴン車衝突
(青森市) 18.1.3
雪道でバスが横転(青森市) 20.1.4
送迎バスが横転(十和田市) 23.12.16
マイクロバスが衝突(平川
市) 24.4.29
多重死亡事故(つがる市) 30.9.22
空自トラックが民家衝突
(おいらせ町) 30.11.7
トラクターに追突し死亡
(三沢市) 30.11.8
雪かき中はねられ死亡か
(平内町) 30.12.27

◇岩手県
乗用車・大型バス衝突(岩
手郡雫石町) 1.8.13
乗用車転落事故(気仙郡三陸
町) 1.8.14
トラック・乗用車衝突(岩
手郡滝沢村) 1.9.12
乗用車・タンクローリー衝
突(下閉伊郡岩泉町) 4.8.14
大型トラック・乗用車追突
(紫波郡紫波町) 5.1.11
東北道玉突き事故(岩手郡
松尾村) 5.2.8
東北道玉突き事故(北上市) 6.1.7
東北道玉突き事故(花巻市) 8.1.1
オートバイ・乗用車衝突
(盛岡市) 8.6.19
大型トラック・軽ワゴン車
追突(金ケ崎町) 8.8.12
トンネル内多重衝突(安代
町) 8.12.28
乗用車・大型トラック衝突
(一関市) 9.2.3
大型トラック・常磐交通観
光バス衝突(雫石町) 9.8.4
乗用車コンクリートに激
突(盛岡市) 9.8.17
東北道追突事故(北上市) 10.8.12
吹雪の東北自動車道で多
重衝突事故(安代町) 11.12.12
多重衝突(北上市) 13.8.1
乗用車衝突(玉山村) 15.8.24
乗用車がワゴン車と正面
衝突(田老町) 16.7.31
路線バスとダンプカー衝
突(川崎村) 16.12.21
東北道で衝突2件(花巻市) 17.1.20
観光バスが正面衝突(雫石
町) 17.11.18
パンク修理中にはねられ
る(金ケ崎町) 21.8.1
乗用車が中央分離帯に衝
突(八幡平市) 21.9.6
トラクターとワゴン車衝
突(久慈市) 23.11.5
車と軽トラ衝突、小学生の
列に(奥州市) 25.2.20

災害別一覧　　　　　　　　　　自動車事故

軽トラック・大型ダンプ正面衝突(大船渡市)　25.3.23
キャンピングカーが炎上(北上市)　26.11.1
トラックがパトカーに追突(奥州市)　26.11.27
軽乗用車とトラックが正面衝突(一関市)　27.1.21
乗用車が海に転落(宮古市)　27.4.20
車が海に転落(宮古市)　27.6.8
遊覧バスにはねられ死亡(奥州市)　27.8.14

◇宮城県

ワゴン車・大型トラック衝突(黒川郡大和町)　1.7.24
タンクローリー・乗用車衝突(宮城郡松島町)　1.8.26
ホテル送迎マイクロバス転落(加美郡宮崎町)　1.9.6
乗用車ガードロープに衝突(栗原郡志波姫町)　3.10.21
乗用車転落(仙台市宮城野区)　4.1.7
東北道で67台衝突(古川市)　4.2.22
乗用車電柱に激突(仙台市宮城野区)　7.6.20
軽乗用車転落(岩沼市)　7.8.18
暴走オートバイ衝突(仙台市宮城野区)　8.6.2
乗用車民家に突入(小牛田町)　9.5.27
乗用車衝突(大和町)　10.3.21
乗用車標識に衝突(仙台市青葉区)　10.4.25
乗用車衝突(仙台市宮城野区)　10.11.18
乗用車・大型トラック衝突(三本木町)　10.11.21
東北自動車道玉突き衝突(三本木町)　12.12.12
東北自動車道路多重衝突(仙台市)　13.10.1
トラック・レッカー車衝突(松島町)　14.12.12
東北道自動車道路多重衝突(大和町)　14.12.27
軽ワゴン車がトラックに衝突(仙台市)　16.1.8

乗用車がトラックと衝突(矢本町)　16.3.6
ワゴン車にトラックが追突し玉突き(蔵王町)　16.6.4
ワゴン車がトラックと正面衝突(南方町)　16.7.31
暴走トラックが歩行者はねる(仙台市)　17.4.2
高校生の列に車突入(多賀城市)　17.5.22
アーケードに暴走車(仙台市)　17.12.25
トンネル内で車の正面衝突(七ヶ宿町)　22.6.10
乗用車、歩道に突っ込む(仙台市)　23.1.21
交通事故(仙台市)　23.9.27
バス追突事故(白石市)　24.8.2
東北道でスリップ(仙台市)　25.2.23
路上に止まった乗用車に追突(大崎市)　26.12.6
落雪で通行止め(仙台市)　27.1.31
宮城でスリップ事故相次ぐ　30.2.12-

◇秋田県

日光浴客車にひかれる(秋田市)　2.7.22
トラック・マイクロバス衝突(南秋田郡五城目町)　2.8.8
乗用車転落(由利郡仁賀保町)　3.9.15
乗用車衝突(昭和町)　7.4.10
除雪車小学生はねる(五城目町)　8.1.29
秋田中央交通観光バス横転(男鹿市)　9.6.21
乗用車・大型トレーラー正面衝突(大館市)　12.12.11
乗用車横転(大曲市)　15.10.16
パトカーが民家に突っ込む(秋田市)　21.2.21
軽乗用車が高速道路を逆走(由利本荘市)　28.10.21
バスが川に転落(仙北市)　29.7.22
高速から車転落(由利本荘市)　30.4.4

自動車事故　　災害別一覧

◇山形県

事故	日付
オートバイ欄干に激突(最上郡真室川町)	2.8.13
トラック・乗用車衝突(村山市)	3.12.14
立体駐車場乗用車転落(山形市)	5.6.6
路線バス横転(上山市)	7.6.18
トラック・乗用車衝突(鶴岡市)	7.6.30
飼料輸送車・バス衝突(酒田市)	8.7.10
乗用車ブロック塀に衝突(米沢市)	8.7.31
乗用車・大型トラック衝突(酒田市)	9.1.8
トラック転落(村山市)	9.3.22
乗用車衝突(西川町)	15.9.6
軽乗用車とワゴン車衝突(山形市)	17.4.30
除雪車に巻き込まれ死亡(酒田市)	18.1.7
集団登校の列に車(南陽市)	19.9.20
ワゴン車転落(米沢市)	23.5.28
トラックとバスが衝突(白鷹町)	29.9.6

◇福島県

事故	日付
山形交通観光バス横転事故(福島市)	1.2.18
東北自動車道玉突き事故(福島市)	2.2.10
東北道玉突き衝突(伊達郡桑折町)	3.2.26
小型4輪駆動車・乗用車衝突(耶麻郡猪苗代町)	3.6.16
東北道追突事故(福島市)	6.9.7
乗用車・大型トラック衝突(双葉郡富岡町)	7.3.3
東北自動車道多重衝突(福島市)	7.6.9
乗用車分離帯に衝突(西白河郡西郷村)	8.8.16
東北道多重衝突(二本松市)	9.12.2
東北道追突事故(須賀川市)	10.3.28
常磐自動車道4人はねられ死亡(いわき市)	10.8.13
磐越道多重衝突(北会津村)	10.12.1
東北自動車道で玉突き事故(郡山市)	11.7.9
東北自動車道玉突き衝突(郡山市)	13.1.5
店舗に乗用車突入(いわき市)	13.7.28
東北自動車道路玉突き事故(大玉村)	13.8.25
ワゴン車横転(大信村)	15.9.21
乗用車がライトバンと正面衝突(いわき市)	16.7.27
東北道でトラック4台衝突(白河市)	16.10.28
バス横転(猪苗代町)	17.4.28
送迎バスがトラックに追突(須賀川市)	18.11.13
工事現場にトラックが突っ込む(いわき市)	21.6.23
交通事故(本宮市)	22.9.27
大雪で立往生(西会津町)	22.12.25
ワゴン車転落事故(喜多方市)	23.9.8
観光バス追突事故(西郷村)	24.2.25
玉突き衝突(会津若松市神指町)	24.5.30
校門で小学生ひかれ死亡(郡山市富久山町)	24.7.5
国道凍結で事故(喜多方市)	25.2.7
多重衝突事故(いわき市)	25.12.19
6台が絡む多重事故(須賀川市)	26.3.15
ワゴン者と乗用車が正面衝突(福島市)	26.7.23
4台が絡む多重事故(小野町)	27.1.25
乗用車とバスが衝突(大熊町)	28.5.4
乗用車事故で出火(会津若松市)	30.10.12
交通事故(白河町)	30.11.24

◇茨城県

事故	日付
乗用車衝突事故(水海道市)	1.1.18
オートバイ転落(下妻市)	1.4.12
オートバイ・乗用車衝突(東茨城郡大洗町)	1.6.26

災害別一覧　　　　　　　　　　　自動車事故

事故	日付
オートバイ・乗用車衝突(筑波郡谷和原村)	1.8.18
ライトバン・大型トラック追突(日立市)	1.11.29
園児の列に乗用車(笠間市)	2.10.31
乗用車信号柱に激突(石岡市)	3.9.8
常磐道追突事故(那珂郡那珂町)	4.4.2
乗用車・トラック衝突(つくば市)	4.7.9
常磐道多重衝突(那珂郡那珂町)	4.8.12
乗用車・大型トレーラー衝突(日立市)	5.1.6
乗用車・大型トラック衝突(新治郡出島村)	5.3.30
常磐道多重衝突(つくば市)	5.6.19
乗用車追突炎上(つくば市)	5.7.23
常磐道多重衝突(水戸市)	6.1.19
乗用車・大型トレーラー衝突(日立市)	6.2.19
福祉バス・乗用車衝突(水海道市)	6.7.16
乗用車川へ転落(ひたちなか市)	6.11.1
トラック・路線バス追突(つくば市)	7.1.10
トラック・乗用車衝突炎上(下妻市)	7.6.4
自衛隊員の列に乗用車(阿見町)	7.7.15
乗用車・大型トラック追突(龍ケ崎市)	7.8.3
常磐自動車道多重衝突(岩間町)	8.8.31
ワゴン車横転(水戸市)	8.10.9
乗用車衝突(日立市)	9.2.19
大型トラック・乗用車追突(茨城町)	9.5.2
大型ダンプカー・4輪駆動車衝突(茨城町)	9.8.15
乗用車信号柱に衝突(水戸市)	9.10.5
乗用車衝突(北茨城市)	9.12.26
ショベルカー落下(北浦町)	10.1.10
ワゴン車山車に突入(大子町)	10.4.11
乗用車・ダンプ衝突(境町)	10.10.3
原付きバイク・乗用車衝突(守谷町)	10.11.18
乗用車・大型トレーラー衝突(北茨城市)	10.12.26
大型トラック・ワゴン車衝突(三和町)	11.5.20
常磐自動車道多重衝突(友部町)	12.4.29
乗用車暴走(つくば市)	12.12.2
乗用車・ワゴン車衝突(鹿嶋市)	13.3.30
乗用車・オートバイ追突(美野里町)	13.11.27
ワゴン車・トラック衝突(つくば市)	13.12.16
ワゴン車・大型トレーラー追突(つくば市)	14.1.12
トラック・ワゴン車衝突(千代田町)	14.8.10
乗用車・トラック衝突(内原町)	14.8.25
交通事故(阿見町)	14.11.9
乗用車・大型トラック追突(波崎町)	14.12.3
常磐自動車道路多重衝突(千代田町)	14.12.20
飲酒運転トレーラー追突(水戸市)	15.6.21
乗用車・タクシー追突(つくば市)	15.7.8
軽乗用車が線路を逃走(龍ケ崎市)	16.3.31
乗用車がトラックに追突(土浦市)	16.4.9
乗用車に四輪駆動車が衝突(千代田町)	16.12.30
ダンプと軽ワゴン車衝突(境町)	17.4.23
乗用車3台衝突(かすみがうら市)	17.5.5
トラックと軽乗用車(古河市)	17.7.5
常磐道で7台が衝突(岩間町)	17.7.30

自動車事故　災害別一覧

事故	日付
登校の列に車突入(常陸太田市)	17.10.21
中学生の原付逃走中に衝突(日立市)	17.11.12
保安の追跡車が歩行者に突入(取手市)	17.11.27
大型車3台衝突(八千代町)	17.11.29
5台玉突き衝突(茨城町)	18.2.2
実況見分中にはねられ死亡(神栖市)	18.2.20
無免許軽乗用車とトラック衝突(水戸市)	18.3.11
乗用車とトラック衝突(常陸太田市)	18.4.18
登校児童の列に車突入(潮来市)	18.12.5
ワゴン車とダンプカー衝突(筑西市)	19.3.8
救急車がバスと衝突(鹿嶋市)	19.8.15
トラックなど5台が玉突き衝突(結城市)	19.12.1
酒気帯び運転で中高生の列に突入(神栖市)	20.3.24
トラックに追突20キロひきずり(笠間市)	20.12.3
パトカーが女児はねる(かすみがうら市)	22.1.4
ひき逃げ(高萩市)	23.2.6
児童の列に車突っ込む(古河市)	23.6.20
玉突き事故(水戸市)	23.8.6
交通事故(大子町)	23.12.30
多重衝突事故(小美玉市)	24.1.6
通園バスが衝突事故(つくば市)	24.3.15
小学生列にワゴン車突入(大洗町磯浜町)	24.11.15
乗用車同士が正面衝突(かすみがうら市)	26.10.30
パトカーに追跡されたバイクが電柱に衝突(ひたちなか市)	27.1.11
乗用車同士が衝突(水戸市)	27.1.12
軽乗用車が自転車をはねる(ひたちなか市)	27.2.6
3台が絡む多重事故(守谷市)	27.10.10
軽乗用車がスーパーに突っ込む(水戸市)	28.4.1
ワゴン車と軽乗用車が衝突(つくば市)	28.4.23
乗用車同士が衝突(小美玉市)	29.7.23
母子ひき逃げ(つくば市)	29.10.20

◇栃木県

事故	日付
暴走車輪レストラン突入(那須郡西那須野町)	1.7.8
湯治客はねられ死傷(那須郡塩原町)	1.9.28
東北道玉突き事故(佐野市)	2.6.19
ワゴン車転落(日光市)	2.12.22
大型バス・ワゴン車衝突(那須郡那須町)	3.11.7
軽ライトバン電柱に激突(小山市)	4.2.8
バス中央分離帯に激突(下都賀郡岩舟町)	4.2.23
乗用車ガードロープに衝突(宇都宮市)	4.2.29
東北道多重追突(鹿沼市)	4.9.29
バス横転(上都賀郡西方村)	5.7.31
タクシー・乗用車衝突(那須郡那須町)	5.8.6
東北自動車道多重衝突(黒磯市)	5.12.10
乗用車転落(那須郡那須町)	6.3.13
乗用車・大型トレーラー衝突(足利市)	6.12.13
4輪駆動車・乗用車衝突(宇都宮市)	8.1.21
ワゴン車横転(栃木市)	8.11.2
民家にダンプカー突入(黒磯市)	8.11.15
乗用車ガードレールに衝突(足利市)	9.4.7
乗用車電柱に衝突(都賀町)	10.1.12
ワゴン車ガードロープに衝突(都賀町)	10.1.13
乗用車衝突(西那須野町)	10.5.15
ワゴン車・トラック衝突(佐野市)	10.8.20
普通乗用車・軽乗用車衝突(藤岡町)	11.12.5
多重衝突(上河内町)	13.6.4

タンクローリー・乗用車追突(栃木市)	14.8.8
トラック・ワゴン車追突(矢板市)	14.12.5
原付バイク・競走馬追突(宇都宮市)	15.1.27
乗用車同士衝突(矢板市)	16.7.16
停車中の乗用車に追突(佐野市)	17.5.9
トラックに追突され乗用車炎上(小山市)	17.8.13
東北道で玉突き(那須塩原市)	17.9.9
乗用車追突(宇都宮市)	17.12.31
乗用車とトラック衝突(岩舟町)	18.4.20
スクールバスと乗用車多重衝突(足利市)	20.7.10
酒気帯び運転で700m引きずり(宇都宮市)	20.12.17
乗用車が転落(日光市)	21.5.20
クレーン車が児童の列に突っ込む(鹿沼市)	23.4.18
バス同士の追突事故(宇都宮市)	24.5.1
多重衝突事故(鹿沼市)	24.5.1
乗用車が電柱に衝突(真岡市)	24.6.28
追突事故(那須塩原市)	25.9.16
3台が絡む多重事故(宇都宮市)	26.5.22
軽乗用車が用水路に転落(鹿沼市)	26.6.17
5台が絡む多重事故(栃木市)	26.8.27
トラック同士が衝突(栃木市)	26.10.16
車いすの男性がはねられ死亡(宇都宮市)	26.12.23
路線バスと自転車が接触(宇都宮市)	27.12.18
4台が絡む多重事故(那須町)	28.5.7
乗用車がガードレールに衝突(宇都宮市)	28.6.30
乗用車がトラックに追突(栃木市)	28.11.1
乗用車が病院に突っ込む(下野市)	28.11.10
送迎車と乗用車衝突(小山市)	29.5.19
東北道で多重事故(矢板市)	29.7.30
雪でスリップ事故多発	30.2.2
トラックと軽が衝突(さくら市)	30.12.26
トラック衝突事故(大田原市)	30.12.29

◇群馬県

上信観光バス・トレーラー衝突(碓氷郡松井田町)	1.5.30
関越道多重衝突(勢多郡赤城村)	2.1.26
バス待ちの列に乗用車(高崎市)	2.4.16
東北道多重追突(邑楽郡明和村)	2.7.14
道路陥没(桐生市)	2.8.11
4輪駆動車滑走(吾妻郡嬬恋村)	3.3.2
乗用車・大型トラック衝突(利根郡月夜野町)	3.3.5
乗用車ダムに転落(多野郡上野村)	3.11.17
関越道事故続発(勢多郡赤城村)	4.8.13
乗用車衝突(高崎市)	4.11.22
霧の関越道58台衝突(勢多郡赤城村)	5.6.23
スリップ事故(北群馬郡伊香保町)	6.1.28
乗用車横転(館林市)	6.6.25
関越道玉突き衝突(利根郡月夜野町)	6.8.3
乗用車中央分離帯に衝突(沼田市)	6.8.21
関越道玉突き事故(利根郡月夜野町)	7.2.22
軽乗用車・トラック衝突(新田町)	7.4.29
乗用車・軽トラック衝突(月夜野町)	8.2.6
トントラック・乗用車追突(高崎市)	8.2.24
館林観光バス・乗用車衝突(利根村)	9.3.19

自動車事故　災害別一覧

乗用車・大型トラック衝突(前橋市)	10.5.29
乗用車衝突(太田市)	10.7.26
ワゴン車・トラック衝突(勢多郡東村)	10.12.7
乗用車が側壁に衝突(昭和村)	10.12.20
大型トラック・ワゴン車追突(館林市)	11.5.12
大型トラック・乗用車追突(新治村)	13.11.19
乗用車・ワゴン車追突(明和町)	14.7.29
乗用車衝突事故(境町)	14.8.23
乗用車衝突(伊勢崎市)	14.9.4
乗用車衝突(館林市)	14.10.19
大型観光バス・ワゴン車衝突(粕川村)	14.11.17
軽乗用車と乗用車衝突(尾島町)	16.3.28
バス降車後バッグ挟まれ転倒(高崎市)	17.7.24
関越道でワゴン車逆走(渋川市)	17.12.21
乗用車がトラックに追突(安中市)	20.5.27
ツアーバス事故(渋川市)	22.1.2
走行トレーラー爆発(玉村町)	22.8.5
ひき逃げ(富岡市)	22.8.22
高速バス追突事故(藤岡市)	23.1.19
乗用車が自転車親子はねる(館林市)	23.12.19
高速バス衝突(藤岡市)	24.4.29
関越道で乗用車が横転(玉村町)	24.11.22
軽乗用車と大型トラックが衝突(藤岡市)	26.6.7
バイク6台が絡む多重事故(昭和村)	26.9.14
軽自動車とトレーラーが衝突(前橋市)	27.10.12
小学生の列に乗用車が突っ込む(高崎市)	28.3.3
軽乗用車とバイクが衝突(太田市)	28.5.29
交通事故で高校生死傷(前橋市)	30.1.9
スーパーに車突っ込む(渋川市)	30.6.10

◇埼玉県

乗用車暴走(草加市)	1.5.21
乗用車衝突(児玉郡上里町)	1.6.1
関越道衝突事故(東松山市)	1.10.11
マイクロバス・大型ダンプカー衝突(比企郡川島町)	1.11.7
乗用車・ダンプ衝突(入間市)	2.1.23
乗用車ガードロープ支柱に衝突(比企郡滑川町)	2.3.2
常磐自動車道多重衝突(三郷市)	2.3.20
トラック・乗用車衝突(三郷市)	2.10.7
乗用車・軽トラック衝突(越谷市)	3.3.17
首都高速玉突き事故(戸田市)	3.4.5
ライトバンガードロープに衝突(岩槻市)	3.8.27
関越自動車玉突き事故(入間郡大井町)	3.11.13
東北道衝突事故(羽生市)	4.11.17
乗用車衝突(行田市)	6.8.9
乗用車遮音壁に激突(鶴ヶ島市)	7.6.26
マイクロバス転倒(羽生市)	7.7.5
多重衝突(飯能市)	7.8.10
乗用車・マイクロバス衝突(三郷市)	7.8.24
乗用車歩道縁石に衝突(上福岡市)	7.10.17
乗用車・トラック衝突(幸手市)	8.4.14
乗用車放水路転落(八潮市)	9.2.8
乗用車・タクシー衝突(日高市)	9.5.10
外環自動車道玉突き衝突(和光市)	9.8.5
乗用車追突(坂戸市)	9.8.17
ワゴン車・大型ダンプ衝突(川島町)	10.6.13
乗用車鉄柱に衝突(白岡町)	10.7.26

災害別一覧　　　　自動車事故

項目	日付
乗用車水路に転落(騎西町)	10.8.19
東北自動車道で4トントラック側壁に衝突(加須市)	11.12.14
関越自動車道で陸上自衛隊2トントラック横転(東松山市)	12.7.18
関越自動車道で乗用車がフェンスに激突(鶴ヶ島市)	12.10.26
関越自動車道でマイクロバス横転(東松山市)	12.11.14
2トントラック衝突(川口市)	12.12.5
東北自動車道路多重衝突(羽生市)	13.7.24
フォークリフトにはねられ死亡(川口市)	13.9.12
乗用車衝突(三郷市)	14.1.11
大型トラック衝突(蓮田市)	14.1.24
ワゴン車にはねられ死亡(川越市)	14.8.3
トラック横転爆発(久喜市)	15.1.9
関越自動車道路玉突き事故(花園町)	15.7.11
乗用車衝突(秩父市)	15.9.21
逃走車衝突(久喜市)	15.11.23
トラックにひかれ死亡(さいたま市)	15.12.21
トレーラーとキャリアカー衝突(草加市)	16.3.13
乗用車が事故車に追突(川口市)	16.4.19
歩行者はね乗用車と衝突(越生町)	17.3.13
バイクが信号柱に衝突(川越市)	17.4.25
関越道で5台絡む玉突き衝突(新座市)	17.7.15
乗用車がダンプと正面衝突(新座市)	17.7.22
ワゴン車が分離帯越え衝突(鴻巣市)	17.9.3
タクシーが乗用車に衝突(戸田市)	18.4.3
乗用車がトラックに追突(三郷市)	18.6.12
園児の列にワゴン車突入(川口市)	18.9.25
トラックが軽乗用車に追突・炎上(川越市)	18.12.12
首都高で多重事故(川口市)	19.11.4
首都高でトラックが追突(戸田市)	19.11.17
県道で3台絡む事故(熊谷市)	20.2.17
小2の列にRV車突入(所沢市)	20.12.4
警官をひき逃げ(久喜市)	21.5.10
ひき逃げ(越谷市)	21.8.22
駐車場で交通事故(三郷市)	22.4.11
ひき逃げ(さいたま市)	22.9.9
ひき逃げ(さいたま市)	22.9.29
玉突き事故(蓮田市)	23.8.2
介護施設の車が衝突(戸田市)	23.11.12
飲酒運転(東松山市)	24.1.1
ワゴン車がバスと正面衝突(熊谷市)	24.3.1
玉突き事故(寄居町)	24.5.4
トラック追突、ワゴン車が炎上(美里町)	24.5.30
中学校で軽トラ暴走(川越市)	24.10.7
乗用車が電柱に衝突(久喜市)	25.2.26
大型トラックタイヤ破裂(さいたま市)	25.4.10
無免許運転で衝突事故(和光市)	25.7.31
衝突回避車が試乗会で事故(深谷市)	25.11.10
踏切で電車と軽自動車が衝突(川越市)	26.1.29
駐車場で死亡事故(深谷市)	26.2.16
小学生の列に軽乗用車が突っ込む(上尾市)	26.5.23
パトカー追跡中バイクが事故(深谷市)	26.7.29
自転車転倒、直後にひかれて死亡(さいたま市)	27.3.28
ダンプカーが信号柱に衝突(春日部市)	27.9.28

平成災害史事典総索引　　139

自動車事故　災害別一覧

事故	日付
ワゴン車がダンプカーに追突(小川町)	28.5.6
事故処理中、軽乗用車急発進(さいたま市)	29.2.7
トラックが歩道乗り上げ(草加市)	29.2.8
軽乗用車、崖から転落(秩父市)	29.4.22
関越道で多重衝突(美里町)	29.8.20
少年運転でガードレール衝突(寄居町)	30.1.20
トラック5台事故(日高市)	30.9.25

◇千葉県

事故	日付
常磐自動車道追突事故(流山市)	1.4.9
トラック・通勤バス衝突(千葉市)	1.7.4
乗用車追突(君津市)	1.7.25
タクシー・ダンプカー追突(市川市)	1.10.29
乗用車・タクシー衝突(松戸市)	1.11.5
クレーン車・バス衝突(松戸市)	2.1.17
乗用車海に転落(市原市)	2.5.28
玉突き事故(千葉市)	2.7.29
乗用車・ワゴン車衝突(茂原市)	3.1.4
乗用車・トラック衝突(千葉市)	3.5.3
大型トラック・乗用車追突(市川市)	3.9.18
乗用車・大型トラック衝突(印旛郡八街町)	3.12.25
乗用車衝突(山武郡九十九里町)	4.6.20
トラック・バス追突(八千代市)	4.7.9
乗用車ガードレールに激突(市川市)	4.10.25
乗用車電柱に激突(印旛郡印旛村)	5.2.14
首都高速湾岸線衝突事故(浦安市)	5.5.9
ワゴン車・乗用車衝突(千葉市中央区)	5.6.16
乗用車・マイクロバス衝突(勝浦市)	5.10.16
ワゴン車・トラック衝突(八千代市)	6.5.7
観光バス・トラック衝突(富津市)	6.5.26
東関道多重衝突事故(船橋市)	6.7.10
乗用車衝突(夷隅郡御宿町)	7.1.4
児童列に車(千葉市中央区)	7.6.14
パトカー追跡中の乗用車が事故(千葉市中央区)	7.10.24
乗用車・4輪駆動車衝突(香取郡多古町)	8.2.6
乗用車歩行者はねる(長生郡一宮町)	8.6.2
乗用車・保冷車衝突(八街市)	9.4.2
東関東玉突き事故(千葉市美浜区)	9.5.16
マイクロバス・ワゴン車衝突(白浜町)	9.10.3
軽乗用車・老人ホームワゴン車衝突(匝瑳光町)	9.10.10
アクアライン追突事故(木更津市)	10.2.6
乗用車電柱に衝突(袖ケ浦市)	10.4.4
乗用車電柱に激突(八街市)	10.5.13
乗用車立ち木に衝突(白子町)	10.7.15
軽乗用車ブロック塀に衝突(館山市)	10.8.3
マイクロバス・乗用車衝突(成田市)	11.2.18
パトカー・乗用車衝突(袖ヶ浦市)	11.8.24
歩行者はねられ死亡(流山市)	12.2.1
救急車にひかれ死亡(木更津市)	12.7.2
乗用車・大型トラック衝突炎上(千葉市)	13.7.27
タンクローリー横転(八街市)	13.8.7
京葉道路陥没(千葉市)	13.10.10
乗用車歩行者をはねる(木更津市)	14.3.20

災害別一覧　　　　　　　　　　自動車事故

事故	日付
京葉道路玉突き事故(千葉市)	14.9.16
大型トレーラーが車椅子に追突(八千代市)	15.4.7
ワゴン車同士衝突(船橋市)	16.7.29
軽乗用車が乗用車と正面衝突(岬町)	16.7.31
追突車が参拝客に突入(成田市)	17.1.3
8人ひき逃げ(松尾町)	17.2.5
逆走ライトバンと乗用車衝突(四街道市)	17.5.7
乗用車がトラックに追突(市川市)	17.7.9
軽貨物自動車とトレーラー衝突(市原市)	18.2.3
横転乗用車にトラック追突(千葉市)	18.5.19
逆走車がダンプカーに衝突(千葉市)	18.11.9
酒気帯びの軽乗用車が追突(八街市)	19.5.18
ワゴン車とダンプカー正面衝突(君津市)	19.6.4
乗用車3台事故(山武市)	19.11.14
東関道でトラックが追突(船橋市)	19.12.27
車で通り魔(香取市)	20.11.10
バスが乗用車に追突(柏市)	21.4.20
軽トラが人をはねる(館山市)	21.8.11
乗用車が原付に追突(松戸市)	21.10.4
空港内でひき逃げ(成田市)	22.6.8
建築鋼材がトレーラーから落下(船橋市)	22.8.17
ひき逃げ(野田市)	22.12.13
ブレーキ踏み間違い、車突っ込む(船橋市)	23.11.12
乗用車が電柱に衝突(匝瑳市)	24.2.29
バス停に車突っこむ(館山市)	24.4.27
ワゴン車衝突(浦安市)	24.5.13
TV紹介の道路で事故(松戸市)	24.6.19
ATMに乗用車が突入(君津市)	24.6.29
乗用車にはねられ死亡(野田市)	25.5.30
パトカー追跡中に衝突(袖ヶ浦市)	25.6.7
ひき逃げ(八街市)	25.11.3
軽乗用車にはねられ死亡(船橋市)	26.5.21
トラックなど3台が衝突(市川市)	26.9.8
乗用車とダンプが衝突(袖ヶ浦市)	26.11.18
パトカーとオートバイが衝突(千葉市)	27.4.8
乗用車がアパートに衝突(銚子市)	27.12.19
トラックが登校列に突っ込む(八街市)	28.11.2
タクシーが小学校フェンスに衝突(浦安市)	28.11.27
バスなど絡む多重事故(市川市)	29.11.21
過積載トレーラーが横転(千葉市)	30.9.8
交差点事故(旭市)	30.9.16
玉突き事故でケガ(市川市)	30.10.30

◇東京都

事故	日付
タクシー・スポーツカー追突(東久留米市)	1.1.14
中央高速玉突き事故(三鷹市)	1.1.24
歩行者・バイク衝突(大田区)	1.2.8
乗用車暴走(練馬区)	1.2.11
首相官邸トラック突入(千代田区)	1.3.5
5重追突事故(港区)	1.3.15
車両火災(江東区)	1.4.9
京浜急行バス・オートバイ衝突(大田区)	1.4.9
オートバイ・乗用車衝突(稲城市)	1.6.3
乗用車・トラック衝突(世田谷区)	1.6.5
中央高速玉突事故(八王子市)	1.6.19
乗用車激突(文京区)	1.7.17

| 自動車事故 | 災害別一覧 |

首都高速道路湾岸線玉突き事故(品川区)	1.9.12
地下鉄駅入り口乗用車突入(台東区)	1.9.15
関東鉄道高速路線バス追突(足立区)	1.10.4
トラック横転(渋谷区)	1.10.16
軽乗用車・ワゴン車衝突(杉並区)	1.10.22
環状7号線玉突き事故(中野区)	2.1.17
トラック・バス衝突(板橋区)	2.4.3
トラック横転(江東区)	2.6.20
救急車・トラック追突(江戸川区)	2.6.25
幼稚園バス横転(世田谷区)	2.7.12
大型ダンプカー・乗用車衝突(中央区)	2.7.19
多重衝突(港区)	2.8.4
観光バス分離帯に衝突(江東区)	3.1.22
東名高速玉突き事故(世田谷区)	3.3.30
無人トラック逆走(八王子市)	3.4.19
小田急バス・乗用車衝突(狛江市)	3.6.1
トレーラー炎上(江戸川区)	3.8.7
乗用車・送迎バス衝突(葛飾区)	3.8.14
ワゴン車・バス衝突(多摩市)	4.1.27
乗用車・京成電鉄押上線電車接触(葛飾区)	4.3.16
大型ダンプ・マイクロバス追突(新宿区)	4.4.29
立体駐車場車転落(中央区)	4.7.3
軽トラック線路落下(八王子市)	5.2.19
首都高に紙ロール散乱(文京区)	5.5.9
玉突き事故(八王子市)	5.5.20
バス横転(港区)	5.6.12
クレーン車炎上(世田谷区)	5.6.12
レインボーブリッジ追突事故(港区)	5.9.1
首都高速玉突き事故(品川区)	5.9.27
中央自動車道玉突き衝突(八王子市)	5.12.10
レインボーブリッジ多重衝突(港区)	5.12.24
ダンプ・タクシー追突(江東区)	5.12.25
乗用車・照明車衝突(杉並区)	6.4.21
バス・乗用車衝突(町田市)	6.8.5
バス追突(港区)	6.9.18
大型トレーラー・資材運搬車衝突(渋谷区)	6.9.20
スリップ事故(板橋区)	7.2.5
高速バス側壁に激突(清瀬市)	7.9.17
中央道多重追突(八王子市)	7.12.2
乗用車側壁に衝突(大田区)	7.12.3
レストランに車突入(八王子市)	7.12.14
トラック・東急バス衝突(大田区)	8.3.3
ダンプカー・乗用車衝突(江東区)	8.3.13
屋上から乗用車転落(品川区)	8.8.7
幼稚園バス・トラック衝突(足立区)	8.10.7
軽ワゴン車・乗用車衝突(町田市)	9.1.5
レインボーブリッジで玉突き事故(港区)	9.2.3
トラック・オートバイ衝突(千代田区)	9.2.15
路線バス・クレーン車衝突(板橋区)	9.3.8
東急バス・ワゴン車衝突(品川区)	9.6.21
トラック・都営バス追突(練馬区)	9.7.2
乗用車・ワゴン車衝突(瑞穂町)	9.8.13
乗用車転落(江東区)	10.1.24
レインボーブリッジ追突事故(港区)	10.2.13
乗用車街路灯に衝突(千代田区)	10.4.15
乗用車・タクシー衝突(江戸川区)	10.5.20

災害別一覧　　自動車事故

項目	日付
乗用車ガードレールに衝突(清瀬市)	10.5.24
首都高玉突き事故(葛飾区)	10.8.21
乗用車衝突(江戸川区)	10.8.22
オートバイ・トラック衝突(江戸川区)	10.9.30
ワゴン車・バス追突(立川市)	10.12.22
オートバイ・乗用車追突(渋谷区)	10.12.23
走行中タクシー炎上(江戸川区)	10.12.24
玉突き事故(八王子市)	11.1.30
首都高速湾岸線で玉突き衝突(大田区)	11.4.2
首都高速7号線で側溝の蓋跳ね上げる(江戸川区)	11.4.20
乗用車信号柱に衝突(墨田区)	11.8.26
2トントラック・14トントラック衝突(江東区)	11.8.27
タンクローリー爆発(港区)	11.10.29
歩行者はねられ死亡(立川市)	11.10.29
ミキサー車歩道に突っ込む(渋谷区)	11.11.4
東名高速で大型トラック・乗用車衝突(世田谷区)	11.11.28
献血車の扉にあたり死傷(狛江市)	12.2.3
首都高速に角材散乱(港区)	12.2.7
多重衝突(江戸川区)	12.4.16
首都高速湾岸線多重追突(港区)	12.8.31
大型トレーラー横転(港区)	12.10.24
ライトバン・乗用車衝突(足立区)	12.11.24
乗用車・大型トラック衝突(世田谷区)	13.2.5
オートバイ・タクシー衝突(目黒区)	13.2.5
ひき逃げ(武蔵村山市)	13.3.19
池袋で車いすの女性ひき逃げ(豊島区)	13.4.14
多重事故(八王子市)	13.4.16
乗用車・バイク追突(江戸川区)	13.9.2
乗用車・四輪駆動車衝突(青梅市)	13.12.25
ワゴン車・原付バイク追突(多摩市)	14.1.23
トラック暴走(文京区)	14.1.28
自転車にはねられ死亡(足立区)	14.3.2
乗用車衝突(文京区)	14.5.1
乗用車・オートバイ衝突(台東区)	14.7.16
多重衝突(江東区)	14.8.10
マイクロバス・トラックと衝突(日野市)	14.9.7
乗用車・トラック衝突(府中市)	14.12.11
クレーン車にひかれ死亡(八王子市)	15.7.7
JR京葉線快速電車に女児はねられる(江東区)	15.9.18
救急車とトラック衝突(渋谷区)	16.12.18
トラックがパトカーに衝突(江東区)	17.10.7
6台玉突き衝突(練馬区)	17.11.9
バイクがトラックに衝突(江東区)	18.1.21
バイクが乗用車に衝突(日野市)	18.5.20
乗用車衝突(練馬区)	18.8.6
玉突き事故(大田区)	18.11.22
無人車後退で女性下敷き(大田区)	18.12.17
トレーラーと接触のワゴン車が横転(江戸川区)	19.1.16
乗用車が軽ワゴン車に衝突(杉並区)	19.4.6
首都高を散水車が後退(渋谷区)	19.11.27
子どもがバスから転落(練馬区)	19.12.24
喫茶店に乗用車突入(渋谷区)	19.12.28
ワゴン車がコンビニに突入(足立区)	20.2.2
深夜の首都高で事故(港区)	20.4.11
衝突車が歩行者巻き添え(大田区)	20.4.24

自動車事故　　災害別一覧

項目	日付
乗用車が店舗に激突(荒川区)	20.5.13
横転・玉突き事故	20.5.22
首都高で補修工事に追突(葛飾区)	20.8.6
首都高で玉突き事故(江戸川区)	20.8.11
タンクローリー横転(杉並区)	20.8.15
多重衝突事故(足立区)	21.1.7
介護タクシーが医院に突っ込む(大田区)	21.2.6
軽トラ荷台から転落(新島村)	21.10.31
パワーウインドーで指切断(中野区)	22.3.22
乗用車暴走(大田区)	22.7.2
交通事故、歩道に車(大田区)	22.12.26
高齢者運転ミス(江戸川区)	23.6.15
タクシーが線路に転落(品川区)	23.10.25
運転誤りATMに突っ込む(府中市)	24.1.10
トレーラーが横転(渋谷区)	24.1.13
トンネル内で多重事故(大田区)	24.2.24
多重衝突事故(江東区)	24.7.11
乗用車が歩道に乗り上げる(台東区)	24.10.9
バスが歩行者はねる(中央区)	24.10.19
パトカー追跡中に死亡(大田区)	24.11.3
バス事故(北区)	25.2.1
運転中に発作(大田区)	25.2.4
バスにワゴン車追突(台東区)	25.2.25
軽乗用車に自転車はねられ死亡(狛江市)	25.6.4
池袋脱法ハーブ暴走事故(豊島区)	26.6.24
バス同士が衝突(江東区)	26.8.4
軽トラックが小学生に突っ込む(世田谷区)	26.9.17
バイクとバス3台が玉突き事故(板橋区)	26.11.8
トンネル内で多重事故(品川区)	26.11.14
ワゴン車が中央分離帯に衝突(府中市)	26.12.28
路線バスが信号柱に衝突(大田区)	27.1.9
バスにひかれ死亡(墨田区)	27.1.11
多重事故(八王子市)	27.2.26
ワンボックスカーが歩道に乗り上げる(世田谷区)	27.4.20
多重事故、護送車など絡む(中央区)	27.7.10
乗用車が信号柱に衝突(葛飾区)	27.8.30
乗用車とトラックが衝突(板橋区)	27.11.6
乗用車同士が正面衝突(稲城市)	28.1.1
トンネル内で玉突き事故(豊島区)	28.1.12
バスが信号柱に衝突(大田区)	28.1.20
ダンプがひき逃げ(町田市)	28.2.17
ワゴン車が横転(青梅市)	28.3.14
4台が絡む多重事故(世田谷区)	28.3.23
多重事故(青梅市)	28.7.22
病院敷地内を乗用車が暴走(立川市)	28.11.12
3台が絡む多重事故(八王子市)	28.11.21
タクシーが歩道に突っ込む(港区)	28.12.6
タクシーとワゴン車が衝突(足立区)	28.12.9
乗用車、登校男児をはねる(東大和市)	29.2.2
トラック同士が衝突(府中市)	29.2.6
トラックにはねられ女児死亡(足立区)	29.2.28
タクシーにはねられ重軽傷(練馬区)	29.3.6
乗用車が標識車に衝突(目黒区)	29.9.22
乗用車、横断歩道に突入(武蔵野市)	29.10.20

ダンプが側壁に衝突(港区) 29.11.21
警官の速度超過で死亡事故(足立区) 29.12.10
交通事故で80代夫婦死亡(練馬区) 30.1.15
ラグビー選手が路上寝で事故(府中市) 30.9.22
出動パトカーが衝突(荒川区) 30.10.27
横断歩道ではねられ死亡(府中市) 30.12.21

◇神奈川県

車両火災(藤沢市) 1.2.3
乗用車衝突(足柄下郡箱根町) 1.4.23
乗用車衝突(藤沢市) 1.4.29
横浜横須賀道玉突事故(横浜市港南区) 1.5.15
3人乗りオートバイ衝突(川崎市川崎区) 1.6.2
東洋観光バス・トラック追突(鎌倉市) 1.6.3
横羽線積み荷落下(横浜市神奈川区) 1.6.6
乗用車・トレーラー衝突(横浜市神奈川区) 1.6.10
クレーン車横転(足柄下郡箱根町) 1.6.16
タクシー・乗用車衝突(横浜市磯子区) 1.7.10
日光浴客ひかれる(藤沢市) 1.7.22
横浜ベイブリッジ追突事故(横浜市) 1.9.27
夜間ハイク列に車(大和市) 1.10.29
乗用車衝突(相模原市) 2.1.14
トラック・乗用車衝突(川崎市高津区) 2.2.21
乗用車水銀灯に激突(足柄上郡山北町) 2.3.21
中央道多重追突事故(津久井郡相模湖町) 2.7.20
中央道玉突き事故(津久井郡相模湖町) 2.7.24
乗用車・バス衝突(相模原市) 3.1.16
乗用車中華街暴走(横浜市中区) 3.5.4

東名高速玉突き事故(秦野市) 3.7.5
観光バス・大型トラック追突(川崎市川崎区) 3.7.15
東名高速多重衝突(秦野市) 3.7.16
トラック・路線バス追突(厚木市) 3.8.7
東名高速玉突き事故(足柄上郡山北町) 3.8.8
工事現場に乗用車突入(小田原市) 3.10.14
トラック落下(横浜市鶴見区) 4.4.21
コンテナ落下(横浜市鶴見区) 4.5.8
東名高速玉突き事故(足柄上郡山北町) 4.6.8
屋上駐車場から車転落(横浜市神奈川区) 4.7.3
道路陥没(横浜市鶴見区) 4.8.20
観光バス・乗用車衝突(愛甲郡愛川町) 4.9.19
タンクローリー衝突(三浦市) 5.1.21
東名高速多重衝突(足柄上郡山北町) 5.2.17
乗用車衝突(藤沢市) 5.3.9
玉突き事故(厚木市) 5.5.12
中央道玉突き事故(津久井郡藤野町) 5.10.30
東名高速玉突き事故(秦野市) 6.7.21
東名高速道玉突き事故(大和市) 6.9.17
オートバイ・トラック衝突(平塚市) 7.6.5
乗用車・タクシー衝突(横浜市鶴見区) 7.9.9
乗用車コンクリート壁に衝突(横浜市中区) 8.4.8
バス停にダンプ突入(横浜市栄区) 8.5.2
乗用車・大型トラック衝突(藤野町) 8.6.22
神奈川中央交通路線バス急停止(伊勢原市) 8.8.8
トレーラー転落(松田町) 8.11.2
横浜市営バス・乗用車衝突(横浜市南区) 9.4.26

自動車事故　災害別一覧

事故	日付
横浜市営バス・トラック衝突(横浜市神奈川区)	9.4.28
タンクローリー横転(海老名市)	9.7.30
カモメ観光バス・乗用車追突(川崎市川崎区)	9.12.3
乗用車衝突(松田町)	10.1.3
乗用車ガードレールに衝突(横須賀市)	10.1.31
オートバイ・タクシー衝突―横浜(横浜市中区)	10.3.14
乗用車遮音壁に激突(秦野市)	10.3.17
乗用車標識鉄柱に衝突(山北町)	10.4.4
オートバイ・市営バス衝突(横浜市港南区)	10.6.29
乗用車衝突(横浜市金沢区)	10.8.14
東名高速玉突き事故(秦野市)	11.1.25
歩行者はねられ死亡(川崎市)	11.4.23
首都高速狩場線で玉突き衝突(横浜市)	11.5.2
首都高横羽線で玉突き衝突(川崎市)	11.7.8
10トントラック暴走(横浜市)	11.11.5
首都高速横羽線で玉突き衝突(横浜市)	12.3.1
東名高速で乗用車・大型トラック追突(川崎市)	12.4.26
多重追突(平塚市)	12.11.22
大型バイク転倒(横浜市)	13.4.7
トレーラータイヤ脱落事故(横浜市)	14.1.10
東名高速道路玉突き事故(横浜市)	14.1.21
東名高速道路玉突き事故(伊勢原市)	14.4.6
ワゴン車・バイク衝突(藤沢市)	14.5.29
中央自動車道路玉突き事故(藤野町)	14.10.16
国道16号多重衝突(横浜市)	15.8.15
乗用車衝突(松田町)	15.8.24
死亡事故多発	15.9.18
トラックがバイクに衝突(寒川町)	16.1.6
タクシーと乗用車衝突(相模原市)	16.1.8
乗用車がライトバンに追突(大和市)	16.1.21
東名高速で玉突き事故(横浜市)	16.3.20
乗用車がトラックに衝突(秦野市)	16.4.10
乗用車同士衝突(厚木市)	16.4.13
6台多重衝突(横浜市)	16.5.28
トレーラーがワゴン車に追突(伊勢原市)	16.7.18
乗用車がワゴン車に追突(横浜市)	16.8.9
トレーラーにトラック追突(川崎市)	16.11.2
ダンプカーと市バス衝突(横浜市)	17.1.24
警察の制止無視して衝突(横浜市)	17.7.31
玉突き事故で炎上(川崎市)	17.8.5
箱根ターンパイクで正面衝突(小田原市)	17.9.18
下校の列に暴走車(横浜市)	17.10.17
ワゴン車が車6台に追突(横浜市)	18.2.4
無免許バイクが乗用車と衝突(横浜市)	18.3.10
乗用車が大型トレーラーに追突(川崎市)	18.7.13
トラックとタンクローリー衝突(山北町)	18.8.1
タンクローリーがワンボックスに衝突(川崎市)	18.8.12
工事現場に乗用車衝突(横浜市)	18.10.11
街路灯の下敷きで女児死亡(横浜市)	18.11.2
トラック荷台から重機落下(横浜市)	19.2.10
乗用車とバイク衝突(横浜市)	19.4.22
トラックが追突(横浜市)	19.7.12
東名高速で多重衝突(山北町)	19.8.5

災害別一覧　　　　　　　　　　　　　自動車事故

事故	日付
ワンボックスとトラックが正面衝突(横浜市)	19.9.28
横断歩道ではねられ負傷(横浜市)	19.10.1
プロ二輪レーサーが公道で事故死(川崎市)	19.10.7
東名高速で渋滞の列に追突(大和市)	19.10.15
9台が玉突き事故(横浜市)	19.12.24
トラックとバイク衝突(横浜市)	19.12.25
首都高湾岸線で追突事故(横浜市)	20.7.22
5台玉突き交通事故(秦野市)	20.11.13
軽トラと原付が衝突(相模原市)	21.1.24
ひき逃げ(横浜市)	21.5.23
乗用車同士が衝突(横浜市)	21.6.1
多重衝突事故(厚木市)	21.8.7
トラックが小学生をひく(横浜市)	21.10.5
ひき逃げ(横浜市)	21.11.15
トラックにはねられ死亡(川崎市)	21.12.24
交通事故(横浜市)	22.1.5
居酒屋に軽乗用車が突入(横浜市)	22.1.29
多重衝突事故(横浜市)	23.8.14
路線バスにダンプカー追突(葉山町)	23.11.2
乗用車が川に転落(横須賀市)	24.2.25
ガードレールに車が衝突(横浜市)	24.5.16
ひき逃げ(川崎市)	24.9.11
ブロック塀に衝突(川崎市)	25.1.3
自転車転倒、車にひかれ死亡(川崎市)	25.2.4
乗用車横転(横浜市)	25.3.23
バスにはねられ死亡(横浜市)	26.2.17
ワゴン車がトラックに追突(横浜市)	26.6.5
増水で四輪駆動車が流される(山北町)	26.8.1
乗用車にひかれて死亡(平塚市)	26.10.17
ワゴン車が街路樹に衝突(茅ヶ崎市)	27.2.21
横浜ベイブリッジで多重事故(横浜市)	27.6.1
乗用車が中学生の列に突っ込む(川崎市)	28.6.14
軽トラが小学生の列に突っ込む(横浜市)	28.10.28
バスとワゴン車が衝突(横浜市)	28.10.29
7台が絡む玉突き事故(小田原市)	28.12.9
乗用車2台が正面衝突(横須賀市)	28.12.10
立体駐車場から車転落(横須賀市)	28.12.31
軽乗用車と大型トレーラー衝突(小田原市)	29.2.22
乗用車など5台衝突(大井町)	29.4.2
トラックなど5台絡む事故(平塚市)	29.5.28
東名あおり運転事故(大井町)	29.6.5
トラックに巻き込まれ死亡(相模原市)	29.8.2
トラックなど3台絡む事故(横浜市)	29.10.1
90歳運転、交通事故(茅ヶ崎市)	30.5.28
バス事故で7人死傷(横浜市西区)	30.10.28
漁港で車転落(三浦市)	30.10.31
軽とトラックの衝突事故(相模原市)	30.12.21

◇新潟県

事故	日付
佐渡観光バス全焼(佐渡郡金井町)	1.5.6
関越道追突事故(南魚沼郡大和町)	1.10.15
登校児童の列に乗用車(上越市)	1.10.25
大型トレーラー・大型トラック衝突(新井市)	2.1.27
観光バス横転(西蒲原郡黒埼町)	2.6.26
バス横転(岩船郡朝日村)	2.10.7

平成災害史事典総索引　147

自動車事故　災害別一覧

事象	日付
登校中はねられ負傷(長岡市)	3.11.13
ワゴン車川に転落(東蒲原郡鹿瀬町)	4.1.2
マイクロバス信号柱に衝突(南魚沼郡塩沢町)	4.6.6
大型トラック・ワゴン車衝突(岩船郡山北町)	4.8.13
乗用車・トラック衝突(南魚沼郡湯沢町)	6.8.3
NHK取材車が転落(小国町)	6.9.30
軽乗用車川に転落(南蒲原郡下田村)	6.12.18
ワゴン車・トラック衝突(西頸城郡青海町)	7.2.18
ワゴン車・大型トラック衝突(湯沢町)	7.3.11
トラック衝突(小千谷市)	7.4.21
酒気帯び運転乗用車歩行者はねる(白根市)	7.8.21
バス転落(糸魚川市)	7.12.3
大型タンクローリー・4輪駆動車追突(塩沢町)	8.2.13
マイクロバス沢に転落(湯沢町)	8.8.4
乗用車正面衝突(巻町)	12.4.4
大型トラック・軽乗用車追突(新潟市)	12.4.6
ワンボックス車・大型トラック衝突(燕市)	13.1.31
大型トレーラー横転(中里村)	14.11.28
大型トラック・乗用車追突(五泉市)	14.12.14
トラックにはねられ死亡(柏崎市)	15.5.31
タイヤ脱輪(山北町)	16.3.23
乗用車正面衝突(小千谷市)	16.4.3
ワゴン車がマイクロバスに衝突(新津市)	16.6.10
軽トラック逆走で多重事故(小出町)	16.6.11
ワゴン車など3台衝突(新潟市)	16.9.25
除雪作業車転落(山古志村)	17.1.22
乗用車が北陸道を逆走し衝突(柏崎市)	17.3.11
除雪機に巻き込まれ死亡(十日町市)	18.2.3
飲酒の軽乗用車が救急車と衝突(新潟市)	19.2.11
乗用車とタンクローリー衝突(阿賀町)	19.3.9
北陸道で玉突き(柏崎市)	19.8.7
トンネル内で正面衝突(阿賀野市)	20.7.21
ひき逃げ(見附市)	23.1.25
祭りの列に車突っ込む(村上市)	23.7.8
パトカー追跡車が横転(燕市)	23.7.8
交通事故で車両炎上(小千谷市)	24.8.3
視覚障がい者が乗用車にはねられる(十日町市)	26.9.28
軽乗用車にはねられ死亡(見附市)	27.1.27
ワゴン車がトンネル入口に衝突(糸魚川市)	27.3.22
キャンピングカーが横転(新潟市)	27.7.5
軽乗用車にはねられ死亡(新潟市)	27.10.15
乗用車にトラック2台衝突(長岡市)	29.12.28

◇富山県

事象	日付
北陸道玉突き追突(魚津市)	5.2.20
乗用車・マイクロバス衝突(庄川町)	8.2.24
北陸自動車道多重衝突(入善町)	11.2.3
北陸自動車道スキーバス・観光バス追突(富山市)	13.2.18
高速バス・大型トラック追突(黒部市)	14.12.27
路面凍結で8台が事故(滑川市)	17.12.28
北陸自動車道で玉突き衝突(射水市)	18.2.3
乗用車が北陸道を逆走(立山町)	19.11.24

北陸道で多重衝突(射水市)	20.9.10	北陸道トンネル玉突き事故(敦賀市)	2.3.24
バスが転落(立山町)	21.4.25	マイクロバス横転(鯖江市)	2.10.8
交通事故(氷見市)	23.6.17	北陸道玉突き事故(坂井郡丸岡町)	3.1.4
交通事故(魚津市)	23.11.7	観光バス・清掃車追突(武生市)	3.5.9
路上倒れた男性、バスがはねる(富山市)	23.12.6	乗用車・大型トレーラー衝突(敦賀市)	3.8.11
観光用車両が横転(南砺市)	25.8.16	バス横転(丹生郡越廼村)	3.10.27
高速バスがトラックに衝突(小矢部市)	26.3.3	北陸道玉突き事故(福井市)	4.12.24
3台が絡む多重事故(高岡市)	26.4.14	強風でマイクロバス横転(遠敷郡上中町)	5.3.29
トンネル内でバスとバイクが衝突(南砺市)	26.7.26	観光マイクロバス・乗用車衝突(勝山市)	5.5.15
トンネル内で多重事故(小矢部市)	26.9.15	北陸道衝突事故(坂井郡丸岡町)	5.12.31
6台が絡む多重事故(立山町)	26.12.8	北陸道スリップ事故(坂井郡金津町)	6.4.24
3台が絡む多重事故(滑川市)	27.7.6	陸上自衛隊トラック衝突事故(小浜市)	6.9.3
乗用車にはねられ死亡(砺波市)	29.8.4	北陸道玉突き事故(南条郡今庄町)	8.2.6
◇石川県		北陸自動車道追突事故(武生市)	8.3.12
乗用車転落(石川郡尾口村)	2.10.6	乗用車・普通トラック衝突(南条郡河野村)	8.6.3
乗用車犀川に転落(金沢市)	8.3.6	北陸自動車道追突事故(福井市)	9.1.11
ワゴン車横転(七尾市)	8.6.8	北陸自動車道多重衝突事故(南条郡今庄町)	9.2.21
乗用車・4輪駆動車衝突(河北郡内灘町)	9.1.19	トラック・一宮観光バス追突(三方郡美浜町)	9.5.9
乗用車・観光バス衝突(輪島市)	10.3.28	乗用車追突(福井市)	14.6.11
タンクローリー横転(加賀市)	13.1.24	降雪で北陸自動車道路多重衝突事故(今庄町)	14.11.4
乗用車・大型トラック追突炎上(加賀市)	13.11.20	北陸自動車道路多重衝突事故	14.11.7
交通事故(松任市)	14.10.9	交通事故(敦賀市)	23.7.27
軽乗用車同士が正面衝突(小松市)	26.2.8	集団登校の列に軽乗用車が突っ込む(鯖江市)	25.12.2
トラックにトレーラーが追突(かほく市)	26.7.2	マイクロバスとワゴン車が正面衝突(坂井市)	26.8.28
3台が絡む多重事故(能美市)	27.3.28	乗用車が炎上(南越前町)	27.7.5
軽ワゴン車とタクシーが衝突(宝達志水町)	28.7.27	ワゴン車が横転(敦賀市)	27.9.6
マイクロバスとワゴン車が衝突(七尾市)	28.10.8	車転落、父子死亡(敦賀市)	30.10.7
軽乗用車にはねられ死亡(白山市)	29.10.15		
◇福井県			
トラック・東豊観光バス衝突(坂井郡三国町)	1.2.8		

自動車事故　　災害別一覧

◇山梨県

項目	日付
乗用車転落(大月市)	1.4.23
乗用車・コンテナ車が追突(北巨摩郡長坂町)	1.5.14
乗用車激突(南都留郡山中湖村)	1.7.10
トレーラー暴走(東八代郡御坂町)	3.6.6
中央道玉突き衝突(大月市)	3.9.20
乗用車衝突(南都留郡河口湖町)	4.1.11
中央道玉突き衝突(大月市)	4.3.18
中央道玉突き事故(東八代郡一宮町)	4.7.15
乗用車・ワゴン車追突(東八代郡一宮町)	5.6.6
中央道多重衝突(北巨摩郡須玉町)	6.2.3
乗用車転落(南都留郡河口湖町)	6.3.24
乗用車電柱に衝突(南都留郡山中湖村)	6.3.31
トラック追突炎上(東八代郡八代町)	6.5.28
観光バス追突(北巨摩郡小淵沢町)	6.6.20
乗用車衝突(南都留郡河口湖町)	6.8.12
中央道多重追突(北都留郡上野原町)	6.8.22
中央道ワゴン車逆走(北巨摩郡長坂町)	6.9.12
乗用車追突(韮崎市)	7.4.1
中央道多重衝突事故(長坂町)	8.10.19
トラック・乗用車衝突(御坂町)	8.11.14
中央道スリップ事故(勝沼町)	9.1.6
軽トラック・大型ダンプカー衝突(白州町)	9.8.5
ワゴン車・観光バス追突(富士吉田市)	9.10.13
ワゴン車横転(竜王町)	10.7.5
中央自動車道で多重事故(長坂町)	12.10.2
中央自動車道でトラックに挟まれ死亡(明野村)	12.10.19
中央自動車道玉突き衝突(双葉町)	13.3.1
軽トラック・大型トラック衝突(勝沼町)	13.5.8
中央自動車道玉突き事故(南都留郡西桂町)	14.3.20
飲酒運転のバス運転手による物損事故	14.7.7
乗用車にはねられ死亡(大月市)	15.1.4
清掃作業員はねられ死亡(笛吹市)	16.11.17
ショッピングセンターに乗用車突入(北杜市)	22.5.3
乗用車に巻き込まれ1歳児死亡(小菅村)	22.8.21
交通事故(大月市)	23.2.12
多重衝突事故(大月市笹子町)	24.1.16
高速道からトラック転落(都留市)	24.8.29
トラック横転、ガスボンベが散乱(大月市)	24.10.6
トンネルで追突事故(甲州市)	24.12.31
追跡中のパトカーが衝突事故(笛吹市)	25.8.11
3台が絡む多重事故(富士吉田市)	26.5.18
5台が絡む多重事故(大月市)	26.9.21
バスとダンプが正面衝突(南部町)	27.5.11

◇長野県

項目	日付
小型4輪駆動車・トラック衝突(東筑摩郡生坂村)	1.3.18
山車の列に車突入(南安曇郡豊科町)	1.4.3
マイクロバス衝突(松本市)	1.10.29
スキーバス追突(下高井郡山ノ内町)	1.12.25
スキーバス・大型トレーラー追突(木曽郡木曽福島町)	2.2.3
乗用車・大型トラック衝突(諏訪郡下諏訪町)	2.2.27

災害別一覧　　　　　　　　　　　　　　　　自動車事故

事項	年月日
軽ワゴン車・普通トラック衝突(木曽郡南木曽町)	2.4.21
乗用車から転落(諏訪郡原村)	2.5.12
中央道多重衝突(茅野市)	2.9.7
乗用車・ワゴン車衝突(下伊那郡浪合村)	2.9.16
スキーバス・大型トレーラー衝突(木曽郡日義村)	3.1.4
ホテル送迎バス横転(茅野市)	3.6.20
保冷トラック・マイクロバス追突(塩尻市)	3.9.18
乗用車・大型トラック衝突(北佐久郡御代田町)	3.10.21
乗用車欄干に激突(塩尻市)	4.3.15
トレーラー暴走(北佐久郡御代田町)	4.3.17
中央道玉突き事故(下伊那郡阿智村)	4.9.30
スキーバス横転(中野市)	6.3.21
観光バス・コンクリート圧送車衝突(木曽郡南木曽町)	6.11.16
中央道玉突き事故(茅野市)	7.3.25
乗用車・大型トラック衝突(上伊那郡飯島町)	8.1.15
乗用車高速道逆走(伊那市)	8.2.10
スキーバス・トラック追突(軽井沢町)	8.3.22
乗用車衝突(小諸市)	8.7.27
チェーン装着中はねられる(阿智村)	9.1.5
軽ワゴン車・トラック衝突(松川町)	9.6.29
トラック・トレーラー衝突(佐久市)	9.10.8
大型トラック・ワゴン車追突(富士見町)	9.12.19
中央自動車道長野線で大型トレーラー・大型キャリアーカー衝突(塩尻市)	12.1.26
多重事故(小川村)	13.3.8
乗用車衝突(長野市)	13.12.1
中央自動車道路多重事故(飯島町)	15.7.2
ワゴン車正面衝突(豊田村)	16.3.28
中央自動車道で多重事故(豊科町)	16.7.16
乗用車が観光バスに追突(原村)	16.7.31
玉突き事故(阿智村)	18.9.14
上信越道で13台衝突(小諸市)	19.5.12
中央道で5台事故(箕輪町)	19.9.29
土砂崩れ・玉突き事故(小諸市)	20.1.19
大型車3台追突(塩尻市)	20.7.18
乗用車の転落事故(松本市)	23.2.28
ひき逃げ	23.11.5
玉突き事故(中野市)	23.11.26
乗用車が立ち木に衝突(南箕輪村)	24.7.28
トラックが観光バスに衝突(伊那市)	24.10.27
圧雪車に巻き込まれ死亡(山ノ内町)	25.3.19
バス転落(木島平村)	25.8.18
雪崩が高速バスを巻き込む(松本市)	26.2.27
バスにはねられ死亡(須坂市)	26.7.28
消防車から転落(岡谷市)	27.11.1
トレーラーが喫茶店に突っ込む(岡谷市)	27.11.24
乗用車にはねられ死亡(南箕輪村)	27.12.19
軽井沢スキーバス転落事故(軽井沢町)	28.1.15
小学生の列に軽トラックが突っ込む(佐久市)	28.4.27
雪に絡む死亡事故、各地で相次ぐ(安曇野市、白馬村)	29.1.14-
軽乗用車など4台衝突(松本市)	29.10.1
力士が無免許運転	30.2.7

◇岐阜県

事項	年月日
乗用車・トラック衝突(益田郡下呂町)	2.1.4
大型トラック横転(安八郡安八町)	2.3.24
名神高速多重衝突(養老郡養老町)	2.4.18
乗用車・ワゴン車衝突(多治見市)	2.7.15

自動車事故　　災害別一覧

事故	日付
中央道多重衝突(瑞浪市)	2.10.12
4輪駆動車・トラック衝突(郡上郡白鳥町)	2.10.26
乗用車ガードレールに衝突(土岐市)	2.12.31
通学児童はねられ負傷(岐阜市)	3.1.16
乗用車・ワゴン車衝突(岐阜市)	3.1.16
オートバイ・ミキサー車衝突(恵那郡串原村)	3.2.4
乗用車・大型トラック衝突(海津郡海津町)	3.2.6
乗用車ガードレールに衝突(恵那市)	3.3.11
マイクロバス・乗用車衝突(瑞浪市)	3.3.14
乗用車衝突(本巣郡穂積町)	3.4.21
ワゴン車・乗用車衝突(吉城郡古川町)	3.5.4
路線バス・乗用車衝突(多治見市)	3.6.8
派出所にオートバイ突入(土岐市)	3.6.24
歩行者はねられ負傷(岐阜市)	3.8.3
乗用車・トレーラー衝突(加茂郡七宗町)	3.8.12
名神高速玉突き事故(羽島市)	3.9.18
国道でクマと衝突(大野郡丹生川村)	3.11.6
乗用車・消防車衝突(大垣市)	3.11.12
玉突き事故(土岐市)	3.11.26
パトカー・乗用車衝突(海津郡南濃町)	4.2.23
乗用車・軽トラック衝突(加茂郡白川町)	4.6.14
乗用車・トラック衝突(可児市)	4.8.12
保冷車転落(瑞浪市)	4.9.9
名神高速玉突き事故(不破郡関ケ原町)	4.12.8
中央自動車道多重衝突(恵那市)	5.2.23
玉突き事故(安八郡安八町)	5.5.30
ワゴン車・ダンプ接触(安八郡安八町)	5.6.3
乗用車衝突炎上(大垣市)	5.6.11
乗用車・トラック衝突(羽島市)	5.7.10
東濃鉄道観光バス・乗用車衝突(益田郡萩原町)	6.1.14
乗用車・トラック衝突(吉城郡神岡町)	6.3.27
名神高速玉突き事故(不破郡関ケ原町)	6.8.13
名神高速道多重追突(大垣市)	7.1.6
乗用車衝突(大野郡丹生川村)	7.5.4
名古屋観光バス・トラック衝突(益田郡下呂町)	7.7.12
中央道多重追突(瑞浪市)	7.9.16
乗用車防護さくに激突(羽島郡笠松町)	7.10.21
観光バス・ダンプ衝突(大野郡荘川村)	8.3.12
大型トラック・軽4輪駆動車衝突(本巣郡本巣町)	8.3.23
荷崩れの鋼材観光バス直撃(大野郡宮村)	8.8.20
トラック民家に突入(瑞浪市)	8.10.16
乗用車・軽ライトバン衝突(恵那郡福岡町)	8.11.6
競走馬・トラック衝突(羽島郡笠松町)	9.1.10
中央道スリップ事故(中津川市)	9.2.19
ワゴン車・大型トラック衝突(益田郡萩原町)	9.3.3
名神高速玉突事故(羽島市)	9.3.28
衝突事故で3人が死傷 岐阜の国道(揖斐郡池田町)	9.4.14
消防車横転(恵那郡山岡町)	9.4.18
名神高速玉突事故(大垣市)	9.4.20
古屋滋賀交通観光バス・トラック衝突(益田郡萩原町)	9.6.2
名神高速玉突き事故(上石津町)	9.9.13
大型トレーラー転落(加茂郡八百津町)	9.11.4

災害別一覧　　　　　　　　自動車事故

事故	日付
マイクロバス・乗用車衝突(益田郡下呂町)	9.11.23
名神高速で多重衝突(羽島市)	12.6.9
観光バス・乗用車衝突(郡上市)	15.10.18
乗用車正面衝突(宮村)	16.5.4
トラックが乗用車と正面衝突(郡上市)	16.7.27
ワンボックスがトラックと衝突(郡上市)	17.12.15
乗用車が住宅に突入(各務原市)	18.1.24
玉突き事故(土岐市)	18.8.23
路線バスとトレーラー衝突(瑞穂市)	20.2.21
中央道で多重事故	20.10.6
高速道トンネル事故(高山市)	25.1.4
軽に大型トラックが追突、炎上(多治見市)	25.3.21
通学バスと軽ワゴン車衝突(大垣市)	25.4.11
トラック横転(中津川市)	25.6.17
パトカーにひかれて死亡(神戸町)	28.7.22
乗用車が河川敷に転落(美濃市)	29.3.17
工事現場にトラック突入(多治見市)	29.8.30

◇静岡県

事故	日付
軽乗用車・トラック衝突(駿東郡長泉町)	1.5.18
トラック・軽乗用車衝突(清水市)	1.11.24
ワゴン・乗用車衝突(田方郡函南町)	2.1.21
陸上自衛隊トラック炎上(浜松市)	2.5.22
東名高速多重衝突(駿東郡小山町)	2.7.3
ワゴン車・バス衝突(田方郡修善寺町)	2.7.22
東名高速玉突き事故(沼津市)	2.7.23
乗用車道路標識に激突(御殿場市)	3.1.9
トラック追突(庵原郡富士川町)	3.2.5
大型トラック・観光バス追突(富士宮市)	3.6.17
乗用車ガードロープに衝突(掛川市)	3.8.18
乗用車・トラック衝突(藤枝市)	3.11.27
トラック・乗用車追突(庵原郡由比町)	4.3.20
乗用車・観光バス衝突(下田市)	4.4.29
修学旅行バス横転(御殿場市)	4.5.29
日本坂トンネル多重追突(焼津市)	4.9.20
東名高速多重追突事故(小笠郡菊川町)	4.12.6
トラック・観光バス追突(大井川町)	6.10.22
東名高速道路塩酸流出(榛原郡榛原町)	6.11.1
静岡鉄道観光バス・トラック追突(静岡市)	7.1.19
レースカーにはねられ死亡(駿東郡小山町)	7.5.4
ワゴン車コンクリート壁に衝突(清水市)	7.7.6
東名高速玉突き事故(沼津市)	7.10.25
送迎用大型バス転落(舞阪町)	8.1.23
乗用車・ワゴン車衝突(韮山町)	8.7.9
金属板ロール乗用車を直撃(由比町)	8.8.26
大型トラック横転(袋井市)	9.3.27
ワゴン車分離帯に衝突(裾野市)	9.6.21
乗用車暴走(静岡市)	9.6.22
東名高速道多重衝突(三ヶ日町)	9.7.12
東名高速玉突き事故(島田市)	9.8.4
タンクローリー横転で有毒物質流出(菊川町)	9.8.5

自動車事故　　災害別一覧

事故	日付
東名高速玉突き事故(小山町)	9.9.8
乗用車山車の列に突入(掛川市)	9.10.12
タンクローリー横転(焼津市)	9.10.21
乗用車水路に転落(富士市)	9.12.26
大型トラック・定期高速バス追突(富士市)	10.3.2
乗用車・日本急行観光バス衝突(下田市)	10.4.26
東名高速多重事故(袋井市)	11.2.3
乗用車海に転落(東伊豆町)	11.4.9
東名高速多重追突(富士川町)	11.6.21
東名高速玉突き衝突(裾野市)	11.8.11
東名高速多重追突(御殿場市)	11.12.18
東名高速玉突き追突(榛原町)	11.12.28
東名高速多重追突(富士市)	12.3.13
東名高速でワンボックスカー・大型トラック追突(富士市)	12.4.10
東名高速多重追突(由比町)	12.9.8
東名高速で玉突き衝突(静岡市)	12.11.16
多重衝突(舞阪町)	12.12.13
東名高速路線バス火災(静岡市)	13.2.7
玉突き衝突(清水市)	13.5.26
観光バス炎上(御殿場市)	13.8.14
乗用車衝突(滝山村)	13.10.13
観光バス暴走(熱海市)	14.6.9
トラック・乗用車衝突炎上(浜松市)	14.10.1
東名高速自動車道路追突事故(蒲原町)	14.10.8
工事現場にトラック突入(島田市)	14.10.28
観光バス転落(熱海市)	15.1.29
乗用車・大型トラック追突(浜松市)	15.2.12
トラック・二輪追突(裾野市)	15.3.1
乗用車連続衝突(小山町)	15.7.13
大型トラック・乗用車衝突(富士宮市)	15.8.13
酒気帯びでバス運転	15.8.18
ワゴン車・トラックに追突(掛川市)	15.10.19
深夜バスがトラックに追突(静岡市)	16.1.9
乗用車が軽乗用車と正面衝突(浜松市)	16.8.22
ワゴン車で祭り見物客に突入(御前崎市)	16.10.16
中学生運転の車が衝突(富士宮市)	17.2.6
走行中バスから転落(焼津市)	17.3.26
トラック同士が正面衝突(藤枝市)	17.4.25
渋滞車列にトラック追突(沼津市)	17.8.7
乗用車と軽ワゴン車が正面衝突(相良町)	17.8.28
乗用車とワンボックス正面衝突(袋井市)	17.9.18
東名高速で乗用車が挟まれ大破(焼津市)	17.9.21
東名高速で逆走車と衝突(掛川市)	17.9.24
園児の列に乗用車突入(静岡市)	17.10.27
東名高速でトレーラーなど3台追突(静岡市)	17.12.14
車11台が衝突(富士市)	19.9.8
観光バスが追突(牧之原市)	19.10.15
集団登校の列に車(御殿場市)	19.12.10
外れたタイヤがバス直撃(吉田町)	20.4.11
夜行高速バス炎上(牧之原市)	21.3.16
夜行高速バス炎上(牧之原市)	21.9.20
多重衝突事故(浜松市)	23.2.22
交通事故(伊豆の国市)	23.6.21
パンク修理中にはねられる(裾野市)	23.11.4
タイヤ点検中にひかれる(御殿場市)	23.11.27
バスなど玉突き事故(静岡市)	24.3.15
高速道路で逆走(静岡市)	24.5.12
スーパーに車突っ込む(磐田市)	24.7.5

災害別一覧　　　　　　　　自動車事故

路線バスが信号に衝突(静岡市葵区御幸町)	24.12.23
交差点に乗用車突入(静岡市)	25.3.6
多重衝突事故(浜松市)	25.11.20
乗用車にトラックが追突(静岡市)	26.3.21
登校中の児童がはねられ死亡(沼津市)	26.4.10
乗用車同士が衝突(沼津市)	26.8.23
バスがトラックに追突(富士市)	26.8.25
乗用車がブロック塀に衝突(浜松市)	26.11.1
ひき逃げ事故(浜松市)	27.5.2
バスと乗用車が衝突(藤枝市)	27.6.2
4台が絡む多重事故(浜松市)	27.8.12
駐車場で乗用車にはねられる(湖西市)	28.1.10
薬局に乗用車が突っ込む(藤枝市)	28.2.2
14台が絡む多重事故(掛川市)	28.4.29
乗用車同士が正面衝突(長泉町)	29.2.25
新東名で玉突き事故(島田市)	29.8.3
東名で多重事故(浜松市)	29.8.12
逆走車とトラック衝突(焼津市)	29.12.14
新東名で玉突き事故(富士市)	30.10.9

◇愛知県

乗用車転落(豊橋市)	1.1.2
東名高速衝突事故(名古屋市)	1.10.11
乗用車衝突(海部郡佐織町)	2.1.7
トラック横転(名古屋市熱田区)	2.1.17
乗用車・トラック衝突(名古屋市中村区)	2.1.26
スキーバス・ワゴン車衝突(春日井市)	2.3.3
東名高速玉突き衝突(小牧市)	2.3.13
トラック・バス衝突(稲沢市)	2.3.17
玉突き事故(名古屋市中川区)	2.3.17
東名高速玉突き事故(岡崎市)	2.3.26
乗用車・ワゴン車衝突(尾西市)	2.4.3
バス・トラック衝突(小牧市)	2.4.23
ゴミ収集車のゴミ焼く(名古屋市天白区)	2.4.23
乗用車衝突(名古屋市北区)	2.5.27
オートバイ・乗用車衝突(春日井市)	2.7.2
中央道多重衝突(小牧市)	2.7.6
名神高速多重追突(岩倉市)	2.9.20
無人トラック逆走(名古屋市東区)	3.1.12
ワゴン車・トレーラー追突(名古屋市中川区)	3.1.14
乗用車転落(一宮市)	3.1.19
登校自動はねられ負傷(名古屋市名東区)	3.2.12
乗用車衝突(一宮市)	3.3.1
清掃作業員はねられ死傷(大府市)	3.3.10
荷台から車転落(名古屋市港区)	3.4.3
トラック・タンクローリー追突(稲沢市)	3.4.6
乗用車衝突(大府市)	3.4.20
乗用車衝突(稲沢市)	3.5.3
名鉄西尾線踏切事故(西尾市)	3.5.12
ワゴン車衝突(名古屋市瑞穂区)	3.5.16
乗用車・トラック衝突(常滑市)	3.6.1
乗用車・オートバイ衝突(海部郡甚目寺町)	3.6.8
乗用車衝突(名古屋市北区)	3.6.15
東名高速多重衝突事故(宝飯郡音羽町)	3.6.27
乗用車衝突(瀬戸市)	3.7.21
トレーラー炎上(小牧市)	3.7.22
キャンピングカー炎上(名古屋市名東区)	3.7.28
乗用車・大型4輪駆動車衝突(中島郡祖父江町)	3.8.1

平成災害史事典総索引　155

自動車事故　　災害別一覧

乗用車炎上(小牧市)	3.8.6	乗用車転落(名古屋市昭和区)	5.6.28
東名高速多重追突(春日井市)	3.8.7	消防車・乗用車衝突(名古屋市昭和区)	5.7.16
トラック・乗用車衝突(名古屋市南区)	3.8.8	東名高速玉突き衝突(愛知郡長久手町)	5.8.3
AT車暴走(名古屋市千種区)	3.8.16	マイクロバス・ダンプカー衝突(愛知郡東郷町)	5.9.30
AT車転落(名古屋市中村区)	3.8.19	名神高速追突事故(一宮市)	5.10.2
パトカーに追われ逆走(名古屋市)	3.9.4	東名高速車両火災(小牧市)	5.11.1
大型トラック転落(岡崎市)	3.9.19	乗用車・軽ワゴン車追突(岡崎市)	5.12.11
トラック転落(一宮市)	3.10.8	霊柩車横転(蒲郡市)	6.1.4
バス停に乗用車突入(名古屋市守山区)	3.10.18	乗用車標識鉄柱に衝突(海部郡佐屋町)	6.1.16
4輪駆動車・バス衝突(東加茂郡旭町)	3.11.20	乗用車橋から転落(豊橋市)	6.1.23
トラック・大型ダンプカー衝突(半田市)	3.11.26	東名高速道四駆車転落(春日井市)	6.2.8
AT車暴走(名古屋市東区)	3.12.8	バス乗客転倒(名古屋市東区)	6.4.14
乗用車横転炎上(名古屋市緑区)	3.12.14	乗用車衝突(丹羽郡大口町)	6.5.6
トラック・市バス追突(名古屋市西区)	4.1.15	乗用車・トレーラー接触(春日井市)	6.7.23
工場全焼(春日井市)	4.1.25	中央道多重衝突(小牧市)	6.8.28
多重衝突(名古屋市緑区)	4.4.6	乗用車川に転落(豊川市)	6.10.10
多重衝突(名古屋市港区)	4.4.20	はしご車横転(名古屋市中区)	6.12.15
市バス・大型トレーラー衝突(名古屋市南区)	4.5.27	乗用車横転(小牧市)	7.1.4
修学旅行バス・大型トラック追突(岡崎市)	4.5.29	大型トラック追突(岡崎市)	7.1.9
保育園バス・大型トラック衝突(名古屋市南区)	4.6.24	乗用車電柱に衝突(名古屋市千種区)	7.1.14
バス炎上(岡崎市)	4.7.22	乗用車街路樹に激突(名古屋市中区)	7.2.3
軽トラックが横転(海部郡佐屋町)	4.8.17	通園バス横転(海部郡佐屋町)	7.2.24
消防車民家突入(名古屋市千種区)	4.9.5	救急車・トラック衝突(稲沢市)	7.3.10
乗用車逆走(名古屋市瑞穂区)	4.9.7	中央道多重衝突(春日井市)	7.3.14
東名高速多重衝突(岡崎市)	4.10.10	東名高速炎上事故(宝飯郡音羽町)	7.3.17
乗用車衝突(刈谷市)	5.1.5	タンクローリー横転(名古屋市西区)	7.5.10
東名高速玉突き事故(愛知郡日進町)	5.3.3	乗用車・トラック衝突(西春日井郡西枇杷島町)	7.5.22
乗用車電柱に激突(安城市)	5.3.15	玉突き事故(犬山市)	7.6.8
有毒殺虫剤流出(岡崎市)	5.4.1	トラック横転(宝飯郡音羽町)	7.6.14
乗用車・オートバイ暴走(名古屋市瑞穂区)	5.5.9	保育園バス・トラック衝突(名古屋市港区)	7.6.26
ワゴン車横転(岡崎市)	5.6.1	大型トラック・夜行高速バス追突(一宮市)	7.6.28
乗用車衝突(知多郡武豊町)	5.6.23		

災害別一覧　　　　　　自動車事故

事故	日付
ワゴン車コンクリート壁に衝突(名古屋市守山区)	7.7.11
名鉄バス電柱に衝突(名古屋市中村区)	7.8.3
軽乗用車・4輪駆動車衝突(蒲郡市)	7.8.11
玉突き事故(海部郡飛島村)	7.10.17
乗用車・トラック追突(宝飯郡音羽町)	7.11.6
乗用車・トラック衝突(名古屋市港区)	7.11.6
軽乗用車・乗用車追突(小牧市)	8.1.1
名古屋市営基幹バス暴走(名古屋市中区)	8.1.10
中央自動車道多重追突(小牧市)	8.3.23
東名阪自動車道多重衝突(海部郡佐屋町)	8.4.3
トラック・消防車衝突(名古屋市名東区)	8.4.13
乗用車電柱に衝突(犬山市)	8.4.23
名神高速玉突き事故(稲沢市)	8.5.28
乗用車衝突(大府市)	8.6.15
乗用車衝突(岡崎市)	8.6.20
東名阪自動車道追突炎上事故(春日井市)	8.8.5
救急車・大型トラック衝突(豊田市)	8.8.6
ゴミ収集車火災	8.8.23
タクシー立体駐車場から転落(名古屋市港区)	8.10.25
玉突き事故(名古屋市緑区)	8.11.20
乗用車が港に転落(名古屋市港区)	8.11.26
東名高速玉突き事故(日進市)	9.1.23
トラック・名古屋市営バス衝突(名古屋市東区)	9.3.10
大型ダンプカー荷台陸橋直撃(宝飯郡小坂井町)	9.3.27
乗用車暴走(弥富町)	9.5.4
トレーラー郵便局突入(名古屋市熱田区)	9.5.8
集団登校中の列に車(東海市)	9.7.9
乗用車ふ頭から転落(名古屋市港区)	10.4.27
乗用車炎上(常滑市)	13.8.19
タクシー転落	14.1.5
ワゴン車転落(名古屋市)	14.9.18
名鉄特急・乗用車衝突(稲沢市)	14.9.26
軽乗用車にはねられ死亡(西尾市)	14.10.19
乗用車にはねられ死亡(名古屋市)	14.12.19
高知自動車道路玉突き事故(川之江市)	15.2.17
トラック・ワゴン車追突(小牧市)	15.6.21
東名高速自動車道路玉突き衝突炎上(新城市)	15.6.23
東名高速自動車道路玉突き事故(音羽町)	15.6.25
トラック・ワゴン車衝突炎上(名古屋市)	15.6.26
コンクリートミキサー車欄干に激突(名古屋市)	15.8.6
テレビドラマロケで事故(名古屋市)	15.8.12
乗用車転落・貨物列車と衝突(名古屋市)	16.2.21
乗用車がタクシーと衝突(津島市)	16.2.22
渋滞車列にトラック追突(一宮市)	16.3.28
暴走族追跡のパトカーが人身事故(春日井市)	16.7.2
普通電車にワンボックスが衝突(武豊町)	16.9.2
乗用車衝突し炎上(日進市)	17.11.5
タクシーとワゴン車衝突(春日井市)	18.2.25
トラックと乗用車炎上(名古屋市)	18.7.25
トラックと飲酒乗用車衝突(北名古屋市)	18.11.1
路面電車停留所にトラック突入(豊橋市)	19.2.3
渋滞の東名高速でバスが追突(岡崎市)	19.8.12
中央道で多重事故	20.10.6

平成災害史事典総索引　157

自動車事故　　災害別一覧

トレーラーが横転(名古屋市)	21.5.13
乗用車がバスに衝突(名古屋市)	21.8.22
ひき逃げ(名古屋市)	22.2.1
多重交通事故(豊川市)	23.2.15
バスが崖下へ転落(瀬戸市)	23.10.7
大型トラックが追突(名古屋市)	24.4.29
トレーラーが橋から転落(瀬戸市)	25.1.15
バスなど玉突き事故(東海市)	25.4.16
故障停止の車にトラック追突(飛島村)	25.7.26
団地内で交通事故(豊明市)	25.8.3
急発進で死亡事故(春日井市)	25.8.16
バス逆走衝突事故(一宮市)	26.4.20
ワゴン車が和菓子店に突っ込む(知立市)	27.10.31
トラックがバスに追突(岡崎市)	28.10.2
「ポケモンGO」プレイ中に事故(一宮市)	28.10.26
乗用車と軽乗用車が衝突(北名古屋市)	28.12.29
新城東名バス衝突事故(新城市)	29.6.10
バス火災(岡崎市)	29.9.9,14
交通事故(春日井市)	30.12.31

《近畿地方》

トラック側壁に衝突・炎上で有毒ガス発生	12.3.9

◇三重県

乗用車電柱に激突(亀山市)	2.4.14
トラック衝突(上野市)	2.4.14
ワゴン車・乗用車衝突(安芸郡安濃町)	2.8.14
大型トラック・乗用車追突(鈴鹿郡関町)	3.1.14
トラック追突(阿山郡伊賀町)	3.2.6
観光バス・トラック衝突(志摩郡磯部町)	3.2.9
オートバイ側溝転落(桑名郡多度町)	3.3.4
軽ライトバン・近鉄湯の山線電車衝突(四日市市)	3.3.31
トラック追突(上野市)	3.6.7
軽ワゴン車・軽トラック追突(度会郡大宮町)	3.8.2
AT車急発進(志摩郡阿児町)	3.8.12
ワゴン車・トラック追突(亀山市)	3.11.18
トラック追突(阿山郡伊賀町)	3.12.6
多重衝突(一志郡三雲町)	4.1.9
バス・乗用車衝突(南牟婁郡御浜町)	4.5.3
玉突き事故(鈴鹿市)	4.6.19
タンクローリー炎上(上野市)	4.7.15
名阪国道玉突き事故(阿山郡伊賀町)	4.12.22
乗用車・4輪駆動車衝突(伊勢市)	5.8.12
軽乗用車・ワゴン車衝突(四日市市)	6.1.16
乗用車衝突(鈴鹿市)	6.6.25
乗用車衝突(度会郡二見町)	6.8.6
多重衝突(松坂市)	6.10.3
東名阪自動車道乗用車逆送(鈴鹿市)	7.2.2
トラック・乗用車衝突(亀山市)	7.3.11
軽トラック・乗用車衝突(度会郡御薗村)	7.3.25
マイクロバス横転(阿山郡伊賀町)	7.6.13
軽乗用車・トラック衝突(松坂市)	7.6.13
ワンボックスカー横転(桑名市)	7.10.10
東名阪道ワゴン車逆走(四日市市)	7.11.4
スリップ事故(度会郡紀勢町)	8.7.8
トラック・乗用車追突(四日市市)	8.7.28
大型トラック衝突(桑名市)	8.10.26
東名阪自動車玉突き事故(四日市市)	8.11.21
ごみ収集車回収中にボヤ(津市)	9.1.16

災害別一覧 　　　　　　　自動車事故

事故	日付
玉突き事故(関町)	9.9.2
東名阪自動車道で多重衝突事故(鈴鹿市)	14.8.10
東名阪自動車道路多重衝突(鈴鹿市)	15.3.21
乗用車がワゴン車と衝突(上野市)	16.4.29
軽乗用車とトラック衝突(紀宝町)	18.3.1
飲酒運転でトラック逆走(伊賀市)	18.9.10
軽自動車転落(志摩市)	22.1.3
走行中に車椅子転落(津市)	22.4.3
バスとトレーラーが衝突(亀山市)	22.11.28
トンネルで交通事故(大台町)	22.11.29
ひき逃げ(志摩市)	22.12.25
乗用車がガードレールに衝突(伊賀市)	25.5.20
渋滞でトラックが追突(四日市市,亀山市)	25.6.6
ワゴン車がガードレールに衝突(玉城町)	26.12.2
バスがダンプに追突(四日市市)	27.7.14
軽乗用車が住宅に衝突(四日市市)	28.12.10
運転手が意識失う(紀北町)	30.11.15
タクシーと乗用車衝突、死亡(津市)	30.12.29

◇滋賀県

事故	日付
名神高速道路玉突き事故(愛知郡湖東町)	1.1.28
トラック衝突(高島郡新旭町)	2.11.2
名神高速玉突き事故(坂田郡米原町)	3.2.10
名神高速追突事故(彦根市)	3.6.11
乗用車衝突(高島郡マキノ町)	3.8.17
北陸道多重追突事故(伊香郡余呉町)	4.2.22
送迎バス・乗用車衝突(蒲生郡日野町)	4.6.24
トラック追突(蒲生郡蒲生町)	4.8.21
名神高速多重衝突(甲賀郡甲西町)	4.12.28
スキーバス追突(滋賀郡志賀町)	5.1.28
トレーラー衝突炎上(高島郡安曇川町)	5.3.17
オートバイ橋に衝突(草津市)	5.5.1
軽乗用車・乗用車衝突(甲賀郡甲西町)	5.6.9
名神高速多重衝突(愛知郡秦荘町)	5.7.18
多重衝突事故(高島郡安曇川町)	5.8.22
乗用車ガードレールに衝突(坂田郡米原町)	5.10.16
乗用車・大型トラック衝突(近江八幡市)	5.12.5
多重衝突事故(甲賀郡信楽町)	6.1.17
北陸道玉突き衝突(伊香郡木之本町)	6.2.14
乗用車ガードロープに激突(伊香郡余呉町)	6.8.21
名神高速道路多重衝突(蒲生郡蒲生町)	6.8.21
名神高速玉突き事故(蒲生郡蒲生町)	7.3.4
名神高速玉突き事故(甲賀郡甲西町)	7.4.7
名神高速多重衝突(大津市)	7.10.11
玉突き衝突(大津市)	7.11.22
トラック追突(犬上郡多賀町)	7.12.12
パトカー・乗用車衝突(大津市)	7.12.14
北陸道多重衝突(長浜市)	7.12.27
日本道路公団パトカー・トラック追突(犬上郡多賀町)	8.1.31
トラック・名古屋鉄道バス衝突(彦根市)	8.2.1
玉突き衝突(蒲生郡安土町)	8.3.18
乗用車水路に転落(守山市)	8.4.15
集団登校の列に軽ワゴン車突入(甲賀郡甲賀町)	8.5.22
タンクローリー横転(大津市)	8.8.2
ワゴン車ガードレールに衝突(坂田郡米原町)	9.2.18
軽乗用車用水池転落(甲賀郡土山町)	9.10.4

自動車事故　　災害別一覧

事故	日付
名神高速道路玉突き事故(山東町)	9.11.3
大型トラック追突(八日市)	10.3.7
ワゴン車追突(竜王町)	10.5.7
ワゴン車・トラック衝突(木之本町)	10.8.26
事故処理中車が追突(甲西町)	10.12.7
名神高速多重衝突(大津市)	11.10.25
ワゴン車・寝台特急衝突(彦根市)	14.7.28
タイヤ脱落し車に衝突(栗東市)	16.5.31
保冷車衝突(草津市)	17.1.12
名神高速で玉突き事故(大津市)	17.4.15
名神高速で9台衝突(東近江市)	17.7.20
軽トラックと乗用車衝突(志賀町)	17.8.6
乗用車がトラックと正面衝突(米原市)	17.8.17
名神高速で7台が事故(彦根市)	17.11.13
小学生の列に乗用車突入(栗東市)	17.12.8
ワゴン車がトラックに衝突(大津市)	18.7.2
中学生の列にワゴン車(栗東市)	19.3.4
トレーラーとトラック衝突(高島市)	19.11.7
廃品回収中に事故(東近江市)	20.11.8
名神で玉突き(湖南市)	20.11.30
国道で5台絡む事故(大津市)	20.12.27
多重衝突事故(甲賀市)	21.5.8
馬輸送車にトラックが追突(竜王町)	21.7.18
バス全焼(長浜市)	22.11.7
トラックの玉突き事故(大津市)	23.8.2
通学バス衝突事故(竜王町)	23.12.13
停車中にトラック追突(甲賀市)	23.12.17
乗用車にトラック突っ込む(大津市)	24.5.3
乗用車が建物に突入(大津市京町)	24.7.1
名神高速で玉突き事故(大津市大谷町)	24.9.10
トラックに挟まれ乗用車が大破(高島市マキノ町)	24.9.26
多重衝突事故(彦根市小野町)	24.11.1
事故処理中に被害者ひく(甲賀市)	24.12.12
高速で追突事故(東近江市)	25.1.16
正面衝突事故(近江八幡市)	25.2.20
乗用車が玉突き事故(大津市)	25.5.3
玉突き事故(甲賀市)	25.7.17
軽乗用車が転落(東近江市)	25.11.11
乗用車同士が正面衝突(米原市)	26.8.10
軽乗用車が炎上(大津市)	28.2.22
「ポケモンGO」プレイ中に事故(大津市)	28.7.25
原付バイクと乗用車が衝突(湖南市)	28.10.8

◇京都府

事故	日付
名神天王山トンネル内玉突き事故(乙訓郡大山崎町)	2.2.15
ワゴン車転落(竹野郡丹後町)	2.8.12
乗用車・大型トラック衝突(相楽郡加茂町)	2.12.16
乗用車横転(京都市東山区)	3.1.4
名神高速多重衝突事故(京都市伏見区)	3.1.18
マイクロバス・トラック衝突(京都市下京区)	3.5.25
天王山トンネル玉突き事故(乙訓郡大山崎町)	3.6.29
トラック・バス追突(京都市左京区)	3.9.2
乗用車暴走(京都市伏見区)	3.9.20
歩行者はねられ負傷(京都市左京区)	3.9.21
名神高速玉突き事故(乙訓郡大山崎町)	3.10.15
JRバス・大型トラック追突(京都市伏見区)	3.12.26
乗用車衝突炎上(舞鶴市)	4.5.31

自動車事故

事故	日付
名神高速33台玉突き事故（京都市伏見区）	4.9.17
名神高速道玉突き事故（京都市伏見区）	5.3.11
観光バス・大型トラック追突（乙訓郡大山崎町）	5.4.9
天王山トンネル玉突き事故（乙訓郡大山崎町）	5.12.29
名神高速玉突き事故（乙訓郡大山崎町）	6.2.22
観光バス追突（乙訓郡大山崎町）	6.11.30
乗用車ホームに激突（京都市山科区）	7.3.23
名神高速玉突き衝突（京都市山科区）	7.3.29
名神高速多重追突（京都市山科区）	7.6.7
乗用車標識に激突（福知山市）	7.7.4
名神高速玉突き事故（大山崎町）	7.8.22
ダンプカーアパートに突入（城陽市）	7.8.24
名神高速玉突き事故（乙訓郡大山崎町）	7.10.17
名神高速追突事故（京都市伏見区）	8.3.14
乗用車住宅塀に激突（京都市南区）	8.4.1
歩道にトラック突入（京都市右京区）	8.7.20
乗用車衝突（京都市右京区）	8.10.12
舗装作業員ひかれる（宇治市）	9.3.26
名神高速玉突き事故（長岡京市）	9.5.17
乗用車・コンクリートミキサー衝突（綴喜郡井手町）	9.6.24
京都滋賀交通観光バス・乗用車衝突（瑞穂町）	9.12.4
バス・乗用車衝突（綾部市）	10.7.19
乗用車正面衝突（宇治市）	13.2.10
タイヤ脱落しトラックに衝突（城陽市）	16.5.21
軽乗用車とトラック衝突（久御山町）	16.12.17
タクシーにバイクが接触（京都市）	16.12.26
土産物店にワゴン車突入（京都市）	17.5.16
逃走中の車が原付に衝突（京都市）	17.9.20
京滋バイパス玉突き事故（宇治市）	18.2.13
自殺志願の男に車奪われ衝突死（城陽市）	18.11.18
大型トラックが軽ワゴンに追突（京都市）	19.5.23
玉突き衝突（京都市）	19.8.5
通学路にトラック突入（京丹後市）	19.10.12
軽乗用車が大型トラックに衝突（京丹波町）	20.8.14
軽トラが幼児をはねる（京都市）	21.4.16
乗用車が歩道を走行（京都市）	21.6.21
軽乗用車が歩行者をはねる（京丹後市）	21.12.6
バスが交通事故（京都市）	22.1.25
コーヒーショップに車突入（京都市）	22.2.3
乗用車ががけ下に転落（福知山市）	22.8.4
乗用車歩道を暴走（京都市）	22.8.7
父親運転の車に当たり1歳児死亡（京都市）	22.8.16
国重文に車が衝突（京都市）	22.9.25
ひき逃げ（京都市）	23.12.8
玉突き事故（大山崎町）	24.3.15
京都で暴走車（京都市）	24.4.12
児童の列に車突っこむ（亀岡市）	24.4.23
介護送迎車とダンプが衝突（亀岡市篠町）	24.5.9
集団登校児童にライトバン接触（綾部市城内町）	24.5.29
名神で乗用車が横転（長岡京市）	24.9.15
トラック追突し多重事故（京都市）	25.2.26
乗用車横転（福知山市）	25.3.7

自動車事故　　災害別一覧

タクシーが歩道を暴走(京都市)	25.3.29
バスが追突(京都市)	25.3.31
小学生の列に車が突っ込む(八幡市)	25.9.24
軽トラが自転車に追突(京都市)	25.10.2
運送会社で火災(田辺市)	26.10.28
トラックがバスに衝突(京都市)	27.5.21
トラックがタンクローリーに追突(京都市)	27.6.10
5台が絡む多重事故(宇治市)	28.10.1
雪に絡む死亡事故、各地で相次ぐ(福知山市)	29.1.14–
議員が交通事故(京都市)	29.4.15
園バスが衝突、園児ケガ(京都市)	30.12.6
事故で車外作業、はねられ死亡(綾部市)	30.12.30

◇大阪府

乗用車転落(大阪市港区)	1.10.22
玉突き事故(豊中市)	2.1.3
ワゴン車・乗用車衝突(豊中市)	2.1.17
軽乗用車標識柱に激突(松原市)	2.2.9
タクシー・乗用車衝突(大阪市中央区)	2.3.16
玉突き事故(守口市)	2.4.14
ワゴン車・ごみ収集車追突(大阪市鶴見区)	2.4.14
トラック・市バス衝突(大阪市住之江区)	2.5.12
オートバイ・軽トラと衝突(大阪市大正区)	2.5.19
乗用車転落(大東市)	2.5.19
阪奈道路追突事故(大東市)	2.5.29
乗用車暴走(堺市)	2.7.30
玉突き事故(高槻市)	2.8.11
ドラム缶爆発(高槻市)	2.12.21
乗用車転落(大阪市北区)	3.1.11
多重衝突事故(八尾市)	3.1.13
乗用車街路樹に激突(豊中市)	3.1.29
名神高速玉突き事故(三島郡島本町)	3.2.8
名神高速玉突き事故(吹田市)	3.2.26
パトカー・オートバイ衝突(大阪市中央区)	3.4.13
パトカーショールームに突っこむ(大阪市東成区)	3.5.13
幼稚園マイクロバス・ワゴン車衝突(大阪市鶴見区)	3.6.14
パワーショベル落下(大阪市中央区)	3.7.11
トラック炎上(大阪市西淀川区)	3.7.12
乗用車炎上(東大阪市)	3.8.9
貨物運搬車暴走(大阪市)	3.8.29
玉突き衝突(岸和田市)	3.8.31
名神高速玉突き事故(吹田市)	3.11.6
名神高速玉突き事故(三島郡島本町)	4.1.8
パワーショベル転落(大阪市西成区)	4.1.25
近鉄バス・乗用車衝突(東大阪市)	4.3.1
名神高速玉突き事故(吹田市)	4.3.17
大型トラック・ワゴン車衝突(高槻市)	4.4.16
中国自動車玉突き衝突(豊中市)	4.6.30
名神高速玉突き事故(高槻市)	4.9.22
マイクロバス・大型ダンプカー追突(藤井寺市)	4.11.28
タンク車炎上(大阪市大正区)	4.12.5
玉突き事故(大阪市城東区)	5.2.5
紙袋工場全焼(豊中市)	5.2.5
高速道路側壁落下(茨木市)	5.5.18
バキュームカー・バス衝突(高槻市)	5.6.9
乗用車・ワゴン車衝突(大阪市大正区)	5.8.2
市バス衝突(高槻市)	5.9.3
乗用車・ゴミ収集車追突(柏原市)	6.1.7
コンテナ落下(東大阪市)	6.1.10

清掃作業現場乗用車突入(大阪市此花区)	6.2.5		中央環状玉突き事故(摂津市)	10.1.11
阪神高速乗用車追突炎上(大阪市北区)	6.2.17		乗用車クッションドラムに衝突(大阪市港区)	10.3.2
転落事故(泉大津市)	6.2.27		自転車トラックにはねられる(大阪市鶴見区)	10.4.1
名神高速玉突き事故(高槻市)	6.6.3		トラック追突(堺市)	10.7.23
大型トレーラー衝突(泉大津市)	6.6.9		ミニバイク・乗用車衝突(大阪市城東区)	10.7.28
園児の列に送迎バス(東大阪市)	6.6.29		タクシー・乗用車衝突(大阪市北区)	10.8.3
バス・乗用車衝突(河内長野市)	6.9.19		オートバイ・タクシー衝突(堺市)	10.9.6
オートバイ・ワゴン車衝突(大東市)	6.10.31		乗用車・軽乗用車衝突(大阪市旭区)	10.9.12
遠足バス追突(大阪市平野区)	7.3.2		近畿自動車道スリップ事故(東大阪市)	10.10.17
南海バス・ダンプカー衝突(堺市)	7.4.15		乗用車・トラック追突(箕面市)	10.11.11
市バス追突(大阪市大正区)	7.5.26		阪和自動車道で人身事故(和泉市)	16.1.21
乗用車追突(岸和田市)	7.9.3		トラックがパトカーと衝突(大阪市)	16.3.6
大型トラックレストランに突入(泉大津市)	7.9.4		トラック衝突事故に後続追突(茨木市)	16.3.25
軽ワゴン車・ゴミ収集車衝突(大阪市西成区)	7.10.26		新聞配達員がひき逃げされ死亡(泉大津市)	16.3.26
トラック・四駆車追突(泉南郡熊取町)	7.12.12		歩道に車が乗り上げ歩行者死亡(大阪市)	16.4.5
ワゴン車・南海電車衝突(泉北郡忠岡町)	8.3.15		事故軽トラにトラック追突(茨木市)	16.4.20
トラック衝突(茨木市)	8.5.14		救急車に乗用車が衝突(八尾市)	16.4.24
ワゴン車炎上(島本町)	8.5.15		タイヤ脱落し車に衝突(岬町)	16.5.5-
乗用車衝突(大東市)	8.8.26		自転車に路線バスが衝突(大阪市)	16.5.13
トラック・乗用車衝突(松原市)	8.10.7		バイク転倒し乗用車に衝突(大阪市)	16.5.26
トラック・乗用車追突(大東市)	8.10.18		軽乗用車同士衝突(東大阪市)	16.6.11
乗用車スリップ事故(四条畷市)	9.1.22		ワゴン車がバイク2台をひき逃げ(大阪市)	16.7.16
乗用車高速道逆走(岸和田市)	9.1.29		トラックがワゴン車に追突(東大阪市)	16.7.17
阪神高速玉突き事故(大阪市港区)	9.5.7		トラックが乗用車に追突(大阪市)	16.8.1
阪神高速多重衝突事故(豊中市)	9.5.16			
路線バス・南海観光バス衝突(大阪市住之江区)	9.6.22			
乗用車・作業車追突(泉佐野市)	9.7.25			
乗用車転落(泉大津市)	9.8.23			

自動車事故　災害別一覧

事故	日付
市営バスとバイク衝突(大阪市)	16.8.14
乗用車同士衝突(堺市)	16.9.20
ダンプカーが軽乗用車と衝突(枚方市)	16.11.1
全裸の男が車で5人はね1人死亡(茨木市)	16.11.18
乗用車が軽乗用車と正面衝突(羽曳野市)	16.12.4
市道でひき逃げ(大阪市)	17.1.12
乗用車がバイクをひき逃げ(大阪市)	17.1.25
逆走ワゴン車がタクシーに衝突(大阪市)	17.2.1
逆走乗用車がタクシーと衝突(堺市)	17.3.30
無人のポンプ車暴走(豊中市)	17.4.21
乗用車とバイク衝突(四條畷市)	17.4.24
大型トラックなど11台衝突(高槻市)	17.6.15
バイクと乗用車正面衝突(大阪市)	17.6.19
市バスとトレーラーなど衝突(大阪市)	17.6.29
鉄パイプが車を貫通(藤井寺市)	17.7.19
追跡中のパトカーがバイクと衝突(大阪市)	17.7.22
乗用車に軽トラック追突(枚方市)	17.8.2
乗用車2台が炎上(八尾市)	17.8.21
軽トラックとバイク衝突(富田林市)	17.8.23
トラックがワゴン車に追突(高槻市)	17.9.11
パトカーに追われひき逃げ(大阪市)	17.11.26
乗用車とミニバイク衝突(八尾市)	17.12.31
軽自動車と特急電車衝突(高石市)	18.1.9
国道で玉突き事故(藤井寺市)	18.3.14
乗用車が保冷車に追突(柏原市)	18.3.23
トラックに挟まれ死亡(太子町)	18.5.9
トラックのタイヤ脱落で乗用車追突(堺市)	18.6.6
ダンプカーが逆走し対向車に衝突(四條畷市)	18.10.21
タイヤ破裂の風圧で男児重傷(堺市)	18.11.30
走行中のトラックから脱輪(豊中市)	18.12.22
阪和道で乗用車3台が衝突(堺市)	19.1.26
スキーバス衝突(吹田市)	19.2.18
酒気帯び運転で衝突(豊中市)	19.4.12
ワゴン車のドア開き転落(大阪市)	19.7.1
検問突破の車と衝突(堺市)	19.7.28
阪神高速で玉突き事故(大阪市)	19.7.31
妊婦搬送遅れ救急車が事故(高槻市)	19.8.29
名神高速で4台衝突(吹田市)	19.10.26
衣料品店に車突入(大阪市)	19.11.3
トレーラーがバイクと衝突(堺市)	19.11.7
はねた女性を病院に運び放置(大阪市)	19.11.22
トンネルで玉突き(泉南市)	19.12.4
集団下校の列に車(泉佐野市)	19.12.6
トラック玉突き事故(吹田市)	20.5.22
トラック衝突事故(大阪市)	20.6.13
タクシーと飲酒乗用車正面衝突(大阪狭山市)	20.6.18
14歳が無免許ひき逃げ(大阪市)	20.10.18
酒気帯び運転でバスに接触(大阪市)	20.10.18
大阪で3キロひきずりひき逃げ(大阪市)	20.10.21
6キロ引きずりひき逃げ(富田林市)	20.11.16
車が居酒屋に突っ込む(大阪市)	21.1.26
乗用車が歩道に突っ込む(大阪市)	21.4.1

災害別一覧　　　　　自動車事故

項目	日付
乗用車が逆走(大阪市)	21.10.1
児童送迎バスが衝突炎上(高槻市)	22.3.29
タクシーが暴走(大阪市)	22.7.8
交通事故で多重衝突(大阪市)	22.7.14
タンクローリーが追突(堺市)	22.8.23
乗用車が街灯に衝突(東大阪市)	23.1.4
乗用車衝突事故(大阪市)	23.1.9
校内で児童をひき逃げ(堺市)	23.3.8
タンクローリーが突っ込む(大阪市)	23.5.12
タンクローリーと車が衝突(茨木市)	23.6.13
交通事故(茨木市)	23.6.13
車が衝突しガス漏れ(堺市)	23.6.16
3歳児の操作で車暴走(大阪市)	23.6.17
2トン車突っ込む(大阪市)	23.7.7
ひき逃げ(八尾市)	23.7.13
自動車イベント会場で事故(大阪市)	23.8.21
多重衝突事故(堺市)	23.9.19
交通事故(羽曳野市)	23.9.24
パトカー追跡の乗用車が衝突(堺市)	23.12.17
玉突き事故(豊中市桜の町)	24.1.28
大型トラックひき逃げ(東大阪市)	24.2.6
作業車と乗用車が衝突(岸和田市包近町)	24.2.20
複数台にはねられ、男性死亡(堺市)	24.3.14
運転手がはねられ死亡(松原市)	24.3.28
民家に車が突っ込む(高石市)	24.4.16
児童の列に車突っこむ(大阪市)	24.5.14
逃走車が逆走しパトカーに衝突(大阪市)	24.5.22
ブレーキ間違え軽自動車暴走(大東市)	24.6.26
ワゴン車暴走(大阪市)	24.6.26
トラックと乗用車が玉突き衝突(高槻市上牧町)	24.7.6
救急車と乗用車が接触(岸和田市中井町)	24.8.16
救急車が事故、搬送患者死亡(大阪市)	24.10.4
ひき逃げ(泉佐野市)	24.11.13
バスと軽自動車が衝突(枚方市)	25.4.17
自転車をひき逃げ(枚方市)	25.4.21
乗用車など玉突き事故(羽曳野市)	25.5.4
ダンプカーがバスに追突(茨木市)	25.6.27
クレーン車によるひき逃げ(大阪市)	25.8.7
ガードレールに車が衝突(東大阪市)	25.8.28
コンビニに車が衝突(岸和田市)	25.9.7
玉突き事故(茨木市)	25.9.19
タクシーが逆走して衝突(大阪市)	25.10.6
玉突き事故(吹田市)	25.12.25
マイクロバスとトラックが衝突(枚方市)	26.1.10
軽トラと乗用車が正面衝突(吹田市)	26.3.8
パトカーにはねられ死亡(大阪市)	26.4.13
トラックにはねられ死亡(堺市)	26.4.24
低血糖で乗用車が追突(大阪市)	26.7.3
トラックの下敷きになり死亡(摂津市)	26.7.10
乗用車にはねられ死亡(大阪市)	26.7.18
路上の油で事故が相次ぐ	26.8.23
バスとトラックが衝突(大阪市)	26.10.6
乗用車が海に転落(泉佐野市)	26.10.14
市営バスの事故が相次ぐ(大阪市)	26.10.15
トラックと工事用車両が衝突(高槻市)	26.10.16

平成災害史事典総索引　　165

自動車事故　　災害別一覧

事故	日付
6台が絡む玉突き事故(大阪市)	26.10.25
高速道路ではねられ死亡(高槻市)	26.11.7
スポーツカーと乗用車が正面衝突(大東市)	26.12.23
4台が絡む多重事故(八尾市)	27.1.4
交差点で衝突事故(東大阪市)	27.3.5
トラックが横転(泉佐野市)	27.4.16
登校列に車突っ込む(豊中市)	27.5.20
駅券売機に車突っ込む(堺市)	27.6.25
車道上のブロックに衝突(大阪市)	27.10.23
3台が絡む多重事故(高槻市)	27.12.14
ひき逃げ(大阪市)	28.1.26
自転車がトラックにひかれる(寝屋川市)	28.1.26
乗用車が歩道に突っ込む(大阪市)	28.2.25
バスが電柱に接触(大阪市)	28.3.4
軽乗用車にトラックが衝突(泉佐野市)	28.3.18
ワゴン車がダムに転落(大阪市天王寺区)	28.5.29
車椅子の女性がはねられ死亡(大阪市)	28.6.4
トンネル内で多重事故(泉南市)	28.7.16
お笑いタレントがはねられ死亡(大阪市)	28.9.27
6台が絡む玉突き事故(池田市)	28.12.16
雪に絡む死亡事故、各地で相次ぐ(阪南市)	29.1.14-
下校の列に軽乗用車突入(能勢町)	29.2.13
原付と並走自転車接触(岸和田市)	29.3.8
登校児童の列に乗用車突入(寝屋川市)	29.4.18
高速バスなど5台絡む事故(高槻市)	29.5.2
バスにワンボックスカー追突(泉佐野市)	29.5.12
幼稚園バス事故(八尾市)	29.5.30
父親の車にひかれ男児死亡(羽曳野市)	29.6.23
登校児童の列に車突入(枚方市)	29.10.18
送迎バス転落(泉佐野市)	29.11.13
交通事故で1歳児はねる(藤井寺市)	30.1.11
歩道に重機が突っ込む(大阪市)	30.2.1
交通事故、8人搬送(大阪市)	30.5.5

◇兵庫県

事故	日付
大型トラック炎上(宝塚市)	2.3.3
ワゴン車中央分離帯に衝突(佐用郡上月町)	2.4.29
中国自動車道多重衝突(加東郡社町)	2.6.9
中国自動車道玉突き事故(西宮市)	2.6.15
玉突き事故(朝来郡朝来町)	2.7.22
ワゴン車ガードレールに衝突(神戸市東灘区)	2.7.29
マイクロバス・大型トラック追突(西宮市)	3.1.13
トラック横転(西宮市)	3.2.7
集団登校児童はねられ負傷(川辺郡猪名川町)	3.2.18
大型トラック・ワゴン車衝突(西宮市)	3.3.7
乗用車・ワゴン車衝突(尼崎市)	3.4.26
玉突き事故(神戸市西区)	3.4.30
玉突き事故(神戸市須磨区)	3.6.28
乗用車支柱に衝突(神戸市東灘区)	3.7.12
乗用車衝突(姫路市飾磨区)	3.7.16
タンクローリー暴走(神戸市兵庫区)	3.7.28
マイクロバス・乗用車衝突(西宮市)	3.8.9
トラック追突(佐用郡上月町)	3.8.15
第2神明道路玉突き事故(神戸市西区)	3.10.24
日本交通山陰特急バス・大型トラック追突(美嚢郡吉川町)	4.4.5
乗用車衝突(神戸市西区)	4.7.10

災害別一覧　　　　　　　　　自動車事故

災害	日付
トラック・タクシー衝突（神戸市灘区）	4.8.21
トラック暴走(神戸市灘区)	4.8.31
ワゴン車暴走(神戸市北区)	4.9.10
中国自動車道玉突き事故（川西市）	4.10.8
トレーラー横転炎上(尼崎市)	5.1.26
バス・トラック衝突(神崎郡福崎町)	5.4.2
中国道玉突き事故(西宮市)	5.4.24
乗用車川に転落(神戸市灘区)	5.6.6
名神高速乗用車逆走(西宮市)	5.11.12
高速の切れ目から乗用車転落（神戸市中央区）	7.6.8
山陽道衝突炎上事故(相生市)	7.6.26
トラック・乗用車追突（川西市）	7.8.11
ダンプ・トラック追突（美嚢郡吉川町）	7.9.21
多重衝突(神戸市北区)	7.10.18
タイヤが外れ作業員直撃（川西市）	7.11.9
乗用車踏切遮断機に衝突（小野市）	7.11.14
トラック荷物落下(西宮市)	8.1.9
阪神高速玉突き事故(神戸市東灘区)	8.1.23
トラック鋼材荷崩れ(西宮市)	8.1.25
軽乗用車横転(西宮市)	8.1.28
タンクローリー・西日本JRバス衝突(飾磨郡夢前町)	8.2.2
乗用車電柱に激突(神戸市須磨区)	8.2.4
新神戸トンネル追突事故（神戸市北区）	8.2.5
舞鶴自動車道玉突き事故（多紀郡丹南町）	8.2.10
新神戸トンネル追突事故（神戸市北区）	8.4.24
トラック・乗用車追突（美嚢郡吉川町）	8.5.11
乗用車池に転落(小野市)	8.5.27
ライトバンブロック塀に衝突(龍野市)	8.6.9
山陽自動車道玉突き事故（赤穂市）	8.6.11
乗用車転落(朝来郡和田山町)	8.8.24
ワゴン車・トラック衝突（美方郡村岡町）	8.9.29
工事現場トラック突入(美嚢郡吉川町)	8.10.22
乗用車電柱に衝突(加古川市)	8.11.29
乗用車横転炎上(洲本市)	9.1.3
中鉄観光バス・ダンプカー追突(美方郡温泉町)	9.5.8
中国自動車玉突き事故(加西市)	9.6.3
乗用車側壁に衝突(神戸市兵庫区)	9.7.8
タンクローリー横転(姫路市)	9.8.25
中国自動車道多重衝突(東条町)	9.10.19
山陽道玉突き事故(相生市)	9.11.30
軽トラック中央分離帯に衝突(西宮市)	10.1.19
タクシー・軽トラック衝突（芦屋市）	10.2.13
トレーラー暴走(神戸市灘区)	10.3.3
軽乗用車・トラック追突（川西市）	10.6.13
乗用車横転(神戸市西区)	10.10.29
乗用車転落(姫路市飾磨区)	10.12.20
ひき逃げ(神戸市)	13.6.7
神戸淡路鳴門自動車道で多重衝突事故(淡路町)	14.7.11
飲酒運転バス運転手が女性をはねる(神戸市)	14.8.28
中国自動車道路玉突き事故(伊丹市)	15.1.23
ワゴン車にはねられ死亡（明石市）	15.6.29
軽乗用車と普通電車衝突（尼崎市）	16.4.26
乗用車が電車に衝突(明石市)	16.6.3
トラックと乗用車玉突き（赤穂市）	16.8.7

自動車事故　　災害別一覧

事故	日付
ゴミ収集車が坂道暴走(神戸市)	16.9.22
中国自動車道で6台玉突き(宝塚市)	16.11.13
阪急電車と乗用車衝突(尼崎市)	17.1.10
路面凍結で37台衝突(神戸市)	17.2.1
軽乗用車とバイク衝突(川西市)	17.3.15
トンネル内でトラックと乗用車接触(宝塚市)	17.6.22
逃走中に衝突・炎上(西脇市)	17.7.19
パトカーに追われ交差点で衝突(神戸市)	17.7.21
トラックが追突(宝塚市)	17.9.8
トラックが乗用車に追突(川西市)	17.12.2
凍結路面でスリップ(神戸市)	17.12.17
大型トラックが陸自車両に衝突(福崎町)	18.2.22
トラック追突(赤穂市)	18.2.23
4台玉突き衝突(神戸市)	18.4.5
横転トラックに衝突(赤穂市)	18.4.11
バス追突(尼崎市)	18.6.1
パトカーがバイクに衝突(芦屋市)	18.6.2
乗用車が竹やぶに転落(神戸市)	18.6.28
ダンプカーが大型トラックに追突(神戸市)	18.8.24
トラックから落ちた鉄箱に追突(西宮市)	18.12.5
乗用車が横転(伊丹市)	19.4.1
乗用車同士が正面衝突(神戸市)	19.4.30
飲酒運転で衝突(尼崎市)	19.6.23
中国道で4台事故(宍粟市)	19.8.4
駐車場から軽乗用車転落(養父市)	20.3.9
軽乗用車全焼(神戸市)	20.6.5
国道で交通事故(赤穂市)	20.8.22
乗用車同士が衝突炎上(姫路市)	20.10.22
タクシーが家に突入(西宮市)	20.12.6
玉突き事故(神戸市)	21.5.2
ドリフト走行中に人をはねる(姫路市)	21.7.23
タンクローリー火災(姫路市)	21.10.24
乗用車が歩行者をはねる(加東市)	21.10.30
トンネル入り口で自動車追突(姫路市)	22.5.4
飲酒運転でひき逃げ(西宮市)	22.5.29
無免許ひき逃げ(尼崎市)	22.8.18
玉突き事故(神戸市)	22.9.5
マヨネーズ散乱で多重事故(加古川市)	22.9.25
川に車転落(神戸市)	23.5.31
トラック追突事故(佐用町)	23.7.20
交通事故(淡路市)	23.8.11
ひき逃げ(伊丹市)	23.11.16
玉突き事故(神戸市)	23.11.30
パトカー追跡中にバイク転倒(芦屋市)	23.12.4
交通事故(加西市)	23.12.10
玉突き事故(伊丹市)	24.1.27
バス事故で塾生徒ら負傷(加西市)	24.4.5
多重衝突事故(宝塚市)	24.5.1
工事作業車にトラック追突(加古川市東神吉町)	24.7.10
乗用車が海に転落(神戸市中央区新港町)	24.9.24
乗用車とトレーラーが衝突(神戸市垂水区塩屋町)	24.10.26
老人施設送迎車が衝突(明石市)	25.1.15
高速で横転(姫路市)	25.2.2
軽自動車横転(川西市)	25.5.4
観光バスが出火しトンネル火災(神戸市)	25.5.31
トラック・乗用車玉突き事故(神戸市)	25.6.18
ワゴン車が衝突(加東市)	25.7.7
乗用車が暴走(西宮市)	25.8.6
バイパスで車衝突(姫路市)	25.9.2

自動車事故

ワゴン車壁衝突(養父市)	25.9.2
乗用車とパトカーが衝突(丹波市)	26.4.13
4台が絡む多重事故(神戸市)	27.2.23
ワンボックスカーとマイクロバスが衝突(宍粟市)	27.3.29
横断歩道で乗用車にはねられる(宝塚市)	27.6.25
乗用車同士が正面衝突(西宮市)	27.7.31
14台が絡む多重事故(加西市)	28.2.9
乗用車が歩道を暴走(神戸市)	28.5.3
玉突き事故(神戸市)	28.7.14
歩行者4人が乗用車にはねられる(神戸市)	28.7.23
小学生の列にタクシーが突っ込む(加古川市)	28.8.27
軽乗用車が逆走(淡路市)	28.11.29
登校児童の列に軽乗用車突入(姫路市)	29.1.17
乗用車が大破炎上(神戸市)	29.3.30
観光バスと乗用車が衝突(神戸市)	29.5.15
トラックにはねられ死亡(東灘区)	29.7.25
折れた枝がバイクに落下(尼崎市)	29.9.29
2人乗り自転車、軽乗用車と衝突(宝塚市)	29.12.16
玉突き事故で親子死亡(加古川市)	30.10.25

◇奈良県

阪奈道路玉突き事故(奈良市)	2.10.31
乗用車分岐壁に激突(山辺郡山添村)	3.5.9
パトカー・乗用車衝突(生駒市)	4.1.8
阪奈道スリップ事故(生駒市)	5.6.23
多重衝突事故(天理市)	6.4.16
乗用車接触され川に転落(生駒市)	7.7.1
住宅火災(高市)	7.11.3
乗用車・トラック衝突(大和郡山市)	8.2.6
西名阪自動車道玉突き事故(天理市)	8.11.9
西名阪自動車道玉突き事故(天理市)	8.12.18
西名阪道追突事故(大和郡山市)	9.3.24
名阪国道玉突き衝突(天理市)	10.8.8
大型トレーラー・トラック追突(都祁村)	10.11.2
玉突き衝突(天理市)	12.12.8
トラック横転衝突事故(天理市)	16.3.22
バイクと乗用車衝突(上牧町)	17.8.18
名阪国道で玉突き事故(奈良市)	18.7.14
路線バスとワゴン車衝突(奈良市)	18.11.24
酒気帯び運転で衝突(橿原市)	19.2.4
トラックの鉄扉が直撃(大和郡山市)	19.7.2
トンネル内で正面衝突(曽爾村)	20.1.19
ペダル踏み間違えて事故(天理市)	22.5.3
スーパーに乗用車が衝突(奈良市)	22.5.28
小学生がはねられ死亡(橿原市)	22.8.20
路線バス水路に転落(大和郡山市)	23.11.17
飲酒運転(斑鳩町)	24.7.19
パッカー車とバイク衝突(田原本町)	25.5.17
タクシー客が転落(葛城市)	25.12.13
高速道路で正面衝突(五條市)	26.4.27
バスにはねられ死亡(奈良市)	26.12.2
乗用車が欄干に衝突(明日香村)	27.8.27
トンネル内で衝突事故(川上村)	28.8.16

自動車事故　災害別一覧

積雪で8台絡む事故(生駒市)	30.2.12
バイク事故で死亡(奈良市)	30.8.31
バスと車が接触事故(奈良市)	30.12.11

◇和歌山県

乗用車川に転落(和歌山市)	2.3.5
乗用車転落(西牟婁郡中辺路町)	2.11.4
高速道乗用車逆走(海南市)	3.9.15
乗用車中央分離帯に激突(和歌山市)	4.2.9
多重衝突(和歌山市)	5.12.18
ワゴン車・大型トラック衝突(伊都郡かつらぎ町)	6.6.4
乗用車正面衝突(日高郡印南町)	8.1.13
クレーン車暴走(和歌山市)	8.7.8
大型トラック・軽乗用車衝突(伊都郡高野口町)	9.2.12
乗用車電柱に激突(伊都郡かつらぎ町)	9.10.4
乗用車・ダンプカー衝突(和歌山市)	10.2.28
軽乗用車母子をはねる(海南市)	10.5.4
乗用車同士衝突(和歌山市)	16.9.13
乗用車逆走しトラックと衝突(海南市)	16.10.9
トラックと乗用車衝突(印南町)	17.4.1
ガソリンスタンドに乗用車衝突(岩出市)	18.9.3
乗用車同士が正面衝突(有田川町)	19.1.4
4トンの鉄製容器がトラック直撃(岩出市)	19.11.19
ワゴン車がガードレールに衝突(すさみ町)	21.3.2
ひき逃げ(白浜町)	22.8.16
ひき逃げ(和歌山市)	23.12.17
飲酒運転(串本町)	23.12.31
相次ぐ小学生の交通事故	24.4.7〜
マイクロバスが柱に衝突(海南市)	25.3.9
軽乗用車が葬儀場に突入(有田川町)	25.3.16
路上の油で事故が相次ぐ	26.8.23
軽乗用車とタクシーが衝突(岩出市)	26.11.30
路面凍結でスリップ事故多発(橋本市,かつらぎ町)	26.12.15
乗用車がスーパーに突っ込む(白浜町)	27.2.11
4歳児が軽乗用車にはねられる(紀の川市)	28.7.1
乗用車、歩行者をはねる(和歌山市)	29.4.18

◇鳥取県

登校中にはねられ死亡(八頭郡船岡町)	3.11.2
登校の列に車突入(米子市)	3.12.9
観光バス・大型トラック衝突(東伯郡三朝町)	4.3.16
観光バス・乗用車衝突(八頭郡若桜町)	5.3.28
観光バス・軽トラック衝突(米子市)	5.10.10
マイクロバス横転(西伯郡名和町)	6.10.3
ライトバン・4輪駆動車衝突(日野郡溝口町)	8.1.3
小型バス転落(八頭郡智頭町)	8.9.17
乗用車・ダンプカー衝突(八頭郡郡家町)	8.10.16
ワゴン車・大型トラック衝突(八頭郡河原町)	9.6.28
軽乗用車街路灯に衝突(米子市)	9.10.5
乗用車がトラックと正面衝突(八東町)	16.8.11
崩れた角材がトラック直撃(鳥取市)	17.10.28
衝突事故(伯耆町)	22.2.14
乗用車が海に転落(岩美町)	25.1.19
軽乗用車同士が正面衝突(伯耆町)	26.5.11
乗用車と軽乗用車が衝突(鳥取市)	27.8.4

◇島根県

乗用車電柱に衝突(鹿足郡日原町)	2.9.1

災害別一覧　　　　自動車事故

中国自動車道玉突き事故（鹿足郡六日市）　4.2.22
乗用車・大型トレーラー衝突（益田市）　4.9.4
軽乗用車・乗用車衝突（大田市）　9.7.7
乗用車緑地帯に激突（浜田市）　9.9.28
ダンプカーに軽乗用車が衝突（益田市）　16.4.27
集団登校の列に暴走車（出雲市）　17.11.22
乗用車とトラック衝突（雲南市）　18.2.3
乗用車同士が衝突（大田市）　19.12.22
トラックが暴走（松江市）　21.12.12
玉突き事故（益田市）　25.10.16
落石が軽乗用車を直撃（邑南町）　28.5.4
登校の列に軽トラ突入（益田市）　29.1.30

◇岡山県

乗用車炎上（津山市）　1.3.30
中国道玉突き事故（津山市）　2.5.3
大型トラック・ワゴン車衝突（阿哲郡哲西町）　2.6.15
乗用車がけ下に転落（川上郡川上町）　2.8.17
乗用車・大型トラック衝突（新見市）　3.1.7
マイクロバス・乗用車衝突（久米郡久米町）　3.6.15
タンクローリー民家に突入（邑久郡長船町）　5.1.25
観光バス・乗用車衝突（岡山市）　5.6.28
歩道に暴走車（井原市）　5.8.21
山陽道多重衝突事故（赤磐郡山陽町）　5.12.19
盗難車追突事故（浅口郡里庄町）　6.2.18
トラック横転（赤磐郡熊山町）　6.10.28
山陽自動車道乗用車逆走（岡山市）　6.11.26
トラック・トレーラー追突（笠岡市）　7.6.14
広島バス・大型トラック追突（吉備郡真備町）　8.3.25
落石事故（久米郡久米町）　8.5.5
トラック・幼稚園バス正面衝突（津山市）　8.10.23
軽乗用車・大型トラック衝突（岡山市）　9.3.25
トラックなど5台玉突き（瀬戸町）　16.5.7
認知症の74歳が山陽道逆走（倉敷市）　19.11.22
トラックが乗用車と衝突（倉敷市）　20.12.29
トラックがパトカーに追突（岡山市）　22.2.15
通学バスがクレーン車と衝突（新見市）　23.2.7
バイクと車が衝突（津山市）　23.8.10
スクールバスが急停止（美咲町）　23.9.6
小学生の列に車（津山市）　23.10.17
相次ぐ追突事故（浅口市金光町）　24.2.3
バスとトラック追突（倉敷市）　24.4.9
トラックなど玉突き衝突（笠岡市）　24.7.20
電柱に乗用車が衝突（美作市）　25.5.3
坂道で乗用車が後退（高梁市）　25.6.22
玉突き事故（高梁市）　25.9.15
サーキットでバイク転倒（美作市）　29.4.24
タイヤ落下事故（津山市）　29.10.18
乗用車同士が衝突（岡山市）　29.10.19
集団下校の児童に車突っ込む（赤磐市）　30.1.30
追突事故で幼児死亡（美作市）　30.9.15

◇広島県

郵便車炎上（広島市安佐北区）　1.7.13
乗用車石垣に激突（三原市）　3.8.6
トレーラー・ワゴン車衝突（福山市）　3.9.29

平成災害史事典総索引　　171

自動車事故　　災害別一覧

事故	日付
マイクロバス・乗用車衝突（山県郡戸河内町）	4.6.7
中国自動車道玉突き事故（三次市）	4.8.12
乗用車炎上（呉市）	5.2.3
路面電車・ダンプ衝突（広島市西区）	5.10.8
山陽道玉突き事故（豊田郡本郷町）	6.7.8
乗用車・ワゴン車衝突（山県郡大朝町）	7.1.3
乗用車・軽ワゴン車衝突（御調郡久井町）	7.8.5
バス横転（広島市安佐北区）	7.11.20
広島岩国道路玉突き衝突（佐伯郡大野町）	8.4.9
国道2号松永バイパス多重衝突（福山市）	9.9.7
エアバッグ衝撃で乳児死亡（広島市安佐南区）	9.10.12
山陽自動車道多重衝突（福山市）	12.3.4
大型観光バス・タンク車正面衝突（広島市）	12.9.8
軽乗用車暴走	13.1.21
観光バスが乗用車と衝突（瀬戸田町）	16.4.14
トレーラーがトラックに接触横転（廿日市市）	16.4.21
タイヤ脱落し車に衝突（竹原市）	16.5.5−
大型トラック同士衝突（広島市）	16.6.18
ワゴン車が分離帯に接触し玉突き（三原市）	17.9.12
山陽自動車道で多重衝突（広島市）	18.2.9
横転乗用車にトラック追突（三原市）	18.8.21
バスが追突され横転（三原市）	19.5.8
カーブで積み荷落下（安芸高田市）	19.8.16
乗用車が庭に突入（三原市）	20.12.29
通学バスにはねられ死亡（呉市）	21.4.8
トレーラーが軽トラに追突（広島市）	21.5.7
トラックが炎上（三原市）	21.12.17
正面衝突（世羅町）	22.2.23
イノシシに衝突（尾道市）	22.12.20
飲酒運転で事故（広島市）	23.5.2
児童の列に車が突っ込む（福山市藤江町）	23.5.10
相次ぐ追突事故（福山市春日町）	24.2.3
パトカー追跡の車、自転車をはねる（広島市）	24.7.30
荷台の鉄板落下し乗用車直撃（東広島市河内町）	24.12.25
乗用車横転（安芸太田町）	25.2.21
ひき逃げ（広島市）	25.10.29
ワゴン車が街路樹に衝突（呉市）	26.3.15
乗用車同士が正面衝突（尾道市）	26.12.28
東広島山陽道トンネル火災（東広島市）	28.3.17
路面凍結で衝突事故（三次市）	29.1.14
トラックなど8台絡む事故（三原市）	29.4.17

◇山口県

事故	日付
乗用車・大型トラック衝突（徳山市）	2.2.20
中国自動車道多重衝突（下関市）	2.7.12
マイクロバス転落（豊浦郡豊田町）	2.10.24
トラック横転（下関市）	2.12.21
中国道多重衝突（玖珂郡錦町）	2.12.27
中国道多重衝突（佐波郡徳地町）	2.12.29
乗用車・ライトバン衝突（豊浦郡菊川町）	3.1.4
ワゴン車・乗用車衝突（山口市）	3.1.26
トラック・軽ライトバン衝突（徳山市）	3.2.10
中国自動車道多重衝突（美祢市）	3.7.16
トラック転落（熊毛郡熊毛町）	3.7.27

乗用車衝突(光市)	3.9.22
トラック4重衝突(下関市)	3.10.2
中学生はねられ負傷(防府市)	3.10.9
トラック・マイクロバス衝突(徳山市)	3.10.13
中国自動車道乗用車逆走(都濃郡鹿野町)	3.11.2
トラック・大型トレーラー衝突(下関市)	3.12.6
乗用車・大型トラック衝突(下関市)	3.12.28
中国自動車道多重衝突(鹿野町)	4.2.22
歩行者はねられる(下関市)	4.8.13
トラック・ワゴン車追突(厚狭郡山陽町)	4.8.20
マイクロバス横転(美祢市)	4.9.12
山陽道追突事故(防府市)	4.9.17
ワゴン車・大型トラック衝突(宇部市)	5.2.20
トラック暴走(山口市)	5.4.21
中国自動車道追突事故(下関市)	5.5.2
乗用車・ワゴン車衝突(小野田市)	5.5.29
トラック追突(下関市)	6.2.8
関門トンネル玉突き事故(下関市)	6.5.29
夜行高速バス・タンクローリー追突(防府市)	6.11.8
軽乗用車ブロック塀に激突(岩国市)	7.1.3
送迎バス横転(岩国市)	7.1.11
乗用車電柱に激突(光市)	7.3.26
山陽道多重事故(光市)	7.3.29
乗用車海に転落(宇部市)	7.5.2
観光バスホテルに衝突(秋芳町)	7.12.25
乗用車欄干に衝突(阿東町)	8.1.3
ワゴン車・大型トラック衝突(防府市)	8.1.4
山陽自動車多重追突(新南陽市)	8.5.2
大型トラック中央分離帯に衝突(徳地町)	8.5.14
バスため池に転落(宇部市)	8.8.18
トラック・乗用車衝突(下関市)	8.11.2
乗用車衝突(岩国市)	9.1.1
西鉄観光バス追突(山口市)	9.6.13
ワゴン車衝突(山口市)	9.8.17
マイクロバス・ワゴン車衝突(油谷町)	9.9.6
阪急バス高速バス・大型トラック追突(菊川町)	10.11.22
山陽自動車道多重衝突(防府市)	13.2.11
中国自動車道路多重衝突(小郡町)	15.8.11
衝突車が歩行者巻き添え(防府市)	16.6.26
盗難プレート車がトラックと衝突(萩市)	18.2.3
立体駐車場で車転落(下関市)	18.11.15
中央道で15台衝突(山陽小野田市)	20.12.29
多重衝突事故(下関市)	23.12.4
高速道で追突事故(美祢市)	25.10.5
6台が絡む多重事故(下松市)	28.5.3

◇徳島県

スリップ事故(美馬郡穴吹町)	2.1.3
乗用車衝突(徳島市)	3.12.8
乗用車・大型トラック衝突(鳴門市)	5.2.1
乗用車激突(海部郡海部町)	6.4.2
乗用車転落(三好郡東祖谷山村)	9.1.5
乗用車転落(徳島市)	9.5.8
乗用車衝突	13.8.2
乗用車が大型トラックと正面衝突(三加茂町)	16.4.5
トラックとバスが衝突(牟岐町)	22.7.5
下校の列に乗用車が突っ込む(阿波市阿波町)	24.5.7
ダンプカーにひかれて死亡(徳島市)	27.10.3
市長運転の車が事故(美馬市)	28.5.5

自動車事故　災害別一覧

「ポケモンGO」プレイ中に事故(徳島市)	28.8.23
路面凍結で軽乗用車転落(藍住町)	29.1.24
トラックがバスに追突(鳴門市)	29.8.25

◇香川県

乗用車海に転落(坂出市)	2.4.5
乗用車海に転落(坂出市)	3.3.26
登校の列に車突入(三豊郡三野町)	3.12.9
乗用車標識鉄柱に激突(仲多度郡仲南町)	7.7.3
乗用車・普通トラック衝突(三豊郡高瀬町)	9.11.2
大型トラック・軽乗用車追突(坂出市)	9.12.20
乗用車同士が衝突(観音寺市)	19.9.15
乗用車が建物に突っ込む(高松市)	21.11.5
トラックが乗用車に追突(高松市)	21.11.30
運転手が意識失う(高松市)	22.2.11
乗用車と高速バスが衝突(さぬき市)	23.8.11
バスと車が衝突(三豊市財田町)	24.4.29
乗用車が横転(観音寺市吉岡町)	24.7.31
乗用車が橋脚に衝突(高松市)	27.1.31
軽乗用車が逆走(さぬき市)	28.2.9
祭りの列にトレーラーが突っ込む(観音寺市)	28.10.8
トラックにはねられ2歳児死亡(坂出市)	29.2.21
軽乗用車など3台衝突(東かがわ市)	29.8.24

◇愛媛県

軽ワゴン車・大型トラック衝突(周桑郡丹原町)	5.12.25
松山自動車玉突き事故(周桑郡小松町)	7.1.3
ライトバン・大型トラック衝突(大洲市)	7.3.31
乗用車街路樹に衝突(松山市)	7.4.19
玉突き事故(八幡浜市)	7.4.28
ワゴン車転落(新居浜市)	8.6.15
軽トラック・オートバイ衝突(松山市)	8.12.31
軽ワゴン車・大型トラック衝突(周桑郡丹原町)	9.12.7
消防車が人身事故(保内町)	16.11.7
横断中はねられ3人死亡(今治市)	17.2.8
トンネルで4台玉突き(四国中央市)	19.3.5
路線バスの運転手が急死(今治市)	21.3.19
パトカー追跡中に事故(宇和島市)	22.4.29
多重衝突事故(今治市)	23.7.25
自転車の列に車突っ込む(今治市)	23.9.18
相次ぐ小学生の交通事故	24.4.7-
海に乗用車転落(上島町)	25.3.7
大型バスと乗用車が正面衝突(新居浜市)	26.2.15
乗用車とトラックが衝突(四国中央市)	27.11.17
ワゴン車が歩道に乗り上げる(今治市)	28.9.5
トラック等6台絡む事故(四国中央市)	29.2.14

◇高知県

乗用車・大型保冷車衝突(高知市)	2.8.15
ワゴン車・大型トラック衝突(土佐清水市)	3.3.16
乗用車転落(土佐郡大川村)	4.3.16
乗用車石垣に衝突(須崎市)	6.10.3
ワゴン車川に転落(吾川郡吾川村)	8.1.17
乗用車電柱に衝突(吾川郡伊野町)	8.6.3
軽乗用車転落(土佐市)	9.4.17
トラック信号柱に激突(南国市)	9.8.28
乗用車・ライトバン衝突(土佐市)	12.2.11

災害別一覧　　　　　　　　　　　　自動車事故

交通事故(香美市)	23.11.11
ワゴン車が横転(津野町)	24.8.15
路面電車とトレーラーが衝突(高知市)	24.9.15

◇福岡県

トラック衝突(北九州市門司区)	2.2.8
乗用車標識に衝突(山門郡山川町)	2.2.20
九州縦貫道玉突き事故(粕屋郡久山町)	2.2.23
乗用車川に転落(鞍手郡小竹町)	2.2.25
九州自動車道多重追突(鞍手郡若宮町)	2.3.28
乗用車・ワゴン車衝突(宗像市)	2.4.22
乗用車衝突(福岡市東区)	2.5.4
乗用車衝突(北九州市八幡西区)	2.6.3
乗用車・大型トラック衝突(行橋市)	2.6.13
トラック・西鉄特急バス追突(北九州市八幡西区)	2.8.24
玉突き事故(福岡市博多区)	2.11.6
乗用車・ボンゴ車衝突(山田市)	2.12.30
乗用車・ワゴン車衝突(北九州市門司区)	3.1.2
タクシー・乗用車衝突(太宰府市)	3.2.10
北九州道路多重衝突事故(北九州市八幡東区)	3.2.14
軽乗用車海に転落(北九州市若松区)	3.2.27
九州道玉突き衝突(久留米市)	3.3.8
乗用車衝突(春日市)	3.3.16
都市高速追突事故(北九州市八幡西区)	3.4.1
消防車横転(飯塚市)	3.4.11
乗用車・軽トラック衝突(北九州市小倉南区)	3.4.27
乗用車コンクリートミキサー車に激突(田川市)	3.4.29
乗用車衝突(朝倉郡杷木町)	3.5.5
軽乗用車欄干に激突(大牟田市)	3.5.8
タクシー・乗用車衝突(北九州市八幡西区)	3.5.22
玉突き事故(北九州市小倉南区)	3.7.4
トラック転落(宗像郡福間町)	3.7.15
大型トラック・乗用車衝突(大野城市)	3.7.23
オートバイ・軽ワゴン衝突(久留米市)	3.8.7
乗用車衝突(北九州市若松区)	3.8.8
乗用車街路樹に激突(北九州市八幡西区)	3.8.24
マイクロバス・軽自動車衝突(福岡市西区)	3.10.23
乗用車・ブルドーザー衝突(嘉穂郡頴田町)	3.10.27
冷水トンネル追突事故(筑紫野市)	3.10.30
オートバイ鉄柱に衝突(福岡市中央区)	3.11.1
フォークリフト転落(福岡市中央区)	3.11.9
軽貨物車・軽トラック衝突(北九州市小倉南区)	3.11.13
陸上自衛隊トラック・乗用車追突(北九州市小倉北区)	3.11.13
九州自動車道多重衝突事故(宗像郡福間町)	3.11.27
工事現場に乗用車突入(福岡市南区)	3.12.1
トラック衝突(遠賀郡岡垣町)	3.12.21
タンクローリー川に転落(鞍手郡若宮町)	3.12.28
覆面パトカー・乗用車衝突(福岡市博多区)	4.1.2
乗用車・西鉄バス衝突(北九州市八幡西区)	4.1.2
高速バスタイヤ外れる(筑紫野市)	4.1.7
通学バス・軽乗用車衝突(筑紫野市)	4.2.19
西鉄高速バス・乗用車衝突(北九州市八幡西区)	4.2.23
北九州都市高多重衝突(北九州市)	4.3.17

平成災害史事典総索引　175

自動車事故　災害別一覧

事故	日付
関門トンネル玉突き事故(北九州市門司区)	4.4.21
ワゴン車・トラック衝突(大野城市)	4.5.5
トラック多重追突(久留米市)	4.5.8
九州道スリップ事故(粕屋郡新宮町)	4.6.18
大型タンクローリー横転(北九州市門司区)	4.7.31
路線バス・乗用車追突(福岡市城南区)	4.8.20
ブルドーザー落下(夜須町)	4.11.2
乗用車塀に激突(福岡市南区)	4.11.16
トラック暴走(北九州市八幡東区)	5.2.1
乗用車・トラック衝突(前原市)	5.3.12
乗用車道路標識に衝突(柳川市)	5.3.17
乗用車歩道橋に激突(遠賀郡水巻町)	5.4.24
関門鉄道トンネルで列車止まる(北九州市門司区)	5.4.24
乗用車・タクシー衝突(北九州市小倉北区)	5.6.3
乗用車・トラック衝突(北九州市小倉南区)	5.6.15
バス衝突(筑紫野市)	5.7.27
登園児の列に乗用車(北九州市小倉南区)	5.10.5
乗用車ガードレールに激突(宗像市)	5.12.6
九州自動車道玉突き事故(若宮町)	6.1.17
ライトバン・路線バス衝突(宇美町)	6.3.6
マイクロバス・乗用車衝突(志免町)	6.3.14
九州自動車道玉突き事故(北九州市八幡東区)	6.4.29
乗用車・ガードレール衝突(福岡市西区)	6.5.4
乗用車・ごみ収集車衝突(福岡市博多区)	6.5.12
多重衝突(福岡市博多区)	6.5.15
軽乗用車・大型トラック衝突(飯塚市)	6.7.23
九州自動車道多重衝突(小郡市)	6.8.16
バス衝突(福岡市東区)	6.9.17
トラックガスタンクに衝突(大野城市)	6.9.20
軽乗用車炎上(久留米市)	6.11.4
乗用車衝突(久山町)	7.1.9
乗用車電柱に激突(八女市)	7.2.11
西鉄バス銀行突入(福岡市中央区)	7.3.1
西鉄バス・軽乗用車衝突(北九州市小倉北区)	7.3.12
西鉄バス・トラック衝突(福岡市博多区)	7.3.14
西鉄バス衝突(福岡市中央区)	7.3.21
乗用車・西鉄観光バス衝突(久留米市)	7.4.1
乗用車電柱に激突(飯塚市)	7.4.2
トレーラー工事現場に突入(北九州市小倉南区)	7.6.6
西鉄バス・乗用車追突(福岡市中央区)	7.6.15
西鉄バス・乗用車衝突(直方市)	7.7.2
西鉄高速バスが走行中に黒煙(若宮町)	7.8.4
乗用車衝突(福岡市東区)	7.9.8
乗用車・ダンプカー衝突(浮羽町)	7.9.12
九州自動車多重衝突(久山町)	7.9.23
多重衝突(若宮町)	7.10.3
軽乗用車逆走(粕屋町)	7.12.30
西鉄路線バス・乗用車衝突(福岡市東区)	8.1.6
トラック衝突(北九州市小倉北区)	8.1.11
大型トラック・普通トラック追突(北九州市小倉北区)	8.1.12
軽貨物車・タンクローリー衝突(北九州市八幡西区)	8.1.22
スリップ事故(北九州市小倉南区)	8.2.2
逆走乗用車衝突(福岡市博多区)	8.2.11
JRバス横転(福間町)	8.3.5

災害別一覧　　　自動車事故

トレーラー・トラック衝突(甘木市)	8.5.14
軽乗用車・清掃車追突(北九州市八幡西区)	8.6.11
通園バス・乗用車衝突(桂川町)	8.6.15
乗用車・トラック衝突(大野城市)	8.7.5
マイクロバス電柱に衝突(北九州市若松区)	8.9.10
乗用車ブロック塀に衝突(鞍手町)	8.11.6
関門自動車道多重衝突事故(北九州市門司区)	8.12.5
西鉄バス・トラック衝突(北野町)	8.12.28
西鉄バス・保冷車衝突(新宮町)	9.4.16
軽乗用車衝突(北九州市八幡西区)	9.5.19
乗用車転落(福岡市東区)	9.7.5
乗用車暴走(久留米市)	9.10.5
乗用車街路灯に激突(福岡市東区)	10.11.23
九州自動車道で軽乗用車・保冷車追突(北九州市)	12.7.29
軽乗用車・2トントラック正面衝突(二丈町)	13.2.10
西鉄バス交通事故多発	13.この年
スキーバス事故(北九州市)	16.1.24
乗用車衝突(古賀市)	16.3.21
乗用車とマイクロバス正面衝突(立花町)	17.11.20
乗用車衝突(久留米市)	18.1.3
RVが海に転落(福岡市)	18.8.25
パトカー追跡中の車が衝突(福岡市)	19.8.11
飲酒運転の原付が衝突(福岡市)	19.8.23
乗用車がホームセンターに突入(古賀市)	20.9.28
軽乗用車が壁に激突(水巻町)	21.8.28
送迎バスにひかれ死亡(春日市)	22.3.9
車衝突、池に転落(太宰府市)	22.12.24
飲酒運転で事故(粕屋町)	23.2.9
多重衝突事故(八女市)	24.3.20
乗用車が川に転落(北九州市)	24.9.29
暴走車が次々と車に衝突(北九州市)	25.7.5
交通事故が続発(北九州市)	26.7.14
バイクと乗用車が衝突(行橋市)	26.8.16
オートバイと乗用車が衝突(古賀市)	28.5.8
タクシーが病院に突っ込む(福岡市)	28.12.3
バスと乗用車が衝突(飯塚市)	29.4.17
乗用車が軽乗用車と衝突(筑紫野市)	29.6.19
バイク事故で高校生死亡(田川市)	30.12.5
空港でタクシーが人はねる(福岡市)	30.12.26

◇佐賀県

乗用車転落(神埼郡東脊振村)	2.5.5
トラック横転(三養基郡中原町)	2.7.14
乗用車衝突(佐賀市)	2.11.10
乗用車スリップ事故(武雄市)	2.12.31
乗用車ガードレールに衝突(東松浦郡相知町)	3.2.28
軽トラック・長崎線特急衝突(鹿島市)	3.4.22
軽ライトバン電柱に激突(神埼郡東脊振村)	3.4.22
乗用車・送迎バス衝突(武雄市)	3.10.16
西鉄バス信号機にあて逃げ(北茂安町)	4.6.15
乗用車衝突(鳥栖市)	4.8.5
乗用車・トラック衝突(佐賀市)	4.8.30
ワゴン車衝突(佐賀市)	4.10.29
送迎用マイクロバス・ミキサー車衝突(大和町)	5.3.1
観光バス全焼(小城町)	6.6.6
乗用車衝突(嬉野町)	7.1.10
乗用車電柱に衝突(浜玉町)	7.3.2

自動車事故　　災害別一覧

乗用車ガードレールに衝突(西有田町)　7.7.28
乗用車衝突(伊万里市)　7.9.28
トラック・ワゴン車衝突(鳥栖市)　7.11.20
大型トラック・乗用車衝突(北波多村)　7.12.21
乗用車佐賀署に突入(佐賀市)　8.1.21
大型保冷車・乗用車衝突(鳥栖市)　8.2.24
道路補修作業員ひかれる(神埼町)　8.3.22
ライトバン中央分離帯に衝突(鳥栖市)　8.5.9
軽4輪駆動車・軽トラック接触(鹿島市)　8.6.14
職務質問の乗用車標識支柱に激突(北方町)　8.9.23
バス土手から落ちる(佐賀市)　8.11.29
乗用車ガードレール衝突(北方町)　9.2.10
乗用車・大型トラック衝突(神埼町)　9.12.25
児童の列に暴走車(牛津町)　10.5.1
ラリーカー事故(吉野ヶ里町)　19.8.25
軽乗用車が街路灯に衝突(伊万里市)　26.7.13
車転落(唐津市)　30.9.9

◇長崎県
乗用車転落(上県郡峰町)　1.1.3
スクールバス横転(諫早市)　3.7.24
路線バス・クレーン車衝突(佐世保市)　3.10.1
多重衝突(西彼杵郡西彼町)　4.5.15
玉突き事故(佐世保市)　4.5.27
乗用車自動販売機に衝突(北松浦郡田平町)　4.10.26
乗用車畑に転落(西彼杵郡長与町)　5.9.21
乗用車海に転落(野母崎町)　6.1.5
乗用車正面衝突(吾妻町)　8.6.2
タクシー逆走(長崎市)　9.1.26
観光バス接触事故(小浜町)　9.2.28
乗用車・軽乗用車衝突(美津島町)　9.10.29
バイク・軽乗用車衝突(北有馬町)　13.2.16
乗用車とバスが衝突(長崎市)　26.11.14

◇熊本県
乗用車民家に衝突(熊本市)　2.1.13
多重衝突(山鹿市)　2.5.11
乗用車炎上(下益城郡松橋町)　2.7.29
歩行者ひかれ死傷(荒尾市)　3.1.10
保冷車転落(菊池郡西合志町)　3.4.17
乗用車転落(鹿本郡植木町)　3.7.15
軽乗用車・大型トレーラー衝突(天草郡大矢野町)　3.8.31
乗用車転落(下益城郡富合町)　3.11.23
乗用車標識に激突(熊本市)　4.4.19
オートバイ・乗用車衝突(熊本市)　4.7.4
小型バス横転(玉名郡菊水町)　4.8.4
乗用車衝突(玉名市)　5.12.5
トラック衝突(山鹿市)　6.3.2
軽乗用車・大型トレーラー衝突(山鹿市)　6.3.12
九州自動車道玉突き事故(菊池郡西合志町)　6.6.11
大型トラック・乗用車衝突(大津町)　6.12.24
バス・トラック衝突(有明町)　7.3.24
九州自動車道多重衝突(松橋町)　7.7.22
乗用車・トラック衝突(坂本村)　7.9.14
ワゴン車転落(菊池市)　8.1.1
バス・トラック衝突(本渡市)　8.1.30
ワゴン車衝突(坂本村)　8.4.28
乗用車標識板に衝突(人吉市)　8.4.29
軽乗用車・大型トラック衝突(坂本村)　8.6.22
乗用車暴走(熊本市)　9.7.23
大型トラック・乗用車追突炎上(人吉市)　15.6.24
1歳児がはねられ死亡(多良木町)　21.8.19

災害別一覧　　　　　　　　　　自動車事故

無免許の車とバス衝突(熊本市)	25.10.12
酒気帯び運転事故(熊本市)	29.4.16

◇大分県

トラック・観光バス衝突(日田市)	2.4.20
軽乗用車電柱に衝突(下毛郡耶馬渓町)	2.5.20
タンクローリー・バス追突(大野郡朝地町)	2.7.21
乗用車・トラック衝突(大分市)	2.8.18
大型トラック・乗用車追突(速見郡日出町)	3.2.8
陸上自衛隊大型トレーラー横転(別府市)	3.7.6
小型観光バス転落(湯布院町)	3.9.2
バス待ちの列に車(大分市)	4.1.10
大型トラック転落(庄内町)	4.4.7
軽乗用車・大型貨物衝突(山香町)	4.7.18
乗用車・トラック正面衝突(山香町)	5.4.8
保冷車・トラック衝突(日田市)	6.8.2
バス・保冷車衝突(南海部郡直川村)	6.9.17
慰安旅行バス横転(九重町)	6.9.24
送迎用ワゴン車・乗用車衝突(野津原町)	7.3.13
大型トラック衝突(直川村)	7.6.13
乗用車・トレーラー衝突(湯布院町)	8.1.14
乗客バスに引きずられ死亡(大分市)	8.4.14
西鉄バスガードレールに衝突(九重町)	8.6.14
オートバイ・乗用車衝突(山香町)	8.6.30
乗用車・西鉄バス衝突(日田市)	9.5.31
バスが横転(日出町)	21.7.11
高校球児乗車のバスが追突(別府市)	23.7.10
スキーバスが線路に突っ込む(九重町)	25.2.17
バスが横転(別府市)	27.7.4

◇宮崎県

乗用車追突(延岡市)	2.8.15
トラック転落(えびの市)	3.6.29
トラック・乗用車衝突(宮崎郡佐土原町)	4.1.24
乗用車衝突(日向市)	4.3.28
大型トレーラー民家に転落(西臼杵郡日之影町)	4.3.30
多重衝突(宮崎郡佐土原町)	4.5.3
大型トラック転落(日之影町)	6.4.13
軽ワゴン車・マイクロバス衝突(日向市)	7.9.10
マイクロバス・乗用車衝突(山田町)	8.7.26
正面衝突事故(北川町)	9.10.1
ワゴンと乗用車が衝突(宮崎市)	25.10.26
軽乗用車が歩道を暴走(宮崎市)	27.10.28

◇鹿児島県

突風で車転落(名瀬市)	2.10.6
トラック追突(伊佐郡菱刈町)	4.1.29
イノシシ軽乗用車と衝突(伊集院町)	5.11.15
乗用車信号に衝突(頴娃町)	6.5.16
マイクロバス・トラック衝突(鹿児島市)	7.4.11
運転免許試験場で暴走(姶良町)	7.8.3
大雨で道路陥没し軽トラック転落(鹿屋市)	12.6.3
中学生の集団に車突入(宮之城町)	17.2.21
車転落で死亡(日置市)	30.11.12

◇沖縄県

乗用車電柱に激突(石垣市)	2.7.24
乗用車電柱に激突(読谷村)	3.2.25
乗用車立木に衝突(北谷町)	3.3.8
オートバイ・乗用車衝突(浦添市)	3.3.23
信号待ちの歩行者はねられる(那覇市)	5.1.3

平成災害史事典総索引　179

船舶事故・遭難　　災害別一覧

盗難車電柱衝突(沖縄市)	5.1.12
乗用車衝突(南風原町)	5.1.23
乗用車信号機に激突(西原町)	5.4.6
2重衝突(恩納村)	5.9.21
乗用車トンネル壁に激突(浦添市)	6.10.31
乗用車樹木に衝突(伊江村)	7.11.13
乗用車歩行者はねる(北谷町)	8.1.7
乗用車信号柱に衝突(宜野湾市)	8.5.25
乗用車街灯に激突(恩納村)	8.6.15
高速道で衝突、炎上1人焼死　沖縄・石川市(石川市)	8.8.14
米海兵隊トラック横転(浦添市)	8.12.10
乗用車衝突(嘉手納町)	9.2.2
ひき逃げ(那覇市)	21.4.4
米兵がひき逃げ(読谷村)	21.11.7
高校生の列に乗用車突入(恩納村)	25.3.7
大型トレーラーと軽自動車2台が衝突(北中城村)	26.1.13
元サッカー代表選手が事故死(宮古島市)	26.10.17
小6男児バイク酒気帯び事故(恩納村)	29.2.12
米軍トラックが軽トラに衝突(那覇市)	29.11.19
スクールバスと衝突(うるま市)	30.5.12
車転落で夫婦死亡(今帰仁村)	30.10.10

【船舶事故・遭難】

◇北海道

漁船爆発(根室市沖)	2.5.26
遊漁船・ホタテ漁船衝突(小樽市)	10.7.17
漁船転覆(留萌市)	11.7.24
漁船沈没(日高支庁浦河郡浦河町)	12.9.11
漁船転覆(登別市)	14.1.21
釣り船転覆(オホーツク海)	14.9.14
漁船ガス爆発(根室市)	15.5.15
カヌー転覆(弟子屈町)	15.6.4
砂利運搬船と漁船衝突(苫前町沖)	16.11.6
貨物船が防波堤に衝突(小樽市)	16.11.13
漁船転覆(根室市)	17.9.28
漁船転覆	17.11.22
漁船火災(羽幌町)	19.7.27
捕鯨船の昇降機に挟まれ死亡(釧路市)	19.8.6
漁船が火災で沈没(根室市)	19.9.26
ボートが転覆	21.12.11
漁船行方不明(白糠町)	22.1.29
ホタテ漁船転覆(石狩市)	22.12.18
漁船転覆	23.3.1
遊漁船が転覆(白老町)	24.3.25
漁船転覆(函館市)	25.1.4
貨物船火災(稚内市)	25.5.16
漁船衝突(むかわ町)	25.6.21
漁船転覆(佐呂間町)	25.9.2
プレジャーボートが転覆(岩内町)	26.6.7
ナマコ漁船が転覆(羽幌町)	26.7.12
強風で作業船が転覆(函館市)	27.3.27
ゴムボートが転覆(伊達市)	27.5.27
カーフェリー火災(苫小牧市)	27.7.31

◇青森県

強風で漁船転覆(大畑町)	11.3.22
漁船から転落(上北町)	14.8.1
漁船沈没(六ヶ所村沖)	16.1.24
漁船転覆(おいらせ町)	19.3.17
漁船転覆(青森市)	20.4.5
海自護衛艦火災(東通村)	20.7.6
漁船消息不明	23.4.5
ホタテ漁船が転覆(平内町)	28.7.8
漁船転覆(大間町)	29.2.9

◇岩手県

漁船転覆(気仙郡三陸町)	1.4.6
漁船・タンカー衝突(釜石市)	12.11.24
漁船転覆(釜石市)	17.9.15
漁船が行方不明	21.5.18
海難事故(久慈市)	24.12.7

災害別一覧　　船舶事故・遭難

サンマ漁船で火災(大槌町)	26.8.18
船釣りで転覆、小6死亡(久慈市)	30.8.14

◇宮城県

フェリー接岸失敗(気仙沼市)	1.4.24
貨物船衝突(沖)	1.6.2
海上保安庁巡視船・巻き網漁船衝突(仙台市)	12.10.6
貨物船沈没	13.4.23
タンカー・貨物船衝突(牡鹿町)	15.8.5
漁船沈没・炎上(石巻市)	18.9.17
漁船座礁(女川町)	18.10.6
強風で漁船転覆(石巻市)	19.12.9
漁船衝突事故	24.9.24
小型ヨットから救助要請	25.6.21
漁船転覆(石巻市)	25.6.23
漁船が転覆(石巻市)	27.4.17
漁船転覆(気仙沼市)	29.3.23

◇秋田県

フェリー漂流(男鹿市沖)	15.1.5
漁船転覆(浜田沖)	17.12.6
漁船沈没(八峰町)	18.12.13
釣り船転覆(由利本荘市)	20.8.1
小型船が転覆(秋田市)	22.10.4

◇山形県

川下り観光船衝突(戸沢村)	18.3.4

◇福島県

底引き網漁船遭難	13.2.10
グライダー・LPG船衝突(いわき市)	14.8.4
漁船沈没	15.7.2
水上バイク事故(猪苗代町)	21.10.19
屋形船が浸水	24.4.10
海保のボートが転覆(南相馬市)	28.8.21

《関東地方》

貨物船エンジン爆発(東京湾浦賀水道)	1.10.21

◇茨城県

密漁監視船衝突(波崎町)	10.5.20
モーターボート追突(神栖町)	10.7.5
貨物船火災(神栖町鹿島港沖)	14.7.7
貨物船座礁(日立市)	14.12.5
貨物船沈没(ひたちなか市)	16.5.30
クルーザーが湖岸に衝突(潮来市)	16.8.27
貨物船座礁(神栖市)	18.10.6
大雨暴風で貨物船座礁(神栖市)	18.10.24
海難事故	23.10.15
ボートから転落(龍ケ崎市)	27.9.22

◇群馬県

ボートから転落(みなかみ町)	23.7.6

◇埼玉県

ボート衝突(戸田市)	2.8.24

◇千葉県

化学タンカー炎上(野島崎海上)	1.3.14—
貨物船・漁船衝突(銚子市沖)	1.5.26
漁船転覆(銚子市)	2.1.22
モーターボート転覆(山武郡九十九里町)	2.4.22
タンカー衝突(木更津港沖)	2.12.22
貨物船・タンカー衝突(銚子市沖)	9.7.11
水上バイク衝突(富津市)	10.7.13
ヨット転覆(富浦町沖)	11.6.27
ボート転覆(富津市沖)	13.1.3
貨物船・タンカー衝突(銚子市)	13.5.9
漁船沈没(白浜町)	14.6.10
強風で海に転落(市原市)	16.1.13
漁船転覆(鋸南町)	16.2.7
砂利運搬船と貨物船衝突(袖ケ浦市沖)	17.1.18
貨物船同士が衝突(銚子市)	17.7.22
タンカーと漁船衝突(大原町)	17.8.18
濃霧で貨物船の衝突相次ぐ(館山市)	18.4.13

平成災害史事典総索引　181

船舶事故・遭難　　災害別一覧

首都圏で大停電	18.8.14
ヨット転覆(館山市)	18.10.14–
旅客兼作業船座礁(富津市)	18.11.9
貨物船が砂浜に乗り上げる(館山市)	19.1.7
イージス艦「あたご」衝突事故	20.2.19
カツオ漁の漁船転覆(沖)	20.6.23
漁船転覆	20.11.21
漁船転覆(いすみ市)	21.10.29
釣り船と漁船が衝突(館山市)	24.3.4
高校生のボート転覆(東庄町)	24.12.26
東京湾でカヌーが転覆(市原市)	25.2.16
運送業作業船が沈没(南房総市)	25.4.29
ヨットレースで衝突(浦安市)	25.10.27
漁船から転落(南房総市)	26.5.18
水難事故が相次ぐ(いすみ市)	26.8.16
土砂運搬船で爆発(館山市)	27.5.22
海難事故が相次ぐ(銚子市、勝浦市)	28.8.7
作業船転覆(銚子市)	29.2.19
橋桁に挟まれ船頭死亡(香取市)	29.8.11

◇東京都

貨物船・漁船衝突(伊豆七島・三宅島)	2.6.7
大型タンカー座礁で原油流出(東京湾)	9.7.2
漁船・タンカー衝突(八丈島沖)	11.1.20
木材運搬船遭難(沖ノ鳥島沖)	11.9.13
水上バイク転覆(江東区)	12.7.29
マグロはえ縄漁船遭難	13.2.1
プレジャーボート浸水(江戸川区)	13.8.11
貨物船座礁(大島町)	14.11.26
作業船転覆・重油流出(足立区)	15.1.28
高速船が漂流物に衝突	16.6.11
プレジャーボート座礁(小笠原諸島)	16.6.14
高波で貨物船沈没(父島沖)	17.2.2
タンカー沈没(伊豆大島)	17.4.4
濃霧で貨物船の衝突相次ぐ(江東区)	18.4.13
タンカー内で倒れ死亡(大田区)	18.5.22
首都圏で大停電	18.8.14
悪天候で船転覆(新島)	18.10.8
貨物船火災(伊豆大島)	18.12.6
ジェットフォイルがクジラに衝突(伊豆大島)	18.12.18
運搬船が漁船当て逃げ(伊豆大島)	19.4.4
コンテナ船と貨物船衝突(利島村)	19.7.27
遊漁船火災(大田区)	19.10.6
船から転落	21.9.2
定期船で行方不明	21.10.14
漁船転覆(八丈町)	21.10.24
漁船沈没	23.2.26
フェリーから転落	23.7.31
貨物船が衝突し転覆	25.9.27
水上バイクが防波堤に衝突(江東区)	26.8.2
水上バスが台船に追突(中央区)	27.1.17
高速船がクジラと衝突か(大島町)	28.2.6
カツオ漁船で火災(御蔵島村)	28.5.27
ボート同士が衝突(港区)	29.12.23
漁船遭難((硫黄島))	30.10.28

◇神奈川県

インド貨物船ジャグ・ドゥート爆発・炎上事故(横浜市神奈川区)	1.2.16
氷川丸火災(横浜市中区)	1.4.3
タイ貨物船火災(横浜市中区)	1.4.12
ソ連貨物船・ひき船衝突(三浦市城ケ島南方沖)	1.9.28
突風でヨット転覆	2.4.29
海上自衛隊潜水艦火災(横須賀市)	6.4.7

重油タンカー・プレジャーモーターボート衝突(横浜市金沢区)	10.8.26	釣り船防波堤に衝突(新潟市)	11.6.27
客船火災(横浜市)	11.2.11	底引き網漁船転覆(新潟市)	13.1.31
ヨット転覆(葉山町)	12.3.20	遊漁船沈没	20.9.21
横須で漁船員転落(平塚市)	14.8.27	小型船が転覆(胎内市)	21.6.13
ヨット転覆(葉山町)	15.3.29	タンカー沈没(佐渡市)	23.1.9
ヨット漂流(三浦市沖)	15.5.25	漁船が転覆(新潟市)	26.12.28
水上バイクが競走中に衝突(平塚市)	17.7.17	プレジャーボートが転覆(糸魚川市)	27.5.10
ボートが岸壁に衝突(横浜市)	17.8.26	高田公園でボートが転覆(上越市)	28.4.3
ボートが防波堤に衝突(横浜市)	17.11.10	◇富山県	
漁船転覆(横浜市)	17.12.23	強風タンカー横倒し(富山市)	1.3.8
無人ヨット座礁(鎌倉市)	18.2.3	◇石川県	
コンテナ船とタンカー衝突(三浦市)	18.4.19	漁船を当て逃げ(珠洲市)	14.6.20
プレジャーボート転覆(平塚市)	18.8.7	漁船沈没(鳳至郡門前町)	14.9.27
首都圏で大停電	18.8.14	漁船が転覆	22.5.10
ヨット転覆(三浦市)	18.10.14-	漁船の不明者を発見(小松市)	22.5.30
遊漁船同士が衝突(横浜市)	18.11.19	漁船転覆	24.4.15
ヨット数艇転覆(葉山町)	19.3.29	ヨット転覆(穴水町)	29.11.18
漁船転覆(三浦市)	19.4.17	◇山梨県	
高波で高速船浸水(三浦市)	19.5.19	水上バイク・ウインドサーフィン衝突(下部町)	10.8.10
プレジャーボート事故(横浜市)	19.6.2	◇長野県	
クレーン事故で船沈没(横浜市)	20.9.1	強風で釣り船転覆(諏訪市)	12.11.18
漁船転覆(横浜市)	23.7.6	川下り船転覆	15.5.23
ゴムボート流される事故(横須賀市)	25.7.5	◇岐阜県	
海保巡視艇が屋形船に追突(川崎市)	25.10.12	日本ライン下りで転覆(可児市)	5.11.28
貨物船同士が衝突(三浦市)	26.3.18	屋形船炎上(岐阜市)	8.4.30
水難事故が相次ぐ(横須賀市、三浦市)	26.8.16	水上バイクとゴムボートが衝突(羽島市)	28.6.12
米軍イージス艦座礁(横須賀市)	29.1.31	◇静岡県	
貨物船と漁船が衝突(横浜市)	29.4.5	釣り船・タグボート衝突(下田市沖)	1.8.9
◇新潟県		漁船爆発	13.3.15
イカつり船・貨物船衝突(佐渡島沖)	1.6.5	貨物船衝突(下田市)	13.6.29
		タンカー・自動車運搬船衝突(南伊豆町)	13.8.2

船舶事故・遭難　　災害別一覧

貨物船沈没(御前崎沖)	14.8.8
ボートがブロックに衝突(御前崎町)	16.1.3
漁船転覆(下田市沖)	17.4.8
貨物船と遊漁船衝突(南伊豆町沖)	17.5.29
コンテナ船とタンカー衝突(静岡市)	17.7.16
コンテナ船衝突(静岡市)	18.3.29
小型貨物船同士が衝突(御前崎市)	18.5.8
ボートが橋脚に衝突(新居町)	19.8.25
コンテナ船と貨物船衝突(下田市)	20.6.20
コンテナ船と貨物船衝突	20.7.19
漁船相次ぎ転覆	20.9.29
貨物船が衝突	21.3.10
引き船から転落(伊豆市)	21.11.4
ボート転覆で女子中学生死亡(浜松市)	22.6.18
ボート転覆(浜松市)	23.6.26
川下りで死亡事故(浜松市)	23.8.17
イージス艦が衝突事故(南伊豆町)	29.6.17

◇愛知県

漁船・フェリー衝突(知多郡南知多町)	2.1.16
タンカー・貨物船衝突(海部郡弥富町)	3.11.28

《近畿地方》

釣りボート転覆(熊野灘)	2.12.17

◇三重県

タンカー油流出(四日市沖)	1.5.30
漁船転覆(鳥羽市沖)	1.10.7
瀬渡し船沈没(度会郡南勢町)	2.1.29
し尿処理船爆発(津市)	2.10.2
NKK製作所火災(津市)	3.1.24
係留の漁船燃える(三重郡楠町)	6.11.15
競艇ボート転覆(津市)	15.5.24
タンカー衝突(尾鷲市)	17.7.15
貨物船遭難(志摩市)	19.2.14

遊漁船漂流(南伊勢町)	19.5.10
フェリーが座礁(尾鷲市, 御浜町)	21.11.13

◇滋賀県

漁船衝突(草津市)	2.10.19
漁船遭難(彦根市)	11.6.8
モーターボートがロープに衝突(守山市)	11.8.8
プレジャーボート転覆(草津市)	12.2.27
琵琶湖でヨット転覆(滋賀郡志賀町)	15.9.15
花火見物ボートが衝突	17.4.20
ヨット転覆(大津市)	19.5.10
水上バイクから投げ出される(彦根市)	28.9.4

◇京都府

遊覧船転覆(保津川)	13.9.7
客船に落石	18.8.15
遊漁船岩場に衝突(舞鶴市)	19.7.29
ボート同士が衝突(舞鶴市)	21.4.7
釣り船が浸水(舞鶴市)	23.6.11

◇大阪府

貨物船・小型タンカー衝突(大阪市住之江区)	2.4.11
小型タンカー転覆(泉佐野市)	12.2.8
水上バイクが遊泳場に突入(貝塚市)	17.7.23
競艇レース中に接触事故(大阪市)	19.2.26
強風でフェリーあおられる(大阪市)	21.1.12
フェリー火災(大阪市)	21.7.26
漁船と貨物船が衝突	23.7.31
コンテナ船と衝突し漁船転覆(泉佐野市)	25.2.25

◇兵庫県

高速艇防波堤に激突(津名郡津名町)	1.2.2
高速艇岸壁に衝突	1.2.8
水上バイク衝突(明石市沖)	2.8.19
カーフェリー火災(明石市)	12.2.28

プレジャーボートから転落(明石市)	12.7.9	貨物船・タンカー衝突(有田市)	13.7.14
競艇で衝突(尼崎市)	16.3.28	漁業調査船沈没(串本町潮岬沖)	15.3.14
水上バイク爆発(神戸市)	16.4.11	押し船遭難(美浜町)	15.12.27
タグボート沈没(神戸市)	16.7.22	タンカーと漁船衝突(和歌山市)	16.2.25
漁船転覆(香美町沖)	17.4.9	釣り船が衝突(和歌山市)	16.12.30
漁船が貨物船と衝突(淡路市)	17.7.23	タンカー同士衝突(串本町)	17.7.14
プレジャーボート衝突(明石市)	18.5.3	漁船から転落(串本町)	17.12.16
漁船転覆(姫路市)	19.2.21	水先案内人が転落死(和歌山市)	18.1.23
3隻玉突き衝突(神戸市)	20.3.5	客船沈没	18.9.2
フェリーと漁船衝突(淡路市)	20.6.20	貨物船同士が衝突	19.4.7
強風でフェリーあおられる(神戸市)	21.1.12	引き船が行方不明に(白浜町)	21.1.12
コンテナ船の係留ロープ切断(神戸市)	21.3.20	遊漁船から転落	23.4.5
ヨット転覆(西宮市)	21.11.2	貨物船と漁船が接触(由良町)	26.1.17
砂利運搬船が沈没(姫路市)	21.11.28	◇鳥取県	
貨物船衝突で沈没	22.3.28	漁船2隻転覆・不明(琴浦町)	20.1.29
コンテナ船、居眠り操舵で事故(神戸市)	23.8.19	練習船衝突・沈没	20.10.8
漁船が転覆(洲本市)	24.8.29	雪の重みで漁船沈没	29.2.13
押し船転覆(洲本市)	25.5.27	◇島根県	
タンカー同士が衝突(姫路市)	26.3.26	ナホトカ号重油流失事故(隠岐島沖)	9.1.2−
タンカーが爆発炎上(姫路市)	26.5.29	貨物船沈没・重油流出	14.3.31
漁獲物運搬船と漁船が衝突(姫路市)	27.6.15	渡し船・防波堤に衝突(西ノ島町)	14.6.8
プレジャーボートが防波堤に衝突(西宮市)	27.7.25	漁船転覆	15.12.15
砂利運搬船と貨物船が衝突(姫路市)	28.7.15	漁船衝突(大田市)	16.4.11
貨物船の船倉で事故(神戸市)	28.10.30	瀬渡船が防波堤に衝突(浜田市)	18.10.14
空港シャトル船衝突(神戸市)	29.7.26	漁船から転落	23.5.29
明石沖でフェリーが立往生(明石市)	30.3.18	漁船転覆(浜田市)	23.12.22
◇和歌山県		強風でシジミ漁船が転覆(松江市)	26.4.4
フェリー・貨物船衝突(串本町沖)	1.2.14	中国船籍漁船が沈没	26.9.30
ボート沈没(有田市)	10.8.1	漁船が転覆(浜田市)	26.12.24
		漁船転覆(松江市)	28.12.14
		◇岡山県	
		貨物船スタージャスミン号火災(倉敷市)	4.11.19

船舶事故・遭難　災害別一覧

貨物船が防波堤に衝突(倉敷市)	30.11.8

◇広島県

観光フェリー座礁	16.6.12
貨物船が防波堤に衝突(大崎上島町)	16.9.4
浮き具に水上バイクが衝突(宮島町)	17.8.28
フェリーが桟橋に衝突	17.10.23
台船作業員が海中に転落(呉市)	18.11.15
軽乗用車がフェリーから転落(尾道市)	19.2.15
漁船から転落(尾道市)	25.1.24
海自輸送艦と釣り船が衝突(大竹市)	26.1.15
砂利運搬船と漁船が衝突(呉市)	26.12.18

◇山口県

貨物船・タンカー衝突(下関市沖)	1.1.26
フェリー衝突(大島郡東和町)	2.5.4
タンカー衝突(下関市沖)	2.6.28
タンカー護岸に衝突(玖珂郡大畠町)	4.4.25
漁船衝突(萩市)	5.10.14
突風で遊漁船転覆(岩国市)	15.7.19
タンカー爆発(上関町沖)	15.12.24
漁船転覆(防府市)	17.11.22
タンカー座礁で重油流出(周南市)	18.7.14
貨物船と運搬船衝突(下関市)	18.11.17
護衛艦とコンテナ船が衝突(下関市)	21.10.27
修学旅行の客船が座礁(周防大島町)	24.11.14
競艇場の壁にボートが衝突(下関市)	25.11.2
漁船6隻が転覆(下関市)	27.9.1

◇徳島県

漁船同士衝突(阿南市)	16.9.20
貨物船衝突で沈没	22.3.28
フェリーで乗客不明(徳島市)	22.9.30
ボート転覆(鳴門市)	29.11.6

◇香川県

貨物船衝突(小豆島沖)	14.6.5
プレジャーボートが漁船と衝突(直島町)	17.9.26
小型艇炎上(内海町)	18.1.2
タンカー衝突で重油流出	18.11.28
貨物船と漁船衝突(三豊市)	19.5.7
プレジャーボートなど6隻転覆	20.9.21
貨物船とタンカーが衝突(さぬき市)	22.6.16
作業船が沈没(高松市朝日町)	24.6.23
漁船から漁師転落か	24.11.20
プレジャーボートと海上タクシーが衝突(三豊市)	27.4.18

◇愛媛県

運搬船沈没(今治市沖)	1.5.2
タンカー火災(今治市)	2.6.2
フェリーでトラック炎上(今治市沖)	4.6.3
高速艇衝突(松山市)	5.1.29
海上タクシー火災(越智郡関前村沖)	8.9.6
貨物船・自動運搬船衝突(今治市)	11.6.29
貨物台船押し船沈没(三崎町)	14.1.26
漁船転覆(北条市)	16.6.18
タンカー爆発(長浜町)	16.12.15
貨物船衝突(大洲市)	18.7.15
漁船転覆(松山市)	19.8.1
運搬船沈没(愛南町)	19.8.18
海自艇に漁船が衝突(伊予市)	21.10.29
貨物船と押し船衝突(松山市)	24.6.4
フェリーと貨物船接触	25.1.12
海上タクシーが炎上(今治市)	27.4.12

災害別一覧　船舶事故・遭難

◇高知県
　タンカー沈没(室戸市沖)　1.10.31
　フェリー座礁(安芸郡東洋町)　11.7.27
　貨物船沈没(室戸岬沖)　13.1.7
　韓国貨物船沈没(足摺岬沖)　13.4.10
　プレジャーボートが大破
　　(土佐市)　21.11.28
　火災で漁船が遭難(室戸市)　26.3.2

《九州地方》
　釣り船接触(玄界灘)　2.8.5

◇福岡県
　瀬渡し船転覆(玄界灘)　1.4.24
　遊漁船沈没(福岡市東区)　6.1.9
　遊漁船転覆(玄海町)　11.7.4
　自動車運搬船座礁(福岡市)　13.2.5
　漁業取締船・貨物船衝突
　　(玄界灘)　15.7.6
　台船火災(北九州市)　20.11.4
　護衛艦とコンテナ船が衝
　　突(北九州市)　21.10.27

◇長崎県
　漁船転覆(奈良尾町沖)　2.4.5
　漁船爆発(北松浦郡小佐々町
　　沖)　4.5.27
　瀬渡し船炎上(五島・奈良尾
　　町)　9.2.10
　高波で砂運搬船転覆(小値
　　賀町)　11.1.12
　漁船漂流(西彼杵郡大島町)　13.7.24
　貨物船沈没(五島列島沖)　14.2.11
　外国船転覆(福江市沖)　15.2.20
　漁船炎上(生月沖)　15.4.10
　大型船転覆(新上五島町)　17.11.30
　高速旅客船がクジラと衝
　　突(対馬市)　18.3.5
　遊漁船座礁(壱岐市)　18.3.18
　貨物船が高圧線を切断(平
　　戸市)　19.7.19
　巻き網漁船が転覆(平戸市)　21.4.14
　韓国漁船が沈没(対馬市)　21.12.20
　漁船沈没　22.1.12
　漁船6隻が転覆(対馬市)　27.9.1

　高速船で火災(西海市)　27.11.15
　海上タクシー船、防波堤に
　　衝突(佐世保市)　29.5.14
　作業船沈没(平戸市)　29.8.22

◇熊本県
　フェリー衝突(宇土郡三角町)　2.9.14
　旅客船全焼(天草郡姫戸町)　4.7.25

◇大分県
　濃霧で貨物船衝突(佐賀関
　　町沖)　5.5.19
　海上自衛隊掃海艇・貨物船
　　衝突(中津市)　11.2.22
　小型ボート爆発(蒲江町)　13.3.20
　漁船乗組員転落(臼杵市)　15.7.21
　漁船と貨物船衝突(国東市)　18.6.10
　漁途中に転落　20.3.13
　貨物船の衝突事故　22.5.10

◇宮崎県
　タグボート座礁(宮崎市)　15.4.8
　海自潜水艦がタンカーと
　　接触(都井岬)　18.11.21
　漁船が炎上(川南町)　23.11.22

◇鹿児島県
　米潜水艦乗組員転落(川辺
　　郡沖)　1.5.1
　漁船火災で遭難(名瀬市)　12.3.26
　大型貨物船座礁(志布志湾)　14.7.25
　漁船沈没(種子島沖)　15.1.30
　漁船転覆(下甑村)　16.4.18
　瀬渡し船転覆(十島村)　16.12.4
　漁船と遊漁船衝突(黒之瀬戸)　17.1.5
　韓国漁船が転覆　17.12.4
　高速船が流木に衝突(佐多
　　岬)　18.4.9
　漁船衝突され遭難(種子島沖)　19.2.10
　香港貨物船と衝突し中国
　　船沈没(十島村)　20.4.11
　海自潜水艦と漁船が接触
　　(霧島市)　21.1.10
　漁船が転覆　24.3.23
　ヨットから転落　24.5.1

航空機事故　災害別一覧

◇沖縄県
大型コンテナ船座礁(那覇市)	12.9.28
貨物船と漁船衝突	20.10.23
貨物船遭難	22.11.11
貨物船で乗務員死亡(石垣島)	30.11.9

《その他》
えひめ丸衝突沈没事故(ハワイ・オアフ島沖)	13.2.10

【航空機事故】

《全国》
航空管制ダウン	15.3.1
ANA大量欠航	30.7.4
パイロット飲酒問題	30.10.28

◇北海道
空自機不明(渡島支庁長万部町)	6.10.5
海上自衛隊ヘリコプター墜落(襟裳岬)	7.7.4
軽飛行機墜落(赤平市)	7.7.29
グライダー墜落(網走支庁美幌町)	8.7.27
ビーチクラフト機着陸失敗(帯広市)	9.10.31
海上保安本部ヘリコプター墜落(渡島半島恵山岬沖)	10.2.20
無許可改造軽飛行機墜落(室蘭市)	11.3.4
米軍戦闘機墜落	12.11.13
訓練機墜落(帯広市)	14.3.1
小型セスナが遭難(知内町)	22.7.28
旅客機降下	22.10.26
プロペラ機地表接近	23.6.10
訓練機が墜落(帯広市)	23.7.28
パラグライダー墜落(留寿都村)	23.11.12
モーターグライダー事故(大空町)	25.3.15
パラグライダー墜落(留寿都村)	25.10.26
小型機が墜落(別海町)	27.7.20
旅客機がオーバーラン(千歳市)	29.1.19
陸自機墜落(北斗市)	29.5.15

《東北地方》
航空自衛隊機墜落(三陸沖)	10.8.25

◇青森県
米空軍戦闘機墜落(三沢市)	3.5.7
航空自衛隊練習機墜落(三沢市)	3.7.1
米軍戦闘機墜落(三沢市)	13.4.3
戦闘機墜落(西津軽郡深浦町)	14.4.15
ヘリコプター墜落(大間町)	20.7.6
海自ヘリ墜落(外ヶ浜町)	29.8.26

◇岩手県
JAS機着陸失敗(花巻市)	5.4.18
戦闘機墜落(釜石市)	11.1.21
ヘリコプター不時着・横転(二戸市)	16.5.15

◇宮城県
ブルーインパルス墜落(金華山沖)	3.7.4
ヘリコプター墜落(富谷町)	10.8.5
航空自衛隊練習機墜落(女川町)	12.3.22
ブルーインパルス機墜落(牡鹿半島)	12.7.4
パラグライダー墜落(岩出山町)	12.11.25
パラグライダーが接触し墜落(仙台市)	17.9.10
航空機、着陸時に尻もち	24.2.5
ブルーインパルスが空中接触(東松島市)	26.1.29
陸自ヘリが不時着(仙台市)	27.4.6
CAが機内で骨折(仙台市)	30.6.24
小型機トラブルで滑走路閉鎖(仙台空港)	30.12.23

◇秋田県
超軽量機墜落(仙北郡協和町)	1.5.30
ヘリコプター墜落(大仙市)	17.9.27

災害別一覧　　　　航空機事故

◇山形県
　パラグライダー墜落(白鷹
　　町)　　　　　　　　　　16.5.19
　軽量機墜落(白鷹町)　　　29.5.3

◇福島県
　ヘリコプター墜落(石川郡
　　石川町)　　　　　　　　3.7.24
　ヘリコプター墜落(南会津
　　郡伊南村)　　　　　　　4.8.14
　ヘリコプター墜落(双葉郡
　　大熊町)　　　　　　　　5.7.27
　超飛行軽量機墜落(西白河
　　郡大信村)　　　　　　　5.10.16
　グライダー・LPG船衝突
　　(いわき市)　　　　　　14.8.4
　乱気流で乗務員けが　　　24.7.12
　グライダーが墜落(三春町) 28.5.5
　モーターグライダー墜落
　　(福島市)　　　　　　　29.8.27

◇茨城県
　ヘリコプター墜落(笠間市) 1.7.21
　超軽量機墜落(北茨城市)　3.1.4
　軽飛行機墜落(下館市)　　3.5.17
　ヘリコプター墜落(稲敷郡
　　美浦村)　　　　　　　　3.7.26
　軽飛行機墜落(北相馬郡守谷
　　町)　　　　　　　　　　7.6.25
　陸自ヘリ・小型機衝突(龍
　　ヶ崎市)　　　　　　　　9.8.21
　超軽量飛行機墜落(下館市) 9.10.12
　超軽量飛行機墜落(守谷町) 11.10.10
　小型機墜落(緒川村)　　　15.3.24
　小型ヘリ墜落(守谷市)　　18.3.5
　軽量飛行機墜落(五霞町)　18.3.12
　農薬散布中のヘリ墜落(筑
　　西市)　　　　　　　　　18.7.26
　超軽量動力機が墜落(五霞
　　町)　　　　　　　　　　21.3.29
　乱気流(守谷市)　　　　　21.5.13
　小型機墜落(阿見町)　　　25.8.18
　超軽量飛行機が墜落(筑西
　　市,つくば市)　　　　　 27.8.15
　空自戦闘機火災(小美玉市) 29.10.18
　超軽量飛行機墜落(水戸市) 30.7.14

◇栃木県
　ヘリコプター墜落(真岡市) 2.10.18
　ヘリコプター墜落(宇都宮市) 3.8.11
　自衛隊ヘリコプター墜落
　　(宇都宮市)　　　　　　9.1.13
　曲芸飛行機墜落(芳賀郡茂木
　　町)　　　　　　　　　　15.10.31
　無線ヘリが頭上に墜落(佐
　　野市)　　　　　　　　　17.10.23
　グライダー墜落(藤岡町)　20.12.28

◇群馬県
　ヘリコプター墜落(片品村) 12.3.27
　グライダー墜落(板倉町)　17.1.8
　パラグライダー墜落(みな
　　かみ町)　　　　　　　　17.11.1
　小型ヘリが墜落(安中市)　27.11.22
　グライダーが墜落(大泉町) 28.10.10
　ヘリ墜落(上野村)　　　　29.11.8
　パラグライダー墜落、
　　死亡(みなかみ町)　　　30.6.30
　群馬防災ヘリ墜落事故(中
　　之条町)　　　　　　　　30.8.10

◇埼玉県
　グライダー墜落(北葛飾郡庄
　　和町)　　　　　　　　　7.6.3
　航空自衛隊ジェット練習
　　機墜落(狭山市)　　　　11.11.22
　グライダー墜落(北川辺町) 12.1.9
　軽量飛行機墜落(鴻巣市)　12.12.17
　熱気球から転落(宮代町)　14.1.25
　グライダー墜落(妻沼町)　17.8.31
　山岳救助中にヘリ墜落(秩
　　父市)　　　　　　　　　22.7.25

◇千葉県
　ジャンボ機エンジン部品
　　落とす(成田市)　　　　2.6.26
　気球不時着(犬吠埼沖)　　3.1.12
　ジャンボジェット機エン
　　ジン故障(成田市)　　　10.5.12
　陸上自衛隊ヘリコプター
　　墜落(市原市)　　　　　13.2.14
　旅客機オーバーラン　　　15.1.27
　パラグライダー墜落(柏市) 17.3.26

平成災害史事典総索引　189

航空機事故　災害別一覧

グライダー墜落(野田市)　17.8.20
パラグライダー墜落(我孫子市)　20.3.9
乱気流(沖)　20.5.15
貨物機が着陸失敗(成田市)　21.3.23
乱気流(成田市)　21.10.26
旅客機が緊急着陸(成田市)　22.7.20
旅客機が着陸で胴体変形(成田市)　24.6.20
航空機、成田で尻もち？(成田市)　24.12.8
乱気流で緊急着陸(成田市)　26.12.16
グライダー墜落(栄町)　28.3.17
航空機の車軸折れる(成田空港)　30.6.29

◇東京都
曲技飛行機墜落(立川市)　1.11.5
飛行船不時着(港区)　3.3.26
ジャンボ機内に煙(羽田空港)　5.5.2
航空機タイヤ脱落(大田区)　17.6.15
小型機が校庭に不時着(西東京市)　17.9.28
自家用機が胴体着陸(調布市)　26.10.12
小型機が民家に墜落(調布市)　27.7.26
羽田空港滑走路に犬(大田区)　28.5.11
大韓航空エンジン火災事故(大田区)　28.5.27
日航機緊急着陸(大田区)　29.9.5
米軍輸送機墜落(沖ノ鳥島)　29.11.22
AF機、皇居上空飛行　30.10.8

◇神奈川県
ヘリコプター墜落(箱根町)　2.8.1
海上自衛隊ヘリコプター不時着(相模湾)　7.6.6
パラグライダー墜落(小田原市)　9.3.30
パラグライダー墜落(秦野市)　17.5.21
ヘリ墜落　23.10.3
米軍ヘリが不時着(三浦市)　25.12.16

《中部地方》
パラグライダー墜落(北アルプス乗鞍岳)　5.7.24

◇新潟県
乱気流(新潟市)　21.3.5
航空機がオーバーラン(新潟市)　25.8.5

◇富山県
強風でヘリコプター墜落(立山町)　12.9.16
ヘリコプター墜落　19.4.9
訓練飛行で墜落(立山町)　29.6.3
滑走路ヘリ進入(富山空港)　30.7.9

◇石川県
ジャンボ機滑走路逸脱(小松市)　3.1.15
航空自衛隊戦闘機墜落(加賀市)　3.12.13
自衛隊機ミサイル誤射(輪島市)　7.11.22
F15が胴体着陸(小松市)　21.12.4

◇福井県
ヘリコプター墜落(小浜市沖合)　1.9.5

◇山梨県
超軽量機墜落(南都留郡鳴沢村)　4.11.21
グライダー墜落(双葉町)　10.7.17
エンジン付きハンググライダー墜落(忍野村)　12.10.22
小型機墜落(南巨摩郡南部町)　14.6.23
小型機墜落(甲府市)　16.1.22
ヘリ救助中に落石(丹波山村)　29.5.14

◇長野県
ヘリコプター衝突(長野市)　8.4.27
パラグライダー墜落(高山村)　9.5.17
ヘリコプター墜落(茅野市)　9.5.21
山岳救助隊員転落(大町市)　14.1.6
ヘリコプター墜落(南木曽町)　16.3.7

ヘリコプター墜落　　　　　　19.4.9
ヘリコプター墜落　　　　　　19.6.4
小型機墜落　　　　　　　　19.11.15
航空機に誤データ送信(松
　本市、塩尻市)　　　　　　 22.2.12
パラグライダーが衝突(辰
　野町)　　　　　　　　　　23.10.10
長野防災ヘリ墜落事故(松
　本市、岡谷市)　　　　　　　29.3.5

◇岐阜県
農薬散布ヘリコプター墜
　落(郡上郡美並村)　　　　　2.8.18
ヘリコプター墜落(郡上郡
　八幡町)　　　　　　　　　5.12.23
超軽量飛行機墜落(羽島市)　 7.10.15
ヘリコプター墜落(高鷲村)　 12.11.9
種まきヘリコプター墜落
　(中津川市)　　　　　　　　19.6.2
ヘリコプター墜落　　　　　　19.6.4
小型機墜落　　　　　　　　19.11.15
防災ヘリが墜落(高山市)　　　21.9.11

◇静岡県
ヘリコプター墜落(静岡市)　　 1.7.6
パラグライダー墜落(熱海
　市)　　　　　　　　　　　　 3.2.7
ハンググライダー墜落(富
　士宮市)　　　　　　　　　　6.10.8
航空自衛隊救難捜索機墜
　落(浜松市)　　　　　　　　6.10.19
パラグライダー空中衝突
　(富士宮市)　　　　　　　　 7.11.25
パラグライダー墜落(富士
　宮市)　　　　　　　　　　　 9.2.8
陸上自衛隊ヘリコプター
　墜落(御殿場市)　　　　　　12.6.23
日航機ニアミス事故(焼津
　市)　　　　　　　　　　　　13.1.31
ヘリコプター横転(熱海市)　　15.4.19
県警ヘリが住宅街に墜落
　(静岡市)　　　　　　　　　　17.5.3
取材用ヘリコプター墜落
　(静岡市)　　　　　　　　　　19.12.9
陸自ヘリ不時着　　　　　　　 29.8.17
空自ヘリ墜落(浜松市)　　　　29.10.17

◇愛知県
セスナ・模型機衝突(刈谷市)　3.4.27
ヘリコプター墜落(南設楽
　郡作手村)　　　　　　　　　3.5.25
ハンググライダー墜落(渥
　美郡田原町)　　　　　　　　 5.6.6
中華航空機墜落(西春日井郡
　豊山町)　　　　　　　　　　6.4.26
乗用車追突(豊田市)　　　　　 8.1.14
トヨタ自動車ヘリコプター
　墜落(岡崎市)　　　　　　　　9.1.24
旅客機部品落下(小牧市)　　　13.6.27
超小型機墜落(弥富町)　　　　14.8.18
乱気流　　　　　　　　　　　14.10.21
ヘリコプター墜落(足助町)　　 16.5.8
F2戦闘機が炎上(豊山町)　　19.10.31
小型機が墜落(豊田市)　　　　 26.3.5
燃料が足りず緊急着陸(中
　部国際空港)　　　　　　　　 30.7.8

◇三重県
熱気球送電線接触(名張市)　　 3.1.15
軽量機墜落(松坂市)　　　　　 3.7.22
ヘリコプター不時着(松坂
　市)　　　　　　　　　　　　3.12.28
ヘリコプター墜落(名張市)　　 9.7.3
試作ヘリコプター墜落(鈴
　鹿市)　　　　　　　　　　　12.11.27
ヘリコプター・セスナ機衝
　突(桑名市)　　　　　　　　 13.5.19
自衛隊航空学校のヘリコ
　プター墜落(鳥羽市)　　　　 16.2.23
ヘリコプター墜落(一志郡)　　17.10.18
ヘリが墜落(紀北町)　　　　　 27.3.6

◇滋賀県
小型軽量飛行機墜落(草津
　市)　　　　　　　　　　　　 2.6.10
超軽量飛行機墜落(守山市)　　 6.1.16

◇京都府
パラグライダー墜落(与謝
　郡加悦町)　　　　　　　　　 8.5.12
軽飛行機墜落(網野町沖)　　　 15.5.4
民家にパラグライダー衝
　突(亀岡市)　　　　　　　　 18.9.30

航空機事故　災害別一覧

　　パラグライダー墜落(京都
　　　市)　　　　　　　　　20.10.25

◇大阪府
　　YS機横滑り(大阪市)　　　3.2.15
　　朝日新聞社ヘリコプター
　　　墜落(泉佐野市)　　　　6.10.18
　　軽飛行機墜落(高槻市)　　10.9.22
　　小型機墜落(松原市)　　　16.11.27
　　軽飛行機が壁に衝突(堺市)　18.6.16
　　救難飛行艇に落雷(池田市)　19.4.26
　　日航機が尻餅着陸(泉佐野市)　19.10.4
　　ヘリコプター墜落(堺市)　　19.10.27
　　国道に小型機墜落(八尾市)　20.8.19
　　旅客機の主翼が接触(豊中
　　　市)　　　　　　　　　21.4.22
　　バードストライク　　　　21.8.22
　　旅客機が尻もち(泉佐野市)　21.10.28
　　着陸時に旅客機尻もち事故　22.5.9
　　航空機エンジン火災　　　25.5.6
　　小型機が墜落(八尾市)　　28.3.26
　　空港にタイヤ片(伊丹空港)　30.10.2

◇兵庫県
　　阪急航空ヘリコプター墜
　　　落(美方郡村)　　　　　3.8.5
　　ヘリコプター墜落(西淡町)　13.6.5
　　パラグライダー墜落(青垣
　　　町)　　　　　　　　　16.3.27
　　小型機墜落(南淡町)　　　16.9.20
　　小型機墜落(豊岡市)　　　17.4.21
　　パラグライダー墜落(養父
　　　市)　　　　　　　　　17.6.26
　　グライダー墜落(豊岡市)　18.5.3
　　ヘリ墜落(豊岡市)　　　　21.7.20
　　小型機が胴体着陸(神戸市)　22.8.23
　　小型機立ち往生(神戸市)　23.8.30
　　航空機エンジン火災　　　25.5.6
　　車輪格納不可で引き返し
　　　(伊丹市)　　　　　　　25.8.23
　　小型機墜落(相生市)　　　29.7.11

◇奈良県
　　ヘリコプター墜落(吉野郡
　　　川上村)　　　　　　　5.6.5
　　防災ヘリ墜落　　　　　　11.7.13

　　小型機墜落(山添村)　　　29.8.14

◇和歌山県
　　乱気流スチュワーデスけ
　　　が(海南市上空)　　　　2.10.26
　　超軽量機墜落(那賀郡桃山町)　4.6.27
　　小型機が山中で墜落(白浜
　　　町)　　　　　　　　　17.3.2
　　乱気流　　　　　　　　　21.11.19

◇鳥取県
　　小型機墜落(鳥取市)　　　2.11.17

◇島根県
　　旅客機に落雷　　　　　　3.1.27
　　航空自衛隊輸送機墜落(隠
　　　岐島沖)　　　　　　　12.6.28
　　乱気流でけが人　　　　　24.8.21
　　水上飛行機墜落(松江市)　29.4.15

◇岡山県
　　軽飛行機墜落(久米郡柵原町)　13.8.16
　　バードストライク、滑走路
　　　閉鎖(桃太郎空港)　　　30.11.7

◇広島県
　　アシアナ航空機滑走路逸
　　　脱(三原市)　　　　　　27.4.14

◇山口県
　　レジャーヘリ不時着(大津
　　　郡日置町)　　　　　　2.1.14
　　日航ジャンボ外板落下(岩
　　　国市)　　　　　　　　3.4.11
　　パラグライダー墜落(橘町)　5.8.29
　　米軍機墜落(岩国市沖)　　9.10.24
　　海上自衛隊練習機墜落(下
　　　関市)　　　　　　　　13.9.14
　　海自訓練機墜落(岩国市)　15.5.21
　　F15戦闘機が墜落(萩市)　20.9.11
　　エンジン不調で緊急着陸　25.9.5

◇徳島県
　　乱気流　　　　　　　　　21.11.19

◇香川県
　　軽飛行機墜落(三豊郡仁尾町)　6.8.21

小型飛行機墜落(小豆郡土庄町) 13.3.25
海保ヘリが墜落(多度津町) 22.8.18
ヘリ不時着し炎上(東かがわ市) 23.9.22

◇愛媛県
米軍機墜落(東宇和郡野村町) 1.6.12
ヘリコプター墜落(温泉郡重信町) 3.9.24
ヘリ不時着事故(松山市) 25.3.16
小型機着陸失敗(松山市) 25.10.26

◇高知県
小型機墜落(吾川郡池川町) 6.5.7
米軍機墜落(土佐郡土佐町) 6.10.14
乱気流 14.9.27
前輪下ろせず胴体着陸 19.3.13
乱気流 20.10.1
海自飛行艇が大破・水没 27.4.28
米海兵隊機が墜落(土佐清水市) 28.12.7

◇福岡県
軽飛行機木に激突(小郡市) 2.4.16
グライダー墜落(志摩町) 6.4.24
パラグライダー墜落(田川市) 7.1.8
インドネシア旅客機炎上(福岡市) 8.6.13
ジャイロプレーン墜落(北九州市若松区) 9.3.5
航空機から部品落下(福岡市) 17.8.12
バードストライク 21.8.22
小型機が滑走路灯に接触(北九州市) 21.9.7
小型機が着陸失敗(北九州市) 26.11.16
前輪パンク、滑走路で動けず(福岡空港) 30.3.24

◇佐賀県
ハンググライダー墜落(唐津市) 5.9.26
超軽量機墜落(白石町) 7.10.29
ヘリコプター横転(佐賀郡川副町) 12.4.10

気球炎上(佐賀市) 14.11.4
ヘリコプター墜落 16.12.24
離陸トラブル 19.10.5
熱気球が墜落(神埼市) 27.12.20

◇長崎県
自衛隊ヘリコプター不時着(雲仙市) 3.6.6
航空自衛隊戦闘機墜落(南松浦郡福江島沖) 11.8.15
小型機墜落(対馬市) 15.9.16
小型機墜落(大村市) 20.7.26
海自ヘリが不時着(長崎市) 21.12.8

◇熊本県
パラグライダー落下(阿蘇郡一の宮町) 3.11.3
ハンググライダー墜落(阿蘇町) 6.4.2
ジャイロ機墜落(一の宮町) 9.4.20
グライダー墜落(阿蘇町) 9.7.21
軽飛行機墜落(坂本村) 9.11.2
セスナ墜落(球磨郡球磨村) 14.1.4
災害訓練に参加のヘリ墜落(山鹿市) 22.8.1
小型機不明 23.1.4
ライトプレーン墜落で死亡(産山村) 30.11.11

◇大分県
軽飛行機墜落(津原町) 11.3.25
パラグライダー墜落(玖珠町) 13.5.3
自衛隊ヘリコプター墜落 14.3.7
グライダー練習中墜落(竹田市) 17.5.17
UAVが緊急着陸(玖珠町) 27.3.16

◇宮崎県
自衛隊機墜落(東方沖) 1.3.22
オートジャイロ墜落死(都城市) 2.11.4
自衛隊機墜落(日向灘) 9.7.4
訓練機墜落(宮崎市) 15.7.11
海自ヘリが墜落(えびの市) 27.2.12

エレベーター・エスカレーターの事故　災害別一覧

◇鹿児島県

フジテレビ取材ヘリコプター墜落(奄美大島)	6.11.13
ヘリコプター墜落(鹿児島市)	8.6.10
軽飛行機墜落(垂水市)	9.10.26
軽飛行機墜落(三島村)	9.11.6
JAS機車輪故障(天城町)	16.1.1
急患搬送の陸自ヘリが墜落(徳之島町)	19.3.30
ヘリ墜落	22.9.26
航空トラブル(奄美市)	23.1.8
小型機が墜落(指宿市)	26.10.12
海自ヘリが墜落(伊佐市)	27.2.12
空自の飛行点検機が墜落(鹿屋市)	28.4.6
主翼の下敷きで死亡(霧島市)	29.12.29
JAC、日に二度引き返す	30.12.26

◇沖縄県

米軍ヘリコプター墜落(読谷村沖)	1.3.14
米海ヘリコプター墜落(喜屋武岬南東沖)	1.5.30
軽量飛行機墜落(具志川市)	2.5.6
エアーニッポン機エンジンカバー落下(石垣島)	2.7.29
全日空ジャンボ機エンジンから出火(宮古郡伊良部町)	2.12.11
ジャイロプレーン墜落(石垣)	5.9.19
米軍戦闘攻撃機空中衝突(那覇市)	5.12.17
米軍ヘリ墜落(宜野湾市)	6.4.6
米軍戦闘機墜落	6.8.17
パラグライダー墜落(名護市)	10.7.5
米軍ヘリコプター墜落	11.4.19
旅客機エンジンから出火(那覇市)	12.8.9
戦闘機墜落	14.3.21
軽飛行機墜落(本部町)	15.4.29
米軍ヘリコプター墜落(宜野湾市)	16.8.13
戦闘機空中接触(嘉手納町)	16.10.4
米軍戦闘機墜落(那覇市)	18.1.17
パラグライダー墜落(南城市)	19.7.11
中華航空機が爆発炎上(那覇市)	19.8.20
飛行機急降下	23.9.6
航空トラブル(那覇市)	24.7.5
米軍ヘリ墜落現場からヒ素検出(宜野座村)	26.2.11
米軍戦闘機が着陸後に出火(嘉手納町)	26.9.4
米軍ヘリが不時着(うるま市)	27.8.12
米海兵隊の攻撃機が墜落(国頭村)	28.9.22
オスプレイ不時着(名護市)	28.12.13
米軍ヘリ不時着(うるま市)	29.1.20
沖縄米軍ヘリ炎上(東村)	29.10.11
米軍ヘリから窓枠等落下(宜野湾市)	29.12.7,13
中国機、管制許可なく離陸(那覇空港)	30.3.18

《その他》

日航ジャンボのトイレでボヤ(太平洋上)	1.7.2
乱気流(太平洋上空)	11.1.20
着陸時に前輪軸破損(グアム島)	17.8.19

【エレベーター・エスカレーターの事故】

《全国》

エスカレーター事故	19.5.-
震災でエレベーター破損	24.3.17

◇福島県

エレベーター落下(いわき市)	17.7.28
エレベーター事故(国見町)	24.11.27

◇茨城県

エスカレーターで転倒事故(水戸市)	21.3.6
エスカレーター事故(日立市)	25.1.6

災害別一覧　エレベーター・エスカレーターの事故

◇千葉県
　エレベーターで転落　23.10.19
　エレベーター事故(船橋市)　24.2.25

◇東京都
　シンドラー社製エレベーター事故(港区)　18.6.3
　エレベーター昇降路で転落死(八王子市)　18.8.30
　エスカレーターで将棋倒し(墨田区)　18.11.7
　エスカレーターで転倒(新宿区)　19.12.7
　エレベーターに挟まれ死亡(目黒区)　21.1.17
　エレベーター事故(新宿区)　21.2.16
　エレベーターから転落(中央区)　21.12.14
　エレベーター事故(中野区)　23.1.8
　エレベーター閉じこめ(江東区)　23.5.11
　エレベーターが緊急停止(練馬区)　23.7.29
　エレベーター事故(練馬区)　23.9.6
　荷物用エレベーター扉に挟まれる(中野区)　23.11.5
　エレベーター事故(昭島市拝島町)　24.1.9
　エレベーター事故(品川区)　24.2.6
　スカイツリーでエレベーター停止(墨田区)　24.5.22
　エスカレーター手すり破損(千代田区)　25.4.24
　昇降機の床外れ落下(目黒区)　25.5.9
　エスカレーターに挟まれ骨折(中野区)　26.6.18
　エレベーターが落下(東村山市)　28.11.27

◇神奈川県
　エスカレーターに挟まれ負傷(川崎市)　19.8.12
　エスカレーター事故(平塚市)　19.10.16
　エスカレーター事故(川崎市)　23.12.21

　駅エスカレーター事故(川崎市)　26.1.8
　エレベーターが急降下(藤沢市)　26.2.12
　エスカレーターで転倒して書家が死亡(茅ヶ崎市)　26.11.28

◇石川県
　エレベーター事故(金沢市)　24.10.31

◇静岡県
　エスカレーター急停止で転倒(掛川市)　16.6.9

◇愛知県
　エスカレーター逆走(名古屋市)　20.5.9
　エレベーター事故(名古屋市)　24.12.2

◇京都府
　エレベーターに挟まれ重傷(京都市)　20.12.8
　エレベーター事故(宮津市)　24.12.19

◇大阪府
　エスカレーター転倒事故(大阪市)　16.10.13
　エレベーターに挟まれ重傷(八尾市)　18.3.8
　昇降機に挟まれ女児死亡(富田林市)　18.8.7
　エスカレーター事故(大阪市)　20.9.13
　停電でエレベーター閉じ込め(大阪市)　22.6.13
　配電盤出火でエレベーター閉じ込め(大阪市)　22.6.26
　エレベーター閉じ込め(大阪市)　23.6.8
　エレベーターで閉じ込め(大阪市)　24.12.20
　エスカレーターから転落(東大阪市)　25.4.9

◇兵庫県
　地下鉄駅でエレベーター事故(神戸市)　18.6.20

平成災害史事典総索引　195

エレベーターから転落(姫路市)	21.2.25	大気中に高濃度汚染物質	24.10.23
エスカレーター事故(神戸市須磨区潮見台町)	24.4.14	◇茨城県	
◇奈良県		再処理工場で作業員被ばく(東海村)	1.3.16
エレベーター事故(香芝市)	23.9.18	ウラン自然発火(東海村)	1.5.30
◇鳥取県		動力炉・核燃料開発事業団東海事業所火災・爆発事故(東海村)	9.3.11
昇降用リフトから車いす転落(鳥取市)	24.7.21	東海村臨界事故(東海村)	11.9.30
◇香川県		落雷で原子炉停止(東海村)	14.4.3
エスカレーターで車いす転落(高松市)	29.7.10	貨物船座礁(日立市)	14.12.5
◇福岡県		飲料用井戸からヒ素検出(鹿島郡神栖町)	15.3.20
エスカレーター事故(福岡市)	19.8.15	◇埼玉県	
		所沢ダイオキシン報道(所沢市)	11.2.1

【公害】

《全国》		水道水汚染(さいたま市)	17.6.23
二酸化窒素濃度	1.この年	◇千葉県	
ダイオキシン汚染	8.この年	高濃度ダイオキシン検出(千葉市)	9.この年
排ガスにダイオキシン	9.この年	工場廃液を海に流出(市川市)	22.5.11
有機スズ化合物検出	10.8.	PM2.5濃度上昇で注意喚起	25.11.4
環境ホルモン検出	10.8.-	◇東京都	
クジラがPCB汚染	15.1.16	東大校舎アスベスト除去作業で拡散(文京区)	3.3.22
発がんリスクを認定	15.1.22	大型タンカー座礁で原油流出(東京湾)	9.7.2
アスベスト被害	17.6.29-	杉並病(杉並区)	12.3.31
補修用部品にアスベスト	21.12.25	高濃度ダイオキシン検出(大田区)	12.9.13
◇北海道		高濃度ダイオキシン検出(大田区)	13.4.19
水道水汚染(空知地方)	17.2.19	作業船転覆・重油流出(足立区)	15.1.28
《東北地方》		公園周辺で有害物質が漏出	24.11.18
PCB検出	1.この年	◇神奈川県	
◇青森県		境川シアン検出	1.5.27
使用済み核燃料貯蔵プールで漏水(六ヶ所村)	14.2.1	廃油流出(横浜市鶴見区)	2.6.2
核燃料再処理工場で硝酸溶液漏れ(六ヶ所村)	15.7.	ダイオキシン検出(横浜市)	10.4.
《関東地方》			
PCB検出	1.この年		

公害

　高濃度ダイオキシン検出
　　(藤沢市)　　　　　　　　12.3.24
◇新潟県
　工場地下水からダイオキ
　　シン(胎内市)　　　　　　17.12.3
◇福井県
　新型転換炉「ふげん」トラ
　　ブル(敦賀市)　　　　　　11.1.23-
　新型転換炉「ふげん」で爆
　　発音(敦賀市)　　　　　　15.7.4
◇静岡県
　狩野川シアン検出　　　　　1.9.
　東名高速道路塩酸流出(榛
　　原郡榛原町)　　　　　　　6.11.1
　タンクローリー横転で有
　　毒物質流出(菊川町)　　　9.8.5
◇愛知県
　硫酸水流出(一宮市)　　　　2.4.3
　重油流出(名古屋市守山区)　2.6.26
　上空に放射性物質　　　　　25.2.21
◇三重県
　タンカー油流出(四日市沖)　1.5.30
◇滋賀県
　ゴルフ場汚濁物質(甲賀郡)　1.この年
◇京都府
　大規模停電　　　　　　　　11.10.27
◇大阪府
　高濃度ダイオキシン検出
　　(能勢町)　　　　　　　　10.4.
　高濃度ダイオキシン汚染
　　(豊能郡能勢町)　　　　　12.7.12
　工場跡地からダイオキシン
　　(吹田市)　　　　　　　　16.4.27
　ダイオキシン検出(能勢町)　17.12.-
　地下水からダイオキシン
　　(交野市)　　　　　　　　22.10.21
◇兵庫県
　高濃度ダイオキシン検出
　　(千種町)　　　　　　　　10.4.

◇奈良県
　井戸水から発がん性物質
　　検出(北葛城郡王寺町)　　14.8.26
◇和歌山県
　高濃度ダイオキシン検出
　　(橋本市)　　　　　　　　12.5.31
　ダイオキシン無害化(橋本
　　市)　　　　　　　　　　　13.5.10
　断熱材用粉末にアスベス
　　ト(和歌山市)　　　　　　22.7.27
◇島根県
　ナホトカ号重油流失事故
　　(隠岐島沖)　　　　　　　9.1.2-
◇岡山県
　ダイオキシン検出(中央町)　10.この年
◇広島県
　日本化薬工場跡地高濃度
　　汚染(福山市)　　　　　　3.この年
◇山口県
　接着剤海に漏れる(岩国市)　2.5.25
　川に工場廃液流出　　　　　14.12.6
　PM2.5が104マイクログ
　　ラムに　　　　　　　　　25.2.23
　PM2.5初の注意喚起　　　　25.3.5
◇愛媛県
　倉庫から硝酸ピッチ漏出
　　(越智郡玉川町)　　　　　15.8.14
◇高知県
　高濃度ダイオキシン検出　　12.10.26
《九州地方》
　PM2.5が104マイクログ
　　ラムに　　　　　　　　　25.2.23
◇福岡県
　高濃度ダイオキシン検出
　　(大牟田市)　　　　　　　12.8.25
◇熊本県
　PM2.5初の注意喚起　　　　25.3.5

原子力発電所事故　災害別一覧

◇大分県
コバルト60落下(速見郡日出町)　1.3.13

◇沖縄県
米軍基地跡地でダイオキシンを検出(沖縄市)　25.6.13

【原子力発電所事故】

◇北海道
泊原発で冷却水漏れ(泊村)　15.9.7
原発建設現場でぼや(泊村)　19.7.24
原発が停止(泊村)　24.5.5

◇青森県
日本原燃低レベル放射性廃棄物埋設センター放射能漏れ(上北郡六ヶ所村)　12.3.27

◇宮城県
女川原発1号機で水漏れ　12.9.2
女川原子力発電所でボヤ　14.2.9
女川原発、ポンプ停止(女川町)　24.4.4

◇福島県
福島第2原発事故(双葉郡)　1.1.6
福島第1原発で漏水(大熊町)　1.2.13
福島第一原発で漏水(大熊町)　1.2.13
福島第2原発冷却水漏れ(双葉郡)　1.6.3
福島第1原発で配管にひび(大熊町)　11.8.27
福島第1原発5号機熱湯漏れ(双葉町)　12.1.16
福島第1原子力発電所の配管にひび　14.8.22
福島第2原発で放射能漏れ　14.9.2
福島第1原発が緊急停止(大熊町)　21.2.25
原発作業員のミスで緊急停止(大熊町)　22.6.17
敷地土壌からプルトニウム検出　23.3.28
原子炉建屋で汚染水確認　23.4.2
福島原発の作業員被ばく　23.4.30
海へ汚染水流出　23.5.11

《関東地方》
計画停電始まる　23.3.14

◇茨城県
送電線に落雷で日本原電東海第2発電所停止(東海村)　12.8.8
東海第2原発で転落事故(東海村)　21.3.9
東海第2原発で水漏れ(東海村)　23.10.26

◇東京都
四国電力伊方原発で1号機発電を機載せる台に亀裂　14.9.26

◇新潟県
柏崎刈羽原発3号機で炉心隔壁に亀裂　14.8.23
東京電力柏崎刈羽原発5号機の原子炉建屋付属棟から煙(刈羽村)　14.12.30
柏崎刈羽原発で放射性物質吸引(柏崎市)　18.11.9
柏崎刈羽原発5号機でぼや　19.3.22
中越沖地震で柏崎原発で火災　19.7.16
新潟・柏崎刈羽原発で14年弁開け放し　20.12.4
原発の倉庫でボヤ(柏崎市, 刈羽村)　21.3.5
原発停止(柏崎市, 刈羽村)　21.12.25
原発の熱交換室から煙　24.2.26
東電の原発で事故相次ぐ　27.1.19

◇石川県
東北電力女川原子力発電所で配管に水漏れ(羽咋郡志賀町)　14.4.2

◇福井県
敦賀原発2号機放射能漏れ(敦賀市)　11.7.12
日本原子力発電敦賀原発2号機のタービン建屋内で火災(敦賀市)　14.12.8

災害別一覧　　福島第一・第二原発事故

美浜原発で死亡事故(美浜町)	16.8.9
大飯原発で火災(おおい町)	18.3.22
原発で微量の放射能漏れ(高浜町)	22.3.8
原発で冷却水漏れ(美浜町)	22.4.25
福井・大飯原発でボヤ(おおい町)	23.1.15
原発で放射性ガス漏れ(敦賀市)	23.5.9
福井・敦賀原発で火災(敦賀市)	23.5.18
原発、原子炉停止(美浜町)	23.12.7
強風で原発クレーン倒壊(高浜町)	29.1.20

◇山梨県

計画停電始まる	23.3.14

◇静岡県

浜岡原発で放射能漏れ(小笠郡浜岡町)	2.10.9
浜岡原子力発電所で冷却水漏れ(小笠郡浜岡町)	13.11.7
浜岡原子力発電所で冷却水漏れ(小笠郡浜岡町)	14.5.25
原発廃棄物処理施設で火災(御前崎市)	17.6.30
浜岡原発5号機が自動停止(御前崎市)	18.6.15
原発が緊急停止(御前崎市)	21.5.5
原発で排ガスに放射性物質(御前崎市)	21.8.20
原発で廃液漏れ(御前崎市)	21.12.1
計画停電始まる	23.3.14
原発、サビで配管交換(御前崎市)	24.11.1
原発で腐食(御前崎市)	25.1.30

◇広島県

原発点検漏れで運転停止(松江市)	22.3.30

◇愛媛県

原発で蒸気漏れ(伊方町)	22.3.5
原発の弁が故障(伊方町)	22.3.15

◇佐賀県

玄海原発1号機で海水漏れ(玄海町)	11.7.18
原発で原子炉自動停止(玄海町)	23.10.4
玄海原発で冷却水漏れ(玄海町)	23.12.9

◇鹿児島県

川内原発冷却装置故障(川内市)	1.3.20
川内原発1号機発電機タービン停止(川内市)	11.8.25
川内原発1号機で蒸気発生器にひび割れ(川内市)	12.9.14

【福島第一・第二原発事故】

◇福島県

原発で制御装置切断(双葉町)	22.9.27
原発が停止(双葉町)	22.11.2
福島第1原発が津波被害、炉心融解事故	23.3.12
福島第1原発で作業員被ばく	23.3.24
原発作業員が熱中症	23.5.18
原発で被ばく	23.5.30
原発作業員が熱中症	23.6.5
福島第1原発で停電	23.6.8
原発作業員が被ばく	23.6.15
原発作業員が被ばく	23.6.20
原発作業員の被ばく量報告	23.6.30
福島第1原発で水漏れ	23.7.3
福島第1原発で電源喪失	23.7.22
原発作業員が被ばく	23.8.9
原発作業員が白血病で死亡	23.8.30
原発作業員が汚染水かぶる(福島市)	23.8.31
原発作業員が死亡	23.10.6
福島第1原発でキセノン検出	23.11.2

平成災害史事典総索引

放射能汚染被害　災害別一覧

原発作業員が死亡　24.1.11
原発作業員が死亡　24.8.22
福島第1原発で高濃度汚染水検出　25.7.2-
原発事故による甲状腺被ばく　25.7.19
福島第1原発の汚染水流出　25.8.20
福島第1原発でトリチウム検出　25.8.31
汚染水タンク漏れ(福島市)　25.9.20
原発のシルトフェンス破損　25.9.26
福島第1原発の汚染水漏れ　25.10.9
福島第1原発から高濃度汚染水(大熊町,双葉町)　25.12.2
東電の原発で事故相次ぐ　27.1.19
福島原発で廃液漏れ(大熊町,双葉町)　27.5.4
福島第1原発の汚染水が外洋に流出(大熊町,双葉町)　27.7.16
福島第1原発の汚染水が外洋に流出(大熊町,双葉町)　27.9.7
福島第1原発で汚染雨水漏れ(大熊町,双葉町)　28.5.23

【放射能汚染被害】

《全国》
粉ミルクからセシウム　23.12.6
伊産ジャムから放射性物質　25.10.18

《東北地方》
通常値超える放射線量　23.3.30
海底土から放射性物質検出　23.5.27
漢方薬原料からセシウム検出　23.10.14
食品の放射能汚染　23.この年

◇青森県
日本原燃低レベル放射性廃棄物埋設センター放射能漏れ(上北郡六ヶ所村)　12.3.27
セシウム検出でマダラ出荷停止(八戸市)　24.8.27

◇岩手県
日本海側でセシウム検出　24.8.3

◇宮城県
牧草からセシウム検出　23.5.25
野生イノシシからセシウム検出(角田市)　23.8.19
食品から放射性物質　24.4.4

◇福島県
海に放射性物質流出(富岡町,楢葉町)　21.10.28
放射性物質検出で出荷停止　23.3.21
土から放射性ヨウ素検出　23.3.22
累積放射線2.8ミリシーベルトに　23.3.26
海水からヨウ素検出　23.3.26
セシウム過去最高値検出　23.3.28
放射性ヨウ素検出　23.3.29
放射能汚染　23.3.29
放射能、国際基準超す　23.3.30
牛肉からセシウム検出(天栄村)　23.3.31
放射能汚染　23.4.4
海水の放射能汚染　23.4.4-
シイタケから放射性物質(飯舘村,伊達市,新地町)　23.4.10
核燃料プールから放射性物質　23.4.13
屋外活動制限　23.4.19
放射能汚染でコウナゴ出荷停止　23.4.20
高濃度汚染水、海へ流出　23.4.21
がれきから放射能検出　23.4.23
母乳から放射性物質を検出　23.4.30
海底から放射性物質を検出　23.5.3
中学で放射線量が基準値超(福島市)　23.5.7
ワカメ、ヤマメからセシウム検出　23.5.19
ウメの実からセシウム検出(伊達市)　23.5.28
残雪からセシウム検出(福島市)　23.5.29
土壌から放射性物質検出　23.6.9
地下水から放射性物質検出　23.6.12
土壌から放射性物質検出(大熊町)　23.6.13
汚泥から放射性物質検出　23.6.17

海底から放射性物質検出	23.6.27	福島の子、甲状腺がんと診断	24.9.11
放射性物質検出でアユ出荷停止	23.6.27	あんぽ柿からセシウム検出	24.10.5
子どもの内部被ばく	23.6.30	24年産米からセシウム	24.11.1
配管・建屋から放射性物質	23.8.1	福島原発港湾内の魚からセシウム(双葉郡)	25.1.18
大学構内でセシウム検出(福島市)	23.8.3	別の井戸から放射性物質検出(双葉郡)	25.9.9
除染後も高線量を検出(福島市)	23.8.29	汚染水が別タンクから漏れ	25.10.2
セシウム検出でユズ出荷停止(福島市,南相馬市)	23.8.29	汚染水の排水溝から放射線物質	25.10.16
野生キノコから高濃度セシウム	23.9.3	港湾外海水からセシウムを検出	25.10.22
クリから放射性セシウム検出(南相馬市)	23.9.6	排水溝から放射性線物質	25.10.23
放射能汚染(福島市)	23.9.24	甲状腺がんの子が26人に	25.11.12
土壌からプルトニウム検出	23.9.30	《関東地方》	
福島の子ども、甲状腺に変化	23.10.4	通常値超える放射線量	23.3.30
土壌から放射性物質検出(福島市)	23.10.5	海底土から放射性物質検出	23.5.27
プランクトンからセシウム検出(いわき市)	23.10.15	漢方薬原料からセシウム検出	23.10.14
小中学生内部被ばく検査(南相馬市)	23.10.28	食品の放射能汚染	23.この年
福島市、被ばく線量測定(福島市)	23.11.1	◇茨城県	
キウイとワサビからセシウム検出	23.11.15	放射性ヨウ素大量放出(東海村)	1.10.4
乾燥キクラゲ出荷自粛(会津若松市)	23.11.17	放射性物質検出で出荷停止	23.3.21
計画的避難区域で高放射線量(浪江町)	23.12.18	ミズナから放射性物質	23.3.23
井戸水からセシウム検出	23.12.26	母乳から放射性物質を検出	23.4.30
新築マンションから高放射線量(浪江町)	24.1.15	海水から微量のセシウム検出(鹿嶋市)	23.6.9
除染中の作業員が死亡(広野町)	24.1.17	玄米から放射性物質(鉾田市)	23.9.2
ストーブ灰からセシウム検出(二本松市)	24.1.19	原研施設で放射能漏れ(東海村)	25.5.25
コメからセシウム検出	24.2.3	◇栃木県	
福島県民の被ばく量調査	24.2.20	放射性物質検出で出荷停止	23.3.21
ヤマメから放射性物質(飯館村)	24.3.28	◇群馬県	
食品から放射性物質	24.4.4	放射性物質検出で出荷停止	23.3.21
海産物36種出荷停止	24.6.22	食品から放射性物質	24.4.4
川魚から放射性物質検出	24.7.2	黒毛和牛からセシウム検出(沼田市)	24.10.26
		◇埼玉県	
		三菱マテリアル研で放射能汚染(大宮市)	11.3.17

医療・衛生災害　　災害別一覧

◇千葉県
- 自粛・制限対象野菜を故意に出荷(香取市)　23.4.26
- 牧草から放射性物質を検出(市原市、八街市)　23.4.28
- 公園などで高い放射線量　23.6.2
- 焼却灰からセシウム検出(流山市)　23.7.11
- 土中から高線量(柏市)　23.10.21
- 学校で高放射線量(我孫子市)　23.10.25
- セメント会社排水からセシウム検出(市原市)　23.11.2
- 食品から放射性物質　24.4.4

◇東京都
- 医療用放射線発生装置で被曝(世田谷区)　13.12.21
- 都水道からヨウ素検出　23.3.23
- 焼却灰からセシウム検出(江戸川区)　23.6.27
- 小学校の堆肥からセシウム検出(文京区)　23.10.6
- 小学校で高放射線量(足立区)　23.10.17
- 小学校で高放射線量(東村山市)　23.10.19
- スーパー脇から高放射線量(世田谷区)　23.10.28
- 東京で高い放射線量(杉並区)　23.11.4

◇新潟県
- 牛乳からセシウム検出(柏崎市)　23.6.14
- 日本海側でセシウム検出　24.8.3
- 河口でセシウム検出(長岡市)　24.9.13

◇静岡県
- 日本海側でセシウム検出　24.8.3

◇滋賀県
- 木材チップからセシウム検出(高島市)　25.9.17

◇京都府
- 堆肥からセシウム検出　23.8.2

◇大阪府
- 中古車から放射線検出(高石市)　23.7.13
- 中古車から放射線検出(大阪市)　23.8.11

◇兵庫県
- 被災地産牛肉を偽装の疑い(伊丹市)　24.4.13

◇鳥取県
- 腐葉土からセシウム検出　23.7.27

【医療・衛生災害】

《全国》
- 狂牛病発生　13.9.10-
- 中国製やせ薬で死亡　14.3.-
- 中国産冷凍野菜から農薬　14.3.-
- 香料に無認可添加物　14.5.
- E型肝炎で国内初の死者　14.7.
- 無登録農薬問題　14.7.
- レジオネラ菌感染　15.1.28
- レジオネラ菌感染　21.1.7
- ヒアルロン酸自己注射で後遺症　21.1.10
- 多剤耐性菌感染拡大　22.この年
- ワクチン接種後に死亡　23.9.12
- 新規エイズ患者が過去最多　23.この年
- 西洋フキで肝臓障害の恐れ　24.2.8
- B型肝炎問題　24.12.20
- HIV感染が1000人超　24.この年
- マダニウイルスが拡大　26.2.25
- 豚流行性下痢の被害拡大　26.4.2
- オウム病で妊産婦死亡　29.3.-
- カフェイン中毒　29.6.13
- ワクチン自主回収　30.1.15
- 急にまひ、子ども注意　30.10.

◇北海道
- 羊がスクレイピー感染(本別町)　15.9.20
- 呼吸器のバルブ閉まる(帯広市)　23.3.7
- 死んだ羊を無許可で埋却処分(羽幌町)　27.5.9

ダニ媒介脳炎患者を確認	28.8.13	医師法違反で柔道整復師逮捕(八王子市)	25.6.14
ダニ媒介脳炎で死亡	29.7.7	薬剤耐性菌が都市河川に拡大	25.9.11
		公園の地中からラジウム発見(豊島区)	27.4.22

◇宮城県
- B型肝炎ウイルス感染(塩釜市)　12.6.-
- 指令ミスで救急車遅延(仙台市)　29.8.31

◇福島県
- 救急搬送遅れ死亡(福島市)　19.11.11

◇茨城県
- 福祉センターでレジオネラ菌集団感染(石岡市)　12.5.-
- 陸自訓練でC4中毒(城里町)　20.8.29

◇栃木県
- 新種耐性菌を確認　22.9.7

◇群馬県
- 温泉でレジオネラ菌感染(みなかみ町)　23.11.25

◇埼玉県
- CD菌に感染、1人死亡(さいたま市)　22.2.26
- 多剤耐性菌検出(さいたま市)　22.10.4
- 特養で誤配(熊谷市)　27.7.4

◇千葉県
- 院内感染(市川市)　22.11.12
- 院内感染(松戸市)　23.10.25
- 新型多剤耐性菌が国内初検出　25.3.19

◇東京都
- 特養老人ホームでインフルエンザ(三宅島)　10.2.-
- 救急搬送遅れ死亡(小平市)　20.2.14
- 妊婦の救急搬送遅れ死亡　20.10.4
- 化粧品にステロイド剤(新宿区)　21.8.19
- 多剤耐性菌を検出(板橋区)　22.9.3
- ワクチン接種後に死亡　22.10.-
- 院内感染(文京区)　24.5.9
- 無免許で診察(八王子市)　25.2.4

◇神奈川県
- ペースメーカー手術で事故(川崎市)　16.2.13
- オウム病に集団感染(川崎市)　26.5.30
- 感染症で園児死亡(川崎市)　29.6.6,12

◇富山県
- 新たにイタイイタイ病認定(富山市)　23.6.26

◇石川県
- SRSV集団感染(金沢市)　12.3.20
- レジオネラ菌感染(江沼郡山中町)　15.1.23

◇長野県
- 入浴施設でレジオネラ菌検出相次ぐ　14.10.1

◇岐阜県
- 介護施設で死傷者相次ぐ(高山市)　29.7.31-

◇静岡県
- 温泉施設でレジオネラ菌集団感染(掛川市)　12.3.
- C型肝炎の院内感染(浜松市)　23.1.27

◇愛知県
- 劇症型A群溶血性レンサ球菌感染(名古屋市)　15.3.14
- ワクチン接種後に死亡　22.10.-
- 病院内で不審死(名古屋市)　23.2.28
- 幼稚園で異臭(豊明市)　30.10.31

◇三重県
- 劇症型A群溶血性レンサ球菌感染　15.3.14
- O157で女児死亡(伊賀市)　23.6.19

伝染病流行　災害別一覧

◇京都府
- 医師が結核発症(京都市) 22.9.6
- 麻酔薬を誤吸入(京都市) 23.1.25
- 抗生物質効かぬ淋菌検出 23.7.21
- 大学で毒物紛失(京都市) 24.5.28

◇大阪府
- 人工呼吸器にシンナー混入事故(大阪市) 16.2.28
- 幻覚キノコで転落死(吹田市) 18.7.10
- 救急搬送遅れ死亡(富田林市) 19.2.-
- 妊婦搬送遅れ救急車が事故(高槻市) 19.8.29
- 救急搬送遅れ死亡(富田林市) 19.12.25
- 結核検査で誤判定か 22.1.28
- 遺伝子組み換え違反(島本町) 22.7.29
- 助産師が結核に感染(泉佐野市) 23.9.13
- 調理実習で体調不良(大阪市) 24.6.20

◇兵庫県
- 救急搬送遅れ死亡(姫路市) 19.12.6
- ヒブ接種後に幼児死亡 23.3.4

◇奈良県
- 国内で回帰熱を確認 22.11.6

◇島根県
- 野鳥死骸からインフル陽性(松江市) 23.11.10

◇広島県
- 救急車が結核患者搬送拒否(福山市) 11.10.-
- ベッドに首挟まれ死亡(広島市) 20.2.17
- 入浴施設でレジオネラ菌感染(三原市) 29.3.-

◇佐賀県
- B型肝炎の集団感染(佐賀市) 14.5.11
- 医療事故(佐賀市) 22.4.-
- 多剤耐性結核の集団感染 23.4.15

◇熊本県
- 狂牛病発生 16.9.13

◇宮崎県
- レジオネラ菌集団感染(日向市) 14.8.11

《その他》
- 野良ネコからSFTS感染(不明(西日本方面)) 29.7.24

【伝染病流行】

《全国》
- おたふくかぜ大流行 1.1.-
- 厚生省が結核緊急事態宣言 11.7.26
- インフルエンザワクチン不足 11.この年
- 赤痢感染 13.11.-
- インフルエンザ患者増 15.1.26-
- コイヘルペスウイルス病 15.11.6-
- インフルエンザ脳症 16.2.18
- 変異型ヤコブ病を最終確認 17.2.4
- 西ナイル熱国内で初確認 17.10.3
- はしか流行 19.4.-
- インフルで休校・学級閉鎖 21.10.-
- リンゴ病の感染増加 23.3.4
- 手足口病が流行 23.7.-
- RSウイルス感染症拡大 23.9.-
- インフル患者数が増加 24.1.27
- 蚊が媒介の感染症確認 24.6.-
- 風疹大流行 25.1.-
- 結核感染者 25.7.28
- 手足口病流行 25.8.6
- シャーガス病の感染例なし 25.9.20
- 妊娠中のリンゴ病感染 25.10.5
- 日本国内でデング熱に感染か 26.1.10
- はしか患者が急増 26.2.25
- デング熱国内感染確認 26.8.27
- RSウイルス感染症患者が過去10年で最多に 26.12.10
- 結核 26.この年
- 結核 27.この年
- 結核 28.この年

結核	29.この年
風疹大流行	30.この年

◇北海道
特養でノロ集団感染(釧路市)	21.1.11
新型インフルで初の死者	21.8.15
献血製剤を回収	21.10.26
ファミレスで赤痢発症	23.8.31

《東北地方》
ファミレスで赤痢発症	23.8.31

◇青森県
特養ホームでインフルエンザ集団感染	12.1.11-
病院で結核集団感染(青森市)	12.3.1

◇岩手県
老人ホームでインフルエンザ(大船渡市)	11.1.14-
特養で結核集団感染(一関市)	21.5.1

◇宮城県
老人保健施設でインフルエンザ(白石市)	11.1.10-
老人保健施設でインフルエンザ(白石市)	11.1.19-

◇秋田県
温泉旅館でノロウイルス(仙北市)	21.5.1
インフル院内感染か	22.11.6
院内でインフル感染(秋田市)	25.2.4-
老人ホームで集団感染(秋田市)	30.3.22

◇山形県
温泉施設でレジオネラ菌感染(西村山郡大江町)	12.7.8
コイヘルペスウイルス感染(南陽市)	16.6.3
インフルエンザで乳児死亡(鶴岡市)	25.1.19

◇福島県
結核感染(伊達郡梁川町)	1.6.
食中毒	10.9.8-
病院で結核集団感染(喜多方市)	11.5.28
原発作業員がノロ集団感染	23.12.17

《関東地方》
MRSA市中型で国内初の死者	19.4.2
はしかが流行	28.8.31

◇茨城県
老人福祉施設でインフルエンザ	11.1.15-
小中高校ではしか集団発生	18.4.-
馬インフルエンザ発生	19.8.16
結核集団感染(利根町)	27.2.6

◇栃木県
皮膚病集団感染(宇都宮市)	14.4.2
インフル集団感染(宇都宮市)	21.4.9
ファミレスで赤痢発症	23.8.31

◇群馬県
老人ホームでノロ感染(前橋市)	24.12.29
インフルエンザ集団感染(高崎市)	27.1.10

◇埼玉県
中学校で結核集団感染	12.3.
VRE院内感染	19.3.24-
コレラ菌国内で6年ぶり発生(騎西町)	20.3.29-
デング熱国内感染確認	26.8.27

◇千葉県
冷凍魚介類コレラ汚染(成田市)	1.9.20
輸入マグロにコレラ菌(成田市)	1.9.27
気腫疽菌世界初の感染者(船橋市)	18.2.-
小中高校ではしか集団発生	18.4.-
新型インフル感染、国内初(成田市)	21.5.9

伝染病流行　　　　　災害別一覧

◇東京都
コレラ感染	1.8.31
結核集団発生(墨田区)	1.11.-
中学校で結核集団感染	11.6.29
幼稚園でインフルエンザ集団感染(荒川区)	12.1.25
ノロウイルス院内感染(新宿区)	16.1.-
結核感染(中野区)	17.6.23
インフルエンザ集団感染(葛飾区)	19.1.17-
赤痢感染(文京区)	19.7.12
病院でインフル集団感染(町田市)	21.1.17
特養でノロ集団感染(足立区)	21.2.4
特養で肺炎集団感染(港区)	21.3.2
結核感染(葛飾区、小平市)	25.5.21
セレウス菌感染(中央区)	25.6.-
教諭から生徒に結核感染(八王子市)	25.10.21
デング熱国内感染確認(渋谷区)	26.8.27
エボラ出血熱の感染疑い例が相次ぐ(大田区)	26.11.7
警察署で結核集団感染(渋谷区)	28.4.11
保育園で集団赤痢(目黒区)	30.10.23
病院で集団結核感染(大田区)	30.10.24

◇神奈川県
特許老人病院でインフルエンザ(横浜市)	11.1.
聖マリアンナ医科大学で結核集団感染(川崎市)	11.9.11
結核集団感染(横浜市)	16.4.12
結核集団感染(横浜市)	16.5.14
介護施設で感染症(大和市)	17.1.3
結核集団感染(川崎市)	17.10.17
医療機器使い回しで院内感染(茅ヶ崎市)	19.12.25
タミフル耐性ウイルス集団感染(横浜市)	20.1.28-
新型インフル感染の疑い	21.5.1
ノロウイルス集団感染(横浜市)	24.12.29
インフル集団感染(横浜市)	25.1.29-
ジカ熱に感染(川崎市)	28.2.25

◇新潟県
老人ホームでインフルエンザ(中頸城郡柿崎町)	11.1.14-
がんセンターで結核集団感染	11.4.-
コイヘルペスウイルス感染(小千谷市)	18.6.23
老健施設でノロ集団感染(胎内市)	21.4.23
デング熱で死亡	28.7.22

◇富山県
結核感染	13.7.26
セラチア菌院内感染(富山市)	20.6.-

◇福井県
障害者施設で集団発熱(越前市)	20.5.22-

◇山梨県
宿坊食事で赤痢菌感染(身延町)	30.10.16

◇長野県
特別養護老人ホームで肺炎死(松本市)	15.1.10-
インフル患者がベランダから墜落(松本市)	21.1.27

◇岐阜県
特養老人ホームでインフルエンザ(郡上郡大和町)	11.1.-
老人福祉施設でインフルエンザ(大和町)	11.1.8-
岐阜で豚コレラ発生	30.9.9

◇静岡県
セレウス菌院内感染(浜松市)	19.7.-

◇愛知県
コレラ集団感染(名古屋市)	1.9.

結核集団感染	11.2.-
高校で結核集団感染(名古屋市)	11.12.-
献血製剤を回収	21.10.26
ジカ熱に感染	28.2.25

《近畿地方》

近畿で風疹流行	24.5.31
近畿地方でインフル猛威	25.2.
はしかが流行	28.8.31

◇三重県

インフルエンザ集団感染(多度町)	11.1.8-
中国帰りの女性から赤痢菌(鈴鹿市)	30.9.18

◇滋賀県

井戸水にコレラ菌(甲賀郡)	1.9.
滋賀大学で結核集団感染(彦根市)	11.8.5
特養老人ホームでインフルエンザ集団感染(近江八幡市)	11.12.14-
馬インフルエンザ発生	19.8.16
看護師が結核発症(大津市)	25.10.22

◇京都府

多剤耐性緑膿菌院内感染(京都市)	16.9.2
ノロウイルス集団感染(京都市)	24.12.20
結核院内感染(宇治市)	29.6.-
児童施設でO26感染(京都市)	30.8.1

◇大阪府

赤痢集団感染(大阪市)	13.12.5
インフルエンザ(阪南市)	16.1.25
コイヘルペスウイルス感染	16.4.28
多剤耐性緑膿菌院内感染(吹田市)	16.6.29
保育園でO157感染(大阪市)	19.8.6
警察署で結核集団感染	20.2.26
助産師が肺結核(高槻市)	21.4.3

新型インフル、国内での初感染(茨木市)	21.5.16
豚が新型インフルに感染	21.10.20
インフル院内感染(大阪狭山市)	24.2.9
医療機関でノロ集団感染か(大東市)	24.12.4
ノロウイルス集団感染(東大阪市)	24.12.28
福祉施設でノロ感染(門真市、箕面市)	25.3.19
ノロウイルス集団感染(高槻市)	25.11.18-
エボラ出血熱の感染疑い例が相次ぐ(泉佐野市)	26.11.7
結核集団感染(東大阪市)	28.3.29

◇兵庫県

コレラ感染(西宮市)	2.4.29
神戸大学で結核集団感染(神戸市)	12.10.6
結核感染(神戸市)	13.12.-
耐性緑膿菌院内感染(神戸市)	19.9.-
新型インフル、国内での初感染	21.5.16

◇奈良県

ノロウイルス感染(桜井市)	25.1.3-

◇和歌山県

寄生虫で養殖マダイ大量死(串本町)	15.12.13
看護師が結核を発症(和歌山市)	28.9.20

◇鳥取県

インフル集団感染(鳥取市)	25.1.21-

◇島根県

オウム病発症(松江市)	13.12.-

◇山口県

ワクチン副作用で10代死亡	21.12.9

◇香川県

百日ぜき集団感染(三木町)	19.5.24

食品衛生・食品事故　　　災害別一覧

院内でインフル集団感染
(坂出市)　　　　　　　29.1.10-

◇高知県
　学校で結核集団感染(高知市)　11.1.28-

◇福岡県
　高校で結核集団感染　　11.10.7
　小学校で結核集団感染(福岡市)　12.1.26-
　特養ホームで感染症(北九州市)　17.1.8
　ノロウイルス集団感染　22.11.1
　CRE院内感染(北九州市)　29.8.10

◇佐賀県
　こども園で集団胃腸炎(多久市)　30.10.23
　比渡航者デング熱感染　30.10.31

◇長崎県
　死亡患者から緑膿菌確認(長崎市)　17.9.27

◇熊本県
　豚の伝染病オーエスキー大量発生(阿蘇郡一の宮町)　2.6.12

◇大分県
　レジオネラ菌で死亡(国東市)　30.1.19

◇宮崎県
　ノロウイルス院内感染(宮崎市)　22.12.19
　口蹄疫　　　　　　　22.この年
　口蹄疫疑い(都城市)　23.4.25
　ノロウイルス集団感染(日南市)　24.12.23

◇鹿児島
　豚コレラ感染(鹿屋市)　16.7.21
　口蹄疫　　　　　　　22.この年

◇沖縄県
　新型インフルで初の死者　21.8.15
　4年ぶり、沖縄ではしか発生　30.3.23

《その他》
　SARS流行(中国広東省)　14.11.-

【食品衛生・食品事故】

《全国》
　O157　　　　　　　　8.この年
　乾燥イカ菓子で集団食中毒　11.3.20
　雪印乳業集団食中毒事件　12.6.27-
　不二家期限切れ原料使用問題　18.11.-
　こんにゃくゼリーで窒息死　19.5.23
　ミートホープ品質表示偽装　19.6.20-
　石屋製菓賞味期限偽装　19.8.-
　赤福消費期限虚偽表示　19.10.10-
　船場吉兆消費期限偽装　19.10.28-
　中国製冷凍ギョーザで中毒　19.12.-
　中国産ウナギ産地偽装　20.6.25
　事故米不正転売　　　　20.8.28
　不正表示　　　　　　　21.1.23
　トクホ油を販売停止　　21.9.16
　BSE発生国の肉輸入　22.2.16
　輸入貝から貝毒検出　　24.10.31
　ブランド米異種混入で作付け中止　25.2.28
　クリームチーズに異物混入　25.7.24
　サラダなどに異物混入の疑い　25.10.3
　缶詰からヒスタミン検出　25.10.11
　ホテルで食品偽装　　　25.10.22
　食材偽装　　　　　　　25.11.8
　ホテルで食材偽装　　　25.11.15
　百貨店で食材偽装続々　25.11.29
　ローストビーフに結着剤　25.12.18
　冷凍食品に農薬混入　　25.12.29
　ヒョウタンで食中毒　　26.7.13
　チキンナゲットに消費期限切れ鶏肉が混入　26.7.22
　アイスクリームからカビ　27.2.13
　乳酸菌飲料を自主回収　27.3.3
　飴を自主回収　　　　　27.11.6
　チョコレートを自主回収　28.11.11

◇北海道
　食中毒(北見市)　　　10.8.15-

災害別一覧　食品衛生・食品事故

寿司店で食中毒(小樽市)	11.8.8–
給食で集団食中毒(浦幌町)	13.5.9–
給食で集団食中毒(厚岸町)	15.1.24–
中学校で給食に異物混入相次ぐ(札幌市)	18.2.15–
イモから残留農薬を検出(北斗市、函館市)	22.8.29
ユッケ販売で焼き肉店摘発(札幌市)	24.2.24
ゼリー飲料に針混入(札幌市)	24.3.27
チーズ製品誤表示(函館市)	25.4.2
アレルギー物質を未表示(札幌市)	25.11.20
菓子に落花生が混入	25.12.3
チョコレートに異物混入(千歳市、小牧市)	26.1.14
焼肉店で食中毒(栗山町)	27.4.3

◇青森県

食中毒(青森市)	12.4.15
冷凍食品でヒスタミン食中毒(八戸市)	27.1.9

◇岩手県

給食ケーキにサルモネラ菌	10.3.12–
一関病院で食中毒(一関市)	10.4.14–

◇宮城県

勉強合宿で食中毒(仙台市)	12.1.18
陸上自衛隊で集団食中毒	12.10.2
サンドイッチで食中毒(古川市)	13.8.31

◇秋田県

客船で集団食中毒(県男鹿市)	12.8.5

◇山形県

賞味期限を偽装表示(三川町)	21.2.28
山菜を産地偽装(新庄市)	21.4.18
鶏卵からサルモネラ菌(鶴岡市)	30.11.2

◇福島県

修学旅行で集団食中毒	11.10.8

《関東地方》

O157感染源	9.この年
仕出し料理で食中毒	11.6.17
牛肉製品でO-157大量感染	13.3.25–

◇茨城県

仕出し弁当で食中毒(つくば市)	11.6.3
食中毒	11.8.14
高校部活合宿で集団食中毒(神栖町)	13.4.13
水泳大会の昼食で集団食中毒(ひたちなか市)	14.7.25–
体育祭で集団食中毒(五霞町)	14.10.13
下館病院集団食中毒(下館市)	15.4.2
旅館で集団食中毒(波崎町)	15.12.24
バナナに縫い針混入(行方市)	20.11.7
給食からプラスチック片(つくば市)	30.10.2
給食牛乳から異臭	30.10.4

◇栃木県

修学旅行で集団食中毒	11.5.26
少年院で集団食中毒(喜連川町)	12.7.26–
O-157感染(宇都宮市)	14.8.6
O-157感染(鹿沼市)	14.9.3

◇群馬県

老人保護施設で結核集団感染	13.5.2
冷凍食品に農薬混入(大泉町)	25.12.29

◇埼玉県

老人保護施設でO-157集団感染(菖蒲町)	12.6.20–
ファミリーレストランでO-157感染(県入間市)	12.8.
病院と老人施設で集団食中毒(所沢市)	13.4.22
青年の家で集団食中毒(長瀞町)	13.6.4

平成災害史事典総索引　209

食品衛生・食品事故　　災害別一覧

O－157感染(岩槻市)	13.7.29－
体育祭で集団食中毒(栗橋町)	14.10.13
バナナに針混入(狭山市)	18.12.15
加工肉から大腸菌(川口市)	30.10.17

◇千葉県

ボツリヌス菌食中毒(柏市)	11.8.
O－157感染	13.5.25
食中毒(浦安市)	15.2.5
バナナに針混入	18.12.15
給食パンで窒息死(船橋市)	20.10.17
ウナギから塩素系殺虫剤(成田市)	21.1.15
ワカメを産地偽装(勝浦市)	21.2.6
タケノコで産地偽装(野田市)	21.3.27
マンゴーから殺虫剤(成田市)	21.4.3
産地偽装(富津市)	21.4.4
シジミの産地偽装(銚子市)	21.8.6
おでんパックに縫い針	22.1.3
生レバーで食中毒(市原市)	24.7.11
生レバーで食中毒(市川市)	24.7.13
サトイモ産地偽装(八街市)	24.9.24
食品に縫い針混入(流山市、千葉市、印西市)	25.7.2
種もみに他銘柄が混入(長南町)	25.11.21
ドーナツに楊枝混入(千葉市)	30.6.4

◇東京都

小学校で食中毒(町田市)	1.7.17
食中毒(渋谷区)	1.8.12
仕出し弁当で食中毒	1.9.8
老人ホームで食中毒(世田谷区)	1.9.15
食中毒(江戸川区)	2.5.6
ニューオータニで食中毒(千代田区)	2.9.1－
給食ケーキにサルモネラ菌	10.3.12－
保育園で食中毒(北区)	10.7.7－
オリーブ漬けにボツリヌス菌	10.7.24
都立病院で食中毒(文京区)	10.8.9
学祭のカレーで食中毒	10.9.26－
毒キノコ中毒(檜原村)	10.10.3
保育園で食中毒(東大和市)	11.5.19－
修学旅行で食中毒	11.5.28
ホテルで食中毒(台東区)	11.8.6
食中毒(品川区)	11.9.23－
O－157感染(調布市)	11.10.2－
集団食中毒(千代田区)	11.10.13－
幼稚園で集団食中毒(八王子市)	11.11.18－
小学校で集団食中毒(武蔵野市)	11.11.18－
食中毒(青梅市)	12.4.22
高校で集団食中毒(豊島区)	12.5.20－
食中毒(千代田区)	12.6.14－
中学・高校で集団食中毒(新宿区)	12.6.23
仕出し弁当で食中毒	12.8.30－
病院給食で集団食中毒(墨田区)	12.9.2
保育園でO－157感染(荒川区)	13.6.11
豆大福で食中毒	13.7.18－
O－157感染(八王子市)	13.8.27
給食施設製の昼食で食中毒(江東区)	14.3.5－
中華料理店で食中毒(千代田区)	14.3.7－
中華弁当で食中毒(千代田区)	14.5.－
高校で集団食中毒(荒川区)	14.6.25
食中毒(目黒区)	14.8.9
O－25感染(新宿区)	15.1.25
ホテルで集団食中毒(目黒区)	15.8.29
健康飲料に除草剤混入(練馬区)	20.3.31
こんにゃくゼリーで高齢者窒息死	20.4.9－
飲料に殺虫剤混入(千代田区)	20.4.25
中国製冷凍インゲンから農薬(八王子市)	20.10.12
ウナギの産地を偽装	21.6.10
米国産牛肉に危険部位混入(港区)	21.10.10
米国産牛肉、輸入手続きに不備	23.10.25

災害別一覧　　食品衛生・食品事故

フグ中毒(中央区) 23.12.2
冷凍食品でヒスタミン食中毒 27.1.9
餅を詰まらせ死亡 28.1.1
蜂蜜摂取し乳児死亡(足立区) 29.3.30

◇神奈川県
運動会弁当で食中毒(横浜市栄区) 1.9.27
食中毒(横浜市) 2.7.11
給食ケーキにサルモネラ菌 10.3.12–
カレーで食中毒(横浜市神奈川区) 10.12.6
幼稚園で集団食中毒(相模原市) 11.5.25–
老人ホームで食中毒(横浜市) 11.8.25
自衛隊横須賀病院で食中毒(横須賀市) 11.11.4–
特養ホームでO-157集団感染(藤野町) 12.6.13–
病院でO-157集団感染(藤野町) 12.6.16
ファミリーレストランでO-157感染 12.8.
小学校で結核集団感染(横浜市) 13.7.5
豆大福で食中毒 13.7.18–
サルモネラ菌による食中毒(横浜市) 14.8.28
サルモネラ菌で食中毒(茅ヶ崎市) 14.11.21
留置場で食中毒(横須賀市) 15.5.16
幼稚園で大腸菌集団感染(横浜市) 15.9.10–
防衛大で集団食中毒(横須賀市) 15.9.26
カップめんから防虫剤成分 20.10.23
賞味期限を偽装表示(横浜市) 21.2.28
賞味期限を改ざん(横浜市) 21.11.2
売れ残りカツを再販売(横浜市) 22.3.28
産地偽装(湯河原町) 24.5.1
中国産ウニに食中毒菌(横浜市) 24.10.2

《中部地方》
弁当などに中国米混入 25.9.30

◇〈北陸地方〉
弁当などに中国米混入(北陸地方) 25.9.30

◇新潟県
生ガキで食中毒(長野県) 12.1.8–
開業医から結核集団感染(佐渡島) 12.4.
エノキにガラス片が混入(新潟市) 21.11.25

◇富山県
給食牛乳で食中毒 10.6.3–
ブリの産地偽装(氷見市) 23.1.27

◇石川県
牛乳巡るトラブルが頻発(金沢市) 13.2.19
食中毒(加賀市) 22.10.11
馬肉偽装表示 25.3.11

◇福井県
給食のコッペパンで食中毒(高浜町) 14.1.

◇山梨県
ホテルで食中毒(県富士吉田市) 11.9.8–
ホテルで集団食中毒(春日居町) 14.4.9
小学校などでノロ集団感染(都留市) 26.1.16

◇長野県
信州大学付属病院で食中毒(松本市) 10.1.13
林間学校で集団食中毒(茅野市) 13.7.17
O-26に集団感染(長野市) 14.7.29
中国産あんこで異臭 20.9.19–
エノキにガラス片が混入(中野市) 21.11.25
七味唐辛子異物混入(長野市) 22.3.10

食品衛生・食品事故　災害別一覧

馬肉偽装表示(飯島町)	25.3.11
自主回収対象の冷凍食品を販売(上田市)	26.1.16

◇岐阜県

食中毒(岐阜市)	2.9.5-
集団食中毒(土岐市)	5.6.22-
高校総体で集団食中毒(金山町)	12.8.9-
給食に金属片(岐阜市)	30.6.8
冷凍メンチから大腸菌(笠松町)	30.11.9

◇〈東海地方〉

O157感染源(東海地方)	9.この年
弁当などに中国米混入(東海地方)	25.9.30

◇静岡県

お年寄り366人食中毒	1.9.15
小学校で結核集団感染(浜松市)	12.9.14
小学校などでノロ集団感染(浜松市)	26.1.16
イヌサフランを食べ中毒死	26.9.9

◇愛知県

敬老会で食中毒(額田郡額田町)	1.9.15
集団食中毒(愛知県江南市)	2.4.28-
集団食中毒(犬山市)	2.6.7
旅館で食中毒(知多郡南知多町)	2.6.12
特養ホームでO-157集団感染(名古屋市)	12.7.18-
異物混入(江南市)	21.4.22
給食パンに針金(豊田市)	30.7.2

《近畿地方》

森永乳業食中毒事件	12.7.12
弁当で集団食中毒	15.9.8-
弁当などに中国米混入	25.9.30
パンに異物混入	26.1.23

◇三重県

敬老会で食中毒(度会郡御薗村)	1.9.15

◇滋賀県

学校給食で感染性胃腸炎集団感染(愛知郡愛知川町)	12.3.16-
給食で食中毒(犬上郡豊郷町)	13.2.19
飲料に異物混入(近江八幡市)	17.1.2
食品に針混入(彦根市)	18.3.18
清涼飲料に鉄粉混入(愛荘町)	18.5.1
毒キノコで食中毒	22.10.18

◇京都府

食中毒(京都市)	2.7.23
修学旅行で集団食中毒(京都市)	13.6.14
酒に異物混入(京都市)	16.9.17-
食品に針混入(木津川市)	23.12.14
救援物資で食中毒(宇治市)	24.8.15
ローストビーフに結着剤(京都市,京丹波町)	25.11.26
フグを調理し食中毒(京都市右京区)	30.11.6
禁止添加物使用で回収(与謝野町)	30.11.9

◇大阪府

集団食中毒(四条畷市)	2.3.14
食中毒(池田市)	2.5.11-
ホテルで食中毒(大阪市北区)	2.6.27
結婚式場で食中毒(堺市)	2.9.2
O157大量感染(堺市)	8.7.13
従業員食堂で食中毒O169検出(堺市)	10.4.6-
食中毒(泉大津市)	10.7.11
仕出し店の弁当で食中毒(大阪市)	14.3.31-
野球部で食中毒(豊中市)	14.8.6
菓子パンに針混入(柏原市)	16.1.2
パンに縫い針混入(大阪市)	18.5.19
機内食に手袋混入(泉南市)	19.7.25
かまぼこに誤って卵混入(吹田市)	19.10.1
ハチミツのふたから鉛検出(大阪市)	22.2.25
産地偽装	23.5.26
塩素混入(豊中市)	25.3.22

食品衛生・食品事故

　豆アジにフグの稚魚混入　25.5.10
　毒物混入の予告で麦焼酎
　　回収　25.8.16
　偽装米混入(吹田市)　25.10.8
◇兵庫県
　食中毒(神戸市西区)　2.10.4
　病院でサルモネラ菌食中
　　毒(姫路市)　11.8.9-
　生肉でE型肝炎感染　15.7.31
　食品異物混入(神戸市)　17.10.4
　ハンバーガーに釣り針混
　　入(姫路市)　20.2.25
　飲料に殺虫成分混入(神戸
　　市)　20.6.21
　キャンディにゴム手袋が
　　混入　20.7.27-
　こんにゃくゼリーで1歳児
　　窒息死　20.7.29
　ダイエット食品に劇薬(尼
　　崎市)　21.1.30
　給食からカドミウム検出　22.2.13
　毒キノコで食中毒　22.10.18
　タマネギ産地偽装(南あわ
　　じ市)　24.6.18
　豆アジにフグの稚魚混入　25.5.10
　酒造会社が不適切表示(神
　　戸市)　25.11.11
◇奈良県
　保育園でO-157集団感染
　　(生駒市)　13.7.31
　無洗米にステンレス片混入　18.10.27-
　和牛偽装の成型肉にアレ
　　ルギー物質(奈良市)　25.11.2
◇和歌山県
　給食で産地偽装(田辺市)　21.2.5
　老健施設でノロウイルス
　　集団感染(田辺市)　26.1.15
《中国地方》
　弁当などに中国米混入　25.9.30
◇鳥取県
　生肉でE型肝炎感染　15.7.31

　養殖アワビに感染症(湯梨
　　浜町)　23.3.4
◇島根県
　集団食中毒　2.9.7
　給食に包丁破片が混入(吉
　　賀町)　24.4.14
◇岡山県
　大学で飲料に毒物混入　20.5.20
　毒キノコで食中毒　22.10.18
◇広島県
　ティラミスで食中毒　2.9.
　刑務所で集団食中毒(広島
　　市)　15.4.16-
　フグ肝で意識不明(福山市)　22.10.3
　毒物混入の予告で麦焼酎
　　回収　25.8.16
　中学校でノロ集団感染(広
　　島市)　26.1.24
◇山口県
　食中毒(下関市)　2.6.15
　キノコで食中毒　2.10.7-
　毒物混入の予告で麦焼酎
　　回収　25.8.16
《四国地方》
　弁当などに中国米混入　25.9.30
◇愛媛県
　集団食中毒(宇摩郡土居町)　11.11.11
　食品に金属混入(西条市)　20.7.-
　ウナギの産地を偽装(伊予
　　市)　21.6.10
《九州地方》
　弁当にばんそうこう混入　25.4.2
　エナジードリンクでカフェ
　　イン中毒　27.12.21
◇福岡県
　食中毒(福岡市中央区)　2.9.8-
　高校で結核集団感染(久留
　　米市)　13.2.21
　O-157集団感染(福岡市)　14.6.29

集団食中毒　災害別一覧

◇佐賀県
食中毒(杵島郡山内町)　2.7.12
茶漬けにカッターの刃混入(鳥栖市)　18.8.22
給食にボルト混入(上峰町)　30.10.31

◇長崎県
大学野球大会で食中毒(長崎市)　12.8.17

◇熊本県
保育園で集団食中毒(熊本市)　13.12.1

◇大分県
食中毒(宇佐市)　2.7.16-
集団食中毒(別府市)　5.4.1-

◇鹿児島県
ゴマ産地偽装(湧水町)　30.10.30

◇沖縄県
遺伝子組み換え生物　23.2.23
遺伝子組み換えパパイアを栽培　23.4.21
給食にピン混入(北谷町)　30.5.24
給食に異物混入(沖縄市)　30.9.5

【集団食中毒】

《全国》
ノロウイルス集団感染　17.1.9
ノロウイルス集団感染　18.11.-
イカの塩辛で集団食中毒　19.9.8
コルチカム中毒　20.5.7
ステーキ店でO157感染　21.9.7
馬刺しでO-157に感染　26.4.10
食中毒　26.この年
食中毒　27.この年
食中毒　28.この年
食中毒　29.この年
食中毒　30.この年

◇北海道
E型肝炎感染(北見市)　16.8.-

特養ホームでO157感染(様似町)　17.6.21-
修学旅行で食中毒か　21.9.11
小中学校で食中毒(岩見沢市)　23.2.14
O157集団感染　24.8.
集団食中毒(厚岸町)　25.8.17

《東北地方》
スギヒラタケで食中毒　16.9.-

◇青森県
トリカブトで食中毒　17.4.23

◇宮城県
ドクゼリで食中毒(大崎市)　20.3.11

◇秋田県
生レバーで食中毒(秋田市)　24.7.5

◇山形県
フグ料理で中毒(鶴岡市)　21.1.26
だんごで食中毒　23.5.10
刑務所で食中毒(山形市)　23.12.1
温泉旅館で集団食中毒(上山市)　26.1.20

◇福島県
震災避難所で食中毒(田村市)　23.6.15
馬刺しでO-157に感染(会津若松市)　26.4.10
学校給食で集団食中毒(下郷町)　28.1.21
ハワイアンズで食中毒(いわき市)　30.5.10

《関東地方》
モスバーガーでO121　30.9.10

◇栃木県
飲食店で食中毒(足利市)　16.1.4-
集団食中毒　24.8.17-

◇群馬県
ホテルでノロウイルス感染(嬬恋村)　20.1.7

別のステーキ店でO157感染	21.9.9
老人ホームでO157感染(高崎市)	25.8.3
病院でノロ集団感染(高崎市)	29.3.7
総菜店でO157集団感染(前橋市)	29.8.21-

◇埼玉県

高校で食中毒(本庄市)	17.6.25
寮の食堂でノロウイルス感染(入間市)	20.4.17-
O157で死亡(川口市)	20.8.19
別のステーキ店でO157感染	21.9.9
集団食中毒(本庄市)	23.5.19
総菜店でO157集団感染(熊谷市)	29.8.21-
ラグビー合宿で食中毒(川越市)	30.3.27
ホタテ、ウニで腸炎ビブリオ	30.9.10
居酒屋で食中毒(川越市)	30.11.16

◇千葉県

コンサート会場で食中毒(千葉市)	17.8.14
刑務所で集団食中毒(市原市)	19.4.9
ノロウイルス院内集団感染(柏市)	20.12.2-
老人ホームで集団食中毒(市川市)	28.8.30
修学旅行で集団食中毒(成田市)	28.10.28
MRSA院内感染(千葉市)	29.11.

◇東京都

介護施設で集団食中毒(新宿区)	16.3.13
O157で死亡(江東区)	16.8.8
小学校で食中毒(練馬区)	17.11.23
警視庁内の食堂で食中毒(千代田区)	18.2.23
警察学校で食中毒(府中市)	18.4.5
大学学食でO157感染(西東京市)	19.5.28
ノロウイルス院内感染(小平市)	20.1.29
ホテルで食中毒(港区)	20.6.12-
消防学校で食中毒(渋谷区)	20.11.19
食中毒の製品を輸入(新宿区,千代田区)	21.1.30
洋菓子から農薬検出(渋谷区)	21.4.21
小学校で集団食中毒(足立区)	21.12.10
幼稚園でノロ集団食中毒(杉並区)	22.1.18
物産展の弁当で食中毒(中央区)	22.6.4
合宿所で食中毒(世田谷区)	23.5.14
集団食中毒(千代田区)	24.4.13
レストラン、弁当からノロ(港区、江東区)	24.12.12-
参院議員会館の食堂で食中毒(千代田区)	26.3.4
ホテル宴会場で集団食中毒(千代田区)	26.4.28
老人ホームで集団食中毒(羽村市)	28.8.30
給食でノロ集団感染(立川市)	29.2.16-
非常食で食中毒(江戸川区)	29.5.19-

◇神奈川県

野球部合宿所で食中毒(横浜市)	16.2.13
病院食でノロウイルス感染(相模原市)	16.3.7
オープンキャンパスで食中毒(相模原市)	17.8.12
防災訓練の乾パンで食中毒(横浜市)	18.9.3
敬老会の昼食で食中毒(横浜市)	20.10.26
焼き肉店で食中毒(大和市)	24.6.8
冷凍メンチで集団食中毒	28.10.31

◇新潟県

仕出し料理で集団食中毒(長岡市)	26.2.3

集団食中毒　災害別一覧

◇富山県
- 保育所でO157感染(魚津市)　18.8.25－
- フグ鍋料理で食中毒(南砺市)　21.11.22
- 焼肉店で集団食中毒　23.5.2
- 焼肉店で食中毒(高岡市)　23.6.3
- 焼肉店でO157感染(富山市)　30.7.16

◇石川県
- 老舗旅館で食中毒(七尾市)　28.9.6

◇福井県
- 温泉旅館で食中毒(あわら市)　17.10.15
- カニツアーで食中毒(福井市)　18.11.18
- 焼肉店で集団食中毒　23.5.2
- 小中学校で集団食中毒(若狭町)　28.5.22

◇山梨県
- 給食で集団食中毒(甲州市)　19.9.15
- 集団食中毒(甲斐市)　24.12.23

◇長野県
- 2旅館で集団食中毒(小谷村)　16.3.26
- 旅館でノロウイルス集団感染(山之内町)　20.1.31－
- スポーツ大会で集団食中毒(上田市)　26.7.20
- スイセンの根で集団食中毒(伊那市)　28.5.6
- だし汁と間違い食中毒(茅野市)　30.11.11

◇〈東海地方〉
- モスバーガーでO121(東海地方)　30.9.10

◇愛知県
- 毒キノコで食中毒(豊橋市)　17.8.24

◇三重県
- 給食でO157に感染(津市, 伊賀市)　22.6.2
- 弁当で集団食中毒(伊賀市緑ケ丘東町)　24.11.28
- 回転寿司店で集団食中毒(松阪市)　27.1.6

◇滋賀県
- 進学塾合宿で食中毒(大津市)　16.7.29
- 弁当で食中毒　17.6.21

◇京都府
- 京料理店で集団食中毒(京都市)　16.6.20
- 弁当で集団食中毒(舞鶴市)　16.10.23
- 弁当で食中毒　17.6.21
- O157で女児死亡　18.7.17
- 料理店でノロ食中毒(京都市)　22.3.4
- 回転ずし店で食中毒(京都市)　22.5.7
- 生レバーによる食中毒の疑い(八幡市)　25.8.30
- 日本料理店で食中毒(京都市)　27.4.6
- 修学旅行で食中毒(京都市)　30.6.15

◇大阪府
- レストランでノロウイルス感染(大阪市)　16.1.13
- ノロウイルス院内感染(和泉市)　16.5.17
- ホテルでノロウイルス感染(大阪市)　16.12.17
- 小学校でノロウイルス感染(門真市)　17.5.19
- 保育所で食中毒(大阪市)　17.9.7－
- 日本料理店で食中毒(大阪市)　17.10.6
- 児童福祉施設でO157感染(高槻市)　17.11.9－
- 小学校の給食で食中毒(門真市)　17.11.13－
- 餅つき大会でノロウイルス感染(大阪市)　17.12.9
- 調理実習で食中毒(堺市)　17.12.9
- 小学校で食中毒(八尾市)　18.3.24

災害別一覧　　集団食中毒

ノロウイルスで学級閉鎖(貝塚市)　18.4.14
幼稚園でサルモネラ菌食中毒(摂津市)　18.7.-
日本料理店で食中毒(大阪市)　19.7.21
世界陸上放送スタッフが食中毒(大阪市)　19.8.27
毒キノコで中毒(高槻市)　19.9.2
高級料理店で食中毒(大阪市)　19.12.12
ノロウイルスで学級閉鎖(岸和田市)　20.4.16
料亭でノロウイルス感染(大阪市)　20.11.4
高校生がノロウイルス感染(東大阪市)　20.12.30
営業停止処分中にまた食中毒(寝屋川市)　22.4.2
餅つき大会でノロ感染(大阪市)　22.12.12
集団食中毒(大阪市)　24.3.21
ひょうたんで食中毒(茨木市)　25.7.4
マンションで転落事故(豊中市)　25.8.4
物産展で集団食中毒(大阪市)　26.10.1
グルメイベントで食中毒(吹田市)　27.10.12
消防学校で集団食中毒(大東市)　28.9.10
認定こども園で集団食中毒(守口市)　29.10.12-

◇兵庫県

ホテルで食中毒(神戸市)　16.12.18
ボート選手集団食中毒(神戸市)　18.5.20
大学の宿泊施設で食中毒(三田市)　18.5.27-
旅館で食中毒(神戸市)　18.7.22
サッカー合宿で食中毒(上郡町)　20.7.30
ホテル食堂で食中毒(神戸市)　20.9.3-
学生寮で集団食中毒(西宮市)　21.7.10
バラフエダイで食中毒(宝塚市)　21.12.12
甲子園観戦の野球部員が食中毒(西宮市)　22.8.10
ノロウイルスで集団食中毒(神戸市)　22.12.25
ノロウイルス集団感染(神戸市)　27.12.18
宿泊施設で食中毒(南あわじ市)　30.12.26

◇奈良県

少年刑務所で食中毒(奈良市)　16.7.31
O157で死亡(安堵町)　19.7.21
栽培したイモを食べ腹痛(奈良市)　21.7.16
ホテルで集団食中毒(大和高田市)　21.8.11

◇和歌山県

小学生らノロウイルス感染(日高町)　16.5.20-
ノロウイルス院内感染(有田市)　20.1.7-
学校給食でノロ感染(御坊市,日高川町)　29.1.25-
マラソン大会で食中毒(新宮市)　30.11.18

◇鳥取県

給食でノロウイルス感染(鳥取市)　19.1.26

◇島根県

刑務所で食中毒(松江市)　17.10.1

◇岡山県

O157で死亡(倉敷市)　16.4.21
合同合宿で食中毒(岡山市)　16.5.1-

◇広島県

弁当からノロウイルス(広島市)　24.12.-
集団食中毒(広島市)　24.12.14

平成災害史事典総索引　217

薬害・医療事故　　　災害別一覧

◇香川県
　老人福祉施設でO157感染
　　(香川町)　　　　　　　17.10.14−

◇愛媛県
　病院でノロウイルス集団
　　感染(松山市)　　　　　29.1.31−

◇佐賀県
　ホテルで食中毒(佐賀市)　20.11.29
　毒キノコで食中毒(唐津市) 30.10.12

◇宮崎県
　猛毒キノコを食べ死亡(延
　　岡市)　　　　　　　　 18.8.26
　菌性髄膜炎で高校生死亡
　　(小林市)　　　　　　　23.5.
　ホテルで食中毒(都城市)　30.9.25
　「たたき」で食中毒(宮崎市) 30.11.7

【薬害・医療事故】

《全国》
　薬害エイズ訴訟　　　　　1.5.8−
　バイアグラ服用の男性死亡 10.7.
　バイアグラ服用の男性死亡 11.8.
　献血からHIV感染　　　　11.10.7
　一部解熱剤に副作用判明　12.11.15
　医療事故　　　　　　　　14.8.21−
　抗真菌剤投与で副作用　　14.8.29
　C型肝炎薬投与で死亡　　14.9.12
　C型肝炎感染被害者が全国
　　一斉提訴　　　　　　　14.10.21
　脳梗塞薬投与で副作用死　14.10.28
　人工授精でHIV感染　　　14.11.
　肺がん治療薬で副作用死　14.12.13
　輸血でHIV感染　　　　　15.5.
　輸血でB型肝炎感染　　　15.8.1
　インフルエンザ治療薬で
　　副作用　　　　　　　　15.8.29
　輸血でE型肝炎感染　　　16.9.−
　輸血でE型肝炎感染か　　17.1.21
　除細動器自主回収　　　　17.3.−
　便秘薬の副作用で死亡　　17.4.−
　輸血でB型肝炎の疑い　　17.7.3
　輸血でE型肝炎感染か　　17.9.21
　タミフル服用後の死亡者
　　が計42人に　　　　　　18.1.27
　輸血に黄色ブドウ球菌混入 18.5.1
　タミフル副作用による異
　　常行動　　　　　　　　19.2.16−
　抗うつ剤による新生児副
　　作用　　　　　　　　　21.10.21
　子宮頸がんワクチンで副
　　作用　　　　　　　　　23.2.28
　風邪薬で副作用死　　　　24.5.
　呼吸補助器の組立てミス
　　で死者　　　　　　　　24.9.26
　抗インフル薬副作用で死亡 25.2.27
　輸血でC型肝炎感染　　　25.10.2
　HIV感染者の血液を輸血　25.11.25
　レーシック被害が多発　　25.12.4
　ワクチン副作用問題　　　25.この年
　生理痛薬の副作用で死亡　26.1.17
　抗がん剤の副作用で死亡　26.3.26
　C型肝炎治療薬服用患者が
　　死亡　　　　　　　　　26.10.24
　抗がん剤を投与された5人
　　が死亡　　　　　　　　26.12.10
　抗てんかん薬服用で死亡　27.2.4
　副作用情報を報告せず　　27.9.1
　風邪薬自主回収　　　　　27.9.9
　輸血でE型肝炎に感染　　27.10.26
　インフル点滴薬副作用で
　　死亡　　　　　　　　　28.4.21
　C型肝炎治療薬の副作用で
　　死亡か　　　　　　　　28.5.18
　抗がん剤と免疫療法の併
　　用で死亡　　　　　　　28.7.19
　臍帯血の無届け投与　　　29.8.27
　血液製剤で大腸菌感染　　29.11.29
　ワクチンからヒ素　　　　30.11.5

◇北海道
　牛乳点滴(名寄市)　　　　2.3.25
　B型患者にA型輸血(札幌
　　市)　　　　　　　　　 12.4.24
　輸血でE型肝炎感染(室蘭市) 15.1.17
　MRSA院内感染(北見市)　16.3.−
　筋弛緩剤注射で死亡(静内
　　町)　　　　　　　　　 16.7.8

災害別一覧　　薬害・医療事故

◇青森県
- 弘前大付属病院で医療ミス発覚相次ぐ(弘前市)　13.4.10
- 血液型誤り患者死亡(津軽郡鰺ヶ沢町)　13.5.11
- 人工呼吸器外れ患者死亡(三沢市)　15.8.11
- 放射線過剰照射(弘前市)　15.10.3
- 糖尿病薬誤投与(五所川原市)　20.6.20-
- 誤投薬で死亡(青森市)　29.9.24

◇岩手県
- レントゲン撮影台から転落死(盛岡市)　15.3.17
- 医療器具不具合(北上市)　16.8.1
- 骨髄検査で血管損傷(久慈市)　19.10.4

◇宮城県
- 体内にガーゼ置き忘れ(塩釜市)　11.6.23
- MRSA集団感染(塩釜市)　12.11.7-
- 人工呼吸器の電源外れ患者死亡(仙台市)　15.8.13
- 静脈に空気流入(仙台市)　17.9.13
- 呼吸器外れ重体(仙台市)　17.10.13
- がん患者取り違え手術(仙台市)　22.3.4

◇秋田県
- 医療ミス(秋田市)　14.12.13
- 点滴ミスで患者死亡(秋田市)　15.4.4
- 投薬ミスで死亡(大館市)　16.1.17

◇山形県
- 別の患者の薬剤注射(鶴岡市)　16.8.10

◇福島県
- 治療中酸素タンク燃え患者死亡(福島市)　1.7.19
- 病院で爆発(いわき市)　15.10.4
- 手術中の大量出血死(大熊町)　16.12.17
- 静脈に空気を注入(福島市)　21.8.3
- 耐性菌に院内感染(郡山市)　30.2.16

《関東地方》
- 輸血でB型肝炎感染　16.6.10

◇茨城県
- 高圧酸素装置から発火(那珂湊市)　4.12.29
- 筑波大付属病院で医療ミス相次ぐ(つくば市)　12.7.4
- 結核院内感染(取手市)　15.6.-
- 筋弛緩剤を紛失(古河市)　28.10.28
- 人工呼吸器停止し死亡(水戸市)　29.2.7
- モルヒネ過剰投与で死亡(水戸市)　29.9.14

◇栃木県
- 高周波焼灼療法で患者死亡(南河内町)　15.3.4
- 誤診で肺切除(宇都宮市)　15.10.15
- セレウス菌院内感染(下野市)　18.4.-
- 心臓にナット残す(足利市)　21.11.6

◇群馬県
- セラチア菌感染(太田市)　14.4.15-
- 手術中レーザーでやけど(前橋市)　15.3.26
- 生体肝移植時のミスで両下肢まひ(前橋市)　17.11.
- 心臓の壁にカテーテル縫い込み死亡(前橋市)　18.6.-
- カテーテル挿入で動脈損傷(前橋市)　19.4.27
- 肝切除術後に18人死亡(前橋市)　26.11.14
- 病院でノロ集団感染(高崎市)　29.3.7

◇埼玉県
- 抗がん剤過剰投与で患者死亡(川越市)　12.9.
- 医療事故で患者死亡(所沢市)　13.10.23
- 輸血ミスで死亡(三郷市)　14.8.22
- 多剤耐性緑膿菌大量感染(毛呂山町)　16.1.-

薬害・医療事故　災害別一覧

事故	日付
患者取り違えで甲状腺摘出(毛呂山町)	18.2.27
VRE院内感染	19.3.24-
脱脂綿詰まらせ死亡(新座市)	22.6.13

◇千葉県

事故	日付
C型肝炎院内感染(千葉市)	11.7.-
治療中に静脈破れ患者死亡(佐原市)	12.2.28
人工透析中空気が混入(東金市)	12.5.26
汚染血液輸血で患者死亡	15.9.3
挿管ミスで患者死亡(船橋市)	15.10.21
患者取り違えで死亡(茂原市)	15.12.19
塩化カリウム製剤原液を誤投与(成田市)	16.5.15
肺に栄養チューブ誤挿入(市原市)	17.4.1
麻酔誤投与(松戸市)	17.9.12
手術中に気管チューブ燃え死亡(松戸市)	20.10.10
ノロウイルス院内集団感染(柏市)	20.12.2-
腹腔鏡手術後死亡相次ぐ(千葉市)	26.4.
XLIF手術ミスで死亡(船橋市)	28.5.17
MRSA院内感染(千葉市)	29.11.
画像診断で見落とし(千葉市)	30.6.8

◇東京都

事故	日付
消毒液を点滴(渋谷区)	11.2.11
麻酔薬投与量誤る(豊島区)	11.5.14
墨田区の病院でセラチア菌院内感染(墨田区)	11.7.27-
治療薬多量投与で男性死亡(板橋区)	11.8.13
一酸化炭素中毒死で誤診(江東区)	11.11.22-
睡眠薬過剰投与(文京区)	12.5.14
血圧降下剤を誤って注射(板橋区)	12.8.11
気管切開チューブつけ間違え患者重態(大田区)	12.8.20
MRSA院内感染(文京区)	12.8.25
栄養剤チューブを気管に挿入(文京区)	12.12.
東京女子医大病院事件(新宿区)	13.3.2
がん治療で放射能過剰投与(港区)	13.4.28
腎不全治療ミスで患者死亡(八王子市)	13.6.1
腸内細菌による院内感染(文京区)	13.8.21-
世田谷区の病院でセラチア菌院内感染(世田谷区)	14.1.7-
医療事故(中央区)	14.8.13
前立腺がん摘出手術ミスで患者死亡(葛飾区)	14.11.8
O-25感染(新宿区)	15.1.25
当直医不在中に患者死亡(練馬区)	15.1.25
東京医科大学付属病院で医療事故相次ぐ(新宿区)	15.3.
腸閉塞を放置し死亡(葛飾区)	15.3.9
不整脈治療用具作動せず(大田区)	15.5.
鎮静剤注射で死亡(足立区)	15.6.
豊胸手術ミス	15.7.30
挿管ミスで脳死(新宿区)	15.8.
輸血ミスで患者重体(文京区)	15.9.1
カテーテルで心臓損傷(板橋区)	15.9.9
ノロウイルス院内感染(新宿区)	16.1.-
カテーテル誤挿入(新宿区)	16.1.31
呼吸用の管外れ意識不明(三鷹市)	16.1.31
心電図警報を放置(府中市)	16.3.23
内視鏡検査で大腸に穴(三鷹市)	16.10.6
心臓弁手術で医療事故(新宿区)	16.12.14
カテーテル挿入ミス(文京区)	17.1.18
呼吸補助器具誤用(三鷹市)	17.6.5

薬害・医療事故

多剤耐性緑膿菌院内感染(板橋区)	17.7.-
吸引器誤使用で窒息死(豊島区)	17.9.13
出産促進剤を誤処方(練馬区)	17.9.14
呼吸チューブ誤接続(千代田区)	17.10.4
患者体内にヘラ置き忘れ(葛飾区)	18.1.31
胸部整形で医療事故(渋谷区)	18.3.24
多剤耐性緑膿菌感染で患者死亡(新宿区)	18.8.-
肝臓に管刺し死亡(板橋区)	18.9.15
ストレッチャーから落下(東大和市)	19.8.21
高濃度消毒液でやけど(日野市)	19.8.30
ノロウイルス院内感染(小平市)	20.1.29
左右の目を間違え手術(文京区)	20.6.6
レーシック手術で感染症(中央区)	21.2.25
薬の誤調剤で死亡(足立区)	21.4.29
抗凝固剤を過剰投与(葛飾区)	21.7.4
除細動器が作動せず死亡(新宿区)	21.12.8
人工心肺不具合で患者死亡(八王子市)	22.3.18
人工透析の管外れ出血死亡(町田市)	22.6.14
多剤耐性菌を検出(板橋区)	22.9.3
酢酸濃度調整を誤る(中野区)	23.10.13
介護施設で、入浴時死亡(板橋区)	24.2.16
骨髄液を無断採取(新宿区)	24.3.19
カテーテル挿入後に患者死亡(新宿区)	24.4.
手術中に急死(新宿区)	24.5.30
医療ミス(小平市)	24.9.18
造血幹細胞を別患者に移植(世田谷区)	26.1.7
鎮静剤投与で男児死亡(新宿区)	26.3.5
はしかに院内感染(文京区)	26.3.6
X線検査で禁止造影剤を注入(新宿区)	26.4.18
無痛分娩で死産(文京区)	27.2.6
ノロウイルス院内感染(府中市)	28.3.18
手術中にレーザーメスで出火(新宿区)	28.5.31
抗てんかん薬の大量投与で死亡(新宿区)	28.7.24
筋弛緩剤を紛失(千代田区)	28.11.24
無資格医師が中絶手術(武蔵野市)	28.12.6
薬の取り違えで男児死亡(文京区)	29.2.1
肺がん放置し死亡(港区)	29.7.24
歯科で手術後患者死亡(千代田区)	30.2.15
赤ちゃん取り違え、50年前(文京区)	30.4.6
区の検診でガン見落とし(杉並区)	30.7.17
医師が結核、患者へ感染(文京区)	30.7.19

◇神奈川県

患者取り違えて手術(横浜市)	11.1.11
注射ミスで妊婦意識不明(横浜市)	11.3.
内服薬を誤って点滴(伊勢原市)	12.4.10
点滴過剰投与で患者死亡(伊勢原市)	12.6.8
人工呼吸器故障で患者死亡(横浜市)	12.8.16
術後管理ミス(横浜市)	13.8.10
腹腔鏡手術で患者死亡(横浜市)	13.11.5
副鼻腔炎治療事故で患者死亡(平塚市)	14.3.14
患者体内に劇薬落とす(伊勢原市)	14.5.
B型肝炎感染血を輸血(横浜市)	15.8.

薬害・医療事故　　　災害別一覧

流動食を腹部へ誤注入(川崎市)　15.10.17
心臓カテーテル検査後に患者死亡(川崎市)　15.12.15
併用禁止の薬を誤処方(川崎市)　16.4.13
気管チューブずれ死亡(横浜市)　16.4.30
薬剤取り違え投与(横須賀市)　16.5.14
肺にチューブ誤挿入(松田町)　16.8.20
人工呼吸器装着ミス(横浜市)　16.9.22
心肺停止に気づかず(横浜市)　19.7.4
医療機器使い回しで院内感染(茅ヶ崎市)　19.12.25
カテーテルを誤挿入(川崎市)　21.8.20
放射線照射位置がずれる(伊勢原市)　25.12.25

◇新潟県
予防接種ワクチン違い(新潟市)　2.4.20
多剤耐性緑のう菌に院内感染(新潟市)　12.1.-
点滴投与ミスで患者死亡(新津市)　14.7.8
腹部にガーゼ置き忘れ(上越市)　16.1.23
手術で血管損傷(新潟市)　17.4.27
誤投薬で患者死亡(三条市)　29.4.27

◇富山県
MRSA院内感染(氷見市)　12.9.27
医療ミスで2患者死亡(上市町)　13.6.21
検査時に動脈傷つけ患者死亡(富山市)　18.9.26
セラチア菌院内感染(富山市)　20.6.-

◇石川県
放射線照射ミス　14.7.11
医療ミス(金沢市下石引町)　24.1.24

◇山梨県
急性薬物中毒(東八代郡石和町)　1.4.12
MRSA院内感染(甲府市)　12.6.-
髄膜炎院内感染(甲府市)　12.7.10-
酸素の管外れ患者が植物状態(富士吉田市)　12.8.2
医療事故訴訟で証人すり替え(甲府市)　13.10.26
放射性医薬を過剰投与(甲府市)　23.9.1
鎮痛薬を過剰投与(中央市)　26.12.22

◇長野県
VRE院内感染(中野市)　11.6.21
透析患者に肝機能障害(駒ヶ根市)　15.6.-
頭部切開手術ミス(上田市)　15.9.17
インフルエンザ院内感染(松本市)　27.1.19

◇岐阜県
投薬ミスで患者死亡(国府町)　14.4.2
タミフル副作用問題　17.11.11
病院で熱中症、患者死亡(岐阜市)　30.8.26

◇静岡県
輸血ミスで患者死亡(三島市)　15.4.10
抗生物質切れ患者死亡(清水市)　15.12.30
セレウス菌院内感染(浜松市)　19.7.-
カテーテルから空気が入り死亡(清水町)　22.3.19
インフルエンザ院内感染(富士市)　27.1.7
インフルエンザ院内感染(河津町)　28.4.5
多剤耐性菌検出、患者死亡(静岡市)　30.8.10

◇愛知県
手術中に動脈を切断(西尾市)　11.7.13

誤診で不要手術(岡崎市)	11.11.1
手術で静脈傷付け止血不十分で患者死亡(県岡崎市)	12.4.—
レジオネラ菌院内感染(名古屋市)	12.6.—
生活環境菌院内感染(豊橋市)	12.6.18―
骨髄ドナー貧血見落とし(長久手町)	12.7.18
患者の目に注射針落とす(常滑市)	12.8.14
MRSA院内感染(半田市)	14.1.18―
患者取り違え肺一部摘出(名古屋市)	17.5.—
タミフル副作用問題	17.11.11
医療ミス(名古屋市)	23.1.18
検体の取り違えで胃切除(東海市)	29.4.—
がんの兆候伝わらず死亡(名古屋市)	29.10.19
脂肪吸引手術後に死亡(名古屋市)	29.12.—

◇三重県

注射針不法投棄(津市)	2.10.20
インフルエンザ集団感染(多度町)	11.1.8―
MRSA集団感染(南勢町)	11.8.―
O型患者にA型輸血(津市)	12.10.22
輸血ミス(津市)	12.10.25
点滴作り置きで院内感染(伊賀市)	20.5.23―

◇滋賀県

成人病センターで結核集団感染(守山市)	11.7.4
感染性胃腸炎院内感染(信楽町)	16.1.19

◇京都府

エタノール誤注入で患者死亡(京都市)	12.2.28
薬物誤投与で患者死亡(宇治市)	14.1.31
解熱剤投与で副作用死(京都市)	15.3.17
麻酔薬大量注射で患者死亡(京都市)	15.11.15
肺がん手術で大動脈損傷(京都市)	15.11.20
多剤耐性緑膿菌院内感染(京都市)	16.9.2
透析患者がB型肝炎に感染(京都市)	18.8.―
放射線を当てすぎで歩行障害(京都市)	21.5.14
心臓手術ミス(京都市)	21.7.24
高濃度インスリン混入(京都市)	21.11.―
腹部に手術器具の置き忘れ(京都市)	22.2.22
京大病院で医療ミス(京都市)	23.11.14
ノロ院内感染(京都市)	26.1.22
結核院内感染(宇治市)	29.6.―
調剤ミスで死亡(京都市左京区)	29.8.28
手術で患者死亡(京都市)	30.11.26

◇大阪府

体内にガーゼ放置	2.10.8
輸血ミスで患者死亡(守口市)	9.1.30
心臓手術ミスで6歳死亡(吹田市)	11.11.—
堺市の病院でセラチア菌院内感染(堺市)	12.5.―
睡眠薬誤投与(東大阪市)	12.7.16
MRSA感染(池田市)	14.5.1―
ペースメーカー体内で停止(大阪市)	15.3.—
MMR接種禍	15.3.13
輸血ポンプの操作ミスで一時心停止(吹田市)	15.3.25
汚染血液輸血で患者死亡(吹田市)	15.9.—
汚染血液輸血で患者死亡(堺市)	15.9.23
ノロウイルス院内感染(和泉市)	16.5.17
輸血取り違え(泉佐野市)	16.6.10
多剤耐性緑膿菌院内感染(吹田市)	16.6.29

薬害・医療事故　　災害別一覧

事故	日付
ラジオ波で腸に穴(大阪市)	16.8.-
乳児のぼうこう切除(枚方市)	17.2.
期限切れワクチン投与(箕面市)	17.5.30
実習でO157感染(吹田市)	17.6.23
カテーテル挿入ミス(大阪市)	17.6.27
呼吸器が外れ死亡(大阪市)	19.4.17
人工呼吸器外したまま放置(八尾市)	19.12.17
入院患者拘束ベッドから転落(貝塚市)	20.1.21
血液型を間違えて輸血(東大阪市)	20.12.20
電気メスで引火(大阪市)	21.10.27
無免許治療で死亡(池田市)	21.12.15
医療ミス(東大阪市)	22.10.14
介護施設で、入浴時死亡(大阪市)	24.2.16
医療事故(大阪市)	24.4.20
肺静脈に空気が入る医療事故(箕面市)	24.6.26
ノロ院内感染が相次ぐ(東大阪市)	26.1.24
カテーテルが血管外に逸脱(大阪市)	26.8.28
国内初の耐性遺伝子を確認(高槻市)	26.10.14
筋弛緩薬誤投与で死亡(大阪市)	26.12.31
インフルエンザ院内感染(箕面市)	27.1.20
インフルエンザ院内感染(寝屋川市)	27.1.22
無痛分娩の母親死亡(和泉市)	29.1.10

◇兵庫県

事故	日付
B型肝炎院内感染(加古川市)	11.2.28-
MRSA集団感染(神戸市)	11.7.
流行性結膜炎院内感染(神戸市)	12.6.5-
調整弁ミスで患者が酸欠死(神戸市)	12.10.21
点滴薬を誤投与(神戸市)	15.10.9
管挿入ミスで乳幼児死亡(神戸市)	15.11.19
医療器具誤用(西宮市)	16.11.13
温タオルで火傷しひざ下切断(尼崎市)	16.11.28
カテーテルで血管損傷(神戸市)	16.11.30
呼吸器チューブ外れ死亡(三木市)	17.4.14
栄養剤注入ミスで患者死亡(神戸市)	17.11.
心臓を傷つけ患者死亡(神戸市)	18.8.2
耐性緑膿菌院内感染(神戸市)	19.9.-
寝たきりの患者が骨折(佐用町)	21.3.21
術後の吸入で医療ミス(神戸市)	23.7.20
誤投与で乳児の足指壊死(神戸市)	25.6.28
無資格でレントゲン撮影(神戸市)	25.11.7
アラーム気付かず72分間放置(洲本市)	26.4.22
手術用ドリル片を放置(加古川市)	27.2.20
生体肝移植で死亡が相次ぐ(神戸市)	27.4.14
無痛分娩の母子死亡(神戸市)	27.9.
B型肝炎に院内感染か(神戸市)	28.2.17

◇奈良県

事故	日付
結核集団感染(当麻町)	14.2.-
不要手術で死亡(大和郡山市)	21.9.9
除細動器が作動せず死亡(大和郡山市)	21.12.8
偽ED薬で意識障害	23.4.26

◇和歌山県

事故	日付
カテーテルで心臓血管を傷つける(橋本市)	11.4.
ノロウイルス院内感染(有田市)	20.1.7-

ノロ院内感染が相次ぐ(県上富田町)	26.1.24	体外受精で取り違え(高松市)	21.2.19

◇鳥取県
　病院で結核集団感染(取手市)　15.9.24

◇島根県
　人工呼吸器誤って止め患者死亡(松江市)　12.1.22
　採血針使い回し(益田市)　20.3.28－

◇岡山県
　薬剤過剰投与で患者死亡(岡山市)　13.4.14
　ツベルクリン注射で後遺症(倉敷市)　14.4.
　レジオネラ菌感染(岡山市)　15.2.18
　栄養管肺に誤挿入(勝央町)　19.8.27

◇広島県
　術後の蘇生処置が遅れて患者寝たきりに(広島市)　12.3.
　誤診で乳房切除(広島市)　14.9.3
　肺炎球菌院内感染(広島市)　16.5.－
　モルヒネを誤投与(広島市)　26.11.18

◇山口県
　新生児やけどで死亡(岩国市)　1.12.26
　ワクチン副作用で10代死亡　21.12.9
　抗がん剤過剰投与で死亡(下関市)　30.8.10

◇徳島県
　栄養チューブ誤挿入(板野町)　19.1.27
　解熱剤と間違え筋弛緩剤投与(鳴門市)　20.11.18

◇香川県
　医療ミスで患者死亡(高松市)　12.7.6
　投薬ミス(木田郡三木町)　12.9.13
　骨折手術で血管損傷(善通寺市)　17.5.27

◇愛媛県
　薬剤誤投与で患者死亡(新居浜市)　22.1.23
　インフルエンザ院内感染(西条市)　27.1.23
　病院でノロウイルス集団感染(松山市)　29.1.31－

◇高知県
　麻酔ミスで患者死亡　14.4.9
　多剤耐性緑膿菌院内感染(南国市)　18.1.－
　抗生物質の誤投与で死亡(宿毛市)　26.12.26

◇福岡県
　生体用ボンド使い患者死亡(北九州市)　12.2.24
　ポリオワクチン接種を一時中断　12.4.－
　VREによる院内感染(北九州市)　14.5.
　多剤耐性菌に集団感染(福岡市)　21.1.23
　CRE院内感染(北九州市)　29.8.10

◇佐賀県
　使用済み注射器で注射(小城郡三日月町)　2.10.13－
　保育器から赤ちゃん転落(佐賀市)　10.7.14

◇長崎県
　高齢者施設で火事(長崎市)　25.2.8
　点滴の過剰投与で死亡(川棚町)　28.9.23

◇熊本県
　患者の肺、一部誤摘出(熊本市)　25.6.－

◇宮崎県
　人工呼吸器外れ死亡(川南町)　15.3.3

山岳遭難　災害別一覧

◇鹿児島県
院内感染(鹿児島市)　30.8.2

◇沖縄県
タミフル服用後転落死(豊見城市)　18.7.3

【山岳遭難】

《全国》
山岳遭難　24.5.17
山岳遭難、過去最多　24.9.10
山岳遭難が相次ぐ　26.5.4
山岳遭難が相次ぐ　26.8.16
山岳遭難　26.この年
山岳遭難が相次ぐ　27.1.1
年末年始の山岳遭難で3人死亡　27.1.9
山岳遭難　27.この年
山岳遭難が相次ぐ　28.4.30-
山岳遭難　28.この年
山岳遭難　29.この年
山岳遭難　30.この年

◇北海道
雪崩　1.3.9
登山者遭難(倶知安町)　11.9.25
落石(弟子屈町)　12.4.23
風雨で山岳遭難　14.7.11
豪雨(幌尻岳)　15.8.12
悪天候で登山者遭難　18.10.6-
登山者が滑落(積丹町)　21.2.1
登山ツアー者ら遭難　21.7.16
登山中に鉄砲水(大樹町)　22.8.15
スノーモービルで滑落(士別市)　25.2.17
著名登山家が滑落死(上川町)　27.12.21
山スキー中に遭難(斜里町)　28.3.21
川に流され登山者死亡(平取町)　29.8.29
遭難、救助隊員も滑落(上川町)　30.6.23
シカと間違い誤射、死亡(恵庭市)　30.11.20

◇青森県
雪崩(岩木町)　14.1.19
山菜採りで遭難(青森市)　19.6.4

◇岩手県
雪崩(松尾村)　14.1.13
登山者遭難　19.5.1
雪崩(八幡平市)　20.3.8

◇秋田県
登山者ガス中毒死(田沢湖町)　9.8.28

◇山形県
スキー場で遭難(米沢市)　10.2.28
山スキー中に遭難(西川町)　17.4.17
ハイキング中に滑落(上山市)　21.7.12

◇福島県
沢登り中に遭難(只見町)　16.7.19
登山者遭難(檜枝岐村)　18.4.8
スキー場で外国人が遭難(北塩原村)　28.1.12
雪崩で登山者死亡　29.3.27

《関東地方》
登山者遭難　11.9.1

◇栃木県
突風で登山者滑落(那須町)　11.3.22
登山者遭難相次ぐ(那須町)　18.1.6
登山者遭難　20.1.3
登山者が遭難(那須町)　21.1.5
高校生那須雪崩事故(那須町)　29.3.27

◇群馬県
登山者滑落　12.3.13
尾瀬湿原で遭難(片品村)　12.6.2
雪崩で登山者遭難(水上町)　13.3.20
雪渓崩落(水上町)　13.7.5
登山者滑落(松井田町)　16.8.31
スノーボード中に死亡(草津町)　17.1.2
スノーボーダー行方不明(片品村)　17.2.1

災害別一覧　　　　　　　　　　山岳遭難

登山者遭難相次ぐ(みなかみ町)　18.1.6
温泉客が崖から滑落(みなかみ町)　18.10.17
登山者滑落　19.1.2
スキー中滑落(みなかみ町)　19.3.31
登山者遭難　20.1.3
登山者が滑落(下仁田町)　21.1.31
各地の山で滑落事故(みなかみ町)　22.5.4
登山中に滑落して死亡(下仁田町)　22.5.22
相次ぐ山岳遭難　24.12.9-
岩登り中に滑落(安中市)　25.3.13
山岳遭難(下仁田町)　28.9.26

◇埼玉県
登山者滑落(大滝村)　12.2.20
沢登りで滑落(秩父市)　18.7.17
沢登りで滑落(秩父市)　20.7.20
山岳救助中にヘリ墜落(秩父市)　22.7.25
ヘリ墜落検証取材で遭難(秩父市)　22.8.1
登山者滑落(秩父市)　29.1.1

◇千葉県
キノコ採りで遭難(南房総市)　20.1.4

◇東京都
雲取山で滑落(奥多摩町)　22.6.13
登山者が滑落(奥多摩町)　27.1.31

◇神奈川県
沢から滑落(清川村)　17.4.17
登山者滑落(秦野市)　18.8.6
岩登りで死亡(山北町)　19.5.3
登山者が転落(伊勢原市)　21.10.4
山岳遭難(相模原市)　24.5.11
滑落死(相模原市)　25.4.29
登山者が滑落(山北町)　27.1.14

《中部地方》
韓国学生槍ケ岳でけが(槍ケ岳)　1.1.30
滑落死(北アルプス西穂高岳)　1.5.29

滑落死(北アルプス奥穂高岳)　1.6.28
富士山で滑落死(富士山)　2.4.15
登山者転落死(谷川岳)　2.5.12
登山者遭難(北アルプス奥穂高岳)　2.8.23
登山者滑落死(小蓮華山)　2.12.10
登山者遭難(北アルプス大天井岳)　2.12.28
登山者滑落(北アルプス劔岳)　9.12.31

◇新潟県
キノコ採りで遭難(東蒲原郡上川村)　1.11.19
雪崩で遭難救助隊員死亡(北魚沼郡入広瀬村)　12.6.18
雪渓崩落(湯之谷村)　16.8.1
登山者遭難(湯沢町)　18.3.20
スキー場で天候大荒れ(湯沢町)　19.1.7
スキー客が遭難(妙高市)　21.3.21
相次ぐ山岳遭難　24.12.9-
登山中に急性心不全(湯沢町)　27.7.4
登山者滑落(南魚沼市)　29.7.31
スキー場で親子遭難(妙高市)　30.1.25
登山の父子帰らず(阿賀野市)　30.5.6

◇富山県
登山者滑落(北アルプス劔岳)　1.8.9
登山者滑落(北アルプス劔岳)　1.9.18
立山連峰で遭難(北アルプス立山連峰)　1.10.9
登山者遭難(北アルプス)　2.9.25
雪庇崩落で登山者遭難　12.3.5
雪崩(中新川郡立山町)　13.1.4
雪崩(立山町)　13.2.5
落石で登山客転落(立山町)　15.7.15
登山者滑落(上市町)　17.7.30
雪崩で登山者ら死亡　18.5.1
落石で登山者死傷　18.7.29
山岳スキーヤー遭難　20.4.27
山岳で落石が直撃(立山町)　20.6.19
登山者が滑落　21.3.1
登山者が遭難　21.4.27

平成災害史事典総索引　227

山岳遭難　災害別一覧

登山者が滑落	21.5.6
登山者が滑落	21.8.11
尾根から滑落して死亡	22.4.19
雪崩	22.5.1
剱岳で遭難(中新川郡)	25.1.5
雪崩	25.4.27
滑落死	25.4.28
雪崩(立山町)	25.11.23
雪崩で登山パーティーが遭難(立山町)	28.11.29
雪崩で登山者死亡	29.4.30
雪崩、遭難相次ぐ	29.5.4
雪崩・滑落	29.5.7
北アで転落死相次ぐ	29.8.11-
滑落で中学生が骨折(朝日町)	30.7.26

◇福井県

ワンゲル部遭難(勝山市)	16.2.7
沢に滑落、凍死(大野市)	25.1.14

◇山梨県

雪崩	1.3.15
雪崩(南アルプス甲斐駒ケ岳)	2.2.11
登山者雪崩遭難(北岳)	9.12.31
富士山8合目で滑落(富士吉田市)	10.3.30
雪崩	11.3.31
登山者遭難・滑落(南アルプス市)	16.10.27
富士山で滑落相次ぐ	19.1.1
登山者滑落(南アルプス市)	19.8.6
各地の山で滑落事故	22.5.4
相次ぐ山岳遭難	24.12.9-
雪崩	25.4.27
日本アで遭難相次ぐ	26.12.31
甲斐駒ヶ岳で遭難	27.4.18
ロッククライミング中に転落(南アルプス市)	27.8.9
富士山で滑落	28.4.10
山岳遭難(南アルプス市)	28.8.29
富士山で滑落	28.11.20
登山者滑落	29.1.2
登山者遭難	29.1.3
山岳遭難相次ぐ	29.5.5

ヘリ救助中に落石(丹波山村)	29.5.14
富士山で遺体発見	29.5.19
登山者遭難(上野原市)	29.12.26
富士山で滑落((富士山)	30.11.11

◇長野県

登山者遭難(北アルプス白馬岳)	1.1.11
滑落死(下高井郡山ノ内町)	1.2.24
吹雪で山岳遭難(大町市)	11.1.5
雪壁崩壊で登山者滑落(茅野市)	11.2.13
登山者雪崩遭難(白馬村)	12.2.
山岳救助隊員転落(大町市)	14.1.6
一酸化炭素中毒(白馬村)	14.3.23
登山ガイド滑落死(大町市)	14.3.24
山岳遭難(北安曇郡白馬村)	15.1.3
登山者雪崩遭難(大町市)	15.4.6
登山者遭難(白馬村)	16.1.12
登山者滑落(上松町)	16.2.28
登山者滑落(上松町)	16.3.20
登山者遭難(上松町)	16.3.21
登山者滑落(白馬村)	16.7.24
登山者滑落	16.7.28
登山者滑落(安曇村)	16.8.7
登山者遭難	17.1.13
登山者滑落(松本市)	17.7.2
前穂高岳で転落死(松本市)	17.9.18
雪崩で登山者遭難(松本市)	18.1.3
登山者遭難相次ぐ(大町市)	18.1.6
雪崩で登山者負傷	18.2.11
登山者遭難(白馬村)	18.3.15
登山者遭難	18.3.19
登山者滑落(茅野市)	18.3.25
登山者遭難(白馬村)	18.4.4
雪崩・遭難相次ぐ	18.4.8-
雪崩で登山者ら死亡	18.5.1
落石で登山者死傷	18.7.29
落石で登山者死亡(白馬村)	18.8.4
落石が登山者直撃(白馬村)	18.8.27
悪天候で登山者遭難	18.10.6-
登山者滑落	19.1.2
スキー場で天候大荒れ(白馬村)	19.1.7

災害別一覧　　　　　　　　　　　　山岳遭難

登山者遭難	19.1.8
山岳スキーヤー遭難	20.4.27
登山者滑落死(茅野市)	20.4.30
山で落石(松本市)	20.7.27
北アルプスで滑落	20.8.3
登山中に落雷	20.8.6
北アルプスで滑落	20.8.16
登山道崩落(白馬村)	20.8.19
登山者滑落(駒ヶ根市)	20.12.28
登山者が遭難(白馬村)	21.1.4
登山者が滑落	21.3.1
登山者が遭難	21.4.27
登山者が滑落	21.5.1
登山者が滑落	21.5.6
登山者が滑落	21.8.11
登山者が滑落(白馬村)	21.8.31
登山者が滑落	21.9.4
登山者が遭難(松本市)	21.9.13
登山者遭難	22.1.2
遭難事故	22.3.29
登山者遭難	22.3.30
尾根から滑落して死亡	22.4.19
滑落事故(伊那市)	22.8.6
滑落死	22.8.13
滑落死	22.9.19
八ケ岳で滑落事故	23.4.30
長野・常念岳で遭難	23.5.2
滑落事故(松本市)	23.8.7
北アルプスで相次ぐ遭難	24.5.4
北アルプスで遭難	24.8.4
相次ぐ山岳遭難	24.12.9-
冬山遭難相次ぐ	24.12.31-
北アルプスで遭難(安曇野市)	25.1.3-
北アルプスで滑落死(大町市)	25.3.27
雪崩	25.4.27
滑落死	25.4.28
山岳遭難	25.5.5
登山者遭難(駒ヶ根市)	25.7.29-
山岳遭難が相次ぐ	26.5.4
山岳遭難が相次ぐ	26.9.15
日本アで遭難相次ぐ	26.12.31
雪崩に遭い遭難(白馬村)	27.1.19
大学山岳部員が遭難(原村)	27.2.9
甲斐駒ヶ岳で遭難	27.4.18
登山中に落石(松本市)	27.5.3
奥穂高岳で遭難(松本市)	27.5.5
スキー場で外国人が遭難(野沢温泉村)	28.1.12
雪崩研究者が滑落死(大鹿村)	28.2.4
登山者滑落	29.1.2
登山者遭難	29.1.3
登山者滑落	29.2.10
登山者遭難(木曽町)	29.2.15
雪崩で登山者死亡	29.4.28
雪崩、遭難相次ぐ	29.5.4
山岳遭難相次ぐ	29.5.5
登山者遭難(大町市)	29.6.16
阿弥陀岳南陵遭難((八ケ岳連峰・阿弥陀岳))	30.3.25

◇岐阜県

登山者遭難(恵那郡加子母村)	2.4.15
山岳事故(上宝村)	14.1.4
山岳カメラマン遭難(上宝村)	14.1.7
登山者遭難(高山市)	17.5.14
沢登り中遭難(高山市)	17.8.14
雪崩・遭難相次ぐ	18.4.8-
悪天候で登山者遭難	18.10.6-
雪崩(高山市)	19.12.31
北アルプスで滑落	20.8.3
雪崩で遭難(高山市)	20.12.27
登山者が滑落	21.9.4
登山者が転落(高山市)	21.9.13
登山者遭難(高山市)	22.1.4
スキー中不明男性発見(郡上市)	22.2.27
北アルプスで遭難(高山市)	24.1.2
山スキーで滑落事故(高山市)	24.3.8
北アルプスで相次ぐ遭難	24.5.4
冬山遭難相次ぐ	24.12.31-
北アルプスで遭難(高山市)	25.1.3-
遭難で凍死(高山市)	25.4.25
尾根下の斜面で滑落(高山市)	25.7.7
山岳遭難が相次ぐ(高山市)	26.5.4

平成災害史事典総索引　　229

戦争災害　　　災害別一覧

　日本アで遭難相次ぐ　　　26.12.31
　奥穂高岳で遭難(高山市(奥
　　穂高岳))　　　　　　　30.10.20
　マツタケ狩りで遭難死(美
　　濃市)　　　　　　　　30.11.7

◇静岡県
　富士山で滑落　　　　　　17.4.24
　富士山で滑落　　　　　　17.7.12
　富士山で登山者ら滑落　　18.5.3
　南アルプスで転落事故(静
　　岡市)　　　　　　　　20.8.9
　富士山で落雷(富士宮市)　20.8.9
　登山者が遭難(御殿場市)　21.7.22
　富士山遭難(御殿場市)　　21.12.17
　登山者遭難　　　　　　　22.1.2
　富士山で男性遺体(御殿場市) 25.1.5
　遭難(静岡市)　　　　　　25.6.20
　登山者が滑落(御殿場市)　25.12.1
　富士山で滑落　　　　　　28.11.20
　富士山で滑落・遭難相次ぐ 29.1.1-

◇三重県
　登山者滑落(飯高町)　　　16.4.22

◇滋賀県
　山岳遭難(大津市)　　　　25.3.8

◇大阪府
　滑落(和泉市)　　　　　　23.5.25

◇兵庫県
　登山道で転落(養父市)　　17.4.30
　登山者滑落(養父市)　　　17.11.17
　登山者が転落(養父市)　　21.8.23
　滑落死(姫路市)　　　　　25.1.5

◇奈良県
　登山者滑落(下北山村)　　18.5.13
　登山中川に転落(天川村)　20.4.12
　山中で滑落死(下北山村)　22.1.5
　合宿の中学生ら遭難(東吉
　　野村)　　　　　　　　24.8.13

◇鳥取県
　遭難・滑落(若桜町)　　　16.5.3

　登山者遭難(大山町)　　　20.1.15
　大山で登山者が遭難　　　26.3.10

◇徳島県
　山岳遭難　　　　　　　　23.10.9

◇愛媛県
　山岳救助中に滑落し死亡
　　(西条市)　　　　　　　26.9.15

◇高知県
　山岳遭難　　　　　　　　23.10.9

◇熊本県
　登山者転落死(球磨郡水上村) 2.8.26
　滝から転落(御所浦町)　　17.8.6
　阿蘇山で男性不明　　　　24.12.22

◇大分県
　転落死(玖珠郡九重町)　　1.7.25

◇宮崎県
　新燃岳噴火　　　　　　　30.3.1
　硫黄山250年ぶり噴火((硫
　　黄山))　　　　　　　　30.4.19

◇鹿児島県
　沢登り中に遭難(屋久町)　16.5.4
　沢に流され登山者死亡(屋
　　久島)　　　　　　　　29.6.11
　新燃岳噴火　　　　　　　30.3.1

◇沖縄県
　登山者遭難　　　　　　　12.3.10

【戦争災害】

◇茨城県
　飲料用井戸からヒ素検出
　　(鹿島郡神栖町)　　　　15.3.20

【軍隊・軍事基地の事故】

◇北海道
　米軍機燃料タンク落下(石
　　狩湾上空)　　　　　　1.3.27

災害別一覧　　軍隊・軍事基地の事故

自衛隊通信車・乗用車衝突
（帯広市） 4.11.11
空自機不明（渡島支庁長万部町） 6.10.5
海上自衛隊ヘリコプター墜落（襟裳岬） 7.7.4
米軍戦闘機墜落 12.11.13
空自戦闘機誤射（北広島市） 13.6.25
陸自車両と乗用車が衝突（恵庭市） 27.10.4
陸自機墜落（北斗市） 29.5.15

◇青森県
米軍戦闘機模擬爆弾誤投下（六ヶ所村） 1.3.16
米空戦闘機墜落（三沢市） 3.5.7
航空自衛隊練習機墜落（三沢市） 3.7.1
八甲田山陸自隊員死亡事故（青森市） 9.7.12
米軍戦闘機墜落（三沢市） 13.4.3
戦闘機墜落（西津軽郡深浦町） 14.4.15
海自護衛艦火災（東通村） 20.7.6
海自ヘリ、護衛艦に接触し墜落 24.4.15
米兵の車が衝突事故（八戸市） 24.12.1
海自ヘリ墜落（外ヶ浜町） 29.8.26
米軍、タンク投棄で禁漁（東北町） 30.2.20

◇岩手県
衝撃波発生（宮古市） 3.5.1-
戦闘機墜落（釜石市） 11.1.21
ヘリコプター不時着・横転（二戸市） 16.5.15

◇宮城県
ブルーインパルス墜落（金華山沖） 3.7.4
航空自衛隊練習機墜落（女川町） 12.3.22
ブルーインパルス機墜落（牡鹿半島） 12.7.4
ブルーインパルスが空中接触（東松島市） 26.1.29
陸自ヘリが不時着（仙台市） 27.4.6

◇福島県
陸上自衛隊整備庫火災（郡山市） 11.8.2
陸上自衛隊がりゅう弾砲を誤射（岩瀬郡天栄村） 13.9.7

◇茨城県
陸自ヘリ・小型機衝突（龍ケ崎市） 9.8.21
陸自訓練でC4中毒（城里町） 20.8.29
F15機部品落下 23.10.7
空自戦闘機火災（小美玉市） 29.10.18

◇栃木県
自衛隊ヘリコプター墜落（宇都宮市） 9.1.13

◇群馬県
陸自ミサイル誤発射（高崎市） 22.4.-

◇埼玉県
陸自朝霞駐屯地で練習所の一部を焼く 埼玉・新座（新座市） 3.9.4
航空自衛隊ジェット練習機墜落（狭山市） 11.11.22
空自倉庫火災（狭山市） 13.11.21
駐屯地近くで爆発音（さいたま市） 22.11.2

◇千葉県
陸上自衛隊ヘリコプター墜落（市原市） 13.2.14
イージス艦「あたご」衝突事故 20.2.19
落下傘訓練中に事故（船橋市） 20.3.7

◇東京都
曲技飛行機墜落（立川市） 1.11.5
米軍輸送機砂袋誤投下（町田市） 11.5.5
熱中症（小笠原村） 20.10.24
横田基地で火災（福生市） 21.1.20
空自で武器管理不備（練馬区） 29.9.21

平成災害史事典総索引　231

軍隊・軍事基地の事故　　災害別一覧

　　米軍輸送機墜落(沖ノ鳥島)　29.11.22
◇神奈川県
　　海上自衛隊潜水艦火災(横須賀市)　6.4.7
　　海上自衛隊ヘリコプター不時着(相模湾)　7.6.6
　　米軍基地内で倉庫全焼(綾瀬市)　11.2.9
　　米軍根岸住宅地区の消防署火災(横浜市)　14.3.30
　　護衛艦「しらね」から出火(横須賀市)　19.12.14
　　厚木基地で火災(綾瀬市)　21.11.14
　　米軍機から部品落下(大和市)　24.2.8
　　米軍ヘリが不時着(三浦市)　25.12.16
　　米軍機部品が落下(綾瀬市)　26.1.9
　　大雪で格納庫の屋根が陥没(大和市)　26.2.15
　　潜水訓練で自衛官死亡(横須賀市)　26.5.23
　　米陸軍相模総合補給廠で火災(相模原市)　27.8.24
　　米軍イージス艦座礁(横須賀市)　29.1.31
　　海自でミサイルの不具合放置(横須賀市)　29.10.17
◇新潟県
　　空自機墜落(阿賀町)　17.4.14
◇石川県
　　航空自衛隊戦闘機墜落(加賀市)　3.12.13
　　自衛隊機ミサイル誤射(輪島市)　7.11.22
　　F15が胴体着陸(小松市)　21.12.4
　　F15機部品落下　23.10.7
　　空自で武器管理不備(小松市)　29.9.21
◇福井県
　　陸上自衛隊トラック衝突事故(小浜市)　6.9.3

◇静岡県
　　陸上自衛隊トラック炎上(浜松市)　2.5.22
　　航空自衛隊救難捜索機墜落(浜松市)　6.10.19
　　陸上自衛隊ヘリコプター墜落(御殿場市)　12.6.23
　　陸上自衛隊ブルドーザー横転(裾野市)　12.7.15
　　野焼きで3人焼死(御殿場市)　22.3.20
　　戦車訓練で観客が負傷　27.8.22
　　イージス艦が衝突事故(南伊豆町)　29.6.17
　　陸自ヘリ不時着　29.8.17
　　空自ヘリ墜落(浜松市)　29.10.17
◇愛知県
　　F2戦闘機が炎上(豊山町)　19.10.31
◇三重県
　　自衛隊航空学校のヘリコプター墜落(鳥羽市)　16.2.23
◇滋賀県
　　戦車がトラックと衝突(高島市)　17.3.12
　　機関銃弾、民家に着弾(高島市)　27.7.16
　　迫撃砲弾落下(高島市)　30.11.14
◇京都府
　　自衛隊護衛艦ミサイル誤射(舞鶴市)　11.2.18
　　拳銃暴発(京都市)　18.11.11
◇大阪府
　　射撃訓練中に銃暴発(大東市)　18.8.22
　　陸自ヘリ墜落(八尾市)　22.10.3
◇兵庫県
　　大型トラックが陸自車両に衝突(福崎町)　18.2.22
　　海自潜水艦整備中に死亡(神戸市)　29.1.23

災害別一覧　軍隊・軍事基地の事故

◇島根県
- 航空自衛隊輸送機墜落(隠岐島沖) 12.6.28
- 米軍機衝撃波で民家破損(邑智郡桜江町) 13.3.22

◇岡山県
- 米軍機の振動で土蔵倒壊か(津山市) 23.3.2

◇広島県
- 海自輸送艦と釣り船が衝突(大竹市) 26.1.15
- 米軍機火炎弾訓練 29.10.11

◇山口県
- 米軍機墜落(岩国市沖) 9.10.24
- 米軍戦闘機墜落 11.6.4
- 海上自衛隊練習機墜落(下関市) 13.9.14
- 海自訓練機墜落(岩国市) 15.5.21
- F15戦闘機が墜落(萩市) 20.9.11
- 護衛艦とコンテナ船が衝突(下関市) 21.10.27

◇愛媛県
- 米軍機墜落(東宇和郡野村町) 1.6.12
- 海自艇に漁船が衝突(伊予市) 21.10.29

◇高知県
- 米軍機墜落(土佐郡土佐町) 6.10.14
- 米軍戦闘機墜落(香美郡夜須町) 11.1.20
- 海自飛行艇が大破・水没 27.4.28
- 米海兵隊機が墜落(土佐清水市) 28.12.7
- 米海兵隊2機が空中衝突、墜落 30.12.6

◇福岡県
- 陸上自衛隊トラック・乗用車追突(北九州市小倉北区) 3.11.13
- 自衛隊官舎火災(築城町) 16.1.10
- 護衛艦とコンテナ船が衝突(北九州市) 21.10.27

◇佐賀県
- 自衛隊ヘリが民家に墜落(神埼市) 30.2.5

◇長崎県
- 自衛隊ヘリコプター不時着(雲仙市) 3.6.6
- 米軍基地司令部全焼(佐世保市) 11.2.12
- 航空自衛隊戦闘機墜落(南松浦郡福江島沖) 11.8.15
- 海自ヘリが不時着(長崎市) 21.12.8
- 海自でミサイルの不具合放置(佐世保市) 29.10.17

◇熊本県
- 小銃暴発(阿蘇郡南小国町) 4.6.10
- 機関銃暴発(上益城郡矢部町) 13.7.7

◇大分県
- 陸上自衛隊大型トレーラー横転(別府市) 3.7.6
- 海上自衛隊掃海艇・貨物船衝突(中津市) 11.2.22
- 自衛隊ヘリコプター墜落 14.3.7
- UAVが緊急着陸(玖珠町) 27.3.16

◇宮崎県
- 自衛隊機墜落(東方沖) 1.3.22
- 自衛隊機墜落(日向灘) 9.7.4
- 海自潜水艦がタンカーと接触(都井岬) 18.11.21
- F15機部品落下 23.10.7
- 海自ヘリが墜落(えびの市) 27.2.12

◇鹿児島県
- 急患搬送の陸自ヘリが墜落(徳之島町) 19.3.30
- 海自潜水艦と漁船が接触(霧島市) 21.1.10
- 海自ヘリが墜落(伊佐市) 27.2.12
- 空自の飛行点検機が墜落(鹿屋市) 28.4.6
- 空自ヘリからドア落下(沖永良部島) 30.3.6

機雷・不発弾の爆発　　災害別一覧

◇沖縄県
　米軍ヘリコプター墜落(読谷村沖)　1.3.14
　米海ヘリコプター墜落(喜屋武岬南東沖)　1.5.30
　爆弾落下(喜屋武岬南東沖)　1.6.15
　米軍基地内で爆発(金武町)　4.1.30
　米軍戦闘攻撃機空中衝突(那覇市)　5.12.17
　米軍ヘリ墜落(宜野湾市)　6.4.6
　米軍戦闘機墜落　6.8.17
　米海兵隊トラック横転(浦添市)　8.12.10
　米軍キャンプ・ハンセン演習場火災(金武町)　9.6.23
　山火事(金武町)　9.9.18
　米軍ヘリコプター墜落　11.4.19
　戦闘機墜落　14.3.21
　ロケット弾爆発(沖縄市)　15.8.31
　米軍ヘリコプター墜落(宜野湾市)　16.8.13
　戦闘機空中接触(嘉手納町)　16.10.4
　米軍戦闘機墜落(那覇市)　18.1.17
　米兵がひき逃げ(読谷村)　21.11.7
　米軍車両追突事故(名護市)　22.3.16
　米兵の車が交通事故(宜野湾市)　22.5.29
　F15機が墜落　23.7.5
　米軍戦闘機墜落　25.5.28
　米軍基地跡地でダイオキシンを検出(沖縄市)　25.6.13
　米軍ヘリが墜落(宜野座村)　25.8.5
　米軍基地でアスベスト被害　26.1.9
　米軍ヘリ墜落現場からヒ素検出(宜野座村)　26.2.11
　米軍戦闘機が着陸後に出火(嘉手納町)　26.9.4
　米軍ヘリが不時着(うるま市)　27.8.12
　米海兵隊の攻撃機が墜落(国頭村)　28.9.22
　オスプレイ不時着(名護市)　28.12.13
　米軍ヘリ不時着(うるま市)　29.1.20
　米軍嘉手納基地で降下訓練(嘉手納町)　29.9.21
　沖縄米軍ヘリ炎上(東村)　29.10.11
　米軍トラックが軽トラに衝突(那覇市)　29.11.19
　米軍ヘリから窓枠等落下(宜野湾市)　29.12.7,13
　米軍機が那覇沖で墜落　30.6.11
　空自戦闘機、管制指示違反(那覇空港)　30.6.14
　米軍機海に墜落(北大東島)　30.11.12

《その他》
　えひめ丸衝突沈没事故(ハワイ・オアフ島沖)　13.2.10

【機雷・不発弾の爆発】

◇北海道
　りゅう弾砲爆発(根室支庁別海町)　1.5.18
　手りゅう弾処理作業中に爆発(美唄市)　17.3.21

◇宮城県
　空港に不発弾(名取市, 岩沼市)　24.10.29

◇福島県
　原発敷地内で不発弾発見(大熊町)　29.8.10

◇茨城県
　駅構内に不発弾(石岡市)　28.2.18

◇千葉県
　不発弾発見(千葉市)　19.5.－

◇東京都
　不発弾処理(板橋区)　12.1.20－
　不発弾処理(調布市)　20.5.18
　不発弾処理(北区)　25.6.4

◇神奈川県
　不発弾処理(横浜市)　11.11.8
　解体作業工場爆発(横須賀市)　12.8.30
　不発弾処理(横浜市)　15.4.16

◇静岡県
　不発弾爆発(御殿場市)　3.6.22

不発弾爆発(御殿場市)	15.5.3
運送会社で爆発(裾野市)	15.6.30
不発弾処理(浜松市)	25.2.17
不発弾処理(浜松市)	28.12.18

◇三重県

不発弾爆発(木曽岬町)	11.2.9

◇滋賀県

砲弾爆発(高島郡)	10.7.30

◇京都府

手りゅう弾爆発(京都市山科区)	9.5.26

◇大阪府

不発弾撤去(大阪市)	17.5.3
不発弾撤去(大阪市)	20.7.13
不発弾発見、撤去(大阪市)	22.8.21
不発弾撤去(大阪市)	23.2.12
マンション建設現場に不発弾(大阪市)	27.4.20

◇兵庫県

不発弾処理(神戸市)	19.3.4

◇長崎県

魚雷部品の実験中に出火(諫早市)	4.8.28

◇熊本県

不発弾処理(熊本市)	13.1.21

◇鹿児島県

民家敷地内で爆発事故(喜界町)	30.10.18

◇沖縄県

不発弾爆発で山林火災(与那原町)	3.7.18
不発弾処理(那覇市)	10.5.31
不発弾撤去(那覇市)	14.1.12
不発弾回収	14.2.15
ロケット弾爆発(沖縄市)	15.8.31
不発弾が爆発(糸満市)	21.1.14
不発弾処理(那覇市)	22.10.17
ホテル建設現場で不発弾(那覇市)	27.10.4
不発弾処理(那覇市)	30.12.9

【製品事故・管理不備】

《全国》

三菱自動車欠陥隠し	16.3.11
自転車のフレーム折れ重軽傷	16.6.30
タダノ社製クレーンに欠陥	16.8.7-
自転車の後輪外れ骨折	16.9.-
除細動器自主回収	17.3.-
温風機で一酸化炭素中毒	17.4.20
パロマ工業製湯沸かし器事故	18.7.14-
浴室乾燥機から発火	18.7.30
自動車ドア開閉装置で事故多発	18.11.
中国製玩具に禁止柔軟剤	19.2.1
洗濯機で火災	19.3.15
温水洗浄便座が発火・発煙	19.3.16
乾燥機で発火	19.4.9
湯沸かし器で火災	19.5.7
電動自転車が誤作動	19.5.15
キッチン用電気こんろ火災	19.7.3
腕相撲ゲームで骨折	19.8.21
殺虫スプレーに引火	19.8.27
家庭用除雪機で火災	19.12.19
中国製ストーブ発火事故	20.3.14
ランドセルを自主回収	21.1.13
ロボット型おもちゃで怪我	21.1.26
扇風機で火災	21.7.28
エアコンから発火	21.8.21
防火シャッターに不具合	21.11.27
補修用部品にアスベスト	21.12.25
皮膚炎発症で冷却パッド回収	22.3.24
フロアマットでアクセル戻らず	22.3.30
空気清浄機の欠陥で発火事故	22.4.9
家庭用治療器が発火の恐れ	22.4.12
エアコン室外機から発火	22.5.21
子供靴で転倒事故	22.5.26

製品事故・管理不備　　災害別一覧

項目	日付
ミシン取手に欠陥	22.6.14
自転車幼児座席の足乗せが破損	22.6.25
ベビーベッド回収	22.7.-
水槽ヒーターが発火恐れ	22.7.12
パワーウインドー事故	22.7.21
中国産混入で回収へ	22.7.22
チーズに金属片が混入	22.8.18
電動車椅子事故多発	22.9.8
寝返り防止枕で乳児窒息	22.10.14
ビーズ玩具で事故	22.10.28
DVDプレーヤーで出火事故	22.11.15
理科教材、アスベストで回収	22.12.13
サッシ窓、耐火性能不足	23.3.9
石鹸を自主回収	23.5.20
ヒーター自主回収	23.5.26
スピーカー自主回収	23.6.13
電池パック発火の恐れ	23.8.22
携帯電話が発熱	23.9.30
TVから出火恐れ	23.10.12
JR西の商品に石綿付着	24.7.18
食洗機を無償点検	24.8.24
介護ベッド事故に再注意	24.11.2
150万台リコール	24.11.14
異臭で旅客機が緊急着陸	25.1.16
除菌用品でやけど	25.2.22
TV部品無料交換	25.3.14
販売部品にアスベスト	25.3.29
美白化粧品による白斑トラブル	25.7.4
タオルケット不適正表示	25.8.23
施工不備	25.11.15
トースターを自主回収	26.1.22
加湿器を自主回収	26.1.27
洗濯機を無償点検・修理	26.2.4
プリウス100万台をリコール	26.2.12
電気ストーブを自主回収	26.2.20
中型トラックをリコール	26.3.4
電気カーペットを自主回収	26.4.16
輸入電気製品を自主回収	26.5.1
ノートPC用バッテリーをリコール	26.5.28
電気給湯器をリコール	26.7.25
乳幼児向け耳かきを自主回収	26.10.6
エアコンと空気清浄機をリコール	26.10.17
ノートPC用バッテリーを追加リコール	26.11.13
加湿器を自主回収	27.1.21
乳酸菌飲料を自主回収	27.3.3
スズキが大規模リコール	27.4.22
バイクをリコール	27.6.25
風邪薬自主回収	27.9.9
医療機器を自主回収	27.10.14
無断流用でムック本を回収	27.10.28
JA全農が肥料を自主回収	27.11.5
飴を自主回収	27.11.6
不正パチンコ台を自主回収	27.12.23
雑誌付録に発がん性物質	28.2.18
電気ストーブを自主回収	28.4.15
ランドセルを自主回収	28.6.6
電動自転車の自主回収を要請	28.10.27
チョコレートを自主回収	28.11.11
カフェオレ回収	29.10.5
チキン自主回収	29.10.13
コンタクトレンズ自主回収	29.10.18
発火事故でノートPC回収	29.12.6
粉ミルク、ガス封入不十分で回収	30.3.6
アレルゲン混入で回収	30.3.12
シリアルから農薬	30.4.4
除湿乾燥機回収	30.4.18
ファンヒーター発火の恐れ	30.4.26
マカロニに異物混入	30.5.9
ピザソースに異物混入	30.6.6
ウインナーに異物混入	30.7.2
ドリンク回収	30.7.20
ワイン回収、瓶破損か	30.8.23
「ドッキリ！」なのに本物の刃	30.9.3
洗口剤に虫混入	30.9.27
カインズ、甘栗から菌	30.10.
スズキがリコール	30.11.1
キャンディを自主回収	30.11.8
スバルが追加リコール	30.11.8

マツダ、エンジン停止の恐れでリコール	30.11.8
BMWがリコール	30.11.27

◇北海道
アパートで一酸化炭素中毒(苫小牧市)	18.12.14
遊具のトロッコで指切断(三笠市)	22.6.6
マッサージ器で窒息死(斜里町)	29.7.26
冷蔵と冷凍間違い、おせち届かず	30.12.31

◇青森県
冷凍食品でヒスタミン食中毒(八戸市)	27.1.9

◇岩手県
回線不通	23.4.22

◇宮城県
サンダルでけが	20.8.7
浴室玩具でけが	20.10.14−
ガス給湯器から出火	21.8.20
ドアポストで重傷	22.2.16

◇山形県
温風機修理後に一酸化炭素中毒(山形市)	17.12.2
DVDプレーヤーが発火	21.3.13

◇福島県
認可外でうつぶせ死(福島市)	30.12.26

《関東地方》
ツナ缶からアレルギー物質検出	25.10.26

◇茨城県
ベランダ手すり崩れ生徒転落(高萩市)	22.4.19

◇栃木県
遊具の心棒外れ落下(宇都宮市)	16.4.2
飲食店爆発(栃木市)	30.12.23

◇群馬県
菓子に針混入(前橋市)	22.9.20

◇埼玉県
ジューサーの破損部品で軽傷事故	18.10.20
携帯用DVDプレーヤー発火	20.8.29
自転車かごから放射性物質(上尾市)	24.4.18
マッサージ器で窒息事故(川越市)	24.5.10
型枠落下で死亡(小鹿野町)	30.12.25

◇千葉県
携帯用DVDプレーヤー発火	20.8.29
折りたたみ椅子で指を切断	22.4.−
折りたたみ自転車で事故	22.9.17
旅客機燃料もれ(成田市)	25.1.13

◇東京都
アトラクションから転落(港区)	17.4.18
シュレッダーで指切断事故	18.3.10−
シンドラー社製エレベーター事故(港区)	18.6.3
エレベーターで点検作業員死亡(江東区)	18.8.24
ジューサーの破損部品で軽傷事故	18.10.20
ワゴン車電動スライドドアでけが(江戸川区)	19.6.−
タイヤブランコ破損でけが(足立区)	19.6.4
古い扇風機発火で火災(足立区)	19.8.20
浴室玩具でけが	20.10.14−
DVDプレーヤーが発火	21.3.13
化粧品にステロイド剤(新宿区)	21.8.19
ベビーカーに指先を挟まれる	21.11.11
除細動器が作動せず死亡(新宿区)	21.12.8
パワーウインドーで指切断(中野区)	22.3.22

製品事故・管理不備　　災害別一覧

ガソリンに水混入(足立区)	22.10.29–
遊園地で遊具事故(文京区)	22.11.29
ジェットコースターから金属片落下(文京区)	22.12.5
洋ナシジュース回収	23.6.21
コメの銘柄を偽装	23.7.18
5万世帯超が停電(町田市)	25.2.5
遊具が破裂事故(練馬区)	25.8.3
ガス漏れ放置	25.10.31
冷凍食品でヒスタミン食中毒	27.1.9
ひさし落下、小学男児ケガ(品川区)	30.1.24

◇神奈川県

滑り台で指切断事故	20.6.–
折りたたみ自転車で事故	22.9.17
洋ナシジュース回収	23.6.21
遊具で指切断事故(横浜市)	23.8.11
5万世帯超が停電(横浜市)	25.2.5
ジェットコースターが逆走(川崎市)	26.3.19

《中部地方》

ツナ缶からアレルギー物質検出	25.10.26

◇〈北陸地方〉

石油ストーブから灯油漏れ火災(北陸地方)	19.12.11

◇新潟県

圧力鍋に不具合(燕市)	21.2.19
電気ストーブで出火事故(三条市)	23.1.25

◇富山県

トンネルからコンクリ片落下(黒部市)	25.1.9

◇石川県

マフィンから歯(金沢市)	30.11.

◇福井県

原発の溶接部分40年間検査せず(敦賀市)	22.7.21

◇山梨県

ジェットコースター急停止(富士吉田市)	13.5.8
富士急コースター停止(富士吉田市)	30.5.26

◇長野県

温風機で中毒死再発(上田市)	17.11.21
防耐火材の性能偽装(松本市)	21.2.17
生ごみ処理機で火災	21.10.30

◇岐阜県

CO中毒死(岐阜市)	21.1.17

◇静岡県

シュレッダーで指切断事故	18.3.10–
カセットボンベが爆発(小山町)	21.11.1
花火破裂(伊豆市)	25.8.19

◇愛知県

アスレチック遊具の金具外れ重傷(小牧市)	16.4.24
韓国製ヒーター発火事故	18.12.15
中国製電動ベッドに挟まれ死亡	19.12.26
サンダルでけが	20.8.7

《近畿地方》

ツナ缶からアレルギー物質検出	25.10.26

◇三重県

コースター車輪脱落(長島町)	16.7.27

◇大阪府

遊具で指切断(高槻市)	16.4.2
遊び場入口の扉が倒れ負傷(八尾市)	16.5.23
浴室乾燥機から出火(大阪市)	18.8.24
コースター脱線(吹田市)	19.5.5
打撃マシンの部品破損(八尾市)	19.5.9

遊具で指切断(大阪市)	20.3.11	◇岡山県	
ベッドと転落防止柵に挟まれる(大阪市)	21.10.16	ゴンドラ落下(倉敷市)	30.9.24
ドアポストで重傷	22.2.16	◇広島県	
AED故障で患者死亡(大阪市)	22.4.7	銭湯で作業中に死亡(広島市)	22.10.3
観覧車の扉が外れて落下(河内長野市)	22.4.17	◇山口県	
ガス系消火設備で事故(大阪市)	24.9.28	コースター追突(豊浦町)	2.12.24
トンネルの側壁が落下(河内長野市)	25.1.3	《四国地方》	
ガス給湯機でやけど	25.8.22	異物混入	22.8.31
リコール対象のストーブで火災	28.1.19	◇徳島県	
ドラム式洗濯機閉じこめ死亡(堺市)	30.1.27	ベッドと転落防止柵に挟まれる	21.10.16
コースター停止、続く(大阪市)	30.5.1	◇高知県	
カンペンで指先をケガ、回収	30.8.16	室内遊具のピンが目に刺さる	22.8.10
◇兵庫県		《九州地方》	
石油ストーブの蓋が外れ火災(加西市)	22.3.30	異物混入	22.8.31
コメ産地偽装(神戸市)	24.11.22	◇福岡県	
遊具倒れ女児重傷(姫路市)	30.11.10	温水洗浄便座が発火(鞍手町)	19.9.8
◇奈良県		ジェットコースターが緊急停止(北九州市)	25.10.10
箱型ブランコでけが(五條市)	16.9.20	◇鹿児島県	
除細動器が作動せず死亡(大和郡山市)	21.12.8	原発監視システムが一時停止(薩摩川内市)	25.2.21
◇和歌山県		◇沖縄県	
トンネルの側壁が落下(橋本市)	25.1.3	電気ストーブで発火事故	21.1.14
《中国地方》		【その他の災害】	
異物混入	22.8.31	《全国》	
◇鳥取県		「ポケモン」パニック	9.12.16
乾燥機に閉じ込められ死亡(鳥取市)	21.3.22	ガードレールに金属片	17.5.-
◇島根県		耐震強度構造計算書偽装事件	17.11.17
リコール未修理給湯器出火(斐川町)	18.8.21	浴槽用浮き輪で転覆	19.7.5
		学童保育で大けが	22.3.16-
		通信障害	23.2.24

その他の災害　災害別一覧

項目	日付
学童保育・ファミサポでの事故	23.この年
保育施設での乳幼児死亡数	23.この年
カーテン留めひもによる窒息事故	24.7.
風力発電機落下	25.4.7
レジャーによる事故	25.7.20
海と山で事故	25.8.11
百貨店で偽ブランド品を販売	26.1.22
JALでシステム障害	26.6.5
海での遭難	26.この年
海での遭難	27.この年
海での遭難	28.この年
海での遭難	29.この年
海での遭難	30.この年

◇北海道

項目	日付
酸性霧	1.この年
YOSAKOIソーラン祭りで手製爆弾爆発(札幌市)	12.6.10
氷割れ湖に転落(阿寒町)	17.1.24
ダイバー死亡(斜里町)	18.3.4
車椅子男性が階段から転落死(札幌市)	18.12.8
通り魔(岩見沢市)	19.5.2
豪雨で断水(北見市)	19.6.23
地下鉄で通り魔(札幌市)	19.9.13
遊園地遊具が緊急停止(岩見沢市)	19.10.25
緊急停止の遊具から転落(岩見沢市)	20.8.12
氷が割れ湖に転落(湧別町)	21.3.20
古書店の本棚倒れる(札幌市)	21.10.13
融雪槽で水死事故(当別町)	23.1.31
雪まつりで雪像崩れる(札幌市)	24.2.7
コンポストに転落(伊達市)	25.1.24
急性アルコール中毒(札幌市)	25.7.19–
海水浴中に溺死(石狩市)	28.8.11
川に流され死亡(網走市)	28.9.4
水難事故、各地で相次ぐ(滝上町)	29.5.6
遊泳禁止区域で死亡(小樽市)	29.8.27
道内初ヒアリ確認(苫小牧市)	30.8.23

◇青森県

項目	日付
科学実験施設で爆発(六ヶ所村)	12.3.10
風力発電機倒壊(東通村)	19.1.8
リンゴ輪紋病	23.5.
弘前ねぶたまつりで死亡事故(弘前市)	26.8.5
小学校の給食調理室で爆発(黒石市)	27.9.18

◇岩手県

項目	日付
乗用車転落事故(気仙郡三陸町)	1.8.14
衝撃波発生(宮古市)	3.5.1–
消毒液を燗(一関市)	10.8.15
百貨店で爆発(盛岡市)	23.3.14
ワカサギ釣りで池に転落(奥州市)	29.2.27
打上花火が不完全爆発(二戸市)	30.7.28
船釣りで転覆、小6死亡(久慈市)	30.8.14

◇宮城県

項目	日付
マンションから女児転落(仙台市)	18.5.23
通り魔(大郷町)	19.7.20
放射性物質含む排水が漏れる(仙台市)	21.3.13
用水路に転落(石巻市)	24.5.4
沼に転落(大衡村)	28.7.1

◇秋田県

項目	日付
乳児が車内放置され死亡(由利本荘市)	21.8.27

◇山形県

項目	日付
保育所で死亡(天童市)	19.11.2
落雪で露天風呂の屋根倒壊(尾花沢市)	23.1.22
交差点にミツバチ500匹(山形市)	30.5.13
スキー場で停電(山形市)	30.12.30

その他の災害

◇福島県

洗剤液誤飲(福島市)	2.4.26
調整池に園児転落(天栄村)	18.1.28
ケーブル切られ回線不通	23.5.16
川に転落して死亡(郡山市)	26.4.16

◇茨城県

氷塊落下(土浦市)	1.8.13
東海新幹線基地でゴミ袋爆発(東海村)	11.12.24–
ごみ処理施設で爆発(つくば市)	15.11.24
プールの滑り台でけが(鉾田市)	19.8.25
土浦市で8人連続殺傷(土浦市)	20.3.23
河川敷で通り魔(東海村)	20.7.16
山車のはしごから転落(小美玉市)	20.8.10
無差別傷害事件(取手市)	22.12.17
マンションから転落死(牛久市)	25.6.3
急性アルコール中毒疑いで死亡(つくば市)	25.7.7
通り魔(龍ケ崎市)	25.7.14
海水浴場で水死(神栖市)	26.9.3
保育所の風呂で溺死(つくば市)	27.6.18
波にさらわれ意識不明(日立市)	27.7.27
海水浴中に溺死(鉾田市)	28.8.11
水難事故、各地で相次ぐ(かすみがうら市)	29.5.6
水難事故相次ぐ(常陸大宮市)	29.8.6
花火が地上付近で破裂(土浦市)	30.10.6

◇栃木県

暴走車輪レストラン突入(那須郡西那須野町)	1.7.8
消火器爆弾(宇都宮市)	3.5.13
救急車で酸素ボンベ爆発(宇都宮市)	13.1.1
無線ヘリが頭上に墜落(佐野市)	17.10.23
登校中の児童が襲われ負傷(宇都宮市)	18.10.27
不発花火玉が直撃(矢板市)	21.8.1
車内放置の2歳児死亡(芳賀町)	28.7.29
缶廃棄、爆発(さくら市)	30.4.13

◇群馬県

酸性霧	1.この年
散弾銃暴発(安中市)	11.5.7
水道管破裂(前橋市)	12.2.17
流水プールの吸水口に男児吸着(伊勢崎市)	18.7.30
散弾が仲間を直撃(伊勢崎市)	19.12.24
菓子に針混入(前橋市)	22.9.20
滑落事故(みなかみ町)	23.10.20
遊具から児童転落(嬬恋村)	24.6.17
プールで溺れ重体(中之条町)	24.8.16
ハンマー直撃し死亡(藤岡市)	29.12.20
中学生が灯籠の下敷き、死亡(高崎市)	30.10.18

◇埼玉県

連続放火(川口市)	1.4.20
金属片落下(比企郡鳩山町)	2.3.18
警察の駐車場で爆発(川口市)	3.7.30
花火暴発(蕨市)	4.4.20
パワーウインドー誤操作(三芳町)	9.6.4
東海新幹線基地でゴミ袋爆発(浦和市)	11.12.24–
スカイダイビングで墜落(川島町)	16.1.11
シャッターに首を挟まれ重体(所沢市)	16.6.3
転落に巻き添え(さいたま市)	16.6.25
線路に突き落とし(狭山市)	17.9.5
スカイダイビングで墜落(桶川市)	17.9.12
銃暴発(秩父市)	17.12.23
プール吸水口に吸い込まれ死亡(ふじみ野市)	18.7.31
玩具の火薬が爆発(日高市)	19.3.15
通り魔(草加市)	19.9.4

その他の災害　　　災害別一覧

ゴルフ部活動中ボール直撃(毛呂山町)	19.9.21
校舎から転落(川口市)	21.9.10
職場体験中にホース破裂(さいたま市)	22.3.5
熱中症患者が死亡(蕨市)	22.7.24
コメの銘柄を偽装	23.7.18
水道水から化学物質検出	24.5.18
大型トラックタイヤ破裂(さいたま市)	25.4.10
119番一時不通(さいたま市)	25.6.26
用水路に落ちて死亡(加須市)	26.5.6
温泉施設の減圧室で事故(ふじみ野市)	26.9.28
川に流され死亡(草加市)	27.4.29
川に流され死亡(寄居町)	28.7.30
東電トンネル火災(新座市)	28.10.12
車のトランクで男児死亡(川口市)	29.3.8
プールで園児死亡(さいたま市)	29.8.24

◇千葉県

トラック炎上(東葛飾郡沼南町)	1.6.5
花火爆発(船橋市)	1.8.5
金属片落下(山武郡芝山町)	1.10.10
連続放火(銚子市)	2.1.3
ジャンボ機エンジン部品落とす(成田市)	2.6.26
転落死(松戸市)	6.10.23
作業員転落死(千葉市花見川区)	10.3.24
台倒れて園児下敷き(千葉市)	12.6.24
ベンチから転落(千葉市)	17.4.10
文化祭で実験中に爆発(柏市)	17.10.1
駅で異臭騒ぎ	18.6.―
首都圏で大停電	18.8.14
車で通り魔(香取市)	20.11.10
救急隊が搬送先を間違える(松戸市)	21.1.10
猿駆除中に誤射(君津市)	21.8.23
通り魔(鎌ケ谷市)	22.6.18
路線バスで立てこもり	23.11.16
水道水から化学物質検出	24.5.18
コースターで落下事故(浦安市)	24.5.28
立体駐車場で挟まれ死亡(松戸市)	24.6.30
留守番中の小学生が意識不明(流山市)	25.7.26
通り魔殺人事件(柏市)	26.3.3
水難事故が相次ぐ(いすみ市)	26.8.16
遊園地のゴンドラが落下(山武市)	27.5.2
貝採り中に溺れる(市川市)	27.6.28
TDSで作業員が水死(浦安市)	27.10.27
川で男児溺死(柏市)	29.9.23
用水路で小1死亡(大網白里市)	30.7.1
潮干狩りで溺れ死亡(船橋市)	30.9.9
砲丸が頭に当たりケガ(八街市)	30.11.12

◇東京都

連続放火(練馬区)	1.1.11―
爆発事故(台東区)	1.1.14
連続放火(大田区)	1.1.19
連続放火(板橋区)	1.2.1
連続放火(世田谷区)	1.2.25
首相官邸トラック突入(千代田区)	1.3.5
放火(町田市)	1.3.5
連続放火(足立区)	1.7.8
工場火災(墨田区)	1.9.12
看板枠落下(千代田区)	1.11.22
実験中に爆発(小金井市)	2.6.20
熱射病	2.7.18
花火爆発(大田区)	2.8.15
ロック公演観客将棋倒し(港区)	2.9.4
地下鉄駅エスカレーターで将棋倒し(江東区)	2.10.18
花火暴発(町田市)	2.10.27
太陽神戸三井銀行で爆発(新宿区)	3.3.30

その他の災害

渋谷センター街で爆発(渋谷区)	4.3.29
実験中に爆発(新宿区)	4.10.6
急性アルコール中毒(中央区)	6.8.20
地下鉄サリン事件	7.3.20
車内の幼児脱水症状で死亡(足立区)	8.6.15
屋上から乗用車転落(品川区)	8.8.7
刺激臭発生(江東区)	8.10.31
自主早稲田祭強行で負傷者(新宿区)	9.11.1
神社で灯籠倒れ重軽傷(中央区)	11.8.9
池袋で通り魔(豊島区)	11.9.8
飛び降り自殺の男性が歩行者に衝突(新宿区)	12.5.30
郵便物から薬品漏れ(中央区)	12.9.11
ビル爆発(新宿区)	12.12.4
渋谷で通り魔(渋谷区)	12.12.16
消火器爆弾爆発(新宿区)	14.1.19
クラブにスプレー缶を投入・異臭(新宿区)	14.10.7
強風でビル窓落下(渋谷区)	15.3.27
通り魔(渋谷区)	15.7.24
回転ドアに頭部挟まれ死亡(港区)	16.3.26
羽田空港に車両侵入(大田区)	16.4.28
外壁落下し下敷き(青梅市)	16.6.23
同室入院患者に刺され死亡(墨田区)	16.12.20
転落の女性に巻き添え(武蔵村山市)	16.12.31
床が抜け転落(豊島区)	17.2.6
ビル外壁崩落(中央区)	17.6.14
駅で通り魔(新宿区)	17.10.22
消防研実験棟で転落死(調布市)	17.12.3
中学校で理科実験中に事故(町田市)	18.1.20
自動券売機の下敷きになり死亡(千代田区)	18.2.7
駅で催涙スプレー噴射(荒川区)	18.4.6
駅で異臭騒ぎ	18.6.-
首都圏で大停電	18.8.14
クッションの穴に埋まり死亡(北区)	18.10.23
立体駐車場点検中に首挟まれ死亡(品川区)	18.11.28
飛び降り自殺に巻き添え(台東区)	19.4.27
看板落下直撃(新宿区)	19.6.19
児童養護施設で窒息死(世田谷区)	19.7.28
飛び降り自殺に巻き添え(豊島区)	19.11.6
ペットボトルの破片が刺さり負傷(足立区)	19.11.13
登山者を誤射(奥多摩町)	19.11.25
ライフル銃暴発(目黒区)	19.12.9
商店街で通り魔(品川区)	20.1.5
路上で通り魔(文京区)	20.1.18
路上で通り魔(墨田区)	20.5.20
秋葉原で通り魔(千代田区)	20.6.8
遊具壊れ児童転落(江東区)	20.7.2
スーパーで通り魔(青梅市)	20.7.15
八王子殺傷事件(八王子市)	20.7.22
シャッターに挟まれ窒息死(立川市)	20.8.2
救急隊が搬送先を間違える(足立区)	21.1.10
洋弓の矢が額に刺さる(目黒区)	21.11.4
学校で実験中に爆発(豊島区)	22.1.12
若者殺到でケガ(渋谷区)	22.3.26
地下道で異臭(豊島区)	22.4.30
倉庫解体現場で異臭(中央区)	22.7.6
大学での実験中に爆発(小金井市)	22.10.22
おやつをのどに詰まらせる(墨田区)	22.12.14
餅をのどに詰まらせる	23.1.3
大手町のビル地下で科学臭(千代田区)	23.1.8
コースター事故(文京区)	23.1.30

その他の災害　　災害別一覧

項目	日付
豆まき中に転倒事故(江東区)	23.2.3
綱引きで事故(昭島市)	23.10.9
出初め式はしご乗りで転落	24.1.6
駐車場4階から車が転落(千代田区内幸町)	24.8.26
鉄橋に子供が立ち入る(江戸川区)	24.9.21
列車内で缶破裂(文京区)	24.10.20
高校生が授業中に転落死(文京区)	24.11.21
餅を詰まらせ死亡(府中市)	25.1.1
遊歩道から転落死(板橋区)	25.4.13
屋内娯楽施設で骨折(港区)	25.4.15
小学生に切りつける(練馬区)	25.6.28
コンサートで観客が体調不良(港区)	25.7.27
異臭騒ぎ(世田谷区)	25.9.1
アレルギー食材を誤食(調布市)	25.9.4
消防隊の出動で遅延ミス(世田谷区)	25.10.6
川に飛び込み溺死(江戸川区)	26.6.5
川の事故が相次ぐ(あきる野市)	26.7.27
TV番組収録中に事故(港区)	27.2.4
浴槽で水死(葛飾区)	27.4.9
SPLで事故(多摩市)	27.8.6
靖国神社で爆発(千代田区)	27.11.23
1歳児がうつぶせで昼寝中に死亡(中央区)	28.4.12
サンバパレードに火炎瓶(杉並区)	28.8.7
プールで切られる(あきる野市)	28.8.21
東電トンネル火災	28.10.12
滑り台で女児死亡(江戸川区)	29.1.3
夜釣りで父子死亡(江東区)	29.7.31
水族館で魚大量死(豊島区)	29.11.8

◇神奈川県

項目	日付
爆発事故(藤沢市)	1.1.29
花火爆発(横浜市中区)	1.8.2
感電事故(川崎市川崎区)	1.11.20
酸性霧	1.この年
三井建設作業所火災(厚木市)	2.1.16
ロッカー爆発(川崎市高津区)	4.3.9
収集ゴミ爆発(川崎市川崎区)	4.10.26
ブタンガス中毒死(横浜市港北区)	6.9.18
トレーラータイヤ脱落事故(横浜市)	14.1.10
テレビ番組収録中に転落(横浜市)	14.5.5
下水道管が爆発(横須賀市)	14.9.2
通り魔殺人(足柄郡松田町)	15.3.29
スーパーで爆発(大和市)	15.11.5
ガスコンロ爆発(藤野町)	15.11.14
住宅で爆発(横浜市)	15.12.14
生徒の列に消火剤(藤沢市)	17.9.7
マンションから投げ落とされ死亡(川崎市)	18.3.20
マンション8階から転落(藤沢市)	18.6.16
首都圏で大停電	18.8.14
ライブ中に客席から転落(横浜市)	19.1.27
通り魔(川崎市)	19.4.5
体育授業で頭に砲丸(横浜市)	20.2.28
JR平塚駅で通り魔(平塚市)	20.7.28
通り魔(横浜市)	21.3.1
マンションから転落(川崎市)	22.1.1
駅天井から部品落下(横浜市)	22.2.25
ジェットコースターで鎖骨骨折(川崎市)	22.6.7
ハチミツ偽装(相模原市)	23.2.15
停電(横浜市、川崎市)	23.6.5
幼稚園プールで死亡(大和市)	23.7.11
茶に劇物混入(横浜市)	24.1.13
ヘリが救助者を落とす(厚木市)	24.7.15
立体駐車場で事故(川崎市)	25.6.1
ヨットレース中に急死(藤沢市)	26.7.12
海水浴場で水死(横須賀市)	26.7.30

その他の災害

水難事故が相次ぐ(横須賀市, 三浦市)	26.8.16
相模原障がい者施設殺傷事件(相模原市)	28.7.26
水難事故相次ぐ	29.8.6
パネル落下、歩行者死亡(横浜市)	30.10.1

◇新潟県

花火の不発弾爆発(長岡市)	4.8.28
アジ化ナトリウム混入(新潟)	10.8.10
連絡通路崩落(万代島)	15.8.26
雪で旅館の屋根が崩落(小千谷市)	17.1.26
風で看板倒れ下敷き(上越市)	17.9.14
暴風雪で大規模停電	17.12.22
防災シャッターに挟まれ小学生重体(五泉市)	18.6.7
波にさらわれ死亡(上越市)	26.5.4
ズンズン運動で乳児死亡(新潟市)	27.3.4
石灯籠の下敷きになり死亡(長岡市)	27.9.21
川に流され死亡(湯沢町)	29.8.11
海水浴場で死亡(新発田市)	29.8.27

◇富山県

車内に焼死体(南砺市)	22.3.30
増水で川岸に取り残される(黒部市)	23.8.18
貯水池で水死(砺波市)	28.6.4

◇石川県

公園遊具事故(金沢市)	14.9.24
地滑りで鉄塔倒壊(羽咋市)	17.4.1
暖房器具講習の準備中に爆発(金沢市)	17.11.19
遭難救命用信号弾暴発(内灘町)	18.5.14
秋祭り会場で通り魔(白山市)	20.9.13
落とし穴で死亡(かほく市)	23.8.27
滝つぼで水死(白山市)	24.8.16
水難事故が相次ぐ(珠洲市)	27.7.25
遊泳中に流され死亡(内灘町)	28.7.16
野球部の生徒死亡(金沢市)	29.6.6

◇福井県

暴風雪で大規模停電	17.12.22
水難事故(福井市)	23.8.19
溺れた子ども救助の2人死亡(永平寺町)	24.8.3
ジェットコースターから転落(坂井市)	25.4.30
もんじゅで検出器停止(敦賀市)	25.9.18
水難事故が相次ぐ	27.7.25
学校のプールで意識不明(福井市)	30.8.1

◇山梨県

コースター点検中に事故(富士吉田市)	19.12.13
遊園地のアトラクションで事故(富士吉田市)	21.7.27
トンネル崩落(大月市笹子町)	24.12.2
児童2人が川に流される(大月市)	28.7.30
水路に転落(富士吉田市)	28.11.24
水難事故、各地で相次ぐ(大月市)	29.5.6

◇長野県

松本サリン事件(松本市)	6.6.27
青酸ウーロン茶事件	10.9.1
ラグビー試合中事故(真田町)	17.8.11
インフル患者がベランダから墜落(松本市)	21.1.27
スキー場フェンスに激突(松本市)	21.2.8
合宿で急性アルコール中毒(山ノ内町)	21.8.25
御柱祭で柱が転倒(千曲市)	22.4.11
ホテルで爆発事故(茅野市)	23.2.7
鉄塔で男児が感電(松本市)	23.11.7
雪洞崩れる事故(飯山市)	24.3.17
男児が川に転落(飯田市愛宕町)	24.4.28

その他の災害　　災害別一覧

湖飛び込みで事故死(信濃町)	25.5.3
サッカーゴールが転倒(上田市)	25.9.1
御柱祭で御柱から落下(諏訪市)	28.5.5
小学生が川に転落(小谷村)	28.8.27

◇岐阜県

花火大会の火の粉で見物客やけど(可児市)	12.8.13
公園遊具事故(可児市)	14.10.19
河川飛び込み事故(八幡町)	15.7.31
火縄銃暴発(安八町)	15.11.1
遊具が倒壊(大垣市)	19.4.11
ゲーム機で指切断(本巣市)	19.10.6
チャンバラ遊びで金具刺さり重傷(岐阜市)	19.12.26
スキー場で衝突事故(郡上市)	23.2.12
ゴルフ場のため池に転落(可児市)	27.2.17
鵜飼の船頭が流され死亡(岐阜市)	28.5.23

◇静岡県

門扉倒れ園児死亡(焼津市)	10.2.5
山車横転(天竜市)	12.8.18
射撃場で撃たれ死亡(富士市)	19.5.27
バスケゴールに首を挟まれ死亡(静岡市)	21.4.1
崖から転落(伊東市)	21.10.4
ボート転覆で女子中学生死亡(浜松市)	22.6.18
富士山で高校生死亡(富士宮市)	24.1.15
釣り人が行方不明(下田市)	24.11.18
電気柵感電事故(西伊豆町)	27.7.19

◇愛知県

名古屋デザイン博で小学生が将棋倒し(名古屋市)	1.7.17
連続放火(名古屋市熱田区)	2.1.30
工事用簡易リフトに挟まれ圧死(名古屋市熱田区)	2.7.17
工具転落死(名古屋市南区)	2.11.2
転落死(名古屋市港区)	3.1.20
転落死(岡崎市)	3.6.29
久屋大通公園で爆発(名古屋市中区)	3.8.13
切れたロープが直撃(知多市)	4.1.23
作業員転落(名古屋市中区)	4.6.16
花火爆発(知多郡南知多町)	4.7.11
有毒殺虫剤流出(岡崎市)	5.4.1
はしご車横転(名古屋市中区)	6.12.15
神社拝殿全焼(豊明市)	7.4.25
一宮興道高保健室火災(一宮市)	8.2.19
タクシー立体駐車場から転落(名古屋市港区)	8.10.25
下水管の下敷き(名古屋市)	14.1.12
ワゴン車転落(名古屋市)	14.9.18
はだか祭で死者(稲沢市)	15.2.13
通り魔殺人(名古屋市)	15.3.30
テレビドラマロケで事故(名古屋市)	15.8.12
籠城ビル爆発(名古屋市)	15.9.16
ショッピングセンターで乳児殺害(安城市)	17.2.4
路上で通り魔(名古屋市)	20.3.24
うんていで事故(豊田市)	20.9.17
着火剤継ぎ足しで大やけど(大治町)	22.7.18
アーケード崩壊(豊橋市)	22.10.9
川遊び中流され、中学生死亡(一宮市北方町)	24.7.30
信金立てこもり事件(豊川市)	24.11.22
地下鉄ホームから転落(名古屋市)	25.6.16
父子が流され死亡(豊田市)	30.8.28
隕石直撃、屋根壊れる(小牧市)	30.9.

《近畿地方》

西日本荒天	3.6.27

◇三重県

列車妨害(亀山市)	5.10.15
三重大学アジ化ナトリウム混入事件(津市)	10.10.16

その他の災害

ジェットコースター脱輪	15.8.23
フェンシングで刺され死亡	17.10.2
送水管破損(鳥羽市)	19.10.2
遊具が停止して宙づり(桑名市)	26.6.5

◇滋賀県

シンナー爆発(草津市)	4.5.7
花火爆発(長浜市)	4.8.5
病院ベッドの柵に首挟まれ死亡(蒲生町)	16.11.2
柔道部で事故(愛荘町)	21.7.29
自然学習で登山中に行方不明(高島市)	25.5.27
祭り会場で大凧が墜落(東近江市)	27.5.31
水難事故が相次ぐ(大津市)	27.7.25
水難事故が相次ぐ(高島市)	28.8.14
早食い競争で死亡事故(彦根市)	28.11.13

◇京都府

シンナー中毒(京都市南区)	4.5.2
トンネル照明破壊(乙訓郡大山崎町)	4.6.3
建設工事現場作業員シンナー中毒(京都市左京区)	7.6.21
立体駐車場リフトで圧死(京都市中京区)	8.12.22
京大カドミウム混入事件(京都市左京区)	10.9.18
シャッターに挟まれ死亡(京都市)	18.3.1
害獣駆除中に誤射し自殺(福知山市)	22.6.5
「清水の舞台」の支柱破損(京都市)	23.6.
課外指導中にプールで溺れる(京都市)	24.7.30
風力発電所でプロペラ落下(伊根町)	25.3.13
幼稚園のプールで水死(京都市)	26.7.30
大学で爆発事故(京都市)	26.11.17
大学構内で急性アルコール中毒(京都市)	27.12.16

◇大阪府

ロック観客将棋倒し(大阪市北区)	2.1.6
リフトにはさまれ従業員圧死(大阪市東住吉区)	2.1.10
鉄板強風で飛ばされる(大阪市西区)	2.3.12
観客将棋倒し(大阪市東住吉区)	2.3.25
中学校理科室で爆発(八尾市)	2.7.30
阪大で実験中爆発(豊中市)	3.10.2
そごう大阪店トイレで爆発(大阪市中央区)	4.1.17
実験中に爆発(大阪市旭区)	4.2.29
シンナー中毒(大阪市中央区)	4.4.14
異臭騒ぎ(大阪市北西部)	5.2.12
コンテナ落下(東大阪市)	6.1.10
シンナー中毒(大阪市淀川区)	6.3.26
ガスボンベ爆発(大阪市東住吉区)	9.2.10
児童が将棋倒し(大阪市中央区)	9.10.2
ガス引き込み工場に放火？現場にボンベ(茨木市)	9.10.7
東海新幹線基地でゴミ袋爆発(摂津市)	11.12.24―
池田小児童殺傷事件(池田市)	13.6.8
アトラクションパイプから油漏出(大阪市)	13.8.14
ATMコーナー炎上(大阪市)	14.6.18
だんじりが横転(岸和田市)	14.9.13
異臭	15.2.7
スプレー缶引火(豊中市)	16.5.2
遊興施設で異臭騒動(堺市)	16.5.3
路上で通り魔(豊中市)	16.5.11
スーパーで異臭騒動(大阪市)	16.5.16
遊び場入口の扉が倒れ負傷(八尾市)	16.5.23
だんじり祭りの地車が横転(堺市)	16.10.9
薬品容器が破裂(大阪市)	16.12.22
男児殴打事件(東大阪市)	17.4.21

その他の災害　災害別一覧

項目	日付
連続通り魔(豊中市)	17.5.29
連続通り魔(大阪市)	17.7.14
アトラクション止まり宙づり(吹田市)	17.8.20
ゴールポスト倒れ下敷き(豊中市)	17.8.26
健康器具に挟まれ薬指切断(大阪市)	17.8.27
遊具に指挟み切断(大阪市)	17.9.20
走行中の車に発砲	17.9.26
ブランコから転落し指断(枚方市)	17.10.16
相撲授業で転倒(枚方市)	17.11.9
宝塚歌劇団公演中に転落事故	17.12.21
ビルの排気ダクト爆発(大阪市)	18.1.15
光瀧寺「餅まき」で転落死(河内長野市)	18.1.22
居酒屋で異臭騒ぎ(大阪市)	18.2.17
通り魔(大阪市)	18.8.24
だんじり祭りの地車が塀に衝突(忠岡町)	18.10.7
3歳児歩道橋から投げられ負傷(八尾市)	19.1.17
ペットボトル爆発(東大阪市)	19.8.5
胸に硬球が当たり死亡(富田林市)	19.9.1
体育授業中砲丸が当たり重傷(守口市)	19.10.2
祭りで重軽傷	19.10.7
路上で通り魔(茨木市)	20.3.11
穴に埋まって男児変死(大阪市)	20.3.27
天井から金網落下(大阪市)	20.4.16
保育所で男児死亡(大阪市)	20.5.18
大阪駅で通り魔(大阪市)	20.6.22
路上で通り魔(大阪市)	20.7.6
だんじり祭りでけが(泉佐野市)	20.10.12
路上で通り魔(大阪市)	20.10.21
ビルから角材落下(大阪市)	20.10.30
砂場の柵の扉に指を挟まれる(大阪市)	21.4.19
地下鉄駅で異臭(大阪市)	21.8.24
だんじりが横転(富田林市)	21.10.18
だんじりと接触(泉大津市)	22.10.10
無人カートで事故(河南町)	23.4.30
通り魔(大阪市)	23.5.29
プールで溺れる(泉南市)	23.7.31
転落事故(大阪市)	23.9.18
祭りのやぐらにひかれ死亡(阪南市)	23.10.10
転落事故(堺市)	23.10.12
理科実験中にペットボトル破裂(高槻市)	23.10.24
立体駐車場に挟まれ死亡(茨木市)	24.4.2
こたつで熱中症(大阪市)	24.4.6
立体駐車場で事故(吹田市)	24.5.18
通り魔(大阪市)	24.6.10
だんじり屋根から落下(東大阪市)	24.10.21
胆管がんの原因物質特定(大阪市)	25.3.14
砲丸当たり重傷(羽曳野市)	25.5.9
ビル外壁崩落(大阪市)	25.6.15
マンションから転落死(大阪市)	25.8.8
マンションから転落(堺市)	25.11.25
水路で溺死(摂津市)	26.7.6
ズンズン運動で乳児死亡(大阪市)	27.3.4
公園の照明柱が倒壊(池田市)	28.2.11
マンションから転落(大阪市)	28.4.10
1歳児がうつぶせで昼寝中に死亡(大阪市)	28.4.12
うつぶせ寝死亡事故で書類送検(八尾市)	28.8.19
介護施設で窒息死(吹田市)	28.8.20
公園遊具で宙づり(大阪市)	29.1.31
障がい児施設で男児溺死(太子町)	29.6.14

◇兵庫県

項目	日付
爆発事故(神戸市兵庫区)	1.4.18
防衛庁関係の寮放火(伊丹市)	2.1.16
積荷のワイヤ落下(神戸市東灘区)	2.7.18

その他の災害

ダイバー死亡(神戸市垂水区)	2.10.27
電話ケーブル損傷(尼崎市)	3.3.18
エレベーター落下(神戸市中央区)	6.12.7
高速の切れ目から乗用車転落(神戸市中央区)	7.6.8
脱水症状で死亡(加古川市)	7.8.19
隕石民家直撃(神戸市)	11.9.26
淡路花博で滑り台横転	12.8.27
明石歩道橋圧死事故(明石市)	13.7.21
人工砂浜陥没(明石市)	13.12.30
卓球台に挟まれ死亡(神戸市)	16.5.14
大学で異臭騒動(西宮市)	16.6.15
観覧車点検中に挟まれ死亡(神戸市)	17.6.9
地下溝で爆発(伊丹市)	17.12.19
ウオータージャンプで着水失敗(養父市)	18.6.14
クリ焼き機爆発(西宮市)	18.8.5
石灯ろう倒壊(西宮市)	19.1.10
アーチェリーの矢刺さり重傷(神戸市)	20.4.28
コースター事故(姫路市)	20.4.29
突風で祭りの看板落下(神戸市)	20.5.18
頭にバーベルが落下(芦屋市)	20.6.3
道路に張られた糸で軽傷(加古川市)	20.9.30
ベランダから転落(西宮市)	21.2.8
受け身練習で柔道部員死亡(姫路市)	21.7.25
ビニールハウス倒壊(豊岡市)	22.1.7
ベッドで跳びはね女児転落(姫路市)	22.5.3
校舎から転落して女児死亡(篠山市)	22.6.2
林間学校で出窓から転落(養父市)	22.7.23
マンション屋上から転落(神戸市)	22.10.10
天窓破り転落(南あわじ市)	22.12.12
震災がれき処理で中皮腫か(明石市)	24.7.6
地車の下敷きになり死亡(南あわじ市)	25.4.7
ジェットコースター事故(神戸市)	25.5.17
やり投の練習中に事故(尼崎市)	26.5.7
公園の遊具で死亡事故(神戸市)	26.8.6
神社の例大祭で事故(三田市)	26.10.5
ロープウェイ鉄塔から転落(神戸市)	27.2.18
マンションから転落(西宮市)	28.8.4
川に転落して死亡(宝塚市)	28.9.20

◇奈良県

釣り人滝つぼに転落(十津川村)	10.5.31
水酸化ナトリウム混入事件	11.12.7
無許可工事で古墳破壊(御所市)	21.11.1-
古墳内で崩落(橿原市)	25.1.15
川遊び中に水死(五條市)	26.7.6
川に流され死亡(五條市)	27.5.2

◇和歌山県

パチンコ店で客将棋倒し(御坊市)	8.12.23
和歌山毒物カレー事件(和歌山市)	10.7.25
走行中の車に発砲	17.9.26
少年が写真館店主を殺害(高野町)	18.4.24
水道管からドジョウ(湯浅町)	19.11.-
盲学校寄宿舎で入浴中事故(和歌山市)	21.10.16
海難事故(串本町)	23.2.22
猿と間違え発砲	23.6.26
漂白剤で中毒(和歌山市)	23.7.16
ゴムボートから転落した男児が死亡(広川町)	26.8.15
水難事故が相次ぐ(和歌山市)	27.7.25
海水浴中に溺死(有田市)	28.8.11

その他の災害　災害別一覧

　水難事故が相次ぐ(紀美野町)　28.8.14
　点検中の波浪計爆発(和歌山市)　29.2.21
　カワウ駆除で死亡(岩出市)　30.5.4
　橋脚傾き通行止め(橋本市)　30.11.2

《中国地方》
　酸性霧　1.この年
　西日本荒天　3.6.27

◇鳥取県
　信号弾が暴発(西伯郡淀江町)　3.6.22
　花火暴発(日野町)　15.8.16
　ハンマー直撃(北栄町)　19.5.31
　高校女子寮から転落(米子市)　21.6.23
　海難事故相次ぐ(岩美町)　29.8.11
　水難事故相次ぐ(鳥取市)　29.8.14
　高波にさらわれ死亡(鳥取市)　30.12.10

◇島根県
　信号弾暴発(浜田市)　12.4.1
　幼稚園で遊具に挟まれ死亡(益田市)　13.1.19
　貨物船積荷流出(大田市沖)　15.11.22
　水難事故相次ぐ　29.8.14

◇岡山県
　花火爆発(加茂川町)　12.10.15
　岡山突き落とし殺人(岡山市)　20.3.25
　鍾乳洞増水で出られず(新見市)　22.6.26
　ビニールハウス内で事故(倉敷市)　23.11.23
　用水路で水難事故(岡山市)　24.6.24

◇広島県
　エアバッグ衝撃で乳児死亡(広島市安佐南区)　9.10.12
　ソリ遊びで転落(尾道市)　16.10.11
　送水トンネル崩落で断水　18.8.25
　商店街で通り魔(広島市)　19.11.30
　滑り台に服絡まり死亡(廿日市市)　20.11.20
　無差別連続殺傷事件(広島市)　22.6.22
　就活生がハンドル奪う(東広島市)　23.2.26
　水難事故(広島市)　23.5.13
　用水路で女児死亡(東広島市豊栄町)　24.3.16
　小学生が川に流され死亡(大竹市栗谷町)　24.7.16
　スキーヤーとスノーボーダーが衝突(北広島町)　28.2.2

◇山口県
　作業員焼死(下松市)　2.5.15
　実験中フラスコが破裂(宇部市)　3.10.2
　ビニール製アーチ爆発(徳山市)　4.4.24
　ショベルカー全焼(下関市)　9.5.15
　通り魔(下関市)　11.9.29
　連続通り魔(宇部市)　14.8.21
　花火爆発(厚狭郡山陽町)　15.11.8

《四国地方》
　酸性霧　1.この年

◇香川県
　鉄塔倒壊事故(坂出市)　10.2.20
　神社の門柱転倒　16.10.13-
　鉄ぶたで圧死(高松市)　17.6.10
　川で死亡事故(さぬき市)　25.9.15
　ため池で水死(三豊市)　27.3.24
　ジェットコースターで事故(丸亀市)　27.6.13
　立ちこぎボード中に水死(東かがわ市)　28.6.26
　「フライボード」で死亡(坂出市)　30.8.26
　祭りの太鼓台倒れる(観音寺市)　30.10.20

◇愛媛県
　拳銃暴発(伊方町)　16.10.24
　祭りで重軽傷　19.10.7
　滝つぼで滑落事故(四国中央市)　23.8.15

その他の災害

項目	日付
無届で放射性物質を保管(新居浜市)	24.12.19
川遊び中に水死(西条市)	26.7.12
ホテルから男児が転落(松山市)	27.5.31

◇高知県
金属バットが当たり死亡(本山町)	17.5.7
花火大会で事故(津野町)	20.8.15
室内遊具のピンが目に刺さる	22.8.10
水難事故が相次ぐ(南国市)	28.8.14
海難事故相次ぐ(大月町)	29.8.11

◇福岡県
タイル外壁落下(北九州市小倉北区)	1.11.21
搭乗橋点検作業中圧死(福岡市)	2.6.20
酸欠死(北九州市若松区)	3.7.11
転落事故(北九州市)	3.10.30
マンション外壁落下(福岡市南区)	4.1.20
国旗掲揚ポール直撃で小学生死亡(前原市)	11.5.29
17歳少年がバスジャック	12.5.3
歩道上のゴミ箱から出火(福岡市)	14.2.9
竹が目に刺さり死亡(大牟田市)	17.11.15
園児が車に取り残され熱射病(北九州市)	19.7.27
コースター事故(北九州市)	19.12.31
テレビ局の玄関で爆発(福岡市)	21.2.22
用水路で児童死亡(筑後市)	24.6.23
駅で通り魔(福岡市)	24.10.20
柔道部の練習中に事故(福岡市)	27.5.28
ゴール下敷きで男児死亡(大川市)	29.1.13
海に流され死亡(古賀市)	29.8.11
シーカヤックで死亡(糸島市)	30.11.11

◇佐賀県
使用済み注射器で注射(小城郡三日月町)	2.10.13-
かんしゃく玉爆発(小城町)	3.11.12
花火が横に飛び児童負傷(佐賀市)	12.8.26
門扉に挟まれ男児死亡(神埼市)	18.6.19
人違いされ病院で射殺(武雄市)	19.11.8

◇長崎県
流木が大量に漂着	18.7.-
スポーツクラブで銃乱射(佐世保市)	19.12.14
タンク事故(雲仙市)	25.6.11
花火大会で爆発(平戸市)	27.8.16

◇熊本県
配膳リフトで事故死(熊本市)	3.4.27
手投げ花火が爆発(人吉市)	3.8.15
アドバルーン爆発(熊本市)	4.4.19
福祉センターで薬物混入事件(長洲町)	13.2.21
散歩中に通り魔(熊本市)	19.5.4
川の事故が相次ぐ(多良木町)	26.7.27
死球で高2死亡(熊本市)	30.11.18

◇大分県
柔道部合宿で死亡事故(竹田市)	22.5.1
ゴルフカートで横転事故(別府市)	23.10.5
ため池に転落(臼杵市)	27.5.29
水難事故、各地で相次ぐ(大分市)	29.5.6

◇宮崎県
解体ビル外壁落下(宮崎市)	2.7.16
水鉄砲遊具で女性入院(宮崎市)	11.8.12
体育館の床が剝がれて負傷(都城市)	26.4.5

◇鹿児島県
亜ヒ酸混入事件(鹿児島市)	11.10.7

その他の災害　　　災害別一覧

- マンション屋上から転落(鹿児島市)　　15.1.5
- 縄文杉ツアーで転倒死(上屋久町)　　18.4.30
- ボクシング選手が意識不明(鹿児島市)　　21.5.29
- 学校屋上天窓から児童転落(霧島市)　　22.4.8
- 闘牛訓練中に事故死(天城町)　　25.5.1
- 中国船沈没　　30.11.19
- 老人ホームで死亡続く(鹿屋市)　　30.11.21

◇沖縄県
- エアーニッポン機エンジンカバー落下(石垣島)　　2.7.29
- 幼児脱水死(石川市)　　10.7.11
- 通り魔殺人(島尻郡佐敷町)　　13.8.1
- スーツケースに閉じこもり死亡(那覇市)　　17.10.7
- 水牛車が暴走　　23.5.8
- 海水浴で溺死(宮古島市)　　26.7.10
- 海水浴場で水死(宮古島市)　　26.8.14
- シュノーケリング中に流される(宮古島市)　　27.8.10
- 橋から転落死(宮古島市)　　29.9.4
- 公園に毒グモ(沖縄市)　　30.10.16
- 公園に除草剤(浦添市)　　30.10.29

都道府県別一覧

都道府県別一覧　目次

《全　　国》……………… 255
　北海道 …………………… 262
《東北地方》……………… 271
　青森県 …………………… 274
　岩手県 …………………… 277
　宮城県 …………………… 280
　秋田県 …………………… 283
　山形県 …………………… 285
　福島県 …………………… 287
《関東地方》……………… 293
　茨城県 …………………… 298
　栃木県 …………………… 305
　群馬県 …………………… 308
　埼玉県 …………………… 312
　千葉県 …………………… 319
　東京都 …………………… 327
　神奈川県 ………………… 350
《中部地方》……………… 362
　〈北陸地方〉……………… 363
　新潟県 …………………… 364
　富山県 …………………… 369
　石川県 …………………… 371
　福井県 …………………… 373
　山梨県 …………………… 376
　長野県 …………………… 378
　岐阜県 …………………… 384
　〈東海地方〉……………… 389
　静岡県 …………………… 390
　愛知県 …………………… 396
《近畿地方》……………… 406

　三重県 …………………… 408
　滋賀県 …………………… 412
　京都府 …………………… 415
　大阪府 …………………… 421
　兵庫県 …………………… 439
　奈良県 …………………… 449
　和歌山県 ………………… 452
《中国地方》……………… 455
　鳥取県 …………………… 456
　島根県 …………………… 458
　岡山県 …………………… 460
　広島県 …………………… 462
　山口県 …………………… 466
《四国地方》……………… 469
　徳島県 …………………… 470
　香川県 …………………… 471
　愛媛県 …………………… 473
　高知県 …………………… 476
《九州地方》……………… 477
　福岡県 …………………… 478
　佐賀県 …………………… 487
　長崎県 …………………… 489
　熊本県 …………………… 491
　大分県 …………………… 493
　宮崎県 …………………… 496
　鹿児島県 ………………… 497
　沖縄県 …………………… 501
《その他》………………… 504

【全国】

◇気象災害

強風	11.3.22
太平洋側で荒天	11.5.27
強風	12.2.8−
強風で船舶事故	14.1.2
強風	14.3.21
熱中症	14.7.8
落雷	14.8.1−
竜巻	14.10.7
冷夏	15.7.
強風	16.4.27
強風	16.5.4
熱中症	16.7.9
熱中症	17.6.28
熱中症	18.7.13−
猛暑で熱中症・落雷相次ぐ	18.7.15
強風	19.3.5
熱中症	19.7.−
突風	20.1.24
猛暑	20.7.21
強風	21.4.26
猛暑	21.7.15
強風で交通に影響	22.3.20
熱中症で搬送4万人超	22.5.31−
熱中症	22.7.19−
猛暑日で熱中症	22.7.21
熱中症、水難事故で死者	22.7.22
猛暑日今年最多	22.8.5
猛暑	22.8.16
猛暑	22.8.28
猛暑で家畜被害	22.10.29
最も暑い夏	22.この年
猛暑	23.6.24
熱中症	23.6.28
猛暑	23.6.29
熱中症	23.7.9
熱中症、過去最多	23.8.2
熱中症	23.8.10
暴風雨	24.4.3−
猛暑	24.7.15−
猛暑	24.7.26−
猛暑	24.7.31
猛暑	24.8.30
熱中症	25.7.
熱中症と水難事故	25.7.7
熱中症	25.7.8−
熱中症	25.7.9
猛暑	25.7.12
猛暑日	25.7.19
熱中症搬送2万人突破	25.7.23
熱中症	25.7.29
猛暑	25.8.9
猛暑と水の事故	25.8.10
猛暑と局地的豪雨	25.8.12
熱中症による被害	25.この年
猛暑	26.7.25
熱中症	26.この年
猛暑	27.7.13−
猛暑	27.8.1
熱中症	27.この年
寒波	28.1.24
猛暑	28.7.3
熱中症	28.この年
熱中症	29.この年
秋なのに桜開花	30.10.
熱中症	30.この年

◇台風

台風19号	2.9.11−
台風20号	2.9.23−
台風19号	3.9.25−
台風16号	11.9.14
台風18号	11.9.24
台風3号	12.7.7−
台風11号	13.8.21−
台風15号	13.9.11
台風6号	14.7.11
台風7号	14.7.14−
台風13号	14.8.19
台風21号	14.10.1
台風22号	14.10.13
台風10号	15.8.8
台風6号	16.6.18−
台風11号	16.8.5
台風16号	16.8.30
台風18号	16.9.7

全国　　　　　都道府県別一覧

台風21号	16.9.29
台風22号	16.10.9
台風23号	16.10.20
台風14号	17.9.5-
台風5号	19.8.2
台風13号	20.9.18-
台風18号	21.10.8
台風6号	23.7.20
台風12号	23.9.3
台風15号	23.9.21
台風4号	24.6.19
台風17号	24.9.30
台風18号	25.9.15-
台風27号	25.10.25
台風8号	26.7.4
台風11号	26.7.29
台風12号と大雨	26.7.30
台風18号	26.9.29
台風19号	26.10.3
台風11号	27.7.4
台風15号	27.8.15
台風18号	27.9.7
台風9号と11号、相次いで上陸	28.8.20
台風13号	28.9.6
台風16号	28.9.13
台風18号	28.9.28
台風18号	29.9.17-
台風21号	29.10.23
7月豪雨(西日本豪雨)	30.6.28-
台風12号	30.7.25
台風20号	30.8.18
台風21号	30.8.28
台風24号	30.9.21
台風25号	30.9.29

◇豪雨(台風を除く)

大雨で交通事故多発	11.6.24-
雷雨	12.7.4
大雨	12.7.25-
大雨	12.8.17
大雨	18.7.14
大雨	20.6.22
豪雨	23.8.26-
暴風雨	25.4.6-
猛暑と局地的豪雨	25.8.12
台風12号と大雨	26.7.30
8月豪雨	26.8.15
大雪	28.1.18
7月豪雨(西日本豪雨)	30.6.28-

◇豪雪

豪雪	15.12.20
大雪・暴風	16.3.6
大雪	17.2.2
平成18年豪雪	17.12.-
大雪	20.12.27
大雪でダイヤ乱れる	21.1.10
大雪で交通機関に乱れ	22.3.10
大雪	22.12.31
豪雪	24.1.31-
南岸低気圧の影響で大雪	26.2.14
大雪	26.12.4
雪による被害	26.この年
大雪	27.1.2
雪による被害	27.この年
大雪で事故が相次ぐ	28.1.25
雪による被害	28.この年
大雪	29.1.11
大雪	29.2.9
雪による被害	29.この年
大雪	30.1.22
年末大雪	30.12.29
雪による被害	30.この年

◇地震・津波

地震	14.7.24
地震	14.10.13
地震	15.11.12
紀伊半島沖地震	16.9.7
チリ地震で各地に津波	22.2.27
震災でエレベーター破損	24.3.17
比沖地震で津波注意報	24.8.31
地震	27.5.30
チリ沖を震源とする地震による津波	27.9.17

◇地滑り・土砂崩れ

豪雨	13.6.18-

都道府県別一覧　全国

　8月豪雨　　　　　　　　　　26.8.15
◇動植物災害
　狂牛病発生　　　　　　　　13.9.10-
　コイヘルペスウイルス病　　15.11.6-
　巨大クラゲ被害　　　　　　　16.2.-
　ダニ感染で死亡　　　　　　24.この秋
◇一般火災
　火災　　　　　　　　　　　　1.この年
　火災　　　　　　　　　　　　2.この年
　火災　　　　　　　　　　　　3.この年
　火災　　　　　　　　　　　　4.この年
　火災　　　　　　　　　　　　5.この年
　火災　　　　　　　　　　　　6.この年
　火災　　　　　　　　　　　　7.この年
　火災　　　　　　　　　　　　8.この年
　火災　　　　　　　　　　　　9.この年
　火災　　　　　　　　　　　　10.1.-
　火災　　　　　　　　　　　11.この年
　火災　　　　　　　　　　　12.この年
　火災　　　　　　　　　　　13.この年
　火災　　　　　　　　　　　14.この年
　火災　　　　　　　　　　　15.この年
　火災　　　　　　　　　　　16.この年
　火災　　　　　　　　　　　17.この年
　火災　　　　　　　　　　　18.この年
　火災　　　　　　　　　　　19.この年
　火災　　　　　　　　　　　20.この年
　扇風機で火災　　　　　　　　21.7.28
　火災　　　　　　　　　　　21.この年
　子供のライター火遊び　　　　22.3.19
　火災　　　　　　　　　　　22.この年
　火災　　　　　　　　　　　23.この年
　在宅酸素療法、たばこの火
　　で火災　　　　　　　　　　24.1.26
　火災　　　　　　　　　　　24.この年
　火災　　　　　　　　　　　25.この年
　火災　　　　　　　　　　　27.この年
　火災　　　　　　　　　　　28.この年
　火災　　　　　　　　　　　29.この年
　火災　　　　　　　　　　　30.この年
◇山林火災
　山林火災が相次ぐ　　　　　21.4.10-

◇ガス中毒事故
　温風機で一酸化炭素中毒　　17.4.20
　パロマ工業製湯沸かし器
　　事故　　　　　　　　　　18.7.14-
◇産業災害
　アスベスト労災請求・認定　22.6.29
　印刷会社で胆管がん多発　　24.5.19
◇工場災害・汚染被害
　工場化学物質原因でガン　　30.10.25
◇輸送機関の事故
　交通事故　　　　　　　　　21.この年
　交通事故　　　　　　　　　22.この年
　交通事故　　　　　　　　　23.この年
　交通事故　　　　　　　　　24.この年
　交通事故　　　　　　　　　25.この年
　交通事故　　　　　　　　　26.この年
　交通事故　　　　　　　　　27.この年
　交通事故　　　　　　　　　28.この年
　交通事故　　　　　　　　　29.この年
　交通事故　　　　　　　　　30.この年
◇列車・電車事故
　人をはね新幹線破損、運休　30.6.14
◇自動車事故
　交通事故　　　　　　　　　　1.この年
　交通事故　　　　　　　　　　2.この年
　交通事故　　　　　　　　　　3.この年
　交通事故　　　　　　　　　　4.この年
　交通事故　　　　　　　　　　5.この年
　交通事故　　　　　　　　　　6.この年
　交通事故　　　　　　　　　　7.この年
　交通事故　　　　　　　　　　8.この年
　交通事故　　　　　　　　　　9.この年
　交通事故　　　　　　　　　10.この年
　大雨で交通事故多発　　　　11.6.24-
　交通事故　　　　　　　　　11.この年
　交通事故　　　　　　　　　12.この年
　交通事故　　　　　　　　　13.この年
　交通事故　　　　　　　　　14.この年
　交通事故　　　　　　　　　15.この年
　交通事故　　　　　　　　　16.この年

交通事故	17.この年	新規エイズ患者が過去最多	23.この年
交通事故	18.この年	西洋フキで肝臓障害の恐れ	24.2.8
交通事故	19.この年	B型肝炎問題	24.12.20
交通事故	20.この年	HIV感染が1000人超	24.この年
フロアマットでアクセル戻らず	22.3.30	マダニウイルスが拡大	26.2.25
		豚流行性下痢の被害拡大	26.4.2
◇航空機事故		オウム病で妊産婦死亡	29.3.-
航空管制ダウン	15.3.1	カフェイン中毒	29.6.13
ANA大量欠航	30.7.4	ワクチン自主回収	30.1.15
パイロット飲酒問題	30.10.28	急にまひ、子ども注意	30.10.
◇エレベーター・エスカレーターの事故		◇伝染病流行	
エスカレーター事故	19.5.-	おたふくかぜ大流行	1.1.-
震災でエレベーター破損	24.3.17	厚生省が結核緊急事態宣言	11.7.26
		インフルエンザワクチン不足	11.この年
◇公害		赤痢感染	13.11.-
二酸化窒素濃度	1.この年	インフルエンザ患者増	15.1.26-
ダイオキシン汚染	8.この年	コイヘルペスウイルス病	15.11.6-
排ガスにダイオキシン	9.この年	インフルエンザ脳症	16.2.18
有機スズ化合物検出	10.8.	変異型ヤコブ病を最終確認	17.2.4
環境ホルモン検出	10.8.-	西ナイル熱国内で初確認	17.10.3
クジラがPCB汚染	15.1.16	はしか流行	19.4.-
発がんリスクを認定	15.1.22	インフルで休校・学級閉鎖	21.10.
アスベスト被害	17.6.29-	リンゴ病の感染増加	23.3.4
補修用部品にアスベスト	21.12.25	手足口病が流行	23.7.
		RSウイルス感染症拡大	23.9.
◇放射能汚染被害		インフル患者数が増加	24.1.27
粉ミルクからセシウム	23.12.6	蚊が媒介の感染症確認	24.6.
伊産ジャムから放射性物質	25.10.18	風疹大流行	25.1.-
		結核感染者	25.7.28
◇医療・衛生災害		手足口病流行	25.8.6
狂牛病発生	13.9.10-	シャーガス病の感染例なし	25.9.20
中国製やせ薬で死亡	14.3.-	妊娠中のリンゴ病感染	25.10.5
中国産冷凍野菜から農薬	14.3.-	日本国内でデング熱に感染か	26.1.10
香料に無認可添加物	14.5.	はしか患者が急増	26.2.25
E型肝炎で国内初の死者	14.7.	デング熱国内感染確認	26.8.27
無登録農薬問題	14.7.	RSウイルス感染症患者が過去10年で最多に	26.12.10
レジオネラ菌感染	15.1.28	結核	26.この年
レジオネラ菌感染	21.1.7	結核	27.この年
ヒアルロン酸自己注射で後遺症	21.1.10	結核	28.この年
多剤耐性菌感染拡大	22.この年	結核	29.この年
ワクチン接種後に死亡	23.9.12	風疹大流行	30.この年

◇食品衛生・食品事故

O157	8.この年
乾燥イカ菓子で集団食中毒	11.3.20
雪印乳業集団食中毒事件	12.6.27−
不二家期限切れ原料使用問題	18.11.−
こんにゃくゼリーで窒息死	19.5.23
ミートホープ品質表示偽装	19.6.20−
石屋製菓賞味期限偽装	19.8.−
赤福消費期限虚偽表示	19.10.10−
船場吉兆消費期限偽装	19.10.28−
中国製冷凍ギョーザで中毒	19.12.−
中国産ウナギ産地偽装	20.6.25
事故米不正転売	20.8.28
不正表示	21.1.23
トクホ油を販売停止	21.9.16
BSE発生国の肉混入	22.2.16
輸入貝から貝毒検出	24.10.31
ブランド米異種混入で作付け中止	25.2.28
クリームチーズに異物混入	25.7.24
サラダなどに異物混入の疑い	25.10.3
缶詰からヒスタミン検出	25.10.11
ホテルで食品偽装	25.10.22
食材偽装	25.11.8
ホテルで食材偽装	25.11.15
百貨店で食材偽装続々	25.11.29
ローストビーフに結着剤	25.12.18
冷凍食品に農薬混入	25.12.29
ヒョウタンで食中毒	26.7.13
チキンナゲットに消費期限切れ鶏肉が混入	26.7.22
アイスクリームからカビ	27.2.13
乳酸菌飲料を自主回収	27.3.3
飴を自主回収	27.11.6
チョコレートを自主回収	28.11.11

◇集団食中毒

ノロウイルス集団感染	17.1.9
ノロウイルス集団感染	18.11.−
イカの塩辛で集団食中毒	19.9.8
コルチカム中毒	20.5.7
ステーキ店でO157感染	21.9.7
馬刺しでO−157に感染	26.4.10
食中毒	26.この年
食中毒	27.この年
食中毒	28.この年
食中毒	29.この年
食中毒	30.この年

◇薬害・医療事故

薬害エイズ訴訟	1.5.8−
バイアグラ服用の男性死亡	10.7.
バイアグラ服用の男性死亡	11.8.
献血からHIV感染	11.10.7
一部解熱剤に副作用判明	12.11.15
医療事故	14.8.21−
抗真菌剤投与で副作用	14.8.29
C型肝炎薬投与で死亡	14.9.12
C型肝炎感染被害者が全国一斉提訴	14.10.21
脳梗塞薬投与で副作用死	14.10.28
人工授精でHIV感染	14.11.
肺がん治療薬で副作用死	14.12.13
輸血でHIV感染	15.5.
輸血でB型肝炎感染	15.8.1
インフルエンザ治療薬で副作用	15.8.29
輸血でE型肝炎感染	16.9.−
輸血でB型肝炎感染か	17.1.21
除細動器自主回収	17.3.−
便秘薬の副作用で死亡	17.4.−
輸血でB型肝炎の疑い	17.7.3
輸血でE型肝炎感染か	17.9.21
タミフル服用後の死亡者が計42人に	18.1.27
輸血に黄色ブドウ球菌混入	18.5.1
タミフル副作用による異常行動	19.2.16−
抗うつ剤による新生児副作用	21.10.21
子宮頸がんワクチンで副作用	23.2.28
風邪薬で副作用死	24.5.
呼吸補助器の組立てミスで死者	24.9.26
抗インフル薬副作用で死亡	25.2.27
輸血でC型肝炎感染	25.10.2
HIV感染者の血液を輸血	25.11.25

全国　　　　　都道府県別一覧

レーシック被害が多発	25.12.4
ワクチン副作用問題	25.この年
生理痛薬の副作用で死亡	26.1.17
抗がん剤の副作用で死亡	26.3.26
C型肝炎治療薬服用患者が死亡	26.10.24
抗がん剤を投与された5人が死亡	26.12.10
抗てんかん薬服用で死亡	27.2.4
副作用情報を報告せず	27.9.1
風邪薬自主回収	27.9.9
輸血でE型肝炎に感染	27.10.26
インフル点滴薬副作用で死亡	28.4.21
C型肝炎治療薬の副作用で死亡か	28.5.18
抗がん剤と免疫療法の併用で死亡	28.7.19
臍帯血の無届け投与	29.8.27
血液製剤で大腸菌感染	29.11.29
ワクチンからヒ素	30.11.5

◇山岳遭難

山岳遭難	24.5.17
山岳遭難、過去最多	24.9.10
山岳遭難が相次ぐ	26.5.4
山岳遭難が相次ぐ	26.8.16
山岳遭難	26.この年
山岳遭難が相次ぐ	27.1.1
年末年始の山岳遭難で3人死亡	27.1.9
山岳遭難	27.この年
山岳遭難が相次ぐ	28.4.30–
山岳遭難	28.この年
山岳遭難	29.この年
山岳遭難	30.この年

◇製品事故・管理不備

三菱自動車欠陥隠し	16.3.11
自転車のフレーム折れ重軽傷	16.6.30
タダノ社製クレーンに欠陥	16.8.7–
自転車の後輪外れ骨折	16.9.–
除細動器自主回収	17.3.–
温風機で一酸化炭素中毒	17.4.20

パロマ工業製湯沸かし器事故	18.7.14–
浴室乾燥機から発火	18.7.30
自動車ドア開閉装置で事故多発	18.11.
中国製玩具に禁止柔軟剤	19.2.1
洗濯機で火災	19.3.15
温水洗浄便座が発火・発煙	19.3.16
乾燥機で発火	19.4.9
湯沸かし器で火災	19.5.7
電動自転車が誤作動	19.5.15
キッチン用電気こんろ火災	19.7.3
腕相撲ゲームで骨折	19.8.21
殺虫スプレーに引火	19.8.27
家庭用除雪機で火災	19.12.19
中国製ストーブ発火事故	20.3.14
ランドセルを自主回収	21.1.13
ロボット型おもちゃで怪我	21.1.26
扇風機で火災	21.7.28
エアコンから発火	21.8.21
防火シャッターに不具合	21.11.27
補修用部品にアスベスト	21.12.25
皮膚炎発症で冷却パッド回収	22.3.24
フロアマットでアクセル戻らず	22.3.30
空気清浄機の欠陥で発火事故	22.4.9
家庭用治療器が発火の恐れ	22.4.12
エアコン室外機から発火	22.5.21
子供靴で転倒事故	22.5.26
ミシン取手に欠陥	22.6.14
自転車幼児座席の足乗せが破損	22.6.25
ベビーベッド回収	22.7.–
水槽ヒーターが発火恐れ	22.7.12
パワーウインドー事故	22.7.21
中国産混入で回収へ	22.7.22
チーズに金属片が混入	22.8.18
電動車椅子事故多発	22.9.8
寝返り防止枕で乳児窒息	22.10.14
ビーズ玩具で事故	22.10.28
DVDプレーヤーで出火事故	22.11.15

理科教材、アスベストで回収	22.12.13
サッシ窓、耐火性能不足	23.3.9
石鹼を自主回収	23.5.20
ヒーター自主回収	23.5.26
スピーカー自主回収	23.6.13
電池パック発火の恐れ	23.8.22
携帯電話が発熱	23.9.30
TVから出火恐れ	23.10.12
JR西の商品に石綿付着	24.7.18
食洗機を無償点検	24.8.24
介護ベッド事故に再注意	24.11.2
150万台リコール	24.11.14
異臭で旅客機が緊急着陸	25.1.16
除菌用品でやけど	25.2.22
TV部品無料交換	25.3.14
販売部品にアスベスト	25.3.29
美白化粧品による白斑トラブル	25.7.4
タオルケット不適正表示	25.8.23
施工不備	25.11.15
トースターを自主回収	26.1.22
加湿器を自主回収	26.1.27
洗濯機を無償点検・修理	26.2.4
プリウス100万台をリコール	26.2.12
電気ストーブを自主回収	26.2.20
中型トラックをリコール	26.3.4
電気カーペットを自主回収	26.4.16
輸入電気製品を自主回収	26.5.1
ノートPC用バッテリーをリコール	26.5.28
電気給湯器をリコール	26.7.25
乳幼児向け耳かきを自主回収	26.10.6
エアコンと空気清浄機をリコール	26.10.17
ノートPC用バッテリーを追加リコール	26.11.13
加湿器を自主回収	27.1.21
乳酸菌飲料を自主回収	27.3.3
スズキが大規模リコール	27.4.22
バイクをリコール	27.6.25
風邪薬自主回収	27.9.9
医療機器を自主回収	27.10.14
無断流用でムック本を回収	27.10.28
JA全農が肥料を自主回収	27.11.5
飴を自主回収	27.11.6
不正パチンコ台を自主回収	27.12.23
雑誌付録に発がん性物質	28.2.18
電気ストーブを自主回収	28.4.15
ランドセルを自主回収	28.6.6
電動自転車の自主回収を要請	28.10.27
チョコレートを自主回収	28.11.11
カフェオレ回収	29.10.5
チキン自主回収	29.10.13
コンタクトレンズ自主回収	29.10.18
発火事故でノートPC回収	29.12.6
粉ミルク、ガス封入不十分で回収	30.3.6
アレルゲン混入で回収	30.3.12
シリアルから農薬	30.4.4
除湿乾燥機回収	30.4.18
ファンヒーター発火の恐れ	30.4.26
マカロニに異物混入	30.5.9
ピザソースに異物混入	30.6.6
ウインナーに異物混入	30.7.8
ドリンク回収	30.7.20
ワイン回収、瓶破損か	30.8.23
「ドッキリ!」なのに本物の刃	30.9.3
洗口剤に虫混入	30.9.27
カインズ、甘栗から菌	30.10.
スズキがリコール	30.11.1
キャンディを自主回収	30.11.8
スバルが追加リコール	30.11.8
マツダ、エンジン停止の恐れでリコール	30.11.8
BMWがリコール	30.11.27

◇その他の災害

「ポケモン」パニック	9.12.16
ガードレールに金属片	17.5.-
耐震強度構造計算書偽装事件	17.11.17
浴槽用浮き輪で転覆	19.7.5
学童保育で大けが	22.3.16-
通信障害	23.2.24
学童保育・ファミサポでの事故	23.この年

北海道　　　　　　　都道府県別一覧

保育施設での乳幼児死亡数	23.この年
カーテン留めひもによる窒息事故	24.7.
風力発電機落下	25.4.7
レジャーによる事故	25.7.20
海と山で事故	25.8.11
百貨店で偽ブランド品を販売	26.1.22
JALでシステム障害	26.6.5
海での遭難	26.この年
海での遭難	27.この年
海での遭難	28.この年
海での遭難	29.この年
海での遭難	30.この年

【北海道】

◇気象災害

強風	11.3.6
竜巻(北竜町)	13.6.29
悪天候で登山者遭難	18.10.6−
竜巻	18.11.7
竜巻(奥尻島)	18.11.9
落雷(大空町)	19.8.7
ボートが転覆	21.12.11
強風	22.4.14
日本海側で強風	24.12.6
突風(苫小牧市)	25.9.7
北日本の降水量が過去最多	25.この秋
強風と大雪	26.12.17
強風と大雪	26.12.18
大雪と強風	27.1.7
強風	27.2.15
強風で作業船が転覆(函館市)	27.3.27
強風	27.10.2
山スキー中に遭難(斜里町)	28.3.21

◇台風

台風17号	1.8.25−
台風28号	2.11.30
台風12号	3.8.18−
台風17号	3.9.12−
台風18号	3.9.17−
台風4号	10.8.27
台風23号	27.10.2
台風10号	28.8.21
川に流され死亡(網走市)	28.9.4
台風13号	28.9.6

◇豪雨(台風を除く)

集中豪雨	2.11.4−
土砂崩れ(北見市)	13.10.4
風雨で山岳遭難	14.7.11
豪雨(幌尻岳)	15.8.12
豪雨で断水(北見市)	19.6.23
登山中に鉄砲水(大樹町)	22.8.15
大雨で足止め(東川町)	22.8.24−
大雨	26.8.23
大雨	26.9.10
大雨で登山道に土砂が流入(上富良野町)	27.8.11
大雪	28.12.22
北海道で豪雨	29.7.22

◇豪雪

道央自動車道で多重衝突	12.12.13
積雪でプールの屋根崩落(夕張市)	20.3.2
雪でスリップし多重追突(奈井江町)	20.11.20
猛吹雪	24.11.27
暴風雪	25.3.2−
猛吹雪	25.3.9
吹雪で多重事故	25.3.21
大雪	26.3.20
強風と大雪	26.12.17
強風と大雪	26.12.18
大雪と強風	27.1.7
暴風雪	27.3.10
吹雪	28.2.29
旅客機がオーバーラン(千歳市)	29.1.19
風雪、胆振地方で停電(胆振地方)	30.3.1
暴風雪で交通混乱	30.3.2

◇地変災害

トンネル崩落(島牧村)	9.8.25
ゴルフ場で陥没(安平町)	21.4.2

◇地震・津波

地震	1.1.25
地震	1.11.2
地震	3.11.27
地震	4.7.12
地震	4.8.8
地震	4.8.24
地震	4.12.28
平成5年釧路沖地震	5.1.15
地震	5.5.6
北海道南西沖地震	5.7.12
地震	5.8.3
余震	5.8.8
地震	5.10.12
地震	5.11.27
地震	5.12.4
地震	6.7.1
地震	6.7.2
地震	6.8.25
地震	6.8.31
平成六年北海道東方沖地震	6.10.4
余震	6.10.9
三陸はるか沖地震	6.12.28
余震	6.12.29–
余震	7.1.7
余震	7.1.21
地震	7.2.15
地震	7.5.23
地震	7.11.23
地震	8.2.17
地震	9.6.15
地震	11.3.19
樽前山で火山性地震続発	11.5.1–
地震	11.5.17
地震	12.1.28
地震	12.6.13
地震	13.4.14
地震	13.4.27
地震	15.7.3
地震	15.8.30
十勝沖地震	15.9.26
地震	15.10.4
地震	15.10.8
地震	15.10.9
地震	15.10.11
地震	15.11.24
地震	16.4.23
地震	16.5.21
地震	16.11.4
地震	16.11.27
地震	16.11.29
地震	16.12.6
地震	16.12.14
地震	17.1.13
地震(東部)	17.1.18
地震(留萌地方)	17.3.18
地震	17.9.21
地震	17.11.15
地震	18.5.12
地震	18.6.12
地震	18.11.15
地震・津波	19.1.13
地震	19.5.19
地震	19.7.1
地震	19.7.16
地震	20.4.29
地震	20.9.11
地震	20.11.22
地震	21.2.28
地震(根室市,別海町,厚岸町)	21.4.28
地震	21.6.5
地震(松前町)	21.7.28
地震(浦河町)	21.9.8
地震(中標津町)	21.9.29
地震(釧路市,標茶町)	21.12.28
地震	22.6.19
地震	22.6.28
地震(根室市)	22.9.4
地震	22.9.13
地震	22.10.14
余震	23.6.23
地震	23.8.1
地震	23.9.7
地震	23.9.18
地震	24.3.14
地震	24.8.14
地震	24.8.25
余震	24.12.7

北海道

地震	25.1.24
地震で停電	25.2.2
余震	25.5.18
地震	25.10.26
チリ震源地震による津波	26.4.2
地震	26.7.8
地震	26.8.10
地震(函館市)	26.10.11
地震	27.5.13
地震(釧路市、足寄町)	27.6.4
地震	27.6.8
地震	27.9.12
地震	27.11.28
地震	28.1.14
地震	28.1.21
地震	28.6.16
地震(函館市)	28.6.21
地震(函館市、浦河町)	28.9.26
地震	29.7.1
地震(根室半島)	30.4.14
北海道胆振東部地震	30.9.6
地震(十勝地方)	30.12.30

◇噴火・爆発

十勝岳噴火(十勝岳)	1.1.8
駒ヶ岳噴火	8.3.5
駒ヶ岳噴火	10.10.25
有珠山噴火	12.3.31
駒ヶ岳噴火(渡島支庁駒ヶ岳)	12.9.4—
雌阿寒岳噴火	18.3.21
十勝岳の山頂に火か	24.6.30
雌阿寒岳活動活発か	30.11.23

◇地滑り・土砂崩れ

土砂崩れ(網走支庁斜里町)	2.8.27
土砂崩れバス直撃(網走支庁斜里町)	2.8.27
豊浜トンネル崩落事故(後志支庁余市町)	8.2.10
落石(弟子屈町)	12.4.23
土砂崩れ(北見市)	13.10.4
土砂崩れ(静内町)	15.10.1
土砂崩れ(えりも町)	16.1.13
土砂崩れで道路陥没(東川町)	22.8.24
土砂崩れ(夕張市)	24.4.27
大雨	26.8.23
大雨で登山道に土砂が流入(上富良野町)	27.8.11

◇雪崩

雪崩	1.3.9
雪崩(後志支庁)	2.1.15
雪崩(後志支庁ニセコ町)	3.12.29
雪崩(積丹町)	19.3.18
雪崩(上富良野町)	19.11.23
スキー場付近で雪崩(ニセコ町)	26.1.16
雪崩でスノボ男性死傷(倶知安町)	29.2.25

◇動植物災害

スクレイピー感染(士別市)	8.5.
競走用繁殖牝馬焼死(門別町旭町)	10.12.15
口蹄疫感染(本別町)	12.3.25
ヒグマに襲われ死亡	13.5.10—
羊がスクレイピー感染(本別町)	15.9.20
白鳥に鳥インフルエンザ発生(佐呂間町)	20.5.10
白鳥に鳥インフルエンザ発生(佐呂間町)	20.5.10
強毒性の鳥インフル検出(稚内市)	22.10.26
鳥インフルウィルス検出	23.1.19
カルガモが鳥インフルエンザ(帯広市)	25.11.5
カルガモが鳥インフルエンザ(帯広市)	25.11.5
土佐犬に襲われ死亡(白老町)	26.2.26
競走馬が逃走(むかわ町)	26.7.11
イワシが大量死(むかわ町)	26.11.3
死んだ羊を無許可で埋却処分(羽幌町)	27.5.9
ヒグマが特急列車に衝突(南富良野町)	27.7.13
ダニ媒介脳炎患者を確認	28.8.13
ダニ媒介脳炎で死亡	29.7.7

都道府県別一覧　　　　　　　　　北海道

◇一般火災
　きゅう舎全焼(日高支庁静内町)　　　　　　　　　　　1.11.27
　商店街火災(函館市)　　　6.8.3
　商店街火災(札幌市中央区)　9.4.18
　乗用車衝突炎上(十勝支庁豊頃町)　　　　　　　　　　　9.12.28
　競走用繁殖牝馬焼死(門別町旭町)　　　　　　　　　10.12.15
　下宿火災(函館市)　　　11.7.10
　JR岩見駅全焼(岩見沢市)　12.12.10
　世界最古の漆製品焼失(茅部郡南茅部町)　　　　　14.12.28
　地震で精油所の貯蔵タンク火災(苫小牧市)　　　　15.9.26-
　自動車から出火し子供死亡(厚沢部町)　　　　　　22.4.2
　発電用の風車から出火(稚内市)　　　　　　　　　23.10.2
　貨物船火災(稚内市)　　　25.5.16
　バス火災(小樽市)　　　29.9.9,14

◇住宅火災
　住宅火災(伊達市)　　　　1.1.31
　住宅火災(札幌市西区)　　1.2.12
　住宅火災(紋別市)　　　　1.9.8
　住宅火災(札幌市豊平区)　5.1.27
　住宅火災(旭川市)　　　　5.4.30
　作業員寮火災(札幌市東区)　6.10.23
　住宅火災(帯広市)　　　　7.2.14
　アパート火災(小樽市)　　9.7.26
　住宅火災(旭川市)　　　　9.12.17
　住宅火災(石狩市)　　　10.5.22
　アパート火災(帯広市)　15.7.22
　住宅火災(網走市)　　　16.7.26
　住宅火災(苫小牧市)　　17.3.29
　住宅火災(札幌市)　　　17.6.28
　住宅火災(札幌市)　　　18.1.31
　住宅火災(札幌市)　　　18.2.26
　隣家に侵入し放火(奈井江町)　19.10.30
　住宅火災(室蘭市)　　　21.12.20
　アパート火災(苫小牧市)　22.6.14
　住宅火災(札幌市)　　　22.10.4
　団地で火災(旭川市)　　23.12.31
　従業員宿舎で火災(枝幸町)　26.8.30

　マンション火災(札幌市)　26.12.12
　住宅火災(札幌市)　　　27.7.29
　住宅火災(浦臼町)　　　29.2.23
　アパート火災(札幌市)　29.10.26
　自立支援住宅火災で死亡(札幌市)　　　　　　　　　30.1.31
　マンション火災(札幌市)　30.4.10
　住宅火災(札幌市)　　　30.11.19

◇店舗・事務所火災
　ビル火災(札幌市中央区)　1.12.13
　施設火災(渡島支庁上磯町)　5.2.28
　店舗火災(札幌市豊平区)　9.5.8
　住宅火災(札幌市)　　　13.1.27
　ガソリンスタンド跡地で火災(札幌市)　　　　　　16.8.30
　建物解体中に出火(小樽市)　18.6.27
　店舗火災(美唄市)　　　19.10.27
　風俗店で火災(札幌市)　20.4.28
　雑居ビル火災(函館市)　21.1.7
　札幌ガス爆発事故(札幌市)　30.12.16

◇旅館・ホテル火災
　ホテル火災(釧路支庁阿寒町)　8.2.11
　ホテル火災(札幌市)　　11.5.14
　温泉旅館で火災(小樽市)　26.12.4

◇学校・病院火災
　グループホーム火災(札幌市)　　　　　　　　　　22.3.13

◇神社・寺院火災
　東山本妙寺全焼(小樽市)　4.2.9

◇山林火災
　釧路湿原で野火(釧路市)　4.11.2

◇ガス中毒事故
　住宅火災(紋別市)　　　　1.9.8
　ガス中毒(室蘭市)　　　　4.4.28
　ガス中毒(旭川市)　　　　4.11.6
　居酒屋で一酸化炭素中毒(札幌市中央区)　　　　　　6.9.12
　一酸化炭素中毒死(網走市)　8.5.6
　警視が一酸化炭素中毒(旭川市)　　　　　　　　　13.4.21

平成災害史事典総索引　265

北海道

ボイラー点検で一酸化炭素中毒(室蘭市) 16.6.19
乗用車内で一酸化炭素中毒(札幌市) 17.12.11
アパートで一酸化炭素中毒(苫小牧市) 18.12.14
道路埋設のガス管折れガス漏れ(北見市) 19.1.19
ワカサギ釣り中にCO中毒 28.2.21
温泉旅館で硫化水素中毒(足寄町) 28.10.20

◇都市ガス等の爆発事故
アパートガス爆発(札幌市白石区) 1.7.3
漁船ガス爆発(根室市) 15.5.15
アパート爆発(札幌市) 22.7.2
ラーメン店でガスボンベ爆発(札幌市) 24.9.11
ガスボンベ爆発が相次ぐ(札幌市) 26.4.3

◇産業災害
トンネル崩落(鳥牧村) 9.8.25
地震で精油所の貯蔵タンク火災(苫小牧市) 15.9.26－
無線操縦ヘリ墜落で直撃死(せたな町) 22.7.19

◇工場災害・汚染被害
製油所火災(苫小牧市) 14.4.15
ボイラー爆発(旭川市) 20.1.26
工場で下敷きに(室蘭市) 21.12.22
ホクトきのこセンター火災事故(苫小牧市) 27.4.26
鉄工所で炉が爆発(旭川市) 29.4.25

◇鉱山災害
南大夕張砿崩落事故(夕張市) 1.9.14
炭鉱で一酸化炭素異常発生(釧路市) 13.2.6

◇土木・建築現場の災害
くい打ち機住宅を直撃(札幌市白石区) 9.8.28
鉄パイプ落下(札幌市) 14.9.14
工事現場で土砂崩れ(美唄市) 17.11.17
建物解体中に出火(小樽市) 18.6.27
ガス管工事現場で爆発(岩見沢市) 24.5.31
ヘリから資材落下(福島町) 30.8.21

◇輸送機関の事故
走行中のバスから出火(小樽市) 25.8.5
スノーモービル衝突事故(札幌市) 28.2.14
ロープウェイで死亡事故(函館市) 28.12.11

◇列車・電車事故
貨物列車脱線谷へ転落(渡島支庁七飯町) 8.12.4
室蘭本線でトンネル天井剝落(胆振支庁虻田郡豊浦町) 11.11.28
特急列車から白煙(占冠村) 23.5.27
特急から白煙(伊達市) 23.6.6
鉄道信号機でトラブル(安平町) 23.6.15
JR北海道で部品脱落(岩見沢市) 23.7.5
貨物車が脱線(安平町) 24.2.16
貨物列車が脱線(函館市亀田本町) 24.4.26
土砂崩れ(夕張市) 24.4.27
特急床下から出火(八雲町) 25.4.8
特急列車で出火など相次ぐ(八雲町、北広島市) 25.7.6
電車のドアに挟まれ負傷(旭川市) 25.8.19
特急電車が無断で発車(恵庭市) 25.9.15
貨物列車脱線(七飯町) 25.9.19
貨物列車が脱線(木古内町) 26.6.22
ヒグマが特急列車に衝突(南富良野町) 27.7.13
青函トンネルで発煙事故 27.11.21
信号機が線路上に倒れる(札幌市) 30.11.9

都道府県別一覧　　　　　　　北海道

◇踏切事故

トレーラー・函館線特急電車衝突(江別市) 1.12.13
室蘭線特急・乗用車衝突(胆振支庁白老町) 2.1.7
日高線列車・大型タンクローリー衝突(苫小牧市) 3.1.8
日高線普通列車・ダンプカー衝突(胆振支庁厚真町) 8.1.12
ワゴン車・室蘭線特急列車衝突(胆振支庁豊浦町) 8.12.1
鉄道にトレーラー衝突(美幌町) 19.3.1
特急とダンプカー衝突(深川市) 22.1.29
踏切事故(苫小牧市) 24.1.29
軽乗用車と特急が衝突(苫小牧市) 28.10.15

◇自動車事故

道央自動車道玉突き事故(恵庭市) 1.2.4
観光バス追突(釧路支庁阿寒町) 1.6.2
土砂崩れ(網走支庁斜里町) 2.8.27
土砂崩れバス直撃(網走支庁斜里町) 2.8.27
乗用車・大型トレーラー衝突(空知支庁栗沢町) 4.1.15
乗用車衝突(札幌市豊平区) 4.7.12
ワゴン車衝突(胆振支庁穂別町) 4.9.2
自衛隊通信車・乗用車衝突(帯広市) 4.11.11
マイクロバス横転(日高支庁日高町) 5.7.11
ワゴン車・大型飼料運搬車衝突(帯広市) 5.8.3
乗用車・トラック衝突(十勝支庁新得町) 5.11.30
登校中の列にトラック(渡島支庁上磯町) 6.7.1
ワゴン車・大型トラック衝突(網走支庁留辺蘂町) 6.11.8
乗用車・トラック衝突(旭川市) 7.2.14
ライトバン・トラック衝突(紋別市) 7.2.26
観光バス転落(網走市) 7.3.3
トレーラーからプレハブ住宅落下(江別市) 7.5.20
道央道車多重衝突(空知支庁奈井江町) 8.1.4
乗用車・観光バス衝突(壮瞥町) 8.1.13
観光バス・大型ダンプカー衝突(十勝支庁士幌町) 8.5.29
道央自動車道多重追突事故(札幌市厚別区) 8.6.29
観光バス横転(十勝支庁鹿追町) 8.7.24
オートバイ・パトカー衝突(札幌市西区) 8.8.25
バス横転(小樽市) 8.12.2
観光バス・ワゴン車衝突(千歳市) 9.2.12
道南バス・北都交通大型バス衝突(小樽市) 9.3.31
網走交通観光バス転落(上川管内南富良野町) 9.4.22
乗用車ガードロープに衝突(旭川市) 9.7.20
エルム観光バス横転(網走支庁小清水町) 9.8.21
観光バス追突(利尻富士町) 9.9.1
乗用車正面衝突(釧路支庁音別町) 9.12.26
乗用車衝突炎上(十勝支庁豊頃町) 9.12.28
乗用車ふ頭から転落(小樽市) 10.8.18
強風 11.3.6
大型バス・RV車衝突(標茶町) 11.7.10
RV・大型観光バス正面衝突(静内町) 12.6.4
乗用車・10トントラック衝突(新得町) 12.7.31
道央自動車道で多重衝突 12.12.13
竜巻(北竜町) 13.6.29
大型バス転落(茅部郡森町) 14.11.23
道央自動車道路玉突き事故(深川市) 15.2.12

平成災害史事典総索引　267

北海道　　都道府県別一覧

事故	日付
観光バス・オートバイ衝突（足寄町）	15.8.24
脱輪タイヤが歩行者直撃（江差町）	16.2.18
トレーラー事故（厚岸町）	16.2.23
ワゴン車と大型トレーラー衝突（浦幌町）	17.2.17
車とトラックが正面衝突（小樽市）	17.2.19
乗用車が大型トラックと衝突（三笠市）	18.6.25
ワゴン車が馬券売り場に突入（岩見沢市）	20.8.10
雪でスリップし多重追突（奈井江町）	20.11.20
ひき逃げ（美唄市）	22.1.2
自動車から出火し子供死亡（厚沢部町）	22.4.2
交通事故でバスが横転（足寄町）	22.7.17
トンネルで多重衝突事故（石狩市）	22.7.20
タクシーがひき逃げ（札幌市）	22.8.1
バスとトラックの衝突事故（小樽市）	22.8.30
車横転事故（旭川市）	22.9.28
交通事故（音更町）	22.12.12
吹雪で相次ぐ交通事故	23.2.7
自動車が横転（浦臼町）	23.11.16
バスなど3台が衝突（喜茂別町）	24.10.26
バスとトラック正面衝突（上川町）	25.2.2
猛吹雪	25.3.9
吹雪で多重事故	25.3.21
中型バスが横転（白老町）	25.8.26
高速道路で多重事故（占冠村）	25.11.2
RVと乗用車が衝突し自転車を巻き込む（旭川市）	26.6.18
競走馬が逃走（むかわ町）	26.7.11
小樽飲酒ひき逃げ事故（小樽市）	26.7.13
小学生の列に軽乗用車が突っ込む（札幌市）	26.12.22
砂川一家死傷事故（砂川市）	27.6.5
サイクリング中の自転車9台がはねられる（共和町）	27.8.19
乗用車にはねられ死亡（佐呂間町）	27.9.29
陸自車両と乗用車が衝突（恵庭市）	27.10.4
乗用車が信号柱に衝突（室蘭市）	28.1.2
トラックにはねられ死亡（岩見沢市）	28.1.4
観光バス横転（清水町）	29.8.18
バス火災（小樽市）	29.9.9,14
逃走車炎上（札幌市）	29.11.1
交通事故で親子3人死亡（占冠村）	30.1.5
バススリップ事故（天塩町）	30.11.23

◇船舶事故・遭難

事故	日付
漁船爆発（根室市沖）	2.5.26
遊漁船・ホタテ漁船衝突（小樽市）	10.7.17
漁船転覆（留萌市）	11.7.24
漁船沈没（日高支庁浦河郡浦河町）	12.9.11
漁船転覆（登別市）	14.1.21
釣り船転覆（オホーツク海）	14.9.14
漁船ガス爆発（根室市）	15.5.15
カヌー転覆（弟子屈町）	15.6.4
砂利運搬船と漁船衝突（苫前町沖）	16.11.6
貨物船が防波堤に衝突（小樽市）	16.11.13
漁船転覆（根室市）	17.9.28
漁船転覆	17.11.22
漁船火災（羽幌町）	19.7.27
捕鯨船の昇降機に挟まれ死亡（釧路市）	19.8.6
漁船が火災で沈没（根室市）	19.9.26
ボートが転覆	21.12.11
漁船行方不明（白糠町）	22.1.29
ホタテ漁船転覆（石狩市）	22.12.18
漁船転覆	23.3.1
遊漁船が転覆（白老町）	24.3.25
漁船転覆（函館市）	25.1.4
貨物船火災（稚内市）	25.5.16
漁船衝突（むかわ町）	25.6.21

都道府県別一覧　　　　　　　北海道

漁船転覆(佐呂間町)	25.9.2
プレジャーボートが転覆(岩内町)	26.6.7
ナマコ漁船が転覆(羽幌町)	26.7.12
強風で作業船が転覆(函館市)	27.3.27
ゴムボートが転覆(伊達市)	27.5.27
カーフェリー火災(苫小牧市)	27.7.31

◇航空機事故

空自機不明(渡島支庁長万部町)	6.10.5
海上自衛隊ヘリコプター墜落(襟裳岬)	7.7.4
軽飛行機墜落(赤平市)	7.7.29
グライダー墜落(網走支庁美幌町)	8.7.27
ビーチクラフト機着陸失敗(帯広市)	9.10.31
海上保安本部ヘリコプター墜落(渡島半島恵山岬沖)	10.2.20
無許可改造軽飛行機墜落(室蘭市)	11.3.4
米軍戦闘機墜落	12.11.13
訓練機墜落(帯広市)	14.3.1
小型セスナが遭難(知内町)	22.7.28
旅客機降下	22.10.26
プロペラ機地表接近	23.6.10
訓練機が墜落(帯広市)	23.7.28
パラグライダー墜落(留寿都村)	23.11.12
モーターグライダー事故(大空町)	25.3.15
パラグライダー墜落(留寿都村)	25.10.26
小型機が墜落(別海町)	27.7.20
旅客機がオーバーラン(千歳市)	29.1.19
陸自機墜落(北斗市)	29.5.15

◇公害

水道水汚染(空知地方)	17.2.19

◇原子力発電所事故

泊原発で冷却水漏れ(泊村)	15.9.7
原発建設現場でぼや(泊村)	19.7.24
原発が停止(泊村)	24.5.5

◇医療・衛生災害

羊がスクレイピー感染(本別町)	15.9.20
呼吸器のバルブ閉まる(帯広市)	23.3.7
死んだ羊を無許可で埋却処分(羽幌町)	27.5.9
ダニ媒介脳炎患者を確認	28.8.13
ダニ媒介脳炎で死亡	29.7.7

◇伝染病流行

特養でノロ集団感染(釧路市)	21.1.11
新型インフルで初の死者	21.8.15
献血製剤を回収	21.10.26
ファミレスで赤痢発症	23.8.31

◇食品衛生・食品事故

食中毒(北見市)	10.8.15-
寿司店で食中毒(小樽市)	11.8.8-
給食で集団食中毒(浦幌町)	13.5.9-
給食で集団食中毒(厚岸町)	15.1.24-
中学校で給食に異物混入相次ぐ(札幌市)	18.2.15-
イモから残留農薬を検出(北斗市,函館市)	22.8.29
ユッケ販売で焼き肉店摘発(札幌市)	24.2.24
ゼリー飲料に針混入(札幌市)	24.3.27
チーズ製品誤表示(函館市)	25.4.2
アレルギー物質を未表示(札幌市)	25.11.20
菓子に落花生が混入	25.12.3
チョコレートに異物混入(千歳市,小牧市)	26.1.14
焼肉店で食中毒(栗山町)	27.4.3

◇集団食中毒

E型肝炎感染(北見市)	16.8.-
特養ホームでO157感染(様似町)	17.6.21-
修学旅行で食中毒か	21.9.11
小中学校で食中毒(岩見沢市)	23.2.14

北海道　都道府県別一覧

O157集団感染	24.8.
集団食中毒(厚岸町)	25.8.17

◇薬害・医療事故

牛乳点滴(名寄市)	2.3.25
B型患者にA型輸血(札幌市)	12.4.24
輸血でE型肝炎感染(室蘭市)	15.1.17
MRSA院内感染(北見市)	16.3.-
筋弛緩剤注射で死亡(静内町)	16.7.8

◇山岳遭難

雪崩	1.3.9
登山者遭難(倶知安町)	11.9.25
落石(弟子屈町)	12.4.23
風雨で山岳遭難	14.7.11
豪雨(幌尻岳)	15.8.12
悪天候で登山者遭難	18.10.6-
登山者が滑落(積丹町)	21.2.1
登山ツアー者ら遭難	21.7.16
登山中に鉄砲水(大樹町)	22.8.15
スノーモービルで滑落(士別市)	25.2.17
著名登山家が滑落死(上川町)	27.12.21
山スキー中に遭難(斜里町)	28.3.21
川に流され登山者死亡(平取町)	29.8.29
遭難、救助隊員も滑落(上川町)	30.6.23
シカと間違い誤射、死亡(恵庭市)	30.11.20

◇軍隊・軍事基地の事故

米軍機燃料タンク落下(石狩湾上空)	1.3.27
自衛隊通信車・乗用車衝突(帯広市)	4.11.11
空自機不明(渡島支庁長万部町)	6.10.5
海上自衛隊ヘリコプター墜落(襟裳岬)	7.7.4
米軍戦闘機墜落	12.11.13
空自戦闘機誤射(北広島市)	13.6.25
陸自車両と乗用車が衝突(恵庭市)	27.10.4
陸自機墜落(北斗市)	29.5.15

◇機雷・不発弾の爆発

りゅう弾砲爆発(根室支庁別海町)	1.5.18
手りゅう弾処理作業中に爆発(美唄市)	17.3.21

◇製品事故・管理不備

アパートで一酸化炭素中毒(苫小牧市)	18.12.14
遊具のトロッコで指切断(三笠市)	22.6.6
マッサージ器で窒息死(斜里町)	29.7.26
冷蔵と冷凍間違い、おせち届かず	30.12.31

◇その他の災害

酸性霧	1.この年
YOSAKOIソーラン祭りで手製爆弾爆発(札幌市)	12.6.10
氷割れ湖に転落(阿寒町)	17.1.24
ダイバー死亡(斜里町)	18.3.4
車椅子男性が階段から転落死(札幌市)	18.12.8
通り魔(岩見沢市)	19.5.2
豪雨で断水(北見市)	19.6.23
地下鉄で通り魔(札幌市)	19.9.13
遊園地遊具が緊急停止(岩見沢市)	19.10.25
緊急停止の遊具から転落(岩見沢市)	20.8.12
氷が割れ湖に転落(湧別町)	21.3.20
古書店の本棚倒れる(札幌市)	21.10.13
融雪槽で水死事故(当別町)	23.1.31
雪まつりで雪像崩れる(札幌市)	24.2.7
コンポストに転落(伊達市)	25.1.24
急性アルコール中毒(札幌市)	25.7.19-
海水浴中に溺死(石狩市)	28.8.11
川に流され死亡(網走市)	28.9.4

水難事故、各地で相次ぐ
　(滝上町)　29.5.6
遊泳禁止区域で死亡(小樽市)　29.8.27
道内初ヒアリ確認(苫小牧市)　30.8.23

【東北地方】

◇気象災害

強風	11.2.27
強風	15.3.2
大雨・暴風	18.10.6−
強風で新幹線運休	19.2.4
強風や雪でダイヤ混乱	21.2.21
停電	22.12.31
日本海側で強風	24.12.6
強風・大雨	25.3.18
北日本の降水量が過去最多	25.この秋
強風と大雪	26.12.17
強風と大雪	26.12.18
大雪と強風	27.1.7
雪を伴う強風	27.2.13
強風	27.10.2

◇台風

台風13号	1.8.6−
台風17号	1.8.25−
台風28号	2.11.30
台風11号	5.8.27
台風17号	8.9.22−
台風4号	10.8.27
台風5号	10.9.16
台風7号	10.9.22
台風9号	19.9.6−
台風4号が東北横断	22.8.12
関東・東北豪雨	27.9.9
台風10号	28.8.21

◇豪雨(台風を除く)

集中豪雨	2.11.4−
大雨	11.7.13−
大雨で鉄道運転見合わせ	11.8.13−
大雨	11.8.17
大雨	11.10.27−
豪雨	16.7.16−
大雨	17.8.20
大雨	19.9.18
大雨	25.7.18
大雨	25.7.27
大雨	26.8.5
大雨	27.6.21
関東・東北豪雨	27.9.9
東北地方で豪雨	29.7.22−
東北地方で豪雨	29.8.24−

◇豪雪

大雪	17.1.14
大雪	19.3.12
大雪	21.12.17
除雪中の事故相次ぐ	23.2.1
猛吹雪	24.11.27
猛吹雪	25.3.9
首都圏記録的大雪	26.2.8
大雪	26.3.20
大雪	26.12.15
強風と大雪	26.12.17
強風と大雪	26.12.18
大雪と強風	27.1.7
大雪	30.2.3−

◇地震・津波

地震	1.1.25
地震	1.2.19
地震	1.3.6
地震	1.11.2
地震	1.12.9
地震	2.2.12
地震	2.2.20
地震	3.6.15
地震	3.6.25
地震	3.11.27
地震	3.12.12
地震	4.2.2
地震	4.7.12
地震	4.8.24
地震	4.12.28
地震	4.12.31
平成5年釧路沖地震	5.1.15
地震	5.5.6

東北地方　　　都道府県別一覧

地震	5.5.21	地震	13.1.6
北海道南西沖地震	5.7.12	地震	13.8.14
余震	5.8.8	地震	13.10.2
地震	5.9.18	地震	13.12.2
地震	5.10.12	地震	13.12.23
地震	5.11.11	地震	14.2.14
地震	5.11.27	地震	14.5.12
地震	5.12.4	地震	14.8.12
地震	5.12.17	地震	14.10.14
地震	6.6.29	地震	14.10.21
地震	6.7.2	地震	14.10.25
地震	6.8.25	地震	14.11.3
地震	6.8.31	地震	15.3.3
平成六年北海道東方沖地震	6.10.4	地震	15.4.17
余震	6.10.9	宮城県沖地震	15.5.26
地震	6.12.18	地震	15.5.31
地震	6.12.21	地震	15.6.16
三陸はるか沖地震	6.12.28	地震	15.6.28
余震	6.12.29―	宮城県北部地震	15.7.26
余震	7.1.7	地震	15.7.27
余震	7.1.21	十勝沖地震	15.9.26
地震	7.3.23	地震	15.10.4
地震	7.4.1	地震	15.10.31
地震	7.4.12	地震	16.1.23
地震	7.7.3	地震	16.4.4
地震	8.2.17	地震	16.4.23
群発地震	8.8.11―	地震	16.5.29
地震	8.8.13	地震	16.6.12
地震	8.9.11	地震	16.8.10
地震	9.5.12	地震	16.8.19
地震	9.11.23	地震	16.9.1
地震	9.12.7	地震	16.10.16
地震	10.4.3	地震	16.11.4
地震	10.4.9	地震	16.12.1
地震	10.9.3	地震	16.12.6
地震	10.9.15	地震	16.12.28
地震	10.11.24	地震	17.2.26
地震	11.3.19	地震	17.4.4
地震	11.4.19	地震	17.5.27
地震	11.10.19	地震	17.6.3
地震	12.3.20	地震	17.7.30
地震	12.6.3	地震	17.8.16
地震	12.8.6	地震	17.8.22
地震	12.10.19	地震	17.8.31

地震	17.10.22	地震		23.3.9
地震	17.11.15	東北地方太平洋沖地震（東日本大震災）		
地震	17.12.2			23.3.11
地震	17.12.17	余震		23.3.31
地震	17.12.28	余震		23.4.7
地震	18.1.18	余震		23.4.9
地震	18.4.10	余震		23.6.23
地震	18.4.22	余震		23.7.10
地震	18.6.12	地震		23.8.1
地震	18.7.1	地震		23.8.19
地震	18.8.22	地震		24.1.1
地震	18.9.9	地震		24.3.14
地震	18.11.6	震災関連死		24.4.27
地震	18.12.28	余震		24.12.7
地震・津波	19.1.13	地震で土砂崩れ		25.2.25
地震	19.3.7	余震		25.5.18
地震	19.3.31	地震		25.9.4
地震	19.4.5	地震		25.10.26
地震	19.5.19	チリ震源地震による津波		26.4.2
地震	19.6.16	地震		26.6.16
地震	19.7.1	地震		26.7.8
地震	19.7.16	地震		26.8.10
地震	19.8.25	東日本大震災の余震で津波		27.2.17
地震	19.12.25	地震		27.5.13
地震	19.12.26	地震		27.7.10
地震	20.1.11	地震		27.10.21
地震	20.1.19	地震		28.7.27
地震	20.3.8	地震		28.8.19
地震	20.4.11	福島県沖地震		28.11.22
地震	20.4.29	地震		28.11.24
地震	20.5.8	地震		29.7.20
地震	20.6.2	地震		29.9.8
岩手・宮城内陸地震	20.6.14	地震		29.9.9
地震	20.7.5	地震		29.9.27
地震	20.7.19	◇地滑り・土砂崩れ		
地震	20.7.21	地震で土砂崩れ		25.2.25
岩手北部地震	20.7.24	大雨		25.7.18
地震	20.7.29	大雨		26.8.5
地震	20.10.30	◇列車・電車事故		
地震	20.12.21	新幹線トラブル		23.1.15
地震	22.3.13	◇自動車事故		
地震	22.6.19	猛吹雪		25.3.9
地震	22.7.5			
地震	22.11.30			

青森県　　　都道府県別一覧

◇航空機事故
　航空自衛隊機墜落(三陸沖)　　10.8.25

◇公害
　PCB検出　　　　　　　　　　1.この年

◇放射能汚染被害
　通常値超える放射線量　　　　23.3.30
　海底土から放射性物質検出　　23.5.27
　漢方薬原料からセシウム
　　検出　　　　　　　　　　　23.10.14
　食品の放射能汚染　　　　　　23.この年

◇伝染病流行
　ファミレスで赤痢発症　　　　23.8.31

◇集団食中毒
　スギヒラタケで食中毒　　　　16.9.-

【青森県】

　◇気象災害
　　強風で漁船転覆(大畑町)　　11.3.22
　　雪道でバスが横転(青森市)　20.1.4
　　竜巻(藤崎町)　　　　　　　20.6.13
　　強風で家屋損壊　　　　　　21.2.21
　　竜巻(深浦町)　　　　　　　21.10.30
　　強風　　　　　　　　　　　22.4.14
　　熱帯夜の記録更新(青森市)　22.8.26
　　竜巻(弘前市)　　　　　　　24.7.5

　◇豪雪
　　大雪　　　　　　　　　　　11.2.23
　　大雪でテレビ放送停止(階
　　　上町)　　　　　　　　　　21.1.10
　　大雪で死者増加　　　　　　25.2.24
　　大雪で特急列車が立ち往
　　　生(平川市)　　　　　　　27.2.1
　　風雪で事故　　　　　　　　30.3.2

　◇地変災害
　　高波(西津軽郡岩崎村)　　　13.12.21
　　山中で火山性ガス発生か
　　　(青森市)　　　　　　　　22.6.20

　◇地震・津波
　　地震　　　　　　　　　　　4.8.8
　　地震　　　　　　　　　　　6.7.1
　　地震　　　　　　　　　　　7.11.23
　　地震　　　　　　　　　　　11.5.17
　　地震　　　　　　　　　　　11.9.13
　　地震　　　　　　　　　　　13.4.3
　　地震　　　　　　　　　　　15.10.23
　　地震　　　　　　　　　　　19.8.22
　　地震(南部町)　　　　　　　21.2.15
　　サモア沖地震で津波観測　　21.9.30
　　地震(東通村)　　　　　　　21.10.10
　　地震(東通村)　　　　　　　22.1.24
　　地震　　　　　　　　　　　22.3.1
　　地震　　　　　　　　　　　22.6.28
　　地震　　　　　　　　　　　22.9.13
　　地震　　　　　　　　　　　24.5.24
　　地震　　　　　　　　　　　24.8.14
　　地震で停電　　　　　　　　25.2.2
　　地震　　　　　　　　　　　25.3.31
　　地震　　　　　　　　　　　25.7.16
　　地震　　　　　　　　　　　26.4.3
　　地震　　　　　　　　　　　26.8.10
　　地震　　　　　　　　　　　26.9.10
　　地震　　　　　　　　　　　26.10.11
　　地震　　　　　　　　　　　27.2.17
　　地震　　　　　　　　　　　27.4.23
　　地震　　　　　　　　　　　27.6.8
　　地震　　　　　　　　　　　27.6.23
　　地震　　　　　　　　　　　27.7.10
　　地震(階上町)　　　　　　　27.11.2
　　地震(南部町)　　　　　　　28.1.11
　　地震　　　　　　　　　　　28.6.16

　◇地滑り・土砂崩れ
　　がけ崩れ(上北郡十和田湖町)　11.3.10
　　土砂崩れ(十和田市)　　　　17.5.31

　◇雪崩
　　雪崩(岩木町)　　　　　　　14.1.19
　　雪崩(青森市)　　　　　　　19.2.14

　◇動植物災害
　　クマ出没相次ぐ　　　　　　18.4.-

ハヤブサから鳥インフル
　陽性(三沢市) 23.3.10
鳥インフルエンザ(青森市) 28.11.28
鳥インフルエンザ(青森市) 28.11.28
クマ襲撃相次ぐ(田子町) 29.5.27−
リンゴ黒星病感染拡大 30.5.28

◇一般火災
鶏舎全焼(倉石村) 12.12.27
「三内丸山遺跡」内復元住
　居焼失(青森市) 13.9.27
強風で火災が延焼(青森市) 26.4.16

◇住宅火災
住宅火災(岩木町) 13.8.18
住宅火災(南郷村) 14.3.12
住宅火災(青森市) 15.12.5
住宅火災(大鰐町) 16.1.3
住宅火災(下田町) 16.8.5
住宅火災(五所川原市) 16.8.23
住宅火災(五所川原市) 16.12.19
アパート火災(青森市) 17.1.20
農家火災(東通村) 17.8.3
住宅火災(十和田市) 17.12.19
住宅火災(南津軽郡) 17.12.25
住宅全焼(青森市) 22.1.10
住宅火災(青森市) 22.8.7
住宅火災(青森市千富町) 23.5.31
住宅火災(青森市) 26.7.12
住宅火災(田子町) 26.11.22
住宅火災(野辺地町) 27.5.13
住宅火災(青森市) 28.3.12
住宅火災(弘前市) 30.5.31
住宅火災(むつ市) 30.10.5

◇店舗・事務所火災
店舗放火(弘前市) 13.5.8

◇旅館・ホテル火災
旅館火災(金木町) 12.3.12

◇神社・寺院火災
浄林寺全焼(平内町) 12.3.25
ウミネコ繁殖地の神社で
　火災(八戸市) 27.11.5

◇ガス中毒事故
八甲田山陸自隊員死亡事
　故(青森市) 9.7.12
老朽のガス管からガス漏
　れ(青森市) 19.1.22
個展会場でCO中毒(青森市
　合子沢) 26.4.29

◇都市ガス等の爆発事故
プロパン爆発(青森市) 8.1.15
居酒屋で爆発(弘前市) 22.11.20

◇産業災害
足場崩れ作業員転落(八戸
　市) 13.7.19
使用済み核燃料貯蔵プー
　ルで漏水(六ヶ所村) 14.2.1
精米倉庫で酸欠死(十和田市) 27.3.30

◇工場災害・汚染被害
核燃料再処理工場で硝酸
　溶液漏れ(六ヶ所村) 15.7.
工場で爆発(八戸市) 19.11.5
工場で放射性廃液漏れ(六ヶ
　所村) 21.1.22
核燃料再処理工場で放射
　性廃液漏れ(六ヶ所村) 21.10.22
核燃料再処理工場でレン
　ガ破損(六ヶ所村) 22.2.24

◇土木・建築現場の災害
土砂崩れでパワーショベ
　ル生き埋め(天間林村) 12.12.14

◇踏切事故
踏切で衝突事故(青森市) 27.1.25

◇自動車事故
トラック・軽ワゴン車衝突
　(弘前市) 4.5.2
東北自動車道玉突き事故
　(南津軽郡大鰐町) 5.1.27
除雪機に巻き込まれ死亡
　(弘前市) 17.2.6
警察追跡の乗用車が衝突
　(青森市) 17.5.22

青森県　都道府県別一覧

病院バスとワゴン車衝突(青森市)　18.1.3
雪道でバスが横転(青森市)　20.1.4
送迎バスが横転(十和田市)　23.12.16
マイクロバスが衝突(平川市)　24.4.29
多重死亡事故(つがる市)　30.9.22
空自トラックが民家衝突(おいらせ町)　30.11.7
トラクターに追突し死亡(三沢市)　30.11.8
雪かき中はねられ死亡か(平内町)　30.12.27

◇船舶事故・遭難
強風で漁船転覆(大畑町)　11.3.22
漁船から転落(上北町)　14.8.1
漁船沈没(六ヶ所村沖)　16.1.24
漁船転覆(おいらせ町)　19.3.17
漁船転覆(青森市)　20.4.5
海自護衛艦火災(東通村)　20.7.6
漁船消息不明　23.4.5
ホタテ漁船が転覆(平内町)　28.7.8
漁船転覆(大間町)　29.2.9

◇航空機事故
米空戦闘機墜落(三沢市)　3.5.7
航空自衛隊練習機墜落(三沢市)　3.7.1
米軍戦闘機墜落(三沢市)　13.4.3
戦闘機墜落(西津軽郡深浦町)　14.4.15
ヘリコプター墜落(大間町)　20.7.6
海自ヘリ墜落(外ヶ浜町)　29.8.26

◇公害
使用済み核燃料貯蔵プールで漏水(六ヶ所村)　14.2.1
核燃料再処理工場で硝酸溶液漏れ(六ヶ所村)　15.7.

◇原子力発電所事故
日本原燃低レベル放射性廃棄物埋設センター放射能漏れ(上北郡六ヶ所村)　12.3.27

◇放射能汚染被害
日本原燃低レベル放射性廃棄物埋設センター放射能漏れ(上北郡六ヶ所村)　12.3.27
セシウム検出でマダラ出荷停止(八戸市)　24.8.27

◇伝染病流行
特養ホームでインフルエンザ集団感染　12.1.11-
病院で結核集団感染(青森市)　12.3.1

◇食品衛生・食品事故
食中毒(青森市)　12.4.15
冷凍食品でヒスタミン食中毒(八戸市)　27.1.9

◇集団食中毒
トリカブトで食中毒　17.4.23

◇薬害・医療事故
弘前大付属病院で医療ミス発覚相次ぐ(弘前市)　13.4.10
血液型誤り患者死亡(津軽郡鰺ヶ沢町)　13.5.11
人工呼吸器外れ患者死亡(三沢市)　15.8.11
放射線過剰照射(弘前市)　15.10.3
糖尿病薬誤投与(五所川原市)　20.6.20-
誤投薬で死亡(青森市)　29.9.24

◇山岳遭難
雪崩(岩木町)　14.1.19
山菜採りで遭難(青森市)　19.6.4

◇軍隊・軍事基地の事故
米軍戦闘機模擬爆弾誤投下(六ヶ所村)　1.3.16
米空戦闘機墜落(三沢市)　3.5.7
航空自衛隊練習機墜落(三沢市)　3.7.1
八甲田山陸自隊員死亡事故(青森市)　9.7.12
米軍戦闘機墜落(三沢市)　13.4.3
戦闘機墜落(西津軽郡深浦町)　14.4.15
海自護衛艦火災(東通村)　20.7.6

海自ヘリ、護衛艦に接触し墜落	24.4.15
米兵の車が衝突事故(八戸市)	24.12.1
海自ヘリ墜落(外ヶ浜町)	29.8.26
米軍、タンク投棄で禁漁(東北町)	30.2.20

◇製品事故・管理不備

冷凍食品でヒスタミン食中毒(八戸市)	27.1.9

◇その他の災害

科学実験施設で爆発(六ヶ所村)	12.3.10
風力発電機倒壊(東通村)	19.1.8
リンゴ輪紋病	23.5.
弘前ねぶたまつりで死亡事故(弘前市)	26.8.5
小学校の給食調理室で爆発(黒石市)	27.9.18

【岩手県】

◇気象災害

強風で列車脱線(三陸町)	6.2.22
落雷(陸前高田市)	19.8.7
竜巻(奥州市)	28.6.20

◇豪雨(台風を除く)

豪雨	13.7.30—
大雨	24.5.4
秋田・岩手豪雨	25.8.9

◇豪雪

吹雪の東北自動車道で多重衝突事故(安代町)	11.12.12
落雪事故(北上市和賀町)	24.2.7

◇地震・津波

地震	12.2.24
地震	14.1.27
地震	14.9.19
地震	16.7.9
地震	17.11.1
地震	19.4.10
地震	20.3.29
地震	21.2.15
地震(陸前高田市)	21.6.23
サモア沖地震で津波観測	21.9.30
地震	22.3.1
地震	22.6.28
地震	22.7.27
地震	22.9.13
震災後、病院・避難所での死亡相次ぐ	23.3.22
地震	23.7.11
地震	23.7.12
余震	23.7.23
地震	24.3.18
地震	24.3.27
地震	24.7.2
地震	24.8.14
地震で停電	25.2.2
ソロモン地震で津波	25.2.6
地震	25.2.13
地震	25.3.31
地震	25.4.17
地震	25.7.10
地震	25.7.16
地震	25.10.20
地震(一関市)	25.11.26
地震	26.2.6
地震	26.4.3
地震	26.7.5
地震	26.9.10
地震(盛岡市)	26.10.3
地震	26.10.11
東日本大震災の余震で津波	27.2.17
地震	27.2.17
地震	27.6.8
地震	27.7.10
地震(一関市)	27.8.1
地震	27.10.6
地震	28.2.2
地震	28.11.12
地震	29.12.16

岩手県　　都道府県別一覧

◇地滑り・土砂崩れ
　天然記念物「玄武洞」崩落
　　（雫石町）　　　　　　　　11.9.3
　秋田・岩手豪雨　　　　　　　25.8.9
　土砂崩れ（宮古市）　　　　　27.12.11

◇雪崩
　雪崩（松尾村）　　　　　　　14.1.13
　雪崩（松尾村）　　　　　　　17.1.23
　雪崩（八幡平市）　　　　　　20.3.8

◇動植物災害
　クマに襲われ死亡　　　　　　13.6.9
　登山中クマに襲われる　　　　28.4.24

◇一般火災
　文化財全焼（雫石）　　　　　11.10.7
　サンマ漁船で火災（大槌町）　26.8.18

◇住宅火災
　住宅火災（盛岡市）　　　　　7.2.9
　住宅火災（盛岡市）　　　　　12.6.2
　住宅全焼（川井村）　　　　　12.10.18
　住宅火災（岩泉町）　　　　　14.3.4
　住宅火災（沢内村）　　　　　14.12.3
　住宅火災（滝沢村）　　　　　16.12.5
　住宅火災（盛岡市）　　　　　17.4.22
　住宅火災（滝沢村）　　　　　19.3.16
　住宅火災（大船渡市）　　　　25.3.11
　住宅火災（岩泉町）　　　　　28.3.2
　住宅に女性2人の遺体（住田町）　　　　　　　　　　28.11.15
　住宅火災（遠野市）　　　　　29.2.28
　東北3県で山火事相次ぐ（釜石市）　　　　　　　　　29.5.8
　住宅火災（一関市）　　　　　30.11.8

◇店舗・事務所火災
　店舗火災（花巻市）　　　　　9.4.12

◇旅館・ホテル火災
　旅館火災（二戸市）　　　　　21.10.4

◇山林火災
　山火事（石鳥谷町）　　　　　9.5.2—
　盛岡林野火災（盛岡市）　　　26.4.27

　東北3県で山火事相次ぐ（釜石市）　　　　　　　　　29.5.8

◇工場災害・汚染被害
　工場で作業員3人が圧死（北上市）　　　　　　　　　16.7.8
　リサイクル工場で爆発（北上市）　　　　　　　　　16.9.30

◇列車・電車事故
　強風で列車脱線（三陸町）　　6.2.22

◇踏切事故
　田沢湖線特急・バス衝突
　　（盛岡市）　　　　　　　　2.10.30
　踏切事故（宮古市）　　　　　21.10.20

◇自動車事故
　乗用車・大型バス衝突（岩手郡雫石町）　　　　　　1.8.13
　乗用車転落事故（気仙郡三陸町）　　　　　　　　　1.8.14
　トラック・乗用車衝突（岩手郡滝沢村）　　　　　　1.9.12
　乗用車・タンクローリー衝突（下閉伊郡岩泉町）　　4.8.14
　大型トラック・乗用車追突
　　（紫波郡紫波町）　　　　　5.1.11
　東北道玉突き事故（岩手郡松尾村）　　　　　　　　5.2.8
　東北道玉突き事故（北上市）　6.1.7
　東北道玉突き事故（花巻市）　8.1.1
　オートバイ・乗用車衝突
　　（盛岡市）　　　　　　　　8.6.19
　大型トラック・軽ワゴン車追突（金ケ崎町）　　　　8.8.12
　トンネル内多重衝突（安代町）　　　　　　　　　　8.12.28
　乗用車・大型トラック衝突
　　（一関市）　　　　　　　　9.2.3
　大型トラック・常磐交通観光バス衝突（雫石町）　　9.8.4
　乗用車コンクリートに激突（盛岡市）　　　　　　　9.8.17
　東北道追突事故（北上市）　　10.8.12
　吹雪の東北自動車道で多重衝突事故（安代町）　　　11.12.12

278　平成災害史事典総索引

都道府県別一覧　　　　　岩手県

多重衝突(北上市)	13.8.1
乗用車衝突(玉山村)	15.8.24
乗用車がワゴン車と正面衝突(田老町)	16.7.31
路線バスとダンプカー衝突(川崎村)	16.12.21
東北道で衝突2件(花巻市)	17.1.20
観光バスが正面衝突(雫石町)	17.11.18
パンク修理中にはねられる(金ケ崎町)	21.8.1
乗用車が中央分離帯に衝突(八幡平市)	21.9.6
トラクターとワゴン車衝突(久慈市)	23.11.5
車と軽トラ衝突、小学生の列に(奥州市)	25.2.20
軽トラック・大型ダンプ正面衝突(大船渡市)	25.3.23
キャンピングカーが炎上(北上市)	26.11.1
トラックがパトカーに追突(奥州市)	26.11.27
軽乗用車とトラックが正面衝突(一関市)	27.1.21
乗用車が海に転落(宮古市)	27.4.20
車が海に転落(宮古市)	27.6.8
遊覧バスにはねられ死亡(奥州市)	27.8.14

◇船舶事故・遭難

漁船転覆(気仙郡三陸町)	1.4.6
漁船・タンカー衝突(釜石市)	12.11.24
漁船転覆(釜石市)	17.9.15
漁船が行方不明	21.5.18
海難事故(久慈市)	24.12.7
サンマ漁船で火災(大槌町)	26.8.18
船釣りで転覆、小6死亡(久慈市)	30.8.14

◇航空機事故

JAS機着陸失敗(花巻市)	5.4.18
戦闘機墜落(釜石市)	11.1.21
ヘリコプター不時着・横転(二戸市)	16.5.15

◇放射能汚染被害

日本海側でセシウム検出	24.8.3

◇伝染病流行

老人ホームでインフルエンザ(大船渡市)	11.1.14−
特養で結核集団感染(一関市)	21.5.1

◇食品衛生・食品事故

給食ケーキにサルモネラ菌	10.3.12−
一関病院で食中毒(一関市)	10.4.14−

◇薬害・医療事故

レントゲン撮影台から転落死(盛岡市)	15.3.17
医療器具不具合(北上市)	16.8.1
骨髄検査で血管損傷(久慈市)	19.10.4

◇山岳遭難

雪崩(松尾村)	14.1.13
登山者遭難	19.5.1
雪崩(八幡平市)	20.3.8

◇軍隊・軍事基地の事故

衝撃波発生(宮古市)	3.5.1−
戦闘機墜落(釜石市)	11.1.21
ヘリコプター不時着・横転(二戸市)	16.5.15

◇製品事故・管理不備

回線不通	23.4.22

◇その他の災害

乗用車転落事故(気仙郡三陸町)	1.8.14
衝撃波発生(宮古市)	3.5.1−
消毒液を燗(一関市)	10.8.15
百貨店で爆発(盛岡市)	23.3.14
ワカサギ釣りで池に転落(奥州市)	29.2.27
打上花火が不完全爆発(二戸市)	30.7.28
船釣りで転覆、小6死亡(久慈市)	30.8.14

宮城県

【宮城県】

◇気象災害
強風で遊具が傾く(川崎町)	21.2.8
車内で熱中症死亡(仙台市)	29.8.2
航空写真撮影で熱中症(名取市)	30.7.18

◇豪雨(台風を除く)
大雨	26.9.10

◇豪雪
東北自動車道玉突き衝突(三本木町)	12.12.12

◇地変災害
ホテル送迎マイクロバス転落(加美郡宮崎町)	1.9.6
落雪で通行止め(仙台市)	27.1.31

◇地震・津波
地震	14.2.13
地震	14.9.8
地震	14.9.19
地震	14.11.16
地震(鳴瀬町)	15.8.4
地震	15.8.8−
地震	15.8.12
地震	15.8.16
地震	15.9.4
地震	15.10.23
地震	15.11.8
地震	16.12.29
地震	16.12.30
地震	17.11.1
岩手・宮城地震の不明者発見(栗原市)	21.6.9
地震(気仙沼町市)	21.6.23
地震(大河原町)	21.8.9
サモア沖地震で津波観測	21.9.30
地震(大崎市、蔵王町)	22.1.30
地震	22.7.27
震災後、病院・避難所での死亡相次ぐ	23.3.22
津波で水田の作付け不能	23.4.2
停電中にCO中毒死(石巻市)	23.5.10
被災地でハエ大量発生(気仙沼市)	23.6.−
地震	23.7.12
地震	23.8.11
地震	23.8.17
地震	23.8.21
地震	23.12.10
地震	24.5.16
地震	24.6.18
地震	24.8.30
地震	24.10.25
地震で停電	25.2.2
ソロモン地震で津波	25.2.6
地震	25.2.13
地震	25.3.31
地震	25.4.17
地震	25.8.4
地震	25.10.20
地震(南三陸町)	25.11.26
地震	26.2.6
地震	26.4.3
地震と津波	26.7.12
地震(角田市)	26.9.24
地震	26.12.18
地震	26.12.20
地震	26.12.25
地震	27.2.26
地震	27.5.13
地震	27.5.15
地震	27.7.2
地震	27.8.1
地震	27.10.6
地震	28.8.15
地震(石巻市、登米市)	28.10.16
地震	28.11.12
地震	29.2.28
地震	29.11.11

◇動植物災害
鳥インフルエンザ(登米市)	28.11.28
鳥インフルエンザ(登米市)	28.11.28

都道府県別一覧　　　　　　　　　宮城県

◇一般火災
　競走馬焼死(山元町)　　　　　12.2.11
◇住宅火災
　住宅火災(仙台市青葉区)　　　6.10.19
　住宅火災(登米郡登米町)　　　9.1.6
　住宅火災(村田町)　　　　　　10.1.3
　住宅火災(仙台市青葉区)　　　10.11.28
　住宅火災(仙台市)　　　　　　11.8.20
　店舗兼住宅全焼(仙台市)　　　12.12.21
　住宅全焼(気仙沼市)　　　　　12.12.23
　住宅火災(仙台市)　　　　　　13.10.28
　住宅火災(岩出山町)　　　　　15.11.21
　住宅火災(一迫町)　　　　　　16.5.15
　住宅全焼(仙台市)　　　　　　18.2.18
　住宅全焼(松島町)　　　　　　18.3.24
　住宅全焼(大崎市)　　　　　　18.6.13
　住宅火災(仙台市)　　　　　　18.12.26
　住宅火災(栗原市)　　　　　　19.6.19
　住宅火災(加美町)　　　　　　19.12.3
　住宅火災(気仙沼市)　　　　　20.3.29
　アパート火災(名取市)　　　　22.2.22
　住宅火災(石巻市)　　　　　　23.9.12
　住宅火災(南三陸町)　　　　　24.1.6
　住宅火災(気仙沼市)　　　　　25.2.20
　住宅火災(仙台市)　　　　　　26.1.11
　住宅火災(仙台市)　　　　　　26.3.29
　住宅火災(村田町)　　　　　　28.3.6
　東北3県で山火事相次ぐ(栗
　　原市)　　　　　　　　　　　29.5.8
　自宅に放火(登米市)　　　　　29.7.4
　住宅火災で6人死亡(仙台市)　30.10.18
◇店舗・事務所火災
　店舗火災(名取市)　　　　　　16.3.8
◇学校・病院火災
　老人ホーム火災(仙台市)　　　20.11.3
◇山林火災
　山林火災(丸森町)　　　　　　14.3.17
　森林火災(大和町)　　　　　　16.4.17
　東北3県で山火事相次ぐ(栗
　　原市)　　　　　　　　　　　29.5.8

◇ガス中毒事故
　ガス中毒(仙台市青葉区)　　　1.12.2
　工場で一酸化炭素中毒(白
　　石市)　　　　　　　　　　　18.4.10
　CO中毒(七ヶ宿町)　　　　　24.1.29
◇産業災害
　ロケット試験場で爆発(角
　　田市)　　　　　　　　　　　3.5.16
　ガスボンベ爆発(大崎市)　　　24.9.4
◇工場災害・汚染被害
　製油所火災(仙台市宮城野区)　9.1.6
　キノコ工場全焼(古川市)　　　10.4.17
　携帯部品工場爆発(大衡村)　　13.8.1
　工場火災(大衡村)　　　　　　16.7.30
　工場で一酸化炭素中毒(白
　　石市)　　　　　　　　　　　18.4.10
◇土木・建築現場の災害
　建設現場爆発(石巻市)　　　　3.5.10
　病院工事中ガス爆発(鳴子
　　町)　　　　　　　　　　　　10.8.8
　地熱発電所で水蒸気噴出
　　(大崎市)　　　　　　　　　22.10.17
◇輸送機関の事故
　リフトカー逆走(本吉郡唐桑
　　町)　　　　　　　　　　　　6.4.17
◇列車・電車事故
　保線作業はねられ死亡(志
　　田郡鹿島台町)　　　　　　　5.6.19
　復旧初日の東北新幹線で
　　停電　　　　　　　　　　　23.4.25
　地下鉄でケーブル焼失(仙
　　台市)　　　　　　　　　　　30.4.18
◇踏切事故
　特急列車と乗用車衝突(岩
　　沼市)　　　　　　　　　　　17.9.12
◇自動車事故
　ワゴン車・大型トラック衝
　　突(黒川郡大和町)　　　　　1.7.24
　タンクローリー・乗用車衝
　　突(宮城郡松島町)　　　　　1.8.26

平成災害史事典総索引　　281

宮城県　都道府県別一覧

ホテル送迎マイクロバス
　転落(加美郡宮崎町)　　　1.9.6
乗用車ガードロープに衝
　突(栗原郡志波姫町)　　　3.10.21
乗用車転落(仙台市宮城野区)　4.1.7
東北道で67台衝突(古川市)　4.2.22
乗用車電柱に激突(仙台市
　宮城野区)　　　　　　　　7.6.20
軽乗用車転落(岩沼市)　　　7.8.18
暴走オートバイ衝突(仙台
　市宮城野区)　　　　　　　8.6.2
乗用車民家に突入(小牛田町)　9.5.27
乗用車衝突(大和町)　　　　10.3.21
乗用車標識に衝突(仙台市
　青葉区)　　　　　　　　　10.4.25
乗用車衝突(仙台市宮城野区)　10.11.18
乗用車・大型トラック衝突
　(三本木町)　　　　　　　10.11.21
東北自動車道玉突き衝突
　(三本木町)　　　　　　　12.12.12
東北自動車道路多重衝突
　(仙台市)　　　　　　　　13.10.1
トラック・レッカー車衝突
　(松島町)　　　　　　　　14.12.12
東北道自動車道路多重衝
　突(大和町)　　　　　　　14.12.27
軽ワゴン車がトラックに
　衝突(仙台市)　　　　　　16.1.18
乗用車がトラックと衝突
　(矢本町)　　　　　　　　16.3.6
ワゴン車にトラックが追
　突し玉突き(蔵王町)　　　16.6.4
ワゴン車がトラックと正
　面衝突(南方町)　　　　　16.7.31
暴走トラックが歩行者は
　ねる(仙台市)　　　　　　17.4.2
高校生の列に車突入(多賀
　城市)　　　　　　　　　　17.5.22
アーケードに暴走車(仙台
　市)　　　　　　　　　　　17.12.25
トンネル内で車の正面衝
　突(七ケ宿町)　　　　　　22.6.10
乗用車、歩道に突っ込む
　(仙台市)　　　　　　　　23.1.21
交通事故(仙台市)　　　　　23.9.27
バス追突事故(白石市)　　　24.8.2
東北道でスリップ(仙台市)　25.2.23

路上に止まった乗用車に
　追突(大崎市)　　　　　　26.12.6
落雪で通行止め(仙台市)　　27.1.31
宮城でスリップ事故相次ぐ　30.2.12-

◇船舶事故・遭難

フェリー接岸失敗(気仙沼市)　1.4.24
貨物船衝突(沖)　　　　　　1.6.2
海上保安庁巡視船・巻き網
　漁船衝突(仙台市)　　　　12.10.6
貨物船沈没　　　　　　　　13.4.23
タンカー・貨物船衝突(牡
　鹿町)　　　　　　　　　　15.8.5
漁船沈没・炎上(石巻市)　　18.9.17
漁船座礁(女川町)　　　　　18.10.6
強風で漁船転覆(石巻市)　　19.12.9
漁船衝突事故　　　　　　　24.9.24
小型ヨットから救助要請　　25.6.21
漁船転覆(石巻市)　　　　　25.6.23
漁船が転覆(石巻市)　　　　27.4.17
漁船転覆(気仙沼市)　　　　29.3.23

◇航空機事故

ブルーインパルス墜落(金
　華山沖)　　　　　　　　　3.7.4
ヘリコプター墜落(富谷町)　10.8.5
航空自衛隊練習機墜落(女
　川町)　　　　　　　　　　12.3.22
ブルーインパルス機墜落
　(牡鹿半島)　　　　　　　12.7.4
パラグライダー墜落(岩出
　山町)　　　　　　　　　　12.11.25
パラグライダーが接触し
　墜落(仙台市)　　　　　　17.9.10
航空機、着陸時に尻もち　　24.2.5
ブルーインパルスが空中
　接触(東松島市)　　　　　26.1.29
陸自ヘリが不時着(仙台市)　27.4.6
CAが機内で骨折(仙台市)　30.6.24
小型機トラブルで滑走路
　閉鎖(仙台空港)　　　　　30.12.23

◇原子力発電所事故

女川原発1号機で水漏れ　　12.9.2
女川原子力発電所でボヤ　　14.2.9

都道府県別一覧　　　　　　　　秋田県

女川原発、ポンプ停止(女川町)	24.4.4

◇放射能汚染被害
牧草からセシウム検出	23.5.25
野生イノシシからセシウム検出(角田市)	23.8.19
食品から放射性物質	24.4.4

◇医療・衛生災害
B型肝炎ウイルス感染(塩釜市)	12.6.-
指令ミスで救急車遅延(仙台市)	29.8.31

◇伝染病流行
老人保健施設でインフルエンザ(白石市)	11.1.10-
老人保健施設でインフルエンザ(白石市)	11.1.19-

◇食品衛生・食品事故
勉強合宿で食中毒(仙台市)	12.1.18
陸上自衛隊で集団食中毒	12.10.2
サンドイッチで食中毒(古川市)	13.8.31

◇集団食中毒
ドクゼリで食中毒(大崎市)	20.3.11

◇薬害・医療事故
体内にガーゼ置き忘れ(塩釜市)	11.6.23
MRSA集団感染(塩釜市)	12.11.7-
人工呼吸器の電源外れ患者死亡(仙台市)	15.8.13
静脈に空気流入(仙台市)	17.9.13
呼吸器外れ重体(仙台市)	17.10.13
がん患者取り違え手術(仙台市)	22.3.4

◇軍隊・軍事基地の事故
ブルーインパルス墜落(金華山沖)	3.7.4
航空自衛隊練習機墜落(女川町)	12.3.22
ブルーインパルス機墜落(牡鹿半島)	12.7.4
ブルーインパルスが空中接触(東松島市)	26.1.29
陸自ヘリが不時着(仙台市)	27.4.6

◇機雷・不発弾の爆発
空港に不発弾(名取市、岩沼市)	24.10.29

◇製品事故・管理不備
サンダルでけが	20.8.7
浴室玩具でけが	20.10.14-
ガス給湯器から出火	21.8.20
ドアポストで重傷	22.2.16

◇その他の災害
マンションから女児転落(仙台市)	18.5.23
通り魔(大郷町)	19.7.20
放射性物質含む排水が漏れる(仙台市)	21.3.13
用水路に転落(石巻市)	24.5.4
沼に転落(大衡村)	28.7.1

【秋田県】

◇気象災害
竜巻(八森町)	11.11.25
暴風雪	13.12.30
湖氷割れで転落(大潟村)	14.1.12
突風で屋根はがれ飛散(山本郡)	17.12.26
竜巻(八郎潟町)	20.11.2
強風で家屋損壊	21.2.21
乳児が車内放置され死亡(由利本荘市)	21.8.27
竜巻(能代市)	21.10.30
強風	22.4.14
秋田で突風発生(にかほ市)	24.10.5
秋田新幹線暴風雪で脱線(大仙市)	25.3.2
暴風(秋田市)	25.11.7-
竜巻(三種町)	26.6.14

秋田県　　　　　都道府県別一覧

◇豪雨(台風を除く)
　豪雨　　　　　　　　　　　　　13.7.30−
　豪雨(秋田市)　　　　　　　　　14.8.12
　秋田・岩手豪雨(仙北市)　　　　25.8.9
　秋田で記録的大雨、氾濫　　　　30.5.18−

◇豪雪
　温泉で硫化水素ガス充満
　　(湯沢市)　　　　　　　　　　12.2.19

◇地震・津波
　地震　　　　　　　　　　　　　22.3.1
　地震　　　　　　　　　　　　　23.3.12
　地震　　　　　　　　　　　　　23.4.19

◇地滑り・土砂崩れ
　斜面崩落(矢島町)　　　　　　　16.3.11
　秋田・岩手豪雨(仙北市)　　　　25.8.9
　土砂崩れ(由利本荘市)　　　　　25.11.21

◇雪崩
　雪崩(仙北市)　　　　　　　　　18.2.10
　雪崩で岩盤浴場埋まる(仙
　　北市)　　　　　　　　　　　 24.2.1

◇動植物災害
　牧場からヒグマ脱走(鹿角
　　市)　　　　　　　　　　　　 24.4.20
　十和田大湯クマ襲撃(鹿角
　　市, 五城目町)　　　　　　　 28.5.21
　クマ襲撃相次ぐ(仙北市, 羽
　　後町)　　　　　　　　　　　 29.5.27−

◇一般火災
　養鶏場放火(山本郡八竜町)　　　13.8.3
　役場庁舎全焼(八峰町)　　　　　18.10.3

◇住宅火災
　住宅火災(仙北郡角館町)　　　　1.2.25
　住宅火災(秋田市)　　　　　　　5.1.22
　住宅火災(平鹿郡平鹿町)　　　　6.4.19
　住宅火災(南秋田郡昭和町)　　　14.2.11
　住宅火災(大館市)　　　　　　　16.7.24
　住宅火災(田代町)　　　　　　　17.2.14
　住宅火災(大館市)　　　　　　　17.3.25
　住宅火災(潟上市)　　　　　　　17.8.10
　住宅火災(能代市)　　　　　　　17.12.3
　住宅全焼(秋田市)　　　　　　　18.5.19
　住宅火災(大仙市)　　　　　　　19.5.22
　住宅火災(秋田市)　　　　　　　19.12.22
　住宅火災(大館市)　　　　　　　20.2.6
　住宅火災(大館市)　　　　　　　20.2.8
　住宅火災(秋田市)　　　　　　　20.6.26
　住宅火災(秋田市)　　　　　　　23.1.5
　住宅火災(能代市)　　　　　　　26.1.11
　住宅火災(湯沢市)　　　　　　　26.5.23
　住宅火災(由利本荘市)　　　　　26.7.3
　住宅火災(大館市)　　　　　　　26.7.21
　住宅火災(由利本荘市)　　　　　27.1.7
　住宅火災(横手市)　　　　　　　27.2.9
　住宅火災(湯沢市)　　　　　　　27.5.1
　住宅火災(湯沢市)　　　　　　　27.12.24
　アパート火災(横手市)　　　　　29.8.22
　住宅火災(五城目町)　　　　　　29.11.26

◇旅館・ホテル火災
　旅館火災(横手市)　　　　　　　16.2.14
　温泉旅館で火災(湯沢市)　　　　28.7.13

◇学校・病院火災
　第5小学校全焼(能代市)　　　　 5.9.23

◇ガス中毒事故
　ガス中毒(鹿角郡小坂町)　　　　1.8.7
　登山者ガス中毒死(田沢湖町)　　9.8.28
　温泉で硫化水素ガス充満
　　(湯沢市)　　　　　　　　　　12.2.19
　井戸で一酸化炭素中毒(能
　　代市)　　　　　　　　　　　 13.7.7
　温泉で硫化水素ガス中毒
　　(湯沢市)　　　　　　　　　　17.12.29
　温泉で硫化水素中毒(仙北
　　市)　　　　　　　　　　　　 27.3.18

◇都市ガス等の爆発事故
　建設工事現場でガス爆発
　　(大館市)　　　　　　　　　　27.2.24

◇産業災害
　精錬所タンクから発煙硫
　　酸漏出(秋田市)　　　　　　　14.6.28

ごみ処理施設で中毒か(秋田市) 24.7.10
◇工場災害・汚染被害
化学薬品工場で爆発(秋田市) 16.6.8
◇土木・建築現場の災害
用水路工事で生き埋め(山本町) 16.10.14
建設工事現場でガス爆発(大館市) 27.2.24
◇列車・電車事故
列車脱線(大館市) 9.9.3
秋田新幹線暴風雪で脱線(大仙市) 25.3.2
◇踏切事故
軽ライトバン・奥羽線列車衝突(南秋田郡昭和町) 3.10.17
踏切で人身事故(仁賀保町) 16.8.18
◇自動車事故
日光浴客車にひかれる(秋田市) 2.7.22
トラック・マイクロバス衝突(南秋田郡五城目町) 2.8.8
乗用車転落(由利郡仁賀保町) 3.9.15
乗用車衝突(昭和町) 7.4.10
除雪車小学生はねる(五城目町) 8.1.29
秋田中央交通観光バス横転(男鹿市) 9.6.21
乗用車・大型トレーラー正面衝突(大館市) 12.12.11
乗用車横転(大曲市) 15.10.16
パトカーが民家に突っ込む(秋田市) 21.2.21
軽乗用車が高速道路を逆走(由利本荘市) 28.10.21
バスが川に転落(仙北市) 29.7.22
高速から車転落(由利本荘市) 30.4.4
◇船舶事故・遭難
フェリー漂流(男鹿市沖) 15.1.5
漁船転覆(浜田沖) 17.12.6

漁船沈没(八峰町) 18.12.13
釣り船転覆(由利本荘市) 20.8.1
小型船が転覆(秋田市) 22.10.4
◇航空機事故
超軽量機墜落(仙北郡協和町) 1.5.30
ヘリコプター墜落(大仙市) 17.9.27
◇伝染病流行
温泉旅館でノロウイルス(仙北市) 21.5.1
インフル院内感染か 22.11.6
院内でインフル感染(秋田市) 25.2.4−
老人ホームで集団感染(秋田市) 30.3.22
◇食品衛生・食品事故
客船で集団食中毒(県男鹿市) 12.8.5
◇集団食中毒
生レバーで食中毒(秋田市) 24.7.5
◇薬害・医療事故
医療ミス(秋田市) 14.12.13
点滴ミスで患者死亡(秋田市) 15.4.4
投薬ミスで死亡(大館市) 16.1.17
◇山岳遭難
登山者ガス中毒死(田沢湖町) 9.8.28
◇その他の災害
乳児が車内放置され死亡(由利本荘市) 21.8.27

【山形県】

◇気象災害
排気ガス中毒 6.2.15
熱中症(東根市) 17.8.27
竜巻(鶴岡市) 21.9.13
強風 22.4.14
◇豪雨(台風を除く)
大雨 25.7.18
土砂崩れ(白鷹町) 26.7.10

山形県

◇豪雪
- 山形新幹線・軽ワゴン車追突(南陽市) 13.1.14
- 大雪で料亭倒壊(米沢市) 13.1.23
- 大雪(鶴岡市) 21.12.17
- 大雪で車が立ち往生(酒田市) 24.2.1
- 大雪で死者増加(米沢市) 25.2.24
- 大雪で停電して電車が止まる(山形市) 26.12.3
- 落雪で死亡(大蔵村) 29.1.12

◇地震・津波
- 地震 11.2.26
- 地震 15.10.6
- 地震 26.4.3
- 地震 26.12.25
- 吾妻山で火山性地震 27.1.14

◇噴火・爆発
- 吾妻山で火山性地震 27.1.14
- 吾妻山で火山性微動 27.5.6

◇地滑り・土砂崩れ
- 大雨 25.7.18
- 土砂崩れ(白鷹町) 26.7.10

◇雪崩
- 雪崩(東田川郡立川町) 12.12.26
- 雪崩(小国町) 14.2.9
- 雪崩(長井市) 14.3.10

◇動植物災害
- コイヘルペスウイルス感染(南陽市) 16.6.3

◇一般火災
- 作業場爆発(長井市) 2.6.12

◇住宅火災
- 住宅火災(上山市) 3.3.18
- 住宅火災(村山市) 6.11.15
- 住宅火災(東田川郡藤島町) 9.1.1
- 住宅火災(酒田市) 13.12.23
- 住宅火災(松山町) 16.12.20
- 住宅火災(河北町) 17.1.12
- 住宅火災(山形市) 18.3.20
- 住宅火災(山辺町) 19.3.20
- 住宅火災(三川町) 19.5.16
- 住宅火災(山形市) 19.6.7
- 住宅火災(東根市) 20.10.16
- 住宅火災(鶴岡市) 21.11.26
- 住宅火災(山形市) 24.1.11
- 住宅火災(山形市) 24.2.11
- 住宅火災が相次ぐ(東根市) 26.1.2

◇旅館・ホテル火災
- 旅館火災(米沢市) 12.3.25

◇学校・病院火災
- 病院火災(米沢市) 6.12.22

◇ガス中毒事故
- 排気ガス中毒 6.2.15
- 一酸化炭素中毒(天童市) 6.11.
- コンテナで一酸化炭素中毒(天童市) 16.12.18
- 温風機修理後に一酸化炭素中毒(山形市) 17.12.2

◇都市ガス等の爆発事故
- ガス施設でガス爆発(新庄市) 11.9.14
- 住宅でガス爆発(天童市) 17.8.25

◇工場災害・汚染被害
- 鋳物工場爆発(山形市) 2.3.29
- 作業場爆発(長井市) 2.6.12

◇土木・建築現場の災害
- 住宅でガス爆発(天童市) 17.8.25

◇輸送機関の事故
- 山形新幹線・軽ワゴン車追突(南陽市) 13.1.14

◇列車・電車事故
- 山形新幹線で枕木にひび 12.8.31
- JR羽越線脱線事故(庄内町) 17.12.25
- 大雪で停電して電車が止まる(山形市) 26.12.3

◇踏切事故
　新幹線と乗用車衝突(天童市) 25.3.27

◇自動車事故
　オートバイ欄干に激突(最上郡真室川町) 2.8.13
　トラック・乗用車衝突(村山市) 3.12.14
　立体駐車場乗用車転落(山形市) 5.6.6
　路線バス横転(上山市) 7.6.18
　トラック・乗用車衝突(鶴岡市) 7.6.30
　飼料輸送車・バス衝突(酒田市) 8.7.10
　乗用車ブロック塀に衝突(米沢市) 8.7.31
　乗用車・大型トラック衝突(酒田市) 9.1.8
　トラック転落(村山市) 9.3.22
　乗用車衝突(西川町) 15.9.6
　軽乗用車とワゴン車衝突(山形市) 17.4.30
　除雪車に巻き込まれ死亡(酒田市) 18.1.7
　集団登校の列に車(南陽市) 19.9.20
　ワゴン車転落(米沢市) 23.5.28
　トラックとバスが衝突(白鷹町) 29.9.6

◇船舶事故・遭難
　川下り観光船衝突(戸沢村) 18.3.4

◇航空機事故
　パラグライダー墜落(白鷹町) 16.5.19
　軽量機墜落(白鷹町) 29.5.3

◇伝染病流行
　温泉施設でレジオネラ菌感染(西村山郡大江町) 12.7.8
　コイヘルペスウイルス感染(南陽市) 16.6.3
　インフルエンザで乳児死亡(鶴岡市) 25.1.19

◇食品衛生・食品事故
　賞味期限を偽装表示(三川町) 21.2.28
　山菜を産地偽装(新庄市) 21.4.18
　鶏卵からサルモネラ菌(鶴岡市) 30.11.2

◇集団食中毒
　フグ料理で中毒(鶴岡市) 21.1.26
　だんごで食中毒 23.5.10
　刑務所で食中毒(山形市) 23.12.1
　温泉旅館で集団食中毒(上山市) 26.1.20

◇薬害・医療事故
　別の患者の薬剤注射(鶴岡市) 16.8.10

◇山岳遭難
　スキー場で遭難(米沢市) 10.2.28
　山スキー中に遭難(西川町) 17.4.17
　ハイキング中に滑落(上山市) 21.7.12

◇製品事故・管理不備
　温風機修理後に一酸化炭素中毒(山形市) 17.12.2
　DVDプレーヤーが発火 21.3.13

◇その他の災害
　保育所で死亡(天童市) 19.11.2
　落雪で露天風呂の屋根倒壊(尾花沢市) 23.1.22
　交差点にミツバチ500匹(山形市) 30.5.13
　スキー場で停電(山形市) 30.12.30

【福島県】

◇気象災害
　強風(白河市) 6.4.3
　落雷(檜枝岐村) 16.7.24
　落雪で園児死亡(下郷町) 18.1.16
　熱中症 25.8.11

福島県　　　都道府県別一覧

◇豪雨(台風を除く)
　大雨　　　　　　　　　　　　11.4.25
　鉄砲水(只見町)　　　　　　　12.8.7
　新潟・福島豪雨　　　　　　　16.7.13
　新潟・福島で豪雨　　　　　　23.7.29
　大雨による土砂崩れ　　　　　25.8.5

◇豪雪
　大雪で立往生(西会津町)　　　22.12.25
　大雪で列車が立ち往生(会
　　津坂下町)　　　　　　　　27.2.9
　落雪で女性死亡(西会津町)　　29.1.23

◇地震・津波
　地震　　　　　　　　　　　　7.2.27
　地震(猪苗代町)　　　　　　　11.2.21
　地震(双葉郡大熊町)　　　　　12.7.21
　群発地震(耶麻郡磐梯山)　　　12.8.16
　地震　　　　　　　　　　　　12.11.16
　地震(福島市)　　　　　　　　13.2.25
　地震(下郷町)　　　　　　　　13.12.16
　地震　　　　　　　　　　　　14.1.29
　地震　　　　　　　　　　　　14.3.9
　地震　　　　　　　　　　　　15.11.15
　地震　　　　　　　　　　　　17.4.3
　地震　　　　　　　　　　　　17.11.12
　地震　　　　　　　　　　　　18.1.31
　地震　　　　　　　　　　　　18.4.2
　地震　　　　　　　　　　　　18.8.1
　地震　　　　　　　　　　　　19.11.26
　地震　　　　　　　　　　　　21.1.3
　地震　　　　　　　　　　　　21.2.1
　地震(相馬市,葛尾村)　　　　 21.2.17
　地震　　　　　　　　　　　　21.7.22
　地震　　　　　　　　　　　　21.8.9
　地震(柳津町)　　　　　　　　21.10.12
　地震(下郷町,南会津町)　　　 21.11.21
　地震　　　　　　　　　　　　22.6.13
　地震　　　　　　　　　　　　22.8.3
　地震　　　　　　　　　　　　22.9.29
　地震　　　　　　　　　　　　23.2.10
　震災後、病院・避難所での
　　死亡相次ぐ　　　　　　　　23.3.22
　余震　　　　　　　　　　　　23.3.23
　地震　　　　　　　　　　　　23.4.11
　余震　　　　　　　　　　　　23.4.11
　余震　　　　　　　　　　　　23.4.12
　余震　　　　　　　　　　　　23.4.13
　地震　　　　　　　　　　　　23.4.23
　地震　　　　　　　　　　　　23.5.25
　原発で汚染水から湯気　　　　23.6.4
　地震　　　　　　　　　　　　23.7.3
　地震　　　　　　　　　　　　23.7.11
　余震　　　　　　　　　　　　23.7.31
　余震　　　　　　　　　　　　23.9.29
　地震　　　　　　　　　　　　24.1.12
　地震　　　　　　　　　　　　24.1.23
　地震　　　　　　　　　　　　24.3.25
　地震　　　　　　　　　　　　24.4.1
　地震　　　　　　　　　　　　24.4.12
　地震　　　　　　　　　　　　24.4.13
　地震　　　　　　　　　　　　24.8.12
　地震　　　　　　　　　　　　24.8.26
　地震　　　　　　　　　　　　25.3.18
　地震　　　　　　　　　　　　25.4.21
　地震　　　　　　　　　　　　25.6.4
　地震　　　　　　　　　　　　25.9.20
　地震　　　　　　　　　　　　25.10.20
　地震　　　　　　　　　　　　26.2.8
　地震(楢葉町)　　　　　　　　26.4.13
　地震　　　　　　　　　　　　26.5.5
　地震　　　　　　　　　　　　26.6.16
　地震　　　　　　　　　　　　26.7.10
　地震と津波　　　　　　　　　26.7.12
　地震(檜枝岐村)　　　　　　　26.9.3
　地震(檜枝岐村)　　　　　　　26.9.4
　地震　　　　　　　　　　　　26.9.24
　地震(いわき市,富岡町)　　　 26.11.20
　地震　　　　　　　　　　　　26.12.20
　地震　　　　　　　　　　　　26.12.25
　吾妻山で火山性地震　　　　　27.1.14
　地震　　　　　　　　　　　　27.5.15
　地震(矢祭町)　　　　　　　　27.5.19
　地震　　　　　　　　　　　　27.8.6
　地震　　　　　　　　　　　　27.8.14
　地震　　　　　　　　　　　　27.10.21
　地震　　　　　　　　　　　　27.11.19
　地震　　　　　　　　　　　　28.6.27

地震		28.8.15
福島県沖地震		28.11.22
地震		28.11.24
地震		29.1.5
地震		29.1.13
地震		29.2.27
地震		29.2.28
地震		29.3.12
地震		29.7.7
地震		29.8.2
地震		29.10.6

◇噴火・爆発

吾妻山で火山性地震		27.1.14
吾妻山で火山性微動		27.5.6

◇地滑り・土砂崩れ

土砂崩れ(北塩原村)		15.8.18
大雨による土砂崩れ		25.8.5

◇雪崩

雪崩で登山者死亡		29.3.27

◇動植物災害

クマ3頭出没(西会津町)		22.10.18
鳥インフルウィルス検出		23.1.19
住宅街でクマが出没(会津美里町)		25.7.18

◇一般火災

治療中酸素タンク燃え患者死亡(福島市)		1.7.19
強風(白河市)		6.4.3
陸上自衛隊整備庫火災(郡山市)		11.8.2
車両火災(桑折町)		13.3.21
養豚場で火災(矢祭町)		28.12.7

◇住宅火災

住宅火災(いわき市)		2.1.27
住宅火災(梁川町)		10.11.29
住宅全焼(山都町)		12.1.28
住宅火災(いわき市)		13.12.22
住宅火災(安達町)		14.6.15
住宅火災(会津若松市)		16.2.28
住宅火災(福島市)		17.2.25
住宅火災(相馬市)		17.3.19
アパート火災(小野町)		17.11.24
住宅火災(田村市)		18.1.23
住宅全焼(いわき市)		18.9.13
住宅火災(いわき市)		18.12.31
住宅火災(須賀川市)		20.8.25
住宅火災が相次ぐ(郡山市)		26.1.2
住宅火災(二本松市)		26.4.19
住宅火災(いわき市)		27.3.30
住宅火災(いわき市)		27.12.16
住宅火災(田村市)		27.12.28
東北3県で山火事相次ぐ(会津坂下町)		29.5.8
住宅火災(会津若松市)		29.7.27
住宅火災(石川町)		29.9.13
住宅火災(喜多方市)		30.1.6
福島小野町住宅火災(小野町)		30.11.21
住宅火災(須賀川市)		30.12.19

◇旅館・ホテル火災

旅館火災(原町)		14.1.8
温泉旅館で火災(福島市飯坂)		24.5.14
旅館火災(福島市)		25.8.29

◇学校・病院火災

病院で爆発(いわき市)		15.10.4
学校の体育館で火災(原町市)		17.12.11
老人介護施設で火災(いわき市)		20.12.26

◇山林火災

山林火災(浪江町)		11.2.7–
山火事(浪江町)		29.4.29
東北3県で山火事相次ぐ(会津坂下町)		29.5.8

◇ガス中毒事故

火山ガス中毒(安達太良山)		9.9.15
一酸化炭素中毒死(北塩原村)		10.9.22
一酸化炭素中毒(郡山市)		12.1.27
メッキ加工工場でガス中毒(矢祭町)		15.6.4

福島県

化学メーカー事業所でガス漏れ(会津若松市) 20.8.9
練炭でCO中毒か(棚倉町) 23.3.27

◇産業災害
はしご車昇降機落下(郡山市) 16.7.7
コースター点検中ひかれ死亡(郡山市安積町) 24.9.8

◇工場災害・汚染被害
亜硫酸ガス中毒(いわき市) 1.8.18
メッキ工場火災(郡山市) 13.8.19
メッキ加工工場でガス中毒(矢祭町) 15.6.4
工場サイロで作業中生埋め(双葉町) 17.5.7
化学工場で爆発(いわき市) 17.5.11
菓子工場で釜爆発(いわき市) 29.3.8

◇土木・建築現場の災害
土砂崩れ(北塩原村) 15.8.18
エレベーター落下(いわき市) 17.7.28

◇輸送機関の事故
プロライダー練習中に事故死(いわき市) 25.2.28

◇列車・電車事故
通信ケーブル切断(福島市) 21.2.20
新幹線とクマ衝突か(福島市) 24.5.1
東北新幹線が停電 25.8.13
大雪で列車が立ち往生(会津坂下町) 27.2.9

◇踏切事故
磐越西線電車・トレーラー衝突(会津若松市) 6.10.17
第三セクター会津鉄道列車・乗用車衝突(田島町) 11.8.24
踏切で列車と車衝突(いわき市) 17.4.17

◇自動車事故
山形交通観光バス横転事故(福島市) 1.2.18
東北自動車道玉突き事故(福島市) 2.2.10
東北道玉突き衝突(伊達郡桑折町) 3.2.26
小型4輪駆動車・乗用車衝突(耶麻郡猪苗代町) 3.6.16
東北道追突事故(福島市) 6.9.7
乗用車・大型トラック衝突(双葉郡富岡町) 7.3.3
東北自動車道多重衝突(福島市) 7.6.9
乗用車分離帯に衝突(西白河郡西郷村) 8.8.16
東北道多重衝突(二本松市) 9.12.2
東北道追突事故(須賀川市) 10.3.28
常磐自動車道4人はねられ死亡(いわき市) 10.8.13
磐越道多重衝突(北会津村) 10.12.1
東北自動車道で玉突き事故(郡山市) 11.7.9
東北自動車道玉突き衝突(郡山市) 13.1.5
店舗に乗用車突入(いわき市) 13.7.28
東北道自動車路玉突き事故(大玉村) 13.8.25
ワゴン車横転(大信村) 15.9.21
乗用車がライトバンと正面衝突 16.7.27
東北道でトラック4台衝突(白河市) 16.10.28
バス横転(猪苗代町) 17.4.28
送迎バスがトラックに追突(須賀川市) 18.11.13
工事現場にトラックが突っ込む(いわき市) 21.6.23
交通事故(本宮市) 22.9.27
大雪で立往生(西会津町) 22.12.25
ワゴン車転落事故(喜多方市) 23.9.8
観光バス追突事故(西郷村) 24.2.25
玉突き衝突(会津若松市神指町) 24.5.30
校門で小学生ひかれ死亡(郡山市富久山町) 24.7.5
国道凍結で事故(喜多方市) 25.2.7
多重衝突事故(いわき市) 25.12.19

都道府県別一覧　　　　　　　福島県

6台が絡む多重事故(須賀川市)	26.3.15
ワゴン者と乗用車が正面衝突(福島市)	26.7.23
4台が絡む多重事故(小野町)	27.1.25
乗用車とバスが衝突(大熊町)	28.5.4
乗用車事故で出火(会津若松市)	30.10.12
交通事故(白河町)	30.11.24

◇船舶事故・遭難

底引き網漁船遭難	13.2.10
グライダー・LPG船衝突(いわき市)	14.8.4
漁船沈没	15.7.2
水上バイク事故(猪苗代町)	21.10.19
屋形船が浸水	24.4.10
海保のボートが転覆(南相馬市)	28.8.21

◇航空機事故

ヘリコプター墜落(石川郡石川町)	3.7.24
ヘリコプター墜落(南会津郡伊南村)	4.8.14
ヘリコプター墜落(双葉郡大熊町)	5.7.27
超飛行軽量機墜落(西白河郡大信村)	5.10.16
グライダー・LPG船衝突(いわき市)	14.8.4
乱気流で乗務員けが	24.7.12
グライダーが墜落(三春町)	28.5.5
モーターグライダー墜落(福島市)	29.8.27

◇エレベーター・エスカレーターの事故

エレベーター落下(いわき市)	17.7.28
エレベーター事故(国見町)	24.11.27

◇原子力発電所事故

福島第2原発事故(双葉郡)	1.1.6
福島第1原発で漏水(大熊町)	1.2.13
福島第一原発で漏水(大熊町)	1.2.13
福島第2原発冷却水漏れ(双葉郡)	1.6.3
福島第1原発で配管にひび(大熊町)	11.8.27
福島第1原発5号機熱湯漏れ(双葉郡)	12.1.16
福島第1原子力発電所の配管にひび	14.8.22
福島第2原発で放射能漏れ	14.9.2
福島第1原発が緊急停止(大熊町)	21.2.25
原発作業員のミスで緊急停止(大熊町)	22.6.17
敷地土壌からプルトニウム検出	23.3.28
原子炉建屋で汚染水確認	23.4.2
福島原発の作業員被ばく	23.4.30
海へ汚染水流出	23.5.11

◇福島第一・第二原発事故

原発で制御装置切断(双葉町)	22.9.27
原発が停止(双葉町)	22.11.2
福島第1原発が津波被害、炉心融解事故	23.3.12
福島第1原発で作業員被ばく	23.3.24
原発作業員が熱中症	23.5.18
原発で被ばく	23.5.30
原発作業員が熱中症	23.6.5
福島第1原発で停電	23.6.8
原発作業員が被ばく	23.6.15
原発作業員が被ばく	23.6.20
原発作業員の被ばく量報告	23.6.30
福島第1原発で水漏れ	23.7.3
福島第1原発で電源喪失	23.7.22
原発作業員が被ばく	23.8.9
原発作業員が白血病で死亡	23.8.30
原発作業員が汚染水かぶる(福島市)	23.8.31
原発作業員が死亡	23.10.6
福島第1原発でキセノン検出	23.11.2
原発作業員が死亡	24.1.11
原発作業員が死亡	24.8.22

平成災害史事典総索引　291

福島県

項目	日付
福島第1原発で高濃度汚染水検出	25.7.2–
原発事故による甲状腺被ばく	25.7.19
福島第1原発の汚染水流出	25.8.20
福島第1原発でトリチウム検出	25.8.31
汚染水タンク漏れ(福島市)	25.9.20
原発のシルトフェンス破損	25.9.26
福島第1原発の汚染水漏れ	25.10.9
福島第1原発から高濃度汚染水(大熊町,双葉町)	25.12.2
東電の原発で事故相次ぐ	27.1.19
福島原発で廃液漏れ(大熊町,双葉町)	27.5.4
福島第1原発の汚染水が外洋に流出(大熊町,双葉町)	27.7.16
福島第1原発の汚染水が外洋に流出(大熊町,双葉町)	27.9.7
福島第1原発で汚染雨水漏れ(大熊町,双葉町)	28.5.23

◇放射能汚染被害

項目	日付
海に放射性物質流出(富岡町,楢葉町)	21.10.28
放射性物質検出で出荷停止	23.3.21
土から放射性ヨウ素検出	23.3.22
累積放射線2.8ミリシーベルトに	23.3.26
海水からヨウ素検出	23.3.26
セシウム過去最高値検出	23.3.28
放射性ヨウ素検出	23.3.29
放射能汚染	23.3.29
放射能、国際基準超す	23.3.30
牛肉からセシウム検出(天栄村)	23.3.31
放射能汚染	23.4.4
海水の放射能汚染	23.4.4–
シイタケから放射性物質(飯舘村,伊達市,新地町)	23.4.10
核燃料プールから放射性物質	23.4.13
屋外活動制限	23.4.19
放射能汚染でコウナゴ出荷停止	23.4.20
高濃度汚染水、海へ流出	23.4.21
がれきから放射能検出	23.4.23
母乳から放射性物質を検出	23.4.30
海底から放射性物質を検出	23.5.3
中学で放射線量が基準値超(福島市)	23.5.7
ワカメ、ヤマメからセシウム検出	23.5.19
ウメの実からセシウム検出(伊達市)	23.5.28
残雪からセシウム検出(福島市)	23.5.29
土壌から放射性物質検出	23.6.9
地下水から放射性物質検出	23.6.12
土壌から放射性物質検出(大熊町)	23.6.13
汚泥から放射性物質検出	23.6.17
海底から放射性物質検出	23.6.27
放射性物質検出でアユ出荷停止	23.6.27
子どもの内部被ばく	23.6.30
配管・建屋から放射性物質	23.8.1
大学構内でセシウム検出(福島市)	23.8.3
除染後も高線量を検出(福島市)	23.8.29
セシウム検出でユズ出荷停止(福島市,南相馬市)	23.8.29
野生キノコから高濃度セシウム	23.9.3
クリから放射性セシウム検出(南相馬市)	23.9.6
放射能汚染(福島市)	23.9.24
土壌からプルトニウム検出	23.9.30
福島の子ども、甲状腺に変化	23.10.4
土壌から放射性物質検出(福島市)	23.10.5
プランクトンからセシウム検出(いわき市)	23.10.15
小中学生内部被ばく検査(南相馬市)	23.10.28
福島市、被ばく線量測定(福島市)	23.11.1
キウイとワサビからセシウム検出	23.11.15
乾燥キクラゲ出荷自粛(会津若松市)	23.11.17

計画的避難区域で高放射線量(浪江町)	23.12.18
井戸水からセシウム検出	23.12.26
新築マンションから高放射線量(浪江町)	24.1.15
除染中の作業員が死亡(広野町)	24.1.17
ストーブ灰からセシウム検出(二本松市)	24.1.19
コメからセシウム検出	24.2.3
福島県民の被ばく量調査	24.2.20
ヤマメから放射性物質(飯舘村)	24.3.28
食品から放射性物質	24.4.4
海産物36種出荷停止	24.6.22
川魚から放射性物質検出	24.7.2
福島の子、甲状腺がんと診断	24.9.11
あんぽ柿からセシウム検出	24.10.5
24年産米からセシウム	24.11.1
福島原発港湾内の魚からセシウム(双葉郡)	25.1.18
別の井戸から放射性物質検出(双葉郡)	25.9.9
汚染水が別タンクから漏れ	25.10.2
汚染水の排水溝から放射線物質	25.10.16
港湾外海水からセシウムを検出	25.10.22
排水溝から放射性線物質	25.10.23
甲状腺がんの子が26人に	25.11.12

◇医療・衛生災害
救急搬送遅れ死亡(福島市)	19.11.11

◇伝染病流行
結核感染(伊達郡梁川町)	1.6.
食中毒	10.9.8-
病院で結核集団感染(喜多方市)	11.5.28
原発作業員がノロ集団感染	23.12.17

◇食品衛生・食品事故
修学旅行で集団食中毒	11.10.8

◇集団食中毒
震災避難所で食中毒(田村市)	23.6.15
馬刺しでO−157に感染(会津若松市)	26.4.10
学校給食で集団食中毒(下郷町)	28.1.21
ハワイアンズで食中毒(いわき市)	30.5.10

◇薬害・医療事故
治療中酸素タンク燃え患者死亡(福島市)	1.7.19
病院で爆発(いわき市)	15.10.4
手術中の大量出血死(大熊町)	16.12.17
静脈に空気を注入(福島市)	21.8.3
耐性菌に院内感染(郡山市)	30.2.16

◇山岳遭難
沢登り中に遭難(只見町)	16.7.19
登山者遭難(檜枝岐村)	18.4.8
スキー場で外国人が遭難(北塩原村)	28.1.12
雪崩で登山者死亡	29.3.27

◇軍隊・軍事基地の事故
陸上自衛隊整備庫火災(郡山市)	11.8.2
陸上自衛隊がりゅう弾砲を誤射(岩瀬郡天栄村)	13.9.7

◇機雷・不発弾の爆発
原発敷地内で不発弾発見(大熊町)	29.8.10

◇製品事故・管理不備
認可外でうつぶせ死(福島市)	30.12.26

◇その他の災害
洗剤液誤飲(福島市)	2.4.26
調整池に園児転落(天栄村)	18.1.28
ケーブル切られ回線不通	23.5.16
川に転落して死亡(郡山市)	26.4.16

【関東地方】

◇気象災害
突風	2.4.8

関東地方　都道府県別一覧

強風	11.2.27
雷雨	11.8.24
熱中症	12.7.23
雷雨	12.9.16
強風	15.3.2
雷雨	15.8.5
猛暑	15.8.24
雷雨	15.9.3
突風	15.10.13
大雨・暴風	18.10.6−
強風で電車遅延	18.11.7
突風	19.4.28
強風・雷雨	20.4.18
落雷	20.8.21
強風	20.12.5
強風で電車が遅れる	21.2.1
強風	21.3.14
強風	22.4.2
降雪	23.2.14
各地で強い風雨	23.11.19
竜巻	24.5.6
関東甲信で荒天	24.5.10
強風	25.3.10
落雷	25.7.8
強風	25.11.25−
落雷で停電	28.8.1
雪の事故が相次ぐ	28.11.24

◇台風

台風13号	1.8.6−
台風17号	1.8.25−
台風22号	1.9.19−
台風20号	2.9.23−
台風28号	2.11.30
台風12号	3.8.18−
台風18号	3.9.17−
台風11号	5.8.27
台風24号	6.9.18
台風12号	7.9.17−
台風17号	8.9.22−
台風4号	10.8.27
台風5号	10.9.16
台風7号	10.9.22
台風2号	16.5.21
台風7号	17.7.26−
台風11号首都圏直撃	17.8.26
台風9号	19.9.6−
台風20号	19.10.27
豪雨	21.8.9
台風11号	21.8.31
台風26号	25.10.16
関東・東北豪雨	27.9.9
台風13号	30.8.3

◇豪雨(台風を除く)

豪雨	1.7.31−
豪雨	4.10.8−
大雨	11.7.13−
大雨	11.7.21−
大雨で鉄道運転見合わせ	11.8.13−
大雨	11.8.13−
大雨	11.10.27−
雷雨	12.7.2
大雨	13.6.7
豪雨	13.8.11
豪雪	14.12.9
大雨	15.8.13−
首都圏豪雨	17.9.4−
局地的豪雨	19.8.28
大雨	20.4.8−
豪雨	20.5.20
ゲリラ豪雨	20.8.5
大雨	20.8.16
大雨	20.8.24
豪雨	20.8.29
大雨	20.8.30
豪雨	25.7.23
大雨	25.7.27
大雨による交通乱れ	25.9.5
大雨	26.6.6
豪雨	26.7.24
局地的大雨	27.7.3
関東・東北豪雨	27.9.9

◇豪雪

大雪	10.1.15
雪道でけが	20.1.23
大雪被害	20.2.3

都道府県別一覧　　関東地方

積雪	22.2.1−	地震	7.4.18
首都圏で積雪	24.1.23−	地震	7.7.3
大雪で事故多発、停電も	25.1.14−	地震	8.2.17
首都圏記録的大雪	26.2.8	地震	8.3.6
大雪	26.3.20	地震	8.9.11

◇地震・津波

		地震	8.10.5
地震	1.2.19	地震	8.10.25
地震	1.3.6	地震	8.11.28
群発地震	1.7.9	地震	8.12.21
地震	1.10.14	地震	9.5.12
地震	1.11.2	地震	9.12.7
地震	1.12.9	地震	10.2.21
地震	2.2.12	地震	10.3.8
地震	2.2.20	地震	10.4.9
地震	2.5.3	地震	10.6.24
地震	2.6.1	地震	10.8.29
地震	2.6.5	地震	11.3.26
地震	2.8.23	群発地震	11.3.28
地震	2.10.6	地震	11.4.25
地震	3.6.15	地震	11.5.22
地震	3.6.25	地震	11.6.27
地震	3.8.6	地震	11.7.15
地震	3.9.3	地震	11.8.11
地震	3.10.19	地震	11.9.13
地震	3.11.19	地震	11.10.17
地震	3.11.27	地震	11.10.19
地震	3.12.12	地震	11.12.4
地震	4.2.2	地震	11.12.16
地震	4.4.14	地震	11.12.27
地震	4.5.11	地震	12.2.6
地震	4.12.28	地震	12.2.11
地震	5.5.21	地震	12.3.6
地震	5.9.18	地震	12.3.20
地震	5.10.12	地震	12.4.10
地震	5.11.27	地震	12.6.3
地震	6.6.29	地震	12.7.11
平成六年北海道東方沖地震	6.10.4	地震	12.8.6
地震	6.12.18	地震	12.8.18
地震	7.1.1	地震	12.9.9
地震	7.1.7	地震	12.9.29
阪神・淡路大震災	7.1.17	地震	12.10.11
地震	7.3.23	地震	12.10.14
地震	7.4.12	地震	12.10.19
		地震	13.2.2

関東地方　　　都道府県別一覧

地震	13.4.3	地震	17.2.8
地震	13.4.10	地震	17.2.16
地震	13.9.18	地震	17.2.23
地震	13.10.2	地震	17.4.4
地震	13.11.17	地震	17.4.11
地震	13.12.8	地震	17.4.17
地震	14.2.5	地震	17.5.7
地震	14.2.11	地震	17.5.8
地震	14.2.25	地震	17.5.11
地震	14.3.28	地震	17.5.15
地震	14.5.4	地震	17.6.24
地震	14.5.19	地震	17.7.22
地震	14.6.14	地震	17.7.23
地震	14.7.13	地震	17.7.28
地震	14.7.27	地震	17.8.7
地震	14.10.16	地震	17.10.16
地震	14.10.21	地震	17.10.19
地震	14.12.23	地震	17.10.31
地震	15.3.13	地震	17.11.15
地震	15.4.8	地震	17.12.2
地震	15.4.21	地震	17.12.28
地震	15.5.10	地震	18.1.14
地震	15.5.12	地震	18.2.1
地震	15.5.17	地震	18.3.28
地震	15.5.31	地震	18.4.2
地震	15.6.16	地震	18.4.10
地震	15.8.18	地震	18.4.14
地震	15.9.20	地震	18.4.20
地震	15.10.15	伊豆半島東方沖地震	18.4.21
地震	15.10.31	地震	18.4.30
地震	16.1.6	地震	18.5.1
地震	16.1.23	地震	18.5.2
地震	16.4.4	地震	18.5.20
地震	16.4.7	地震	18.6.20
地震	16.5.29	地震	18.8.22
地震	16.7.10	地震	18.8.31
地震	16.7.17	地震	18.9.7
地震	16.8.6	地震	18.10.14
地震	16.8.19	地震	19.1.9
地震	16.8.25	地震	19.1.16
地震	16.9.1	地震	19.2.4
地震	16.10.6	地震	19.3.22
地震	16.10.7	地震	19.5.8
地震	16.12.28	地震	19.6.1

地震	19.6.2	地震	24.1.1
地震	19.6.9	震災関連死	24.4.27
地震	19.6.28	地震	24.7.3
地震	19.7.3	余震	24.12.7
地震	19.7.12	地震	25.9.4
地震	19.7.24	地震	25.10.26
地震	19.8.16	地震	25.11.16
地震	19.10.6	チリ震源地震による津波	26.4.2
地震	19.11.30	地震	26.4.18
地震	20.1.19	地震	26.5.5
地震	20.2.10	地震	26.5.13
地震	20.3.8	地震	26.6.16
地震	20.3.9	地震	26.8.10
地震	20.3.24	地震	26.8.24
地震	20.4.1	地震	26.11.12
地震	20.4.4	長野神城断層地震	26.11.22
地震	20.4.25	地震	26.12.20
地震	20.5.1	地震	27.1.26
地震	20.5.8	地震	27.5.13
地震	20.5.9	地震	27.5.30
地震	20.7.6	地震	27.6.9
地震	20.7.15	地震	27.7.10
地震	20.7.19	地震	27.8.6
地震	20.7.21	地震	27.9.12
岩手北部地震	20.7.24	地震	27.10.21
地震	20.8.8	地震	27.11.7
地震	20.8.20	地震	28.2.7
地震	20.8.22	地震	28.7.17
地震	20.9.21	地震	28.7.20
地震	20.10.8	地震	28.7.27
地震	20.12.14	地震	28.8.19
地震	20.12.21	福島県沖地震	28.11.22
地震	21.2.20	地震	28.11.24
地震	21.8.9	地震	29.6.25
地震	22.3.16	地震	29.8.2
地震	22.11.30		
地震	22.12.6		
地震	23.2.26		
東北地方太平洋沖地震(東日本大震災)	23.3.11		
余震	23.3.14		
余震	23.4.9		
余震	23.6.23		
地震	23.8.17		

◇地滑り・土砂崩れ

豪雨	21.8.9
台風26号	25.10.16
大雨	26.6.6

◇輸送機関の事故

積雪予報で交通網混雑	25.2.6

茨城県

◇船舶事故・遭難
　貨物船エンジン爆発(東京湾浦賀水道)　1.10.21

◇公害
　PCB検出　1.この年
　大気中に高濃度汚染物質　24.10.23

◇原子力発電所事故
　計画停電始まる　23.3.14

◇放射能汚染被害
　通常値超える放射線量　23.3.30
　海底土から放射性物質検出　23.5.27
　漢方薬原料からセシウム検出　23.10.14
　食品の放射能汚染　23.この年

◇伝染病流行
　MRSA市中型で国内初の死者　19.4.2
　はしかが流行　28.8.31

◇食品衛生・食品事故
　O157感染源　9.この年
　仕出し料理で食中毒　11.6.17
　牛肉製品でO-157大量感染　13.3.25-

◇集団食中毒
　モスバーガーでO121　30.9.10

◇薬害・医療事故
　輸血でB型肝炎感染　16.6.10

◇山岳遭難
　登山者遭難　11.9.1

◇製品事故・管理不備
　ツナ缶からアレルギー物質検出　25.10.26

【茨城県】

　◇気象災害
　　車内で乳児熱中症(鉾田町)　11.7.1
　　突風(十王町)　11.10.27
　　落雷で釣り人が死亡(龍ケ崎市)　19.4.28
　　竜巻(土浦市)　20.8.28
　　乱気流(守谷市)　21.5.13
　　竜巻(土浦市, 龍ケ崎市)　21.10.8
　　釣り人が防波堤から転落(神栖市)　21.12.13
　　竜巻・突風　23.4.25
　　竜巻・突風被害　24.9.18-
　　強風　25.4.3
　　突風で軽傷(古河市)　25.6.8

　◇地変災害
　　ボート転覆(旭村)　11.8.8

　◇地震・津波
　　地震　4.9.22
　　地震　13.5.31
　　地震　13.7.20
　　地震　13.7.26
　　地震　13.7.31
　　地震　13.9.4
　　地震　13.9.25
　　地震　13.10.18
　　地震　13.11.2
　　地震　14.2.12
　　地震　15.2.14
　　地震　15.11.15
　　地震　17.5.14
　　地震　17.11.12
　　地震　18.3.13
　　地震　18.8.1
　　地震　19.1.4
　　地震　19.6.23
　　地震　20.2.9
　　地震　21.2.1
　　地震　21.2.20
　　地震　21.7.22
　　地震(小美玉市)　21.9.8
　　地震　21.12.18
　　地震　22.3.29
　　地震　22.4.29
　　地震　22.8.3
　　地震　22.11.5
　　地震　23.4.11

都道府県別一覧　茨城県

余震	23.4.11	地震	27.6.9
地震	23.4.16	地震	27.7.10
地震	23.5.26	地震	27.8.6
地震	23.6.9	地震(石岡市,小美玉市)	27.9.16
地震	23.9.10	地震	27.11.7
地震	23.9.13	地震	28.2.7
地震	23.9.14−	地震	28.3.22
地震	23.9.21	地震	28.5.16
地震	23.9.26	地震	28.6.18
地震	23.11.3	地震	28.7.17
地震	23.11.20	地震	28.7.20
地震	24.1.12	地震	28.7.27
地震	24.2.19	地震	28.8.19
地震	24.2.28	地震	28.12.28
地震	24.3.10	地震	29.1.5
地震	24.3.14	地震	29.1.18
地震	24.4.12	地震	29.2.19
地震	24.5.18	地震	29.4.20
地震	24.8.3	◇動植物災害	
地震	24.10.24	豚舎全焼(旭村)	9.9.16
地震	25.1.22	ブリーダー住宅火災(下館市)	14.1.29
地震	25.1.28	豚舎火災(岩井市)	14.7.16
地震	25.1.31	養鶏場火災(内原町)	14.10.11
地震	25.3.18	鳥インフルエンザ発生	17.6.26
地震	25.9.20	鳥インフルエンザ発生	17.6.26
地震	25.10.20	馬インフルエンザ発生	19.8.16
地震(筑西市)	25.11.3	調教師が馬に蹴られる(美浦村)	21.4.3
地震(神栖市)	25.12.3	鴨猟で誤射(笠間市)	30.12.16
地震	25.12.21	◇一般火災	
地震	25.12.31	火災(土浦市)	5.2.26
地震	26.1.9	乗用車追突炎上(つくば市)	5.7.23
地震	26.4.18	トラック・乗用車衝突炎上(下妻市)	7.6.4
地震	26.7.3	豚舎全焼(旭村)	9.9.16
地震	26.7.10	老人焼死(つくば市)	10.3.20
地震と津波	26.7.12	古タイヤ・廃車炎上(牛久市)	12.10.2
地震	26.8.24	高速実験炉「常陽」施設で火災(東茨城郡大洗町)	13.10.31
地震	26.8.29	豚舎火災(岩井市)	14.7.16
地震	26.9.16	養鶏場火災(内原町)	14.10.11
地震(日立市)	26.9.24	乗用車火災(筑西市)	17.4.8
地震	26.10.27		
地震	26.11.12		
地震	27.1.26		
地震	27.5.13		
地震	27.5.19		

茨城県

プラズマ溶融炉から出火
(東海村) 18.2.13
火災(小美玉市) 24.4.1

◇住宅火災
住宅火災(龍ケ崎市) 1.1.9
アパート火災(高萩市) 5.12.28
住宅火災(五霞村) 7.3.29
住宅火災(真壁町) 10.2.18
アパート火災(守谷町) 12.4.4
店舗兼住宅火災(ひたちなか市) 12.5.30
住宅火災(小川町) 13.7.7
住宅火災(瓜連町) 13.8.17
住宅火災(鹿嶋市) 13.11.16
ブリーダー住宅火災(下館市) 14.1.29
住宅火災(日立市) 14.2.1
住宅火災(岩井市) 14.4.4
住宅火災(水戸市) 14.5.31
住宅火災(牛久市) 14.8.16
住宅火災(水戸市) 14.11.16
アパート火災(下館市) 14.11.20
住宅火災(ひたちなか市) 14.11.28
住宅火災(笠間市) 14.12.16
住宅火災(藤代町) 15.1.13
住宅火災(東海村) 15.2.21
住宅火災(千代田町) 16.3.24
住宅火災(つくば市) 17.11.10
住宅全焼(行方市) 18.1.9
住宅火災(北茨城市) 19.5.28
アパート火災(つくば市) 19.9.5
住宅火災(笠間市) 20.10.16
団地火災(水戸市) 21.11.13
住宅火災(小美玉市) 24.1.22
住宅火災(つくば市) 25.1.15
住宅火災(水戸市) 26.12.27
住宅火災(筑西市) 27.4.13
住宅火災(那珂市) 27.10.27
住宅火災(坂東市) 28.11.24
住宅火災(利根町) 29.6.27
住宅火災(土浦市) 30.12.7

◇店舗・事務所火災
店舗兼住宅全焼(笠間市) 11.11.4

◇学校・病院火災
豊里中学校火災(つくば市) 9.7.8

◇山林火災
山林火災(真壁町) 14.3.10

◇ガス中毒事故
一酸化炭素中毒(水戸市) 13.12.23
陶芸小屋でCO中毒(北茨城市) 21.10.16
マンホール内でガス中毒(古河市) 22.10.28

◇都市ガス等の爆発事故
プロパンガス爆発(伊奈町) 13.3.5

◇産業災害
再処理工場で作業員被ばく(東海村) 1.3.16
ウラン自然発火(東海村) 1.5.30
東海村臨界事故(東海村) 11.9.30
高速実験炉「常陽」施設で火災(東茨城郡大洗町) 13.10.31
落雷で原子炉停止(東海村) 14.4.3
日本原子力研究所大洗研究所の材料試験炉水漏れ(大洗町) 14.12.10
プラズマ溶融炉から出火(東海村) 18.2.13
原子力施設で被ばく(東海村) 23.2.8
原子力機構内部被ばく事故(大洗町) 29.6.6

◇工場災害・汚染被害
工場火災(水戸市) 1.1.10
花火工場爆発(北相馬郡守谷町) 4.6.16
火災(土浦市) 5.2.26
動力炉・核燃料開発事業団東海事業所火災・爆発事故(東海村) 9.3.11
住金ケミカル爆発事故(鹿嶋市) 10.5.27
化学工場事故(神栖町) 11.1.7
化粧品工場爆発(総和町) 12.1.27
古タイヤ・廃車炎上(牛久市) 12.10.2

茨城県

コンクリート工場爆発(下館市) 13.2.9
自動車解体工場炎上(境町) 15.9.19
化学プラント工場で爆発(波崎町) 16.1.13
製油所火災(神栖町) 16.4.21
建材工場で爆発(つくば市) 16.5.27
工場火災(岩間町) 16.9.30
廃棄物処理工場で事故(筑西市) 19.11.15
化学工場火災(神栖市) 19.12.21
工場火災(鹿嶋市) 24.3.19
工場火災(稲敷市) 29.3.17
薬品タンクが爆発(神栖市) 30.9.6

◇土木・建築現場の災害
マンホール内でガス中毒(古河市) 22.10.28
製鉄所で作業中海へ転落(鹿嶋市) 24.6.30
下水道工事現場が崩落(取手市) 27.4.17

◇輸送機関の事故
バイクがコース外れる(稲敷市) 22.10.17

◇列車・電車事故
たるみ事故 1.10.24
通勤列車駅ビル突入(取手市中央町) 4.6.2
保線作業員死亡(水戸市) 5.3.30
JR常磐線人身事故(土浦市) 14.11.15
線路内に4歳児侵入(ひたちなか市) 17.12.22
トンネル火災(日立市) 27.4.11

◇踏切事故
乗用車・気動車衝突(取手市) 1.5.14
乗用車・常磐線特急衝突(新治郡千代田村) 3.6.21
トラック・常磐線特急衝突(牛久市) 3.9.1
遮断機故障で事故(西茨城郡友部町) 5.7.8
軽自動車と電車衝突(関城町) 16.12.27

「スーパーひたち」トレーラーと衝突(美野里町) 17.4.26
乗用車と特急列車が衝突(ひたちなか市) 28.11.11

◇自動車事故
乗用車衝突事故(水海道市) 1.1.18
オートバイ転落(下妻市) 1.4.12
オートバイ・乗用車衝突(東茨城郡大洗町) 1.6.26
オートバイ・乗用車衝突(筑波郡谷和原村) 1.8.18
ライトバン・大型トラック追突(日立市) 1.11.29
園児の列に乗用車(笠間市) 2.10.31
乗用車信号柱に激突(石岡市) 3.9.8
常磐道追突事故(那珂郡那珂町) 4.4.2
乗用車・トラック衝突(つくば市) 4.7.9
常磐道多重衝突(那珂郡那珂町) 4.8.12
乗用車・大型トレーラー衝突(日立市) 5.1.6
乗用車・大型トラック衝突(新治郡出島村) 5.3.30
常磐道多重衝突(つくば市) 5.6.19
乗用車追突炎上(つくば市) 5.7.23
常磐道多重衝突(水戸市) 6.1.19
乗用車・大型トレーラー衝突(日立市) 6.2.19
福祉バス・乗用車衝突(水海道市) 6.7.16
乗用車川へ転落(ひたちなか市) 6.11.1
トラック・路線バス追突(つくば市) 7.1.10
トラック・乗用車衝突炎上(下妻市) 7.6.4
自衛隊員の列に乗用車(阿見市) 7.7.15
乗用車・大型トラック追突(龍ケ崎市) 7.8.3
常磐自動車道多重衝突(岩間町) 8.8.31
ワゴン車横転(水戸市) 8.10.9

茨城県　都道府県別一覧

項目	日付
乗用車衝突(日立市)	9.2.19
大型トラック・乗用車追突(茨城町)	9.5.2
大型ダンプカー・4輪駆動車衝突(茨城町)	9.8.15
乗用車信号柱に衝突(水戸市)	9.10.5
乗用車衝突(北茨城市)	9.12.26
ショベルカー落下(北浦町)	10.1.10
ワゴン車山車に突入(大子町)	10.4.11
乗用車・ダンプ衝突(境町)	10.10.3
原付きバイク・乗用車衝突(守谷町)	10.11.18
乗用車・大型トレーラー衝突(北茨城市)	10.12.26
大型トラック・ワゴン車衝突(三和町)	11.5.20
常磐自動車道多重衝突(友部町)	12.4.29
乗用車暴走(つくば市)	12.12.2
乗用車・ワゴン車衝突(鹿嶋市)	13.3.30
乗用車・オートバイ追突(美野里町)	13.11.27
ワゴン車・トラック衝突(つくば市)	13.12.16
ワゴン車・大型トレーラー追突(つくば市)	14.1.12
トラック・ワゴン車衝突(千代田町)	14.8.10
乗用車・トラック衝突(内原町)	14.8.25
交通事故(阿見町)	14.11.9
乗用車・大型トラック追突(波崎町)	14.12.3
常磐自動車道路多重衝突(千代田町)	14.12.20
飲酒運転トレーラー追突(水戸市)	15.6.21
乗用車・タクシー追突(つくば市)	15.7.8
軽乗用車が線路を逃走(龍ケ崎市)	16.3.31
乗用車がトラックに追突(土浦市)	16.4.9
乗用車に四輪駆動車が衝突(千代田町)	16.12.30
ダンプと軽ワゴン車衝突(境町)	17.4.23
乗用車3台衝突(かすみがうら市)	17.5.5
トラックと軽乗用車衝突(古河市)	17.7.5
常磐道で7台が衝突(岩間町)	17.7.30
登校の列に車突入(常陸太田市)	17.10.21
中学生の原付逃走中に衝突(日立市)	17.11.12
保安の追走車が歩行者に突入(取手市)	17.11.27
大型車3台衝突(八千代町)	17.11.29
5台玉突き衝突(茨城町)	18.2.2
実況見分中にはねられ死亡(神栖市)	18.2.20
無免許軽乗用車とトラック衝突(水戸市)	18.3.11
乗用車とトラック衝突(常陸太田市)	18.4.18
登校児童の列に車突入(潮来市)	18.12.5
ワゴン車とダンプカー衝突(筑西市)	19.3.8
救急車がバスと衝突(鹿嶋市)	19.8.15
トラックなど5台が玉突き衝突(結城市)	19.12.1
酒気帯び運転で中高生の列に突入(神栖市)	20.3.24
トラックに追突20キロひきずり(笠間市)	20.12.3
パトカーが女児はねる(かすみがうら市)	22.1.4
ひき逃げ(高萩市)	23.2.6
児童の列に車突っ込む(古河市)	23.6.20
玉突き事故(水戸市)	23.8.6
交通事故(大子町)	23.12.30
多重衝突事故(小美玉市)	24.1.6
通園バスが衝突事故(つくば市)	24.3.15
小学生列にワゴン車突入(大洗町磯浜町)	24.11.15

乗用車同士が正面衝突(かすみがうら市)	26.10.30
パトカーに追跡されたバイクが電柱に衝突(ひたちなか市)	27.1.11
乗用車同士が衝突(水戸市)	27.1.12
軽乗用車が自転車をはねる(ひたちなか市)	27.2.6
3台が絡む多重事故(守谷市)	27.10.10
軽乗用車がスーパーに突っ込む(水戸市)	28.4.1
ワゴン車と軽乗用車が衝突(つくば市)	28.4.23
乗用車同士が衝突(小美玉市)	29.7.23
母子ひき逃げ(つくば市)	29.10.20

◇船舶事故・遭難

密漁監視船衝突(波崎町)	10.5.20
モーターボート追突(神栖町)	10.7.5
貨物船火災(神栖町鹿島港沖)	14.7.7
貨物船座礁(日立市)	14.12.5
貨物船沈没(ひたちなか市)	16.5.30
クルーザーが湖岸に衝突(潮来市)	16.8.27
貨物船座礁(神栖市)	18.10.6
大雨暴風で貨物船座礁(神栖市)	18.10.24
海難事故	23.10.15
ボートから転落(龍ケ崎市)	27.9.22

◇航空機事故

ヘリコプター墜落(笠間市)	1.7.21
超軽量機墜落(北茨城市)	3.1.4
軽飛行機墜落(下館市)	3.5.17
ヘリコプター墜落(稲敷郡美浦村)	3.7.26
軽飛行機墜落(北相馬郡守谷町)	7.6.25
陸自ヘリ・小型機衝突(龍ケ崎市)	9.8.21
超軽量飛行機墜落(下館市)	9.10.12
超軽量飛行機墜落(守谷市)	11.10.10
小型機墜落(緒川村)	15.3.24
小型ヘリ墜落(守谷市)	18.3.5
軽量飛行機墜落(五霞町)	18.3.12
農薬散布中のヘリ墜落(筑西市)	18.7.26
超軽量動力機が墜落(五霞町)	21.3.29
乱気流(守谷市)	21.5.13
小型機墜落(阿見町)	25.8.18
超軽量飛行機が墜落(筑西市、つくば市)	27.8.15
空自戦闘機火災(小美玉市)	29.10.18
超軽量飛行機墜落(水戸市)	30.7.14

◇エレベーター・エスカレーターの事故

エスカレーターで転倒事故(水戸市)	21.3.6
エスカレーター事故(日立市)	25.1.6

◇公害

再処理工場で作業員被ばく(東海村)	1.3.16
ウラン自然発火(東海村)	1.5.30
動力炉・核燃料開発事業団東海事業所火災・爆発事故	9.3.11
東海村臨界事故(東海村)	11.9.30
落雷で原子炉停止(東海村)	14.4.3
貨物船座礁(日立市)	14.12.5
飲料用井戸からヒ素検出(鹿島郡神栖町)	15.3.20

◇原子力発電所事故

送電線に落雷で日本原電東海第2発電所停止(東海村)	12.8.8
東海第2原発で転落事故(東海村)	21.3.9
東海第2原発で水漏れ(東海村)	23.10.26

◇放射能汚染被害

放射性ヨウ素大量放出(東海村)	1.10.4
放射性物質検出で出荷停止	23.3.21
ミズナから放射性物質	23.3.23
母乳から放射性物質を検出	23.4.30
海水から微量のセシウム検出(鹿嶋市)	23.6.9

茨城県

玄米から放射性物質(鉾田市) 23.9.2
原研施設で放射能漏れ(東海村) 25.5.25

◇医療・衛生災害
福祉センターでレジオネラ菌集団感染(石岡市) 12.5.-
陸自訓練でC4中毒(城里町) 20.8.29

◇伝染病流行
老人福祉施設でインフルエンザ 11.1.15-
小中高校ではしか集団発生 18.4.-
馬インフルエンザ発生 19.8.16
結核集団感染(利根町) 27.2.6

◇食品衛生・食品事故
仕出し弁当で食中毒(つくば市) 11.6.3
食中毒 11.8.14
高校部活合宿で集団食中毒(神栖市) 13.4.13
水泳大会の昼食で集団食中毒(ひたちなか市) 14.7.25-
体育祭で集団食中毒(五霞町) 14.10.13
下館病院集団食中毒(下館市) 15.4.2
旅館で集団食中毒(波崎町) 15.12.24
バナナに縫い針混入(行方市) 20.11.7
給食からプラスチック片(つくば市) 30.10.2
給食牛乳から異臭 30.10.4

◇薬害・医療事故
高圧酸素装置から発火(那珂湊市) 4.12.29
筑波大付属病院で医療ミス相次ぐ(つくば市) 12.7.4
結核院内感染(取手市) 15.6.-
筋弛緩剤を紛失(古河市) 28.10.28
人工呼吸器停止し死亡(水戸市) 29.2.7
モルヒネ過剰投与で死亡(水戸市) 29.9.14

◇戦争災害
飲料用井戸からヒ素検出(鹿島郡神栖町) 15.3.20

◇軍隊・軍事基地の事故
陸自ヘリ・小型機衝突(龍ケ崎市) 9.8.21
陸自訓練でC4中毒(城里町) 20.8.29
F15機部品落下 23.10.7
空自戦闘機火災(小美玉市) 29.10.18

◇機雷・不発弾の爆発
駅構内に不発弾(石岡市) 28.2.18

◇製品事故・管理不備
ベランダ手すり崩れ生徒転落(高萩市) 22.4.19

◇その他の災害
氷塊落下(土浦市) 1.8.13
東海新幹線基地でゴミ袋爆発(東海村) 11.12.24-
ごみ処理施設で爆発(つくば市) 15.11.24
プールの滑り台でけが(鉾田市) 19.8.25
土浦市で8人連続殺傷(土浦市) 20.3.23
河川敷で通り魔(東海村) 20.7.16
山車のはしごから転落(小美玉市) 20.8.10
無差別傷害事件(取手市) 22.12.17
マンションから転落死(牛久市) 25.6.3
急性アルコール中毒疑いで死亡(つくば市) 25.7.7
通り魔(龍ケ崎市) 25.7.14
海水浴場で水死(神栖市) 26.9.3
保育所の風呂で溺死(つくば市) 27.6.18
波にさらわれ意識不明(日立市) 27.7.27
海水浴中に溺死(鉾田市) 28.8.11
水難事故、各地で相次ぐ(かすみがうら市) 29.5.6
水難事故相次ぐ(常陸大宮市) 29.8.6

花火が地上付近で破裂(土浦市) 　　　　　　　　30.10.4

【栃木県】

　◇気象災害
　　竜巻(宇都宮市)　　　　　2.9.19
　　突風で登山者滑落(那須町)　11.3.22
　　竜巻(高根沢町)　　　　　18.7.3
　　ハイキング中に落雷(佐野市)　　　　　　　　　19.6.10
　　強風　　　　　　　　　　22.4.14
　　突風(鹿沼市, 矢板市, 塩谷町)　25.9.4
　　認可外保育施設で熱中症(宇都宮市)　　　　　26.7.26
　　竜巻(栃木市, 鹿沼市, 壬生町)　26.8.10
　　熱中症(那須烏山市)　　　28.8.9

　◇豪雨(台風を除く)
　　豪雨　　　　　　　　　13.8.27－

　◇豪雪
　　吹雪で温泉街で停電(日光市)　　　　　　　　　19.1.7

　◇地変災害
　　大谷石廃坑崩落(宇都宮市)　1.2.10
　　大谷石廃坑崩落(宇都宮市)　1.3.5
　　落石(塩谷郡藤原町)　　　1.8.25
　　落盤事故(宇都宮市)　　　2.2.24
　　大谷石採石場跡陥没(宇都宮市)　　　　　　　　　2.3.29
　　大谷石採取場陥没(宇都宮市)　3.4.29

　◇地震・津波
　　地震　　　　　　　　　　4.9.22
　　地震　　　　　　　　　12.10.18
　　地震　　　　　　　　　13.3.31
　　地震　　　　　　　　　18.3.13
　　地震　　　　　　　　　18.8.1
　　地震　　　　　　　　　19.12.24
　　地震(日光市)　　　　　　21.4.5
　　地震(茂木町)　　　　　　21.7.22
　　地震(茂木町)　　　　　　21.9.5
　　地震　　　　　　　　　21.11.21
　　地震　　　　　　　　　21.12.18
　　地震　　　　　　　　　22.3.29
　　地震　　　　　　　　　22.8.3
　　地震　　　　　　　　　23.7.15
　　地震で土砂崩れ(北部)　　25.2.25
　　地震　　　　　　　　　25.3.18
　　地震　　　　　　　　　25.9.20
　　地震(真岡市)　　　　　　25.11.3
　　地震　　　　　　　　　25.12.21
　　地震と津波　　　　　　26.7.12
　　地震　　　　　　　　　26.9.3
　　地震　　　　　　　　　26.9.4
　　地震　　　　　　　　　26.9.16
　　地震(大田原市)　　　　　26.9.24
　　地震　　　　　　　　　26.10.27
　　地震　　　　　　　　　27.7.10
　　地震(下野市)　　　　　　27.11.7
　　地震　　　　　　　　　29.12.2

　◇地滑り・土砂崩れ
　　いろは坂崩落(日光市)　　14.9.7
　　地震で土砂崩れ(北部)　　25.2.25

　◇雪崩
　　雪崩(那須町)　　　　　　21.4.2
　　高校生那須雪崩事故(那須町)　　　　　　　　　29.3.27

　◇一般火災
　　古タイヤ炎上(佐野市)　　11.1.2－
　　古タイヤ炎上(佐野市)　　11.5.7
　　養豚豚舎全焼(塩原町)　　12.12.8
　　古タイヤ火災(真岡市)　　14.6.12

　◇住宅火災
　　住宅火災(小山市)　　　　5.6.29
　　住宅火災(大田原市)　　　8.3.23
　　住宅火災(宇都宮市)　　　10.6.17
　　住宅火災(宇都宮市)　　　10.11.13
　　住宅兼治療院全焼(佐野市)　12.5.8
　　住宅火災(宇都宮市)　　　13.11.20
　　住宅火災(宇都宮市)　　　14.2.16
　　住宅火災(黒磯市)　　　　14.3.9
　　住宅火災(南河内町)　　　14.9.16
　　住宅火災(小山市)　　　　14.11.7
　　住宅火災(佐野市)　　　　15.3.1

栃木県

住宅火災(宇都宮市) 15.9.24
住宅火災(宇都宮市) 17.1.21
住宅火災(小山市) 20.2.20
店舗兼住宅火災(那須烏山市) 20.12.22
住宅火災(西方町) 23.8.22
住宅火災(栃木市) 26.12.27
住宅火災(日光市) 27.6.24
市営住宅で火災(佐野市) 28.1.27
住宅火災(鹿沼市) 29.1.30
店舗兼住宅火災(小山市) 29.2.4
住宅火災(さくら市) 30.12.25

◇店舗・事務所火災
宝石店放火強盗(宇都宮市) 12.6.11
食堂火災(宇都宮市) 17.1.12
店舗兼住宅火災(那須烏山市) 20.12.22
店舗兼住宅火災(小山市) 29.2.4

◇劇場・映画館火災
多目的ホール火災(石橋町) 7.12.7

◇旅館・ホテル火災
ホテル全焼(栗山村) 11.2.19

◇学校・病院火災
泉が丘中学校火災(宇都宮市) 1.9.28

◇山林火災
山林火災(足利市) 26.4.15

◇ガス中毒事故
一酸化炭素中毒(宇都宮市) 4.4.2
パン店でCO中毒(宇都宮市) 21.9.16
映画撮影現場でCO中毒(宇都宮市) 26.6.15

◇都市ガス等の爆発事故
廃坑内ガス爆発(宇都宮市) 13.8.3

◇産業災害
大谷石廃坑崩落(宇都宮市) 1.2.10
大谷石廃坑崩落(鹿沼市) 1.3.5
古タイヤ火災(真岡市) 14.6.12

◇工場災害・汚染被害
工場火災(日光市) 9.12.20
塗料工場爆発(宇都宮市) 13.8.14
タイヤ工場火災(黒磯市) 15.9.8
レンズ工場で爆発(那須烏山市) 30.9.25

◇土木・建築現場の災害
落盤事故(宇都宮市) 2.2.24
落盤事故(日光市) 3.10.2

◇輸送機関の事故
熱気球事故 25.6.23

◇列車・電車事故
東武伊勢崎線電車酒酔い運転(足利市) 5.7.23
新幹線トラブル 23.1.15
東北新幹線が停電 25.8.13

◇踏切事故
乗用車・東武宇都宮線電車衝突(宇都宮市) 2.1.4
わたらせ渓谷鉄道ディーゼル列車・乗用車衝突(足尾町) 14.9.21
乗用車が電車と衝突(宇都宮市) 17.2.11

◇自動車事故
暴走車輪レストラン突入(那須郡西那須野町) 1.7.8
湯治客はねられ死傷(那須郡塩原町) 1.9.28
東北道玉突き事故(佐野市) 2.6.19
ワゴン車転落(日光市) 2.12.22
大型バス・ワゴン車衝突(那須郡那須町) 3.11.7
軽ライトバン電柱に激突(小山市) 4.2.8
バス中央分離帯に激突(下都賀郡岩舟町) 4.2.23
乗用車ガードロープに衝突(宇都宮市) 4.2.29
東北道多重追突(鹿沼市) 4.9.29
バス横転(上都賀郡西方村) 5.7.31
タクシー・乗用車衝突(那須郡那須町) 5.8.6

都道府県別一覧　　　　　　　　栃木県

東北自動車道多重衝突(黒磯市)	5.12.10
乗用車転落(那須郡那須町)	6.3.13
乗用車・大型トレーラー衝突(足利市)	6.12.13
4輪駆動車・乗用車衝突(宇都宮市)	8.1.21
ワゴン車横転(栃木市)	8.11.2
民家にダンプカー突入(黒磯市)	8.11.15
乗用車ガードレールに衝突(足利市)	9.4.7
乗用車電柱に衝突(都賀町)	10.1.12
ワゴン車ガードロープに衝突(都賀町)	10.1.13
乗用車衝突(西那須野町)	10.5.15
ワゴン車・トラック衝突(佐野市)	10.8.20
普通乗用車・軽乗用車衝突(藤岡町)	11.12.5
多重衝突(上河内町)	13.6.4
タンクローリー・乗用車追突(栃木市)	14.8.8
トラック・ワゴン車追突(矢板市)	14.12.5
原付バイク・競走馬追突(宇都宮市)	15.1.27
乗用車同士衝突(矢板市)	16.7.16
停車中の乗用車に追突(佐野市)	17.5.9
トラックに追突され乗用車炎上(小山市)	17.8.13
東北道で玉突き(那須塩原市)	17.9.9
乗用車追突(宇都宮市)	17.12.31
乗用車とトラック衝突(岩舟町)	18.4.20
スクールバスと乗用車多重衝突(足利市)	20.7.10
酒気帯び運転で700m引きずり(宇都宮市)	20.12.17
乗用車が転落(日光市)	21.5.20
クレーン車が児童の列に突っ込む(鹿沼市)	23.4.18
バス同士の追突事故(宇都宮市)	24.5.1
多重衝突事故(鹿沼市)	24.5.1
乗用車が電柱に衝突(真岡市)	24.6.28
追突事故(那須塩原市)	25.9.16
3台が絡む多重事故(宇都宮市)	26.5.22
軽乗用車が用水路に転落(鹿沼市)	26.6.17
5台が絡む多重事故(栃木市)	26.8.27
トラック同士が衝突(栃木市)	26.10.16
車いすの男性がはねられ死亡(宇都宮市)	26.12.23
路線バスと自転車が接触(宇都宮市)	27.12.18
4台が絡む多重事故(那須町)	28.5.7
乗用車がガードレールに衝突(宇都宮市)	28.6.30
乗用車がトラックに追突(栃木市)	28.11.1
乗用車が病院に突っ込む(下野市)	28.11.10
送迎車と乗用車衝突(小山市)	29.5.19
東北道で多重事故(矢板市)	29.7.30
雪でスリップ事故多発	30.2.2
トラックと軽が衝突(さくら市)	30.12.26
トラック衝突事故(大田原市)	30.12.29

◇航空機事故

ヘリコプター墜落(真岡市)	2.10.18
ヘリコプター墜落(宇都宮市)	3.8.11
自衛隊ヘリコプター墜落(宇都宮市)	9.1.13
曲芸飛行機墜落(芳賀郡茂木町)	15.10.31
無線ヘリが頭上に墜落(佐野市)	17.10.23
グライダー墜落(藤岡町)	20.12.28

◇放射能汚染被害

放射性物質検出で出荷停止	23.3.21

◇医療・衛生災害

新種耐性菌を確認	22.9.7

◇伝染病流行
　皮膚病集団感染(宇都宮市)　14.4.2
　インフル集団感染(宇都宮市)　21.4.9
　ファミレスで赤痢発症　23.8.31
◇食品衛生・食品事故
　修学旅行で集団食中毒　11.5.26
　少年院で集団食中毒(喜連川町)　12.7.26-
　O-157感染(宇都宮市)　14.8.6
　O-157感染(鹿沼市)　14.9.3
◇集団食中毒
　飲食店で食中毒(足利市)　16.1.4-
　集団食中毒　24.8.17-
◇薬害・医療事故
　高周波焼灼療法で患者死亡(南河内町)　15.3.4
　誤診で肺切除(宇都宮市)　15.10.15
　セレウス菌院内感染(下野市)　18.4.-
　心臓にナット残す(足利市)　21.11.6
◇山岳遭難
　突風で登山者滑落(那須町)　11.3.22
　登山者遭難相次ぐ(那須町)　18.1.6
　登山者遭難　20.1.3
　登山者が遭難(那須町)　21.1.5
　高校生那須雪崩事故(那須町)　29.3.27
◇軍隊・軍事基地の事故
　自衛隊ヘリコプター墜落(宇都宮市)　9.1.13
◇製品事故・管理不備
　遊具の心棒外れ落下(宇都宮市)　16.4.2
　飲食店爆発(栃木市)　30.12.23
◇その他の災害
　暴走車輪レストラン突入(那須郡西那須野町)　1.7.8
　消火器爆弾(宇都宮市)　3.5.13
　救急車で酸素ボンベ爆発(宇都宮市)　13.1.1
　無線ヘリが頭上に墜落(佐野市)　17.10.23
　登校中の児童が襲われ負傷(宇都宮市)　18.10.27
　不発花火玉が直撃(矢板市)　21.8.1
　車内放置の2歳児死亡(芳賀町)　28.7.29
　缶廃棄、爆発(さくら市)　30.4.13

【群馬県】
◇気象災害
　霧の関越道58台衝突(勢多郡赤城村)　5.6.23
　強風(高崎市, 富岡市)　6.4.3
　車内で幼児熱射病(高崎市)　11.8.27
　竜巻(渋川市)　19.5.10
　竜巻(館林市)　21.7.27
　落雷(片品村)　24.5.28
◇豪雨(台風を除く)
　鉄砲水(利根郡水上町)　12.8.6
　大雨　12.9.8-
　豪雨　13.8.27-
　河川増水で男児流される(前橋市)　22.7.16
◇地変災害
　道路陥没(桐生市)　2.8.11
◇地震・津波
　地震　21.4.5
　地震(邑楽町)　21.12.18
　地震　25.5.2
　地震　26.9.16
　地震　30.6.17
◇噴火・爆発
　草津白根山小噴火(草津白根山)　1.1.6-
　浅間山微噴火　2.7.20
　浅間山活動活発化　14.6.22
　浅間山小噴火　15.2.6
　浅間山噴火　15.3.30

浅間山噴火	15.4.7
浅間山噴火	15.4.18
浅間山噴火	16.9.1
浅間山噴火	20.8.10
浅間山が噴火	21.2.2
草津白根山で火山性地震(草津町)	27.2.23
浅間山噴火	27.6.16
草津白根山噴火	30.1.23
白根山火山性地震	30.9.28

◇地滑り・土砂崩れ

上信越道で土砂崩れ(富岡市)	11.8.21
豪雨で石垣崩れ(伊香保町)	13.8.27

◇雪崩

登山者遭難(利根郡水上町)	2.1.3
雪崩で登山者遭難(水上町)	13.3.20
雪渓崩落(水上町)	13.7.5
雪崩(水上町)	17.1.16

◇動植物災害

クマに襲われ重傷(利根郡片品村)	11.6.6
イノシシが猛進(邑楽町)	19.11.17
サファリパークでクマに襲われ死亡(富岡市)	28.8.16
イノシシに襲われ死亡(桐生市)	28.11.11

◇一般火災

強風(高崎市)	6.4.3
強風(富岡市)	6.4.3
警察署火災(太田市)	10.1.4
鶏小屋全焼(伊勢崎市)	19.7.8

◇住宅火災

住宅火災(藤岡市)	13.10.13
住宅火災(新里村)	13.11.20
住宅火災(大間々町)	13.12.3
住宅火災(前橋市)	13.12.23
住宅火災(館林市)	13.12.24
アパート火災(太田市)	14.1.21
住宅火災(南牧村)	14.2.8
アパート火災(前橋市)	14.10.4
住宅火災(邑楽町)	14.12.22
住宅火災(前橋市)	15.2.14
住宅火災(伊勢崎市)	18.7.10
住宅全焼(長野原町)	18.10.22
老人施設で火災(渋川市)	21.3.19
住宅火災(富岡市)	22.6.11
住宅火災(伊勢崎市)	23.2.2
住宅火災(伊勢崎市)	23.11.10
住宅火災(太田市内ヶ島町)	23.12.16
住宅火災(桐生市)	24.3.2
住宅火災(渋川市)	26.12.10
住宅火災(みどり市)	27.1.14
住宅火災(前橋市)	27.2.19
住宅火災(太田市)	27.5.15
住宅火災(伊勢崎市)	28.1.12
住宅火災が相次ぐ(太田市、高崎市)	28.1.27
住宅火災(草津町)	28.10.18
住宅火災(伊勢崎市)	29.3.29
住宅火災(高崎市)	29.12.17
住宅火災(伊勢崎市)	30.5.29

◇店舗・事務所火災

倉庫火災(玉村町)	29.2.24
店舗全焼で300人避難(高崎市)	30.11.15

◇旅館・ホテル火災

旅館でボヤ(伊香保町)	12.10.17

◇神社・寺院火災

寺院火災(尾島町)	16.6.1

◇山林火災

山火事(多野郡万場町)	5.4.27
山林火災(桐生市)	12.3.3
山林火災(桐生市)	26.4.15

◇ガス中毒事故

一酸化炭素中毒(草津町)	10.1.17
一酸化炭素中毒(前橋市)	14.5.20
硫化水素ガス自殺で避難(高崎市)	20.5.4

◇都市ガス等の爆発事故

ビール工場で爆発(千代田町)	25.6.19

群馬県　　　　都道府県別一覧

◇工場災害・汚染被害
- 工場火災(群馬郡群馬町)　1.11.25
- 富士重工工場火災(太田市)　8.4.13
- 化学工場爆発(新田郡尾島町)　12.6.10
- シリコン工場爆発(安中市)　15.9.5
- 花火工場で爆発(榛東村)　19.6.16
- 利根川で有害化学物質を検出　24.5.19
- ビール工場で爆発(千代田町)　25.6.19

◇土木・建築現場の災害
- 中3がアルバイト中に事故死(桐生市黒保根町)　24.8.6
- ガス管下敷きで死傷(伊勢崎市)　29.11.27

◇輸送機関の事故
- リフト逆走(利根郡片品村)　1.1.29
- 熱気球事故　25.6.23

◇踏切事故
- 遮断機誤作動(甘楽郡甘楽町)　5.5.29
- JR信越線踏切人身事故(安中市)　13.11.7
- 東武伊勢崎線踏切人身事故(太田市)　14.12.19

◇自動車事故
- 上信観光バス・トレーラー衝突(碓氷郡松井田町)　1.5.30
- 関越道多重衝突(勢多郡赤城村)　2.1.26
- バス待ちの列に乗用車(高崎市)　2.4.16
- 東北道多重追突(邑楽郡明和村)　2.7.14
- 道路陥没(桐生市)　2.8.11
- 4輪駆動車滑落(吾妻郡嬬恋村)　3.3.2
- 乗用車・大型トラック衝突(利根郡月夜野町)　3.3.5
- 乗用車ダムに転落(多野郡上野村)　3.11.17
- 関越道事故続発(勢多郡赤城村)　4.8.13
- 乗用車衝突(高崎市)　4.11.22
- 霧の関越道58台衝突(勢多郡赤城村)　5.6.23
- スリップ事故(北群馬郡伊香保町)　6.1.28
- 乗用車横転(館林市)　6.6.25
- 関越道玉突き衝突(利根郡月夜野町)　6.8.3
- 乗用車中央分離帯に衝突(沼田市)　6.8.21
- 関越道玉突き事故(利根郡月夜野町)　7.2.22
- 軽乗用車・トラック衝突(新田町)　7.4.29
- 乗用車・軽トラック衝突(月夜野町)　8.2.6
- トントラック・乗用車追突(高崎市)　8.2.24
- 館林観光バス・乗用車衝突(利根村)　9.3.19
- 乗用車・大型トラック衝突(前橋市)　10.5.29
- 乗用車衝突(太田市)　10.7.26
- ワゴン車・トラック衝突(勢多郡東村)　10.12.7
- 乗用車が側壁に衝突(昭和村)　10.12.20
- 大型トラック・ワゴン車追突(館林市)　11.5.2
- 大型トラック・乗用車追突(新治村)　13.11.19
- 乗用車・ワゴン車追突(明和町)　14.7.29
- 乗用車衝突事故(境町)　14.8.23
- 乗用車衝突(伊勢崎市)　14.9.4
- 乗用車衝突(館林市)　14.10.19
- 大型観光バス・ワゴン車衝突(粕川村)　14.11.17
- 軽乗用車と乗用車衝突(尾島町)　16.3.28
- バス降車後バッグ挟まれ転倒(高崎市)　17.7.24
- 関越道でワゴン車逆走(渋川市)　17.12.21
- 乗用車がトラックに追突(安中市)　20.5.27
- ツアーバス事故(渋川市)　22.1.2

都道府県別一覧　　　　　　　群馬県

走行トレーラー爆発(玉村町)	22.8.5
ひき逃げ(富岡市)	22.8.22
高速バス追突事故(藤岡市)	23.1.19
乗用車が自転車親子はねる(館林市)	23.12.19
高速バス衝突(藤岡市)	24.4.29
関越道で乗用車が横転(玉村町)	24.11.22
軽乗用車と大型トラックが衝突(藤岡市)	26.6.7
バイク6台が絡む多重事故(昭和村)	26.9.14
軽自動車とトレーラーが衝突(前橋市)	27.10.12
小学生の列に乗用車が突っ込む(高崎市)	28.3.3
軽乗用車とバイクが衝突(太田市)	28.5.29
交通事故で高校生死傷(前橋市)	30.1.9
スーパーに車突っ込む(渋川市)	30.6.10

◇船舶事故・遭難

ボートから転落(みなかみ町)	23.7.6

◇航空機事故

ヘリコプター墜落(片品村)	12.3.27
グライダー墜落(板倉町)	17.1.8
パラグライダー墜落(みなかみ町)	17.11.1
小型ヘリが墜落(安中市)	27.11.22
グライダーが墜落(大泉町)	28.10.10
ヘリ墜落(上野村)	29.11.8
パラグライダー墜落、死亡(みなかみ町)	30.6.30
群馬防災ヘリ墜落事故(中之条町)	30.8.10

◇放射能汚染被害

放射性物質検出で出荷停止	23.3.21
食品から放射性物質	24.4.4
黒毛和牛からセシウム検出(沼田市)	24.10.26

◇医療・衛生災害

温泉でレジオネラ菌感染(みなかみ町)	23.11.25

◇伝染病流行

老人ホームでノロ感染(前橋市)	24.12.29
インフルエンザ集団感染(高崎市)	27.1.10

◇食品衛生・食品事故

老人保護施設で結核集団感染	13.5.2
冷凍食品に農薬混入(大泉町)	25.12.29

◇集団食中毒

ホテルでノロウイルス感染(嬬恋村)	20.1.7
別のステーキ店でO157感染	21.9.9
老人ホームでO157感染(高崎市)	25.8.3
病院でノロ集団感染(高崎市)	29.3.7
総菜店でO157集団感染(前橋市)	29.8.21-

◇薬害・医療事故

セラチア菌感染(太田市)	14.4.15-
手術中レーザーでやけど(前橋市)	15.3.26
生体肝移植時のミスで両下肢まひ(前橋市)	17.11.
心臓の壁にカテーテル縫い込み死亡(前橋市)	18.6.-
カテーテル挿入で動脈損傷(前橋市)	19.4.27
肝切除術後に18人死亡(前橋市)	26.11.14
病院でノロ集団感染(高崎市)	29.3.7

◇山岳遭難

登山者滑落	12.3.13
尾瀬湿原で遭難(片品村)	12.6.2
雪崩で登山者遭難(水上町)	13.3.20

埼玉県　都道府県別一覧

雪渓崩落(水上町)	13.7.5
登山者滑落(松井田町)	16.8.31
スノーボード中に死亡(草津町)	17.1.2
スノーボーダー行方不明(片品村)	17.2.1
登山者遭難相次ぐ(みなかみ町)	18.1.6
温泉客が崖から滑落(みなかみ町)	18.10.17
登山者滑落	19.1.2
スキー中滑落(みなかみ町)	19.3.31
登山者遭難	20.1.3
登山者が滑落(下仁田町)	21.1.31
各地の山で滑落事故(みなかみ町)	22.5.4
登山中に滑落して死亡(下仁田町)	22.5.22
相次ぐ山岳遭難	24.12.9～
岩登り中に滑落(安中市)	25.3.13
山岳遭難(下仁田町)	28.9.26

◇軍隊・軍事基地の事故

陸自ミサイル誤発射(高崎市)	22.4.―

◇製品事故・管理不備

菓子に針混入(前橋市)	22.9.20

◇その他の災害

酸性霧	1.この年
散弾銃暴発(安中市)	11.5.7
水道管破裂(前橋市)	12.2.17
流水プールの吸水口に男児吸着(伊勢崎市)	18.7.30
散弾が仲間を直撃(伊勢崎市)	19.12.24
菓子に針混入(前橋市)	22.9.20
滑落事故(みなかみ町)	23.10.20
遊具から児童転落(嬬恋村)	24.6.17
プールで溺れ重体(中之条町)	24.8.16
ハンマー直撃し死亡(藤岡市)	29.12.20
中学生が灯籠の下敷き、死亡(高崎市)	30.10.18

【埼玉県】

◇気象災害

落雷(飯能市)	3.6.27
熱中症	10.7.3
落雷(浦和市)	10.10.10
強風でバス停標識倒れる(川口市)	12.6.9
増水で流され死亡(本庄市)	12.7.8
踏切故障で電車・乗用車衝突(熊谷市)	12.8.9
落雷で住宅全焼(妻沼町)	12.8.9
熱中症(本庄市)	13.7.13
熱中症(小川町)	13.7.24
熱気球から転落(宮代町)	14.1.25
熱中症で4歳変死(上尾市)	17.8.10
強風でゴルフ練習場の鉄柱倒壊(坂戸市)	18.5.20
鉄道電気施設に落雷(戸田市)	19.8.22
熱中症(鴻巣市)	19.9.27
強風でサッカー場の扉が倒れる(さいたま市)	21.3.22
熱中症	22.7.18―
熱中症患者が死亡(蕨市)	22.7.24
熱中症が多発	22.8.15―
落雷で大規模停電	23.8.11
熱中症(熊谷市)	23.8.18
落雷事故(桶川市)	24.5.6
各地で雷雨被害	24.5.29
中学生6人が熱中症(美里町)	24.7.31
竜巻(越谷市、松伏町)	25.9.2
突風で露店テント倒壊(上尾市、桶川市)	29.7.16
観測史上最高気温(熊谷市)	30.7.23

◇豪雨(台風を除く)

豪雨(さいたま市)	17.8.13
増水した川に流され死亡(新座市)	29.8.30

◇豪雪

埼玉大雪	30.1.22―

埼玉県

◇地震・津波
　地震　　　　　　　　　　　　21.12.18
　地震　　　　　　　　　　　　22.3.29
　地震　　　　　　　　　　　　22.11.5
　地震(宮代町)　　　　　　　　25.11.3
　地震　　　　　　　　　　　　26.9.16
　地震　　　　　　　　　　　　27.5.25
　地震　　　　　　　　　　　　29.9.14

◇地滑り・土砂崩れ
　橋工事中に地盤崩れる(草加市)　　　　　　　　　　　3.9.7
　西部秩父線吾野駅で土砂崩れ(飯能市)　　　　　　　11.8.14
　キャンプ場で土砂崩れ(大滝村)　　　　　　　　　　11.8.15
　岩畳崩落(秩父郡長瀞町)　　　13.8.31
　土砂崩れ(秩父市)　　　　　　23.12.24

◇動植物災害
　所沢ダイオキシン報道(所沢市)　　　　　　　　　　11.2.1
　養豚小屋火災(秩父市)　　　　13.12.27
　鳥インフルエンザ発生　　　　17.6.26
　鳥インフルエンザ発生　　　　17.6.26
　犬2頭に4人襲われ負傷(所沢市)　　　　　　　　　　19.5.29
　ハイキング中にクマに襲われる(秩父市)　　　　　　28.8.7
　クマに襲われケガ(秩父市)　　30.10.13

◇一般火災
　連続放火(川口市)　　　　　　1.4.20
　火災(蕨市)　　　　　　　　　1.12.5
　飲食街火災(大宮市)　　　　　2.11.10
　空自倉庫火災(狭山市)　　　　13.11.21
　養豚小屋火災(秩父市)　　　　13.12.27
　産業廃棄物処理会社内廃棄物置場で火災(吉川市)　　14.1.7
　トラック横転爆発(久喜市)　　15.1.9
　東電トンネル火災(新座市)　　28.10.12
　遊園地火災(所沢市)　　　　　29.5.12

◇住宅火災
　住宅火災(浦和市)　　　　　　7.8.4
　住宅火災(富士見市)　　　　　7.8.16
　マンション火災(鶴ヶ島市)　　8.8.25
　住宅火災(川口市)　　　　　　8.10.11
　住宅火災(川口市)　　　　　　9.2.9
　住宅火災(大宮市)　　　　　　10.1.22
　団地火災(富士見市)　　　　　10.3.2
　アパート火災(羽生市)　　　　10.8.31
　住宅火災(越谷市)　　　　　　10.12.15
　住宅火災(川口市)　　　　　　11.1.29
　住宅火災(大里村)　　　　　　11.5.11
　住宅全焼(新座市)　　　　　　11.5.26
　住宅放火(幸手市)　　　　　　11.10.29
　住宅火災(上尾市)　　　　　　12.2.21
　アパート火災(浦和市)　　　　12.3.10
　落雷で住宅全焼(妻沼町)　　　12.8.9
　店舗兼住宅火災(さいたま市)　13.5.23
　住宅火災(長瀞町)　　　　　　13.7.13
　住宅火災(越谷市)　　　　　　13.11.7
　住宅火災(蕨市)　　　　　　　13.12.6
　団地火災(吉川市)　　　　　　14.1.23
　住宅火災(志木市)　　　　　　14.4.6
　住宅火災(戸田市)　　　　　　14.8.24
　住宅火災(志木市)　　　　　　14.9.26
　マンション火災(杉戸町)　　　14.12.7
　アパート火災(越谷市)　　　　17.1.30
　住宅火災(深谷市)　　　　　　17.2.3
　住宅火災(狭山市)　　　　　　17.3.14
　住宅火災(越谷市)　　　　　　17.7.9
　アパート火災(川口市)　　　　17.9.2
　住宅火災(朝霞市)　　　　　　18.1.28
　団地火災(狭山市)　　　　　　18.2.24
　住宅火災(草加市)　　　　　　19.1.31
　店舗兼住宅火災(蕨市)　　　　19.10.18
　土建会社社員寮で火災(宮代町)　　　　　　　　　　20.7.4
　住宅火災(志木市)　　　　　　20.12.3
　住宅火災相次ぐ　　　　　　　20.12.13
　住宅火災(川越市)　　　　　　20.12.30
　ブリーダー宅で火災(春日部市)　　　　　　　　　　21.3.26
　住宅火災(行田市)　　　　　　21.4.2
　住宅火災(さいたま市)　　　　21.10.5
　住宅火災(ときがわ町)　　　　21.12.2
　住宅火災(越谷市)　　　　　　22.2.21
　店舗と住宅で火災(加須市)　　24.6.26

埼玉県　都道府県別一覧

住宅火災(熊谷市)　26.1.14
橋の下の小屋で火災(川口市)　26.1.20
住宅火災(所沢市)　26.11.3
住宅火災(越谷市)　26.11.8
住宅火災(蓮田市)　26.12.29
住宅火災(さいたま市)　27.4.2
住宅火災(桶川市)　27.7.2
住宅火災(坂戸市)　28.1.31
アパート火災(朝霞市)　29.2.13
マンション火災(さいたま市)　29.4.19
住宅火災(神川町)　29.5.14
住宅火災(草加市)　30.2.4
住宅火災(新座市)　30.6.16
住宅火災(北本市)　30.8.21

◇店舗・事務所火災

倉庫火災(和光市)　1.9.1
店舗火災(新座市)　6.6.14
中央市場火災(浦和市)　6.10.2
店舗火災(浦和市)　11.2.5
倉庫でスプレー缶爆発炎上(幸手市)　11.6.5
店舗火災(さいたま市)　14.2.22
大型量販店で放火(さいたま市)　16.12.13
百貨店で不審火(志木市)　17.7.31
工場兼事務所火災(久喜市)　19.1.15
店舗兼住宅火災(蕨市)　19.10.18
菓子屋横丁火災(川越市)　27.6.21
ステーキ店で火災(さいたま市)　28.12.22
物流倉庫火災(三芳町)　29.2.16〜
風俗店火災(さいたま市)　29.12.17

◇学校・病院火災

社会福祉施設全焼(寄居町)　13.4.4

◇神社・寺院火災

狭山山不動寺本堂全焼(所沢市)　13.3.16
神社に放火(川越市)　21.2.3

◇山林火災

山林火災(小鹿野町)　12.2.18

狭山山不動寺本堂全焼(所沢市)　13.3.16

◇ガス中毒事故

一酸化炭素中毒(八潮市)　2.11.23
ガス中毒死(大宮市)　8.9.30
室内塗装中に中毒(川口市)　17.2.5
教室でCO中毒(川越市)　22.2.22

◇都市ガス等の爆発事故

ガス爆発(春日部市)　1.6.13
工事現場ガス爆発(川口市)　2.2.7
ガス爆発(浦和市)　2.5.25
アパートガス爆発(大宮市)　2.7.8
溶接用アセチレンガスボンベ爆発(川口市)　13.1.24
県立高バスケ部室で爆発(熊谷市)　18.7.14
マンションでガス爆発(富士見市)　25.4.27

◇産業災害

重量オーバーで橋崩れる(三郷市)　5.9.1
溶接用アセチレンガスボンベ爆発(川口市)　13.1.24
産業廃棄物処理会社内廃棄物置場で火災(吉川市)　14.1.9

◇工場災害・汚染被害

化学工場爆発(入間郡日高町)　1.10.11
製綿工場火災(草加市)　4.9.11
三菱マテリアル研で放射能汚染(大宮市)　11.3.17
段ボール製造工場火災(入間市)　13.1.20
クリーニング工場火災(戸田市)　14.4.15
段ボール工場火災(滑川町)　15.12.30
貨物用エレベーターに挟まれ死亡(所沢市)　18.7.6
工場兼事務所火災(久喜市)　19.1.15
シンナー工場火災(さいたま市)　20.9.5
利根川で有害化学物質を検出　24.5.19

埼玉県

化学工場で中毒事故(川口市)	24.5.29
金属工場タンク破裂(本庄市)	28.1.3
タンクローリー全焼(狭山市)	30.2.22

◇土木・建築現場の災害

工事現場ガス爆発(川口市)	2.2.7
作業員転落死(与野市)	3.6.6
橋工事中に地盤崩れる(草加市)	3.9.7
生コン注入で屋根落下(北本市)	4.3.6
室内塗装中に中毒(川口市)	17.2.5
裁断機落下(久喜市)	19.1.10
足場倒れ園児を直撃(東松山市)	24.3.19

◇列車・電車事故

鉄道電気施設に落雷(戸田市)	19.8.22
鉄道事故で乗客立往生(春日部市)	22.7.9
視覚障害の男性が線路に転落(川越市)	24.3.6
雨で線路脇が陥没(越谷市)	24.5.4
列車事故(朝霞市)	24.6.19
小学生が踏切事故で死亡(行田市)	25.1.18
落雷で電車故障(飯能市)	25.8.23
駅ホームで全盲男性転落死(蕨市)	29.1.14

◇踏切事故

ワゴン車・電車衝突(羽生市)	1.1.29
特急寝台列車・オートバイ衝突(上尾市)	1.5.2
宇都宮線電車・乗用車衝突(南埼玉郡白岡町)	5.10.25
乗用車・高崎線貨物機関車衝突(熊谷市)	7.9.4
4輪駆動車・東武東上線電車衝突(東松山市)	7.11.4
東武東上線準急電車・軽乗用車衝突(東松山市)	10.4.1
宇都宮線人身事故(栗橋町)	11.7.30
西武新宿線準急・大型トレーラー衝突(狭山市)	11.10.12
踏切故障で電車・乗用車衝突(熊谷市)	12.8.9
JR川越線踏切人身事故(川越市)	13.12.15
東武伊勢崎線踏切人身事故(越谷市)	14.1.24
乗用車と普通電車衝突(鷲宮町)	16.1.12
踏切で車に電車衝突(さいたま市)	18.5.20
踏切で電車にはねられ死亡(寄居町)	19.11.8
列車とダンプが衝突(長瀞町)	23.11.1
踏切事故(坂戸市溝端町)	23.12.12
踏切で電車と軽自動車が衝突(川越市)	26.1.29

◇自動車事故

乗用車暴走(草加市)	1.5.21
乗用車衝突(児玉郡上里町)	1.6.1
関越道衝突事故(東松山市)	1.10.11
マイクロバス・大型ダンプカー衝突(比企郡川島町)	1.11.7
乗用車・ダンプ衝突(入間市)	2.1.23
乗用車ガードロープ支柱に衝突(比企郡滑川町)	2.3.2
常磐自動車道多重衝突(三郷市)	2.3.20
トラック・乗用車衝突(三郷市)	2.10.7
乗用車・軽トラック衝突(越谷市)	3.3.17
首都高速玉突き事故(戸田市)	3.4.5
ライトバンガードロープに衝突(岩槻市)	3.8.27
関越自動車玉突き事故(入間郡大井町)	3.11.13
東北道衝突事故(羽生市)	4.11.17
乗用車衝突(行田市)	6.8.9
乗用車遮音壁に激突(鶴ヶ島市)	7.6.26
マイクロバス転倒(羽生市)	7.7.5
多重衝突(飯能市)	7.8.10

埼玉県

事故	日付
乗用車・マイクロバス衝突（三郷市）	7.8.24
乗用車歩道縁石に衝突（上福岡市）	7.10.17
乗用車・トラック衝突（幸手市）	8.4.14
乗用車放水路転落（八潮市）	9.2.8
乗用車・タクシー衝突（日高市）	9.5.10
外環自動車道玉突き衝突（和光市）	9.8.5
乗用車追突（坂戸市）	9.8.17
ワゴン車・大型ダンプ衝突（川島町）	10.6.13
乗用車鉄柱に衝突（白岡町）	10.7.26
乗用車水路に転落（騎西町）	10.8.19
東北自動車道で4トントラック側壁に衝突（加須市）	11.12.14
関越自動車道で陸上自衛隊2トントラック横転（東松山市）	12.7.18
関越自動車道で乗用車がフェンスに激突（鶴ヶ島市）	12.10.26
関越自動車道でマイクロバス横転（東松山市）	12.11.14
2トントラック衝突（川口市）	12.12.5
東北自動車道路多重衝突（羽生市）	13.7.24
フォークリフトにはねられ死亡（川口市）	13.9.12
乗用車衝突（三郷市）	14.1.11
大型トラック衝突（蓮田市）	14.1.24
ワゴン車にはねられ死亡（川越市）	14.8.3
トラック横転爆発（久喜市）	15.1.9
関越自動車道路玉突き事故（花園町）	15.7.11
乗用車衝突（秩父市）	15.9.21
逃走車衝突（久喜市）	15.11.23
トラックにひかれ死亡（さいたま市）	15.12.21
トレーラーとキャリアカー衝突（草加市）	16.3.13
乗用車が事故車に追突（川口市）	16.4.19
歩行者はね乗用車と衝突（越生町）	17.3.13
バイクが信号柱に衝突（川越市）	17.4.25
関越道で5台絡む玉突き衝突（新座市）	17.7.15
乗用車がダンプと正面衝突（新座市）	17.7.22
ワゴン車が分離帯越え衝突（鴻巣市）	17.9.3
タクシーが乗用車に衝突（戸田市）	18.4.3
乗用車がトラックに追突（三郷市）	18.6.12
園児の列にワゴン車突入（川口市）	18.9.25
トラックが軽乗用車に追突・炎上（川越市）	18.12.12
首都高で多重事故（川口市）	19.11.4
首都高でトラックが追突（戸田市）	19.11.17
県道で3台絡む事故（熊谷市）	20.2.17
小2の列にRV車突入（所沢）	20.12.4
警官をひき逃げ（久喜市）	21.5.10
ひき逃げ（越谷市）	21.8.22
駐車場で交通事故（三郷市）	22.4.11
ひき逃げ（さいたま市）	22.9.9
ひき逃げ（さいたま市）	22.9.29
玉突き事故（蓮田市）	23.8.2
介護施設の車が衝突（戸田市）	23.11.12
飲酒運転（東松山市）	24.1.1
ワゴン車がバスと正面衝突（熊谷市）	24.3.1
玉突き事故（寄居町）	24.5.4
トラック追突、ワゴン車が炎上（美里町）	24.5.30
中学校で軽トラ暴走（川越市）	24.10.7
乗用車が電柱に衝突（久喜市）	25.2.26
大型トラックタイヤ破裂（さいたま市）	25.4.10
無免許運転で衝突事故（和光市）	25.7.31

都道府県別一覧　　　　　　　埼玉県

衝突回避車が試乗会で事故(深谷市)	25.11.10
踏切で電車と軽自動車が衝突(川越市)	26.1.29
駐車場で死亡事故(深谷市)	26.2.16
小学生の列に軽乗用車が突っ込む(上尾市)	26.5.23
パトカー追跡中バイクが事故(深谷市)	26.7.29
自転車転倒、直後にひかれて死亡(さいたま市)	27.3.28
ダンプカーが信号柱に衝突(春日部市)	27.9.28
ワゴン車がダンプカーに追突(小川町)	28.5.6
事故処理中、軽乗用車急発進(さいたま市)	29.2.7
トラックが歩道乗り上げ(草加市)	29.2.8
軽乗用車、崖から転落(秩父市)	29.4.22
関越道で多重衝突(美里町)	29.8.20
少年運転でガードレール衝突(寄居町)	30.1.20
トラック5台事故(日高市)	30.9.25

◇船舶事故・遭難

ボート衝突(戸田市)	2.8.24

◇航空機事故

グライダー墜落(北葛飾郡庄和町)	7.6.3
航空自衛隊ジェット練習機墜落(狭山市)	11.11.22
グライダー墜落(北川辺町)	12.1.9
軽量飛行機墜落(鴻巣市)	12.12.17
熱気球から転落(宮代町)	14.1.25
グライダー墜落(妻沼町)	17.8.31
山岳救助中にヘリ墜落(秩父市)	22.7.25

◇公害

所沢ダイオキシン報道(所沢市)	11.2.1
水道水汚染(さいたま市)	17.6.23

◇放射能汚染被害

三菱マテリアル研で放射能汚染(大宮市)	11.3.17

◇医療・衛生災害

CD菌に感染、1人死亡(さいたま市)	22.2.26
多剤耐性菌検出(さいたま市)	22.10.4
特養で誤嚥(熊谷市)	27.7.4

◇伝染病流行

中学校で結核集団感染	12.3.
VRE院内感染	19.3.24~
コレラ菌国内で6年ぶり発生(騎西町)	20.3.29~
デング熱国内感染確認	26.8.27

◇食品衛生・食品事故

老人保護施設でO-157集団感染(菖蒲町)	12.6.20~
ファミリーレストランでO-157感染(県入間市)	12.8.
病院と老人施設で集団食中毒(所沢市)	13.4.22
青年の家で集団食中毒(長瀞町)	13.6.4
O-157感染(岩槻市)	13.7.29~
体育祭で集団食中毒(栗橋町)	14.10.13
バナナに針混入(狭山市)	18.12.15
加工肉から大腸菌(川口市)	30.10.17

◇集団食中毒

高校で食中毒(本庄市)	17.6.25
寮の食堂でノロウイルス感染(入間市)	20.4.17~
O157で死亡(川口市)	20.8.19
別のステーキ店でO157感染	21.9.9
集団食中毒(本庄市)	23.5.19
総菜店でO157集団感染(熊谷市)	29.8.21~
ラグビー合宿で食中毒(川越市)	30.3.27
ホタテ、ウニで腸炎ビブリオ	30.9.10
居酒屋で食中毒(川越市)	30.11.16

埼玉県

◇薬害・医療事故
- 抗がん剤過剰投与で患者死亡(川越市) 12.9.
- 医療事故で患者死亡(所沢市) 13.10.23
- 輸血ミスで死亡(三郷市) 14.8.22
- 多剤耐性緑膿菌大量感染(毛呂山町) 16.1.-
- 患者取り違えで甲状腺摘出(毛呂山町) 18.2.27
- VRE院内感染 19.3.24-
- 脱脂綿詰まらせ死亡(新座市) 22.6.13

◇山岳遭難
- 登山者滑落(大滝村) 12.2.20
- 沢登りで滑落(秩父市) 18.7.17
- 沢登りで滑落(秩父市) 20.7.20
- 山岳救助中にヘリ墜落(秩父市) 22.7.25
- ヘリ墜落検証取材で遭難(秩父市) 22.8.1
- 登山者滑落(秩父市) 29.1.1

◇軍隊・軍事基地の事故
- 陸自朝霞駐屯地で練習所の一部を焼く 埼玉・新座(新座市) 3.9.4
- 航空自衛隊ジェット練習機墜落(狭山市) 11.11.22
- 空自倉庫火災(狭山市) 13.11.21
- 駐屯地近くで爆発音(さいたま市) 22.11.2

◇製品事故・管理不備
- ジューサーの破損部品で軽傷事故 18.10.20
- 携帯用DVDプレーヤー発火 20.8.29
- 自転車かごから放射性物質(上尾市) 24.4.18
- マッサージ器で窒息事故(川越市) 24.5.10
- 型枠落下で死亡(小鹿野町) 30.12.25

◇その他の災害
- 連続放火(川口市) 1.4.20
- 金属片落下(比企郡鳩山町) 2.3.18
- 警察の駐車場で爆発(川口市) 3.7.30
- 花火暴発(蕨市) 4.4.20
- パワーウインドー誤操作(三芳町) 9.6.4
- 東海新幹線基地でゴミ袋爆発(浦和市) 11.12.24-
- スカイダイビングで墜落(川島町) 16.1.11
- シャッターに首を挟まれ重体(所沢市) 16.6.3
- 転落に巻き添え(さいたま市) 16.6.25
- 線路に突き落とし(狭山市) 17.9.5
- スカイダイビングで墜落(桶川市) 17.9.12
- 銃暴発(秩父市) 17.12.23
- プール吸水口に吸い込まれ死亡(ふじみ野市) 18.7.31
- 玩具の火薬が爆発(日高市) 19.3.15
- 通り魔(草加市) 19.9.4
- ゴルフ部活動中ボール直撃(毛呂山町) 19.9.21
- 校舎から転落(川口市) 21.9.10
- 職場体験中にホース破裂(さいたま市) 22.3.5
- 熱中症患者が死亡(蕨市) 22.7.24
- コメの銘柄を偽装 23.7.18
- 水道水から化学物質検出 24.5.18
- 大型トラックタイヤ破裂(さいたま市) 25.4.10
- 119番一時不通(さいたま市) 25.6.26
- 用水路に落ちて死亡(加須市) 26.5.6
- 温泉施設の減圧室で事故(ふじみ野市) 26.9.28
- 川に流され死亡(草加市) 27.4.29
- 川に流され死亡(寄居町) 28.7.30
- 東電トンネル火災(新座市) 28.10.12
- 車のトランクで男児死亡(川口市) 29.3.8
- プールで園児死亡(さいたま市) 29.8.24

【千葉県】

◇気象災害

竜巻(茂原市)	2.12.11
熱中症	10.7.3
強風で屋根から転落(富津市)	11.5.27
ひょう	12.5.24
強風でバス停標識倒れる(市川市)	12.6.9
落雷	13.5.19
落雷(千葉市)	14.5.26
熱中症(松戸市)	15.9.12
落雷(白子町)	17.7.31
部活動中に熱中症(小見川町)	17.8.11
落雷(成東町)	17.9.4
乱気流(沖)	20.5.15
落雷(流山市)	20.7.18
乱気流(成田市)	21.10.26
みこしに落雷(いすみ市)	22.9.23
突風	22.11.1
竜巻・突風	23.4.25
熱中症	23.8.11
竜巻・突風被害	24.9.18−
強風	25.4.3
熱中症	25.7.10
竜巻(野田市)	25.9.2
乱気流で緊急着陸(成田市)	26.12.16
竜巻など突風が相次ぐ	27.9.6
塩害で停電、電車運休(千葉市)	30.10.5
ロードレースで熱中症(流山市)	30.10.7
塩害、千葉最多	30.この年

◇台風

台風7号で土砂崩れ	18.8.8−
台風4号が東北横断	22.8.12

◇豪雨(台風を除く)

大雨	18.9.26
大雨	26.9.10
局地的大雨	27.7.3
豪雨	29.9.28
地震	30.7.7

◇豪雪

雪で相次ぐスリップ事故	25.1.28

◇地変災害

高波(安房郡天津小湊町)	15.2.22

◇地震・津波

地震	13.4.17
地震(干潟町)	14.1.15
地震	14.6.20
地震	15.2.13
地震	15.6.10
地震	15.11.23
地震	17.5.19
地震	17.5.30
地震	17.6.20
地震	17.9.20
地震	18.4.11
地震	18.12.31
地震	19.8.17
地震	19.8.18
地震	20.10.12
地震	20.10.14
地震	20.10.16
地震	21.2.17
地震	21.8.13
地震	22.2.17
地震	22.9.27
地震	23.2.5
地震	23.4.12
余震	23.4.21
地震	23.12.3
地震	24.3.14
地震	24.4.29
地震	24.5.29
地震	24.6.6
地震	25.1.22
地震	25.4.19
地震(銚子市, 旭市)	25.12.3
地震	26.5.13
地震	27.1.26
地震(銚子市)	28.4.22
地震	28.7.19
地震	28.10.20

千葉県　　都道府県別一覧

地震	29.2.19
地震	29.8.10

◇地滑り・土砂崩れ

京葉道路陥没(千葉市)	13.10.10
台風7号で土砂崩れ	18.8.8–
土砂崩れ(成田市)	25.10.19
市道で土砂崩れ(市原市)	30.11.6

◇動植物災害

土佐犬にかまれ死亡(千葉市)	19.4.12
スズメバチに刺され死亡(成田市)	26.9.19
養鶏場で火災(館山市)	27.5.11
人を襲った紀州犬を射殺(松戸市)	27.9.13
土佐犬逃亡(九十九里町)	30.12.2

◇一般火災

化学タンカー炎上(野島崎海上)	1.3.14–
トラック炎上(東葛飾郡沼南町)	1.6.5
連続放火(銚子市)	2.1.3
養鶏場で火災(大網白里町)	16.9.12
竪穴式住居放火(千葉市)	17.1.10
豚舎火災(山田町)	18.1.27
製油所爆発・炎上(市原市)	18.4.16
遊戯施設火災(浦安市)	20.1.3
厩舎火災(船橋市)	20.6.23
倉庫で火災(千葉市)	23.12.6
火力発電所で火災(袖ケ浦市)	25.6.14
養鶏場で火災(館山市)	27.5.11
養豚場火災(東庄町)	30.12.17

◇住宅火災

住宅火災(松戸市)	1.9.28
火災(千葉市中央区)	6.1.2
住宅火災(海上郡海上町)	7.2.17
アパート火災(市川市)	10.12.2
住宅火災(木更津市)	11.7.31
住宅火災(茂原市)	11.9.6
マンション火災(千葉市)	11.9.27
住宅放火(東金市)	11.11.9
住宅火災(松戸市)	12.1.22
住宅火災(松戸市)	12.2.2
店舗兼住宅全焼(千葉市)	12.3.2
住宅火災(銚子市)	12.4.1
住宅火災(千葉市)	12.7.31
団地火災(八千代市)	13.3.3
住宅火災(木更津市)	13.3.24
作業員宿舎火災(四街道市)	13.5.5
住宅火災(流山市)	13.8.3
住宅火災(東金市)	13.11.23
住宅火災(市川市)	14.1.22
アパート火災(木更津市)	14.11.20
住宅火災(松戸市)	14.12.8
住宅放火(館山市)	15.12.18
住宅火災(八千代市)	17.2.5
住宅火災(市川市)	17.8.31
住宅全焼(白井市)	18.1.8
住宅全焼(船橋市)	18.8.15
住宅火災(南房総市)	19.3.11
住宅火災(四街道市)	19.3.24
住宅火災(袖ケ浦市)	19.10.4
住宅火災(八街市)	19.11.1
住宅火災(市原市)	20.2.14
住宅火災(柏市)	20.3.11
住宅火災(銚子市)	20.5.18
住宅火災(多古町)	20.7.25
団地火災(松戸市)	21.1.6
住宅火災(君津市)	22.6.8
住宅火災(千葉市)	22.6.8
工場火災が住宅に延焼(船橋市)	22.8.16
住宅火災(横芝光町)	23.1.19
住宅火災(市原市)	23.1.31
住宅火災(流山市)	23.8.22
住宅火災(東金市)	23.8.30
相次ぐ火災	24.1.31
住宅火災(船橋市)	25.4.22
住宅火災(千葉市)	25.12.10
住宅火災(木更津市)	26.3.21
アパート火災(千葉市)	26.6.16
UR賃貸住宅で火災(千葉市)	26.11.28
住宅火災(木更津市)	27.3.7
自宅兼社屋に放火(印西市)	28.7.14

マンション火災(市川市) 29.1.26
住宅火災(九十九里町) 29.5.9
住宅火災(旭市) 29.6.5
住宅火災(印西市) 29.6.22
住宅火災(船橋市) 29.12.28
マンション火災(富里市) 30.2.16
住宅火災(匝瑳市) 30.4.3
住宅5棟が火災(我孫子市) 30.7.16
住宅火災(四街道市) 30.12.31

◇店舗・事務所火災
東京ディズニーランドでボヤ(浦安市) 1.5.25
駅ビル火災(松戸市) 2.2.4
レストラン火災(鋸南町) 14.1.21
ガススタンドで爆発(市川市) 26.10.12

◇旅館・ホテル火災
旧旅館火災(成田市) 12.2.26

◇学校・病院火災
病院で放火殺人(柏市) 20.6.7
大学研究棟が火災(千葉市) 30.10.24

◇神社・寺院火災
正福寺全焼(習志野市) 13.11.7

◇ガス中毒事故
新日鉄君津製鉄所ガス漏れ事故(君津市君津) 2.2.16
一酸化炭素中毒(君津市) 10.3.26
一酸化炭素中毒(館山市) 11.8.14
工事現場で一酸化炭素中毒(成田市) 17.10.27
土砂運搬船で爆発(館山市) 27.5.22

◇都市ガス等の爆発事故
防衛庁官舎ガス爆発(鎌ヶ谷市) 1.4.3
マンションガス爆発(佐倉市) 4.1.8
マンションガス爆発(松戸市) 11.7.14
博物館でガス爆発(九十九里町) 16.7.30

◇産業災害
窓清掃中ゴンドラ転落(千葉市) 2.9.10
ガス中毒(千葉市) 13.1.24
土砂崩れ(長柄町) 15.7.10
製油所爆発・炎上(市原市) 18.4.16
火力発電所で供給停止(富津市) 24.2.7
土砂運搬船で爆発(富津市) 24.7.17

◇工場災害・汚染被害
新日鉄君津製鉄所ガス漏れ事故(君津市君津) 2.2.16
ライオン千葉工場爆発(市原市) 3.6.26
東電姉崎火力発電所煙突壊れストップ(市原市) 4.3.8
製油所爆発(袖ケ浦市) 4.10.16
転落死(松戸市) 6.10.23
紙加工所火災(八街市) 10.11.27
化学工場火災(袖ヶ浦市) 12.12.1
自動車解体工場火災(千葉市) 14.1.13
リサイクル工場爆発(市原市) 15.9.11
工場で化学反応釜爆発(市原市) 18.5.25
工場のタンク上から転落死(袖ヶ浦市) 18.12.27
工場火災(東庄町) 19.11.13
発煙筒製造工場爆発(市原市) 20.3.7
工場でガス漏れ(市原市) 20.5.8
工場火災が住宅に延焼(船橋市) 22.8.16
塩酸タンクに転落(船橋市) 23.8.24
化学工場で爆発 23.12.2
コークス炉から黒煙(千葉市) 24.1.6
利根川で有害化学物質を検出 24.5.19
廃棄物処理施設で爆発(野田市) 25.11.15
金属工場で炉が爆発(横芝光町) 29.2.17
工場倉庫火災(茂原市) 29.7.27

千葉県　都道府県別一覧

粉じん爆発(市川市)	30.12.4

◇土木・建築現場の災害

建設作業台船爆発(君津郡袖ケ浦町)	1.8.20
トンネル水没(松戸市)	3.9.19
作業員転落死(千葉市花見川区)	10.3.24
クレーン横転(我孫子市)	15.5.8
工事現場で一酸化炭素中毒(成田市)	17.10.27
作業車アームとモノレール衝突(千葉市)	18.6.21
重機が倒れる(八千代市)	21.10.15

◇輸送機関の事故

窓清掃中ゴンドラ転落(千葉市)	2.9.10
雪で相次ぐスリップ事故	25.1.28
走行中にバス運転手死亡(成田市)	30.11.1

◇列車・電車事故

たるみ事故	1.10.24
銚子電鉄正面衝突(銚子市)	7.6.24
総武線で人身事故(市川市)	11.8.20
常磐線で人身事故(松戸市)	11.10.31
作業車アームとモノレール衝突(千葉市)	18.6.21
停電で列車運休	21.7.30
列車の窓ガラスにひび(松戸市)	24.6.24
電車にはねられ幼児重体(鴨川市東町)	24.8.13

◇踏切事故

トラック・内房線電車衝突(千葉市)	1.7.19
総武本線普通電車・軽自動車衝突(千葉市若葉区)	9.5.1
外房線特急・乗用車衝突(一宮町)	11.6.4
内房線人身事故(市原市)	13.4.6
京成電鉄京成本線普通電車・ワゴン車衝突(習志野市)	15.1.23
乗用車・普通電車衝突(市川市)	15.12.21
電車に乗用車が衝突(野田市)	18.1.30
乗用車と電車が衝突(松戸市)	26.7.11

◇自動車事故

常磐自動車道追突事故(流山市)	1.4.9
トラック・通勤バス衝突(千葉市)	1.7.4
乗用車追突(君津市)	1.7.25
タクシー・ダンプカー追突(市川市)	1.10.29
乗用車・タクシー衝突(松戸市)	1.11.5
クレーン車・バス衝突(松戸市)	2.1.17
乗用車海に転落(市原市)	2.5.28
玉突き事故(千葉市)	2.7.29
乗用車・ワゴン車衝突(茂原市)	3.1.4
乗用車・トラック衝突(千葉市)	3.5.3
大型トラック・乗用車追突(市川市)	3.9.18
乗用車・大型トラック衝突(印旛郡八街町)	3.12.25
乗用車衝突(山武郡九十九里町)	4.6.20
トラック・バス追突(八千代市)	4.7.9
乗用車ガードレールに激突(市川市)	4.10.25
乗用車電柱に激突(印旛郡印旛村)	5.2.14
首都高速湾岸線衝突事故(浦安市)	5.5.9
ワゴン車・乗用車衝突(千葉市中央区)	5.6.16
乗用車・マイクロバス衝突(勝浦市)	5.10.16
ワゴン車・トラック衝突(八千代市)	6.5.7
観光バス・トラック衝突(富津市)	6.5.26

都道府県別一覧　　　　　　　　　千葉県

東関道多重衝突事故(船橋市)	6.7.10
乗用車衝突(夷隅郡御宿町)	7.1.4
児童列に車(千葉市中央区)	7.6.14
パトカー追跡中の乗用車が事故(千葉市中央区)	7.10.24
乗用車・4輪駆動車衝突(香取郡多古町)	8.2.6
乗用車歩行者はねる(長生郡一宮町)	8.6.2
乗用車・保冷車衝突(八街市)	9.4.2
東関東玉突き事故(千葉市美浜区)	9.5.16
マイクロバス・ワゴン車衝突(白浜町)	9.10.3
軽乗用車・老人ホームワゴン車衝突(匝瑳光町)	9.10.10
アクアライン追突事故(木更津市)	10.2.6
乗用車電柱に衝突(袖ケ浦市)	10.4.4
乗用車電柱に激突(八街市)	10.5.13
乗用車立ち木に衝突(白子町)	10.7.15
軽乗用車ブロック塀に衝突(館山市)	10.8.3
マイクロバス・乗用車衝突(成田市)	11.2.18
パトカー・乗用車衝突(袖ケ浦市)	11.8.24
歩行者はねられ死亡(流山市)	12.2.1
救急車にひかれ死亡(木更津市)	12.7.2
乗用車・大型トラック衝突炎上(千葉市)	13.7.27
タンクローリー横転(八街市)	13.8.7
京葉道路陥没(千葉市)	13.10.10
乗用車歩行者をはねる(木更津市)	14.3.20
京葉道路玉突き事故(千葉市)	14.9.16
大型トレーラーが車椅子に追突(八千代市)	15.4.7
ワゴン車同士衝突(船橋市)	16.7.29
軽乗用車が乗用車と正面衝突(岬町)	16.7.31
追突車が参拝客に突入(成田市)	17.1.3
8人ひき逃げ(松尾町)	17.2.5
逆走ライトバンと乗用車衝突(四街道市)	17.5.7
乗用車がトラックに追突(市川市)	17.7.9
軽貨物自動車とトレーラー衝突(市原市)	18.2.3
横転乗用車にトラック追突(千葉市)	18.5.19
逆走車がダンプカーに衝突(千葉市)	18.11.9
酒気帯びの軽乗用車が追突(八街市)	19.5.18
ワゴン車とダンプカー正面衝突(君津市)	19.6.4
乗用車3台事故(山武市)	19.11.14
東関道でトラックが追突(船橋市)	19.12.27
車で通り魔(香取市)	20.11.10
バスが乗用車に追突(柏市)	21.4.20
軽トラが人をはねる(館山市)	21.8.11
乗用車が原付に追突(松戸市)	21.10.4
空港内でひき逃げ(成田市)	22.6.8
建築鋼材がトレーラーから落下(船橋市)	22.8.17
ひき逃げ(野田市)	22.12.13
ブレーキ踏み間違い、車突っ込む(船橋市)	23.11.12
乗用車が電柱に衝突(匝瑳市)	24.2.29
バス停に車突っこむ(館山市)	24.4.27
ワゴン車衝突(浦安市)	24.5.13
TV紹介の道路で事故(松戸市)	24.6.19
ATMに乗用車が突入(君津市)	24.6.29
乗用車にはねられ死亡(野田市)	25.5.30
パトカー追跡中に衝突(袖ケ浦市)	25.6.7
ひき逃げ(八街市)	25.11.3

平成災害史事典総索引　　323

千葉県　都道府県別一覧

軽乗用車にはねられ死亡
（船橋市）　26.5.21
トラックなど3台が衝突（市川市）　26.9.8
乗用車とダンプが衝突（袖ヶ浦市）　26.11.18
パトカーとオートバイが衝突（千葉市）　27.4.8
乗用車がアパートに衝突（銚子市）　27.12.19
トラックが登校列に突っ込む（八街市）　28.11.2
タクシーが小学校フェンスに衝突（浦安市）　28.11.27
バスなど絡む多重事故（市川市）　29.11.21
過積載トレーラーが横転（千葉市）　30.9.8
交差点事故（旭市）　30.9.16
玉突き事故でケガ（市川市）　30.10.30

◇船舶事故・遭難

化学タンカー炎上（野島崎海上）　1.3.14－
貨物船・漁船衝突（銚子市沖）　1.5.26
漁船転覆（銚子市）　2.1.22
モーターボート転覆（山武郡九十九里町）　2.4.22
タンカー衝突（木更津港沖）　2.12.22
貨物船・タンカー衝突（銚子市沖）　9.7.11
水上バイク衝突（富津市）　10.7.13
ヨット転覆（富浦町沖）　11.6.27
ボート転覆（富津市沖）　13.1.3
貨物船・タンカー衝突（銚子市）　13.5.9
漁船沈没（白浜町）　14.6.10
強風で海に転落（市原市）　16.1.13
漁船転覆（鋸南町）　16.2.7
砂利運搬船と貨物船衝突（袖ヶ浦市沖）　17.1.18
貨物船同士が衝突（銚子市）　17.7.22
タンカーと漁船衝突（大原町）　17.8.18
濃霧で貨物船の衝突相次ぐ（館山市）　18.4.13

首都圏で大停電　18.8.14
ヨット転覆（館山市）　18.10.14－
旅客兼作業船座礁（富津市）　18.11.9
貨物船が砂浜に乗り上げる（館山市）　19.1.7
イージス艦「あたご」衝突事故　20.2.19
カツオ漁の漁船転覆（沖）　20.6.23
漁船転覆　20.11.21
漁船転覆（いすみ市）　21.10.29
釣り船と漁船が衝突（館山市）　24.3.4
高校生のボート転覆（東庄町）　24.12.26
東京湾でカヌーが転覆（市原市）　25.2.16
運送業作業船が沈没（南房総市）　25.4.29
ヨットレースで衝突（浦安市）　25.10.27
漁船から転落（南房総市）　26.5.18
水難事故が相次ぐ（いすみ市）　26.8.16
土砂運搬船で爆発（館山市）　27.5.22
海難事故が相次ぐ（銚子市、勝浦市）　28.8.7
作業船転覆（銚子市）　29.2.19
橋桁に挟まれ船頭死亡（香取市）　29.8.11

◇航空機事故

ジャンボ機エンジン部品落とす（成田市）　2.6.26
気球不時着（犬吠埼沖）　3.1.12
ジャンボジェット機エンジン故障（成田市）　10.5.12
陸上自衛隊ヘリコプター墜落（市原市）　13.2.14
旅客機オーバーラン　15.1.27
パラグライダー墜落（柏市）　17.3.26
グライダー墜落（野田市）　17.8.20
パラグライダー墜落（我孫子市）　20.3.9
乱気流（沖）　20.5.15
貨物機が着陸失敗（成田市）　21.3.23
乱気流（成田市）　21.10.26
旅客機が緊急着陸（成田市）　22.7.20

旅客機が着陸で胴体変形(成田市)	24.6.20
航空機、成田で尻もち?(成田市)	24.12.8
乱気流で緊急着陸(成田市)	26.12.16
グライダー墜落(栄町)	28.3.17
航空機の車軸折れる(成田空港)	30.6.29

◇エレベーター・エスカレーターの事故

エレベーターで転落	23.10.19
エレベーター事故(船橋市)	24.2.25

◇公害

高濃度ダイオキシン検出(千葉市)	9.この年
工場廃液を海に流出(市川市)	22.5.11
PM2.5濃度上昇で注意喚起	25.11.4

◇放射能汚染被害

自粛・制限対象野菜を故意に出荷(香取市)	23.4.26
牧草から放射性物質を検出(市原市、八街市)	23.4.28
公園などで高い放射線量	23.6.2
焼却灰からセシウム検出(流山市)	23.7.11
土中から高線量(柏市)	23.10.21
学校で高放射線量(我孫子市)	23.10.25
セメント会社排水からセシウム検出(市原市)	23.11.2
食品から放射性物質	24.4.4

◇医療・衛生災害

院内感染(市川市)	22.11.12
院内感染(松戸市)	23.10.25
新型多剤耐性菌が国内初検出	25.3.19

◇伝染病流行

冷凍魚介類コレラ汚染(成田市)	1.9.20
輸入マグロにコレラ菌(成田市)	1.9.27
気腫疽菌世界初の感染者(船橋市)	18.2.-
小中高校ではしか集団発生	18.4.-
新型インフル感染、国内初(成田市)	21.5.9

◇食品衛生・食品事故

ボツリヌス菌食中毒(柏市)	11.8.
O-157感染	13.5.25
食中毒(浦安市)	15.2.5
バナナに針混入	18.12.15
給食パンで窒息死(船橋市)	20.10.17
ウナギから塩素系殺虫剤(成田市)	21.1.15
ワカメを産地偽装(勝浦市)	21.2.6
タケノコで産地偽装(野田市)	21.3.27
マンゴーから殺虫剤(成田市)	21.4.3
産地偽装(富津市)	21.4.4
シジミの産地偽装(銚子市)	21.8.6
おでんパックに縫い針	22.1.3
生レバーで食中毒(市原市)	24.7.11
生レバーで食中毒(市川市)	24.7.13
サトイモ産地偽装(八街市)	24.9.24
食品に縫い針混入(流山市、千葉市、印西市)	25.7.2
種もみに他銘柄が混入(長南町)	25.11.21
ドーナツに楊枝混入(千葉市)	30.6.4

◇集団食中毒

コンサート会場で食中毒(千葉市)	17.8.14
刑務所で集団食中毒(市原市)	19.4.9
ノロウイルス院内集団感染(柏市)	20.12.2-
老人ホームで集団食中毒(市川市)	28.8.30
修学旅行で集団食中毒(成田市)	28.10.28
MRSA院内感染(千葉市)	29.11.

千葉県　都道府県別一覧

◇薬害・医療事故
　C型肝炎院内感染(千葉市)　11.7.-
　治療中に静脈破れ患者死亡(佐原市)　12.2.28
　人工透析中空気が混入(東金市)　12.5.26
　汚染血液輸血で患者死亡　15.9.3
　挿管ミスで患者死亡(船橋市)　15.10.21
　患者取り違えで死亡(茂原市)　15.12.19
　塩化カリウム製剤原液を誤投与(成田市)　16.5.15
　肺に栄養チューブ誤挿入(市原市)　17.4.1
　麻酔誤投与(松戸市)　17.9.12
　手術中に気管チューブ燃え死亡(松戸市)　20.10.10
　ノロウイルス院内集団感染(柏市)　20.12.2-
　腹腔鏡手術後死亡相次ぐ(千葉市)　26.4.
　XLIF手術ミスで死亡(船橋市)　28.5.17
　MRSA院内感染(千葉市)　29.11.
　画像診断で見落とし(千葉市)　30.6.8

◇山岳遭難
　キノコ採りで遭難(南房総市)　20.1.4

◇軍隊・軍事基地の事故
　陸上自衛隊ヘリコプター墜落(市原市)　13.2.14
　イージス艦「あたご」衝突事故　20.2.19
　落下傘訓練中に事故(船橋市)　20.3.7

◇機雷・不発弾の爆発
　不発弾発見(千葉市)　19.5.-

◇製品事故・管理不備
　携帯用DVDプレーヤー発火　20.8.29
　折りたたみ椅子で指を切断　22.4.-
　折りたたみ自転車で事故　22.9.17

　旅客機燃料もれ(成田市)　25.1.13

◇その他の災害
　トラック炎上(東葛飾郡沼南町)　1.6.5
　花火爆発(船橋市)　1.8.5
　金属片落下(山武郡芝山町)　1.10.10
　連続放火(銚子市)　2.1.3
　ジャンボ機エンジン部品落とす(成田市)　2.6.26
　転落死(松戸市)　6.10.23
　作業員転落死(千葉市花見川区)　10.3.24
　台倒れて園児下敷き(千葉市)　12.6.24
　ベンチから転落(千葉市)　17.4.10
　文化祭で実験中に爆発(柏市)　17.10.1
　駅で異臭騒ぎ　18.6.-
　首都圏で大停電　18.8.14
　車で通り魔(香取市)　20.11.10
　救急隊が搬送先を間違える(松戸市)　21.1.10
　猿駆除中に誤射(君津市)　21.8.23
　通り魔(鎌ヶ谷市)　22.6.18
　路線バスで立てこもり　23.11.16
　水道水から化学物質検出　24.5.18
　コースターで落下事故(浦安市)　24.5.28
　立体駐車場で挟まれ死亡(松戸市)　24.6.30
　留守番中の小学生が意識不明(流山市)　25.7.26
　通り魔殺人事件(柏市)　26.3.3
　水難事故が相次ぐ(いすみ市)　26.8.16
　遊園地のゴンドラが落下(山武市)　27.5.2
　貝採り中に溺れる(市川市)　27.6.28
　TDSで作業員が水死(浦安市)　27.10.27
　川で男児溺死(柏市)　29.9.23
　用水路で小1死亡(大網白里市)　30.7.1
　潮干狩りで溺れ死亡(船橋市)　30.9.9

　　　　　　　都道府県別一覧　　　　　東京都

砲丸が頭に当たりケガ(八
　街市)　　　　　　　　　30.11.12

【東京都】

◇気象災害
ジャンボ機に落雷(大田区)　1.3.29
強風で看板落下(品川区)　　2.2.11
竜巻(田無市)　　　　　　　2.6.16
熱射病　　　　　　　　　　2.7.18
熱中症で男性死亡(葛飾区)　10.7.29
熱中症(立川市)　　　　　　11.9.15
強風　　　　　　　　　　　12.3.20
竜巻(足立区)　　　　　　　12.9.12
大雨　　　　　　　　　　　12.9.23
竜巻(大島町)　　　　　　　12.12.25
熱中症　　　　　　　　　　13.6.27
熱中症　　　　　　　　　　13.7.
雷雨　　　　　　　　　　　13.10.10
強風で屋根落下(新宿区)　　14.1.8
強風でバックネット倒れ
　下敷き(武蔵野市)　　　　14.3.21
熱中症(足立区)　　　　　　14.8.6
強風でビル窓落下(渋谷区)　15.3.27
熱中症　　　　　　　　　　15.8.3
熱中症　　　　　　　　　　15.8.4
東京で連続真夏日最長記録　16.8.12
高波で貨物船沈没(父島沖)　17.2.2
野球場に落雷(江戸川区)　　17.8.23
落雷で登山家死亡(奥多摩町) 18.4.25
落雷で男性死亡(板橋区)　　18.8.8
悪天候で船転覆(新島)　　　18.10.8
熱中症　　　　　　　　　　20.7.−
熱中症(小笠原村)　　　　　20.10.24
強風でサッカーゴールが
　転倒(足立区)　　　　　　21.3.11
強風(八王子市)　　　　　　22.1.13
濃霧で欠航(大田区)　　　　22.2.25
熱中症で高齢女性死亡(練
　馬区)　　　　　　　　　　22.7.26
熱中症が多発(江戸川区)　　22.8.15−
熱帯夜の記録更新　　　　　22.8.26
熱中症で高齢姉妹が死亡
　(豊島区)　　　　　　　　22.9.1
強風　　　　　　　　　　　22.12.3

熱中症(台東区)　　　　　　23.6.29
熱中症(目黒区)　　　　　　23.7.1
落雷で大規模停電　　　　　23.8.11
熱中症(足立区)　　　　　　23.10.16
熱中症による搬送　　　　　25.7.8
熱中症　　　　　　　　　　25.7.10
熱中症　　　　　　　　　　25.8.11
熱中症(江戸川区)　　　　　25.8.13
熱中症で死亡(渋谷区)　　　27.8.11
熱中症で死亡(豊島区)　　　27.8.11
熱中症(足立区)　　　　　　28.8.9

◇台風
台風7号で土砂崩れ　　　　18.8.8−
伊豆大島土石流災害(台風
　26号被害)(大島町)　　　 25.10.16

◇豪雨(台風を除く)
増水で男性死亡(葛飾区)　　11.8.15
雷雨　　　　　　　　　　　11.8.29
大雨　　　　　　　　　　　13.7.18
雷雨　　　　　　　　　　　13.7.25
地下室沈没(八王子市)　　　13.7.26
局地的豪雨　　　　　　　　17.8.15
大雨　　　　　　　　　　　19.8.24
マンホール内で流され死
　亡(豊島区)　　　　　　　20.8.5
豪雨で浸水被害　　　　　　22.7.5
大雨で飛行機遅延　　　　　22.9.23
豪雨　　　　　　　　　　　26.7.24
大雨　　　　　　　　　　　26.9.10

◇豪雪
大雪　　　　　　　　　　　11.2.12
雪と強風で欠航(大田区)　　19.12.30−
首都大雪　　　　　　　　　30.1.22

◇地変災害
道路陥没(新宿区)　　　　　1.6.26
高波にさらわれ行方不明
　(三宅村)　　　　　　　　11.8.6
高波(江戸川区)　　　　　　12.7.30
高波(八丈町)　　　　　　　12.10.29
しけで遊漁船大揺れ(小笠
　原村)　　　　　　　　　　13.3.22

平成災害史事典総索引

東京都

◇地震・津波

項目	日付
地震（伊豆諸島）	4.5.14
地震（伊豆諸島）	4.6.15
地震（伊豆諸島）	4.10.17
地震（伊豆諸島）	5.3.25
地震（伊豆諸島）	5.10.10
群発地震（伊豆諸島）	6.3.11
群発地震（伊豆諸島）	6.3.16
地震（三宅島近海）	6.12.9
地震（伊豆諸島）	7.1.6
地震（三宅島）	7.5.13
地震（伊豆諸島）	7.7.16
地震（伊豆諸島）	7.10.6
余震（伊豆諸島）	7.10.20
地震（新島）	7.12.4
地震（神津島）	8.5.2
地震（伊豆諸島）	8.10.24
地震（伊豆諸島）	8.10.28
地震（伊豆諸島）	8.11.2
地震（伊豆諸島）	8.11.17
地震（伊豆諸島）	9.9.14
地震（関東地方）	10.11.8
群発地震（神津島村）	11.2.14
群発地震	11.3.14
地震（小笠原村）	11.7.20
群発地震（伊豆諸島）	11.7.30
地震（伊豆諸島）	11.7.30
地震	11.10.23
地震	11.12.21
地震	12.3.10
地震（小笠原村）	12.3.28
地震	12.4.14
伊豆諸島群発地震（神津島）	12.6.29−
地震	12.10.31
地震（伊豆諸島）	13.1.16
地震（新島村）	13.2.13
地震（新島・神津島）	13.3.4
地震	13.5.1
地震	13.5.7
地震	13.5.11
地震（新島・神津島）	13.6.5
地震（伊豆諸島）	13.6.27
地震（青ヶ島村）	13.7.4−
地震	13.8.7
地震	13.9.13
地震（式根島）	13.12.10
地震（式根島）	13.12.28
地震（式根島）	14.1.3
地震（式根島）	14.1.12
地震（伊豆大島）	14.1.18
地震（大島町）	14.1.20
地震（大島町）	14.1.21
地震（伊豆諸島）	14.5.28
地震（伊豆大島）	14.6.5
地震（伊豆諸島）	15.2.12
地震（伊豆諸島）	15.4.13
地震（伊豆大島）	15.10.28
地震	15.11.19
地震	15.12.30
地震（八丈島）	16.1.27
地震（式根島）	16.3.1
地震	16.6.20
地震（伊豆諸島）	17.5.1
地震	17.7.12
地震	18.4.11
地震	18.7.9−
地震（伊豆諸島）	18.11.1
地震	18.12.31
地震（小笠原諸島）	19.4.16
地震	19.5.5
地震（伊豆大島）	19.7.20
地震（伊豆諸島）	19.10.22
地震	20.2.27
地震で津波到達	21.1.4
地震	21.8.13
サモア沖地震で津波観測	21.9.30
地震（新島村, 神津島村）	21.10.14
地震（小笠原村）	21.10.21
地震	22.2.17
地震	22.5.9
地震（大島町）	22.10.17
地震	22.12.22
立体駐車場のスロープ滑落（町田市）	23.3.11
ソロモン地震で津波	25.2.6
地震（三宅島）	25.4.17
地震（千代田区）	26.5.5

地震と津波　　　　　　　　27.5.3
地震(小笠原村)　　　　　　27.5.30
地震(小笠原村)　　　　　　27.6.23
地震(府中市)　　　　　　　27.9.12
地震　　　　　　　　　　　28.2.5
地震(千代田区)　　　　　　28.7.19
地震が相次ぐ(大島町)　　　28.7.24

◇噴火・爆発
三宅島噴火(三宅支庁三宅村)　12.6.26
三宅島噴火(三宅支庁三宅村)　12.7.8
三宅島噴火(三宅支庁三宅村)　12.8.10
三宅島小噴火　　　　　　　13.10.16
小笠原・硫黄島小噴火　　　13.10.19
三宅島・雄山小噴火(三宅島)　14.4.2
伊豆鳥島噴火(伊豆諸島)　　14.8.12
三宅島噴火(三宅村)　　　　16.12.7
三宅島で噴火(三宅村)　　　25.1.22
海底噴火で新島(小笠原村)　25.11.20−
西之島噴火(西之島)　　　　29.4.20

◇地滑り・土砂崩れ
JR武蔵野線線路埋没(小平市)　3.10.11
小田急線脱線(多摩市)　　　3.10.11
地震(伊豆諸島)　　　　　　4.6.15
雨水管工事現場土砂崩れ(目黒区)　8.2.27
土砂崩れ(あきる野市)　　　8.3.18
大雨　　　　　　　　　　　12.9.23
コンクリート崩落(港区)　　13.7.10
台風7号で土砂崩れ　　　　　18.8.8−
伊豆大島土石流災害(台風26号被害)(大島町)　25.10.16

◇動植物災害
皇居外堀のコイ大量死(千代田区)　1.8.3
皇居でハチが大量発生(千代田区)　9.7.−
皇居で馬暴れる　　　　　　24.4.23
水族園でマグロ大量死(江戸川区)　27.1.14
羽田空港滑走路に犬(大田区)　28.5.11
犬にかまれ乳児死亡(八王子市)　29.3.9
公園でカラス大量死(練馬区,板橋区)　29.3.24−
水族館で魚大量死(豊島区)　29.11.8

◇一般火災
火災(練馬区)　　　　　　　1.1.11
連続放火(練馬区)　　　　　1.1.11−
連続放火(大田区)　　　　　1.1.19
連続放火(板橋区)　　　　　1.2.1
連続放火(世田谷区)　　　　1.2.25
火力発電所火災(品川区)　　1.3.4
放火(町田市)　　　　　　　1.3.5
車両火災(江東区)　　　　　1.4.9
連続放火(足立区)　　　　　1.7.8
ビル火災(新宿区)　　　　　1.9.20
火災(北区)　　　　　　　　1.12.13
作業場全焼(板橋区)　　　　2.6.2
作業所全焼(世田谷区)　　　2.9.11
クレーン車炎上(世田谷区)　5.6.12
火災　　　　　　　　　　　5.この年
火災(足立区)　　　　　　　6.8.4
靴底加工会社爆発炎上(台東区)　6.12.24
アーケード商店街火災(品川区)　7.3.14
火災(目黒区)　　　　　　　7.12.17
商店街火災(小金井市)　　　8.12.8
地下鉄工事現場火災(港区)　9.3.26
作業所火災(足立区)　　　　9.6.9
新宿駅西口地下段ボールハウス火災(新宿区)　10.2.7
はんてんに引火妻焼死(江東区)　10.2.17
走行中タクシー炎上(江戸川区)　10.12.24
車両火災(江戸川区)　　　　11.1.2
車両火災(新宿区)　　　　　11.2.20
車両火災(狛江市)　　　　　11.3.10
駐車場火災(板橋区)　　　　11.4.10
ビル火災(港区)　　　　　　11.5.9
市場火災(中央区)　　　　　11.7.13
総武線信号ケーブル炎上(墨田区)　11.7.30

東京都

連続放火(足立区) 11.9.14
古タイヤ炎上(八王子市) 11.10.2
変電所通信用ケーブル放火(大田区) 11.12.29
ビル火災(中野区) 12.1.2
ごみ堆積場火災(大田区) 12.1.17
連続放火(府中市) 12.1.20
倉庫火災(千代田区) 12.2.16
母子生活支援施設火災(調布市) 12.2.20
NHK放送技術研究所火災(世田谷区) 13.3.10
倉庫兼作業所火災(墨田区) 14.3.17
ごみ処理場火災(大田区) 14.5.7
木材加工会社作業所・住宅火災(江東区) 14.7.28
連続放火 14.8.-
連続放火(練馬区) 14.11.19
貨物船座礁(大島町) 14.11.26
信号機器室内蓄電装置火災(文京区) 15.3.25
ビル放火(品川区) 15.12.13
地下鉄トンネル火災(港区) 16.8.8
旅客機整備施設で火災(大田区) 18.8.30
東京駅変電所のぼやで京葉線運休(中央区) 18.9.28
貨物船火災(伊豆大島) 18.12.6
鉄道変電施設火災(国分寺市) 20.4.10
「トトロの家」全焼(杉並区) 21.2.14
廃棄物処理場で火災(国立市) 23.11.8
路上生活の女性が大やけど(中央区) 24.2.1
橋梁下で火災(葛飾区) 24.12.13
首都高で火災(渋谷区) 26.3.20
ケーブル火災で運転見合わせ 27.8.18
カツオ漁船で火災(御蔵島村) 28.5.27
手術中にレーザーメスで出火(新宿区) 28.5.31
東電トンネル火災 28.10.12
現代アート展で火災(新宿区) 28.11.6
公園火災(八王子市) 29.1.5
車両火災(八王子市) 29.7.28

◇住宅火災

住宅火災(葛飾区) 1.1.2
アパート火災(品川区) 1.1.13
住宅火災(江戸川区) 1.1.31
アパート火災(杉並区) 1.2.1
住宅火災(台東区) 1.2.14
マンション火災(新宿区) 1.2.19
アパート火災(足立区) 1.2.25
住宅火災(墨田区) 1.3.2
アパート火災(府中市) 1.3.4
住宅火災(文京区) 1.4.3
住宅火災(江戸川区) 1.4.6
住宅火災(荒川区) 1.4.10
住宅火災(荒川区) 1.5.22
住宅火災(足立区) 1.7.10
住宅火災(江東区) 1.12.29
アパート火災(江東区) 2.1.13
住宅火災(品川区) 2.3.12
アパート火災(豊島区) 2.5.25
住宅火災(足立区) 2.12.25
住宅火災(文京区) 4.3.12
大蔵省官舎火災(渋谷区) 5.4.26
住宅火災(江東区) 5.5.28
アパート火災(墨田区) 6.2.5
住宅火災(文京区) 6.7.13
アパート火災(板橋区) 6.11.11
住宅火災(江戸川区) 7.1.13
住宅火災(足立区) 7.1.29
住宅火災(台東区) 7.2.8
陸上自衛隊宿舎火災(八王子市) 7.4.12
住宅火災(墨田区) 7.11.1
建築工事中住宅から出火(目黒区) 7.11.25
共同住宅火災(多摩市) 8.2.22
アパート火災(足立区) 8.7.31
住宅火災(墨田区) 8.9.11
マンション火災(墨田区) 9.1.8
住宅火災(武蔵野市) 9.9.22
住宅火災(世田谷区) 10.1.4
アパート火災(江戸川区) 10.1.5
住宅火災(杉並区) 10.1.15
住宅火災(江東区) 10.1.21
マンション火災(江戸川区) 10.2.14

住宅火災(足立区)	10.2.23	アパート火災(足立区)	11.9.4
団地火災(武蔵野市)	10.2.27	住宅火災(葛飾区)	11.10.8
アパート火災(品川区)	10.2.28	店舗兼住宅全焼(豊島区)	11.10.18
住宅火災(墨田区)	10.3.7	住宅火災(八王子市)	11.11.9
アパート火災(杉並区)	10.3.12	アパート火災(三鷹市)	11.11.20
住宅火災(品川区)	10.3.21	住宅火災(杉並区)	11.12.4
都営住宅火災(江東区)	10.3.24	住宅全焼(大田区)	11.12.7
アパート火災(豊島区)	10.3.24	店舗火災(北区)	11.12.8
マンション火災(渋谷区)	10.4.8	アパート火災(大田区)	11.12.11
マンション火災(豊島区)	10.4.16	農家納屋火災(昭島市)	12.1.2
住宅火災(世田谷区)	10.5.8	住宅火災(板橋区)	12.1.3
住宅火災(渋谷区)	10.5.14	住宅火災(練馬区)	12.1.4
マンション火災(品川区)	10.6.13	ハト屋敷放火(新宿区)	12.1.5
住宅火災(品川区)	10.7.3	アパート火災(港区)	12.1.8
マンション火災(中野区)	10.8.1	住宅火災(墨田区)	12.1.14
アパート火災(中野区)	10.11.11	住宅火災(板橋区)	12.1.15
住宅火災(葛飾区)	10.11.15	住宅火災(府中市)	12.1.22
アパート火災(北区)	10.11.16	住宅火災(目黒区)	12.1.23
アパート火災(葛飾区)	10.12.5	住宅全焼(文京区)	12.1.25
住宅火災(杉並区)	10.12.21	住宅火災(目黒区)	12.2.3
アパート火災(足立区)	10.12.22	店舗兼住宅火災(墨田区)	12.2.5
住宅火災(世田谷区)	10.12.24	マンション火災(北区)	12.2.5
住宅火災(杉並区)	10.12.29	マンション火災(渋谷区)	12.2.19
住宅火災(板橋区)	11.1.2	住宅全焼(中野区)	12.2.23
連続放火(杉並区)	11.1.6	アパート火災(江戸川区)	12.2.25
アパート火災(板橋区)	11.1.9	住宅火災(杉並区)	12.2.28
アパート火災(新宿区)	11.1.21	アパート火災(葛飾区)	12.3.2
住宅火災(足立区)	11.1.21	アパート火災(東大和市)	12.3.2
アパート火災(足立区)	11.2.20	住宅全焼(板橋区)	12.3.14
アパート火災(調布市)	11.2.22	住宅全焼(墨田区)	12.3.14
住宅火災(板橋区)	11.2.22	アパート火災(葛飾区)	12.3.26
住宅火災(品川区)	11.2.23	住宅火災(品川区)	12.4.17
住宅火災(新宿区)	11.2.28	住宅火災(練馬区)	12.6.7
アパート火災(府中市)	11.3.27	住宅火災(墨田区)	12.7.24
住宅火災(大田区)	11.4.7	住宅火災(北区)	12.8.12
住宅全焼(江戸川区)	11.4.28	住宅全焼(大田区)	12.8.19
マンション火災(品川区)	11.5.18	住宅全焼(杉並区)	12.8.23
住宅火災(足立区)	11.5.20	マンション火災(新宿区)	12.8.31
住宅火災(国分寺市)	11.6.26	マンション火災(港区)	12.10.4
住宅兼作業所全焼(大田区)	11.7.10	アパート火災(板橋区)	12.10.30
店舗火災(立川市)	11.7.27	マンション火災(豊島区)	12.11.13
アパート火災(杉並区)	11.8.13	アパート火災(稲城市)	12.12.13
住宅火災(荒川区)	11.8.20	アパート火災(荒川区)	12.12.27
住宅火災(足立区)	11.8.28	住宅火災(江東区)	13.1.23

東京都　　都道府県別一覧

マンション火災(港区)	13.2.8
団地火災(昭島市)	13.2.9
アパート火災(大田区)	13.3.2
アパート火災(足立区)	13.3.10
アパート火災(江戸川区)	13.3.15
マンション火災(台東区)	13.4.1
小学生が住宅放火(中野区)	13.4.2
アパート全焼(板橋区)	13.4.9
住宅火災(世田谷区)	13.5.12
アパート火災(品川区)	13.5.12
アパート火災(練馬区)	13.5.14
連続放火(足立区)	13.6.6
住宅火災(杉並区)	13.7.7
住宅火災(練馬区)	13.7.24
住宅火災(東久留米市)	13.8.7
店舗兼住宅火災(荒川区)	13.8.16
住宅火災(足立区)	13.8.17
住宅火災(大阪市)	13.8.18
住宅火災(葛飾区)	13.9.18
住宅火災	13.9.20
住宅火災(町田市)	13.9.22
住宅火災(調布市)	13.9.23
店舗兼住宅火災(品川区)	13.11.24
アパート火災(品川区)	13.12.13
住宅火災(港区)	13.12.14
アパート火災(武蔵野市)	13.12.17
従業員寮火災(江戸川区)	14.1.7
住宅火災(江戸川区)	14.1.11
マンション火災(府中市)	14.1.25
住宅火災(板橋区)	14.1.29
アパート火災(江戸川区)	14.2.2
住宅火災(墨田区)	14.2.10
アパート火災(足立区)	14.2.22
クリーニング店兼店舗火災(新宿区)	14.2.23
アパート火災(大田区)	14.3.10
アパート火災(新宿区)	14.3.19
集合住宅火災(荒川区)	14.5.5
住宅火災(足立区)	14.8.12
住宅火災(墨田区)	14.9.19
アパート火災(葛飾区)	14.9.22
銭湯で火災(墨田区)	14.9.30
住宅火災(杉並区)	14.11.2
店舗兼共同住宅出火(江東区)	14.11.6
住宅火災(江戸川区)	14.11.14
アパート火災(杉並区)	14.11.20
アパート火災(新宿区)	14.11.30
住宅火災(葛飾区)	14.12.4
アパート火災(足立区)	14.12.6
住宅火災(墨田区)	14.12.6
住宅火災(江戸川区)	14.12.18
住宅火災(世田谷区)	14.12.22
アパート火災(北区)	15.1.2
住宅火災(品川区)	15.1.4
アパート火災(北区)	15.1.4
住宅火災(調布市)	15.1.16
アパート火災(品川区)	15.1.24
住宅火災(府中市)	15.1.25
住宅火災(練馬区)	15.1.30
マンション火災(大田区)	15.1.31
住宅火災(西東京市)	15.2.1
住宅火災(足立区)	15.2.21
アパート火災(練馬区)	15.2.21
住宅火災(江東区)	15.4.10
アパート火災(江東区)	15.4.11
マンション火災(港区)	15.4.12
住宅火災(港区)	15.4.17
住宅火災(江東区)	15.4.20
アパート火災(足立区)	15.4.26
アパート火災(豊島区)	15.5.12
住宅火災(文京区)	15.6.4
アパート火災(足立区)	15.6.21
住宅火災(世田谷区)	15.6.22
アパート火災(北区)	15.9.2
団地火災(西東京市)	15.9.21
住宅火災(小金井市)	15.10.21
住宅火災(町田市)	15.10.23
住宅火災(町田市)	15.11.13
住宅火災(町田市)	15.12.5
住宅火災(足立区)	16.1.1
マンション火災(品川区)	16.2.14
住宅火災(八王子市)	16.2.21
住宅火災(小平市)	16.2.25
住宅火災(杉並区)	16.7.17
住宅火災(世田谷区)	16.10.19
住宅火災(大田区)	16.10.28

マンション火災(葛飾区)	17.1.3
都営アパート火災(豊島区)	17.2.23
アパート火災(足立区)	17.12.31
アパート火災(狛江市)	18.1.31
住宅全焼(練馬区)	18.5.13
住宅全焼(八丈町)	18.5.15
住宅火災(三鷹市)	18.7.14
アパート火災(品川区)	18.8.22
住宅全焼(八王子市)	18.9.22
住宅全焼(墨田区)	18.12.29
アパート火災(足立区)	19.1.26
マンション火災(江戸川区)	19.1.31
住宅火災(府中市)	19.2.19
住宅火災(葛飾区)	19.4.6
マンション火災(町田市)	19.4.19
都営住宅火災(港区)	19.5.9
住宅火災(調布市)	19.6.8
住宅火災(文京区)	19.7.19
古い扇風機発火で火災(足立区)	19.8.20
アパート火災(福生市)	19.12.5
住宅火災(葛飾区)	20.1.30
アパート火災(足立区)	20.7.12
住宅火災(江戸川区)	20.7.19
住宅火災(国立市)	20.11.1
住宅火災(世田谷区)	20.11.26
住宅火災(世田谷区)	21.1.7
住宅火災(板橋区)	21.5.25
マンション火災(目黒区)	21.6.19
住宅火災(品川区)	21.8.23
店舗兼住宅で火災(荒川区)	21.12.24
住宅全焼(大田区)	22.1.3
住宅火災(練馬区)	22.2.5
アパート火災(練馬区)	22.2.17
住宅火災(足立区)	22.4.29
住宅火災(足立区)	23.8.4
アパート火災(新宿区)	23.11.6
住宅火災、送電線に延焼(北区)	24.1.21
相次ぐ火災	24.1.31
住宅火災(調布市)	24.2.14
住宅火災(板橋区)	24.2.14
住宅火災(文京区)	24.5.23
住宅火災(青梅市)	24.10.2
住宅倒壊(荒川区)	25.2.6
住宅火災(町田市)	25.3.7
アパート火災(台東区)	25.4.3
住宅火災(板橋区)	26.3.15
住宅火災(杉並区)	26.5.14
住宅火災(世田谷区)	26.12.29
住宅火災(中央区)	27.1.4
マンション火災(江東区)	27.2.20
アパート火災(葛飾区)	27.2.27
アパート火災(北区)	27.4.11
住宅火災(三宅村)	27.7.16
アパートに放火(大田区)	27.8.9
住宅火災(千代田区)	28.2.23
住宅火災(八王子市)	28.3.17
UR賃貸住宅で火災(江東区)	28.4.26
住宅火災(小平市)	28.6.30
住宅火災(東大和市)	28.12.21
マンション火災(豊島区)	29.1.24
住宅火災(三宅村)	29.2.17
住宅火災(足立区)	29.3.27
住宅火災(東村山市)	29.4.15
小田急沿線火災(渋谷区)	29.9.10
住宅火災(葛飾区)	29.11.17
住宅火災(目黒区)	29.11.25
アパート火災(荒川区)	30.2.16
住宅火災(練馬区)	30.5.24
都営住宅で火災(練馬区)	30.11.8

◇店舗・事務所火災

店舗火災(江東区)	1.1.12
店舗火災(文京区)	1.1.19
店舗火災(目黒区)	1.4.1
ラフォーレ原宿でボヤ(渋谷区)	1.4.7
JR貨物大井機関区総合事務所火災(品川区)	1.4.21
高層マンション火災(江東区)	1.8.24
卸売市場でボヤ(中央区)	1.9.2
渋谷駅でボヤ(渋谷区)	1.9.3
店舗火災(大田区)	1.10.21
フィリピン旧大使館火災(港区)	2.4.13
ビル火災(新宿区)	3.2.10

東京都　都道府県別一覧

銀座ルイヴィトンで火災(中央区)	4.6.15
店舗火災(中野区)	4.12.30
ビル火災(中央区)	5.4.3
葛西臨海水族園で火災(江戸川区)	5.10.7
築地市場火災(中央区)	6.3.26
ビル火災(台東区)	6.6.4
店舗火災(世田谷区)	6.12.10
飲食店火災(福生市)	7.2.17
羽子板市の露店焼く(台東区)	7.12.19
店舗火災(文京区)	9.1.3
新型郵便物自動区分機出火(世田谷区)	9.5.3
ビル火災(豊島区)	9.9.8
高層ビル火災(墨田区)	9.9.14
築地市場火災(中央区)	9.12.21
雑居ビル火災(新宿区)	10.3.19
給油所事務所で爆発(足立区)	11.3.6
アメ横で放火(台東区)	11.3.29
住宅火災(大田区)	11.9.18
アパート火災(大田区)	11.9.19
店舗火災(墨田区)	11.11.20
店舗火災(新宿区)	11.11.24
ビル火災(渋谷区)	11.12.15
店舗火災(大田区)	12.3.2
集合店舗全焼(中央区)	12.3.3
住宅火災(大田区)	12.3.5
スーパー放火(西多摩郡日の出町)	12.7.25
アパート火災(葛飾区)	13.1.26
住宅全焼(調布市)	13.2.1
ビル放火(江東区)	13.2.8
住宅火災(足立区)	13.2.22
ビル火災(豊島区)	13.3.9
生活保護施設放火(足立区)	13.4.6
店舗兼住宅火災(荒川区)	13.8.16
新宿歌舞伎町ビル火災(新宿区)	13.9.1
新宿歌舞伎町ビル火災(新宿区)	13.10.29
設計事務所火災(練馬区)	13.10.31
焼き鳥店火災(北区)	14.12.7
塗装店火災(大田区)	15.4.5
ビル火災(台東区)	15.11.25
ビル火災(千代田区)	16.2.10
スタジオ火災(調布市)	16.11.21
倉庫火災(江東区)	17.2.22
ビル工事現場でぼや(千代田区)	19.1.31
商業ビル火災(港区)	19.4.4
店舗火災(葛飾区)	20.2.21
映画用の火薬調合中に爆発(渋谷区)	20.11.12
商店街火災(東大和市)	21.1.6
横田基地で火災(福生市)	21.1.20
居酒屋で火災(杉並区)	21.11.22
ゴルフ用品製造会社で火災(荒川区)	21.11.23
店舗兼住宅で火災(荒川区)	21.12.24
居酒屋が全焼(渋谷区)	22.12.6
有名そば店が火災(千代田区)	25.2.19
駅付近火災で新幹線が運休(千代田区)	26.1.3
催事場で火災(江戸川区)	26.5.14
寿司店で火災(台東区)	26.10.29
新宿ゴールデン街火災(新宿区)	28.4.12
倉庫火災(江東区)	29.6.20
築地場外市場火災(中央区)	29.8.3
雑居ビル火災(中央区)	29.10.4
センター街ビル火災(渋谷区)	30.10.31

◇劇場・映画館火災

にっかつ撮影所炎上(調布市)	1.2.10

◇旅館・ホテル火災

簡易宿泊施設全焼(立川市)	2.5.15
ホテル火事(台東区)	3.12.30
キャピトル東急ホテルでボヤ(千代田区)	5.3.2
「東京都奥多摩都民の森」宿泊施設火災(西多摩郡奥多摩町)	6.3.12
ホテル火災(豊島区)	7.2.25
ホテル火災(港区)	20.2.15
ホテル火災(豊島区)	20.3.8

都道府県別一覧　　　　　　　　東京都

簡易宿泊所で火災(板橋区)　24.5.30
ホテル火災(千代田区)　25.4.5

◇学校・病院火災

日医大病院火災(文京区)　1.2.18
産院火災(足立区)　1.3.17
国立予防衛生研究所でボヤ(品川区)　1.5.12
赤坂中でボヤ(港区)　1.9.5
羽田旭小学校ボヤ(大田区)　3.7.18
大泉第一小学校給食室焼ける(練馬区)　5.2.25
東京慈恵医大病院ボヤ(港区)　5.4.26
道上小学校火災(葛飾区)　5.8.4
東京理科大研究室全焼(新宿区)　7.3.16
東京水産大学火災(港区)　12.2.14
明治大学放火(杉並区)　12.5.15
玉川学園高等部野球部部室全焼(町田市)　13.8.5
日本体育大学校舎火災(世田谷区)　13.10.21
歯科医院兼住宅火災(練馬区)　14.4.20
入院患者が病室に放火(板橋区)　18.10.15
小学校給食室で火災(世田谷区)　23.4.14
大学で実験中に爆発(大田区石川町)　24.11.23

◇神社・寺院火災

上野輪王寺全焼(台東区)　1.9.4
蓮昌寺火災(葛飾区)　1.12.19
住吉神社神楽殿全焼(八王子市)　2.8.25
東京本願寺火災(台東区)　3.1.1
天理教会火災(豊島区)　4.2.2
観栖寺と山林焼ける(八王子市)　5.2.3
神社社務所全焼(港区)　5.12.10
神社全焼(国分寺市)　11.9.13

◇山林火災

観栖寺と山林焼ける(八王子市)　5.2.3
山林火災(檜原村)　11.1.23
古タイヤ炎上(八王子市)　11.10.2
山林火災(八王子市)　12.5.1
発泡スチロール再生工場火災(八王子市)　12.12.31
山林火災(八王子市)　16.2.27
山火事(奥多摩町)　17.3.21
山林火災(八王子市)　18.1.11
山火事(三宅村)　24.11.16-

◇ガス中毒事故

ガス中毒(保谷市)　1.2.1
排ガス中毒(世田谷区)　1.2.6
一酸化炭素中毒死(杉並区)　2.12.30
刺激臭発生(江東区)　8.10.31
一酸化炭素中毒死(東久留米市)　8.12.4
排気ガス中毒(大田区)　8.12.28
一酸化炭素中毒(杉並区)　11.7.15
一酸化炭素中毒死で誤診(江東区)　11.11.22-
一酸化炭素中毒(江東区)　12.2.12
一酸化炭素中毒(大田区)　12.3.16
一酸化炭素中毒(練馬区)　12.6.11
一酸化炭素中毒(江戸川区)　12.8.13
一酸化炭素中毒(西多摩郡日の出町)　15.1.3
一酸化炭素中毒(利島村)　15.1.16
建設現場で一酸化炭素中毒(文京区)　15.8.18
ラーメン店で一酸化炭素中毒(新宿区)　15.9.14
調理実習で一酸化炭素中毒(小平市)　16.2.17
焼き肉店で一酸化炭素中毒(立川市)　17.6.24
工事現場でガス漏れ(板橋区)　18.2.9
ケーキ店で一酸化炭素中毒(豊島区)　18.6.21
料理店で一酸化炭素中毒(中央区)　18.7.17

東京都

居酒屋で一酸化炭素中毒(武蔵野市)	19.4.6
実験でガス発生(小金井市)	19.6.20
理科の実験で中毒(台東区)	20.1.24
給食室で一酸化炭素中毒(杉並区)	20.7.3
硫化水素自殺に巻き添え(大田区)	20.8.6
遊戯施設で一酸化炭素中毒(あきる野市)	20.8.9
牛たん店で一酸化炭素中毒(渋谷区)	20.9.16
工業高校で異臭(杉並区)	21.6.9
居酒屋でCO中毒か(江戸川区)	21.7.3
保育園で異臭(江東区)	21.7.16
理科実験で硫化水素が発生(練馬区)	21.11.6
電車内で塩酸が漏れ出す(中央区)	21.11.18
ガス漏れ放置	25.10.31
学校の実験室でガス漏れ(武蔵野市)	30.10.15

◇都市ガス等の爆発事故

ガス爆発(品川区)	1.2.18
ガス爆発(世田谷区)	1.2.19
アパートガス爆発(清瀬市)	1.3.10
ガス爆発(港区)	1.5.1
ガス爆発(渋谷区)	1.11.8
プロパンガス爆発(江戸川区)	1.11.28
卓上コンロ爆発(葛飾区)	1.12.30
アパートガス爆発(葛飾区)	2.1.14
ボンベ爆発(中央区)	3.1.11
アパートガス爆発(国立市)	3.4.16
一酸化炭素中毒(葛飾区)	4.1.21
ガス爆発(武蔵野市)	5.2.1
ガス爆発(江戸川区)	7.1.29
ガスボンベ爆発(豊島区)	8.10.12
ガス爆発(文京区)	8.10.22
ビル火災(港区)	11.5.9
配管工事でガス爆発(中央区)	11.6.3
卓上コンロ爆発(中央区)	13.8.14
ビル工事中にガス爆発(渋谷区)	13.11.21
ガス爆発(北区)	16.9.18
温泉掘削現場で火災(北区)	17.2.10
コンロのボンベ破裂(中央区)	19.1.9
温泉くみ上げ施設爆発(渋谷区)	19.6.19
高校でガスボンベ爆発(豊島区)	20.9.20
ガス漏れ火災	29.10.12

◇産業災害

火力発電所火災(品川区)	1.3.4
水道管破裂(豊島区)	3.6.4
水道管破裂(文京区)	3.7.20
マンホール爆発(北区)	4.5.9
水道管破裂(江東区)	4.7.16
実験中に爆発(新宿区)	4.10.6
ビルの塗装作業ゴンドラ落下(新宿区)	6.5.7
医療用放射線発生装置で被曝(世田谷区)	13.12.21
舞台昇降台事故(北区)	13.12.21
ごみ処理場火災(大田区)	14.5.7
エレベーターで点検作業員死亡(江東区)	18.8.24
温泉くみ上げ施設爆発(渋谷区)	19.6.19
洗車機に挟まれる(豊島区)	21.4.7
エレベーターから転落(中央区)	21.12.14
変電所設備トラブルで停電	22.11.18
汚染水漏れ(狛江市)	25.2.25
放射性物質を含む水が漏えい(府中市)	25.12.19

◇工場災害・汚染被害

工場火災(目黒区)	1.7.4
工場火災(墨田区)	1.9.12
工場火災(豊島区)	1.11.27
日立工場半導体処理室爆発(小平市)	1.12.13
作業場全焼(板橋区)	2.6.2
工場密集地火災(江戸川区)	2.7.24
花火工場爆発(秋川市)	2.8.9
作業所全焼(世田谷区)	2.9.11
作業員圧迫死(北区)	3.2.3

家具工場火災(江東区)	4.7.22
工場全焼(八丈町)	4.9.6
ワゴン車爆発(世田谷区)	4.9.18
工場全焼(板橋区)	5.2.4
工場火災(豊島区)	5.3.15
工場火災(八王子市)	6.4.23
東洋化学薬品化学工場爆発(板橋区)	6.5.13
靴底加工会社爆発炎上(台東区)	6.12.24
工場火災(江戸川区)	9.2.13
工場火災(荒川区)	11.2.7
工場火災(墨田区)	11.4.6
工場火災(足立区)	11.8.21
工場火災(北区)	11.12.7
工場火災(中野区)	11.12.26
工場火災(葛飾区)	12.1.8
ごみ堆積場火災(大田区)	12.1.17
工場火災(葛飾区)	12.7.17
自動車組み立て工場火災(日野市)	12.11.12
電機部品工場爆発(町田市)	12.11.24
発泡スチロール再生工場火災(八王子市)	12.12.31
印刷工場火災(北区)	13.1.15
自動車組み立て工場火災(日野市)	13.2.17
塩酸タンクに転落(北区)	14.4.27
工場火災(墨田区)	15.2.25
機械の下敷きで作業員死傷(昭島市)	18.8.22
工場火災(板橋区)	18.10.2
ガラス工場で爆発(江東区)	20.7.9
湧き水からトルエン検出(板橋区)	21.9.7
ゴルフ用品製造会社で火災(荒川区)	21.11.23
沖ノ鳥島で桟橋が転覆(小笠原村)	26.3.30
金属加工会社で火災(町田市)	26.5.13
作業員がCO中毒(文京区)	30.9.15

◇鉱山災害

石灰石採掘現場崩落(西多摩郡奥多摩町)	3.12.2

◇土木・建築現場の災害

クレーン車アパート直撃(港区)	1.7.20
転落事故(町田市)	1.8.19
ガス漏れ事故(台東区)	1.10.20
ガス爆発(渋谷区)	1.11.8
鉄製パイル落下(杉並区)	2.11.10
くい打ち機住宅直撃(立川市)	3.3.16
クレーン車転倒事故(品川区)	3.3.19
廃業ガソリンスタンド爆発(立川市)	3.5.15
ガソリンタンク爆発(中野区)	3.5.16
クレーン折れる(江東区)	3.6.20
ビル改装現場火災(台東区)	3.8.10
工事現場作業員転落(足立区)	4.3.16
ビル工事現場床落下(文京区)	4.9.26
乗用車・照明車衝突(杉並区)	6.4.21
大型トレーラー・資材運搬車衝突(渋谷区)	6.9.20
雨水管工事現場土砂崩れ(目黒区)	8.2.27
マンション建設工事現場床落下(文京区)	8.3.29
一酸化炭素中毒死(東久留米市)	8.12.4
地下鉄工事現場火災(港区)	9.3.26
クレーン車横転(足立区)	12.8.26
解体工事現場で作業員生き埋め(大田区)	12.10.16
NHK放送技術研究所火災(世田谷区)	13.3.10
住宅造成地でコンクリートブロック崩れ(多摩市)	14.11.14
ビル工事現場で床が抜け落ち転落(港区)	14.11.20
鉄板落下(江戸川区)	15.1.14
ビル解体現場で崩落(目黒区)	15.4.3
解体工事現場で側壁倒壊(中央区)	16.4.30
温泉掘削現場で火災(北区)	17.2.10

東京都　　　　都道府県別一覧

工事現場にタクシー激突(文京区)	17.10.8
工事現場でガス漏れ(板橋区)	18.2.9
エレベーター昇降路で転落死(八王子市)	18.8.30
ビル工事現場でぼや(千代田区)	19.1.31
工事現場からコンクリ落下(新宿区)	19.10.28
生コン落下(港区)	20.8.1
撮影クレーン横転(江東区)	20.8.22
建設現場ゴンドラ落下(港区)	20.8.29
外壁用コンクリート板落下直撃(葛飾区)	20.12.25
クレーンが倒れる(千代田区)	21.4.14
クレーンが落下(板橋区)	21.6.3
工事現場で機材落下(板橋区)	21.12.20
建設現場から化学物質(江東区)	23.2.9
工事現場で作業車が横転(品川区)	25.1.16
工事現場で鉄骨落下(渋谷区)	25.4.5
マンション建設現場で金属板が落下(港区)	26.1.15
首都高高架橋で火災(江戸川区)	27.2.16
工事現場から鉄パイプ落下(港区)	28.10.14
ビル工事現場で転落死(千代田区)	29.8.11
乗用車が標識車に衝突(目黒区)	29.9.22
多摩建設現場火災(多摩市)	30.7.26

◇輸送機関の事故

ゴンドラから転落(中央区)	3.1.19
ビルの塗装作業ゴンドラ落下(新宿区)	6.5.7
建設現場ゴンドラ落下(港区)	20.8.29
濃霧で欠航(大田区)	22.2.25
大雨で飛行機遅延	22.9.23

清掃車が男性巻き込む(江東区)	24.10.16
首都高で火災(渋谷区)	26.3.20
自転車と歩行者が衝突(港区)	28.12.30

◇列車・電車事故

青梅線普通電車脱線(西多摩郡奥多摩町)	2.2.1
作業員電車にはねられる(新宿区)	2.3.5
東西線普通電車脱線(江東区)	2.9.8
小田急線脱線(多摩市)	3.10.11
乗用車・京成電鉄押上線電車接触(葛飾区)	4.3.16
軽トラック線路落下(八王子市)	5.2.19
営団地下鉄銀座線電車発煙(千代田区)	9.4.11
営団職員街道電車にはねられ死亡(渋谷区)	10.3.11
電車にはねられ死亡(渋谷区)	11.1.8
保線作業員はねられ死亡(品川区)	11.2.21
八高線人身事故(昭島市)	11.3.11
総武線信号ケーブル炎上(墨田区)	11.7.30
中央線ホームで列車に引きずられ負傷(杉並区)	11.11.18
東海道線で人身事故(大田区)	12.3.6
地下鉄日比谷線脱線衝突事故(目黒区)	12.3.8
中央線で人身事故(八王子市)	12.6.18
JR新大久保駅転落死亡事故(新宿区)	13.1.26
JR武蔵野線人身事故(国分寺市)	13.8.20
山手線レール沈下(港区)	18.2.20
ゆりかもめ車輪脱線	18.4.14
都道拡幅工事で山手線運休(新宿区)	18.4.24
路面電車が試運転車両に追突(北区)	18.6.13

ベビーカー挟み発車(千代田区)	19.5.24
駅で信号トラブル(渋谷区)	21.4.7
停電で列車運休	21.7.30
始発電車に保守車が衝突(江東区)	21.9.9
電車内で塩酸が漏れ出す(中央区)	21.11.18
工事現場で機材落下(板橋区)	21.12.20
駅のホームから転落(新宿区)	22.8.23
鉄道事故(豊島区)	23.1.16
鉄道トラブル	23.2.25
鉄道で自殺巻き添え(葛飾区)	23.7.12
電車接触事故(町田市)	23.7.26
鉄道トラブル(多摩市)	23.8.8
視覚障害者、電車にはねられ死亡(昭島市)	23.10.3
タクシーが線路に転落(品川区)	23.10.25
渋谷駅で停電(渋谷区)	23.11.2
地下鉄レール交換中に事故(江東区)	23.12.7
電車が脱線(東村山市)	23.12.24
全盲男性、電車と接触し死亡(港区)	24.9.6
電車内でスプレー噴射(目黒区)	25.3.8
ホームから転落(新宿区)	25.5.27
全盲男性ホームから転落(中野区)	25.6.20
電車飛び込みで巻き添え(葛飾区)	25.6.27
駅付近火災で新幹線が運休(千代田区)	26.1.3
駅ホームで転落事故(荒川区)	26.1.8
レインボーブリッジの火災でゆりかもめが運休(港区)	26.7.15
ホームで飛び込み自殺(目黒区)	26.8.11
首都高高架橋で火災(江戸川区)	27.2.16
山手線が9時間不通(千代田区)	27.4.12
アパートに放火(大田区)	27.8.9
ケーブル火災で運転見合わせ	27.8.18
駅ホームから飛び込み自殺(品川区)	28.5.9
視覚障がい者が駅ホームから転落(港区)	28.8.15
電車と接触し2人巻き添え(千代田区)	29.4.27
小田急沿線火災(渋谷区)	29.9.10
都営線停電	30.2.24
地下鉄で案内パネル落下(台東区)	30.2.26
東武東上線停電(板橋区)	30.7.5
ホームから転落、視覚に障がい(品川区)	30.9.4
発煙で運転見合せ(江戸川区)	30.9.9
東北新幹線バッテリー発火事故	30.11.9
山手線でドア破損、ケガ(渋谷区)	30.11.14
新幹線ブレーキ故障((東京駅))	30.12.30

◇踏切事故

特急電車・乗用車衝突(葛飾区)	1.1.20
小田急急行・トラック接触(世田谷区)	1.1.23
ワゴン車・電車接触(世田谷区)	1.5.3
軽トラック・中央線快速電車衝突(国立市)	1.6.14
ワゴン車・中央線電車衝突(小金井市)	2.1.20
乗用車・西武国分寺線電車衝突(国分寺市)	2.3.2
乗用車・京王井の頭線電車衝突(杉並区)	3.1.3
西武新宿線人身事故(保谷市)	5.6.11
京成押上線人身事故(墨田区)	6.1.21
軽ワゴン車・中央線電車衝突(八王子市)	6.9.27

東京都　都道府県別一覧

京浜東北線電車・トラック衝突(北区)　7.6.28
軽自動車・東武東上線電車衝突(練馬区)　7.10.21
南武線人身事故(稲城市)　11.2.21
東武東上線人身事故(板橋区)　11.3.18
井の頭線駒場東大前駅で警官はねられ死傷(目黒区)　11.4.4
中央線で人身事故(武蔵野市)　11.4.7
中央線で人身事故(国立市)　11.6.17
JR中央線踏切人身事故(武蔵野市)　14.10.21
普通電車脱線(練馬区)　15.9.16
竹ノ塚駅踏切死傷事故(足立区)　17.3.15
踏切開かず横断して事故(大田区)　17.10.12
自殺を制止しようと警官が死亡(板橋区)　19.2.6
車いす男性、列車にはねられ死亡(豊島区)　24.10.26
踏切進入で事故(葛飾区)　25.2.14
踏切で手押し車ひっかけ死亡(豊島区)　29.2.9
踏切渡りきれず死亡(葛飾区)　29.2.10

◇自動車事故

タクシー・スポーツカー追突(東久留米市)　1.1.14
中央高速玉突き事故(三鷹市)　1.1.24
歩行者・バイク衝突(大田区)　1.2.8
乗用車暴走(練馬区)　1.2.11
首相官邸トラック突入(千代田区)　1.3.5
5重追突事故(港区)　1.3.15
車両火災(江東区)　1.4.9
京浜急行バス・オートバイ衝突(大田区)　1.4.9
オートバイ・乗用車衝突(稲城市)　1.6.3
乗用車・トラック衝突(世田谷区)　1.6.5
中央高速玉突事故(八王子市)　1.6.19
乗用車激突(文京区)　1.7.17
首都高速道路湾岸線玉突き事故(品川区)　1.9.12
地下鉄駅入り口乗用車突入(台東区)　1.9.15
関東鉄道高速路線バス追突(足立区)　1.10.4
トラック横転(渋谷区)　1.10.16
軽乗用車・ワゴン車衝突(杉並区)　1.10.22
環状7号線玉突き事故(中野区)　2.1.17
トラック・バス衝突(板橋区)　2.4.3
トラック横転(江東区)　2.6.20
救急車・トラック追突(江戸川区)　2.6.25
幼稚園バス横転(世田谷区)　2.7.12
大型ダンプカー・乗用車衝突(中央区)　2.7.19
多重衝突(港区)　2.8.4
観光バス分離帯に衝突(江東区)　3.1.22
東名高速玉突き事故(世田谷区)　3.3.30
無人トラック逆走(八王子市)　3.4.19
小田急バス・乗用車衝突(狛江市)　3.6.1
トレーラー炎上(江戸川区)　3.8.7
乗用車・送迎バス衝突(葛飾区)　3.8.14
ワゴン車・バス衝突(多摩市)　4.1.27
乗用車・京成電鉄押上線電車接触(葛飾区)　4.3.16
大型ダンプ・マイクロバス追突(新宿区)　4.4.29
立体駐車場車転落(中央区)　4.7.3
軽トラック線路落下(八王子市)　5.2.19
首都高に紙ロール散乱(文京区)　5.5.9
玉突き事故(八王子市)　5.5.20
バス横転(港区)　5.6.12
クレーン車炎上(世田谷区)　5.6.12
レインボーブリッジ追突事故(港区)　5.9.1

都道府県別一覧　　　　　　　　東京都

項目	日付
首都高速玉突き事故(品川区)	5.9.27
中央自動車道玉突き衝突(八王子市)	5.12.10
レインボーブリッジ多重衝突(港区)	5.12.24
ダンプ・タクシー追突(江東区)	5.12.25
乗用車・照明衝突(杉並区)	6.4.21
バス・乗用車衝突(町田市)	6.8.5
バス追突(港区)	6.9.18
大型トレーラー・資材運搬車衝突(渋谷区)	6.9.20
スリップ事故(板橋区)	7.2.5
高速バス側壁に激突(清瀬市)	7.9.17
中央道多重追突(八王子市)	7.12.2
乗用車側壁に衝突(大田区)	7.12.3
レストランに車突入(八王子市)	7.12.14
トラック・東急バス衝突(大田区)	8.3.3
ダンプカー・乗用車衝突(江東区)	8.3.13
屋上から乗用車転落(品川区)	8.8.7
幼稚園バス・トラック衝突(足立区)	8.10.7
軽ワゴン車・乗用車衝突(町田市)	9.1.5
レインボーブリッジで玉突き事故(港区)	9.2.3
トラック・オートバイ衝突(千代田区)	9.2.15
路線バス・クレーン車衝突(板橋区)	9.3.8
東急バス・ワゴン車衝突(品川区)	9.6.21
トラック・都営バス追突(練馬区)	9.7.2
乗用車・ワゴン車衝突(瑞穂町)	9.8.13
乗用車転落(江東区)	10.1.24
レインボーブリッジ追突事故(港区)	10.2.13
乗用車街路灯に衝突(千代田区)	10.4.15
乗用車・タクシー衝突(江戸川区)	10.5.20
乗用車ガードレールに衝突(清瀬市)	10.5.24
首都高玉突き事故(葛飾区)	10.8.21
乗用車衝突(江戸川区)	10.8.22
オートバイ・トラック衝突(江戸川区)	10.9.30
ワゴン車・バス追突(立川市)	10.12.22
オートバイ・乗用車追突(渋谷区)	10.12.23
走行中タクシー炎上(江戸川区)	10.12.24
玉突き事故(八王子市)	11.1.30
首都高速湾岸線で玉突き衝突(大田区)	11.4.2
首都高速7号線で側溝の蓋跳ね上げる(江戸川区)	11.4.20
乗用車信号柱に衝突(墨田区)	11.8.26
2トントラック・14トントラック衝突(江東区)	11.8.27
タンクローリー爆発(港区)	11.10.29
歩行者はねられ死亡(立川市)	11.10.29
ミキサー車歩道に突っ込む(渋谷区)	11.11.4
東名高速で大型トラック・乗用車衝突(世田谷区)	11.11.28
献血車の扉にあたり死傷(狛江市)	12.2.3
首都高速に角材散乱(港区)	12.2.7
多重衝突(江戸川区)	12.4.16
首都高速湾岸線多重追突(港区)	12.8.31
大型トレーラー横転(港区)	12.10.24
ライトバン・乗用車衝突(足立区)	12.11.24
乗用車・大型トラック衝突(世田谷区)	13.2.5
オートバイ・タクシー衝突(目黒区)	13.2.5
ひき逃げ(武蔵村山市)	13.3.19
池袋で車いすの女性ひき逃げ(豊島区)	13.4.14
多重事故(八王子市)	13.4.16

東京都　　　　　都道府県別一覧

事項	日付
乗用車・バイク追突(江戸川区)	13.9.2
乗用車・四輪駆動車衝突(青梅市)	13.12.25
ワゴン車・原付バイク追突(多摩市)	14.1.23
トラック暴走(文京区)	14.1.28
自転車にはねられ死亡(足立区)	14.3.2
乗用車衝突(文京区)	14.5.1
乗用車・オートバイ衝突(台東区)	14.7.16
多重衝突(江東区)	14.8.10
マイクロバス・トラックと衝突(日野市)	14.9.7
乗用車・トラック衝突(府中市)	14.12.11
クレーン車にひかれ死亡(八王子市)	15.7.7
JR京葉線快速電車に女児はねられる(江東区)	15.9.18
救急車とトラック衝突(渋谷区)	16.12.18
トラックがパトカーに衝突(江東区)	17.10.7
6台玉突き衝突(練馬区)	17.11.9
バイクがトラックに衝突(江東区)	18.1.21
バイクが乗用車に衝突(日野市)	18.5.20
乗用車衝突(練馬区)	18.8.6
玉突き事故(大田区)	18.11.22
無人車後退で女性下敷き(大田区)	18.12.17
トレーラーと接触のワゴン車が横転(江戸川区)	19.1.16
乗用車が軽ワゴン車に衝突(杉並区)	19.4.6
首都高を散水車が後退(渋谷区)	19.11.27
子どもがバスから転落(練馬区)	19.12.24
喫茶店に乗用車突入(渋谷区)	19.12.28
ワゴン車がコンビニに突入(足立区)	20.2.2
深夜の首都高で事故(港区)	20.4.11
衝突車が歩行者巻き添え(大田区)	20.4.24
乗用車が店舗に激突(荒川区)	20.5.13
横転・玉突き事故	20.5.22
首都高で補修工事に追突(葛飾区)	20.8.6
首都高で玉突き事故(江戸川区)	20.8.11
タンクローリー横転(杉並区)	20.8.15
多重衝突事故(足立区)	21.1.7
介護タクシーが医院に突っ込む(大田区)	21.2.6
軽トラ荷台から転落(新島村)	21.10.31
パワーウインドーで指切断(中野区)	22.3.22
乗用車暴走(大田区)	22.7.2
交通事故、歩道に車(大田区)	22.12.26
高齢者運転ミス(江戸川区)	23.6.15
タクシーが線路に転落(品川区)	23.10.25
運転誤りATMに突っ込む(府中市)	24.1.10
トレーラーが横転(渋谷区)	24.1.13
トンネル内で多重事故(大田区)	24.2.24
多重衝突事故(江東区)	24.7.11
乗用車が歩道に乗り上げる(台東区)	24.10.9
バスが歩行者はねる(中央区)	24.10.19
パトカー追跡中に死亡(大田区)	24.11.3
バス事故(北区)	25.2.1
運転中に発作(大田区)	25.2.4
バスにワゴン車追突(台東区)	25.2.25
軽乗用車に自転車はねられ死亡(狛江市)	25.6.4
池袋脱法ハーブ暴走事故(豊島区)	26.6.24
バス同士が衝突(江東区)	26.8.4
軽トラックが小学生に突っ込む(世田谷区)	26.9.17

東京都

バイクとバス3台が玉突き事故(板橋区)	26.11.8
トンネル内で多重事故(品川区)	26.11.14
ワゴン車が中央分離帯に衝突(府中市)	26.12.28
路線バスが信号柱に衝突(大田区)	27.1.9
バスにひかれ死亡(墨田区)	27.1.11
多重事故(八王子市)	27.2.26
ワンボックスカーが歩道に乗り上げる(世田谷区)	27.4.20
多重事故、護送車など絡む(中央区)	27.7.10
乗用車が信号柱に衝突(葛飾区)	27.8.30
乗用車とトラックが衝突(板橋区)	27.11.6
乗用車同士が正面衝突(稲城市)	28.1.1
トンネル内で玉突き事故(豊島区)	28.1.12
バスが信号柱に衝突(大田区)	28.1.20
ダンプがひき逃げ(町田市)	28.2.17
ワゴン車が横転(青梅市)	28.3.14
4台が絡む多重事故(世田谷区)	28.3.23
多重事故(青梅市)	28.7.22
病院敷地内を乗用車が暴走(立川市)	28.11.12
3台が絡む多重事故(八王子市)	28.11.21
タクシーが歩道に突っ込む(港区)	28.12.6
タクシーとワゴン車が衝突(足立区)	28.12.9
乗用車、登校男児をはねる(東大和市)	29.2.2
トラック同士が衝突(府中市)	29.2.6
トラックにはねられ女児死亡(足立区)	29.2.28
タクシーにはねられ重軽傷(練馬区)	29.3.6
乗用車が標識車に衝突(目黒区)	29.9.22
乗用車、横断歩道に突入(武蔵野市)	29.10.20
ダンプが側壁に衝突(港区)	29.11.21
警官の速度超過で死亡事故(足立区)	29.12.10
交通事故で80代夫婦死亡(練馬区)	30.1.15
ラグビー選手が路上寝で事故(府中市)	30.9.22
出動パトカーが衝突(荒川区)	30.10.27
横断歩道ではねられ死亡(府中市)	30.12.21

◇船舶事故・遭難

貨物船・漁船衝突(伊豆七島・三宅島)	2.6.7
大型タンカー座礁で原油流出(東京湾)	9.7.2
漁船・タンカー衝突(八丈島沖)	11.1.20
木材運搬船遭難(沖ノ鳥島沖)	11.9.13
水上バイク転覆(江東区)	12.7.29
マグロはえ縄漁船遭難	13.2.1
プレジャーボート浸水(江戸川区)	13.8.11
貨物船座礁(大島町)	14.11.26
作業船転覆・重油流出(足立区)	15.1.28
高速船が漂流物に衝突	16.6.11
プレジャーボート座礁(小笠原諸島)	16.6.14
高波で貨物船沈没(父島沖)	17.2.2
タンカー沈没(伊豆大島)	17.4.4
濃霧で貨物船の衝突相次ぐ(江東区)	18.4.13
タンカー内で倒れ死亡(大田区)	18.5.22
首都圏で大停電	18.8.14
悪天候で船転覆(新島)	18.10.8
貨物船火災(伊豆大島)	18.12.6
ジェットフォイルがクジラに衝突(伊豆大島)	18.12.18
運搬船が漁船当て逃げ(伊豆大島)	19.4.4
コンテナ船と貨物船衝突(利島村)	19.7.27

東京都　　都道府県別一覧

遊漁船火災(大田区)	19.10.6
船から転落	21.9.2
定期船で行方不明	21.10.14
漁船転覆(八丈町)	21.10.24
漁船沈没	23.2.26
フェリーから転落	23.7.31
貨物船が衝突し転覆	25.9.27
水上バイクが防波堤に衝突(江東区)	26.8.2
水上バスが台船に追突(中央区)	27.1.17
高速船がクジラと衝突か(大島町)	28.2.6
カツオ漁船で火災(御蔵島村)	28.5.27
ボート同士が衝突(港区)	29.12.23
漁船遭難((硫黄島))	30.10.28

◇航空機事故

曲技飛行機墜落(立川市)	1.11.5
飛行船不時着(港区)	3.3.26
ジャンボ機内に煙(羽田空港)	5.5.2
航空機タイヤ脱落(大田区)	17.6.15
小型機が校庭に不時着(西東京市)	17.9.28
自家用機が胴体着陸(調布市)	26.10.12
小型機が民家に墜落(調布市)	27.7.26
羽田空港滑走路に犬(大田区)	28.5.11
大韓航空エンジン火災事故(大田区)	28.5.27
日航機緊急着陸(大田区)	29.9.5
米軍輸送機墜落(沖ノ鳥島)	29.11.22
AF機、皇居上空飛行	30.10.8

◇エレベーター・エスカレーターの事故

シンドラー社製エレベーター事故(港区)	18.6.3
エレベーター昇降路で転落死(八王子市)	18.8.30
エスカレーターで将棋倒し(墨田区)	18.11.7
エスカレーターで転倒(新宿区)	19.12.7
エレベーターに挟まれ死亡(目黒区)	21.1.17
エレベーター事故(新宿区)	21.2.16
エレベーターから転落(中央区)	21.12.14
エレベーター事故(中野区)	23.1.8
エレベーター閉じこめ(江東区)	23.5.11
エレベーターが緊急停止(練馬区)	23.7.29
エレベーター事故(練馬区)	23.9.6
荷物用エレベーター扉に挟まれる(中野区)	23.11.5
エレベーター事故(昭島市拝島町)	24.1.9
エレベーター事故(品川区)	24.2.6
スカイツリーでエレベーター停止(墨田区)	24.5.22
エスカレーター手すり破損(千代田区)	25.4.24
昇降機の床外れ落下(目黒区)	25.5.9
エスカレーターに挟まれ骨折(中野区)	26.6.18
エレベーターが落下(東村山市)	28.11.27

◇公害

東大校舎アスベスト除去作業で拡散(文京区)	3.3.22
大型タンカー座礁で原油流出(東京湾)	9.7.2
杉並病(杉並区)	12.3.31
高濃度ダイオキシン検出(大田区)	12.9.13
高濃度ダイオキシン検出(大田区)	13.4.19
作業船転覆・重油流出(足立区)	15.1.28
公園周辺で有害物質が漏出	24.11.18

◇原子力発電所事故

四国電力伊方原発で1号機発電を機載せる台に亀裂	14.9.26

◇放射能汚染被害
　医療用放射線発生装置で被曝(世田谷区)　13.12.21
　都水道からヨウ素検出　23.3.23
　焼却灰からセシウム検出(江戸川区)　23.6.27
　小学校の堆肥からセシウム検出(文京区)　23.10.6
　小学校で高放射線量(足立区)　23.10.17
　小学校で高放射線量(東村山市)　23.10.19
　スーパー脇から高放射線量(世田谷区)　23.10.28
　東京で高い放射線量(杉並区)　23.11.4

◇医療・衛生災害
　特養老人ホームでインフルエンザ(三宅島)　10.2.-
　救急搬送遅れ死亡(小平市)　20.2.14
　妊婦の救急搬送遅れ死亡　20.10.4
　化粧品にステロイド剤(新宿区)　21.8.19
　多剤耐性菌を検出(板橋区)　22.9.3
　ワクチン接種後に死亡　22.10.-
　院内感染(文京区)　24.5.9
　無免許で診察(八王子市)　25.2.4
　医師法違反で柔道整復師逮捕(八王子市)　25.6.14
　薬剤耐性菌が都市河川に拡大　25.9.11
　公園の地中からラジウム発見(豊島区)　27.4.22

◇伝染病流行
　コレラ感染　1.8.31
　結核集団発生(墨田区)　1.11.-
　中学校で結核集団感染　11.6.29
　幼稚園でインフルエンザ集団感染(荒川区)　12.1.25
　ノロウイルス院内感染(新宿区)　16.1.-
　結核感染(中野区)　17.6.23
　インフルエンザ集団感染(葛飾区)　19.1.17-
　赤痢感染(文京区)　19.7.12
　病院でインフル集団感染(町田市)　21.1.17
　特養でノロ集団感染(足立区)　21.2.4
　特養で肺炎集団感染(港区)　21.3.2
　結核感染(葛飾区,小平市)　25.5.21
　セレウス菌感染(中央区)　25.6.-
　教諭から生徒に結核感染(八王子市)　25.10.21
　デング熱国内感染確認(渋谷区)　26.8.27
　エボラ出血熱の感染疑い例が相次ぐ(大田区)　26.11.7
　警察署で結核集団感染(渋谷区)　28.4.11
　保育園で集団赤痢(目黒区)　30.10.23
　病院で集団結核感染(大田区)　30.10.24

◇食品衛生・食品事故
　小学校で食中毒(町田市)　1.7.17
　食中毒(渋谷区)　1.8.12
　仕出し弁当で食中毒　1.9.8
　老人ホームで食中毒(世田谷区)　1.9.15
　食中毒(江戸川区)　2.5.6
　ニューオータニで食中毒(千代田区)　2.9.1-
　給食ケーキにサルモネラ菌　10.3.12-
　保育園で食中毒(北区)　10.7.7-
　オリーブ漬けにボツリヌス菌　10.7.24
　都立病院で食中毒(文京区)　10.8.9
　学祭のカレーで食中毒　10.9.26-
　毒キノコ中毒(檜原村)　10.10.3
　保育園で食中毒(東大和市)　11.5.19-
　修学旅行で食中毒　11.5.28
　ホテルで食中毒(台東区)　11.8.6
　食中毒(品川区)　11.9.23-
　O-157感染(調布市)　11.10.2-
　集団食中毒(千代田区)　11.10.13-
　幼稚園で集団食中毒(八王子市)　11.11.18-
　小学校で集団食中毒(武蔵野市)　11.11.18-

東京都　都道府県別一覧

項目	日付
食中毒(青梅市)	12.4.22
高校で集団食中毒(豊島区)	12.5.20-
食中毒(千代田区)	12.6.14-
中学・高校で集団食中毒(新宿区)	12.6.23
仕出し弁当で食中毒	12.8.30-
病院給食で集団食中毒(墨田区)	12.9.22
保育園でO-157感染(荒川区)	13.6.11
豆大福で食中毒	13.7.18-
O-157感染(八王子市)	13.8.27
給食施設製の昼食で食中毒(江東区)	14.3.5-
中華料理店で食中毒(千代田区)	14.3.7-
中華弁当で食中毒(千代田区)	14.5.-
高校で集団食中毒(荒川区)	14.6.25
食中毒(目黒区)	14.8.9
O-25感染(新宿区)	15.1.25
ホテルで集団食中毒(目黒区)	15.8.29
健康飲料に除草剤混入(練馬区)	20.3.31
こんにゃくゼリーで高齢者窒息死	20.4.9-
飲料に殺虫剤混入(千代田区)	20.4.25
中国製冷凍インゲンから農薬(八王子市)	20.10.12
ウナギの産地を偽装	21.6.10
米国産牛肉に危険部位混入(港区)	21.10.10
米国産牛肉、輸入手続きに不備	23.10.25
フグ中毒(中央区)	23.12.2
冷凍食品でヒスタミン食中毒	27.1.9
餅を詰まらせ死亡	28.1.1
蜂蜜摂取し乳児死亡(足立区)	29.3.30

◇集団食中毒

項目	日付
介護施設で集団食中毒(新宿区)	16.3.13
O157で死亡(江東区)	16.8.8
小学校で食中毒(練馬区)	17.11.23
警視庁内の食堂で食中毒(千代田区)	18.2.23
警察学校で食中毒(府中市)	18.4.5
大学食堂でO157感染(西東京市)	19.5.28
ノロウイルス院内感染(小平市)	20.1.29
ホテルで食中毒(港区)	20.6.12-
消防学校で食中毒(渋谷区)	20.11.19
食中毒の製品を輸入(新宿区、千代田区)	21.1.30
洋菓子から農薬検出(渋谷区)	21.4.21
小学校で集団食中毒(足立区)	21.12.10
幼稚園でノロ食中毒(杉並区)	22.1.18
物産展の弁当で食中毒(中央区)	22.6.4
合宿所で食中毒(世田谷区)	23.5.14
集団食中毒(千代田区)	24.4.13
レストラン、弁当からノロ(港区、江東区)	24.12.12-
参院議員会館の食堂で食中毒(千代田区)	26.3.4
ホテル宴会場で集団食中毒(千代田区)	26.4.28
老人ホームで集団食中毒(羽村市)	28.8.30
給食でノロ集団感染(立川市)	29.2.16-
非常食で食中毒(江戸川区)	29.5.19-

◇薬害・医療事故

項目	日付
消毒液を点滴(渋谷区)	11.2.11
麻酔薬投与量誤る(豊島区)	11.5.14
墨田区の病院でセラチア菌院内感染(墨田区)	11.7.27-
治療薬多量投与で男性死亡(板橋区)	11.8.13
一酸化炭素中毒死で誤診(江東区)	11.11.22-
睡眠薬過剰投与(文京区)	12.5.14
血圧降下剤を誤って注射(板橋区)	12.8.11
気管切開チューブつけ間違え患者重態(大田区)	12.8.20

項目	年月日
MRSA院内感染(文京区)	12.8.25
栄養剤チューブを気管に挿入(文京区)	12.12.
東京女子医大病院事件(新宿区)	13.3.2
がん治療で放射能過剰投与(港区)	13.4.28
腎不全治療ミスで患者死亡(八王子市)	13.6.1
腸内細菌による院内感染(文京区)	13.8.21−
世田谷区の病院でセラチア菌院内感染(世田谷区)	14.1.7−
医療事故(中央区)	14.8.13
前立腺がん摘出手術ミスで患者死亡(葛飾区)	14.11.8
O−25感染(新宿区)	15.1.25
当直医不在中に患者死亡(練馬区)	15.1.25
東京医科大学付属病院で医療事故相次ぐ(新宿区)	15.3.
腸閉塞を放置し死亡(葛飾区)	15.3.9
不整脈治療用具作動せず(大田区)	15.5.
鎮静剤注射で死亡(足立区)	15.6.
豊胸手術ミス	15.7.30
挿管ミスで脳死(新宿区)	15.8.
輸血ミスで患者重体(文京区)	15.9.1
カテーテルで心臓損傷(板橋区)	15.9.9
ノロウイルス院内感染(新宿区)	16.1.−
カテーテル誤挿入(新宿区)	16.1.31
呼吸用の管外れ意識不明(三鷹市)	16.1.31
心電図警報を放置(府中市)	16.3.23
内視鏡検査で大腸に穴(三鷹市)	16.10.6
心臓弁手術で医療事故(新宿区)	16.12.14
カテーテル挿入ミス(文京区)	17.1.18
呼吸補助器具誤用(三鷹市)	17.6.5
多剤耐性緑膿菌院内感染(板橋区)	17.7.−
吸引器誤使用で窒息死(豊島区)	17.9.13
出産促進剤を誤処方(練馬区)	17.9.14
呼吸チューブ誤接続(千代田区)	17.10.4
患者体内にヘラ置き忘れ(葛飾区)	18.1.31
胸部整形で医療事故(渋谷区)	18.3.24
多剤耐性緑膿菌感染で患者死亡(新宿区)	18.8.−
肝臓に管刺し死亡(板橋区)	18.9.15
ストレッチャーから落下(東大和市)	19.8.21
高濃度消毒液でやけど(日野市)	19.8.30
ノロウイルス院内感染(小平市)	20.1.29
左右の目を間違え手術(文京区)	20.6.6
レーシック手術で感染症(中央区)	21.2.25
薬の誤調剤で死亡(足立区)	21.4.29
抗凝固剤を過剰投与(葛飾区)	21.7.4
除細動器が作動せず死亡(新宿区)	21.12.8
人工心肺不具合で患者死亡(八王子市)	22.3.18
人工透析の管外れ出血死亡(町田市)	22.6.14
多剤耐性菌を検出(板橋区)	22.9.3
酢酸濃度調整を誤る(中野区)	23.10.13
介護施設で、入浴時死亡(板橋区)	24.2.16
骨髄液を無断採取(新宿区)	24.3.19
カテーテル挿入後に患者死亡(新宿区)	24.4.
手術中に急死(新宿区)	24.5.30
医療ミス(小平市)	24.9.18
造血幹細胞を別患者に移植(世田谷区)	26.1.7
鎮静剤投与で男児死亡(新宿区)	26.3.5
はしかに院内感染(文京区)	26.3.6

東京都　都道府県別一覧

X線検査で禁止造影剤を注入(新宿区)	26.4.18
無痛分娩で死産(文京区)	27.2.6
ノロウイルス院内感染(府中市)	28.3.18
手術中にレーザーメスで出火(新宿区)	28.5.31
抗てんかん薬の大量投与で死亡(新宿区)	28.7.24
筋弛緩剤を紛失(千代田区)	28.11.24
無資格医師が中絶手術(武蔵野市)	28.12.6
薬の取り違えで男児死亡(文京区)	29.2.1
肺がん放置し死亡(港区)	29.7.24
歯科で手術後患者死亡(千代田区)	30.2.15
赤ちゃん取り違え、50年前(文京区)	30.4.6
区の検診でガン見落とし(杉並区)	30.7.17
医師が結核、患者へ感染(文京区)	30.7.19

◇山岳遭難

雲取山で滑落(奥多摩町)	22.6.13
登山者が滑落(奥多摩町)	27.1.31

◇軍隊・軍事基地の事故

曲技飛行機墜落(立川市)	1.11.5
米軍輸送機砂袋誤投下(町田市)	11.5.5
熱中症(小笠原村)	20.10.24
横田基地で火災(福生市)	21.1.20
空自で武器管理不備(練馬区)	29.9.21
米軍輸送機墜落(沖ノ鳥島)	29.11.22

◇機雷・不発弾の爆発

不発弾処理(板橋区)	12.1.20−
不発弾処理(調布市)	20.5.18
不発弾処理(北区)	25.6.4

◇製品事故・管理不備

アトラクションから転落(港区)	17.4.18
シュレッダーで指切断事故	18.3.10−
シンドラー社製エレベーター事故(港区)	18.6.3
エレベーターで点検作業員死亡(江東区)	18.8.24
ジューサーの破損部品で軽傷事故	18.10.20
ワゴン車電動スライドドアでけが(江戸川区)	19.6.
タイヤブランコ破損でけが(足立区)	19.6.4
古い扇風機発火で火災(足立区)	19.8.20
浴室玩具でけが	20.10.14−
DVDプレーヤーが発火	21.3.13
化粧品にステロイド剤(新宿区)	21.8.19
ベビーカーに指先を挟まれる	21.11.11
除細動器が作動せず死亡(新宿区)	21.12.8
パワーウインドーで指切断(中野区)	22.3.22
ガソリンに水混入(足立区)	22.10.29−
遊園地で遊具事故(文京区)	22.11.29
ジェットコースターから金属片落下(文京区)	22.12.5
洋ナシジュース回収	23.6.21
コメの銘柄を偽装	23.7.18
5万世帯超が停電(町田市)	25.2.5
遊具が破裂事故(練馬区)	25.8.3
ガス漏れ放置	25.10.31
冷凍食品でヒスタミン食中毒	27.1.9
ひさし落下、小学男児ケガ(品川区)	30.1.24

◇その他の災害

連続放火(練馬区)	1.1.11−
爆発事故(台東区)	1.1.14
連続放火(大田区)	1.1.19
連続放火(板橋区)	1.2.1
連続放火(世田谷区)	1.2.25
首相官邸トラック突入(千代田区)	1.3.5
放火(町田市)	1.3.5
連続放火(足立区)	1.7.8

都道府県別一覧　　　　　　　東京都

項目	日付
工場火災(墨田区)	1.9.12
看板枠落下(千代田区)	1.11.22
実験中に爆発(小金井市)	2.6.20
熱射病	2.7.18
花火爆発(大田区)	2.8.15
ロック公演観客将棋倒し(港区)	2.9.4
地下鉄駅エスカレーターで将棋倒し(江東区)	2.10.18
花火暴発(町田市)	2.10.27
太陽神戸三井銀行で爆発(新宿区)	3.3.30
渋谷センター街で爆発(渋谷区)	4.3.29
実験中に爆発(新宿区)	4.10.6
急性アルコール中毒(中央区)	6.8.20
地下鉄サリン事件	7.3.20
車内の幼児脱水症状で死亡(足立区)	8.6.15
屋上から乗用車転落(品川区)	8.8.7
刺激臭発生(江東区)	8.10.31
自主早稲田祭強行で負傷者(新宿区)	9.11.1
神社で灯籠倒れ重軽傷(中央区)	11.8.9
池袋で通り魔(豊島区)	11.9.8
飛び降り自殺の男性が歩行者に衝突(新宿区)	12.5.30
郵便物から薬品漏れ(中央区)	12.9.11
ビル爆発(新宿区)	12.12.4
渋谷で通り魔(渋谷区)	12.12.16
消火器爆弾爆発(新宿区)	14.1.19
クラブにスプレー缶を投入・異臭(新宿区)	14.10.7
強風でビル窓落下(渋谷区)	15.3.27
通り魔(渋谷区)	15.7.24
回転ドアに頭部挟まれ死亡(港区)	16.3.26
羽田空港に車両侵入(大田区)	16.4.28
外壁落下し下敷き(青梅市)	16.6.23
同室入院患者に刺され死亡(墨田区)	16.12.20
転落の女性に巻き添え(武蔵村山市)	16.12.31
床が抜け転落(豊島区)	17.2.6
ビル外壁崩落(中央区)	17.6.14
駅で通り魔(新宿区)	17.10.22
消防研実験棟で転落死(調布市)	17.12.3
中学校で理科実験中に事故(町田市)	18.1.20
自動券売機の下敷きになり死亡(千代田区)	18.2.7
駅で催涙スプレー噴射(荒川区)	18.4.6
駅で異臭騒ぎ	18.6.-
首都圏で大停電	18.8.14
クッションの穴に埋まり死亡(北区)	18.10.23
立体駐車場点検中に首挟まれ死亡(品川区)	18.11.28
飛び降り自殺に巻き添え(台東区)	19.4.27
看板落下直撃(新宿区)	19.6.19
児童養護施設で窒息死(世田谷区)	19.7.28
飛び降り自殺に巻き添え(豊島区)	19.11.6
ペットボトルの破片が刺さり負傷(足立区)	19.11.13
登山者を誤射(奥多摩町)	19.11.25
ライフル銃暴発(目黒区)	19.12.9
商店街で通り魔(品川区)	20.1.5
路上で通り魔(文京区)	20.1.18
路上で通り魔(墨田区)	20.5.20
秋葉原で通り魔(千代田区)	20.6.8
遊具壊れ児童転落(江東区)	20.7.2
スーパーで通り魔(青梅市)	20.7.15
八王子殺傷事件(八王子市)	20.7.22
シャッターに挟まれ窒息死(立川市)	20.8.2
救急隊が搬送先を間違える(足立区)	21.1.10
洋弓の矢が額に刺さる(目黒区)	21.11.4
学校で実験中に爆発(豊島区)	22.1.12
若者殺到でケガ(渋谷区)	22.3.26

地下道で異臭(豊島区)　　　22.4.30
倉庫解体現場で異臭(中央区)　　　22.7.6
大学での実験中に爆発(小金井市)　　　22.10.22
おやつをのどに詰まらせる(墨田区)　　　22.12.14
餅をのどに詰まらせる　　　23.1.3
大手町のビル地下で科学臭(千代田区)　　　23.1.8
コースター事故(文京区)　　　23.1.30
豆まき中に転倒事故(江戸区)　　　23.2.3
綱引きで事故(昭島市)　　　23.10.9
出初め式はしご乗りで転落　　　24.1.6
駐車場4階から車が転落(千代田区内幸町)　　　24.8.26
鉄橋に子供が立ち入る(江戸川区)　　　24.9.21
列車内で缶破裂(文京区)　　　24.10.20
高校生が授業中に転落死(文京区)　　　24.11.21
餅を詰まらせ死亡(府中市)　　　25.1.1
遊歩道から転落死(板橋区)　　　25.4.13
屋内娯楽施設で骨折(港区)　　　25.4.15
小学生に切りつける(練馬区)　　　25.6.28
コンサートで観客が体調不良(港区)　　　25.7.27
異臭騒ぎ(世田谷区)　　　25.9.1
アレルギー食材を誤食(調布区)　　　25.9.4
消防隊の出動で遅延ミス(世田谷区)　　　25.10.6
川に飛び込み溺死(江戸川区)　　　26.6.5
川の事故が相次ぐ(あきる野市)　　　26.7.27
TV番組収録中に事故(港区)　　　27.2.4
浴槽で水死(葛飾区)　　　27.4.9
SPLで事故(多摩市)　　　27.8.6
靖国神社で爆発(千代田区)　　　27.11.23
1歳児がうつぶせで昼寝中に死亡(中央区)　　　28.4.12
サンバパレードに火炎瓶(杉並区)　　　28.8.7
プールで切られる(あきる野市)　　　28.8.21
東電トンネル火災　　　28.10.12
滑り台で女児死亡(江戸川区)　　　29.1.3
夜釣りで父子死亡(江東区)　　　29.7.31
水族館で魚大量死(豊島区)　　　29.11.8

【神奈川県】

◇気象災害

竜巻発生(綾瀬市)　　　1.1.20
突風でヨット転覆　　　2.4.29
東名高速玉突き事故(秦野市)　　　11.1.25
強風で照明器具落下(横浜市)　　　11.5.1
強風でバス停標識倒れる　　　12.6.9
落雷で停電(横浜市)　　　12.8.9
落雷(藤沢市)　　　17.7.7
高波で高速船浸水(三浦市)　　　19.5.19
強風で大銀杏倒れる(鎌倉市)　　　22.3.10
野球用バックネット倒れる(相模原市)　　　22.3.13
熱帯夜の記録更新(横浜市)　　　22.8.26
熱中症　　　23.8.11
熱中症(川崎市)　　　23.8.18
落雷による停電　　　24.4.24
熱中症　　　25.7.10
雪を伴う強風(厚木市)　　　27.2.13
部活動中に熱中症(横浜市)　　　27.8.19

◇豪雨(台風を除く)

増水でキャンプ流される(足柄上郡山北町)　　　11.8.14
雷雨　　　13.7.25
豪雨　　　13.8.29
豪雨　　　18.8.17
大雨で新幹線に遅れ　　　19.7.4
増水で四輪駆動車が流される(山北町)　　　26.8.1
豪雨　　　29.9.28

◇豪雪

東横線電車追突事故(川崎市)　　　26.2.15

神奈川県

災害	日付
大雪で格納庫の屋根が陥没(大和市)	26.2.15

◇地変災害
災害	日付
落石(足柄下郡箱根町)	1.4.20
道路陥没(横浜市鶴見区)	4.8.20
高波(小田原市)	11.10.28
高波(平塚市)	14.8.19
横波で漁船員転落(平塚市)	14.8.27

◇地震・津波
災害	日付
地震	13.6.25
地震	19.10.1
地震	21.8.13
地震	25.7.10
地震	26.12.11
地震	28.2.5
地震	28.7.19

◇噴火・爆発
災害	日付
箱根山の噴火警戒レベル引き上げ	27.5.6
箱根山で火山性地震が多発	27.5.15
箱根山が噴火	27.6.29

◇地滑り・土砂崩れ
災害	日付
建築現場土砂崩れ(川崎市宮前区)	1.5.22
がけ崩れ(横浜市)	11.2.17
土砂崩れ(横須賀市)	15.6.14
土砂崩れ(横浜市)	18.2.2
線路陥没(伊勢原市)	30.9.7

◇動植物災害
災害	日付
オウム病に集団感染(川崎市)	26.5.30
ハイキングでクマに襲われる(山北町)	28.6.24

◇一般火災
災害	日付
解体作業所火災(津久井郡城山町)	1.1.12
火災(横浜市緑区)	1.1.23
車両火災(藤沢市)	1.2.3
インド貨物船ジャグ・ドゥート爆発・炎上事故(横浜市神奈川区)	1.2.16
氷川丸火災(横浜市中区)	1.4.3
タイ貨物船火災(横浜市中区)	1.4.12
資生堂化粧品倉庫火災(横浜市緑区)	1.9.9
火災(横浜市港南区)	1.10.16
三井建設作業所火災(厚木市)	2.1.16
商店街火災(横浜市神奈川区)	2.3.4
飲食街火災(横浜市中区)	2.3.16
横浜中華街火災(横浜市中区)	2.3.25
工務店全焼(横浜市港北区)	5.2.26
玉突き事故(厚木市)	5.5.12
海上自衛隊潜水艦火災(横須賀市)	6.4.7
ゴルフ場クラブハウス全焼(茅ヶ崎市)	9.6.24
ホームレス男性焼死(横浜市保土ヶ谷区)	10.12.27
米軍基地内で倉庫全焼(綾瀬市)	11.2.9
客船火災(横浜市)	11.2.11
米軍根岸住宅地区の消防署火災(横浜市)	14.3.30
製鉄所火災(川崎市)	14.8.11
石油タンク爆発炎上(横浜市)	14.11.23
石油タンク爆発・炎上(川崎市)	18.5.21
旧モーガン邸全焼(藤沢市)	19.5.12
タイヤ6000本焼損(平塚市)	20.12.22
旧住友家俣野別邸で火災(横浜市)	21.3.15
旧吉田茂邸が全焼(大磯町)	21.3.22
「斜陽」の舞台が全焼(小田原市)	21.12.26
火力発電所で火災(横浜市)	23.11.24
補給艦から出火(横須賀市西逸見町)	24.1.7
ビル火災(横浜市)	24.5.24
ビル火災(横浜市保土ケ谷区西谷町)	24.12.8
米陸軍相模総合補給廠で火災(相模原市)	27.8.24

神奈川県

資材置き場で火災(平塚市)　28.12.22
遊漁船火災(横浜市(大黒ふ頭))　30.10.15

◇住宅火災

新築住宅火災(横浜市港北区)　2.4.26
アパート火災(横浜市南区)　6.6.14
建設会社宿舎全焼(海老名市)　6.7.6
アパート火災(川崎市中原区)　8.12.27
住宅火災(鎌倉市)　10.1.29
アパート火災(川崎市幸区)　10.3.9
建設会社宿舎全焼(川崎市多摩区)　10.4.20
アパート火災(横浜市磯子区)　10.6.13
別荘火災(鎌倉市)　10.8.3
住宅火災(南足柄市)　10.8.23
会社寮火災(横浜市泉区)　10.9.29
住宅火災(開成町)　10.10.28
住宅火災(秦野市)　10.12.27
マンション火災(横浜市)　11.1.2
マンション火災(川崎市)　11.1.25
共同住宅火災(横浜市)　11.2.10
住宅火災(松田町)　11.2.15
住宅火災(横浜市)　11.3.8
店舗火災(横浜市)　11.3.10
住宅全焼(横浜市)　11.3.16
住宅全焼(横浜市)　11.7.27
住宅火災(川崎市)　11.8.10
アパート全焼(横浜市)　11.11.5
アパート火災(横浜市)　12.1.12
住宅全焼(横浜市)　12.2.1
住宅火災(横浜市)　12.2.3
アパート火災(横浜市)　12.2.14
アパート火災(横浜市)　12.2.17
住宅全焼(横浜市)　12.2.23
住宅全焼(横浜市)　12.4.10
住宅火災(相模湖町)　12.5.3
住宅全焼(平塚市)　12.11.25
住宅全焼(横浜市)　12.12.14
住宅全焼(湯河原町)　13.1.15
住宅火災(川崎市)　13.2.6
住宅全焼(小田原市)　13.2.25
アパート火災(川崎市)　13.3.17
住宅全焼(横浜市)　13.4.7
マンション火災(横浜市)　13.4.27
店舗兼住宅火災(横浜市)　13.11.10
住宅火災(相模原市)　13.12.19
住宅火災(横浜市)　14.1.8
住宅火災(横浜市)　14.1.9
住宅火災(川崎市)　14.1.26
住宅火災(三浦市)　14.4.20
アパート火災(横浜市)　14.5.9
住宅火災(藤沢市)　14.5.12
住宅火災(川崎市)　15.3.5
アパート火災(横須賀市)　15.3.8
住宅火災(横浜市)　15.3.14
住宅火災(横須賀市)　15.3.18
アパート火災(横浜市)　15.3.21
住宅火災(平塚市)　15.3.22
アパート火災(横浜市)　15.4.2
住宅火災(川崎市)　15.4.24
アパート火災(横浜市)　15.5.17
住宅火災(横須賀市)　15.11.10
住宅火災(横浜市)　15.11.26
マンション火災(横浜市)　15.12.25
住宅火災(鎌倉市)　16.1.19
住宅火災(横浜市)　16.7.6
アパート火災(横浜市)　16.8.5
住宅火災(相模原市)　16.9.12
住宅火災(川崎市)　16.9.27
アパート火災(横浜市)　17.1.15
住宅火災(横浜市)　17.7.23
住宅火災(横浜市)　17.12.15
住宅火災(茅ヶ崎市)　17.12.15
住宅火災(横浜市)　17.12.24
住宅火災(茅ヶ崎市)　18.1.24
住宅火災(相模原市)　18.3.15
住宅全焼(横浜市)　18.4.5
住宅火災(座間市)　18.4.5
住宅全焼(川崎市)　18.7.8
アパート火災(川崎市)　18.9.11
住宅全焼(川崎市)　18.12.25
住宅火災(伊勢原市)　19.4.19
住宅火災(平塚市)　19.5.27
住宅火災(横須賀市)　19.8.9
アパート火災(川崎市)　19.9.1
住宅火災(平塚市)　19.12.16
住宅火災(横浜市)　20.1.17

マンション火災(横浜市)	20.2.17	ビル火災(川崎市川崎区)	10.4.20
アパート火災(横浜市)	20.5.9	店舗火災(横浜市)	11.2.24
住宅火災(横浜市)	20.12.15	マージャン店放火(横浜市)	11.5.23
住宅火災(横浜市)	20.12.20	店舗全焼(川崎市)	12.4.21
住宅火災(横浜市)	21.2.21	料亭全焼(横浜市)	12.8.7
アパート火災(相模原市)	22.4.2	店舗兼住宅全焼(川崎市)	13.1.9
マンション火災(川崎市)	22.4.6	マンション火災(横浜市)	13.1.28
マンション火災(川崎市)	22.4.8	住宅全焼(鎌倉市)	13.2.2
住宅火災(伊勢原市)	22.10.17	ビル火災(川崎市)	16.1.26
住宅火災(川崎市)	22.12.11	商店火災(横浜市)	17.2.15
住宅火災(横浜市)	23.1.31	雑居ビル火災(横浜市)	22.1.8
住宅火災(相模原市)	23.2.2	商店街で火災(横浜市)	23.8.8
住宅火災(横浜市)	23.7.3	ビル火災(川崎市)	25.9.5
相次ぐ火災	24.1.31	料亭火災(横須賀市)	28.5.16
住宅火災(三浦市尾上町)	24.3.6	◇劇場・映画館火災	
住宅火災(横浜市)	25.1.25	ヌード劇場火災(川崎市川崎区)	3.11.28
住宅火災(横浜市)	25.6.3	◇旅館・ホテル火災	
アパート火災(川崎市)	25.10.21	旅館全焼(津久井郡相模湖町)	7.1.5
住宅火災(鎌倉市)	26.1.7	旅館火災(箱根町)	12.11.16
シェアハウスで火災(横浜市)	26.1.15	ホテル火災(横浜市)	20.1.4
住宅火災(横浜市)	26.3.14	川崎簡易宿泊所火災(川崎市)	27.5.17
住宅火災(横浜市)	26.7.9	◇学校・病院火災	
住宅火災(平塚市)	26.8.4	学校放火(川崎市)	11.12.29
住宅火災(海老名市)	27.1.19	障害者支援施設火災(綾瀬市)	20.6.2
住宅火災(横浜市)	27.2.20	文化財小学校で火災(相模原市)	28.4.3
アパート火災(茅ヶ崎市)	27.3.3	◇山林火災	
アパート火災(川崎市)	27.3.16	強風で河川敷火災(川崎市)	12.9.3
住宅火災(三浦市)	27.6.17	◇ガス中毒事故	
住宅火災(横浜市)	28.2.3	ガス中毒(横浜市緑区)	1.2.9
住宅火災(横浜市)	28.3.4	住宅内装作業中に作業員死亡(横浜市)	12.1.26
住宅火災(葉山町)	28.10.13	飲食店で一酸化炭素中毒(厚木市)	13.7.14
住宅火災(藤沢市)	28.10.28	硫化水素ガス中毒(横浜市)	14.7.18
住宅火災(横浜市)	28.11.14	映画撮影実習で一酸化炭素中毒(川崎市)	15.10.25
集合住宅火災(横浜市)	29.1.26		
住宅火災(相模原市)	29.4.19		
アパート火災(川崎市)	29.5.15		
住宅火災(相模原市)	29.10.4		
アパート火災(座間市)	30.4.15		
団地火災(川崎市)	30.10.20		
◇店舗・事務所火災			
料亭全焼(川崎市高津区)	1.1.10		
店舗火災(横浜市旭区)	10.2.14		

神奈川県

炭火鍋で一酸化炭素中毒(大和市)	18.8.9
火鉢で一酸化炭素中毒(川崎市)	18.12.7
硫化水素自殺に家族巻き添え(秦野市)	19.7.13
硫化水素自殺に巻き添え(横浜市)	20.5.23
工場でガス発生(横浜市)	29.5.24
露店のボンベが爆発(相模原市)	30.8.4

◇都市ガス等の爆発事故

ライターガス爆発(川崎市中原区)	1.4.8
プロパンガス爆発(相模原市)	1.4.10
プロパンガス爆発(横浜市泉区)	2.3.27
消火器爆発(横須賀市)	2.6.15
ガスボンベ爆発(川崎市宮前区)	2.8.25
ガス爆発(横浜市泉区)	8.3.16
ガスボンベ爆発(横浜市)	11.8.23
簡易コンロ爆発(横須賀市)	12.5.13
給油船爆発(横浜市)	15.8.27
共同住宅爆発(横浜市)	15.10.21
工場でガス爆発(横浜市)	22.8.5

◇産業災害

廃油流出(横浜市鶴見区)	2.6.2
清掃作業死亡(川崎市川崎区浮島町沖)	2.10.29
コンテナ落下(横浜市中区)	2.12.22
フェノールを浴び7人けが(川崎市川崎区東扇島沖)	3.6.9
製鋼工場で溶鉱が流出(川崎市)	14.6.29
硫化水素ガス中毒(横浜市)	14.7.18
製鉄所火災(川崎市)	14.8.11
石油タンク爆発炎上(横浜市)	14.11.23
下水道工事現場で硫化水素中毒(横須賀市)	26.1.10

◇工場災害・汚染被害

解体作業所火災(津久井郡城山町)	1.1.12
工場火災(川崎市川崎区)	1.2.21
日産座間工場火災(座間市)	1.4.13
工場火災(厚木市)	1.6.20
収集ゴミ爆発(川崎市川崎区)	4.10.26
工場火災(横浜市港北区)	4.11.7
工務店全焼(横浜市港北区)	5.2.26
東燃川崎工場火災(川崎市川崎区)	6.2.25
日本整油産廃施設ガス爆発(川崎市川崎区)	9.5.11
工場爆発(綾瀬市)	10.6.10
工場火災(相模原市)	11.10.22
工場火災(厚木市)	12.2.7
食用油再生工場火災(横浜市)	12.7.19
排ガス精製工場で爆発(伊勢原市)	16.3.15
工場の実験棟爆発(川崎市)	17.7.8
石油タンク爆発・炎上(川崎市)	18.5.21
建造中の船内で爆発(横浜市)	19.10.17
工場で爆発音(横浜市)	19.10.18
工場火災(秦野市)	20.1.7
工場爆発(横浜市)	20.4.7
化学工場で爆発(横浜市)	22.1.7
工場でガス爆発(横浜市)	22.8.5
化学工場で火災(横浜市)	24.2.3
塗装工場で火災(横浜市)	25.7.27
日鉄住金鋼管川崎製造所火災(川崎市)	27.8.24
製油所火災(横浜市)	28.6.24
工場でガス発生(横浜市)	29.5.24
工場火災(茅ヶ崎市)	30.10.27

◇土木・建築現場の災害

建築現場土砂崩れ(川崎市宮前区)	1.5.22
工事現場やぐら倒壊(横浜市磯子区)	2.12.25
軽量鉄筋コンクリート落下(相模原市)	3.3.20
作業員が転落死(横浜市鶴見区)	3.7.14
作業員転落死(横浜市鶴見区)	9.12.6
解体作業工場爆発(横須賀市)	12.8.30

転倒クレーン車が高圧線を切断(川崎市) 17.11.26
作業用ゴンドラから転落(津久井町) 17.12.5
土砂崩れ(横浜市) 18.2.2
工事現場に乗用車衝突(横浜市) 18.10.11
タンクに転落(横浜市) 19.1.15
アルミ製円筒が倒れ死亡(川崎市) 19.1.30
クレーン倒壊(相模原市) 23.5.10
熱中症死亡で書類送検(大和市) 30.9.3

◇輸送機関の事故
ゴンドラ故障(横浜市) 1.4.16
ゴンドラ停止(横浜市) 1.8.28
ゴンドラ宙づり(横浜市戸塚区) 5.12.23
回転遊具から転落(横浜市金沢区) 9.8.19
作業員転落死(横浜市鶴見区) 9.12.6
作業用ゴンドラから転落(津久井町) 17.12.5
自転車転倒、車にひかれ死亡(川崎市) 25.2.4
自転車スマホで死亡事故(川崎市) 29.12.7
電動自転車で抱っこ、転倒(横浜市) 30.7.5

◇列車・電車事故
貨物列車レールの敷設作業員はねる(川崎市川崎区) 7.2.19
東海道線で人身事故(小田原市) 12.5.1
横須賀線で人身事故(逗子市) 12.6.21
相模鉄道人身事故(横浜市) 13.3.9
駅員が電車にはねられ死亡(横浜市) 16.3.26
試運転電車にはねられ死亡(横浜市) 18.12.1
電車に引きずられ転落(秦野市) 19.6.13
大雨で新幹線に遅れ 19.7.4

モノレールあわや正面衝突(鎌倉市) 20.2.24
貨物列車が人をはねる(横浜市) 21.12.10
架線切れで新幹線不通(横浜市) 22.1.29
新幹線で信号故障 22.1.31
大雨で脱線事故(横須賀市) 24.9.25
東横線電車追突事故(川崎市) 26.2.15
回送電車が脱線(相模原市) 26.6.19
線路内に立ち入りはねられる(横浜市) 26.9.4
新幹線の屋根に登り感電(横浜市) 26.11.15
アパート火災(茅ヶ崎市) 27.3.3
東海道新幹線で火災(小田原市) 27.6.30
資材置き場で火災(平塚市) 28.12.22
火災で登山電車運休(小田原市) 30.10.26
駅ホームでカバー落下(藤沢市) 30.11.5

◇踏切事故
乗用車・南武線電車衝突(川崎市中原区) 1.6.18
トラック京浜急行踏切に放置(横浜市鶴見区) 3.1.24
ワゴン車・小田急江ノ島線電車が衝突(相模原市) 4.4.15
京浜東北線電車・ライトバン衝突(横浜市鶴見区) 9.1.12
小田急電車・乗用車衝突(海老名市) 9.7.31
乗用車・小田急江ノ島線電車衝突(大和市) 9.11.14
東海道線人身事故(茅ヶ崎市) 10.4.10
小田急江ノ島線で人身事故(藤沢市) 11.6.26
東海道線で人身事故(藤沢市) 12.2.18
小田急小田原線特急・ワゴン車・普通電車衝突(相模原市) 12.12.29
横浜線人身事故(横浜市) 13.1.31

神奈川県　　　都道府県別一覧

JR東海道線普通電車にはねられる(川崎市)	13.12.19
小田急小田原線急行電車・乗用車衝突(厚木市)	14.9.1
ワゴン車が電車に衝突(川崎市)	16.12.9
軽乗用車と衝突し列車脱線(茅ヶ崎市)	25.4.7
踏切で死亡事故(横浜市)	25.8.23
救助中女性がはねられ死亡(横浜市)	25.10.1
踏切で人身事故(座間市)	26.1.26
ロマンスカーと乗用車が衝突(川崎市)	28.5.15
踏切事故(川崎市)	29.4.15
踏切ではねられ死亡(川崎区)	30.12.6

◇自動車事故

車両火災(藤沢市)	1.2.3
乗用車衝突(足柄下郡箱根町)	1.4.23
乗用車衝突(藤沢市)	1.4.29
横浜横須賀道玉突き事故(横浜市港南区)	1.5.15
3人乗りオートバイ衝突(川崎市川崎区)	1.6.2
東洋観光バス・トラック追突(鎌倉市)	1.6.3
横羽線積み荷落下(横浜市神奈川区)	1.6.6
乗用車・トレーラー衝突(横浜市神奈川区)	1.6.10
クレーン車横転(足柄下郡箱根町)	1.6.16
タクシー・乗用車衝突(横浜市磯子区)	1.7.10
日光浴客ひかれる(藤沢市)	1.7.22
横浜ベイブリッジ追突事故(横浜市)	1.9.27
夜間ハイク列に車(大和市)	1.10.29
乗用車衝突(相模原市)	2.1.14
トラック・乗用車衝突(川崎市高津区)	2.2.21
乗用車水銀灯に激突(足柄上郡山北町)	2.3.21
中央道多重追突事故(津久井郡相模湖町)	2.7.20
中央道玉突き事故(津久井郡相模湖町)	2.7.24
乗用車・バス衝突(相模原市)	3.1.16
乗用車中華街暴走(横浜市中区)	3.5.4
東名高速玉突き事故(秦野市)	3.7.5
観光バス・大型トラック追突(川崎市川崎区)	3.7.15
東名高速多重衝突(秦野市)	3.7.16
トラック・路線バス追突(厚木市)	3.8.7
東名高速玉突き事故(足柄上郡山北町)	3.8.8
工事現場に乗用車突入(小田原市)	3.10.14
トラック落下(横浜市鶴見区)	4.4.21
コンテナ落下(横浜市鶴見区)	4.5.8
東名高速玉突き事故(足柄上郡山北町)	4.6.8
屋上駐車場から車転落(横浜市神奈川区)	4.7.3
道路陥没(横浜市鶴見区)	4.8.20
観光バス・乗用車衝突(愛甲郡愛川町)	4.9.19
タンクローリー衝突(三浦市)	5.1.21
東名高速多重衝突(足柄上郡山北町)	5.2.17
乗用車衝突(藤沢市)	5.3.9
玉突き事故(厚木市)	5.5.12
中央道玉突き事故(津久井郡藤野町)	5.10.30
東名高速玉突き事故(秦野市)	6.7.21
東名高速道玉突き事故(大和市)	6.9.17
オートバイ・トラック衝突(平塚市)	7.6.5
乗用車・タクシー衝突(横浜市鶴見区)	7.9.9
乗用車コンクリート壁に衝突(横浜市中区)	8.4.8
バス停にダンプ突入(横浜市栄区)	8.5.2
乗用車・大型トラック衝突(藤野町)	8.6.22

神奈川県

事故	日付
神奈川中央交通路線バス急停止(伊勢原市)	8.8.8
トレーラー転落(松田町)	8.11.2
横浜市営バス・乗用車衝突(横浜市南区)	9.4.26
横浜市営バス・トラック衝突(横浜市神奈川区)	9.4.28
タンクローリー横転(海老名市)	9.7.30
カモメ観光バス・乗用車追突(川崎市川崎区)	9.12.3
乗用車衝突(松田町)	10.1.3
乗用車ガードレールに衝突(横須賀市)	10.1.31
オートバイ・タクシー衝突―横浜(横浜市中区)	10.3.14
乗用車遮音壁に激突(秦野市)	10.3.17
乗用車標識鉄柱に衝突(山北町)	10.4.4
オートバイ・市営バス衝突(横浜市港南区)	10.6.29
乗用車衝突(横浜市金沢区)	10.8.14
東名高速玉突き事故(秦野市)	11.1.25
歩行者はねられ死亡(川崎市)	11.4.23
首都高速狩場線で玉突き衝突(横浜市)	11.5.2
首都高横羽線で玉突き衝突(川崎市)	11.7.8
10トントラック暴走(横浜市)	11.11.5
首都高速横羽線で玉突き衝突(横浜市)	12.3.1
東名高速で乗用車・大型トラック追突(川崎市)	12.4.26
多重追突(平塚市)	12.11.22
大型バイク転倒(横浜市)	13.4.7
トレーラータイヤ脱落事故(横浜市)	14.1.10
東名高速道路玉突き事故(横浜市)	14.1.21
東名高速道路玉突き事故(伊勢原市)	14.4.6
ワゴン車・バイク衝突(藤沢市)	14.5.29
中央自動車道路玉突き事故(藤野町)	14.10.16
国道16号多重衝突(横浜市)	15.8.15
乗用車衝突(松田町)	15.8.24
死亡事故多発	15.9.18
トラックがバイクに衝突(寒川町)	16.1.6
タクシーと乗用車衝突(相模原市)	16.1.8
乗用車がライトバンに追突(大和市)	16.1.21
東名高速で玉突き事故(横浜市)	16.3.20
乗用車がトラックに衝突(秦野市)	16.4.10
乗用車同士衝突(厚木市)	16.4.13
6台多重衝突(横浜市)	16.5.28
トレーラーがワゴン車に追突(伊勢原市)	16.7.18
乗用車がワゴン車に追突(横浜市)	16.8.9
トレーラーにトラック追突(川崎市)	16.11.2
ダンプカーと市バス衝突(横浜市)	17.1.24
警察の制止無視して衝突(横浜市)	17.7.31
玉突き事故で炎上(川崎市)	17.8.5
箱根ターンパイクで正面衝突(小田原市)	17.9.18
下校の列に暴走車(横浜市)	17.10.17
ワゴン車が車6台に追突(横浜市)	18.2.4
無免許バイクが乗用車と衝突(横浜市)	18.3.10
乗用車が大型トレーラーに追突(川崎市)	18.7.13
トラックとタンクローリー衝突(山北町)	18.8.1
タンクローリーがワンボックスに衝突(川崎市)	18.8.12
工事現場に乗用車衝突(横浜市)	18.10.11
街路灯の下敷きで女児死亡(横浜市)	18.11.2
トラック荷台から重機落下(横浜市)	19.2.10

神奈川県　都道府県別一覧

事故	日付
乗用車とバイク衝突(横浜市)	19.4.22
トラックが追突(横浜市)	19.7.12
東名高速で多重衝突(山北町)	19.8.5
ワンボックスとトラックが正面衝突(横浜市)	19.9.28
横断歩道ではねられ負傷(横浜市)	19.10.1
プロ二輪レーサーが公道で事故死(川崎市)	19.10.7
東名高速で渋滞の列に追突(大和市)	19.10.15
9台が玉突き事故(横浜市)	19.12.24
トラックとバイク衝突(横浜市)	19.12.25
首都高湾岸線で追突事故(横浜市)	20.7.22
5台玉突き交通事故(秦野市)	20.11.13
軽トラと原付が衝突(相模原市)	21.1.24
ひき逃げ(横浜市)	21.5.23
乗用車同士が衝突(横浜市)	21.6.1
多重衝突事故(厚木市)	21.8.7
トラックが小学生をひく(横浜市)	21.10.5
ひき逃げ(横浜市)	21.11.15
トラックにはねられ死亡(川崎市)	21.12.24
交通事故(横浜市)	22.1.5
居酒屋に軽乗用車が突入(横浜市)	22.1.29
多重衝突事故(横浜市)	23.8.14
路線バスにダンプカー追突(葉山町)	23.11.2
乗用車が川に転落(横須賀市)	24.2.25
ガードレールに車が衝突(横浜市)	24.5.16
ひき逃げ(川崎市)	24.9.11
ブロック塀に衝突(川崎市)	25.1.3
自転車転倒、車にひかれ死亡(川崎市)	25.2.4
乗用車横転(横浜市)	25.3.23
バスにはねられ死亡(横浜市)	26.2.17
ワゴン車がトラックに追突(横浜市)	26.6.5
増水で四輪駆動車が流される(山北町)	26.8.1
乗用車にひかれて死亡(平塚市)	26.10.17
ワゴン車が街路樹に衝突(茅ヶ崎市)	27.2.21
横浜ベイブリッジで多重事故(横浜市)	27.6.1
乗用車が中学生の列に突っ込む(川崎市)	28.6.14
軽トラが小学生の列に突っ込む(横浜市)	28.10.28
バスとワゴン車が衝突(横浜市)	28.10.29
7台が絡む玉突き事故(小田原市)	28.12.9
乗用車2台が正面衝突(横須賀市)	28.12.10
立体駐車場から車転落(横須賀市)	28.12.31
軽乗用車と大型トレーラー衝突(小田原市)	29.2.22
乗用車など5台衝突(大井町)	29.4.2
トラックなど5台絡む事故(平塚市)	29.5.28
東名あおり運転事故(大井町)	29.6.5
トラックに巻き込まれ死亡(相模原市)	29.8.2
トラックなど3台絡む事故(横浜市)	29.10.1
90歳運転、交通事故(茅ヶ崎市)	30.5.28
バス事故で7人死傷(横浜市西区)	30.10.28
漁港で車転落(三浦市)	30.10.31
軽とトラックの衝突事故(相模原市)	30.12.21

◇船舶事故・遭難

事故	日付
インド貨物船ジャグ・ドゥート爆発・炎上事故(横浜市神奈川区)	1.2.16
氷川丸火災(横浜市中区)	1.4.3
タイ貨物船火災(横浜市中区)	1.4.12

都道府県別一覧　　神奈川県

ソ連貨物船・ひき船衝突（三浦市城ヶ島南方沖）	1.9.28
突風でヨット転覆	2.4.29
海上自衛隊潜水艦火災(横須賀市)	6.4.7
重油タンカー・プレジャーモーターボート衝突(横浜市金沢区)	10.8.26
客船火災(横浜市)	11.2.11
ヨット転覆(葉山町)	12.3.20
横波で漁船員転落(平塚市)	14.8.27
ヨット転覆(葉山町)	15.3.29
ヨット漂流(三浦市沖)	15.5.25
水上バイクが競走中に衝突(平塚市)	17.7.17
ボートが岸壁に衝突(横浜市)	17.8.26
ボートが防波堤に衝突(横浜市)	17.11.10
漁船転覆(横浜市)	17.12.23
無人ヨット座礁(鎌倉市)	18.2.3
コンテナ船とタンカー衝突(三浦市)	18.4.19
プレジャーボート転覆(平塚市)	18.8.7
首都圏で大停電	18.8.14
ヨット転覆(三浦市)	18.10.14–
遊漁船同士が衝突(横浜市)	18.11.19
ヨット数艇転覆(葉山町)	19.3.29
漁船転覆(三浦市)	19.4.17
高波で高速船浸水(三浦市)	19.5.19
プレジャーボート事故(横浜市)	19.6.2
クレーン事故で船沈没(横浜市)	20.9.1
漁船転覆(横浜市)	23.7.6
ゴムボート流される事故(横須賀市)	25.7.5
海保巡視艇が屋形船に追突(川崎市)	25.10.12
貨物船同士が衝突(三浦市)	26.3.18
水難事故が相次ぐ(横須賀市, 三浦市)	26.8.16
米軍イージス艦座礁(横須賀市)	29.1.31
貨物船と漁船が衝突(横浜市)	29.4.5

◇航空機事故

ヘリコプター墜落(箱根町)	2.8.1
海上自衛隊ヘリコプター不時着(相模湾)	7.6.6
パラグライダー墜落(小田原市)	9.3.30
パラグライダー墜落(秦野市)	17.5.21
ヘリ墜落	23.10.3
米軍ヘリが不時着(三浦市)	25.12.16

◇エレベーター・エスカレーターの事故

エスカレーターに挟まれ負傷(川崎市)	19.8.12
エスカレーター事故(平塚市)	19.10.16
エスカレーター事故(川崎市)	23.12.21
駅エスカレーター事故(川崎市)	26.1.8
エレベーターが急降下(藤沢市)	26.2.12
エスカレーターで転倒して書家が死亡(茅ヶ崎市)	26.11.28

◇公害

境川シアン検出	1.5.27
廃油流出(横浜市鶴見区)	2.6.2
ダイオキシン検出(横浜市)	10.4.
高濃度ダイオキシン検出(藤沢市)	12.3.24

◇医療・衛生災害

ペースメーカー手術で事故(川崎市)	16.2.13
オウム病に集団感染(川崎市)	26.5.30
感染症で園児死亡(川崎市)	29.6.6,12

◇伝染病流行

特許老人病院でインフルエンザ(横浜市)	11.1.

神奈川県

聖マリアンナ医科大学で結核集団感染(川崎市) 11.9.11
結核集団感染(横浜市) 16.4.12
結核集団感染(横浜市) 16.5.14
介護施設で感染症(大和市) 17.1.3
結核集団感染(川崎市) 17.10.17
医療機器使い回しで院内感染(茅ヶ崎市) 19.12.25
タミフル耐性ウイルス集団感染(横浜市) 20.1.28-
新型インフル感染の疑い 21.5.1
ノロウイルス集団感染(横浜市) 24.12.29
インフル集団感染(横浜市) 25.1.29-
ジカ熱に感染(川崎市) 28.2.25

◇食品衛生・食品事故

運動会弁当で食中毒(横浜市栄区) 1.9.27
食中毒(横浜市) 2.7.11
給食ケーキにサルモネラ菌 10.3.12-
カレーで食中毒(横浜市神奈川区) 10.12.6
幼稚園で集団食中毒(相模原市) 11.5.25-
老人ホームで食中毒(横浜市) 11.8.25
自衛隊横須賀病院で食中毒(横須賀市) 11.11.4-
特養ホームでO-157集団感染(藤野町) 12.6.13-
病院でO-157集団感染(藤野町) 12.6.16
ファミリーレストランでO-157感染 12.8.
小学校で結核集団感染(横浜市) 13.7.5
豆大福で食中毒 13.7.18-
サルモネラ菌による食中毒(横浜市) 14.8.28
サルモネラ菌で食中毒(茅ヶ崎市) 14.11.21
留置場で食中毒(横須賀市) 15.5.16
幼稚園で大腸菌集団感染(横浜市) 15.9.10-
防衛大で集団食中毒(横須賀市) 15.9.26
カップめんから防虫剤成分 20.10.23
賞味期限を偽装表示(横浜市) 21.2.28
賞味期限を改ざん(横浜市) 21.11.2
売れ残りカツを再販売(横浜市) 22.3.28
産地偽装(湯河原町) 24.5.1
中国産ウニに食中毒菌(横浜市) 24.10.2

◇集団食中毒

野球部合宿所で食中毒(横浜市) 16.2.13
病院食でノロウイルス感染(相模原市) 16.3.7
オープンキャンパスで食中毒(相模原市) 17.8.12
防災訓練の乾パンで食中毒(横浜市) 18.9.3
敬老会の昼食で食中毒(横浜市) 20.10.26
焼き肉店で食中毒(大和市) 24.6.8
冷凍メンチで集団食中毒 28.10.31

◇薬害・医療事故

患者取り違えて手術(横浜市) 11.1.11
注射ミスで妊婦意識不明(横浜市) 11.3.
内服薬を誤って点滴(伊勢原市) 12.4.10
点滴過剰投与で患者死亡(伊勢原市) 12.6.8
人工呼吸器故障で患者死亡(横浜市) 12.8.16
術後管理ミス(横浜市) 13.8.10
腹腔鏡手術で患者死亡(横浜市) 13.11.5
副鼻腔炎治療事故で患者死亡(平塚市) 14.3.14
患者体内に劇薬落とす(伊勢原市) 14.5.
B型肝炎感染血を輸血(横浜市) 15.8.
流動食を腹部へ誤注入(川崎市) 15.10.17

心臓カテーテル検査後に
　患者死亡(川崎市)　　　　　15.12.15
併用禁止の薬を誤処方(川
　崎市)　　　　　　　　　　16.4.13
気管チューブずれ死亡(横
　浜市)　　　　　　　　　　16.4.30
薬剤取り違え投与(横須賀市)　16.5.14
肺にチューブ誤挿入(松田
　町)　　　　　　　　　　　16.8.20
人工呼吸器装着ミス(横浜
　市)　　　　　　　　　　　16.9.22
心肺停止に気づかず(横浜
　市)　　　　　　　　　　　19.7.4
医療機器使い回しで院内
　感染(茅ヶ崎市)　　　　　　19.12.25
カテーテルを誤挿入(川崎
　市)　　　　　　　　　　　21.8.24
放射線照射位置がずれる
　(伊勢原市)　　　　　　　　25.12.25

◇山岳遭難
沢から滑落(清川村)　　　　　17.4.17
登山者滑落(秦野市)　　　　　18.8.6
岩登りで死亡(山北町)　　　　19.5.3
登山者が転落(伊勢原市)　　　21.10.4
山岳遭難(相模原市)　　　　　24.5.11
滑落死(相模原市)　　　　　　25.4.29
登山者が滑落(山北町)　　　　27.1.14

◇軍隊・軍事基地の事故
海上自衛隊潜水艦火災(横
　須賀市)　　　　　　　　　6.4.7
海上自衛隊ヘリコプター
　不時着(相模湾)　　　　　　7.6.6
米軍基地内で倉庫全焼(綾
　瀬市)　　　　　　　　　　11.2.9
米軍根岸住宅地区の消防
　署火災(横浜市)　　　　　　14.3.30
護衛艦「しらね」から出火
　(横須賀市)　　　　　　　　19.12.14
厚木基地で火災(綾瀬市)　　　21.11.14
米軍機から部品落下(大和
　町)　　　　　　　　　　　24.2.8
米軍ヘリが不時着(三浦市)　　25.12.16
米軍機部品が落下(綾瀬市)　　26.1.9
大雪で格納庫の屋根が陥
　没(大和市)　　　　　　　　26.2.15

潜水訓練で自衛官死亡(横
　須賀市)　　　　　　　　　26.5.23
米陸軍相模総合補給廠で
　火災(相模原市)　　　　　　27.8.24
米軍イージス艦座礁(横須
　賀市)　　　　　　　　　　29.1.31
海自でミサイルの不具合
　放置(横須賀市)　　　　　　29.10.17

◇機雷・不発弾の爆発
不発弾処理(横浜市)　　　　　11.11.8
解体作業工場爆発(横須賀市)　12.8.30
不発弾処理(横浜市)　　　　　15.4.16

◇製品事故・管理不備
滑り台で指切断事故　　　　　20.6.-
折りたたみ自転車で事故　　　22.9.17
洋ナシジュース回収　　　　　23.6.21
遊具で指切断事故(横浜市)　　23.8.11
5万世帯超が停電(横浜市)　　25.2.5
ジェットコースターが逆
　走(川崎市)　　　　　　　　26.3.19

◇その他の災害
爆発事故(藤沢市)　　　　　　1.1.29
花火爆発(横浜市中区)　　　　1.8.2
感電事故(川崎市川崎区)　　　1.11.20
酸性霧　　　　　　　　　　　1.この年
三井建設作業所火災(厚木
　市)　　　　　　　　　　　2.1.16
ロッカー爆発(川崎市高津区)　4.3.9
収集ゴミ爆発(川崎市川崎区)　4.10.26
ブタンガス中毒死(横浜市
　港北区)　　　　　　　　　6.9.18
トレーラータイヤ脱落事
　故(横浜市)　　　　　　　　14.1.10
テレビ番組収録中に転落
　(横浜市)　　　　　　　　　14.5.5
下水道管が爆発(横須賀市)　　14.9.2
通り魔殺人(足柄郡松田町)　　15.3.29
スーパーで爆発(大和市)　　　15.11.5
ガスコンロ爆発(藤野町)　　　15.11.14
住宅で爆発(横浜市)　　　　　15.12.14
生徒の列に消火剤(藤沢市)　　17.9.7
マンションから投げ落と
　され死亡(川崎市)　　　　　18.3.20

マンション8階から転落(藤沢市)	18.6.16
首都圏で大停電	18.8.14
ライブ中に客席から転落(横浜市)	19.1.27
通り魔(川崎市)	19.4.5
体育授業で頭に砲丸(横浜市)	20.2.28
JR平塚駅で通り魔(平塚市)	20.7.28
通り魔(横浜市)	21.3.1
マンションから転落(川崎市)	22.1.1
駅天井から部品落下(横浜市)	22.2.25
ジェットコースターで鎖骨骨折(川崎市)	22.6.7
ハチミツ偽装(相模原市)	23.2.15
停電(横浜市, 川崎市)	23.6.5
幼稚園プールで死亡(大和市)	23.7.11
茶に劇物混入(横浜市)	24.1.13
ヘリが救助者を落とす(厚木市)	24.7.15
立体駐車場で事故(川崎市)	25.6.1
ヨットレース中に急死(藤沢市)	26.7.12
海水浴場で水死(横須賀市)	26.7.30
水難事故が相次ぐ(横須賀市, 三浦市)	26.8.16
相模原障がい者施設殺傷事件(相模原市)	28.7.26
水難事故相次ぐ	29.8.6
パネル落下、歩行者死亡(横浜市)	30.10.1

【中部地方】

◇気象災害

落雷	19.3.31

◇台風

台風17号	1.8.25−
台風22号	1.9.19−
台風20号	2.9.23−
台風28号	2.11.30
台風4号	10.8.27
台風5号	10.9.16
豪雨	21.8.9
浜松大停電	30.9.30

◇豪雨(台風を除く)

集中豪雨	2.11.4−
大雨	7.6.30−
大雨	11.6.27
大雨で鉄道運転見合わせ	11.8.13−
大雨	11.8.17
平成18年7月豪雨	18.7.15−

◇豪雪

大雪	10.1.15

◇地震・津波

地震	1.2.19
地震	1.3.6
地震	2.1.11
地震	2.2.20
地震	2.12.7−
地震	3.8.28
地震	3.9.3
地震	4.2.2
群発地震	5.3.−
地震	5.5.21
地震	5.11.27
地震	6.5.28
地震	6.6.28
地震	6.6.29
地震	6.12.18
阪神・淡路大震災	7.1.17
地震	8.2.17
地震	8.3.6
群発地震	8.8.11−
地震	8.9.11
地震	8.10.25
地震	9.5.12
地震	10.2.21
地震	10.8.29
群発地震	11.3.28
地震	11.12.16
地震	12.3.19
地震	12.6.3
地震	13.4.3

地震	15.4.1
地震	15.6.13
地震	16.1.6
地震	16.5.29
地震	16.12.28
地震	17.5.11
地震	18.2.16
地震	18.12.19
地震	19.6.1
地震	20.6.13
地震	20.7.15
余震	23.6.23
地震で土砂崩れ	25.2.25
余震	25.5.18
地震	29.6.25

◇地滑り・土砂崩れ

平成18年7月豪雨	18.7.15−
豪雨	21.8.9
地震で土砂崩れ	25.2.25

◇雪崩

登山者滑落(北アルプス剱岳)	9.12.31

◇神社・寺院火災

落雷	19.3.31

◇産業災害

大雨	11.6.27

◇航空機事故

パラグライダー墜落(北アルプス乗鞍岳)	5.7.24

◇食品衛生・食品事故

弁当などに中国米混入	25.9.30

◇山岳遭難

韓国学生槍ケ岳でけが(槍ケ岳)	1.1.30
滑落死(北アルプス西穂高岳)	1.5.29
滑落死(北アルプス奥穂高岳)	1.6.28
富士山で滑落死(富士山)	2.4.15
登山者転落死(谷川岳)	2.5.12
登山者遭難(北アルプス奥穂高岳)	2.8.23
登山者滑落死(小蓮華山)	2.12.10
登山者遭難(北アルプス大天井岳)	2.12.28
登山者滑落(北アルプス剱岳)	9.12.31

◇製品事故・管理不備

ツナ缶からアレルギー物質検出	25.10.26

【北陸地方】

◇気象災害

落雷(北陸地方)	19.3.31
日本海側で強風(北陸地方)	24.12.6
猛暑日(北陸地方)	25.10.9
強風と大雪(北陸地方)	26.12.18
雪を伴う強風(北陸地方)	27.2.13
強風と大雪(北陸地方)	28.1.19

◇台風

台風7号(北陸地方)	10.9.22
台風5号(北陸地方)	29.8.4−

◇豪雨(台風を除く)

豪雨(北陸地方)	17.7.1
豪雨(北陸地方)	17.7.11−
豪雨(北陸地方)	20.7.8
大雨(北陸地方)	20.7.28
豪雨(北陸地方)	24.7.21
大雨(北陸地方)	25.7.28−

◇豪雪

大雪(北陸地方)	21.12.17
日本海側で大雪(北陸地方)	23.1.30
大雪(北陸地方)	24.1.23−
猛吹雪(北陸地方)	24.11.27
強風と大雪(北陸地方)	26.12.18
日本海側寒波、大雪(北陸地方)	30.1.11−
大雪(北陸地方)	30.2.3−

◇地震・津波

地震(北陸地方)	1.11.2
地震(北陸地方)	5.2.7
地震(北陸地方)	5.10.12
地震(北陸地方)	7.4.1

新潟県　　　都道府県別一覧

  地震(北陸地方)　　　　　　　8.2.7
  地震(北陸地方)　　　　　　　12.1.10
  地震(北陸地方)　　　　　　　12.6.7
  地震(北陸地方)　　　　　　　14.8.18
  地震(北陸地方)　　　　　　　19.1.22
  能登半島地震(北陸地方)　　　19.3.25
  地震(北陸地方)　　　　　　　19.4.28
  地震(北陸地方)　　　　　　　19.5.2
  地震(北陸地方)　　　　　　　19.6.11
  余震(北陸地方)　　　　　　　23.6.23
  長野神城断層地震(北陸地方)　26.11.22

◇地滑り・土砂崩れ
  大雨(北陸地方)　　　　　　　25.7.28－

◇一般火災
  相次ぐ火災(北陸地方)　　　　24.1.15

◇神社・寺院火災
  落雷(北陸地方)　　　　　　　19.3.31

◇列車・電車事故
  新幹線トラブル(北陸地方)　　23.1.25

◇食品衛生・食品事故
  弁当などに中国米混入(北陸地方)　25.9.30

◇製品事故・管理不備
  石油ストーブから灯油漏れ火災(北陸地方)　19.12.11

【新潟県】

◇気象災害
  リフト事故(南魚沼郡湯沢町)　2.12.27
  落雷で住宅全焼(北魚沼郡広神村)　8.4.27
  落雷(六日町)　　　　　　　　13.5.19
  風で看板倒れ下敷き(上越市)　17.9.14
  強風でクレーン倒壊(新潟市)　18.11.7
  スキー場で天候大荒れ(湯沢町)　19.1.7
  乱気流(新潟市)　　　　　　　21.3.5
  竜巻(胎内市)　　　　　　　　22.10.15
  強風　　　　　　　　　　　　22.12.3
  プレジャーボートが転覆(糸魚川市)　27.5.10
  糸魚川市駅北大火(糸魚川市)　28.12.22

◇豪雨(台風を除く)
  豪雨　　　　　　　　　　　　13.8.4
  新潟・福島豪雨　　　　　　　16.7.13
  大雨　　　　　　　　　　　　17.6.27－
  新潟・福島で豪雨　　　　　　23.7.29
  大雨による土砂崩れ(長岡市)　25.7.30

◇豪雪
  雪崩で遭難救助隊員死亡(北魚沼郡入広瀬村)　12.6.18
  乗用車・JR羽越線特急電車衝突(中条町)　14.1.3
  雪で旅館の屋根が崩落(小千谷市)　17.1.26
  雪下ろし中に転落(小千谷市)　17.2.1
  雪に埋もれ窒息死(小千谷市)　17.2.6
  暴風雪で大規模停電　　　　　17.12.22
  大雪(妙高市)　　　　　　　　21.12.19
  除雪中の事故相次ぐ　　　　　23.2.1
  大雪(魚沼市)　　　　　　　　26.12.15
  大雪で立往生(三条市)　　　　30.1.11
  日本海側で大雪　　　　　　　30.2.12

◇地震・津波
  地震　　　　　　　　　　　　7.9.14
  地震　　　　　　　　　　　　12.3.25
  地震　　　　　　　　　　　　13.1.2
  地震　　　　　　　　　　　　13.1.4
  地震　　　　　　　　　　　　14.8.21
  地震　　　　　　　　　　　　15.12.19
  地震　　　　　　　　　　　　15.12.22
  地震　　　　　　　　　　　　16.1.9
  地震　　　　　　　　　　　　16.9.7
  新潟中越地震　　　　　　　　16.10.23
  地震　　　　　　　　　　　　16.12.23
  地震　　　　　　　　　　　　16.12.25
  地震(中越地方)　　　　　　　17.1.9
  地震(中越地方)　　　　　　　17.1.18

地震(中越地方)	17.2.20		土砂崩れ(柏崎市)	25.12.7
地震	17.2.26	◇雪崩		
地震(中越地方)	17.2.26	水路工事中に雪崩(栃尾市)		9.2.25
地震(中越地方)	17.6.20	新潟中越地震の被災地で		
地震(中越地方)	17.7.9	雪崩続発(中越地方)		17.2.17–
地震(中越地方)	17.8.21	雪崩(妙高市)		27.1.17
地震(中越地方)	17.11.4	◇動植物災害		
地震	18.12.26	コイヘルペスウイルス感		
地震(中越地方)	19.1.8	染(小千谷市)		18.6.23
地震(中越地方)	19.3.10	ハチに刺され軽傷(弥彦村)		20.7.19
新潟県中越沖地震	19.7.16	イノシシが小学校に侵入		
地震	19.8.6	(長岡市)		20.10.21
地震	19.10.17	高速道路にクマが出没(糸		
地震(出雲崎町, 長岡市, 柏崎市)	21.2.24	魚川市)		28.11.5
地震	21.5.12	鳥インフルエンザ(上越市, 関川村)		28.11.28
地震(十日町市, 上越市)	21.10.23	鳥インフルエンザ(上越市, 関川村)		28.11.28
地震	22.10.2	◇一般火災		
地震	22.10.3	火災(上越市)		1.2.1
地震	23.1.3	佐渡観光バス全焼(佐渡郡		
地震	23.3.12	金井町)		1.5.6
地震	23.4.17	鉱山火災(青海町)		15.5.4
地震	23.6.2	◇住宅火災		
地震	24.2.8	火災(新発田市)		6.1.18
地震	24.10.18	落雷で住宅委全焼(北魚沼		
地震	25.6.7	郡広神村)		8.4.27
地震	26.4.8	住宅火災(新潟市)		10.2.8
地震	26.5.5	住宅火災(京ヶ瀬村)		11.1.16
地震	26.9.3	住宅全焼(新発田市)		12.3.24
地震	27.5.13	住宅火災(青海町)		13.11.20
地震	28.6.25	住宅火災(十日町市)		14.3.14
地震	28.6.27	住宅火災(新潟市)		14.3.16
地震	28.10.31	住宅火災(見附市)		16.1.1
◇噴火・爆発		住宅火災(佐渡市)		17.11.20
新潟焼山が噴火(糸魚川市, 妙高市)	28.5.6	住宅全焼(新潟市)		18.2.15
◇地滑り・土砂崩れ		住宅全焼(長岡市)		18.3.15
復旧工事中に土砂崩れ(栃尾市)	17.11.8	住宅火災(阿賀野市)		19.6.23
土砂崩れ(新潟市)	18.1.27	住宅火災(南魚沼市)		20.1.18
土砂崩れ(上越市)	24.3.13	住宅火災(五泉市)		21.2.2
大雨による土砂崩れ(長岡市)	25.7.30	住宅火災(川口町)		21.5.23
		住宅火災(南魚沼市)		23.1.5

新潟県

住宅火災(妙高市) 25.12.8
住宅火災(五泉市) 26.6.21
住宅火災(柏崎市) 27.2.17
米穀店兼住宅から出火(佐渡市) 28.7.3
住宅火災(新潟市) 28.11.6
住宅火災(新潟市) 29.6.8
住宅火災(新潟市) 30.3.1

◇店舗・事務所火災

糸魚川市駅北大火(糸魚川市) 28.12.22

◇旅館・ホテル火災

ホテル火災(新潟市) 25.7.8

◇学校・病院火災

身障者施設火事(新潟市) 25.2.10

◇神社・寺院火災

正念寺本堂全焼(上越市) 12.2.1

◇ガス中毒事故

排ガス中毒(中魚沼郡中里村) 1.12.9
ガス中毒死(湯沢町) 8.2.26
井戸の中で一酸化炭素中毒(小千谷市) 16.8.7
車中で一酸化炭素中毒死(妙高市) 18.1.4
菓子工場で一酸化炭素中毒(新潟市) 19.2.3

◇都市ガス等の爆発事故

工場タンクが爆発(新潟市) 19.12.6

◇産業災害

作業員感電死で停電(五泉市) 11.5.12
工場タンクが爆発(新潟市) 19.12.6

◇工場災害・汚染被害

工場地下水からダイオキシン(胎内市) 17.12.3
化学工場で爆発(上越市) 19.3.20
鋳物工場で爆発事故(長岡市) 20.1.21

◇鉱山災害

鉱山火災(青海町) 15.5.4

◇土木・建築現場の災害

水路工事中に雪崩(栃尾市) 9.2.25
土砂崩れ(新潟市) 18.1.27
トンネル工事中に爆発(南魚沼市) 24.5.24

◇輸送機関の事故

リフト事故(南魚沼郡湯沢町) 2.12.27

◇列車・電車事故

上越線特急倒木に接触(長岡市) 3.1.6
乗用車・JR羽越線特急電車衝突(中条町) 14.1.3
火花発生で列車が非常停止(柏崎市) 24.4.4
大雪で立往生(三条市) 30.1.11

◇自動車事故

佐渡観光バス全焼(佐渡郡金井町) 1.5.6
関越道追突事故(南魚沼郡大和町) 1.10.15
登校児童の列に乗用車(上越市) 1.10.25
大型トレーラー・大型トラック衝突(新井市) 2.1.27
観光バス横転(西蒲原郡黒埼町) 2.6.26
バス横転(岩船郡朝日村) 2.10.7
登校中はねられ負傷(長岡市) 3.11.13
ワゴン車川に転落(東蒲原郡鹿瀬町) 4.1.2
マイクロバス信号柱に衝突(南魚沼郡塩沢町) 4.6.6
大型トラック・ワゴン車衝突(岩船郡山北町) 4.8.13
乗用車・トラック衝突(南魚沼郡湯沢町) 6.8.3
NHK取材車が転落(小国町) 6.9.30
軽乗用車川に転落(南蒲原郡下田村) 6.12.18

新潟県

ワゴン車・トラック衝突（西頸城郡青海町）	7.2.18
ワゴン車・大型トラック衝突（湯沢町）	7.3.11
トラック衝突（小千谷市）	7.4.21
酒気帯び運転乗用車歩行者はねる（白根市）	7.8.21
バス転落（糸魚川市）	7.12.3
大型タンクローリー・4輪駆動車追突（塩沢町）	8.2.13
マイクロバス沢に転落（湯沢町）	8.8.4
乗用車正面衝突（巻町）	12.4.4
大型トラック・軽乗用車追突（新潟市）	12.4.6
ワンボックス車・大型トラック衝突（燕市）	13.1.31
大型トレーラー横転（中里村）	14.11.28
大型トラック・乗用車追突（五泉市）	14.12.14
トラックにはねられ死亡（柏崎市）	15.5.31
タイヤ脱輪（山北町）	16.3.23
乗用車正面衝突（小千谷市）	16.4.3
ワゴン車がマイクロバスに衝突（新津市）	16.6.10
軽トラック逆走で多重事故（小出町）	16.6.11
ワゴン車など3台衝突（新潟市）	16.9.25
除雪作業車転落（山古志村）	17.1.22
乗用車が北陸道を逆走し衝突（柏崎市）	17.3.11
除雪機に巻き込まれ死亡（十日町市）	18.2.3
飲酒の軽乗用車が救急車と衝突（新潟市）	19.2.11
乗用車とタンクローリー衝突（阿賀町）	19.3.9
北陸道で玉突き（柏崎市）	19.8.7
トンネル内で正面衝突（阿賀野市）	20.7.21
ひき逃げ（見附市）	23.1.25
祭りの列に車突っ込む（村上市）	23.7.8
パトカー追跡車が横転（燕市）	23.7.8
交通事故で車両炎上（小千谷市）	24.8.3
視覚障がい者が乗用車にはねられる（十日町市）	26.9.28
軽乗用車にはねられ死亡（見附市）	27.1.27
ワゴン車がトンネル入口に衝突（糸魚川市）	27.3.22
キャンピングカーが横転（新潟市）	27.7.5
軽乗用車にはねられ死亡（新潟市）	27.10.15
乗用車にトラック2台衝突（長岡市）	29.12.28

◇船舶事故・遭難

イカつり船・貨物船衝突（佐渡島沖）	1.6.5
釣り船防波堤に衝突（新潟市）	11.6.27
底引き網漁船転覆（新潟市）	13.1.31
遊漁船沈没	20.9.21
小型船が転覆（胎内市）	21.6.13
タンカー沈没（佐渡市）	23.1.9
漁船が転覆（新潟市）	26.12.28
プレジャーボートが転覆（糸魚川市）	27.5.10
高田公園でボートが転覆（上越市）	28.4.3

◇航空機事故

乱気流（新潟市）	21.3.5
航空機がオーバーラン（新潟市）	25.8.5

◇公害

工場地下水からダイオキシン（胎内市）	17.12.3

◇原子力発電所事故

柏崎刈羽原発3号機で炉心隔壁に亀裂	14.8.23
東京電力柏崎刈羽原発5号機の原子炉建屋付属棟から煙（刈羽村）	14.12.30

平成災害史事典総索引 367

新潟県

柏崎刈羽原発で放射性物質吸引(柏崎市) 18.11.9
柏崎刈羽原発5号機でぼや 19.3.22
中越沖地震で柏崎原発で火災 19.7.16
新潟・柏崎刈羽原発で14年弁開け放し 20.12.4
原発の倉庫でボヤ(柏崎市,刈羽村) 21.3.5
原発停止(柏崎市,刈羽村) 21.12.25
原発の熱交換室から煙 24.2.26
東電の原発で事故相次ぐ 27.1.19

◇放射能汚染被害
牛乳からセシウム検出(柏崎市) 23.6.14
日本海側でセシウム検出 24.8.3
河口でセシウム検出(長岡市) 24.9.13

◇伝染病流行
老人ホームでインフルエンザ(中頸城郡柿崎町) 11.1.14−
がんセンターで結核集団感染 11.4.−
コイヘルペスウイルス感染(小千谷市) 18.6.23
老健施設でノロ集団感染(胎内市) 21.4.23
デング熱で死亡 28.7.22

◇食品衛生・食品事故
生ガキで食中毒(長野県) 12.1.8−
開業医から結核集団感染(佐渡島) 12.4.
エノキにガラス片が混入(新潟市) 21.11.25

◇集団食中毒
仕出し料理で集団食中毒(長岡市) 26.2.3

◇薬害・医療事故
予防接種ワクチン違い(新潟市) 2.4.20
多剤耐性緑のう菌に院内感染(新潟市) 12.1.−

点滴投与ミスで患者死亡(新津市) 14.7.8
腹部にガーゼ置き忘れ(上越市) 16.1.23
手術で血管損傷(新潟市) 17.4.27
誤投薬で患者死亡(三条市) 29.4.27

◇山岳遭難
キノコ採りで遭難(東蒲原郡上川村) 1.11.19
雪崩で遭難救助隊員死亡(北魚沼郡入広瀬村) 12.6.18
雪渓崩落(湯之谷村) 16.8.1
登山者遭難(湯沢町) 18.3.20
スキー場で天候大荒れ(湯沢町) 19.1.7
スキー客が遭難(妙高市) 21.3.21
相次ぐ山岳遭難 24.12.9−
登山中に急性心不全(湯沢町) 27.7.4
登山者滑落(南魚沼市) 29.7.31
スキー場で親子遭難(妙高市) 30.1.25
登山の父子帰らず(阿賀野市) 30.5.6

◇軍隊・軍事基地の事故
空自機墜落(阿賀町) 17.4.14

◇製品事故・管理不備
圧力鍋に不具合(燕市) 21.2.19
電気ストーブで出火事故(三条市) 23.1.25

◇その他の災害
花火の不発弾爆発(長岡市) 4.8.28
アジ化ナトリウム混入(新潟) 10.8.10
連絡通路崩落(万代島) 15.8.26
雪で旅館の屋根が崩落(小千谷市) 17.1.26
風で看板倒れ下敷き(上越市) 17.9.14
暴風雪で大規模停電 17.12.22
防災シャッターに挟まれ小学生重体(五泉市) 18.6.7
波にさらわれ死亡(上越市) 26.5.4

ズンズン運動で乳児死亡（新潟市）	27.3.4
石灯籠の下敷きになり死亡（長岡市）	27.9.21
川に流され死亡（湯沢町）	29.8.11
海水浴場で死亡（新発田市）	29.8.27

【富山県】

◇気象災害

強風タンカー横倒し（富山市）	1.3.8
北陸自動車道多重衝突（入善町）	11.2.3
熱中症・脱水症状多発（富山市）	12.8.1
強風でヘリコプター墜落（立山町）	12.9.16
強風	20.2.24
強風	22.12.3
落雷	23.4.30
沢下り中に流され死亡（富山市）	26.9.5

◇豪雨（台風を除く）

大雨	25.8.23

◇豪雪

大雪	13.1.17
大雪で立往生	30.1.11
日本海側で大雪	30.2.12

◇地変災害

洞穴崩落で生き埋め（小矢部市）	22.5.29

◇地滑り・土砂崩れ

落石（黒部峡谷）	14.9.18
落石で登山客転落（立山町）	15.7.15
山岳で落石が直撃（立山町）	20.6.19

◇雪崩

雪崩	2.3.7
雪庇崩落で登山者遭難	12.3.5
雪崩（中新川郡立山町）	13.1.4
雪崩（立山町）	13.2.5
雪崩（立山町）	17.11.23
雪崩で登山者ら死亡	18.5.1
雪崩（立山町）	19.4.18
雪崩	22.5.1
雪崩（立山町）	22.11.30
北アルプスで雪崩発生（上市町）	23.2.28
雪崩	25.4.27
雪崩（立山町）	25.11.23
雪崩で登山パーティーが遭難（立山町）	28.11.29
雪崩で登山者死亡	29.4.30
雪崩、遭難相次ぐ	29.5.4
雪崩・滑落	29.5.7

◇動植物災害

クマ被害	16.9.-
クマに襲われ死亡（富山市）	17.3.26
クマに襲われ死亡（入善町）	18.10.26

◇一般火災

廃車炎上（富山市）	9.8.29

◇住宅火災

住宅火災（高岡市）	9.11.21
住宅火災（富山市）	16.4.10
住宅火災（富山市）	16.10.14
住宅火災（南砺市）	21.1.1
住宅火災（富山市）	24.1.12
住宅火災（小矢部市）	27.5.10
住宅火災（入善町）	28.3.4
住宅火災（立山町）	28.3.18

◇店舗・事務所火災

電器店火災（朝日町）	27.1.24

◇旅館・ホテル火災

旅館火災（婦中町）	16.11.28

◇ガス中毒事故

一酸化中毒（八尾町）	14.11.22

◇工場災害・汚染被害

廃車炎上（富山市）	9.8.29
化学工場爆発（新湊市）	10.11.29
工場火災（大山市）	16.8.22

富山県

工場爆発(富山市) 17.1.8
薬品工場で爆発(富山市) 18.12.11
溶解炉から鉄があふれる(氷見市) 26.4.25

◇土木・建築現場の災害
工事中の斜面崩落で生き埋め(魚津市) 22.7.21

◇輸送機関の事故
リフト落下(上新川郡大山町) 3.11.19
トンネルからコンクリ片落下(黒部市) 25.1.9

◇列車・電車事故
大雪で立往生 30.1.11

◇踏切事故
軽乗用車と普通電車衝突(富山市) 16.9.15

◇自動車事故
北陸道玉突き追突(魚津市) 5.2.20
乗用車・マイクロバス衝突(庄川町) 8.2.24
北陸自動車道多重衝突(入善町) 11.2.3
北陸自動車道スキーバス・観光バス追突(富山市) 13.2.18
高速バス・大型トラック追突(黒部市) 14.12.27
路面凍結で8台が事故(滑川市) 17.12.28
北陸自動車道で玉突き衝突(射水市) 18.2.3
乗用車が北陸道を逆走(立山町) 19.11.24
北陸道で多重衝突(射水市) 20.9.10
バスが転落(立山町) 21.4.25
交通事故(氷見市) 23.6.17
交通事故(魚津市) 23.11.7
路上倒れた男性、バスがはねる(富山市) 23.12.6
観光用車両が横転(南砺市) 25.8.16
高速バスがトラックに衝突(小矢部市) 26.3.3
3台が絡む多重事故(高岡市) 26.4.14

トンネル内でバスとバイクが衝突(南砺市) 26.7.26
トンネル内で多重事故(小矢部市) 26.9.15
6台が絡む多重事故(立山町) 26.12.8
3台が絡む多重事故(滑川市) 27.7.6
乗用車にはねられ死亡(砺波市) 29.8.4

◇船舶事故・遭難
強風タンカー横倒し(富山市) 1.3.8

◇航空機事故
強風でヘリコプター墜落(立山町) 12.9.16
ヘリコプター墜落 19.4.9
訓練飛行で墜落(立山町) 29.6.3
滑走路ヘリ進入(富山空港) 30.7.9

◇医療・衛生災害
新たにイタイイタイ病認定(富山市) 23.6.26

◇伝染病流行
結核感染 13.7.26
セラチア菌院内感染(富山市) 20.6.-

◇食品衛生・食品事故
給食牛乳で食中毒 10.6.3-
ブリの産地偽装(氷見市) 23.1.27

◇集団食中毒
保育所でO157感染(魚津市) 18.8.25-
フグ鍋料理で食中毒(南砺市) 21.11.22
焼肉店で集団食中毒 23.5.2
焼肉店で食中毒(高岡市) 23.6.3
焼肉店でO157感染(富山市) 30.7.16

◇薬害・医療事故
MRSA院内感染(氷見市) 12.9.27
医療ミスで2患者死亡(上市町) 13.6.21

検査時に動脈傷つけ患者死亡(富山市)　18.9.26
セラチア菌院内感染(富山市)　20.6.-

◇山岳遭難
登山者滑落(北アルプス劔岳)　1.8.9
登山者滑落(北アルプス劔岳)　1.9.18
立山連峰で遭難(北アルプス立山連峰)　1.10.9
登山者遭難(北アルプス)　2.9.25
雪庇崩落で登山者遭難　12.3.5
雪崩(中新川郡立山町)　13.1.4
雪崩(立山町)　13.2.5
落石で登山客転落(立山町)　15.7.15
登山者滑落(上市町)　17.7.30
雪崩で登山者ら死亡　18.5.1
落石で登山者死傷　18.7.29
山岳スキーヤー遭難　20.4.27
山岳で落石が直撃(立山町)　20.6.19
登山者が滑落　21.3.1
登山者が遭難　21.4.27
登山者が滑落　21.5.6
登山者が滑落　21.8.11
尾根から滑落して死亡　22.4.19
雪崩　22.5.1
劔岳で遭難(中新川郡)　25.1.5
雪崩　25.4.27
滑落死　25.4.28
雪崩(立山町)　25.11.23
雪崩で登山パーティーが遭難(立山町)　28.11.29
雪崩で登山者死亡　29.4.30
雪崩、遭難相次ぐ　29.5.4
雪崩・滑落　29.5.7
北アで転落死相次ぐ　29.8.11-
滑落で中学生が骨折(朝日町)　30.7.26

◇製品事故・管理不備
トンネルからコンクリ片落下(黒部市)　25.1.9

◇その他の災害
車内に焼死体(南砺市)　22.3.30

増水で川岸に取り残される(黒部市)　23.8.18
貯水池で水死(砺波市)　28.6.4

【石川県】

◇気象災害
竜巻(羽咋郡富来町)　2.4.6
竜巻　13.2.16
熱中症(金沢市)　13.8.17
熱中症で死亡(珠洲市)　28.8.21
大気不安定であられ観測　30.10.19

◇豪雨(台風を除く)
大雨　25.8.23
大雨(白山市)　27.6.21
大雨(能登地方)　30.9.10

◇豪雪
大雪　13.1.15
一酸化炭素中毒死(内灘町)　13.1.16
大雪　16.1.22
雪で民家倒壊(白山市)　18.1.5
日本海側で大雪　30.2.12

◇地震・津波
地震　14.11.17
地震　19.6.22
地震　20.1.26
地震(輪島市)　22.2.7

◇地滑り・土砂崩れ
地滑りで鉄塔倒壊(羽咋市)　17.4.1

◇雪崩
雪渓崩落(石川郡尾口村)　12.8.15

◇動植物災害
名木「夫婦松」伐採(金沢市)　15.6.20
クマ被害　16.9.-

◇住宅火災
住宅火災(金沢市)　10.12.29
住宅火災(七尾市)　16.1.24
住宅火災(小松市)　18.6.25
住宅火災(七尾市)　18.12.8

石川県　都道府県別一覧

住宅火災(輪島市)　20.2.14
住宅火災(金沢市)　23.1.13
天理教の教会で火災(野々市市)　26.10.26
住宅火災(珠洲市)　28.1.31
住宅火災(津幡町)　30.11.8
住宅火災(白山市)　30.12.8
住宅火災(能美市)　30.12.23

◇旅館・ホテル火災
料亭全焼(金沢市)　8.5.14

◇神社・寺院火災
天理教の教会で火災(野々市市)　26.10.26

◇山林火災
山林火災(珠洲郡内浦町)　13.5.18

◇ガス中毒事故
一酸化炭素中毒死(内灘町)　13.1.16
ホテルの飲食店でCO中毒(能登町)　26.7.31

◇産業災害
口蹄疫感染の疑い(志賀町)　23.2.11

◇工場災害・汚染被害
加工糸工場で火災(小松市)　18.12.20
製紙工場タンクに転落(白山市)　30.6.6

◇土木・建築現場の災害
工事現場の足場倒壊(金沢市)　19.11.12

◇列車・電車事故
線路脇で兄弟が事故(小松市)　30.5.25

◇踏切事故
鉄道事故(加賀市)　23.11.29

◇自動車事故
乗用車転落(石川郡尾口村)　2.10.6
乗用車犀川に転落(金沢市)　8.3.6
ワゴン車横転(七尾市)　8.6.8
乗用車・4輪駆動車衝突(河北郡内灘町)　9.1.19
乗用車・観光バス衝突(輪島市)　10.3.28
タンクローリー横転(加賀市)　13.1.24
乗用車・大型トラック追突炎上(加賀市)　13.11.20
交通事故(松任市)　14.10.9
軽乗用車同士が正面衝突(小松市)　26.2.8
トラックにトレーラーが追突(かほく市)　26.7.2
3台が絡む多重事故(能美市)　27.3.28
軽ワゴン車とタクシーが衝突(宝達志水町)　28.7.27
マイクロバスとワゴン車が衝突(七尾市)　28.10.8
軽乗用車にはねられ死亡(白山市)　29.10.15

◇船舶事故・遭難
漁船を当て逃げ(珠洲市)　14.6.20
漁船沈没(鳳至郡門前町)　14.9.27
漁船が転覆　22.5.10
漁船の不明者を発見(小松市)　22.5.30
漁船転覆　24.4.15
ヨット転覆(穴水町)　29.11.18

◇航空機事故
ジャンボ機滑走路逸脱(小松市)　3.1.15
航空自衛隊戦闘機墜落(加賀市)　3.12.13
自衛隊機ミサイル誤射(輪島市)　7.11.22
F15が胴体着陸(小松市)　21.12.4

◇エレベーター・エスカレーターの事故
エレベーター事故(金沢市)　24.10.31

◇原子力発電所事故
東北電力女川原子力発電所で配管に水漏れ(羽咋郡志賀町)　14.4.2

◇医療・衛生災害
　SRSV集団感染(金沢市) 　　12.3.20
　レジオネラ菌感染(江沼郡
　　山中町) 　　15.1.23
◇食品衛生・食品事故
　牛乳巡るトラブルが頻発
　　(金沢市) 　　13.2.19
　食中毒(加賀市) 　　22.10.11
　馬肉偽装表示 　　25.3.11
◇集団食中毒
　老舗旅館で食中毒(七尾市) 　　28.9.6
◇薬害・医療事故
　放射線照射ミス 　　14.7.11
　医療ミス(金沢市下石引町) 　　24.1.24
◇軍隊・軍事基地の事故
　航空自衛隊戦闘機墜落(加
　　賀市) 　　3.12.13
　自衛隊機ミサイル誤射(輪
　　島市) 　　7.11.22
　F15が胴体着陸(小松市) 　　21.12.4
　F15機部品落下 　　23.10.7
　空自で武器管理不備(小松
　　市) 　　29.9.21
◇製品事故・管理不備
　マフィンから歯(金沢市) 　　30.11.
◇その他の災害
　公園遊具事故(金沢市) 　　14.9.24
　地滑りで鉄塔倒壊(羽咋市) 　　17.4.1
　暖房器具講習の準備中に
　　爆発(金沢市) 　　17.11.19
　遭難救命用信号弾暴発(内
　　灘町) 　　18.5.14
　秋祭り会場で通り魔(白山
　　市) 　　20.9.13
　落とし穴で死亡(かほく市) 　　23.8.27
　滝つぼで水死(白山市) 　　24.8.16
　水難事故が相次ぐ(珠洲市) 　　27.7.25
　遊泳中に流され死亡(内灘
　　町) 　　28.7.16
　野球部の生徒死亡(金沢市) 　　29.6.4

【福井県】
◇気象災害
　落雷で原子炉停止 　　3.9.5
　強風でマイクロバス横転
　　(遠敷郡上中町) 　　5.3.29
　降雪で北陸自動車道路多
　　重衝突事故(今庄町) 　　14.11.4
　突風(敦賀市) 　　20.7.27
　強風で原発クレーン倒壊
　　(高浜町) 　　29.1.20
◇豪雨(台風を除く)
　福井豪雨 　　16.7.17－
◇豪雪
　大雪 　　13.1.
　暴風雪で大規模停電 　　17.12.22
　福井で大雪 　　30.2.8
　日本海側で大雪 　　30.2.12
◇地震・津波
　地震(和泉村) 　　11.1.11
　地震 　　11.11.7
　地震 　　13.4.16
　地震(上中町) 　　13.12.28
　地震 　　18.1.1
　地震 　　18.6.3
　地震 　　21.2.18
　地震 　　23.11.17
　地震 　　26.12.26
◇地滑り・土砂崩れ
　がけ崩れ(丹生郡越前町) 　　1.7.16
　落石が車を直撃(上中町) 　　16.11.26
◇動植物災害
　クマ被害 　　22.10.24
　火力発電所でクラゲ原因
　　のトラブル 　　24.8.29
◇一般火災
　新型転換炉「ふげん」でボ
　　ヤ(敦賀市) 　　15.9.8
　車炎上(福井市) 　　15.9.15
　風力発電所で火災(福井市) 　　25.12.1

福井県

◇住宅火災

住宅火災(鯖江市)	4.2.20
住宅火災(大野市)	6.11.7
住宅火災(鯖江市)	7.2.14
住宅全焼(坂井郡金津町)	8.12.7
住宅火災(和泉村)	16.12.16
住宅火災(大野市)	18.3.25
住宅火災(福井市)	19.9.1
住宅火災(福井市)	19.10.24
店舗兼住宅で火災(大野市)	23.3.1
温泉街で火災(あわら市)	29.10.27
住宅火災(坂井市)	30.1.18

◇店舗・事務所火災

温泉街で火災(あわら市)	29.10.27

◇旅館・ホテル火災

老舗旅館が全焼(あわら市)	30.5.5

◇都市ガス等の爆発事故

プロパンガス爆発(鯖江市)	10.9.1

◇産業災害

新型転換炉「ふげん」トラブル(敦賀市)	11.1.23—
新型転換炉「ふげん」で爆発音(敦賀市)	15.7.4
新型転換炉「ふげん」でボヤ(敦賀市)	15.9.8
炉内中継装置が落下(敦賀市)	22.8.26
高速増殖炉で検出器トラブル(敦賀市)	24.3.14
もんじゅ機器点検漏れ問題(敦賀市)	25.6.21
風力発電所で火災(福井市)	25.12.1

◇工場災害・汚染被害

高速増殖炉「もんじゅ」ナトリウム漏出事故(敦賀市)	7.12.8
化学工場爆発火災(若狭町)	30.7.2
東洋紡工場火災(敦賀市)	30.9.6

◇土木・建築現場の災害

工事現場足場崩壊(大野郡和泉村)	8.11.5
鉄塔倒壊事故(美浜町)	20.9.15
ガス爆発(福井市)	23.2.14

◇列車・電車事故

京福電鉄電車正面衝突(吉田郡松岡町)	12.12.17
上下線電車正面衝突(勝山市)	13.6.24

◇踏切事故

北陸線踏切事故(鯖江市)	7.7.4
特急にはねられ死亡(坂井市)	27.8.8

◇自動車事故

トラック・東豊観光バス衝突(坂井郡三国町)	1.2.8
北陸道トンネル玉突き事故(敦賀市)	2.3.24
マイクロバス横転(鯖江市)	2.10.8
北陸道玉突き事故(坂井郡丸岡町)	3.1.4
観光バス・清掃車追突(武生市)	3.5.9
乗用車・大型トレーラー衝突(敦賀市)	3.8.11
バス横転(丹生郡越廼村)	3.10.27
北陸道玉突き事故(福井市)	4.12.24
強風でマイクロバス横転(遠敷郡上中町)	5.3.29
観光マイクロバス・乗用車衝突(勝山市)	5.5.15
北陸道衝突事故(坂井郡丸岡町)	5.12.31
北陸道スリップ事故(坂井郡金津町)	6.4.24
陸上自衛隊トラック衝突事故(小浜市)	6.9.3
北陸道玉突き事故(南条郡今庄町)	8.2.6
北陸自動車道追突事故(武生市)	8.3.12
乗用車・普通トラック衝突(南条郡河野村)	8.6.3

都道府県別一覧　　　　福井県

北陸自動車道追突事故(福井市)	9.1.11
北陸自動車道多重衝突事故(南条郡今庄町)	9.2.21
トラック・一宮観光バス追突(三方郡美浜町)	9.5.9
乗用車追突(福井市)	14.6.11
降雪で北陸自動車道路多重衝突事故(今庄町)	14.11.4
北陸自動車道路多重衝突事故	14.11.7
交通事故(敦賀市)	23.7.27
集団登校の列に軽乗用車が突っ込む(鯖江市)	25.12.2
マイクロバスとワゴン車が正面衝突(坂井市)	26.8.28
乗用車が炎上(南越前町)	27.7.5
ワゴン車が横転(敦賀市)	27.9.6
車転落、父子死亡(敦賀市)	30.10.7

◇航空機事故

ヘリコプター墜落(小浜市沖合)	1.9.5

◇公害

新型転換炉「ふげん」トラブル(敦賀市)	11.1.23–
新型転換炉「ふげん」で爆発音(敦賀市)	15.7.4

◇原子力発電所事故

敦賀原発2号機放射能漏れ(敦賀市)	11.7.12
日本原子力発電敦賀原発2号機のタービン建屋内で火災(敦賀市)	14.12.12
美浜原発で死亡事故(美浜町)	16.8.9
大飯原発で火災(おおい町)	18.3.22
原発で微量の放射能漏れ(高浜町)	22.3.8
原発で冷却水漏れ(美浜町)	22.4.25
福井・大飯原発でボヤ(おおい町)	23.1.15
原発で放射性ガス漏れ(敦賀市)	23.5.9
福井・敦賀原発で火災(敦賀市)	23.5.18
原発、原子炉停止(美浜町)	23.12.7
強風で原発クレーン倒壊(高浜町)	29.1.20

◇伝染病流行

障害者施設で集団発熱(越前市)	20.5.22–

◇食品衛生・食品事故

給食のコッペパンで食中毒(高浜町)	14.1.

◇集団食中毒

温泉旅館で食中毒(あわら市)	17.10.15
カニツアーで食中毒(福井市)	18.11.18
焼肉店で集団食中毒	23.5.2
小中学校で集団食中毒(若狭町)	28.5.22

◇山岳遭難

ワンゲル部遭難(勝山市)	16.2.7
沢に滑落、凍死(大野市)	25.1.14

◇軍隊・軍事基地の事故

陸上自衛隊トラック衝突事故(小浜市)	6.9.3

◇製品事故・管理不備

原発の溶接部分40年間検査せず(敦賀市)	22.7.21

◇その他の災害

暴風雪で大規模停電	17.12.22
水難事故(福井市)	23.8.19
溺れた子ども救助の2人死亡(永平寺町)	24.8.3
ジェットコースターから転落(坂井市)	25.4.30
もんじゅで検出器停止(敦賀市)	25.9.18
水難事故が相次ぐ	27.7.25
学校のプールで意識不明(福井市)	30.8.1

山梨県

【山梨県】

◇気象災害
- 強風で小屋倒壊(富士吉田市)　12.3.29
- 落雷(山中湖村)　12.8.7
- 猛暑(甲府市)　16.7.21

◇地変災害
- ため池の堤防決壊(南都留郡忍野村)　1.7.27
- 落石(足和田村)　14.8.17

◇地震・津波
- 地震　17.7.31
- 地震　21.2.16
- 地震　24.1.29
- 地震　26.12.11
- 地震　27.10.25

◇地滑り・土砂崩れ
- ダム建設現場土砂崩れ(大月市)　8.12.13
- 土砂崩れ(大月市)　13.11.24
- 土砂崩落(小菅村)　14.1.29
- 土砂崩れ(北杜市)　21.10.31

◇雪崩
- 雪崩　1.3.15
- 雪崩(南アルプス甲斐駒ケ岳)　2.2.11
- 登山者雪崩遭難(北岳)　9.12.31
- 雪崩　11.3.31
- 雪崩(南アルプス市)　17.1.2
- 雪崩　25.4.27

◇動植物災害
- クマが電車に衝突(甲州市)　18.9.18
- 土佐犬にかまれ死亡(笛吹市境川町)　24.5.1
- 観光施設の犬に噛まれる(北杜市)　26.8.3

◇一般火災
- 飲食街火災(甲府市)　8.5.20
- 古タイヤ全焼(玉穂町)　11.4.23
- 養鶏場火災(中道町)　12.2.24

◇住宅火災
- 住宅火災(山梨市)　6.11.26
- 住宅全焼(敷島町)　12.6.20
- 住宅火災(西桂町)　14.3.15
- 住宅火災(富士吉田市)　14.3.20
- 住宅火災(韮崎市)　14.12.20
- 住宅火災(山梨市)　19.4.30
- 住宅火災(富士吉田市)　20.1.6
- 住宅火災(中央市)　20.4.5
- 住宅火災(笛吹市)　21.10.9
- 相次ぐ火災　24.1.31

◇店舗・事務所火災
- 銀行放火(昭和町)　12.1.13
- 犬舎全焼(都留市)　18.2.21

◇山林火災
- 山林火災(大月市)　12.3.9-

◇ガス中毒事故
- 一酸化炭素中毒(都留市)　8.7.13
- 練炭で一酸化炭素中毒死(大月市)　18.3.2
- 硫化水素タンクで事故(甲州市)　20.4.4
- キャンプ場で一酸化炭素中毒(富士河口湖町)　20.11.15
- 釣り船客がCO中毒(山中湖村)　25.1.3

◇工場災害・汚染被害
- 工場火災(甲府市)　8.7.31
- 古タイヤ全焼(玉穂町)　11.4.23

◇土木・建築現場の災害
- ダム建設現場土砂崩れ(大月市)　8.12.13
- 土砂崩落(小菅村)　14.1.29
- 土砂崩れ(北杜市)　21.10.31

◇輸送機関の事故
- リフト暴走(都留市)　9.10.27
- ゴルフ場のゴンドラ逆走(上野原市)　20.12.29

山梨県

◇列車・電車事故
　クマが電車に衝突(甲州市)　18.9.18
　男児が電車と接触(昭和町)　27.6.29

◇自動車事故
　乗用車転落(大月市)　1.4.23
　乗用車・コンテナ車が追突(北巨摩郡長坂町)　1.5.14
　乗用車激突(南都留郡山中湖村)　1.7.10
　トレーラー暴走(東八代郡御坂町)　3.6.6
　中央道玉突き衝突(大月市)　3.9.20
　乗用車衝突(南都留郡河口湖町)　4.1.11
　中央道玉突き衝突(大月市)　4.3.18
　中央道玉突き事故(東八代郡一宮町)　4.7.15
　乗用車・ワゴン車追突(東八代郡一宮町)　5.6.6
　中央道多重衝突(北巨摩郡須玉町)　6.2.3
　乗用車転落(南都留郡河口湖町)　6.3.24
　乗用車電柱に衝突(南都留郡山中湖村)　6.3.31
　トラック追突炎上(東八代郡八代町)　6.5.28
　観光バス追突(北巨摩郡小淵沢町)　6.6.20
　乗用車衝突(南都留郡河口湖町)　6.8.12
　中央道多重追突(北都留郡上野原町)　6.8.22
　中央道ワゴン車逆走(北巨摩郡長坂町)　6.9.12
　乗用車追突(韮崎市)　7.4.1
　中央道多重衝突事故(長坂町)　8.10.19
　トラック・乗用車衝突(御坂町)　8.11.14
　中央道スリップ事故(勝沼町)　9.1.6
　軽トラック・大型ダンプカー衝突(白州町)　9.8.5
　ワゴン車・観光バス追突(富士吉田市)　9.10.13
　ワゴン車横転(竜王町)　10.7.5
　中央自動車道で多重事故(長坂町)　12.10.2
　中央自動車道でトラックに挟まれ死亡(明野村)　12.10.19
　中央自動車道玉突き衝突(双葉町)　13.3.1
　軽トラック・大型トラック衝突(勝沼町)　13.5.8
　中央自動車道玉突き事故(南都留郡西桂町)　14.3.20
　飲酒運転のバス運転手による物損事故　14.7.7
　乗用車にはねられ死亡(大月市)　15.1.4
　清掃作業員はねられ死亡(笛吹市)　16.11.17
　ショッピングセンターに乗用車突入(北杜市)　22.5.3
　乗用車に巻き込まれ1歳児死亡(小菅村)　22.8.21
　交通事故(大月市)　23.2.12
　多重衝突事故(大月市笹子町)　24.1.16
　高速道からトラック転落(都留市)　24.8.29
　トラック横転、ガスボンベが散乱(大月市)　24.10.6
　トンネルで追突事故(甲州市)　24.12.31
　追跡中のパトカーが衝突事故(笛吹市)　25.8.11
　3台が絡む多重事故(富士吉田市)　26.5.18
　5台が絡む多重事故(大月市)　26.9.21
　バスとダンプが正面衝突(南部町)　27.5.11

◇船舶事故・遭難
　水上バイク・ウインドサーフィン衝突(下部町)　10.8.10

◇航空機事故
　超軽量機墜落(南都留郡鳴沢村)　4.11.21
　グライダー墜落(双葉町)　10.7.17
　エンジン付きハンググライダー墜落(忍野村)　12.10.22

小型機墜落(南巨摩郡南部町) 14.6.23
小型機墜落(甲府市) 16.1.22
ヘリ救助中に落石(丹波山村) 29.5.14

◇原子力発電所事故
　計画停電始まる 23.3.14

◇伝染病流行
　宿坊食事で赤痢菌感染(身延町) 30.10.16

◇食品衛生・食品事故
　ホテルで食中毒(県富士吉田市) 11.9.8-
　ホテルで集団食中毒(春日居町) 14.4.9
　小学校などでノロ集団感染(都留市) 26.1.16

◇集団食中毒
　給食で集団食中毒(甲州市) 19.9.15
　集団食中毒(甲斐市) 24.12.23

◇薬害・医療事故
　急性薬物中毒(東八代郡石和町) 1.4.12
　MRSA院内感染(甲府市) 12.6.-
　髄膜炎院内感染(甲府市) 12.7.10-
　酸素の管外れ患者が植物状態(富士吉田市) 12.8.2
　医療事故訴訟で証人すり替え(甲府市) 13.10.26
　放射性医薬を過剰投与(甲府市) 23.9.1
　鎮痛薬を過剰投与(中央市) 26.12.22

◇山岳遭難
　雪崩 1.3.15
　雪崩(南アルプス甲斐駒ケ岳) 2.2.11
　登山者雪崩遭難(北岳) 9.12.31
　富士山8合目で滑落(富士田市) 10.3.30
　雪崩 11.3.31
　登山者遭難・滑落(南アルプス市) 16.10.27
　富士山で滑落相次ぐ 19.1.1
　登山者滑落(南アルプス市) 19.8.6
　各地の山で滑落事故 22.5.4
　相次ぐ山岳遭難 24.12.9-
　雪崩 25.4.27
　日本アで遭難相次ぐ 26.12.31
　甲斐駒ヶ岳で遭難 27.4.18
　ロッククライミング中に転落(南アルプス市) 27.8.9
　富士山で滑落 28.4.10
　山岳遭難(南アルプス市) 28.8.29
　富士山で滑落 28.11.20
　登山者滑落 29.1.2
　登山者遭難 29.1.3
　山岳遭難相次ぐ 29.5.5
　ヘリ救助中に落石(丹波山村) 29.5.14
　富士山で遺体発見 29.5.19
　登山者遭難(上野原市) 29.12.26
　富士山で滑落((富士山)) 30.11.11

◇製品事故・管理不備
　ジェットコースター急停止(富士吉田市) 13.5.8
　富士急コースター停止(富士吉田市) 30.5.26

◇その他の災害
　コースター点検中に事故(富士吉田市) 19.12.13
　遊園地のアトラクションで事故(富士吉田市) 21.7.27
　トンネル崩落(大月市笹子町) 24.12.2
　児童2人が川に流される(大月市) 28.7.30
　水路に転落(富士吉田市) 28.11.24
　水難事故、各地で相次ぐ(大月市) 29.5.6

【長野県】

◇気象災害
　強風 6.4.3
　ひょう 12.7.4-
　強風で釣り船転覆(諏訪市) 12.11.18
　突風でテント倒壊(真田町) 15.5.24
　落雷 16.7.25
　落雷でロープウェイ停止 16.7.25
　悪天候で登山者遭難 18.10.6-

都道府県別一覧　　　　　長野県

スキー場で天候大荒れ(白馬村)	19.1.7
登山中に落雷	20.8.6
中州に取り残される(飯田市)	21.5.11
強風(飯島町)	22.1.13
落雷	23.4.30
北アルプスで落雷	24.8.18
雷雨で帰宅困難(諏訪市)	25.8.15

◇豪雨(台風を除く)

豪雪	14.10.29
大雨で道路寸断	22.7.15

◇豪雪

大雪	13.1.27-
落雪事故(飯山市)	24.1.30
大雪(飯山市)	26.12.15
踏切で特急と乗用車が衝突(長野市)	26.12.18
落雪(栄村)	26.12.21
雪の重みで折れた松が直撃(栄村)	29.1.14
雪に絡む死亡事故、各地で相次ぐ(安曇野市、白馬村)	29.1.14-

◇地変災害

落石(北アルプス白馬岳)	1.7.22
鉄砲水(北安曇郡小谷村)	2.2.11
土石流(小谷村)	8.12.6
登山中落石で女性死亡(白馬村)	22.7.21
雪捨て場の雪山が崩落(信濃町)	27.1.22
登山中に落石(松本市)	27.5.3

◇地震・津波

地震	10.7.1
群発地震	10.8.7-
地震	11.1.28
地震	12.1.7
地震	13.11.9
地震	14.8.2
地震	14.12.4
地震	15.5.18
地震	15.7.10
地震	15.7.18
地震(南部)	17.1.2
地震	17.4.23
地震	18.12.26
新潟県中越沖地震	19.7.16
地震	21.10.6
地震(木曽町)	21.10.12
地震(栄村)	23.3.12
地震	23.4.12
地震	23.6.30
地震	23.10.5
地震	24.2.14
地震	24.7.10
長野神城断層地震	26.11.22
地震	27.8.27
地震	28.6.25
地震(栄村)	28.10.31
地震	29.12.6
長野北部で地震続く(北部)	30.5.12

◇噴火・爆発

水蒸気爆発(南安曇郡安曇村)	7.2.11
浅間山火山性地震(北佐久郡浅間山)	12.9.18
浅間山活動活発化	14.6.22
浅間山小噴火	15.2.6
浅間山噴火	15.3.30
浅間山噴火	15.4.7
浅間山噴火	15.4.18
浅間山噴火	16.9.1
浅間山噴火	20.8.10
浅間山が噴火	21.2.2
御嶽山噴火	26.9.27
浅間山噴火	27.6.16
北ア焼岳、地震頻回	30.11.22

◇地滑り・土砂崩れ

治山工事現場土砂崩れ(飯田市)	6.11.11
トンネルで土砂崩れ(南安曇郡安曇村)	11.9.15
地滑り(長野市)	11.12.3
土石流(白馬村)	15.6.28
落石が走行ワゴン車直撃(中川村)	17.5.7

平成災害史事典総索引　379

長野県　都道府県別一覧

土砂崩れ(白馬村) 17.8.11
落石 17.10.6
土砂崩れ・玉突き事故(小諸市) 20.1.19
山で落石(松本市) 20.7.27
登山道崩落(白馬村) 20.8.19
大雨で道路寸断 22.7.15
土石流で足止め(松本市) 23.6.23

◇雪崩

雪崩 2.3.8
雪崩(木曽郡木曽福島町) 3.2.10
登山者雪崩遭難(白馬村) 12.2.
雪崩(安曇村) 14.11.3
雪崩(南安曇郡安曇村) 15.1.5
登山者雪崩遭難(大町市) 15.4.6
雪崩(白馬村) 16.4.10
雪崩で登山者遭難(松本市) 18.1.3
雪崩で登山者負傷 18.2.11
雪崩・遭難相次ぐ 18.4.8-
雪崩で登山者ら死亡 18.5.1
雪崩(小谷村) 20.2.3
雪崩(宮田村) 20.2.9
雪崩(白馬村) 23.4.29
冬山遭難相次ぐ 24.12.31-
雪崩 25.4.27
雪崩が高速バスを巻き込む(松本市) 26.2.27
雪崩(山ノ内町) 27.1.17
雪崩に遭い遭難(白馬村) 27.1.19
雪崩で登山者死亡 29.4.28
雪崩、遭難相次ぐ 29.5.4

◇動植物災害

イノシシがスーパーに侵入(上田市) 26.12.12
飼育中のクマに襲われる(安曇野市) 28.10.15
リンゴ黒星病感染拡大 30.5.28
レース中ハチに襲われる(松本市) 30.8.26

◇一般火災

プラント火災(松本市) 4.11.7
強風 6.4.3

大型トラック・ワゴン車追突(富士見町) 9.12.19
野焼き中に火災(南牧村) 27.4.18

◇住宅火災

住宅火災(長野市) 3.2.20
住宅火災(塩尻市) 10.10.11
連続放火 11.2.16
住宅火災(松本市) 11.9.5
住宅全焼(茅野市) 12.12.12
アパート火災(松本市) 13.9.17
住宅火災(諏訪市) 16.1.24
住宅火災(長野市) 16.8.14
住宅火災(松本市) 17.4.10
住宅全焼(長野市) 18.2.10
住宅火災(塩尻市) 19.12.3
住宅火災(長野市) 19.12.24
住宅火災(大町市) 21.4.8
生ごみ処理機で火災 21.10.30
住宅火災(栄村) 22.3.1
住宅と乗用車の火災(安曇野市) 22.5.1
住宅火災(飯田市) 27.3.28

◇店舗・事務所火災

スナック火災(大町市) 17.2.7
商店火災(松本市) 17.10.8
飲食店火災(茅野市) 19.5.2

◇学校・病院火災

大正時代建築の小学校が全焼(上田市) 24.9.5

◇山林火災

山火事(丸子町) 9.4.14-
山林火災(松本市) 14.3.21
森林放火(佐久市) 14.4.8
山林火災(岡谷市) 27.3.31
山火事頻発(飯田市) 30.4.2

◇ガス中毒事故

一酸化炭素中毒死(上水内郡豊野町) 2.8.22
一酸化炭素中毒(白馬村) 14.3.23
硫化水素ガス中毒(安曇村) 16.2.17

都道府県別一覧　　　　　　　　長野県

温風機で中毒死再発(上田市)　　17.11.21
菓子工場で一酸化炭素中毒(信濃町)　　19.3.4

◇都市ガス等の爆発事故
工事現場でガス爆発(諏訪市)　　11.1.16

◇工場災害・汚染被害
プラント火災(松本市)　　4.11.7

◇土木・建築現場の災害
治山工事現場土砂崩れ(飯田市)　　6.11.11
土石流(小谷村)　　8.12.6
工事現場でガス爆発(諏訪市)　　11.1.16
土砂崩落　　15.9.11

◇輸送機関の事故
ゴンドラ停止(北安曇郡白馬村)　　3.8.17
ゴンドラ宙づり(富士見町)　　9.1.26
リフトから転落(戸隠村)　　15.3.1
ゴンドラから転落(木曽郡三岳村)　　15.10.15
落雷でロープウェイ停止　　16.7.25
ゴンドラの扉に挟まれ宙づり(野沢温泉村)　　26.12.29

◇列車・電車事故
飯田線電車衝突(上伊那郡南箕輪村)　　1.4.13
特急あさま接触事故(長野市)　　8.11.24
北陸新幹線が停電　　30.12.9

◇踏切事故
軽乗用車・長野電鉄河東線普通電車衝突(須坂市)　　10.7.28
踏切で特急と乗用車が衝突(長野市)　　26.12.18

◇自動車事故
小型4輪駆動車・トラック衝突(東筑摩郡生坂村)　　1.3.18

山車の列に車突入(南安曇郡豊科町)　　1.4.3
マイクロバス衝突(松本市)　　1.10.29
スキーバス追突(下高井郡山ノ内町)　　1.12.25
スキーバス・大型トレーラー追突(木曽郡木曽福島町)　　2.2.3
乗用車・大型トラック衝突(諏訪郡下諏訪町)　　2.2.27
軽ワゴン車・普通トラック衝突(木曽郡南木曽町)　　2.4.21
乗用車から転落(諏訪郡原村)　　2.5.12
中央道多重衝突(茅野市)　　2.9.7
乗用車・ワゴン車衝突(下伊那郡浪合村)　　2.9.16
スキーバス・大型トレーラー衝突(木曽郡日義村)　　3.1.8
ホテル送迎バス横転(茅野市)　　3.6.20
保冷トラック・マイクロバス追突(塩尻市)　　3.9.18
乗用車・大型トラック衝突(北佐久郡御代田町)　　3.10.21
乗用車欄干に激突(塩尻市)　　4.3.15
トレーラー暴走(北佐久郡御代田町)　　4.3.17
中央道玉突き事故(下伊那郡阿智村)　　4.9.30
スキーバス横転(中野市)　　6.3.21
観光バス・コンクリート圧送車衝突(木曽郡南木曽町)　　6.11.16
中央道玉突き事故(茅野市)　　7.3.25
乗用車・大型トラック衝突(上伊那郡飯島町)　　8.1.15
乗用車高速道逆走(伊那市)　　8.2.10
スキーバス・トラック追突(軽井沢町)　　8.3.22
乗用車衝突(小諸市)　　8.7.27
チェーン装着中はねられる(阿智村)　　9.1.5
軽ワゴン車・トラック衝突(松川町)　　9.6.29
トラック・トレーラー衝突(佐久市)　　9.10.8
大型トラック・ワゴン車追突(富士見町)　　9.12.19

平成災害史事典総索引　381

長野県

中央自動車道長野線で大型トレーラー・大型キャリアーカー衝突(塩尻市)　12.1.26
多重事故(小川村)　13.3.8
乗用車衝突(長野市)　13.12.1
中央自動車道路多重衝突(飯島町)　15.7.2
ワゴン車正面衝突(豊田村)　16.3.28
中央自動車道で多重事故(豊科町)　16.7.16
乗用車が観光バスに追突(原村)　16.7.31
玉突き事故(阿智村)　18.9.14
上信越道で13台衝突(小諸市)　19.5.12
中央道で5台事故(箕輪町)　19.9.29
土砂崩れ・玉突き事故(小諸市)　20.1.19
大型車3台追突(塩尻市)　20.7.18
乗用車の転落事故(松本市)　23.2.28
ひき逃げ　23.11.5
玉突き事故(中野市)　23.11.26
乗用車が立ち木に衝突(南箕輪村)　24.7.28
トラックが観光バスに衝突(伊那市)　24.10.27
圧雪車に巻き込まれ死亡(山ノ内町)　25.3.19
バス転落(木島平村)　25.8.18
雪崩が高速バスを巻き込む(松本市)　26.2.27
バスにはねられ死亡(須坂市)　26.7.28
消防車から転落(岡谷市)　27.11.1
トレーラーが喫茶店に突っ込む(岡谷市)　27.11.24
乗用車にはねられ死亡(南箕輪村)　27.12.19
軽井沢スキーバス転落事故(軽井沢町)　28.1.15
小学生の列に軽トラックが突っ込む(佐久市)　28.4.27
雪に絡む死亡事故、各地で相次ぐ(安曇野市、白馬村)　29.1.14-
軽乗用車など4台衝突(松本市)　29.10.1

力士が無免許運転　30.2.7

◇船舶事故・遭難

強風で釣り船転覆(諏訪市)　12.11.18
川下り船転覆　15.5.23

◇航空機事故

ヘリコプター衝突(長野市)　8.4.27
パラグライダー墜落(高山村)　9.5.17
ヘリコプター墜落(茅野市)　9.5.21
山岳救助隊員転落(大町市)　14.1.6
ヘリコプター墜落(南木曽町)　16.3.7
ヘリコプター墜落　19.4.9
ヘリコプター墜落　19.6.4
小型機墜落　19.11.15
航空機に誤データ送信(松本市、塩尻市)　22.2.12
パラグライダーが衝突(辰野町)　23.10.10
長野防災ヘリ墜落事故(松本市、岡谷市)　29.3.5

◇医療・衛生災害

入浴施設でレジオネラ菌検出相次ぐ　14.10.1

◇伝染病流行

特別養護老人ホームで肺炎死(松本市)　15.1.10-
インフル患者がベランダから墜落(松本市)　21.1.27

◇食品衛生・食品事故

信州大学付属病院で食中毒(松本市)　10.1.13
林間学校で集団食中毒(茅野市)　13.7.17
O-26に集団感染(長野市)　14.7.29
中国産あんこで異臭　20.9.19-
エノキにガラス片が混入(中野市)　21.11.25
七味唐辛子異物混入(長野市)　22.3.10
馬肉偽装表示(飯島町)　25.3.11
自主回収対象の冷凍食品を販売(上田市)　26.1.16

長野県

◇集団食中毒

項目	日付
2旅館で集団食中毒(小谷村)	16.3.26
旅館でノロウイルス集団感染(山之内町)	20.1.31−
スポーツ大会で集団食中毒(上田市)	26.7.20
スイセンの根で集団食中毒(伊那市)	28.5.6
だし汁と間違い食中毒(茅野市)	30.11.11

◇薬害・医療事故

項目	日付
VRE院内感染(中野市)	11.6.21
透析患者に肝機能障害(駒ヶ根市)	15.6.−
頭部切開手術ミス(上田市)	15.9.17
インフルエンザ院内感染(松本市)	27.1.19

◇山岳遭難

項目	日付
登山者遭難(北アルプス白馬岳)	1.1.11
滑落死(下高井郡山ノ内町)	1.2.24
吹雪で山岳遭難(大町市)	11.1.5
雪壁崩壊で登山者滑落(茅野市)	11.2.13
登山者雪崩遭難(白馬村)	12.2.
山岳救助隊員転落(大町市)	14.1.6
一酸化炭素中毒(白馬村)	14.3.23
登山ガイド滑落死(大町市)	14.3.24
山岳遭難(北安曇郡白馬村)	15.1.3
登山者雪崩遭難(大町市)	15.4.6
登山者遭難(白馬村)	16.1.12
登山者滑落(上松町)	16.2.28
登山者滑落(上松町)	16.3.20
登山者遭難(上松町)	16.3.21
登山者滑落(白馬村)	16.7.24
登山者滑落	16.7.28
登山者滑落(安曇村)	16.8.7
登山者遭難	17.1.13
登山者滑落(松本市)	17.7.2
前穂高岳で転落死(松本市)	17.9.18
雪崩で登山者遭難(松本市)	18.1.3
登山者遭難相次ぐ(大町市)	18.1.6
雪崩で登山者負傷	18.2.11
登山者遭難(白馬村)	18.3.15
登山者遭難	18.3.19
登山者滑落(茅野市)	18.3.25
登山者遭難(白馬村)	18.4.4
雪崩・遭難相次ぐ	18.4.8−
雪崩で登山者ら死亡	18.5.1
落石で登山者死傷	18.7.29
落石で登山者死亡(白馬村)	18.8.4
落石が登山者直撃(白馬村)	18.8.27
悪天候で登山者遭難	18.10.6−
登山者滑落	19.1.2
スキー場で天候大荒れ(白馬村)	19.1.7
登山者遭難	19.1.8
山岳スキーヤー遭難	20.4.27
登山者滑落死(茅野市)	20.4.30
山で落石(松本市)	20.7.27
北アルプスで滑落	20.8.3
登山中に落雷	20.8.6
北アルプスで滑落	20.8.16
登山道崩落(白馬村)	20.8.19
登山者滑落(駒ヶ根市)	20.12.28
登山者が遭難(白馬村)	21.1.4
登山者が滑落	21.3.1
登山者が遭難	21.4.27
登山者が滑落	21.5.1
登山者が滑落	21.5.6
登山者が滑落	21.8.11
登山者が滑落(白馬村)	21.8.31
登山者が滑落	21.9.4
登山者が遭難(松本市)	21.9.13
登山者遭難	22.1.2
遭難事故	22.3.29
登山者遭難	22.3.30
尾根から滑落して死亡	22.4.19
滑落事故(伊那市)	22.8.6
滑落死	22.8.13
滑落死	22.9.19
八ケ岳で滑落事故	23.4.30
長野・常念岳で遭難	23.5.2
滑落事故(松本市)	23.8.7
北アルプスで相次ぐ遭難	24.5.4
北アルプスで遭難	24.8.4
相次ぐ山岳遭難	24.12.9−

冬山遭難相次ぐ	24.12.31-
北アルプスで遭難(安曇野市)	25.1.3-
北アルプスで滑落死(大町市)	25.3.27
雪崩	25.4.27
滑落死	25.4.28
山岳遭難	25.5.5
登山者遭難(駒ヶ根市)	25.7.29-
山岳遭難が相次ぐ	26.5.4
山岳遭難が相次ぐ	26.9.15
日本アで遭難相次ぐ	26.12.31
雪崩に遭い遭難(白馬村)	27.1.19
大学山岳部員が遭難(原村)	27.2.9
甲斐駒ヶ岳で遭難	27.4.18
登山中に落石(松本市)	27.5.3
奥穂高岳で遭難(松本市)	27.5.5
スキー場で外国人が遭難(野沢温泉村)	28.1.12
雪崩研究者が滑落死(大鹿村)	28.2.4
登山者滑落	29.1.2
登山者遭難	29.1.3
登山者滑落	29.2.10
登山者遭難(木曽町)	29.2.15
雪崩で登山者死亡	29.4.28
雪崩、遭難相次ぐ	29.5.4
山岳遭難相次ぐ	29.5.5
登山者遭難(大町市)	29.6.16
阿弥陀岳南陵遭難((八ヶ岳連峰・阿弥陀岳))	30.3.25

◇製品事故・管理不備

温風機で中毒死再発(上田市)	17.11.21
防耐火材の性能偽装(松本市)	21.2.17
生ごみ処理機で火災	21.10.30

◇その他の災害

松本サリン事件(松本市)	6.6.27
青酸ウーロン茶事件	10.9.1
ラグビー試合中事故(真田町)	17.8.11
インフル患者がベランダから墜落(松本市)	21.1.27
スキー場フェンスに激突(松本市)	21.2.8
合宿で急性アルコール中毒(山ノ内町)	21.8.25
御柱祭で柱が転倒(千曲市)	22.4.11
ホテルで爆発事故(茅野市)	23.2.7
鉄塔で男児が感電(松本市)	23.11.7
雪洞崩れる事故(飯山市)	24.3.17
男児が川に転落(飯田市愛宕町)	24.4.28
湖飛び込みで事故死(信濃町)	25.5.3
サッカーゴールが転倒(上田市)	25.9.1
御柱祭で御柱から落下(諏訪市)	28.5.5
小学生が川に転落(小谷村)	28.8.27

【岐阜県】

◇気象災害

熱中症(岐阜市)	15.8.4
悪天候で登山者遭難	18.10.6-
強風と大雪	26.12.17
運動会の練習で熱中症(瑞浪市、大垣市)	28.9.14

◇豪雨(台風を除く)

福井豪雨	16.7.17-
局地的大雨	25.8.6
用水路で遺体発見(羽島市)	30.7.6

◇豪雪

体育館の屋根が崩落(山県市)	17.12.23
強風と大雪	26.12.17

◇地変災害

落石(恵那郡加子母村)	3.7.24
高山線脱線事故(下呂町)	8.6.25
落石(武儀郡板取村)	13.6.6
町道が陥没(御嵩町)	22.10.20

◇地震・津波

地震	15.10.5
地震	18.1.1

地震	18.2.18	住宅火災(岐阜市)	4.8.13
地震(揖斐川町)	21.2.18	住宅火災(岐阜市)	5.1.8
地震(高山市)	21.10.6	住宅火災(岐阜市)	5.9.18
地震	23.2.27	住宅火災(揖斐郡揖斐川町)	6.11.24

◇噴火・爆発
- 御嶽山噴火　26.9.27
- 北ア焼岳、地震頻回　30.11.22

　　　　　　　　　　　住宅火災(揖斐郡大野町)　7.9.29
　　　　　　　　　　　住宅火災(揖斐郡大野町)　8.2.7
　　　　　　　　　　　住宅火災(揖斐郡池田町)　8.2.24

◇地滑り・土砂崩れ
- 土砂崩れ(白川村)　15.10.5
- 落石　17.10.6
- 土砂崩れ(中津川市)　20.1.14
- 中央道で土砂崩れ(瑞浪市)　29.8.18

　　　　　　　　　　　住宅火災(土岐郡笠原町)　9.1.31
　　　　　　　　　　　住宅火災(可児市)　9.6.10
　　　　　　　　　　　マンション火災(岐阜市)　14.3.19
　　　　　　　　　　　住宅火災(岐阜市)　16.2.28
　　　　　　　　　　　住宅火災(池田町)　17.12.18
　　　　　　　　　　　住宅火災(関市)　18.3.5
　　　　　　　　　　　住宅火災(岐阜市)　26.10.30

◇雪崩
- 山岳事故(上宝村)　14.1.4
- 雪崩(郡上市)　15.1.5
- 雪崩・遭難相次ぐ　18.4.8—
- 雪崩で遭難(高山市)　20.12.27
- 冬山遭難相次ぐ　24.12.31—

◇店舗・事務所火災
- 店舗火災(岐阜市)　5.1.3
- 店舗火災(羽島市)　5.2.27

◇劇場・映画館火災
- 劇場ビルぼや(岐阜市)　8.6.2

◇動植物災害
- 国道でクマと衝突(大野郡丹生川村)　3.11.6
- ブタ焼死(関市)　4.1.3
- 競走馬・トラック衝突(羽島郡笠松町)　9.1.10
- バスターミナルがクマ被害(高山市)　21.9.19
- クマに襲われ負傷(高山市)　29.4.25

◇旅館・ホテル火災
- 長良川ホテルでボヤ(岐阜市)　3.11.10
- 旅館でボヤ(高山市)　9.6.16

◇学校・病院火災
- 釜戸中学校火災(瑞浪市)　7.12.13
- 陶都中学校ボヤ(多治見市)　9.3.22
- 中学の部室で火災(羽島市)　17.12.12

◇一般火災
- 柳ケ瀬商店街火災(岐阜市)　3.3.6
- ブタ焼死(関市)　4.1.3
- 乗用車衝突炎上(大垣市)　5.6.11
- 火災(郡上郡八幡町)　6.12.24
- 和菓子店火災(近江八幡市)　13.8.31
- 科学研究施設で火災(飛騨市神岡町)　24.11.20
- 核融合実験施設で火災(土岐市)　27.8.4

◇神社・寺院火災
- 本堂全焼(各務原市)　3.5.13
- 光明寺本堂全焼(郡上郡明方村)　3.12.11
- 明寂寺火災(大垣市)　6.9.15
- 正道院本堂全焼(岐阜市)　6.12.31
- 永保寺本堂全焼(多治見市)　15.9.10

◇山林火災
- 山火事(高山市)　2.8.8
- 岐阜で山林火災　14.4.5
- 山林火災(多治見市)　30.8.8

◇住宅火災
- 住宅火災(揖斐郡池田町)　3.4.8
- 住宅火災(羽島郡笠松町)　4.3.29

岐阜県

◇ガス中毒事故
- ガス中毒(土岐市) 4.1.28
- 石油ヒーター不完全燃焼(美濃市) 5.12.11
- 一酸化炭素中毒(高山市) 7.12.6
- CO中毒死(岐阜市) 21.1.17

◇都市ガス等の爆発事故
- ガス爆発(恵那郡山岡町) 9.4.18

◇産業災害
- ボイラー蒸気噴出(高山市) 16.5.19
- 点検中にダクト内で死亡(美濃市) 25.3.13
- 核融合実験施設で火災(土岐市) 27.8.4

◇工場災害・汚染被害
- 工場火災(岐阜市) 1.10.20
- 有機溶剤蒸留塔爆発(安八郡輪之内町) 2.11.7
- 工場爆発(揖斐郡揖斐川町) 3.1.17
- ガス中毒(土岐市) 4.1.28
- 染色工場火災(岐阜市) 4.7.21
- 工場機械爆発(不破郡関ケ原町) 6.2.1
- 工場火災(羽島郡笠松町) 9.11.20
- 中央道で土砂崩れ(瑞浪市) 29.8.18

◇土木・建築現場の災害
- 壁倒壊で下敷き(岐阜市) 22.10.14
- 工事現場にトラック突入(多治見市) 29.8.30

◇列車・電車事故
- 中央線回送電車ポイント破壊(多治見市) 2.10.6
- 高山線貨物列車脱線(加茂郡坂祝町) 3.12.14
- 高山線脱線事故(下呂町) 8.6.25
- 名鉄名古屋本線加納駅ホームから転落(岐阜市) 11.8.7
- 急行電車オーバーラン(岐阜市) 15.10.18
- 新幹線ホームに転落(羽島市) 22.1.3
- 鉄道の保守車両脱輪(関ケ原町) 23.10.9
- 東海道新幹線で停電 23.12.26

◇踏切事故
- トラック・名鉄竹鼻線電車衝突(羽島郡笠松町) 3.1.4
- トレーラー・名鉄谷汲線電車衝突(揖斐郡大野町) 4.8.19
- 乗用車・名鉄美濃町線電車衝突(関市) 6.3.25
- レールバス・ワゴン車衝突(郡上郡美並村) 6.7.24
- 軽乗用車・樽見鉄道レールバス運衝突(本巣郡本巣町) 8.1.22
- 名鉄竹鼻線電車・トラック衝突(羽島郡柳津町) 8.9.3
- 長良川鉄道レールバス・ダンプ衝突(郡上郡白鳥町) 8.10.10
- レールバス・軽トラック衝突(本巣郡本巣町) 9.1.11
- 踏切で死亡事故(岐阜市) 29.6.25

◇自動車事故
- 乗用車・トラック衝突(益田郡下呂町) 2.1.4
- 大型トラック横転(安八郡安八町) 2.3.24
- 名神高速多重衝突(養老郡養老町) 2.4.18
- 乗用車・ワゴン車衝突(多治見市) 2.7.15
- 中央道多重衝突(瑞浪市) 2.10.12
- 4輪駆動車・トラック衝突(郡上郡白鳥町) 2.10.26
- 乗用車ガードレールに衝突(土岐市) 2.12.31
- 通学児童はねられ負傷(岐阜市) 3.1.16
- 乗用車・ワゴン車衝突(岐阜市) 3.1.16
- オートバイ・ミキサー車衝突(恵那郡串原村) 3.2.4
- 乗用車・大型トラック衝突(海津郡海津町) 3.2.6
- 乗用車ガードレールに衝突(恵那市) 3.3.11

岐阜県

事故	日付
マイクロバス・乗用車衝突(瑞浪市)	3.3.14
乗用車衝突(本巣郡穂積町)	3.4.21
ワゴン車・乗用車衝突(吉城郡古川町)	3.5.4
路線バス・乗用車衝突(多治見市)	3.6.8
派出所にオートバイ突入(土岐市)	3.6.24
歩行者はねられ負傷(岐阜市)	3.8.3
乗用車・トレーラー衝突(加茂郡七宗町)	3.8.12
名神高速玉突き事故(羽島市)	3.9.18
国道でクマと衝突(大野郡丹生川村)	3.11.6
乗用車・消防車衝突(大垣市)	3.11.12
玉突き事故(土岐市)	3.11.26
パトカー・乗用車衝突(海津郡南濃町)	4.2.23
乗用車・軽トラック衝突(加茂郡白川町)	4.6.14
乗用車・トラック衝突(可児市)	4.8.12
保冷車転落(瑞浪市)	4.9.9
名神高速玉突き事故(不破郡関ケ原町)	4.12.8
中央自動車道多重衝突(恵那市)	5.2.23
玉突き事故(安八郡安八町)	5.5.30
ワゴン車・ダンプ接触(安八郡安八町)	5.6.3
乗用車衝突炎上(大垣市)	5.6.11
乗用車・トラック衝突(羽島市)	5.7.10
東濃鉄道観光バス・乗用車衝突(益田郡萩原町)	6.1.14
乗用車・トラック衝突(吉城郡神岡町)	6.3.27
名神高速玉突き事故(不破郡関ケ原町)	6.8.13
名神高速道多重追突(大垣市)	7.1.6
乗用車衝突(大野郡丹生川村)	7.5.4
名古屋観光バス・トラック衝突(益田郡下呂町)	7.7.12
中央道多重追突(瑞浪市)	7.9.16
乗用車防護さくに激突(羽島郡笠松町)	7.10.21
観光バス・ダンプ衝突(大野郡荘川村)	8.3.12
大型トラック・軽4輪駆動車衝突(本巣郡本巣町)	8.3.23
荷崩れの鋼材観光バス直撃(大野郡宮村)	8.8.20
トラック民家に突入(瑞浪市)	8.10.16
乗用車・軽ライトバン衝突(恵那郡福岡町)	8.11.6
競走馬・トラック衝突(羽島郡笠松町)	9.1.10
中央道スリップ事故(中津川市)	9.2.19
ワゴン車・大型トラック衝突(益田郡萩原町)	9.3.3
名神高速玉突事故(羽島市)	9.3.28
衝突事故で3人が死傷 岐阜の国道(揖斐郡池田町)	9.4.14
消防車横転(恵那郡山岡町)	9.4.18
名神高速玉突事故(大垣市)	9.4.20
古屋滋賀交通観光バス・トラック衝突(益田郡萩原町)	9.6.2
名神高速玉突き事故(上石津町)	9.9.13
大型トレーラー転落(加茂郡八百津町)	9.11.4
マイクロバス・乗用車衝突(益田郡下呂町)	9.11.23
名神高速で多重衝突(羽島市)	12.6.9
観光バス・乗用車衝突(郡上市)	15.10.18
乗用車正面衝突(宮村)	16.5.4
トラックが乗用車と正面衝突(郡上市)	16.7.27
ワンボックスがトラックと衝突(郡上市)	17.12.15
乗用車が住宅に突入(各務原市)	18.1.24
玉突き事故(土岐市)	18.8.23
路線バスとトレーラー衝突(瑞穂市)	20.2.21
中央道で多重事故	20.10.6

岐阜県　都道府県別一覧

- 高速道トンネル事故(高山市)　25.1.4
- 軽に大型トラックが追突、炎上(多治見市)　25.3.21
- 通学バスと軽ワゴン車衝突(大垣市)　25.4.11
- トラック横転(中津川市)　25.6.17
- パトカーにひかれて死亡(神戸町)　28.7.22
- 乗用車が河川敷に転落(美濃市)　29.3.17
- 工事現場にトラック突入(多治見市)　29.8.30

◇船舶事故・遭難
- 日本ライン下りで転覆(可児市)　5.11.28
- 屋形船炎上(岐阜市)　8.4.30
- 水上バイクとゴムボートが衝突(羽島市)　28.6.12

◇航空機事故
- 農薬散布ヘリコプター墜落(郡上郡美並村)　2.8.18
- ヘリコプター墜落(郡上郡八幡町)　5.12.23
- 超軽量飛行機墜落(羽島市)　7.10.15
- ヘリコプター墜落(高鷲村)　12.11.9
- 種まきヘリコプター墜落(中津川市)　19.6.2
- ヘリコプター墜落　19.6.4
- 小型機墜落　19.11.15
- 防災ヘリが墜落(高山市)　21.9.11

◇医療・衛生災害
- 介護施設で死傷者相次ぐ(高山市)　29.7.31–

◇伝染病流行
- 特養老人ホームでインフルエンザ(郡上郡大和町)　11.1.–
- 老人福祉施設でインフルエンザ(大和町)　11.1.8–
- 岐阜で豚コレラ発生　30.9.9

◇食品衛生・食品事故
- 食中毒(岐阜市)　2.9.5–
- 集団食中毒(土岐市)　5.6.22–
- 高校総体で集団食中毒(金山町)　12.8.9–
- 給食に金属片(岐阜市)　30.6.8
- 冷凍メンチから大腸菌(笠松町)　30.11.9

◇薬害・医療事故
- 投薬ミスで患者死亡(国府町)　14.4.2
- タミフル副作用問題　17.11.11
- 病院で熱中症、患者死亡(岐阜市)　30.8.26

◇山岳遭難
- 登山者遭難(恵那郡加子母村)　2.4.15
- 山岳事故(上宝村)　14.1.4
- 山岳カメラマン遭難(上宝村)　14.1.7
- 登山者遭難(高山市)　17.5.14
- 沢登り中遭難(高山市)　17.8.14
- 雪崩・遭難相次ぐ　18.4.8–
- 悪天候で登山者遭難　18.10.6–
- 雪崩(高山市)　19.12.31
- 北アルプスで滑落　20.8.3
- 雪崩で遭難　20.12.27
- 登山者が滑落　21.9.4
- 登山者が転落(高山市)　21.9.13
- 登山者遭難　22.1.4
- スキー中不明男性発見(郡上市)　22.2.27
- 北アルプスで遭難(高山市)　24.1.2
- 山スキーで滑落事故(高山市)　24.3.8
- 北アルプスで相次ぐ遭難　24.5.4
- 冬山遭難相次ぐ　24.12.31–
- 北アルプスで遭難(高山市)　25.1.3–
- 遭難で凍死(高山市)　25.4.25
- 尾根下の斜面で滑落(高山市)　25.7.7
- 山岳遭難が相次ぐ(高山市)　26.5.4
- 日本アで遭難相次ぐ　26.12.31
- 奥穂高岳で遭難(高山市(奥穂高岳))　30.10.20
- マツタケ狩りで遭難死(美濃市)　30.11.7

都道府県別一覧　〈東海地方〉

◇製品事故・管理不備
　　CO中毒死(岐阜市)　　　　　　　21.1.17

◇その他の災害
　　花火大会の火の粉で見物
　　　客やけど(可児市)　　　　　　12.8.13
　　公園遊具事故(可児市)　　　　　14.10.19
　　河川飛び込み事故(八幡町)　　　15.7.31
　　火縄銃暴発(安八町)　　　　　　15.11.1
　　遊具が倒壊(大垣市)　　　　　　19.4.11
　　ゲーム機で指切断(本巣市)　　　19.10.6
　　チャンバラ遊びで金具刺
　　　さり重傷(岐阜市)　　　　　　19.12.26
　　スキー場で衝突事故(郡上
　　　市)　　　　　　　　　　　　23.2.12
　　ゴルフ場のため池に転落
　　　(可児市)　　　　　　　　　　27.2.17
　　鵜飼の船頭が流され死亡
　　　(岐阜市)　　　　　　　　　　28.5.23

【東海地方】

◇気象災害
　　落雷で停電(東海地方)　　　　　3.7.12
　　雷雨(東海地方)　　　　　　　　6.9.8
　　強風・雷雨(東海地方)　　　　　20.4.18
　　強風(東海地方)　　　　　　　　20.12.5
　　各地で強い風雨(東海地方)　　　23.11.19

◇台風
　　台風9号(東海地方)　　　　　　19.9.6−

◇豪雨(台風を除く)
　　豪雨(東海地方)　　　　　　　　4.10.8−
　　東海豪雨(東海地方)　　　　　　12.9.11−
　　大雨(東海地方)　　　　　　　　15.8.13−
　　豪雨(東海地方)　　　　　　　　16.9.24
　　豪雨で新幹線ストップ(東
　　　海地方)　　　　　　　　　　19.7.30
　　大雨(東海地方)　　　　　　　　20.4.8−
　　大雨(東海地方)　　　　　　　　20.8.24
　　豪雨(東海地方)　　　　　　　　20.8.29
　　局地的大雨(東海地方)　　　　　27.7.3
　　大雨(東海地方)　　　　　　　　28.8.2

◇豪雪
　　大雪(東海地方)　　　　　　　　23.1.17

◇地震・津波
　　群発地震(東海地方)　　　　　　1.7.5
　　群発地震(東海地方)　　　　　　1.7.9
　　地震(東海地方)　　　　　　　　5.1.11
　　伊豆群発地震(東海地方)　　　　5.5.31
　　群発地震(東海地方)　　　　　　5.6.3
　　地震(東海地方)　　　　　　　　6.10.25
　　地震(東海地方)　　　　　　　　7.4.18
　　地震(東海地方)　　　　　　　　8.2.7
　　地震(東海地方)　　　　　　　　8.10.5
　　群発地震(東海地方)　　　　　　8.10.15−
　　地震(東海地方)　　　　　　　　10.4.22
　　地震(東海地方)　　　　　　　　11.11.29
　　地震(東海地方)　　　　　　　　12.10.31
　　地震(東海地方)　　　　　　　　13.2.23
　　地震(東海地方)　　　　　　　　16.7.17
　　地震(東海地方)　　　　　　　　16.9.8
　　地震(東海地方)　　　　　　　　16.11.9
　　地震(東海地方)　　　　　　　　17.1.9
　　伊豆半島東方沖地震(東海
　　　地方)　　　　　　　　　　　18.4.21
　　地震(東海地方)　　　　　　　　18.4.30
　　地震(東海地方)　　　　　　　　18.5.2
　　地震(東海地方)　　　　　　　　19.4.15
　　地震(東海地方)　　　　　　　　19.7.24
　　地震(東海地方)　　　　　　　　20.3.8
　　地震(東海地方)　　　　　　　　20.4.1
　　地震(東海地方)　　　　　　　　20.5.1
　　長野神城断層地震(東海地方)　　26.11.22
　　地震(東海地方)　　　　　　　　28.4.1

◇食品衛生・食品事故
　　O157感染源(東海地方)　　　　 9.この年
　　弁当などに中国米混入(東
　　　海地方)　　　　　　　　　　25.9.30

◇集団食中毒
　　モスバーガーでO121(東海
　　　地方)　　　　　　　　　　　30.9.10

【静岡県】

◇気象災害
竜巻(浜松市)	3.11.28
熱中症	10.7.3
雷雨	12.9.16
落雷(小山町)	13.8.1
熱中症(浜松市)	15.3.27
強風でサッカーゴール転倒(静岡市)	16.1.13
大雨・落雷	16.6.30
突風(袋井市)	19.2.14
突風	19.4.14
突風	20.7.28
富士山で落雷(富士宮市)	20.8.9
熱中症が多発(浜松市)	22.8.15–
熱中症	23.8.11
各地で雷雨被害	24.5.29
竜巻・突風被害	24.9.18–
高波にのまれる(牧之原市)	26.8.6
高波にさらわれ死亡(浜松市)	26.8.15

◇台風
台風7号で土砂崩れ	18.8.8–
台風26号	25.10.16
浜松大停電(浜松市)	30.9.30

◇豪雨(台風を除く)
豪雨	13.8.11
豪雨	15.7.3–
大雨	16.11.11
大雨で新幹線に遅れ	19.7.4
大雨で新幹線乱れる	23.7.27
大雨	25.7.18
豪雨(浜松市)	29.6.21

◇地変災害
高波(伊東市)	2.11.5
高波(浜松市)	12.7.7
高波(富士市)	13.7.7
落石(富士宮市)	21.7.13

◇地震・津波
地震	3.4.25
地震	5.8.7–
群発地震	7.9.11–
群発地震	9.3.3–
群発地震	10.4.20–
地震	13.6.1
地震	13.6.3
地震	18.4.11
地震	18.7.9–
地震	18.12.31
地震	19.7.20
地震で津波到達	21.1.4
地震(富士宮市)	21.2.16
地震	21.8.11
地震	21.8.13
地震(焼津市、牧之原市、御前崎市)	21.8.13
地震(伊東市)	21.12.17–
地震(伊東市)	22.1.21
地震	22.3.16
地震	22.11.2
地震	22.12.6
地震	23.1.31
地震	23.3.15
地震	23.8.1
地震	24.7.3
地震	25.7.10
地震(御前崎市)	27.9.1
地震(伊豆市)	27.9.8
地震が相次ぐ(東伊豆町)	28.7.24

◇噴火・爆発
伊東沖海底噴火(伊東市沖)	1.7.13
箱根山の噴火警戒レベル引き上げ	27.5.6
箱根山で火山性地震が多発	27.5.15
箱根山が噴火	27.6.29

◇地滑り・土砂崩れ
土砂崩れ(三島市)	1.7.29
採石場土砂崩れ(田方郡大仁町)	1.7.29
土砂崩れ	15.8.15
台風7号で土砂崩れ	18.8.8–
地滑り(浜松市)	25.4.23
大雨	25.7.18

台風26号	25.10.16	住宅火災(東伊豆町)	30.9.1
斜面が崩れて橋が崩落(浜松市)	27.1.31	◇店舗・事務所火災	
土砂崩れ(浜松市)	29.4.18	店舗火災(静岡市)	13.1.7
◇動植物災害		倉庫で火災(藤枝市)	18.8.27
狩野川シアン検出	1.9.	マージャン店で火災(浜松市)	21.11.17
豚舎火災(湖西市)	14.10.31	◇旅館・ホテル火災	
熊に襲われ死傷(裾野市)	17.10.25	ホテル全焼(熱海市)	11.6.12
◇一般火災		◇学校・病院火災	
商店街火災(静岡市)	1.1.26	東中学校全焼(賀茂郡南伊豆町)	2.2.7
火災(清水市)	1.12.2	卒業アルバム放火(浜松市)	12.3.14
水産加工所火災(沼津市)	2.6.23	◇ガス中毒事故	
日本坂トンネル多重追突(焼津市)	4.9.20	有毒ガス発生(富士市)	3.7.12
豚舎全焼(富士宮市)	11.11.26	硫化水素中毒(静岡市)	11.9.2
運送業事務所兼住宅火災(榛原町)	14.4.30	老朽のガス管からガス漏れ(静岡市)	19.1.24
豚舎火災(湖西市)	14.10.31	◇都市ガス等の爆発事故	
観光バスが走行中に出火(浜松市)	23.8.8	プロパンガス爆発(伊東市)	12.11.28
◇住宅火災		ボンベ爆発(沼津市)	25.8.24
団地火災(清水市)	2.1.18	◇工場災害・汚染被害	
住宅火災(下田市)	10.2.16	アルミ工場爆発(磐田郡竜洋町)	1.8.24
アパート火災(豊岡村)	11.1.16	水産加工所火災(沼津市)	2.6.23
工場放火(静岡市)	11.11.4	有毒ガス発生(富士市)	3.7.12
住宅全焼(富士市)	11.11.19	タンカー爆発(清水市)	11.9.8
店舗兼住宅全焼(下田市)	12.1.4	溶けた鉄浴び作業員死亡(焼津市)	11.12.27
住宅火災(清水町)	12.1.13	食品製造工場爆発(清水市)	12.4.29
住宅全焼(御前崎町)	12.1.25	製薬工場爆発(大東町)	14.2.19
住宅全焼(富士市)	13.1.20	古紙加工工場で爆発(富士宮市)	16.5.27
住宅火災(清水町)	13.2.17	金属加工工場で爆発(浜松市)	19.9.4
住宅火災(静岡市)	13.5.18	繊維工場で爆発(長泉町)	19.9.22
住宅火災(伊東市)	14.2.12	ゴム工場爆発(掛川市)	20.6.5
住宅火災(浜松市)	14.3.28	リフトに首を挟まれ死亡(沼津市)	21.5.12
住宅全焼(浜松市)	18.11.18	化学工場で爆発(富士市)	24.1.24
住宅火災(浜松市)	22.6.13	化学工場爆発(富士市)	29.12.1
アパート火災(伊東市)	25.7.31		
住宅火災(浜松市)	27.4.24		
住宅火災(伊豆市)	28.5.4		
住宅火災(熱海市)	29.1.13		
各地で住宅火災相次ぐ(袋井市)	29.1.26–		

静岡県　　　　　都道府県別一覧

　花火工場爆発(浜松市)　　　30.6.27
　工場でCO中毒(焼津市)　　30.10.24
◇土木・建築現場の災害
　採石場土砂崩れ(田方郡大仁
　　町)　　　　　　　　　　　1.7.29
　ビル壁崩落(富士市)　　　　15.3.13
　ボンベ落下(伊東市)　　　　17.6.14
　エレベーター作業員が転
　　落(浜松市)　　　　　　　19.2.16
　土砂撤去作業で転落事故
　　(静岡市)　　　　　　　　23.9.23
◇輸送機関の事故
　ゴンドラ宙づり(田方郡伊豆
　　長岡町)　　　　　　　　　5.4.22
◇列車・電車事故
　東海道線コンテナ貨物列
　　車・普通電車追突(沼津市)　9.8.12
　走行中の新幹線から転落
　　(菊川市)　　　　　　　　19.3.24
　大雨で新幹線に遅れ　　　　19.7.4
　新幹線が停電　　　　　　　23.12.17
　新幹線保守用車がトンネ
　　ル点検車に衝突(静岡市)　27.12.10
◇踏切事故
　踏切でバスと列車が衝突
　　(掛川市)　　　　　　　　28.4.19
◇自動車事故
　軽乗用車・トラック衝突
　　(駿東郡長泉町)　　　　　1.5.18
　トラック・軽乗用車衝突
　　(清水市)　　　　　　　　1.11.24
　ワゴン・乗用車衝突(田方
　　郡函南町)　　　　　　　　2.1.21
　陸上自衛隊トラック炎上
　　(浜松市)　　　　　　　　2.5.22
　東名高速多重衝突(駿東郡
　　小山町)　　　　　　　　　2.7.3
　ワゴン車・バス衝突(田方
　　郡修善寺町)　　　　　　　2.7.22
　東名高速玉突き事故(沼津
　　市)　　　　　　　　　　　2.7.23

　乗用車道路標識に激突(御
　　殿場市)　　　　　　　　　3.1.9
　トラック追突(庵原郡富士川
　　町)　　　　　　　　　　　3.2.5
　大型トラック・観光バス追
　　突(富士宮市)　　　　　　3.6.17
　乗用車ガードロープに衝
　　突(掛川市)　　　　　　　3.8.18
　乗用車・トラック衝突(藤
　　枝市)　　　　　　　　　　3.11.27
　トラック・乗用車追突(庵
　　原郡由比町)　　　　　　　4.3.20
　乗用車・観光バス衝突(下
　　田市)　　　　　　　　　　4.4.29
　修学旅行バス横転(御殿場市)　4.5.29
　日本坂トンネル多重追突
　　(焼津市)　　　　　　　　4.9.20
　東名高速多重追突事故(小
　　笠郡菊川町)　　　　　　　4.12.6
　トラック・観光バス追突
　　(大井川町)　　　　　　　6.10.22
　東名高速道路塩酸流出(榛
　　原郡榛原町)　　　　　　　6.11.1
　静岡鉄道観光バス・トラッ
　　ク追突(静岡市)　　　　　7.1.19
　レースカーにはねられ死
　　亡(駿東郡小山町)　　　　7.5.4
　ワゴン車コンクリート壁
　　に衝突(清水市)　　　　　7.7.6
　東名高速玉突き事故(沼津
　　市)　　　　　　　　　　　7.10.25
　送迎用大型バス転落(舞阪
　　町)　　　　　　　　　　　8.1.23
　乗用車・ワゴン車衝突(韮
　　山町)　　　　　　　　　　8.7.9
　金属板ロール乗用車を直
　　撃(由比町)　　　　　　　8.8.26
　大型トラック横転(袋井市)　9.3.27
　ワゴン車分離帯に衝突(裾
　　野市)　　　　　　　　　　9.6.21
　乗用車暴走(静岡市)　　　　9.6.22
　東名高速道多重衝突(三ヶ
　　日町)　　　　　　　　　　9.7.12
　東名高速玉突き事故(島田
　　市)　　　　　　　　　　　9.8.4
　タンクローリー横転で有
　　毒物質流出(菊川町)　　　9.8.5

東名高速玉突き事故(小山町)	9.9.8	酒気帯びでバス運転	15.8.18
乗用車山車の列に突入(掛川市)	9.10.12	ワゴン車・トラックに追突(掛川市)	15.10.19
タンクローリー横転(焼津市)	9.10.21	深夜バスがトラックに追突(静岡市)	16.1.9
乗用車水路に転落(富士市)	9.12.26	乗用車が軽乗用車と正面衝突(浜松市)	16.8.22
大型トラック・定期高速バス追突(富士市)	10.3.2	ワゴン車で祭り見物客に突入(御前崎市)	16.10.16
乗用車・日本急行観光バス衝突(下田市)	10.4.26	中学生運転の車が衝突(富士宮市)	17.2.6
東名高速多重事故(袋井市)	11.2.3	走行中バスから転落(焼津市)	17.3.26
乗用車海に転落(東伊豆町)	11.4.9	トラック同士が正面衝突(藤枝市)	17.4.25
東名高速多重追突(富士川町)	11.6.21	渋滞車列にトラック追突(沼津市)	17.8.7
東名高速玉突き衝突(裾野市)	11.8.11	乗用車と軽ワゴン車が正面衝突(相良町)	17.8.28
東名高速多重追突(御殿場市)	11.12.18	乗用車とワンボックス正面衝突(袋井市)	17.9.18
東名高速玉突き追突(榛原町)	11.12.28	東名高速で乗用車が挟まれ大破(焼津市)	17.9.21
東名高速多重追突(富士市)	12.3.13	東名高速で逆走車と衝突(掛川市)	17.9.24
東名高速でワンボックスカー・大型トラック追突(富士市)	12.4.10	園児の列に乗用車突入(静岡市)	17.10.27
東名高速多重追突(由比町)	12.9.8	東名高速でトレーラーなど3台追突(静岡市)	17.12.14
東名高速で玉突き衝突(静岡市)	12.11.16	車11台が衝突(富士市)	19.9.8
多重衝突(舞阪町)	12.12.13	観光バスが追突(牧之原市)	19.10.15
東名高速路線バス火災(静岡市)	13.2.7	集団登校の列に車(御殿場市)	19.12.10
玉突き衝突(清水市)	13.5.26	外れたタイヤがバス直撃(吉田町)	20.4.11
観光バス炎上(御殿場市)	13.8.14	夜行高速バス炎上(牧之原市)	21.3.16
乗用車衝突(滝山村)	13.10.13	夜行高速バス炎上(牧之原市)	21.9.20
観光バス暴走(熱海市)	14.6.9	多重衝突事故(浜松市)	23.2.22
トラック・乗用車衝突炎上(浜松市)	14.10.1	交通事故(伊豆の国市)	23.6.21
東名高速自動車道路追突事故(蒲原町)	14.10.8	パンク修理中にはねられる(裾野市)	23.11.4
工事現場にトラック突入(島田市)	14.10.28	タイヤ点検中にひかれる(御殿場市)	23.11.27
観光バス転落(熱海市)	15.1.29	バスなど玉突き事故(静岡市)	24.3.15
乗用車・大型トラック追突(浜松市)	15.2.12	高速道路で逆走(静岡市)	24.5.12
トラック・二輪追突(裾野市)	15.3.1	スーパーに車突っ込む(磐田市)	24.7.5
乗用車連続衝突(小山町)	15.7.13		
大型トラック・乗用車衝突(富士宮市)	15.8.13		

静岡県

路線バスが信号に衝突(静岡市葵区御幸町) 24.12.23
交差点に乗用車突入(静岡市) 25.3.6
多重衝突事故(浜松市) 25.11.20
乗用車にトラックが追突(静岡市) 26.3.21
登校中の児童がはねられ死亡(沼津市) 26.4.10
乗用車同士が衝突(沼津市) 26.8.23
バスがトラックに追突(富士市) 26.8.25
乗用車がブロック塀に衝突(浜松市) 26.11.1
ひき逃げ事故(浜松市) 27.5.2
バスと乗用車が衝突(藤枝市) 27.6.2
4台が絡む多重事故(浜松市) 27.8.12
駐車場で乗用車にはねられる(湖西市) 28.1.10
薬局に乗用車が突っ込む(藤枝市) 28.2.2
14台が絡む多重事故(掛川市) 28.4.29
乗用車同士が正面衝突(長泉町) 29.2.25
新東名で玉突き事故(島田市) 29.8.3
東名で多重事故(浜松市) 29.8.12
逆走車とトラック衝突(焼津市) 29.12.14
新東名で玉突き事故(富士市) 30.10.9

◇船舶事故・遭難
釣り船・タグボート衝突(下田市沖) 1.8.9
漁船爆発 13.3.15
貨物船衝突(下田市) 13.6.29
タンカー・自動車運搬船衝突(南伊豆町) 13.8.2
貨物船沈没(御前崎沖) 14.8.8
ボートがブロックに衝突(御前崎町) 16.1.3
漁船転覆(下田市沖) 17.4.8
貨物船と遊漁船衝突(南伊豆町沖) 17.5.29
コンテナ船とタンカー衝突(静岡市) 17.7.16
コンテナ船衝突(静岡市) 18.3.29
小型貨物船同士が衝突(御前崎市) 18.5.8
ボートが橋脚に衝突(新居町) 19.8.25
コンテナ船と貨物船衝突(下田市) 20.6.20
コンテナ船と貨物船衝突 20.7.19
漁船相次ぎ転覆 20.9.29
貨物船が衝突 21.3.10
引き船から転落(伊豆市) 21.11.4
ボート転覆で女子中学生死亡(浜松市) 22.6.18
ボート転覆(浜松市) 23.6.26
川下りで死亡事故(浜松市) 23.8.17
イージス艦が衝突事故(南伊豆町) 29.6.17

◇航空機事故
ヘリコプター墜落(静岡市) 1.7.6
パラグライダー墜落(熱海市) 3.2.7
ハンググライダー墜落(富士宮市) 6.10.8
航空自衛隊救難捜索機墜落(浜松市) 6.10.19
パラグライダー空中衝突(富士宮市) 7.11.25
パラグライダー墜落(富士宮市) 9.2.8
陸上自衛隊ヘリコプター墜落(御殿場市) 12.6.23
日航機ニアミス事故(焼津市) 13.1.31
ヘリコプター横転(熱海市) 15.4.19
県警ヘリが住宅街に墜落(静岡市) 17.5.3
取材用ヘリコプター墜落(静岡市) 19.12.9
陸自ヘリ不時着 29.8.17
空自ヘリ墜落(浜松市) 29.10.17

◇エレベーター・エスカレーターの

事故
エスカレーター急停止で転倒(掛川市)   16.6.9

◇公害
狩野川シアン検出   1.9.
東名高速道路塩酸流出(榛原郡榛原町)   6.11.1
タンクローリー横転で有毒物質流出(菊川町)   9.8.5

◇原子力発電所事故
浜岡原発で放射能漏れ(小笠郡浜岡町)   2.10.9
浜岡原子力発電所で冷却水漏れ(小笠郡浜岡町)   13.11.7
浜岡原子力発電所で冷却水漏れ(小笠郡浜岡町)   14.5.25
原発廃棄物処理施設で火災(御前崎市)   17.6.30
浜岡原発5号機が自動停止(御前崎市)   18.6.15
原発が緊急停止(御前崎市)   21.5.5
原発で排ガスに放射性物質(御前崎市)   21.8.20
原発で廃液漏れ(御前崎市)   21.12.1
計画停電始まる   23.3.14
原発、サビで配管交換(御前崎市)   24.11.1
原発で腐食(御前崎市)   25.1.30

◇放射能汚染被害
日本海側でセシウム検出   24.8.3

◇医療・衛生災害
温泉施設でレジオネラ菌集団感染(掛川市)   12.3.
C型肝炎の院内感染(浜松市)   23.1.27

◇伝染病流行
セレウス菌院内感染(浜松市)   19.7.-

◇食品衛生・食品事故
お年寄り366人食中毒   1.9.15
小学校で結核集団感染(浜松市)   12.9.14
小学校などでノロ集団感染(浜松市)   26.1.16
イヌサフランを食べ中毒死   26.9.9

◇薬害・医療事故
輸血ミスで患者死亡(三島市)   15.4.10
抗生物質切れ患者死亡(清水市)   15.12.30
セレウス菌院内感染(浜松市)   19.7.-
カテーテルから空気が入り死亡(清水町)   22.3.19
インフルエンザ院内感染(富士市)   27.1.7
インフルエンザ院内感染(河津町)   28.4.5
多剤耐性菌検出、患者死亡(静岡市)   30.8.10

◇山岳遭難
富士山で滑落   17.4.24
富士山で滑落   17.7.12
富士山で登山者ら滑落   18.5.3
南アルプスで転落事故(静岡市)   20.8.9
富士山で落雷(富士宮市)   20.8.9
登山者が遭難(御殿場市)   21.7.22
富士山遭難(御殿場市)   21.12.17
登山者遭難   22.1.2
富士山で男性遺体(御殿場市)   25.1.5
遭難(静岡市)   25.6.20
登山者が滑落(御殿場市)   25.12.1
富士山で滑落   28.11.20
富士山で滑落・遭難相次ぐ   29.1.1-

◇軍隊・軍事基地の事故
陸上自衛隊トラック炎上(浜松市)   2.5.22
航空自衛隊救難捜索機墜落(浜松市)   6.10.19
陸上自衛隊ヘリコプター墜落(御殿場市)   12.6.23
陸上自衛隊ブルドーザー横転(裾野市)   12.7.15
野焼きで3人焼死(御殿場市)   22.3.20
戦車訓練で観客が負傷   27.8.22

愛知県　　　　　都道府県別一覧

　イージス艦が衝突事故(南伊豆町)　29.6.17
　陸自ヘリ不時着　29.8.17
　空自ヘリ墜落(浜松市)　29.10.17
◇機雷・不発弾の爆発
　不発弾爆発(御殿場市)　3.6.22
　不発弾爆発(御殿場市)　15.5.3
　運送会社で爆発(裾野市)　15.6.30
　不発弾処理(浜松市)　25.2.17
　不発弾処理(浜松市)　28.12.18
◇製品事故・管理不備
　シュレッダーで指切断事故　18.3.10–
　カセットボンベが爆発(小山町)　21.11.1
　花火破裂(伊豆市)　25.8.19
◇その他の災害
　門扉倒れ園児死亡(焼津市)　10.2.5
　山車横転(天竜市)　12.8.18
　射撃場で撃たれ死亡(富士市)　19.5.27
　バスケゴールに首を挟まれ死亡(静岡市)　21.4.1
　崖から転落(伊東市)　21.10.4
　ボート転覆で女子中学生死亡(浜松市)　22.6.18
　富士山で高校生死亡(富士宮市)　24.1.15
　釣り人が行方不明(下田市)　24.11.18
　電気柵感電事故(西伊豆町)　27.7.19

【愛知県】
　◇気象災害
　　突風で船外壁倒れ作業員転落(豊橋市)　4.4.10
　　落雷(中島郡祖父江町)　4.5.23
　　竜巻　11.9.24
　　竜巻(一宮市)　13.6.19
　　タクシー転落　14.1.5
　　熱中症(豊田市)　16.4.10
　　工事現場で門扉倒れる(一宮市)　22.11.1
　　強風と大雪(名古屋市)　26.12.18
　　熱中症で小1死亡(豊田市)　30.7.17
　　潮位上昇(知多町)　30.9.30
　◇豪雨(台風を除く)
　　アーケード崩壊(豊橋市)　22.10.9
　　局地的大雨　25.8.6
　　大雨で地下鉄名古屋駅が冠水(名古屋市)　26.9.25
　◇豪雪
　　強風と大雪(名古屋市)　26.12.18
　◇地変災害
　　道路陥没(西尾市)　2.2.5
　　交差点陥没(名古屋市西区)　4.9.8
　　線路に落石(南設楽郡鳳来町)　4.11.10
　◇地震・津波
　　地震　15.11.1
　　地震　17.12.24
　◇地滑り・土砂崩れ
　　工事現場土砂崩れ(豊田市)　2.4.26
　　工事現場土砂崩れ(海部郡七宝町)　4.1.11
　　土砂崩れ(小牧市)　4.10.16
　　用水路工事現場土砂崩れ(大府市)　8.2.19
　◇動植物災害
　　酸欠で魚浮く(名古屋市名東区)　3.5.23
　　鳥インフルが弱毒性と判明(豊橋市)　21.2.27
　　鳥インフルウィルス検出　23.1.19
　　鳥インフルエンザ(新城市)　23.2.14
　　学生が馬に蹴られ重体(尾張旭市)　30.11.23
　◇一般火災
　　車両火災(岡崎市)　1.6.10
　　連続放火(名古屋市熱田区)　2.1.30
　　ゴミ収集車のゴミ焼く(名古屋市天白区)　2.4.23
　　廃材置き場火災(小牧市)　2.9.5
　　駐輪場火災(名古屋市緑区)　2.12.29

愛知県

キャンピングカー炎上(名古屋市名東区)	3.7.28	マンション火災(豊橋市)	14.2.8
廃材パチンコ台炎上(春日井市)	4.1.20	住宅火災(豊橋市)	14.2.16
		住宅火災(犬山市)	14.4.9
作業所全焼(知多郡東浦町)	4.2.29	建設作業派遣会社作業員寮火災(大治町)	15.1.1
火災(西春日井郡新川町)	4.3.24	住宅火災(春日井市)	15.3.5
火災(名古屋市緑区)	4.7.20	住宅火災(春日井市)	15.6.8
東名高速車両火災(小牧市)	5.11.1	住宅火災(豊田市)	15.7.17
火災(名古屋市西区)	6.2.28	住宅火災(名古屋市)	15.12.12
作業所火災(江南市)	6.9.16	住宅火災(名古屋市)	16.1.18
東名高速炎上事故(宝飯郡音羽町)	7.3.17	住宅火災(大洲市)	16.2.17
		住宅火災(豊明市)	16.9.9
ゴミ収集車火災	8.8.23	住宅火災(越智郡)	17.1.23
観光バス炎上(春日井市)	9.7.13	住宅火災(名古屋市)	17.12.11
東名高速自動車道路玉突き衝突炎上(新城市)	15.6.23	住宅火災(一宮市)	18.1.5
ガソリン貯蔵タンク火災(名古屋市)	15.8.29	住宅火災で消防士死亡(名古屋市)	18.6.10
製鉄所火災(東海市)	15.9.12	事務所兼住宅火災(名古屋市)	18.7.9
学生寮火災(新城市)	25.5.8	マンション火災(名古屋市)	18.9.25
バス火災(岡崎市)	29.9.9,14	アパート火災(吉良町)	19.7.27
◇住宅火災		アパート火災(東海市)	19.10.3
住宅火災(名古屋市中区)	2.1.10	アパート火災(豊川市)	19.10.4
店舗火災(名古屋市緑区)	2.1.11	住宅火災(東海市)	19.12.30
住宅火災(名古屋市中区)	2.1.20	店舗兼住宅火災(岡崎市)	20.5.5
アパート全焼(名古屋市中区)	2.3.21	住宅火災(新城市)	21.1.21
住宅火災(名古屋市北区)	2.4.29	住宅火災(名古屋市)	21.11.11
住宅火災(西尾市)	2.7.20	住宅火災(名古屋市)	23.5.25
住宅火災(名古屋市緑区)	3.6.12	アパート火災(名古屋市)	27.1.2
住宅火災(西春日井郡師勝町)	3.10.8	住宅火災(名古屋市)	27.3.8
火災(常滑市)	4.5.4	マンション火災(刈谷市)	29.5.8
落雷(中島郡祖父江町)	4.5.23	◇店舗・事務所火災	
住宅火災(名古屋市南区)	4.8.12	倉庫火災(名古屋市瑞穂区)	2.2.17
火災(名古屋市中川区)	6.1.13	倉庫全焼(豊橋市)	2.3.24
住宅火災(名古屋市瑞穂区)	6.1.21	倉庫全焼(名古屋市港区)	2.5.3
住宅火災(名古屋市瑞穂区)	6.5.15	倉庫全焼(瀬戸市)	2.5.14
住宅火災(大府市)	7.3.26	スーパー全焼(名古屋市北区)	2.11.20
住宅火災(岡崎市)	7.5.1	店舗火災(豊橋市)	2.11.23
テレビから出火(豊橋市)	7.7.15	名古屋駅構内でボヤ(名古屋市中村区)	4.2.27
住宅火災(名古屋市中村区)	8.5.26	ショッピングセンター全焼(豊橋市)	5.2.14
県営住宅火災(名古屋市南区)	9.1.1	倉庫全焼(名古屋市南区)	5.3.8
アパート全焼(名古屋市)	12.12.24	倉庫火災(半田市)	5.5.10
住宅全焼(名古屋市)	13.2.27		
住宅火災(名古屋市)	13.10.28		

愛知県　　　都道府県別一覧

配送センター全焼(西春日井郡豊山町)　6.4.10
中央卸売市場火災(名古屋市熱田区)　6.7.19
材木店火災(丹羽郡大口町)　6.9.20
倉庫全焼(豊橋市)　7.1.4
倉庫火災(名古屋市東区)　7.2.4
パチンコ店全焼(小牧市)　7.10.15
公民館全焼(豊橋市)　9.3.19
工場倉庫全焼(一宮市)　9.4.21
パチンコ店火災(名古屋市名東区)　10.5.6
ビル全焼(名古屋市)　12.12.25
事務所兼住宅火災(名古屋市)　18.7.9
ビル火災(名古屋市)　20.3.3
店舗兼住宅火災(岡崎市)　20.5.5
放火(名古屋市)　22.9.3
料理店「鳥久」で火災(名古屋市)　26.11.22

◇旅館・ホテル火災
学校・旅館全焼(豊田市)　2.1.14
ベビーホテル火災(名古屋市中区)　3.12.4
旅館火災(名古屋市東区)　5.5.10
ホテル地下駐車場で煙噴出(名古屋市中村区)　6.8.29

◇学校・病院火災
学校・旅館全焼(豊田市)　2.1.14
名古屋大付属病院でボヤ(名古屋市昭和区)　3.7.27
名古屋記念病院火災(名古屋市天白区)　5.2.10
治郎丸中学校教室全焼(稲沢市)　7.2.22
一宮興道高保健室火災(一宮市)　8.2.19
市立若園中学校火災(豊田市)　8.3.17
星城高校火災(豊明市)　9.1.15

◇神社・寺院火災
神社の倉庫全焼(名古屋市南区)　2.10.10

川原神社全焼(名古屋市昭和区)　4.2.20
荒子観音本堂全焼(名古屋市中川区)　6.8.3
重要文化財念仏堂全焼(宝飯郡御津町)　6.8.9
神社拝殿全焼(豊明市)　7.4.25
冨士八幡社全焼(名古屋市瑞穂区)　7.12.16
法花院本堂全焼(海部郡甚目寺町)　13.1.20
寺院火災(名古屋市)　21.11.3

◇山林火災
丘陵地野火(愛知郡長久手町)　2.3.10
東山公園雑木林火災(名古屋市天白区)　2.4.3
山林火災(春日井市)　2.4.12
雑木林火災(名古屋市守山区)　3.4.21
雑木林火災(名古屋市千種区)　4.3.14
山林火災(愛知郡日進町)　5.3.20
森林火災(鳳来町)　16.4.24

◇ガス中毒事故
都市ガス漏れ(名古屋市南区)　3.8.10
一酸化炭素中毒死(名古屋市熱田区)　4.7.25
一酸化炭素中毒死(東加茂郡下山村)　9.4.2
一酸化炭素中毒(名古屋市中川区)　9.7.28
一酸化炭素中毒(一宮市)　14.1.20
キャンピングカー内でCO中毒(一宮市)　22.5.29
ビルでガス不完全燃焼か(名古屋市)　30.9.6

◇都市ガス等の爆発事故
ガス爆発(瀬戸市)　1.12.8
ガス爆発(西春日井郡師勝町)　2.2.4
ボンベ爆発(幡豆郡幡豆町)　2.3.10
ガス爆発(名古屋市中区)　2.7.6
ガス爆発(名古屋市南区)　2.11.13
プロパンガス爆発(名古屋市港区)　3.5.1

都道府県別一覧　　　　　　　　愛知県

項目	日付
プロパン爆発(名古屋市守山区)	3.5.5
プロパンガス爆発(岡崎市)	3.5.12
マンションガス爆発(名古屋市名東区)	3.5.17
プロパン爆発(尾西市)	3.6.27
ガス爆発(名古屋市中川区)	3.9.24
プロパンガス爆発(丹羽郡大口町)	4.1.1
ガス爆発(豊明市)	4.1.7
ガス爆発(名古屋市昭和区)	4.6.18
ガス爆発(名古屋市中区)	5.10.6
トヨタカローラ修理工場爆発(名古屋市東区)	8.1.10
ガス爆発(瀬戸市)	8.12.20
東山ビルガス爆発(名古屋市千種区)	9.9.11
アパートガス爆発(名古屋市北区)	9.11.6
ガス器具メーカー工場爆発(大口町)	12.12.27
建造中の船内で爆発(知多市)	19.8.6

◇産業災害

項目	日付
米ぬか油のタンク爆発(名古屋市港区)	2.2.28
掘削機落下(名古屋市中区)	2.8.22
劇薬漏れる(豊橋市)	3.3.2
生コン道路に散乱(西春日井郡豊山町)	4.8.5
ガソリン貯蔵タンク火災(名古屋市)	15.8.29
ガスタンク爆発(東海市)	15.9.3
製鉄所火災(東海市)	15.9.12
建造中の船内で爆発(知多市)	19.8.6

◇工場災害・汚染被害

項目	日付
豆腐工場火災(丹羽郡扶桑町柏森)	2.1.26
工場火災(名古屋市中村区)	2.2.20
工場全焼(碧南市)	2.2.24
機械に巻き込まれ死亡(名古屋市西区)	2.3.15
織物工場全焼(一宮市)	2.4.2
織物工場全焼(一宮市)	2.4.13
木材工場全焼(名古屋市港区)	2.7.10
家具工場火災(豊橋市)	2.8.18
工具転落死(名古屋市南区)	2.11.2
みりん工場全焼(名古屋市中川区)	2.11.15
ウレタン工場全焼(名古屋市緑区)	2.12.2
工場全焼(高浜市高浜町古郷)	2.12.13
自動車修理工場全焼(名古屋市南区)	3.1.7
石油精製所全焼(豊田市)	3.1.12
転落死(名古屋市港区)	3.1.20
工場火災(名古屋市西区)	3.2.26
仏壇工場全焼(小牧市)	3.3.23
工場全焼(豊橋市)	3.5.8
布団工場全焼(春日井市)	3.5.14
転落死(岡崎市)	3.6.29
染色工場全焼(一宮市)	3.7.19
ロケット装置破裂(小牧市)	3.8.9
高温油かぶり作業員やけど(知多市)	3.8.20
アルミ溶液噴出(新城市)	3.12.10
工場全焼(名古屋市南区)	3.12.19
溶鉱炉爆発(名古屋市熱田区)	4.1.8
工場全焼(春日井市)	4.1.25
作業所全焼(知多郡東浦町)	4.2.29
仏壇工場全焼(名古屋市中川区)	4.4.5
突風で船外壁倒れ作業員転落(豊橋市)	4.4.10
工場全焼(名古屋市緑区)	4.4.16
工場全焼(津島市)	4.7.16
ウレタン加工場全焼(安城市)	4.7.30
工場火災(岡崎市)	4.7.30
工場全焼(名古屋市西区)	4.9.17
工場火災(名古屋市緑区)	5.1.8
工場全焼(宝飯郡御津町)	5.3.14
家具工場全焼(小牧市)	5.5.10
染め物工場全焼(名古屋市北区)	5.10.4
工場全焼(春日井市)	5.10.16
名古屋市化学館爆発(名古屋市中区)	6.3.24

平成災害史事典総索引　399

愛知県　　都道府県別一覧

事故	日付
木材工場全焼(名古屋市南区)	6.4.20
漆塗装工場全焼(名古屋市千種区)	6.6.3
工場火災(一宮市)	6.8.23
作業所火災(江南市)	6.9.16
工場火災(名古屋市緑区)	6.11.15
トヨタカローラ修理工場爆発(名古屋市東区)	8.1.10
製菓工場火災(名古屋市西区)	8.1.21
印刷工場全焼(海部郡美和町)	8.4.8
穀物工場全焼(江南市)	8.5.10
工場火災(愛知郡東郷町)	8.6.28
工場火災(刈谷市)	9.2.1
工場火災(小牧市)	9.6.29
焙煎工場全焼(名古屋市中川区)	9.7.5
工場火災(海部郡甚目寺町)	9.11.2
火薬工場爆発(知多郡武豊町)	12.8.1
廃液タンク爆発(岡崎市)	16.3.21
自動車部品工場で火災(常滑市)	18.8.3
製鉄所で炎噴出(東海市)	19.3.31
自動織機工場爆発(大府市)	20.5.7
工事現場で門扉倒れる(一宮市)	22.11.1
新日鉄住金名古屋製鉄所火災事故(東海市)	26.1.17
電気炉から溶鉄が吹き出す(豊橋市)	26.5.16
新日鉄住金名古屋製鉄所火災事故(東海市)	26.9.3
工場で薬品タンク爆発(豊橋市)	29.7.8
塗料工場で火災、火傷(豊田市)	30.6.15
産廃処理工場で火災(東郷町)	30.8.7
コンベヤーに挟まれ死亡(東海市)	30.11.12

◇土木・建築現場の災害

事故	日付
ビル工事現場で転落死(名古屋市中区)	2.1.21
足場崩れ海に転落(名古屋市港区)	2.1.25
工事現場土砂崩れ(豊田市)	2.4.26
建設現場足場崩壊(名古屋市千種区)	2.10.26
工事現場鉄骨落下(名古屋市中区)	2.12.3
無人トラック逆走(名古屋市東区)	3.1.12
工事現場土砂崩れ(海部郡七宝町)	4.1.11
作業員酸欠死(名古屋港沖)	4.4.6
作業員転落(名古屋市中区)	4.6.16
土砂崩れ(小牧市)	4.10.16
乗用車転落(名古屋市昭和区)	5.6.28
ダム建設作業員転落死(北設楽郡豊根村)	7.2.16
用水路工事現場土砂崩れ(大府市)	8.2.19
東山ビルガス爆発(名古屋市千種区)	9.9.11
硫化水素ガス中毒(半田市)	14.3.11

◇輸送機関の事故

事故	日付
工事用簡易リフトに挟まれ圧死(名古屋市熱田区)	2.7.17
ダム建設作業員転落死(北設楽郡豊根村)	7.2.16

◇列車・電車事故

事故	日付
保線作業員はねられ死亡(日進市)	6.12.16
名鉄特急・乗用車衝突(稲沢市)	14.9.26
新幹線人身事故(蒲郡市)	16.2.9
駅ホームでもみ合い轢死(名古屋市)	18.5.11
ホーム転落事故(名古屋市)	25.9.10
大雨で地下鉄名古屋駅が冠水(名古屋市)	26.9.25
列車にはねられ死亡(犬山市)	29.2.19
新幹線台車に亀裂(名古屋市)	29.12.11

◇踏切事故

事故	日付
乗用車・名鉄名古屋本線電車衝突(一宮市)	2.1.7
名鉄名古屋本線電車・小型トラック衝突(名古屋市緑区)	2.1.24

都道府県別一覧　　　　　　　　　　愛知県

乗用車・東海道線貨物列車衝突(安城市)	2.1.26
名鉄名古屋本線特急電車・乗用車衝突(名古屋市緑区)	2.2.5
オートバイ・名鉄犬山線急行衝突(岩倉市)	2.4.16
東海道線寝台特急・乗用車衝突(宝飯郡小坂井町)	2.6.8
名鉄小牧線電車・乗用車衝突(春日井市)	2.8.8
武豊線列車。乗用車衝突(半田市)	2.8.18
豊橋鉄道渥美線電車・乗用車衝突(豊橋市)	2.12.25
乗用車・名鉄常滑線電車衝突(名古屋市南区)	3.1.6
トレーラー・名鉄名古屋本線電車衝突(岡崎市)	3.1.10
軽乗用車・名鉄名古屋本線電車衝突(一宮市)	3.2.11
ダンプ電線切断(稲沢市)	3.3.28
乗用車・東海道線貨物列車衝突(大府市)	3.6.6
名鉄名古屋本線電車・軽乗用車衝突(刈谷市)	3.6.26
名鉄蒲郡線電車・トラック衝突(幡豆郡幡豆町)	3.8.8
名鉄西尾線電車・乗用車衝突(西尾市)	3.11.17
名鉄河和線踏切事故(東海市)	3.12.28
名鉄名古屋本線特急・乗用車衝突(岡崎市)	4.2.28
名鉄常滑線急行・乗用車接触(東海市)	4.2.29
関西線列車・トラック衝突(海部郡弥富町)	4.3.18
名鉄瀬戸線電車・乗用車衝突(名古屋市守山区)	4.4.1
ワゴン車・名鉄名古屋本線急行電車衝突(刈谷市)	5.2.27
乗用車・名鉄名古屋本線急行列車衝突(稲沢市)	5.4.15
トラック・名鉄回送電車衝突(宝飯郡小坂井町)	5.7.30
軽乗用車・ディーゼル機関車衝突(東海市)	5.9.4
トラック・名鉄名古屋線特急衝突(豊川市)	6.7.22
軽トラック・名鉄西尾線電車衝突(安城市)	7.4.8
東海道線電車・乗用車衝突	8.2.15
乗用車・名鉄尾西線電車衝突(海部郡佐織町)	8.3.11
乗用車・名鉄三河線普通電車衝突(碧南市)	8.5.4
乗用車・名鉄犬山線特急衝突(丹羽郡扶桑町)	8.6.28
ライトバン・名鉄特急電車衝突(稲沢市)	9.3.11
オートバイ・名鉄普通電車衝突(一宮市)	9.3.29
軽ワゴン車・名鉄豊川線普通電車衝突(豊川市)	9.4.7
乗用車・名鉄名古屋線急行列車衝突(知立市)	9.11.26
名鉄犬山線急行・乗用車衝突(西春日井郡西春町)	9.12.29
普通電車にワンボックスが衝突(武豊町)	16.9.2
踏切で人身事故(蒲郡市)	18.3.19
踏切で人身事故(名古屋市)	22.1.21

◇自動車事故

乗用車転落(豊橋市)	1.1.2
東名高速衝突事故(名古屋市)	1.10.11
乗用車衝突事故(海部郡佐織町)	2.1.7
トラック横転(名古屋市熱田区)	2.1.17
乗用車・トラック衝突(名古屋市中村区)	2.1.26
スキーバス・ワゴン車衝突(春日井市)	2.3.3
東名高速玉突き衝突(小牧市)	2.3.13
トラック・バス衝突(稲沢市)	2.3.17
玉突き事故(名古屋市中川区)	2.3.17
東名高速玉突き事故(岡崎市)	2.3.26
乗用車・ワゴン車衝突(尾西市)	2.4.3
バス・トラック衝突(小牧市)	2.4.23

平成災害史事典総索引　401

愛知県

項目	頁
ゴミ収集車のゴミ焼く(名古屋市天白区)	2.4.23
乗用車衝突(名古屋市北区)	2.5.27
オートバイ・乗用車衝突(春日井市)	2.7.2
中央道多重衝突(小牧市)	2.7.6
名神高速多重追突(岩倉市)	2.9.20
無人トラック逆走(名古屋市東区)	3.1.12
ワゴン車・トレーラー追突(名古屋市中川区)	3.1.14
乗用車転落(一宮市)	3.1.19
登校自動はねられ負傷(名古屋市名東区)	3.2.12
乗用車衝突(一宮市)	3.3.1
清掃作業員はねられ死傷(大府市)	3.3.10
荷台から車転落(名古屋市港区)	3.4.3
トラック・タンクローリー追突(稲沢市)	3.4.6
乗用車衝突(大府市)	3.4.20
乗用車衝突(稲沢市)	3.5.3
名鉄西尾線踏切事故(西尾市)	3.5.12
ワゴン車衝突(名古屋市瑞穂区)	3.5.16
乗用車・トラック衝突(常滑市)	3.6.1
乗用車・オートバイ衝突(海部郡甚目寺町)	3.6.8
乗用車衝突(名古屋市北区)	3.6.15
東名高速多重衝突事故(宝飯郡音羽町)	3.6.27
乗用車衝突(瀬戸市)	3.7.21
トレーラー炎上(小牧市)	3.7.22
キャンピングカー炎上(名古屋市名東区)	3.7.28
乗用車・大型4輪駆動車衝突(中島郡祖父江町)	3.8.1
乗用車炎上(小牧市)	3.8.6
東名高速多重追突(春日井市)	3.8.7
トラック・乗用車衝突(名古屋市南区)	3.8.8
AT車暴走(名古屋市千種区)	3.8.16
AT車転落(名古屋市中村区)	3.8.19
パトカーに追われ逆走(名古屋市)	3.9.4
大型トラック転落(岡崎市)	3.9.19
トラック転落(一宮市)	3.10.8
バス停に乗用車突入(名古屋市守山区)	3.10.18
4輪駆動車・バス衝突(東加茂郡旭町)	3.11.20
トラック・大型ダンプカー衝突(半田市)	3.11.26
AT車暴走(名古屋市東区)	3.12.8
乗用車横転炎上(名古屋市緑区)	3.12.14
トラック・市バス追突(名古屋市西区)	4.1.15
工場全焼(春日井市)	4.1.25
多重衝突(名古屋市緑区)	4.4.6
多重衝突(名古屋市港区)	4.4.20
市バス・大型トレーラー衝突(名古屋市南区)	4.5.27
修学旅行バス・大型トラック追突(岡崎市)	4.5.29
保育園バス・大型トラック衝突(名古屋市南区)	4.6.24
バス炎上(岡崎市)	4.7.22
軽トラックが横転(海部郡佐屋町)	4.8.17
消防車民家突入(名古屋市千種区)	4.9.5
乗用車逆走(名古屋市瑞穂区)	4.9.7
東名高速多重衝突(岡崎市)	4.10.10
乗用車衝突(刈谷市)	5.1.5
東名高速玉突き事故(愛知郡日進町)	5.3.3
乗用車電柱に激突(安城市)	5.3.15
有毒殺虫剤流出(岡崎市)	5.4.1
乗用車・オートバイ暴走(名古屋市瑞穂区)	5.5.9
ワゴン車横転(岡崎市)	5.6.1
乗用車衝突(知多郡武豊町)	5.6.23
乗用車転落(名古屋市昭和区)	5.6.28
消防車・乗用車衝突(名古屋市昭和区)	5.7.16
東名高速玉突き衝突(愛知郡長久手町)	5.8.3

都道府県別一覧		愛知県	
マイクロバス・ダンプカー衝突(愛知郡東郷町)	5.9.30	軽乗用車・4輪駆動車衝突(蒲郡市)	7.8.11
名神高速追突事故(一宮市)	5.10.2	玉突き事故(海部郡飛島村)	7.10.17
東名高速車両火災(小牧市)	5.11.1	乗用車・トラック追突(宝飯郡音羽町)	7.11.6
乗用車・軽ワゴン車追突(岡崎市)	5.12.11	乗用車・トラック衝突(名古屋市港区)	7.11.6
霊柩車横転(蒲郡市)	6.1.4	軽乗用車・乗用車追突(小牧市)	8.1.1
乗用車標識鉄柱に衝突(海部郡佐屋町)	6.1.16	名古屋市営基幹バス暴走(名古屋市中区)	8.1.10
乗用車橋から転落(豊橋市)	6.1.23	中央自動車道多重追突(小牧市)	8.3.23
東名高速道四駆車転落(春日井市)	6.2.8	東名阪自動車道多重衝突(海部郡佐屋町)	8.4.3
バス乗客転倒(名古屋市東区)	6.4.14	トラック・消防車衝突(名古屋市名東区)	8.4.13
乗用車衝突(丹羽郡大口町)	6.5.6	乗用車電柱に衝突(犬山市)	8.4.23
乗用車・トレーラー接触(春日井市)	6.7.23	名神高速玉突き事故(稲沢市)	8.5.28
中央道多重衝突(小牧市)	6.8.28	乗用車衝突(大府市)	8.6.15
乗用車川に転落(豊川市)	6.10.10	乗用車衝突(岡崎市)	8.6.20
はしご車横転(名古屋市中区)	6.12.15	東名阪自動車道追突炎上事故(春日井市)	8.8.5
乗用車横転(小牧市)	7.1.4	救急車・大型トラック衝突(豊田市)	8.8.6
大型トラック追突(岡崎市)	7.1.9	ゴミ収集車火災	8.8.23
乗用車電柱に衝突(名古屋市千種区)	7.1.14	タクシー立体駐車場から転落(名古屋市港区)	8.10.25
乗用車街路樹に激突(名古屋市中区)	7.2.3	玉突き事故(名古屋市緑区)	8.11.20
通園バス横転(海部郡佐屋町)	7.2.24	乗用車が港に転落(名古屋市港区)	8.11.26
救急車・トラック衝突(稲沢市)	7.3.10	東名高速玉突き事故(日進市)	9.1.23
中央道多重衝突(春日井市)	7.3.14	トラック・名古屋市営バス衝突(名古屋市東区)	9.3.10
東名高速炎上事故(宝飯郡音羽町)	7.3.17	大型ダンプカー荷台陸橋直撃(宝飯郡小坂井町)	9.3.27
タンクローリー横転(名古屋市西区)	7.5.10	乗用車暴走(弥富町)	9.5.4
乗用車・トラック衝突(西春日井郡西枇杷島町)	7.5.22	トレーラー郵便局突入(名古屋市熱田区)	9.5.8
玉突き事故(犬山市)	7.6.8	集団登校中の列に車(東海市)	9.7.9
トラック横転(宝飯郡音羽町)	7.6.14	乗用車ふ頭から転落(名古屋市港区)	10.4.27
保育園バス・トラック衝突(名古屋市港区)	7.6.26	乗用車炎上(常滑市)	13.8.19
大型トラック・夜行高速バス追突(一宮市)	7.6.28	タクシー転落	14.1.5
ワゴン車コンクリート壁に衝突(名古屋市守山区)	7.7.11		
名鉄バス電柱に衝突(名古屋市中村区)	7.8.3		

愛知県

事故	日付
ワゴン車転落(名古屋市)	14.9.18
名鉄特急・乗用車衝突(稲沢市)	14.9.26
軽乗用車にはねられ死亡(西尾市)	14.10.19
乗用車にはねられ死亡(名古屋市)	14.12.19
高知自動車道路玉突き事故(川之江市)	15.2.17
トラック・ワゴン車追突(小牧市)	15.6.21
東名高速自動車道路玉突き衝突炎上(新城市)	15.6.23
東名高速自動車道路玉突き事故(音羽町)	15.6.25
トラック・ワゴン車衝突炎上(名古屋市)	15.6.26
コンクリートミキサー車欄干に激突(名古屋市)	15.8.6
テレビドラマロケで事故(名古屋市)	15.8.12
乗用車転落・貨物列車と衝突(名古屋市)	16.2.21
乗用車がタクシーと衝突(津島市)	16.2.22
渋滞車列にトラック追突(一宮市)	16.3.28
暴走族追跡のパトカーが人身事故(春日井市)	16.7.2
普通電車にワンボックスが衝突(武豊町)	16.9.2
乗用車衝突し炎上(日進市)	17.11.5
タクシーとワゴン車衝突(春日井市)	18.2.25
トラックと乗用車炎上(名古屋市)	18.7.25
トラックと飲酒乗用車衝突(北名古屋市)	18.11.1
路面電車停留所にトラック突入(豊橋市)	19.2.3
渋滞の東名高速でバスが追突(岡崎市)	19.8.12
中央道で多重事故	20.10.6
トレーラーが横転	21.5.13
乗用車がバスに衝突(名古屋市)	21.8.22
ひき逃げ(名古屋市)	22.2.1
多重交通事故(豊川市)	23.2.15
バスが崖下へ転落(瀬戸市)	23.10.7
大型トラックが追突(名古屋市)	24.4.29
トレーラーが橋から転落(瀬戸市)	25.1.15
バスなど玉突き事故(東海市)	25.4.16
故障停止の車にトラック追突(飛島村)	25.7.26
団地内で交通事故(豊明市)	25.8.3
急発進で死亡事故(春日井市)	25.8.16
バス逆走衝突事故(一宮市)	26.4.20
ワゴン車が和菓子店に突っ込む(知立市)	27.10.31
トラックがバスに追突(岡崎市)	28.10.2
「ポケモンGO」プレイ中に事故(一宮市)	28.10.26
乗用車と軽乗用車が衝突(北名古屋市)	28.12.29
新城東名バス衝突事故(新城市)	29.6.10
バス火災(岡崎市)	29.9.9,14
交通事故(春日井市)	30.12.31

◇船舶事故・遭難

事故	日付
漁船・フェリー衝突(知多郡南知多町)	2.1.16
タンカー・貨物船衝突(海部郡弥富町)	3.11.28

◇航空機事故

事故	日付
セスナ・模型機衝突(刈谷市)	3.4.27
ヘリコプター墜落(南設楽郡作手村)	3.5.25
ハンググライダー墜落(渥美郡田原町)	5.6.6
中華航空機墜落(西春日井郡豊山町)	6.4.26
乗用車追突(豊田市)	8.1.14
トヨタ自動車ヘリコプター墜落(岡崎市)	9.1.24
旅客機部品落下(小牧市)	13.6.27
超小型機墜落(弥富町)	14.8.18
乱気流	14.10.21
ヘリコプター墜落(足助町)	16.5.8

F2戦闘機が炎上(豊山町) 19.10.31
小型機が墜落(豊田市) 26.3.5
燃料が足りず緊急着陸(中部国際空港) 30.7.8

◇エレベーター・エスカレーターの事故
エスカレーター逆走(名古屋市) 20.5.9
エレベーター事故(名古屋市) 24.12.2

◇公害
硫酸水流出(一宮市) 2.4.3
重油流出(名古屋市守山区) 2.6.26
上空に放射性物質 25.2.21

◇医療・衛生災害
劇症型A群溶血性レンサ球菌感染(名古屋市) 15.3.14
ワクチン接種後に死亡 22.10.-
病院内で不審死(名古屋市) 23.2.28
幼稚園で異臭(豊明市) 30.10.31

◇伝染病流行
コレラ集団感染(名古屋市) 1.9.
結核集団感染 11.2.-
高校で結核集団感染(名古屋市) 11.12.-
献血製剤を回収 21.10.26
ジカ熱に感染 28.2.25

◇食品衛生・食品事故
敬老会で食中毒(額田郡額田町) 1.9.15
集団食中毒(愛知県江南市) 2.4.28-
集団食中毒(犬山市) 2.6.7
旅館で食中毒(知多郡南知多町) 2.6.12
特養ホームでO-157集団感染(名古屋市) 12.7.18-
異物混入(江南市) 21.4.22
給食パンに針金(豊田市) 30.7.2

◇集団食中毒
毒キノコで食中毒(豊橋市) 17.8.24

◇薬害・医療事故
手術中に動脈を切断(西尾市) 11.7.13
誤診で不要手術(岡崎市) 11.11.1
手術で静脈傷付け止血不十分で患者死亡(県岡崎市) 12.4.
レジオネラ菌院内感染(名古屋市) 12.6.
生活環境菌院内感染(豊橋市) 12.6.18-
骨髄ドナー貧血見落とし(長久手町) 12.7.18
患者の目に注射針落とす(常滑市) 12.8.14
MRSA院内感染(半田市) 14.1.18-
患者取り違え肺一部摘出(名古屋市) 17.5.
タミフル副作用問題 17.11.11
医療ミス(名古屋市) 23.1.18
検体の取り違えで胃切除(東海市) 29.4.
がんの兆候伝わらず死亡(名古屋市) 29.10.19
脂肪吸引手術後に死亡(名古屋市) 29.12.

◇軍隊・軍事基地の事故
F2戦闘機が炎上(豊山町) 19.10.31

◇製品事故・管理不備
アスレチック遊具の金具外れ重傷(小牧市) 16.4.24
韓国製ヒーター発火事故 18.12.15
中国製電動ベッドに挟まれ死亡 19.12.26
サンダルでけが 20.8.7

◇その他の災害
名古屋デザイン博で小学生が将棋倒し(名古屋市) 1.7.17
連続放火(名古屋市熱田区) 2.1.30
工事用簡易リフトに挟まれ圧死(名古屋市熱田区) 2.7.17
工員転落死(名古屋市南区) 2.11.2
転落死(名古屋市港区) 3.1.20
転落死(岡崎市) 3.6.29

久屋大通公園で爆発(名古屋市中区)	3.8.13	落雷で新幹線停止	19.8.19
切れたロープが直撃(知多市)	4.1.23	落雷で停電	19.8.22
作業員転落(名古屋市中区)	4.6.16	強風	20.2.23
花火爆発(知多郡南知多町)	4.7.11	落雷・大雨	20.12.5
有毒殺虫剤流出(岡崎市)	5.4.1	強風・豪雨	22.5.23-
はしご車横転(名古屋市中区)	6.12.15	強風	22.11.9
神社拝殿全焼(豊明市)	7.4.25	降雪	23.2.15
一宮興道高保健室火災(一宮市)	8.2.19	落雷	23.4.25
タクシー立体駐車場から転落(名古屋市港区)	8.10.25	落雷	24.8.18
下水管の下敷き(名古屋市)	14.1.12	強風	25.3.10
ワゴン車転落(名古屋市)	14.9.18	熱中症	25.6.13
はだか祭で死者(稲沢市)	15.2.13	降雨と落雷	25.8.23
通り魔殺人(名古屋市)	15.3.30	猛暑	28.7.5
テレビドラマロケで事故(名古屋市)	15.8.12	◇台風	
籠城ビル爆発(名古屋市)	15.9.16	台風17号	1.8.25-
ショッピングセンターで乳児殺害(安城市)	17.2.4	台風22号	1.9.19-
		台風20号	2.9.23-
路上で通り魔(名古屋市)	20.3.24	台風21号	2.10.8
うんていで事故(豊田市)	20.9.17	台風28号	2.11.30
着火剤継ぎ足しで大やけど(大治町)	22.7.18	台風12号	3.8.18-
アーケード崩壊(豊橋市)	22.10.9	台風18号	3.9.17-
川遊び中流され、中学生死亡(一宮市北方町)	24.7.30	台風13号	5.9.3
信金立てこもり事件(豊川市)	24.11.22	台風26号	6.9.26
		台風4号	10.8.27
地下鉄ホームから転落(名古屋市)	25.6.16	台風7号	10.9.22
父子が流され死亡(豊田市)	30.8.28	台風10号	10.10.17-
隕石直撃、屋根壊れる(小牧市)	30.9.	台風4号	15.5.31
		台風・大雨	25.6.19
		台風5号	29.8.4-

【近畿地方】

◇気象災害

西日本荒天	3.6.27	◇豪雨(台風を除く)	
落雷で電圧低下	12.5.17	大雨	7.6.30-
熱中症	14.7.24	大雨	11.6.27
落雷で鉄道トラブル	16.9.14	大雨	11.9.17
豪雨・落雷	18.8.22	大雨	12.11.1-
落雷	19.3.31	豪雨	13.9.6
		雷雨	15.5.8
		豪雨	16.7.10
		集中豪雨	16.7.25
		豪雨	16.8.17
		豪雨	16.9.24
		豪雨	17.7.3
		大雨	20.5.25

都道府県別一覧　　　　　近畿地方

大雨	20.6.20
大雨	20.6.28-
豪雨	20.7.8
雷雨	20.7.28
豪雨	20.8.5-
強風・豪雨	22.5.23-
西日本集中豪雨	22.7.
近畿地方で大雨	22.7.3
大雨	24.5.2
大雨	24.6.21-
近畿地方で豪雨被害	24.8.13-
台風・大雨	25.6.19
大雨で住宅浸水相次ぐ	25.6.26
大雨	25.7.15
大雨	25.7.28-
大雨	25.8.25
大雨	25.9.4

◇豪雪

大雪	24.1.23-
大雪	24.2.18
大雪で停電、倒木	29.1.16

◇地震・津波

地震	2.1.11
地震	2.2.20
地震	3.8.28
地震	3.9.3
地震	6.5.28
地震	6.6.28
阪神・淡路大震災	7.1.17
余震	7.1.21
余震	7.1.23
余震	7.1.25
余震	7.10.14
阪神・淡路大震災余震	7.この年
群発地震	8.1.8
地震	8.2.17
地震	8.3.6
地震	8.12.3
地震	9.6.25
地震	10.4.22
地震	10.6.23
地震	11.2.12
地震	11.2.18
地震	11.3.16
地震	11.4.17
地震	11.7.15
地震	11.10.30
地震	12.4.28
地震	12.5.16
地震	12.5.20
地震	12.6.7
地震	12.8.27
地震	13.1.12
地震	14.9.2
地震	16.1.6
地震	16.6.8
地震	16.9.5
地震	16.9.8
地震	16.10.27
地震	16.12.1
地震	17.2.14
地震	17.11.1
地震	18.2.16
地震	18.5.15
地震・津波	19.1.13
地震	19.1.22
地震	19.4.15
地震	19.4.26
地震	19.11.6
地震	20.4.17
地震	20.8.8
地震	22.3.29
地震	22.7.21
地震	26.6.11
地震	27.2.6
地震	28.4.1
鳥取県中部地震	28.10.21
地震	28.11.19
大阪北部地震	30.6.18

◇地滑り・土砂崩れ

大雨	25.7.15
大雨	25.7.28-
大雨	25.9.4

三重県

◇動植物災害
- 鶏大量死 　2.7.−
- キウイフルーツかいよう病の感染拡大 　26.5.29

◇神社・寺院火災
- 落雷 　19.3.31

◇ガス中毒事故
- トラック側壁に衝突・炎上で有毒ガス発生 　12.3.9

◇産業災害
- 大雨 　11.6.27

◇列車・電車事故
- 落雷で新幹線停止 　19.8.19
- 降雨と落雷 　25.8.23

◇自動車事故
- トラック側壁に衝突・炎上で有毒ガス発生 　12.3.9

◇船舶事故・遭難
- 釣りボート転覆(熊野灘) 　2.12.17

◇伝染病流行
- 近畿で風疹流行 　24.5.31
- 近畿地方でインフル猛威 　25.2.
- はしかが流行 　28.8.31

◇食品衛生・食品事故
- 森永乳業食中毒事件 　12.7.12
- 弁当で集団食中毒 　15.9.8−
- 弁当などに中国米混入 　25.9.30
- パンに異物混入 　26.1.23

◇製品事故・管理不備
- ツナ缶からアレルギー物質検出 　25.10.26

◇その他の災害
- 西日本荒天 　3.6.27

【三重県】

◇気象災害
- 竜巻(志摩郡) 　2.3.12
- トラック強風で横転(鈴鹿市) 　2.3.12
- 熱中症(小俣町) 　13.7.24

◇地震・津波
- 地震 　11.8.21
- 地震 　17.12.28
- 地震 　23.7.24

◇地滑り・土砂崩れ
- 土石流(員弁郡藤原町) 　11.8.19
- 土砂崩れ(上野市) 　14.10.12

◇動植物災害
- アコヤガイ大量死 　14.4.2
- 神事で馬が暴走(桑名市) 　20.5.4
- 送電線に蛇が巻きつき停電 　25.7.23−
- クマに襲われ重傷(いなべ市) 　27.5.27

◇一般火災
- 火災(桑名市) 　2.3.17
- NKK製作所火災(津市) 　3.1.24
- タンクローリー炎上(上野市) 　4.7.15
- タンカー火災(津市) 　4.9.25
- 廃車50台全焼(鈴鹿市) 　6.2.1
- 係留の漁船燃える(三重郡楠町) 　6.11.15
- ごみ収集車回収中にボヤ(津市) 　9.1.16
- ごみ集積施設火災(上野市) 　9.11.23
- 宗教施設が全焼(名張市) 　23.2.13
- 城の櫓から出火(亀山市) 　24.12.15

◇住宅火災
- 津で住宅全焼、一家3人が焼死(津市) 　3.1.17
- 住宅火災(四日市市) 　4.6.13
- 住宅火災(尾鷲市) 　6.12.10
- 住宅火災(四日市市) 　8.10.13
- 住宅火災(阿山町) 　14.2.3
- 住宅火災(四日市市) 　18.1.12

三重県

住宅火災(桑名市)	18.2.13
住宅火災(多気郡)	19.7.23
住宅火災(四日市市)	28.3.23
住宅火災(伊勢市)	30.6.2

◇店舗・事務所火災

店舗火災(津市)	7.3.7
作業火災(安芸郡芸濃町)	8.3.18
ワシントン靴店全焼(伊勢市)	8.5.22
店舗火災(四日市市)	19.9.16

◇学校・病院火災

病院火災(桑名市)	3.5.3
大安中学校体育館火災(員弁郡大安町)	4.8.25

◇神社・寺院火災

伊勢神宮の忌火屋殿火災(伊勢市)	15.1.25
宗教施設が全焼(名張市)	23.2.13

◇山林火災

山林火災(大紀町)	21.2.7

◇ガス中毒事故

ガス発生炉で中毒(桑名市)	3.8.7
反応槽破裂(四日市市)	3.8.22
配水管で作業中に一酸化炭素中毒(四日市市)	20.9.7
CO中毒(亀山市)	22.11.6

◇都市ガス等の爆発事故

ガス爆発(津市)	4.3.5
ガス爆発(桑名市)	9.5.1

◇産業災害

ドラム缶爆発(志摩郡浜島町)	2.7.14
送電塔倒壊(度会郡御薗村)	2.9.19
し尿処理船爆発(津市)	2.10.2
石油精製会社研究棟薬品試験室爆発(川越町)	14.6.6
ごみ固形燃料発電所爆発(桑名郡多度町)	15.8.14

◇工場災害・汚染被害

化学工場爆発(員弁郡東員町)	2.1.27
工場火災(四日市市)	2.5.1
薬品工場爆発(一志郡嬉野町)	2.10.23
工場爆発(四日市市)	2.12.17
プラント爆発(四日市市)	3.3.17
ガス発生炉で中毒(桑名市)	3.8.7
反応槽破裂(四日市市)	3.8.22
カネボウ綿糸工場火災(松阪市)	3.12.7
タオル工場全焼(久居市)	4.7.20
タンカー火災(津市)	4.9.25
廃車50台全焼(鈴鹿市)	6.2.1
三菱化学ガス爆発(四日市市)	7.12.29
ごみ集積施設火災(上野市)	9.11.23
工場爆発(伊勢市)	17.1.6
三菱マテリアル四日市工場爆発事故(四日市市)	26.1.9
工場火災(いなべ市)	29.3.20

◇土木・建築現場の災害

不発弾爆発(木曽岬町)	11.2.9
水道管に吸い込まれ死亡(津市)	20.11.3

◇輸送機関の事故

ゴルフ場でカート事故(志摩市)	22.11.6

◇列車・電車事故

連結作業中に電車追突(亀山市)	2.11.24
列車妨害(亀山市)	5.10.15
近鉄大阪線特急・準急衝突(名張市)	6.1.6
特急にはねられ幼児死亡(名張市)	18.4.30
脱線(津市)	21.2.27
駅ホームから車いす女性転落(津市)	29.3.24
橋から車転落、列車と衝突(伊賀市)	30.10.31

◇踏切事故

東海関西線列車・乗用車衝突(三重郡朝日町)	2.8.6
紀勢線列車・軽トラック衝突(多気郡大台町)	2.9.7

三重県　　　　　　都道府県別一覧

項目	日付
関西線普通電車・乗用車衝突(四日市市)	3.9.28
乗用車・近鉄名古屋線電車衝突(津市)	4.6.3
乗用車・三岐鉄道電車衝突(四日市市)	6.1.24
軽トラック・近鉄特急接触(四日市市)	7.12.27

◇自動車事故

項目	日付
乗用車電柱に激突(亀山市)	2.4.14
トラック衝突(上野市)	2.4.14
ワゴン車・乗用車衝突(安芸郡安濃町)	2.8.14
大型トラック・乗用車追突(鈴鹿郡関町)	3.1.14
トラック追突(阿山郡伊賀町)	3.2.6
観光バス・トラック衝突(志摩郡磯部町)	3.2.9
オートバイ側溝転落(桑名郡多度町)	3.3.4
軽ライトバン・近鉄湯の山線電車衝突(四日市市)	3.3.31
トラック追突(上野市)	3.6.7
軽ワゴン車・軽トラック追突(度会郡大宮町)	3.8.2
AT車急発進(志摩郡阿児町)	3.8.12
ワゴン車・トラック追突(亀山市)	3.11.18
トラック追突(阿山郡伊賀町)	3.12.6
多重衝突(一志郡三雲町)	4.1.9
バス・乗用車衝突(南牟婁郡御浜町)	4.5.3
玉突き事故(鈴鹿市)	4.6.19
タンクローリー炎上(上野市)	4.7.15
名阪国道玉突き事故(阿山郡伊賀町)	4.12.22
乗用車・4輪駆動車衝突(伊勢市)	5.8.12
軽乗用車・ワゴン車衝突(四日市市)	6.1.16
乗用車衝突(鈴鹿市)	6.6.25
乗用車衝突(度会郡二見町)	6.8.6
多重衝突(松坂市)	6.10.3
東名阪自動車道乗用車逆送(鈴鹿市)	7.2.2
トラック・乗用車衝突(亀山市)	7.3.11
軽トラック・乗用車衝突(度会郡御薗村)	7.3.25
マイクロバス横転(阿山郡伊賀町)	7.6.13
軽乗用車・トラック衝突(松坂市)	7.6.13
ワンボックスカー横転(桑名市)	7.10.10
東名阪道ワゴン車逆走(四日市市)	7.11.4
スリップ事故(度会郡紀勢町)	8.7.8
トラック・乗用車追突(四日市市)	8.7.28
大型トラック衝突(桑名市)	8.10.26
東名阪自動車玉突き事故(四日市市)	8.11.21
ごみ収集車回収中にボヤ(津市)	9.1.16
玉突き事故(関町)	9.9.2
東名阪自動車道で多重衝突事故(鈴鹿市)	14.8.10
東名阪自動車道路多重衝突(鈴鹿市)	15.3.21
乗用車がワゴン車と衝突(上野市)	16.4.29
軽乗用車とトラック衝突(紀宝町)	18.3.1
飲酒運転でトラック逆走(伊賀市)	18.9.10
軽自動車転落(志摩市)	22.1.3
走行中に車椅子転落(津市)	22.4.3
バスとトレーラーが衝突(亀山市)	22.11.28
トンネルで交通事故(大台町)	22.11.29
ひき逃げ(志摩市)	22.12.25
乗用車がガードレールに衝突(伊賀市)	25.5.20
渋滞でトラックが追突(四日市市, 亀山市)	25.6.6
ワゴン車がガードレールに衝突(玉城町)	26.12.2
バスがダンプに追突(四日市市)	27.7.14

都道府県別一覧　　　　　　　　　　三重県

軽乗用車が住宅に衝突(四日市市)　28.12.10
運転手が意識失う(紀北町)　30.11.15
タクシーと乗用車衝突、死亡(津市)　30.12.29

◇船舶事故・遭難
タンカー油流出(四日市沖)　1.5.30
漁船転覆(鳥羽市沖)　1.10.7
瀬渡し船沈没(度会郡南勢町)　2.1.29
し尿処理船爆発(津市)　2.10.2
NKK製作所火災(津市)　3.1.24
係留の漁船燃える(三重郡楠町)　6.11.15
競艇ボート転覆(津市)　15.5.24
タンカー衝突(尾鷲市)　17.7.15
貨物船遭難(志摩市)　19.2.14
遊漁船漂流(南伊勢町)　19.5.10
フェリーが座礁(尾鷲市、御浜町)　21.11.13

◇航空機事故
熱気球送電線接触(名張市)　3.1.15
軽量機墜落(松坂市)　3.7.22
ヘリコプター不時着(松坂市)　3.12.28
ヘリコプター墜落(名張市)　9.7.3
試作ヘリコプター墜落(鈴鹿市)　12.11.27
ヘリコプター・セスナ機衝突(桑名市)　13.5.19
自衛隊航空学校のヘリコプター墜落(鳥羽市)　16.2.23
ヘリコプター墜落(一志郡)　17.10.18
ヘリが墜落(紀北町)　27.3.6

◇公害
タンカー油流出(四日市沖)　1.5.30

◇医療・衛生災害
劇症型A群溶血性レンサ球菌感染　15.3.14
O157で女児死亡(伊賀市)　23.6.19

◇伝染病流行
インフルエンザ集団感染(多度町)　11.1.8−
中国帰りの女性から赤痢菌(鈴鹿市)　30.9.18

◇食品衛生・食品事故
敬老会で食中毒(度会郡御薗村)　1.9.15

◇集団食中毒
給食でO157に感染(津市、伊賀市)　22.6.2
弁当で集団食中毒(伊賀市緑ケ丘東町)　24.11.28
回転寿司店で集団食中毒(松阪市)　27.1.6

◇薬害・医療事故
注射針不法投棄(津市)　2.10.20
インフルエンザ集団感染(多度町)　11.1.8−
MRSA集団感染(南勢町)　11.8.−
O型患者にA型輸血(津市)　12.10.22
輸血ミス(津市)　12.10.25
点滴作り置きで院内感染(伊賀市)　20.5.23−

◇山岳遭難
登山者滑落(飯高町)　16.4.22

◇軍隊・軍事基地の事故
自衛隊航空学校のヘリコプター墜落(鳥羽市)　16.2.23

◇機雷・不発弾の爆発
不発弾爆発(木曽岬町)　11.2.9

◇製品事故・管理不備
コースター車輪脱落(長島町)　16.7.27

◇その他の災害
列車妨害(亀山市)　5.10.15
三重大学アジ化ナトリウム混入事件(津市)　10.10.16
ジェットコースター脱輪　15.8.23

平成災害史事典総索引　411

滋賀県　都道府県別一覧

フェンシングで刺され死亡　17.10.2
送水管破損(鳥羽市)　19.10.2
遊具が停止して宙づり(桑名市)　26.6.5

【滋賀県】

◇気象災害

猛暑で琵琶湖水位低下　12.8.28
渇水　14.11.1
琵琶湖でヨット転覆(滋賀郡志賀町)　15.9.15
強風でJR湖西線運休(志賀町)　17.9.25
落雷で工場火災(大津市)　18.8.12
強風で列車遅延(大津市)　18.11.24
突風(彦根市)　20.7.27
テントが飛ばされ生徒負傷(近江八幡市)　22.5.15
落雷　24.8.18
突風でテントが飛ばされる(東近江市)　25.11.25
突風被害相次ぐ　29.4.29
竜巻(米原市)　30.6.29

◇台風

台風24号　25.10.9

◇豪雨(台風を除く)

落雷で住宅火災相次ぐ(東近江市)　29.6.1

◇豪雪

大雪(米原市)　21.12.19
除雪作業車が横転(長浜市下八木町)　24.2.2

◇地震・津波

地震　15.12.23
地震　20.8.30
地震　26.12.26

◇雪崩

雪崩(余呉町)　17.12.14

◇動植物災害

馬インフルエンザ発生　19.8.16
クマに襲われ重傷(多賀町)　27.5.27
イノシシに襲われる(彦根市)　28.12.25

◇一般火災

トレーラー衝突炎上(高島郡安曇川町)　5.3.17
玉突き衝突(大津市)　7.11.22
バス全焼(長浜市)　22.11.7
移動動物園で火災(守山市)　23.2.25
消火訓練中に火災(東近江市)　25.8.4
軽乗用車が炎上(大津市)　28.2.22

◇住宅火災

住宅火災(彦根市)　8.1.11
住宅火災(甲賀郡水口町)　8.1.13
住宅火災(伊香郡木之本町)　8.4.10
住宅火災(大津市)　10.3.30
住宅火災(志賀町)　14.7.31
住宅火災(高島市)　17.11.5
住宅火災(米原市)　23.4.13
住宅火災(草津市)　25.5.1
住宅火災が相次ぐ(彦根市)　26.1.1
住宅火災(長浜市)　28.11.4
住宅火災(米原市)　29.3.13
落雷で住宅火災相次ぐ(東近江市)　29.6.1
住宅火災(長浜市)　30.12.7

◇旅館・ホテル火災

老舗旅館が全焼(近江八幡市)　22.12.10

◇神社・寺院火災

円教院全焼(大津市)　5.1.26
観音正寺火災(蒲生郡安土町)　5.5.22
妙福寺全焼(大津市)　9.9.28

◇山林火災

山火事(野洲町)　9.10.26−
山林火災　13.5.19

◇ガス中毒事故

百貨店で有毒ガス(大津市)　17.6.10

硫化水素自殺に巻き添え
　　　　（湖南市）　　　　　　　　20.4.24
　◇工場災害・汚染被害
　　　実験車見物客はねる（草津
　　　　市）　　　　　　　　　　4.9.20
　　　アルミ工場爆発（日野町）　17.10.21
　　　落雷で工場火災（大津市）　18.8.12
　　　工場で鋳造炉が爆発（野洲
　　　　市）　　　　　　　　　　22.9.20
　◇土木・建築現場の災害
　　　橋ケーブル切断（大津市）　21.7.6
　　　道路陥没（湖南市）　　　　22.12.3
　◇列車・電車事故
　　　信楽高原鉄道衝突事故（滋
　　　　賀郡甲賀郡信楽町）　　　3.5.14
　　　保線作業員快速にはねら
　　　　れる（彦根市）　　　　　8.8.3
　　　JR湖西線人身事故（志賀町） 10.3.1
　　　ワゴン車・寝台特急衝突
　　　　（彦根市）　　　　　　　14.7.28
　　　軽トラックと電車衝突（愛
　　　　知川町）　　　　　　　　17.3.18
　　　列車風圧でフェンス飛ぶ
　　　　（米原市）　　　　　　　20.12.10
　　　特急が車掌置き去りで発
　　　　車（大津市）　　　　　　23.4.16
　　　東海道新幹線で停電　　　　23.12.26
　◇踏切事故
　　　東海道線新快速電車・ト
　　　　ラック衝突（彦根市）　　6.2.23
　　　踏切事故（愛荘町）　　　　19.9.21
　　　踏切で特急にはねられる
　　　　（長浜市）　　　　　　　26.10.24
　◇自動車事故
　　　名神高速道路玉突き事故
　　　　（愛知郡湖東町）　　　　1.1.28
　　　トラック衝突（高島郡新旭町） 2.11.2
　　　名神高速玉突き事故（坂田
　　　　郡米原町）　　　　　　　3.2.10
　　　名神高速追突事故（彦根市） 3.6.11
　　　乗用車衝突（高島郡マキノ町） 3.8.17

　　　北陸道多重追突事故（伊香
　　　　郡余呉町）　　　　　　　4.2.22
　　　送迎バス・乗用車衝突（蒲
　　　　生郡日野町）　　　　　　4.6.24
　　　トラック追突（蒲生郡蒲生町） 4.8.21
　　　名神高速多重衝突（甲賀郡
　　　　甲西町）　　　　　　　　4.12.28
　　　スキーバス追突（滋賀郡志賀
　　　　町）　　　　　　　　　　5.1.28
　　　トレーラー衝突炎上（高島
　　　　郡安曇川町）　　　　　　5.3.17
　　　オートバイ橋に衝突（草津
　　　　市）　　　　　　　　　　5.5.1
　　　軽乗用車・乗用車衝突（甲
　　　　賀郡甲西町）　　　　　　5.6.9
　　　名神高速多重衝突（愛知郡
　　　　秦荘町）　　　　　　　　5.7.18
　　　多重衝突事故（高島郡安曇川
　　　　町）　　　　　　　　　　5.8.22
　　　乗用車ガードレールに衝
　　　　突（坂田郡米原町）　　　5.10.16
　　　乗用車・大型トラック衝突
　　　　（近江八幡市）　　　　　5.12.5
　　　多重衝突事故（甲賀郡信楽町） 6.1.17
　　　北陸道玉突き衝突（伊香郡
　　　　木之本町）　　　　　　　6.2.14
　　　乗用車ガードロープに激
　　　　突（伊香郡余呉町）　　　6.8.21
　　　名神高速道路多重衝突（蒲
　　　　生郡蒲生町）　　　　　　6.8.21
　　　名神高速玉突き事故（蒲生
　　　　郡蒲生町）　　　　　　　7.3.4
　　　名神高速玉突き事故（甲賀
　　　　郡甲西町）　　　　　　　7.4.7
　　　名神高速多重衝突（大津市） 7.10.11
　　　玉突き衝突（大津市）　　　7.11.22
　　　トラック追突（犬上郡多賀町） 7.12.12
　　　パトカー・乗用車衝突（大
　　　　津市）　　　　　　　　　7.12.14
　　　北陸道多重衝突（長浜市）　7.12.27
　　　日本道路公団パトカー・ト
　　　　ラック追突（犬上郡多賀町） 8.1.31
　　　トラック・名古屋鉄道バス
　　　　衝突（彦根市）　　　　　8.2.1
　　　玉突き衝突（蒲生郡安土町）　8.3.18
　　　乗用車水路に転落（守山市） 8.4.15

滋賀県　都道府県別一覧

事故	日付
集団登校の列に軽ワゴン車突入(甲賀郡甲賀町)	8.5.22
タンクローリー横転(大津市)	8.8.2
ワゴン車ガードレールに衝突(坂田郡米原町)	9.2.18
軽乗用車用水池転落(甲賀郡土山町)	9.10.4
名神高速道路玉突き事故(山東町)	9.11.3
大型トラック追突(八日市)	10.3.7
ワゴン車追突(竜王町)	10.5.7
ワゴン車・トラック衝突(木之本町)	10.8.26
事故処理中車が追突(甲西町)	10.12.7
名神高速多重衝突(大津市)	11.10.25
ワゴン車・寝台特急衝突(彦根市)	14.7.28
タイヤ脱落し車に衝突(栗東市)	16.5.31
保冷車衝突(草津市)	17.1.12
名神高速で玉突き事故(大津市)	17.4.15
名神高速で9台衝突(東近江市)	17.7.20
軽トラックと乗用車衝突(志賀町)	17.8.6
乗用車がトラックと正面衝突(米原市)	17.8.17
名神高速で7台が事故(彦根市)	17.11.13
小学生の列に乗用車突入(栗東市)	17.12.8
ワゴン車がトラックに衝突(大津市)	18.7.2
中学生の列にワゴン車(栗東市)	19.3.4
トレーラーとトラック衝突(高島市)	19.11.7
廃品回収中に事故(東近江市)	20.11.8
名神で玉突き(湖南市)	20.11.30
国道で5台絡む事故(大津市)	20.12.27
多重衝突事故(甲賀市)	21.5.8
馬輸送車にトラックが追突(竜王町)	21.7.18
バス全焼(長浜市)	22.11.7
トラックの玉突き事故(大津市)	23.8.2
通学バス衝突事故(竜王町)	23.12.13
停車中にトラック追突(甲賀市)	23.12.17
乗用車にトラック突っ込む(大津市)	24.5.3
乗用車が建物に突入(大津市京町)	24.7.1
名神高速で玉突き事故(大津市大谷町)	24.9.10
トラックに挟まれ乗用車が大破(高島市マキノ町)	24.9.26
多重衝突事故(彦根市小野町)	24.11.1
事故処理中に被害者ひく(甲賀市)	24.12.12
高速で追突事故(東近江市)	25.1.16
正面衝突事故(近江八幡市)	25.2.20
乗用車が玉突き事故(大津市)	25.5.3
玉突き事故(甲賀市)	25.7.17
軽乗用車が転落(東近江市)	25.11.11
乗用車同士が正面衝突(米原市)	26.8.10
軽乗用車が炎上(大津市)	28.2.22
「ポケモンGO」プレイ中に事故(大津市)	28.7.25
原付バイクと乗用車が衝突(湖南市)	28.10.8

◇船舶事故・遭難

事故	日付
漁船衝突(草津市)	2.10.19
漁船遭難(彦根市)	11.6.8
モーターボートがロープに衝突(守山市)	11.8.8
プレジャーボート転覆(草津市)	12.2.27
琵琶湖でヨット転覆(滋賀郡志賀町)	15.9.15
花火見物ボートが衝突	17.4.20
ヨット転覆(大津市)	19.5.10
水上バイクから投げ出される(彦根市)	28.9.4

◇航空機事故

事故	日付
小型軽量飛行機墜落(草津市)	2.6.10

都道府県別一覧　　　　　　　　　京都府

超軽量飛行機墜落(守山市)　6.1.16
◇公害
　ゴルフ場汚濁物質(甲賀郡)　1.この年
◇放射能汚染被害
　木材チップからセシウム検出(高島市)　25.9.17
◇伝染病流行
　井戸水にコレラ菌(甲賀郡)　1.9.
　滋賀大学で結核集団感染(彦根市)　11.8.5
　特養老人ホームでインフルエンザ集団感染(近江八幡市)　11.12.14－
　馬インフルエンザ発生　19.8.16
　看護師が結核発症(大津市)　25.10.22
◇食品衛生・食品事故
　学校給食で感染性胃腸炎集団感染(愛知郡愛知川町)　12.3.16－
　給食で食中毒(犬上郡豊郷町)　13.2.19
　飲料に異物混入(近江八幡市)　17.1.2
　食品に針混入(彦根市)　18.3.18
　清涼飲料に鉄粉混入(愛荘町)　18.5.1
　毒キノコで食中毒　22.10.18
◇集団食中毒
　進学塾合宿で食中毒(大津市)　16.7.29
　弁当で食中毒　17.6.21
◇薬害・医療事故
　成人病センターで結核集団感染(守山市)　11.7.4
　感染性胃腸炎院内感染(信楽町)　16.1.19
◇山岳遭難
　山岳遭難(大津市)　25.3.8
◇軍隊・軍事基地の事故
　戦車がトラックと衝突(高島市)　17.3.12

　機関銃弾、民家に着弾(高島市)　27.7.16
　迫撃砲弾落下(高島市)　30.11.14
◇機雷・不発弾の爆発
　砲弾爆発(高島郡)　10.7.30
◇その他の災害
　シンナー爆発(草津市)　4.5.7
　花火爆発(長浜市)　4.8.5
　病院ベッドの柵に首挟まれ死亡(蒲生町)　16.11.2
　柔道部で事故(愛荘町)　21.7.29
　自然学習で登山中に行方不明(高島市)　25.5.27
　祭り会場で大凧が墜落(東近江市)　27.5.31
　水難事故が相次ぐ(大津市)　27.7.25
　水難事故が相次ぐ(高島市)　28.8.14
　早食い競争で死亡事故(彦根市)　28.11.13

【京都府】

◇気象災害
　工事金網倒れ通行人けが(京都市上京区)　2.3.12
　熱中症　15.9.9
　熱中症で死亡(京田辺市)　17.7.18
　熱中症(京田辺市)　17.10.1
　落雷で新幹線一時停止　19.8.30
　突風・豪雨　21.8.1
　野球部員が熱中症(亀岡市)　21.8.7
　ラグビー部員が熱中症か(京都市)　23.9.10
　練習試合で熱中症(宇治市)　25.8.8
　熱中症　25.8.11
　突風被害相次ぐ(京都市)　29.4.29
◇台風
　台風9号　21.8.10
◇豪雨(台風を除く)
　突風・豪雨　21.8.1
　落雷で住宅火災相次ぐ(南丹市)　29.6.1

平成災害史事典総索引　415

京都府　　　都道府県別一覧

◇豪雪
　雪に絡む死亡事故、各地で相次ぐ(福知山市)　29.1.14-
　大雪で死者相次ぐ(宮津市)　29.2.11-

◇地震・津波
　地震　11.6.14
　地震　12.5.21
　地震　12.9.9
　地震　13.1.26
　地震　13.2.9
　地震　13.8.25
　地震　14.1.4
　地震　15.2.6
　地震(城陽市, 井手町)　25.12.15
　地震　26.8.6
　地震(京都市)　26.8.26

◇地滑り・土砂崩れ
　客船に落石　18.8.15

◇動植物災害
　ツキノワグマが感電死(京都市)　14.9.6
　鳥インフルエンザ発生　16.1.12-
　鳥インフルエンザ発生　16.1.12-
　トラに襲われ飼育員死亡(京都市)　20.6.7
　イノシシがホテルに侵入(京都市)　29.5.7
　イノシシ、学生寮に侵入(京都市)　29.6.13
　イノシシに襲われ負傷(京都市)　29.11.27

◇一般火災
　火災(京都市中京区)　2.1.20
　乗用車衝突炎上(舞鶴市)　4.5.31
　火災(京都市南区)　6.3.17
　地下鉄工事現場で煙(京都市中京区)　7.6.14
　作業場全焼(八幡市)　7.12.27
　解体車両爆発(京都市山科区)　9.8.4
　資料館火災(北桑田郡美山町)　12.5.20
　車両火災(城陽市)　13.4.15
　旧橋本関雪邸で火災(京都市)　21.3.31
　東映撮影所で火災(京都市)　24.5.20
　花火大会の屋台が爆発(福知山市)　25.8.15
　新幹線の高架下で火災(長岡京市)　27.1.22

◇住宅火災
　住宅火災(京都市右京区)　2.12.28
　住宅火災(京都市南区)　6.3.18
　住宅火災(城陽市)　7.6.17
　住宅全焼(京都市西京区)　7.12.29
　住宅火災(船井郡園部町)　8.1.13
　住宅火災(福知山市)　8.3.6
　住宅火災(京都市右京区)　8.4.2
　アパート全焼(京都市下京区)　8.11.14
　住宅火災(京都市南区)　9.1.13
　住宅火災(京都市下京区)　10.10.18
　店舗兼住宅火災(京都市)　13.5.13
　マンション火災(舞鶴市)　13.12.15
　住宅火災(京都市)　14.7.1
　住宅火災(福知山市)　14.9.30
　住宅火災(京都市)　16.9.2
　住宅火災(八幡市)　16.12.19
　住宅火災(京都市)　17.4.30
　住宅火災(舞鶴市)　17.7.30
　住宅火災(城陽市)　17.12.30
　住宅全焼(宇治市)　18.1.10
　団地火災(京都市)　18.2.18
　団地火災(宇治市)　18.8.14
　住宅火災(八幡市)　18.11.9
　住宅火災(京都市)　19.4.22
　住宅火災(京都市)　19.5.11
　住宅火災(京都市)　20.4.6
　連続不審火(京都市)　21.3.2-
　住宅火災(京都市)　21.3.31
　アパート火災(京都市)　21.9.5
　住宅火災(舞鶴市)　22.3.22
　住宅火災(京都市)　23.11.11
　住宅火災が相次ぐ(宮津市)　26.1.1
　住宅火災が相次ぐ　26.1.2
　住宅火災が相次ぐ(京都市山科区)　26.1.20

都道府県別一覧　　　　　京都府

落雷で住宅火災相次ぐ(南丹市)　29.6.1
住宅火災(宇治市)　30.11.8

◇店舗・事務所火災
新聞社支局で火災(宇治市)　18.5.29
連続不審火(京都市)　21.3.2-
住宅・店舗火災(京都市)　25.6.17
運送会社で火災(田辺市)　26.10.28
京都花街で火災(京都市)　28.7.5
中華料理店で火災(宇治市)　28.7.23
祇園三つ星割烹が焼ける(京都市)　30.5.12

◇旅館・ホテル火災
旅館火災(京都市下京区)　2.1.30
民宿全焼(京都市右京区)　7.12.26
旅館火災(京都市中京区)　9.12.6
文化財全焼(京都市)　11.3.15

◇学校・病院火災
京都大学火災(京都市左京区)　1.5.3
京大教養部火災(京都市左京区)　1.7.3
中学校理科教室で火災(相楽郡山城町)　9.7.9
病院で爆発事故(京都市)　16.1.13
大学で火災(京都市)　16.5.10
京大病院で火災(京都市)　28.7.1

◇神社・寺院火災
妙蓮寺火災(京都市上京区)　5.12.29
寂光院本堂全焼(京都市)　12.5.9
仁和寺宿舎から出火(京都市)　17.6.19
長楽寺火災(京都市)　20.5.7
醍醐寺火災(京都市)　20.8.24
高台寺で火災(京都市)　27.2.17

◇山林火災
野焼きが広がり火災(京都市)　22.3.15

◇ガス中毒事故
排気ガス中毒(相楽郡笠置町)　8.7.4
ガス漏れ(宇治市)　19.2.5

◇都市ガス等の爆発事故
ヘアスプレー缶爆発(京都市中京区)　2.5.9
ガス爆発(京都市上京区)　4.1.30
ガス爆発(宇治市)　5.8.23
土産物店のプロパンガス爆発(京都市)　14.7.14
タンクが爆発(京都市)　17.4.18
居酒屋でガスボンベ爆発(京都市)　22.3.25
水道管破裂でガス管損傷(京都市)　23.6.20
花火大会の屋台が爆発(福知山市)　25.8.15

◇産業災害
工事金網倒れ通行人けが(京都市上京区)　2.3.12
大規模停電　11.10.27

◇工場災害・汚染被害
工場爆発(宇治市)　2.1.11
三菱電機京都製作所工場火災(長岡京市)　6.8.8
工場火災(京都市右京区)　7.12.18
作業場全焼(八幡市)　7.12.27
解体車両爆発(京都市山科区)　9.8.4
グンゼ綾部工場火災(綾部市)　9.11.27
製薬工場で爆発(京都市)　21.11.16

◇土木・建築現場の災害
パネル落下(京都市中京区)　3.8.20
シンナー中毒(京都市南区)　4.5.2
地下鉄工事現場で煙(京都市中京区)　7.6.14
建設工事現場作業員シンナー中毒(京都市左京区)　7.6.21
舗装作業員ひかれる(宇治市)　9.3.26
タンクが爆発(京都市)　17.4.18
住宅解体作業中に壁が倒壊(京都市)　20.7.17
工事用のリフト落下(京都市)　20.7.26

京都府

組立中ダクトが倒壊(舞鶴市) 21.6.4
クレーン転倒(南丹市) 22.1.6
トンネル工事で崩落(京丹後市) 25.4.23
配管工事中に土砂崩れ(大山崎町) 29.1.20

◇輸送機関の事故
工事用のリフト落下(京都市) 20.7.26
自転車が歩行者に衝突(大山崎町) 26.9.17

◇列車・電車事故
修学旅行列車・電気機関車衝突(京都市下京区) 1.10.18
山陰線列車に倒木(船井郡丹波町) 2.10.8
新快速電車にはねられ死亡(長岡京市) 17.4.2
落雷で新幹線一時停止 19.8.30
電車にはねられ死亡(京都市) 21.8.27
特急が幼児はねる(向日市寺戸町) 23.7.16
地震計の誤作動で停止(亀岡市) 24.2.18
西山天王山駅で接触事故(長岡京市) 26.1.21
新幹線の高架下で火災(長岡京市) 27.1.22
保線用作業車が脱線(京都市) 28.12.7

◇踏切事故
福知山線衝突事故(福知山市) 3.6.25
乗用車線路暴走(京都市南区) 4.2.5
奈良線列車・乗用車衝突(宇治市) 5.10.15
乗用車・近鉄京都線特急衝突(綴喜郡田辺町) 5.11.27
京福電鉄嵐山本線電車・乗用車衝突(京都市中京区) 8.7.3
踏切ではねられ女児が死亡(城陽市) 22.4.10

線路進入の車が電車と衝突(京都市) 25.1.21

◇自動車事故
名神天王山トンネル内玉突き事故(乙訓郡大山崎町) 2.2.15
ワゴン車転落(竹野郡丹後町) 2.8.12
乗用車・大型トラック衝突(相楽郡加茂町) 2.12.16
乗用車横転(京都市東山区) 3.1.4
名神高速多重衝突事故(京都市伏見区) 3.1.18
マイクロバス・トラック衝突(京都市下京区) 3.5.25
天王山トンネル玉突き事故(乙訓郡大山崎町) 3.6.29
トラック・バス追突(京都市左京区) 3.9.2
乗用車暴走(京都市伏見区) 3.9.20
歩行者はねられ負傷(京都市左京区) 3.9.21
名神高速玉突き事故(乙訓郡大山崎町) 3.10.15
JRバス・大型トラック追突(京都市伏見区) 3.12.26
乗用車衝突炎上(舞鶴市) 4.5.31
名神高速33台玉突き事故(京都市伏見区) 4.9.17
名神高速道玉突き事故(京都市伏見区) 5.3.11
観光バス・大型トラック追突(乙訓郡大山崎町) 5.4.9
天王山トンネル玉突き事故(乙訓郡大山崎町) 5.12.29
名神高速玉突き事故(乙訓郡大山崎町) 6.2.22
観光バス追突(乙訓郡大山崎町) 6.11.30
乗用車ホームに激突(京都市山科区) 7.3.23
名神高速玉突き衝突(京都市山科区) 7.3.29
名神高速多重追突(京都市山科区) 7.6.7
乗用車標識に激突(福知山市) 7.7.4
名神高速玉突き事故(大山崎町) 7.8.22

ダンプカーアパートに突入(城陽市)	7.8.24	軽乗用車が歩行者をはねる(京丹後市)	21.12.6
名神高速玉突き事故(乙訓郡大山崎町)	7.10.17	バスが交通事故(京都市)	22.1.25
名神高速追突事故(京都市伏見区)	8.3.14	コーヒーショップに車突入(京都市)	22.2.3
乗用車住宅塀に激突(京都市南区)	8.4.1	乗用車ががけ下に転落(福知山市)	22.8.4
歩道にトラック突入(京都市右京区)	8.7.20	乗用車歩道を暴走(京都市)	22.8.7
乗用車衝突(京都市右京区)	8.10.12	父親運転の車に当たり1歳児死亡(京都市)	22.8.16
舗装作業員ひかれる(宇治市)	9.3.26	国重文に車が衝突(京都市)	22.9.25
名神高速玉突き事故(長岡京市)	9.5.17	ひき逃げ(京都市)	23.12.8
乗用車・コンクリートミキサー衝突(綴喜郡井手町)	9.6.24	玉突き事故(大山崎町)	24.3.15
京都滋賀交通観光バス・乗用車衝突(瑞穂町)	9.12.4	京都で暴走車(京都市)	24.4.12
バス・乗用車衝突(綾部市)	10.7.19	児童の列に車突っこむ(亀岡市)	24.4.23
乗用車正面衝突(宇治市)	13.2.10	介護送迎車とダンプが衝突(亀岡市篠町)	24.5.9
タイヤ脱落しトラックに衝突(城陽市)	16.5.21	集団登校児童にライトバン接触(綾部市城山町)	24.5.29
軽乗用車とトラック衝突(久御山町)	16.12.17	名神で乗用車が横転(長岡京市)	24.9.15
タクシーにバイクが接触(京都市)	16.12.26	トラック追突し多重事故(京都市)	25.2.26
土産物店にワゴン車突入(京都市)	17.5.16	乗用車横転(福知山市)	25.3.7
逃走中の車が原付に衝突(京都市)	17.9.20	タクシーが歩道を暴走(京都市)	25.3.29
京滋バイパス玉突き事故(宇治市)	18.2.13	バスが追突(京都市)	25.3.31
自殺志願の男に車奪われ衝突死(城陽市)	18.11.18	小学生の列に車が突っ込む(八幡市)	25.9.24
大型トラックが軽ワゴンに追突(京都市)	19.5.23	軽トラが自転車に追突(京都市)	25.10.2
玉突き衝突(京都市)	19.8.5	運送会社で火災(田辺市)	26.10.28
通学路にトラック突入(京丹後市)	19.10.12	トラックがバスに衝突(京都市)	27.5.21
軽乗用車が大型トラックに衝突(京丹波町)	20.8.14	トラックがタンクローリーに追突(京都市)	27.6.10
軽トラが幼児をはねる(京都市)	21.4.16	5台が絡む多重事故(宇治市)	28.10.1
乗用車が歩道を走行(京都市)	21.6.21	雪に絡む死亡事故、各地で相次ぐ(福知山市)	29.1.14-
		議員が交通事故(京都市)	29.4.15
		園バスが衝突、園児ケガ(京都市)	30.12.6
		事故で車外作業、はねられ死亡(綾部市)	30.12.30

京都府　都道府県別一覧

◇船舶事故・遭難
　遊覧船転覆(保津川)　13.9.7
　客船に落石　18.8.15
　遊漁船岩場に衝突(舞鶴市)　19.7.29
　ボート同士が衝突(舞鶴市)　21.4.7
　釣り船が浸水(舞鶴市)　23.6.11

◇航空機事故
　パラグライダー墜落(与謝郡加悦町)　8.5.12
　軽飛行機墜落(網野町沖)　15.5.4
　民家にパラグライダー衝突(亀岡市)　18.9.30
　パラグライダー墜落(京都市)　20.10.25

◇エレベーター・エスカレーターの事故
　エレベーターに挟まれ重傷(京都市)　20.12.8
　エレベーター事故(宮津市)　24.12.19

◇公害
　大規模停電　11.10.27

◇放射能汚染被害
　堆肥からセシウム検出　23.8.2

◇医療・衛生災害
　医師が結核発症(京都市)　22.9.6
　麻酔薬を誤吸入(京都市)　23.1.25
　抗生物質効かぬ淋菌検出　23.7.21
　大学で毒物紛失(京都市)　24.5.28

◇伝染病流行
　多剤耐性緑膿菌院内感染(京都市)　16.9.2
　ノロウイルス集団感染(京都市)　24.12.20
　結核院内感染(宇治市)　29.6.−
　児童施設でO26感染(京都市)　30.8.1

◇食品衛生・食品事故
　食中毒(京都市)　2.7.23
　修学旅行で集団食中毒(京都市)　13.6.14
　酒に異物混入(京都市)　16.9.17−
　食品に針混入(木津川市)　23.12.14
　救援物資で食中毒(宇治市)　24.8.15
　ローストビーフに結着剤(京都市、京丹波町)　25.11.26
　フグを調理し食中毒(京都市右京区)　30.11.6
　禁止添加物使用で回収(与謝野町)　30.11.9

◇集団食中毒
　京料理店で集団食中毒(京都市)　16.6.20
　弁当で集団食中毒(舞鶴市)　16.10.23
　弁当で食中毒　17.6.21
　O157で女児死亡　18.7.17
　料理店でノロ食中毒(京都市)　22.3.4
　回転ずし店で食中毒(京都市)　22.5.7
　生レバーによる食中毒の疑い(八幡市)　25.8.30
　日本料理店で食中毒(京都市)　27.4.6
　修学旅行で食中毒(京都市)　30.6.15

◇薬害・医療事故
　エタノール誤注入で患者死亡(京都市)　12.2.28
　薬物誤投与で患者死亡(宇治市)　14.1.31
　解熱剤投与で副作用死(京都市)　15.3.17
　麻酔薬大量注射で患者死亡(京都市)　15.11.15
　肺がん手術で大動脈損傷(京都市)　15.11.20
　多剤耐性緑膿菌院内感染(京都市)　16.9.2
　透析患者がB型肝炎に感染(京都市)　18.8.−
　放射線を当てすぎで歩行障害(京都市)　21.5.14
　心臓手術ミス(京都市)　21.7.24

高濃度インスリン混入(京都市)	21.11.-
腹部に手術器具の置き忘れ(京都市)	22.2.22
京大病院で医療ミス(京都市)	23.11.14
ノロ院内感染(京都市)	26.1.22
結核院内感染(宇治市)	29.6.-
調剤ミスで死亡(京都市左京区)	29.8.28
手術で患者死亡(京都市)	30.11.26

◇軍隊・軍事基地の事故

自衛隊護衛艦ミサイル誤射(舞鶴市)	11.2.18
拳銃暴発(京都市)	18.11.11

◇機雷・不発弾の爆発

手りゅう弾爆発(京都市山科区)	9.5.26

◇その他の災害

シンナー中毒(京都市南区)	4.5.2
トンネル照明破壊(乙訓郡大山崎町)	4.6.3
建設工事現場作業員シンナー中毒(京都市左京区)	7.6.21
立体駐車場リフトで圧死(京都市中京区)	8.12.22
京大カドミウム混入事件(京都市左京区)	10.9.18
シャッターに挟まれ死亡(京都市)	18.3.1
害獣駆除中に誤射し自殺(福知山市)	22.6.5
「清水の舞台」の支柱破損	23.6.
課外指導中にプールで溺れる(京都市)	24.7.30
風力発電所でプロペラ落下(伊根町)	25.3.13
幼稚園のプールで水死(京都市)	26.7.30
大学で爆発事故(京都市)	26.11.17
大学構内で急性アルコール中毒(京都市)	27.12.16

【大阪府】

◇気象災害

鉄板強風で飛ばされる(大阪市西区)	2.3.12
熱中症で高3男子死亡(柏原市)	10.7.8
強風でけが人相次ぐ	11.4.6
氷塊民家直撃(河内長野市)	13.4.6
クレーンが横転(大阪市)	14.1.23
雷雨(豊中市)	15.5.20
雷雨	15.8.26
強風で停電(大阪市)	16.2.7
強風で飛ばされパラソル直撃(高槻市)	16.3.31
体育祭の高校生が熱中症(岸和田市)	17.9.12
高校野球部員が熱中症(枚方市)	18.8.12
救難飛行艇に落雷(池田市)	19.4.26
落雷で鉄道トラブル(岸和田市)	19.7.30
落雷	20.9.21
強風でフェリーあおられる(大阪市)	21.1.12
体育授業中に死亡(茨木市)	21.7.15
熱中症で高齢夫婦死亡(大阪市)	22.7.26
強風で門扉倒れる(大阪市)	23.5.30
熱中症(大阪市)	23.8.18
体力測定中に小学生が熱中症(八尾市東山本町)	24.4.19
各地で雷雨被害	24.5.29
落雷	24.8.18
運動会練習中に熱中症(東大阪市中石切町)	24.9.14
大阪で局地的雷雨	24.9.15
熱中症(松原市)	25.7.3
熱中症(東大阪市)	25.8.13
熱中症(大阪市)	25.8.24

◇台風

台風で増水の用水路に転落(和泉市)	16.10.22
関空が冠水、連絡橋分断(関西国際空港)	30.9.4

大阪府

紅葉狩りに台風被害　30.この年
◇豪雨(台風を除く)
大雨　20.9.6
局地的大雨　25.8.6
大雨　26.8.23
大雨　26.9.10
工場火災(豊中市)　28.9.12
◇豪雪
雪に絡む死亡事故、各地で相次ぐ(阪南市)　29.1.14−
◇地震・津波
地震　11.8.2
地震　22.2.16
地震　23.5.10
地震　25.1.5
地震(高槻市, 枚方市)　25.12.15
地震(能勢町)　26.8.6
地震(堺市)　26.8.26
大阪北部地震　30.6.18
地震で塀崩れ女児死亡(高槻市)　30.6.18
◇地滑り・土砂崩れ
水道工事現場土砂崩れ(堺市)　3.3.18
路面陥没(阪南市)　20.5.5
採石場で生き埋め(太子町)　21.8.21
土砂崩れ(池田市)　24.5.7
土砂崩れで停電(豊能町)　26.2.25
大雨　26.8.23
◇動植物災害
コイヘルペスウイルス感染　16.4.28
落馬(河南町)　18.9.24
卸売市場で牛に押され死亡(大阪市)　18.11.15
サルにかまれ重軽傷(岸和田市)　19.6.6−
イノシシ大暴れ(柏原市)　20.4.8
闘犬に襲われ重傷(松原市)　20.10.27
動物園子牛ふん便からO157検出(大阪市)　20.12.11
バードストライク　21.8.22
火力発電所でクラゲ原因のトラブル　24.8.29
女王ヒアリの死骸発見(大阪市)　29.7.4
◇一般火災
地下街火災(大阪市北区)　1.12.27
大阪ガス堺製造所廃液タンク火災(堺市)　2.2.2
問屋街火災(大阪市中央区)　2.6.18
商店街火災(池田市)　2.8.31
大型トラック・ワゴン車衝突(高槻市)　4.4.16
ガスボンベ発火(大阪市浪速区)　4.11.18
タンク車炎上(大阪市大正区)　4.12.5
火災(大阪市北区)　5.4.21
阪神電鉄地下化工事現場火災(大阪市福島区)　5.6.16
火災(東大阪市)　5.7.19
梅田地下街ボヤ(大阪市北区)　5.8.26
廃液タンク炎上(高石市)　5.9.5
阪神高速乗用車追突炎上(大阪市北区)　6.2.17
作業場火災(大阪市生野区)　6.7.24
乗用車追突(岸和田市)　7.9.3
JR大阪駅ボヤ(大阪市北区)　8.4.1
工事現場火災(大阪市北区)　8.5.12
ワゴン車炎上(島本町)　8.5.15
古タイヤ炎上(大阪市平野区)　8.8.9
工事現場火災(堺市)　9.1.9
資材倉庫全焼(和泉市)　9.5.22
ガス引き込み工場に放火? 茨木、現場にボンベ(茨木市)　9.10.7
こたつで焼死(大阪市西淀川区)　10.1.17
地下鉄御堂筋線本町駅階段でボヤ(大阪市中央区)　10.3.27
千日前で火災(大阪市中央区)　10.11.26
連続放火(摂津市)　11.10.4
商店街火災(大東市)　13.11.28
USJスピーカー出火(大阪市)　15.3.2−
連続放火(大阪市)　15.5.29
フェリー火災(大阪市)　21.7.26

地下鉄梅田駅でぼや(大阪市)	24.2.22		住宅火災(大阪市東住吉区)	10.4.28
資材置き場で火災(大阪市)	24.4.5		マンション火災(大阪市西区)	10.5.11
貨物船で火災(貝塚市)	24.9.27		文化住宅火災(枚方市)	10.10.26

◇住宅火災

アパート火災(大阪市東住吉区)	2.1.10		深夜火事(八尾市)	10.11.16
アパート火災(大阪市住吉区)	2.1.29		住宅火災(東大阪市)	10.11.22
アパート火災(門真市)	2.3.25		マンション火災(大阪市大正区)	10.11.24
アパート全焼(東大阪市)	2.4.20		住宅火災(大阪市平野区)	10.12.6
高層団地火災(堺市)	2.5.28		集合住宅火災(守口市)	10.12.12
住宅火災(大阪市生野区)	2.9.13		住宅火災(美原町)	10.12.20
アパート全焼(大阪市平野区)	2.11.10		マンション火災(大阪市)	11.2.26
マンション火災(大阪市住之江区)	2.12.24		共同住宅火災(大阪市)	11.3.8
住宅火災(藤井寺市)	3.11.26		アパート火災(豊中市)	11.7.30
一酸化炭素中毒(大阪市北区)	4.2.15		住宅火災(富田林市)	11.11.8
住宅火災(大阪市平野区)	4.8.17		住宅火災(大阪市)	11.12.26
アパート火災(門真市)	4.12.2		住宅全焼(東大阪市)	12.1.22
アパート全焼(大阪市福島区)	4.12.30		共同住宅火災(忠岡町)	12.3.15
住宅火災(岸和田市)	7.6.28		住宅火災(四条畷市)	12.4.2
アパート全焼(箕面市)	8.1.12		マンション火災(八尾市)	12.9.17
住宅火災(大阪市西淀川区)	8.4.2		アパート火災(大阪市)	12.12.27
従業員寮火災(豊中市)	8.11.25		アパート火災(大阪市)	13.2.25
住宅火災(大阪市東成区)	9.2.10		アパート火災(枚方市)	13.6.17
アパート火災(大阪市天王寺区)	9.2.24		住宅火災(東大阪市)	13.8.27
住宅火災(大阪市港区)	9.3.20		団地火災(箕面市)	14.3.9
高層住宅火災(大阪市住之江区)	9.8.22		住宅火災(吹田市)	14.9.27
アパート火災(大阪市西成区)	9.9.4		住宅火災(豊中市)	14.10.5
住宅火災(大阪市東淀川区)	9.10.22		住宅火災(岸和田市)	15.2.1
住宅火災(堺市)	10.1.19		マンション火災(大阪市)	15.4.1
住宅火災(八尾市)	10.1.24		店舗兼住宅火災(大阪市)	15.5.2
集合住宅火災(大東市)	10.1.28		住宅火災(大東市)	15.11.11
住宅火災(豊中市)	10.2.3		マンション火災	15.11.28
文化住宅全焼(門真市)	10.2.3		住宅火災(箕面市)	16.1.1
長屋全焼(東大阪市)	10.2.19		住宅火災(大阪市)	16.1.16
アパート火災(大阪市住之江区)	10.3.10		住宅火災(大阪市)	16.5.3
住宅火災(大阪市生野区)	10.3.10		マンション火災(堺市)	16.5.18
アパート火災(大阪市西成区)	10.3.17		住宅火災(豊中市)	16.6.27
府営住宅火災(富田林市)	10.3.22		住宅火災(大阪市)	16.7.1
文化住宅全焼(茨木市)	10.4.8		住宅火災(大阪市)	16.11.18
			住宅火災(大阪市)	16.12.3
			住宅火災(大阪市)	16.12.7
			住宅火災(豊中市)	17.1.5
			市営住宅火災(大阪市)	17.1.28
			アパート火災(大阪市)	17.2.9
			マンション火災(豊中市)	17.3.15

大阪府

文化住宅火災(大阪市)	17.5.27
住宅火災(寝屋川市)	17.10.23
住宅火災(大阪市)	18.1.1
住宅全焼(茨木市)	18.1.13
店舗・住宅火災(大阪市)	18.2.9–
住宅全焼(門真市)	18.2.11
住宅火災(茨木市)	18.2.28
商店街火災(大阪市)	18.3.13
住宅全焼(河内長野市)	18.3.16
マンション火災(豊中市)	18.3.18
住宅火災(和泉市)	18.5.26
浴室乾燥機から出火(大阪市)	18.8.24
住宅火災(東大阪市)	18.9.23
住宅全焼(寝屋川市)	18.12.4
集合住宅火災(松原市)	19.1.15
住宅火災(交野市)	19.1.20
アパート火災(東大阪市)	19.4.1
共同住宅火災(大阪市)	19.5.5
住宅火災(八尾市)	19.8.27
住宅火災(富田林市)	19.11.28
住宅火災(貝塚市)	19.12.8
アパート火災相次ぐ	20.4.3–
府営住宅火災(八尾市)	20.5.2
住宅火災(大阪市)	20.7.9
住宅火災(東大阪市)	20.7.22
住宅火災(高石市)	21.1.7
共同住宅火災(大阪市)	21.1.18
住宅火災が相次ぐ(豊中市, 大阪市)	21.1.25
住宅火災(大阪市)	21.4.6
住宅火災(熊取町)	21.5.9
住宅火災(藤井寺市)	21.5.23
アパート火災(堺市)	21.8.3
アパート火災(大阪市)	22.2.14
住宅火災(門真市)	22.5.3
住宅火災(大阪市)	22.8.17
火災で住宅や工場が燃える(大阪市)	22.8.19
住宅火災(豊中市)	22.8.31
団地火災(堺市)	22.10.22
住宅火災(高槻市)	22.11.27
火災(東大阪市)	23.1.3
住宅火災(大阪市)	23.1.4
住宅火災(豊中市)	23.1.27
住宅火災(能勢町)	23.1.28
住宅火災(枚方市)	23.5.21
集合住宅火災(羽曳野市)	23.8.21
住宅火災(大阪市)	23.9.13
住宅火災(大阪市)	23.12.20
相次ぐ火災	24.1.6–
住宅火災(和泉市黒鳥町)	24.2.14
住宅火災(松原市)	24.2.27
アパートで火災(高槻市古曽部町)	24.4.29
住宅火災(藤井寺市)	24.6.20
住宅火災(東大阪市)	24.8.4
住宅火災が相次ぐ(大阪市)	26.1.1
住宅火災が相次ぐ	26.1.2
マンション火災(大阪市)	26.1.31
住宅火災が相次ぐ(大阪市)	26.2.18
住宅火災が相次ぐ(茨木市)	26.2.18
住宅火災が相次ぐ(寝屋川市)	26.2.25
住宅火災が相次ぐ(八尾市)	26.2.25
マンション火災(藤井寺市)	26.5.13
住宅火災(箕面市)	26.6.29
市営住宅で火災(大阪市)	26.8.22
住宅火災(堺市)	26.10.10
店舗兼住宅で火災(大阪市)	26.12.16
住宅火災(高石市)	27.3.1
アパート火災(東大阪市)	27.3.20
住宅火災が相次ぐ(堺市)	27.4.27
住宅火災が相次ぐ(大阪市)	27.4.27
市営住宅で火災(大阪市)	27.7.12
マンション火災(大阪市)	27.12.26
リコール対象のストーブで火災	28.1.19
住宅火災(忠岡町)	28.2.1
共同住宅火災(大阪市)	28.2.4
住宅火災(八尾市)	28.3.16
マンション火災(大阪市)	28.4.13
住宅火災(守口市)	28.11.4
各地で住宅火災相次ぐ(交野市)	29.1.26–
住宅火災相次ぐ	29.11.5
住宅火災(吹田市)	29.11.6
住宅火災(東大阪市)	29.12.2
アパート火災(豊中市)	29.12.8

棟割り長屋火災(大阪市)	29.12.26	ペットショップ火災(高槻市)	19.2.11
住宅火災(忠岡町)	29.12.29	個室ビデオ店で火災(大阪市)	20.10.1
住宅火災(八尾市)	30.2.23	パチンコ店火災(大阪市)	21.7.5
集合住宅火災(茨木市)	30.4.7	商店街で火災(泉大津市)	22.1.15
住宅火災(大阪市)	30.6.14	配電盤出火でエレベーター閉じ込め(大阪市)	22.6.26
住宅火災(大阪市)	30.10.6	映画館で火災(守口市)	22.8.19

◇店舗・事務所火災

ビル火災(大阪市中央区)	1.2.16	くいだおれビルでぼや(大阪市)	24.2.2
倉庫火災(大阪市東住吉区)	2.1.20	焼き肉店で火災(大阪市天王寺区下味原町)	24.3.21
枚方消防署火災(枚方市)	2.1.23	ビル火災(大東市)	25.11.7
パチンコ店火災(富田林市)	2.2.8	しょんべん横丁で火災(大阪市)	26.3.7
倉庫火災(守口市)	2.2.10	焼肉店で火災(大阪市)	26.4.6
工場倉庫火災(大阪市生野区)	2.3.7	コロッケ店で火災(豊中市)	26.4.28
倉庫火災(守口市)	2.7.27	焼肉店で火災(吹田市)	26.5.2
雑居ビル火災(大阪市中央区)	3.4.1	倉庫火災(門真市)	26.8.11
ビル火事(大阪市北区)	3.10.19	倉庫火災(大阪市)	26.10.10
石橋駅前6店全焼(池田市)	4.5.24	倉庫火災(和泉市)	28.10.30
ビル火災(大阪市中央区)	4.7.12	ホームセンター火災(吹田市)	30.11.28
雑居ビル全焼(大阪市北区)	4.10.26		
倉庫火災(豊中市)	5.7.20		

◇劇場・映画館火災

パチンコ店全焼(豊中市)	6.2.28	「中座」火災(大阪市)	14.9.9

◇旅館・ホテル火災

千日前火災(大阪市中央区)	7.11.16	ホテルでボヤ(大阪市北区)	2.8.19
建築中ビルでボヤ(大阪市中央区)	8.8.24	ホテル全焼(大阪市天王寺区)	3.1.25
露店全焼(寝屋川市)	9.1.2	ホテル火災(大阪市北区)	3.8.13
ガスボンベ爆発(大阪市東住吉区)	9.2.10	ホテル火災(大阪市住吉区)	4.12.5
倉庫火災(門真市)	9.2.13	旅館火災(大阪市生野区)	8.1.2
朝日新聞大阪本社火災(大阪市北区)	9.3.17	ロイヤルホテルでボヤ(大阪市北区)	9.2.17
店舗火災(大阪市東淀川区)	9.6.12	ホテル火災(大阪市)	20.5.21

◇学校・病院火災

マーケット全焼(堺市)	9.7.18	三箇牧小学校全焼(高槻市)	2.2.22
カラオケ店火災(大阪市東成区)	10.5.8	循環器病センター発煙騒ぎ(吹田市)	2.7.27
スーパー火災(大阪市)	11.11.29	病院廊下でボヤ(大阪市東淀川区)	3.1.10
店舗火災(大阪市)	13.8.25	倉庫火災(門真市)	3.9.8
料理店火災(大阪市)	15.12.27		
ビル火災(大阪市)	16.2.16		
電気店全焼(東大阪市)	17.9.24		
市場で火災(豊中市)	17.12.20		
店舗・住宅火災(大阪市)	18.2.9-		
連続放火(吹田市)	18.2.19		
商店街火災(大阪市)	18.3.13		

大阪府　都道府県別一覧

呉服小学校倉庫でボヤ(池田市)　3.9.25
診療所火災(大阪市東淀川区)　5.1.30
陵南中学校火災(堺市)　9.1.28
学校連続放火(豊中市)　12.3.19-
大学倉庫で火災(堺市)　16.4.26
連続放火(吹田市)　18.2.19
介護施設で火災(大阪市)　23.11.8
理科室で爆発(大阪市)　24.1.24
病院で火災(大阪市)　24.11.24
病院火災(大阪市)　28.7.7

◇神社・寺院火災
蓮浄寺火災(東大阪市)　6.4.6
誉田八幡宮火災(羽曳野市)　9.8.17
法善寺横丁火災(大阪市)　15.4.2
重文の神社火災(吹田市)　20.5.23

◇山林火災
山火事(泉南郡岬町)　2.3.19
山火事(箕面市)　2.4.3
山林火災(箕面市)　2.11.18
山火事(岬町)　9.11.9

◇ガス中毒事故
一酸化炭素中毒(交野市)　1.2.26
一酸化炭素中毒死(大阪市西区)　2.1.29
フロンガス噴出(大阪市中央区)　2.2.27
ガス中毒(大阪市北区)　2.10.30
有毒ガス中毒(堺市)　3.2.19
一酸化炭素中毒(大阪市福島区)　4.1.4
酸欠死(泉大津市)　4.1.7
一酸化炭素中毒(大阪市北区)　4.2.15
ビル火災(大阪市中央区)　4.7.12
ガスボンベ爆発(大阪市東住吉区)　9.2.10
消火用炭酸ガス噴出(大阪市大正区)　9.5.8
一酸化炭素中毒死(泉大津市)　9.6.1
中国人密航者ガス中毒死(大阪市此花区)　9.11.29
排気ガス中毒(大阪市)　13.7.28
二酸化炭素中毒(大阪市)　14.7.4
工場で一酸化炭素中毒(大阪市)　16.12.27
ガス漏れ(大阪市)　18.10.27
ボンベ落下しガス噴出(大阪市)　19.9.8
ガス漏れ(大阪市)　19.9.21
硫化水素自殺に巻き添え(大阪市)　20.2.29
硫化水素自殺に巻き添え(枚方市)　20.4.4
硫化水素自殺に巻き添え(堺市)　20.6.16
パン店で一酸化炭素中毒(大阪市)　20.7.30
プールで塩素ガス発生(大阪市)　20.10.21
CO中毒(大阪市)　21.12.10
車が衝突しガス漏れ(堺市)　23.6.16

◇都市ガス等の爆発事故
ガス爆発(門真市)　2.3.5
プロパンガス爆発(東大阪市)　2.4.2
給油所事務所で爆発(八尾市)　3.2.26
アパートガス爆発(泉大津市)　3.3.27
コンロ爆発(守口市)　3.7.28
プロパン爆発(東大阪市)　3.7.29
ガス爆発(摂津市)　3.9.17
ガスカートリッジ爆発(大阪市西成区)　4.3.7
カセットボンベ破裂(豊中市)　4.12.22
社員食堂でガス爆発(寝屋川市)　5.2.26
マンションガス爆発(大阪市都島区)　6.1.9
ガス爆発(堺市)　6.4.19
プロパンガス爆発事故(柏原市)　6.5.9
ガス爆発(門真市)　7.4.21
ガス爆発(堺市)　7.12.13
住宅火災(豊中市)　9.3.3
カセットボンベ爆発(寝屋川市)　9.3.29
マンションガス爆発(堺市)　9.4.24
連続放火(摂津市)　11.10.4

大阪府

ガス漏れ(大阪市) 12.1.24
公衆トイレでメタンガス爆発(大阪市) 12.5.23
カセットコンロのボンベが爆発(大阪市) 17.11.3
カセットコンロ爆発(大阪市) 18.12.23
飲食店でガス爆発(大阪市) 20.10.27
歯科医院で爆発事故(茨木市) 22.3.29
飲食店で爆発(大阪市) 24.5.19
ガス系消火設備で事故(大阪市) 24.9.28
土砂運搬船で爆発(大阪市) 24.12.11
和食店でガスボンベが破裂(大阪市) 28.1.7

◇産業災害

重油漏れ事故(大阪市大正区) 2.6.27
ゴンドラ転落(大阪市西区) 2.7.24
ドラム缶爆発(高槻市) 2.12.21
水道管が破裂(大阪市此花区) 3.1.4
水道管破裂(堺市) 3.1.23
砂利船が高圧線切断(大阪市西淀川区) 3.1.31
鉄骨突出(摂津市) 3.2.6
おもり落下(大阪市中央区) 3.8.29
シンナー中毒(大阪市中央区) 4.4.14
有機溶剤中毒死(羽曳野市) 10.10.14
ごみ吸引機に吸い込まれ重傷(大阪市) 12.5.28
小学校で塩化水素ガス漏出(四條畷市) 13.11.22
農薬会社研究所で配管破裂(河内長野市) 14.4.4
感電事故(大阪市) 16.7.1
鉄板の下敷きで作業員死亡(堺市) 18.2.17
送泥ポンプ場で爆発(高石市) 24.7.23
胆管ガン、労災認定へ(大阪市) 25.2.20
胆管がんの原因物質特定(大阪市) 25.3.14

◇工場災害・汚染被害

ガスタンク爆発(堺市) 1.1.15
工場で作業員下敷き(大阪市東成区) 2.1.28
大阪ガス堺製造所廃液タンク火災(堺市) 2.2.2
化学工場火災(豊中市) 2.2.3
製薬工場爆発(大阪市旭区) 2.3.20
化学工場全焼(枚方市) 2.3.22
工場火災(八尾市) 2.5.18
圧延機出火(大阪市此花区) 2.5.22
自転車部品工場火災(堺市) 2.7.21
プラスチック工場全焼(堺市) 2.8.31
工場爆発(豊中市千成町1丁目) 2.10.11
製薬所工場爆発(堺市) 2.10.15
ガス中毒(大阪市北区) 2.10.30
工場爆発(大阪市西成区) 2.12.13
工場火災(八尾市) 2.12.23
雪印工場火災(大阪市都島区) 3.1.18
工場全焼(泉南郡熊取町) 3.3.17
水素ボンベ爆発(高石市) 3.5.16
毛布工場半焼(和泉市) 3.6.13
工場全焼(大阪市旭区) 3.6.22
宇部興産堺工場火災(堺市) 3.9.25
工場全焼(大阪市東住吉区) 4.2.28
工場爆発(大阪市城東区) 4.7.15
紙袋工場全焼(豊中市) 5.2.5
廃液タンク炎上(高石市) 5.9.5
工場全焼(大阪市東淀川区) 5.10.16
作業場火災(大阪市生野区) 6.7.24
工場全焼(寝屋川市) 7.6.5
ガス爆発(大阪市港区) 7.7.16
ガス爆発(堺市) 7.12.13
工場火災(大阪市東成区) 8.3.26
工場火災(東大阪市) 8.6.30
工場火災(南河内郡河南町) 9.2.7
消火用炭酸ガス噴出(大阪市大正区) 9.5.8
紡績工場全焼(岸和田市) 9.7.8
電池工場爆発(守口市) 9.8.10
模型飛行機工場全焼(東大阪市) 9.10.29

大阪府　都道府県別一覧

工場火災(貝塚市)	11.3.30
工場火災(大阪市)	11.11.5
工場火災(八尾市)	11.12.25
プラスチック加工工場火災(大阪市)	12.6.26
塗装工場爆発(八尾市)	15.6.5
工場火災(大阪市)	16.11.28
残り火で工場火災(大阪市)	16.11.29
工場爆発(高槻市)	17.2.2
工場火災(泉南市)	17.2.4
産廃処理作業場で爆発(大阪市)	17.2.26
工場で異臭騒ぎ(大阪市)	17.7.12
産廃処理工場爆発(枚方市)	17.10.26
石油製油工場火災(堺市)	18.4.10
工場火災(大阪市)	18.9.12
化学工場で爆発(東大阪市)	18.12.19
クレーン倒れ下敷き(大阪市)	19.9.18
電池検査で火災(守口市)	19.9.30
熱処理加工工場爆発(柏原市)	20.2.1
しょうゆ製造場で火災(枚方市)	20.2.18
フェルト工場火災(阪南市)	20.2.20
化学工場で爆発(大阪市)	21.12.24
プラスチック工場で火災(摂津市)	21.12.25
鉄工所で機械に挟まれ死亡(大阪市)	22.4.6
火災で住宅や工場が燃える(大阪市)	22.8.19
工場でガス漏れ(堺市)	23.1.11
機械にはさまれ死亡(東大阪市)	23.4.19
工場内溶解炉爆発(堺市)	25.4.9
工場で鉄板が落下(大阪市)	25.11.15
ゴム工場で火災(大阪市)	28.2.22
工場火災(豊中市)	28.9.12

◇土木・建築現場の災害

プレハブ倒壊(八尾市)	2.5.5
作業員圧死(吹田市)	2.8.1
下水道工事現場で酸欠(枚方市)	2.12.6
水道工事現場土砂崩れ(堺市)	3.3.18
高圧ケーブル破壊(大阪市都島区)	3.10.6
鉄筋倒れ作業員負傷(大阪市北区)	3.10.26
壁倒壊(堺市)	4.4.25
ボンベ爆発(大阪市中央区)	4.7.10
作業員圧死(豊中市)	4.7.18
阪神電鉄地下化工事現場火災(大阪市福島区)	5.6.16
工場全焼(大阪市東淀川区)	5.10.16
清掃作業現場乗用車突入(大阪市此花区)	6.2.5
シンナー中毒(大阪市淀川区)	6.3.26
作業用ゴンドラ落下(大阪市北区)	6.6.23
松竹座建設現場転落事故(大阪市中央区)	8.4.19
工事現場火災(大阪市北区)	8.5.12
工事現場火災(堺市)	9.1.9
鉄柱乗用車直撃(八尾市)	9.8.26
地下鉄御堂筋線本町駅階段でボヤ(大阪市中央区)	10.3.27
クレーンが横転(大阪市)	14.1.23
ビル解体現場で重機転落(大阪市)	15.12.3
立体駐車場の鉄台に挟まれ死亡(大阪市)	17.9.9
壁の下敷きになり死亡(大阪市)	18.7.27
作業中に土砂崩落(堺市)	19.6.23
高圧電線に接触(大阪市)	19.6.27
コンクリート塊崩落で生き埋め(吹田市)	20.11.14
ブロック塀が崩れる(豊中市)	21.4.23
クレーン倒れる事故(豊中市新千里東町)	24.1.20
クレーン車が転倒(八尾市小畑町)	24.2.20
大雨で作業員が生き埋め(箕面市)	24.7.21
校舎工事でアスベスト飛散(堺市)	24.12.6

大阪府

新名神工事現場で転落死
（箕面市） 29.9.12

◇輸送機関の事故
リフトにはさまれ従業員
圧死（大阪市東住吉区） 2.1.10
ゴンドラ転落（大阪市西区） 2.7.24
作業員圧死（吹田市） 2.8.1
作業用ゴンドラ落下（大阪
市北区） 6.6.23
エレベーター故障ワゴン
車転落（豊中市） 8.2.24

◇列車・電車事故
関西線電車・回送電車接触
（大阪市浪速区） 1.5.22
天王寺駅電車暴走（大阪市
天王寺区） 1.8.27
東海道線機関車・電車衝突
（大阪市淀川区） 2.5.13
南海電車運行中にドア開
く（河内長野市） 3.2.8
作業車脱線（河内長野市） 4.12.10
東海道線貨物列車脱線（茨
木市） 5.2.24
ニュートラム暴走（大阪市
住之江区） 5.10.5
回送電車暴走（泉南郡田尻町） 5.12.25
JR東海道線人身事故（大阪
市） 14.11.6
列車事故（大阪市） 17.1.14
軽自動車と特急電車衝突
（高石市） 18.1.9
陸橋にクレーン車が激突
して電車脱線（泉佐野市） 19.7.12
男性がホームから転落（大
阪市） 22.1.31
鉄道車庫停電（河内長野市） 23.6.9
鉄道事故（大阪市） 25.2.28
弁天町駅で飛び込み自殺
（大阪市） 26.4.1
モノレールから出火（摂津
市） 26.10.28
ホーム転落事故（豊中市） 27.3.23
全盲男性がホームから転
落（柏原市） 28.10.16
駅ホームで全盲男性転落
死（高石市） 29.10.1
駅ホームで視覚障がい者
転落死（大阪市） 29.12.18
信号トラブルで運転見合
せ（大阪市） 30.12.18

◇踏切事故
関西線電車・ダンプカー衝
突（柏原市） 3.2.18
阪急京都線電車・乗用車衝
突（摂津市） 3.4.29
片町線快速・乗用車衝突
（枚方市） 3.8.10
乗用車・阪急電鉄京都線阪
急線急行電車衝突（摂津
市） 3.10.11
軽乗用車・快速電車衝突
（八尾市） 4.1.21
乗用車・阪急京都線電車衝
突（摂津市） 5.7.16
軽乗用車・南海高野線電車
衝突（大阪市浪速区） 5.12.4
軽自動車・阪急電鉄神戸線
電車衝突（豊中市） 7.5.10
阪急電鉄神戸線回送電車・
乗用車衝突（大阪市淀川区） 9.3.7
4輪駆動車・阪急京都線急
行電車衝突（大阪市東淀川
区） 9.3.11
トラック・南海本線急行列
車衝突（泉大津市） 9.8.21
自転車・阪和線快速衝突
（堺市） 10.3.2
阪和線人身事故（大阪市東住
吉区） 10.4.3
乗用車・阪和線電車衝突
（大阪市住吉区） 10.5.29
近鉄南大阪線人身事故（松
原市） 10.7.3
特急電車脱線（寝屋川市） 15.8.19
電車と乗用車が衝突（高石
市） 23.2.6
踏切事故（高槻市富田町） 24.2.22
踏切事故（豊中市服部元町） 24.10.22
鉄道事故（大阪市） 25.2.28

大阪府

踏切で車椅子男性はねられ死亡(高石市) 25.4.15

◇自動車事故

乗用車転落(大阪市港区) 1.10.22
玉突き事故(豊中市) 2.1.3
ワゴン車・乗用車衝突(豊中市) 2.1.17
軽乗用車標識柱に激突(松原市) 2.2.9
タクシー・乗用車衝突(大阪市中央区) 2.3.16
玉突き事故(守口市) 2.4.14
ワゴン車・ごみ収集車追突(大阪市鶴見区) 2.4.14
トラック・市バス衝突(大阪市住之江区) 2.5.12
オートバイ・軽トラと衝突(大阪市大正区) 2.5.19
乗用車転落(大東市) 2.5.19
阪奈道路追突事故(大東市) 2.5.29
乗用車暴走(堺市) 2.7.30
玉突き事故(高槻市) 2.8.11
ドラム缶爆発(高槻市) 2.12.21
乗用車転落(大阪市北区) 3.1.11
多重衝突事故(八尾市) 3.1.13
乗用車街路樹に激突(豊中市) 3.1.29
名神高速玉突き事故(三島郡島本町) 3.2.8
名神高速玉突き事故(吹田市) 3.2.26
パトカー・オートバイ衝突(大阪市中央区) 3.4.13
パトカーショールームに突っこむ(大阪市東成区) 3.5.13
幼稚園マイクロバス・ワゴン車衝突(大阪市鶴見区) 3.6.14
パワーショベル落下(大阪市中央区) 3.7.11
トラック炎上(大阪市西淀川区) 3.7.12
乗用車炎上(東大阪市) 3.8.9
貨物運搬車暴走(大阪市) 3.8.29
玉突き衝突(岸和田市) 3.8.31
名神高速玉突き事故(吹田市) 3.11.6
名神高速玉突き事故(三島郡島本町) 4.1.8
パワーショベル転落(大阪市西成区) 4.1.25
近鉄バス・乗用車衝突(東大阪市) 4.3.1
名神高速玉突き事故(吹田市) 4.3.17
大型トラック・ワゴン車衝突(高槻市) 4.4.16
中国自動車玉突き衝突(豊中市) 4.6.30
名神高速玉突き事故(高槻市) 4.9.22
マイクロバス・大型ダンプカー追突(藤井寺市) 4.11.28
タンク車炎上(大阪市大正区) 4.12.5
玉突き事故(大阪市城東区) 5.2.5
紙袋工場全焼(豊中市) 5.2.5
高速道路側壁落下(茨木市) 5.5.18
バキュームカー・バス衝突(高槻市) 5.6.9
乗用車・ワゴン車衝突(大阪市大正区) 5.8.2
市バス衝突(高槻市) 5.9.3
乗用車・ゴミ収集車追突(柏原市) 6.1.7
コンテナ落下(東大阪市) 6.1.10
清掃作業現場乗用車突入(大阪市此花区) 6.2.5
阪神高速乗用車追突炎上(大阪市北区) 6.2.17
転落事故(泉大津市) 6.2.27
名神高速玉突き事故(高槻市) 6.6.3
大型トレーラー衝突(泉大津市) 6.6.9
園児の列に送迎バス(東大阪市) 6.6.29
バス・乗用車衝突(河内長野市) 6.9.19
オートバイ・ワゴン車衝突(大東市) 6.10.31
遠足バス追突(大阪市平野区) 7.3.2

都道府県別一覧　　　大阪府

事故	日付
南海バス・ダンプカー衝突(堺市)	7.4.15
市バス追突(大阪市大正区)	7.5.26
乗用車追突(岸和田市)	7.9.3
大型トラックレストランに突入(泉大津市)	7.9.4
軽ワゴン車・ゴミ収集車衝突(大阪市西成区)	7.10.26
トラック・四駆車追突(泉南郡熊取町)	7.12.12
ワゴン車・南海電車衝突(泉北郡忠岡町)	8.3.15
トラック衝突(茨木市)	8.5.14
ワゴン車炎上(島本町)	8.5.15
乗用車衝突(大東市)	8.8.26
トラック・乗用車衝突(松原市)	8.10.7
トラック・乗用車追突(大東市)	8.10.18
乗用車スリップ事故(四条畷市)	9.1.22
乗用車高速道逆走(岸和田市)	9.1.29
阪神高速玉突き事故(大阪市港区)	9.5.7
阪神高速多重衝突事故(豊中市)	9.5.16
路線バス・南海観光バス衝突(大阪市住之江区)	9.6.22
乗用車・作業車追突(泉佐野市)	9.7.25
乗用車転落(泉大津市)	9.8.23
中央環状玉突き事故(摂津市)	10.1.11
乗用車クッションドラムに衝突(大阪市港区)	10.3.2
自転車トラックにはねられる(大阪市鶴見区)	10.4.1
トラック追突(堺市)	10.7.23
ミニバイク・乗用車衝突(大阪市城東区)	10.7.28
タクシー・乗用車衝突(大阪市北区)	10.8.3
オートバイ・タクシー衝突(堺市)	10.9.6
乗用車・軽乗用車衝突(大阪市旭区)	10.9.12
近畿自動車道スリップ事故(東大阪市)	10.10.17
乗用車・トラック追突(箕面市)	10.11.11
阪和自動車道で人身事故(和泉市)	16.1.21
トラックがパトカーと衝突(大阪市)	16.3.6
トラック衝突事故に後続追突(茨木市)	16.3.25
新聞配達員がひき逃げされ死亡(泉大津市)	16.3.26
歩道に車が乗り上げ歩行者死亡(大阪市)	16.4.5
事故軽トラにトラック追突(茨木市)	16.4.20
救急車に乗用車が衝突(八尾市)	16.4.24
タイヤ脱落し車に衝突(岬町)	16.5.5—
自転車に路線バスが衝突(大阪市)	16.5.13
バイク転倒し乗用車に衝突(大阪市)	16.5.26
軽乗用車同士衝突(東大阪市)	16.6.11
ワゴン車がバイク2台をひき逃げ(大阪市)	16.7.16
トラックがワゴン車に追突(東大阪市)	16.7.17
トラックが乗用車に追突(大阪市)	16.8.1
市営バスとバイク衝突(大阪市)	16.8.14
乗用車同士衝突(堺市)	16.9.20
ダンプカーが軽乗用車と衝突(枚方市)	16.11.1
全裸の男が車で5人はね1人死亡(茨木市)	16.11.18
乗用車が軽乗用車と正面衝突(羽曳野市)	16.12.4
市道でひき逃げ(大阪市)	17.1.12
乗用車がバイクをひき逃げ(大阪市)	17.1.25
逆走ワゴン車がタクシーに衝突(大阪市)	17.2.1
逆走乗用車がタクシーと衝突(堺市)	17.3.30

平成災害史事典総索引　431

大阪府

事故	日付
無人のポンプ車暴走(豊中市)	17.4.21
乗用車とバイク衝突(四條畷市)	17.4.24
大型トラックなど11台衝突(高槻市)	17.6.15
バイクと乗用車正面衝突(大阪市)	17.6.19
市バスとトレーラーなど衝突(大阪市)	17.6.29
鉄パイプが車を貫通(藤井寺市)	17.7.19
追跡中のパトカーがバイクと衝突(大阪市)	17.7.22
乗用車に軽トラック追突(枚方市)	17.8.2
乗用車2台が炎上(八尾市)	17.8.21
軽トラックとバイク衝突(富田林市)	17.8.23
トラックがワゴン車に追突(高槻市)	17.9.11
パトカーに追われひき逃げ(大阪市)	17.11.26
乗用車とミニバイク衝突(八尾市)	17.12.31
軽自動車と特急電車衝突(高石市)	18.1.9
国道で玉突き事故(藤井寺市)	18.3.14
乗用車が保冷車に追突(柏原市)	18.3.23
トラックに挟まれ死亡(太子町)	18.5.9
トラックのタイヤ脱落で乗用車追突(堺市)	18.6.6
ダンプカーが逆走し対向車に衝突(四條畷市)	18.10.21
タイヤ破裂の風圧で男児重傷(堺市)	18.11.30
走行中のトラックから脱輪(豊中市)	18.12.22
阪和道で乗用車3台が衝突(堺市)	19.1.26
スキーバス衝突(吹田市)	19.2.18
酒気帯び運転で衝突(豊中市)	19.4.12
ワゴン車のドア開き転落(大阪市)	19.7.1
検問突破の車と衝突(堺市)	19.7.28
阪神高速で玉突き事故(大阪市)	19.7.31
妊婦搬送遅れ救急車が事故(高槻市)	19.8.29
名神高速で4台衝突(吹田市)	19.10.26
衣料品店に車突入(大阪市)	19.11.3
トレーラーがバイクと衝突(堺市)	19.11.7
はねた女性を病院に運び放置(大阪市)	19.11.22
トンネルで玉突き(泉南市)	19.12.4
集団下校の列に車(泉佐野市)	19.12.6
トラック玉突き事故(吹田市)	20.5.22
トラック衝突事故(大阪市)	20.6.13
タクシーと飲酒乗用車正面衝突(大阪狭山市)	20.6.18
14歳が無免許ひき逃げ(大阪市)	20.10.18
酒気帯び運転でバスに接触(大阪市)	20.10.18
大阪で3キロひきずりひき逃げ(大阪市)	20.10.21
6キロ引きずりひき逃げ(富田林市)	20.11.16
車が居酒屋に突っ込む(大阪市)	21.1.26
乗用車が歩道に突っ込む(大阪市)	21.4.1
乗用車が逆走(大阪市)	21.10.1
児童送迎バスが衝突炎上(高槻市)	22.3.29
タクシーが暴走(大阪市)	22.7.8
交通事故で多重衝突(大阪市)	22.7.14
タンクローリーが追突(堺市)	22.8.23
乗用車が街灯に衝突(東大阪市)	23.1.4
乗用車衝突事故(大阪市)	23.1.9
校内で児童をひき逃げ(堺市)	23.3.8
タンクローリーが突っ込む(大阪市)	23.5.12
タンクローリーと車が衝突(茨木市)	23.6.13

大阪府

項目	日付
交通事故(茨木市)	23.6.13
車が衝突しガス漏れ(堺市)	23.6.16
3歳児の操作で車暴走(大阪市)	23.6.17
2トン車突っ込む(大阪市)	23.7.7
ひき逃げ(八尾市)	23.7.13
自動車イベント会場で事故(大阪市)	23.8.21
多重衝突事故(堺市)	23.9.19
交通事故(羽曳野市)	23.9.24
パトカー追跡の乗用車が衝突(堺市)	23.12.17
玉突き事故(豊中市桜の町)	24.1.28
大型トラックひき逃げ(東大阪市)	24.2.6
作業車と乗用車が衝突(岸和田市包近町)	24.2.20
複数台にはねられ、男性死亡(堺市)	24.3.14
運転手がはねられ死亡(松原市)	24.3.28
民家に車が突っ込む(高石市)	24.4.16
児童の列に車突っこむ(大阪市)	24.5.14
逃走車が逆走しパトカーに衝突(大阪市)	24.5.22
ブレーキ間違え軽自動車暴走(大東市)	24.6.26
ワゴン車暴走(大阪市)	24.6.26
トラックと乗用車が玉突き衝突(高槻市上牧町)	24.7.6
救急車と乗用車が接触(岸和田市中井町)	24.8.16
救急車が事故、搬送患者死亡(大阪市)	24.10.4
ひき逃げ(泉佐野市)	24.11.13
バスと軽自動車が衝突(枚方市)	25.4.17
自転車をひき逃げ(枚方市)	25.4.21
乗用車など玉突き事故(羽曳野市)	25.5.4
ダンプカーがバスに追突(茨木市)	25.6.27
クレーン車によるひき逃げ(大阪市)	25.8.7
ガードレールに車が衝突(東大阪市)	25.8.28
コンビニに車が衝突(岸和田市)	25.9.7
玉突き事故(茨木市)	25.9.19
タクシーが逆走して衝突(大阪市)	25.10.6
玉突き事故(吹田市)	25.12.25
マイクロバスとトラックが衝突(枚方市)	26.1.10
軽トラと乗用車が正面衝突(吹田市)	26.3.8
パトカーにはねられ死亡(大阪市)	26.4.13
トラックにはねられ死亡(堺市)	26.4.24
低血糖で乗用車が追突(大阪市)	26.7.3
トラックの下敷きになり死亡(摂津市)	26.7.10
乗用車にはねられ死亡(大阪市)	26.7.18
路上の油で事故が相次ぐ	26.8.23
バスとトラックが衝突(大阪市)	26.10.6
乗用車が海に転落(泉佐野市)	26.10.14
市営バスの事故が相次ぐ(大阪市)	26.10.15
トラックと工事用車両が衝突(高槻市)	26.10.16
6台が絡む玉突き事故(大阪市)	26.10.25
高速道路ではねられ死亡(高槻市)	26.11.7
スポーツカーと乗用車が正面衝突(東大市)	26.12.23
4台が絡む多重事故(八尾市)	27.1.4
交差点で衝突事故(東大阪市)	27.3.5
トラックが横転(泉佐野市)	27.4.16
登校列に車突っ込む(豊中市)	27.5.20
駅券売機に車突っ込む(堺市)	27.6.25
車道上のブロックに衝突(大阪市)	27.10.23
3台が絡む多重事故(高槻市)	27.12.14
ひき逃げ(大阪市)	28.1.26

大阪府

自転車がトラックにひかれる(寝屋川市)	28.1.26
乗用車が歩道に突っ込む(大阪市)	28.2.25
バスが電柱に接触(大阪市)	28.3.4
軽乗用車にトラックが衝突(泉佐野市)	28.3.18
ワゴン車がダムに転落(大阪市天王寺区)	28.5.29
車椅子の女性がはねられ死亡(大阪市)	28.6.4
トンネル内で多重事故(泉南市)	28.7.16
お笑いタレントがはねられ死亡(大阪市)	28.9.27
6台が絡む玉突き事故(池田市)	28.12.16
雪に絡む死亡事故、各地で相次ぐ(阪南市)	29.1.14-
下校の列に軽乗用車突入(能勢町)	29.2.13
原付と並走自転車接触(岸和田市)	29.3.8
登校児童の列に乗用車突入(寝屋川市)	29.4.18
高速バスなど5台絡む事故(高槻市)	29.5.2
バスにワンボックスカー追突(泉佐野市)	29.5.12
幼稚園バス事故(八尾市)	29.5.30
父親の車にひかれ男児死亡(羽曳野市)	29.6.23
登校児童の列に車突入(枚方市)	29.10.18
送迎バス転落(泉佐野市)	29.11.13
交通事故で1歳児はねる(藤井寺市)	30.1.11
歩道に重機が突っ込む(大阪市)	30.2.1
交通事故、8人搬送(大阪市)	30.5.5

◇船舶事故・遭難

貨物船・小型タンカー衝突(大阪市住之江区)	2.4.11
小型タンカー転覆(泉佐野市)	12.2.8
水上バイクが遊泳場に突入(貝塚市)	17.7.23
競艇レース中に接触事故(大阪市)	19.2.26
強風でフェリーあおられる(大阪市)	21.1.12
フェリー火災(大阪市)	21.7.26
漁船と貨物船が衝突	23.7.31
コンテナ船と衝突し漁船転覆(泉佐野市)	25.2.25

◇航空機事故

YS機横滑り(大阪市)	3.2.15
朝日新聞社ヘリコプター墜落(泉佐野市)	6.10.18
軽飛行機墜落(高槻市)	10.9.22
小型機墜落(松原市)	16.11.27
軽飛行機が壁に衝突(堺市)	18.6.16
救難飛行艇に落雷(池田市)	19.4.26
日航機が尻餅着陸(泉佐野市)	19.10.4
ヘリコプター墜落(堺市)	19.10.27
国道に小型機墜落(八尾市)	20.8.19
旅客機の主翼が接触(豊中市)	21.4.22
バードストライク	21.8.22
旅客機が尻もち(泉佐野市)	21.10.28
着陸時に旅客機尻もち事故	22.5.9
航空機エンジン火災	25.5.6
小型機が墜落(八尾市)	28.3.26
空港にタイヤ片(伊丹空港)	30.10.2

◇エレベーター・エスカレーターの事故

エスカレーター転倒事故(大阪市)	16.10.13
エレベーターに挟まれ重傷(八尾市)	18.3.8
昇降機に挟まれ女児死亡(富田林市)	18.8.7
エスカレーター事故(大阪市)	20.9.13
停電でエレベーター閉じ込め(大阪市)	22.6.13
配電盤出火でエレベーター閉じ込め(大阪市)	22.6.26
エレベーター閉じ込め(大阪市)	23.6.8

エレベーターで閉じ込め
（大阪市） 24.12.20
エスカレーターから転落
（東大阪市） 25.4.9

◇公害
高濃度ダイオキシン検出
（能勢町） 10.4.
高濃度ダイオキシン汚染
（豊能郡能勢町） 12.7.12
工場跡地からダイオキシン（吹田市） 16.4.27
ダイオキシン検出（能勢町） 17.12.-
地下水からダイオキシン
（交野市） 22.10.21

◇放射能汚染被害
中古車から放射線検出（高石市） 23.7.13
中古車から放射線検出（大阪市） 23.8.11

◇医療・衛生災害
人工呼吸器にシンナー混入事故（大阪市） 16.2.28
幻覚キノコで転落死（吹田市） 18.7.10
救急搬送遅れ死亡（富田林市） 19.2.-
妊婦搬送遅れ救急車が事故（高槻市） 19.8.29
救急搬送遅れ死亡（富田林市） 19.12.25
結核検査で誤判定か 22.1.28
遺伝子組み換え違反（島本町） 22.7.29
助産師が結核に感染（泉佐野市） 23.9.13
調理実習で体調不良（大阪市） 24.6.20

◇伝染病流行
赤痢集団感染（大阪市） 13.12.5
インフルエンザ（阪南市） 16.1.25
コイヘルペスウイルス感染 16.4.28
多剤耐性緑膿菌院内感染
（吹田市） 16.6.29
保育園でO157感染（大阪市） 19.8.6

警察署で結核集団感染 20.2.26
助産師が肺結核（高槻市） 21.4.3
新型インフル、国内での初感染（茨木市） 21.5.16
豚が新型インフルに感染 21.10.20
インフル院内感染（大阪狭山市） 24.2.9
医療機関でノロ集団感染か（大東市） 24.12.4
ノロウイルス集団感染（東大阪市） 24.12.26
福祉施設でノロ感染（門真市，箕面市） 25.3.19
ノロウイルス集団感染（高槻市） 25.11.18-
エボラ出血熱の感染疑い例が相次ぐ（泉佐野市） 26.11.7
結核集団感染（東大阪市） 28.3.29

◇食品衛生・食品事故
集団食中毒（四条畷市） 2.3.14
食中毒（池田市） 2.5.11-
ホテルで食中毒（大阪市北区） 2.6.27
結婚式場で食中毒（堺市） 2.9.2
O157大量感染（堺市） 8.7.13
従業員食堂で食中毒O169検出（堺市） 10.4.6-
食中毒（泉大津市） 10.7.11
仕出し店の弁当で食中毒
（大阪市） 14.3.31-
野球部で食中毒（豊中市） 14.8.6
菓子パンに針混入（柏原市） 16.1.2
パンに縫い針混入（大阪市） 18.5.19
機内食に手袋混入（泉南市） 19.7.25
かまぼこに誤って卵混入
（大阪市） 19.10.1
ハチミツのふたから鉛検出（大阪市） 22.2.25
産地偽装 23.5.26
塩素混入（豊中市） 25.3.22
豆アジにフグの稚魚混入 25.5.10
毒物混入の予告で麦焼酎回収 25.8.16
偽装米混入（吹田市） 25.10.8

大阪府　　都道府県別一覧

◇集団食中毒

項目	日付
レストランでノロウイルス感染(大阪市)	16.1.13
ノロウイルス院内感染(和泉市)	16.5.17
ホテルでノロウイルス感染(大阪市)	16.12.17
小学校でノロウイルス感染(門真市)	17.5.19
保育所で食中毒(大阪市)	17.9.7−
日本料理店で食中毒(大阪市)	17.10.6
児童福祉施設でO157感染(高槻市)	17.11.9−
小学校の給食で食中毒(門真市)	17.11.13−
餅つき大会でノロウイルス感染(大阪市)	17.12.9
調理実習で食中毒(堺市)	17.12.9
小学校で食中毒(八尾市)	18.3.24
ノロウイルスで学級閉鎖(貝塚市)	18.4.14
幼稚園でサルモネラ菌食中毒(摂津市)	18.7.−
日本料理店で食中毒(大阪市)	19.7.21
世界陸上放送スタッフが食中毒(大阪市)	19.8.27
毒キノコで中毒(高槻市)	19.9.2
高級料理店で食中毒(大阪市)	19.12.12
ノロウイルスで学級閉鎖(岸和田市)	20.4.16
料亭でノロウイルス感染(大阪市)	20.11.4
高校生がノロウイルス感染(東大阪市)	20.12.30
営業停止処分中にまた食中毒(寝屋川市)	22.4.2
餅つき大会でノロ感染(大阪市)	22.12.12
集団食中毒(大阪市)	24.3.21
ひょうたんで食中毒(茨木市)	25.7.4
マンションで転落事故(豊中市)	25.8.4
物産展で集団食中毒(大阪市)	26.10.1
グルメイベントで食中毒(吹田市)	27.10.12
消防学校で集団食中毒(大東市)	28.9.10
認定こども園で集団食中毒(守口市)	29.10.12−

◇薬害・医療事故

項目	日付
体内にガーゼ放置	2.10.8
輸血ミスで患者死亡(守口市)	9.1.30
心臓手術ミスで6歳死亡(吹田市)	11.11.
堺市の病院でセラチア菌院内感染(堺市)	12.5.−
睡眠薬誤投与(東大阪市)	12.7.16
MRSA感染(池田市)	14.5.1−
ペースメーカー体内で停止(大阪市)	15.3.
MMR接種禍	15.3.13
輸血ポンプの操作ミスで一時心停止(吹田市)	15.3.25
汚染血液輸血で患者死亡(吹田市)	15.9.
汚染血液輸血で患者死亡(堺市)	15.9.23
ノロウイルス院内感染(和泉市)	16.5.17
輸血取り違え(泉佐野市)	16.6.10
多剤耐性緑膿菌院内感染(吹田市)	16.6.29
ラジオ波で腸に穴(大阪市)	16.8.−
乳児のぼうこう切除(枚方市)	17.2.
期限切れワクチン投与(箕面市)	17.5.30
実習でO157感染(吹田市)	17.6.23
カテーテル挿入ミス(大阪市)	17.6.27
呼吸器が外れ死亡(大阪市)	19.4.17
人工呼吸器外したまま放置(八尾市)	19.12.17
入院患者拘束ベッドから転落(貝塚市)	20.1.21

大阪府

血液型を間違えて輸血(東大阪市)	20.12.20
電気メスで引火(大阪市)	21.10.27
無免許治療で死亡(池田市)	21.12.15
医療ミス(東大阪市)	22.10.14
介護施設で、入浴時死亡(大阪市)	24.2.16
医療事故(大阪市)	24.4.20
肺静脈に空気が入る医療事故(箕面市)	24.6.26
ノロ院内感染が相次ぐ(東大阪市)	26.1.24
カテーテルが血管外に逸脱(大阪市)	26.8.28
国内初の耐性遺伝子を確認(高槻市)	26.10.14
筋弛緩薬誤投与で死亡(大阪市)	26.12.31
インフルエンザ院内感染(箕面市)	27.1.20
インフルエンザ院内感染(寝屋川市)	27.1.22
無痛分娩の母親死亡(和泉市)	29.1.10

◇山岳遭難

滑落(和泉市)	23.5.25

◇軍隊・軍事基地の事故

射撃訓練中に銃暴発(大東市)	18.8.22
陸自ヘリ墜落(八尾市)	22.10.3

◇機雷・不発弾の爆発

不発弾撤去(大阪市)	17.5.3
不発弾撤去(大阪市)	20.7.13
不発弾発見、撤去(大阪市)	22.8.21
不発弾撤去(大阪市)	23.2.12
マンション建設現場に不発弾(大阪市)	27.4.20

◇製品事故・管理不備

遊具で指切断(高槻市)	16.4.2
遊び場入口の扉が倒れ負傷(八尾市)	16.5.23
浴室乾燥機から出火(大阪市)	18.8.24
コースター脱線(吹田市)	19.5.5
打撃マシンの部品破損(八尾市)	19.5.9
遊具で指切断(大阪市)	20.3.11
ベッドと転落防止柵に挟まれる(大阪市)	21.10.16
ドアポストで重傷	22.2.16
AED故障で患者死亡(大阪市)	22.4.7
観覧車の扉が外れて落下(河内長野市)	22.4.17
ガス系消火設備で事故(大阪市)	24.9.28
トンネルの側壁が落下(河内長野市)	25.1.3
ガス給湯機でやけど	25.8.22
リコール対象のストーブで火災	28.1.19
ドラム式洗濯機閉じこめ死亡(堺市)	30.1.27
コースター停止、続く(大阪市)	30.5.1
カンペンで指先をケガ、回収	30.8.16

◇その他の災害

ロック観客将棋倒し(大阪市北区)	2.1.6
リフトにはさまれ従業員圧死(大阪市東住吉区)	2.1.10
鉄板強風で飛ばされる(大阪市西区)	2.3.12
観客将棋倒し(大阪市東住吉区)	2.3.25
中学校理科室で爆発(八尾市)	2.7.30
阪大で実験中爆発(豊中市)	3.10.2
そごう大阪店トイレで爆発(大阪市中央区)	4.1.17
実験中に爆発(大阪市旭区)	4.2.29
シンナー中毒(大阪市中央区)	4.4.14
異臭騒ぎ(大阪市北西部)	5.2.12
コンテナ落下(東大阪市)	6.1.10
シンナー中毒(大阪市淀川区)	6.3.26
ガスボンベ爆発(大阪市東住吉区)	9.2.10
児童が将棋倒し(大阪市中央区)	9.10.2

大阪府　　　　　　　都道府県別一覧

事項	日付
ガス引き込み工場に放火？現場にボンベ(茨木市)	9.10.7
東海新幹線基地でゴミ袋爆発(摂津市)	11.12.24-
池田小児童殺傷事件(池田市)	13.6.8
アトラクションパイプから油漏出(大阪市)	13.8.14
ATMコーナー炎上(大阪市)	14.6.18
だんじりが横転(岸和田市)	14.9.13
異臭	15.2.7
スプレー缶引火(豊中市)	16.5.2
遊興施設で異臭騒動(堺市)	16.5.3
路上で通り魔(豊中市)	16.5.11
スーパーで異臭騒動(大阪市)	16.5.16
遊び場入口の扉が倒れ負傷(八尾市)	16.5.23
だんじり祭りの地車が横転(堺市)	16.10.9
薬品容器が破裂(大阪市)	16.12.22
男児殴打事件(東大阪市)	17.4.21
連続通り魔(豊中市)	17.5.29
連続通り魔(大阪市)	17.7.14
アトラクション止まり宙づり(吹田市)	17.8.20
ゴールポスト倒れ下敷き(豊中市)	17.8.26
健康器具に挟まれ薬指切断(大阪市)	17.8.27
遊具に指挟み切断(大阪市)	17.9.20
走行中の車に発砲	17.9.26
ブランコから転落し指切断(枚方市)	17.10.16
相撲授業で転倒(枚方市)	17.11.9
宝塚歌劇団公演中に転落事故	17.12.21
ビルの排気ダクト爆発(大阪市)	18.1.15
光瀧寺「餅まき」で転落死(河内長野市)	18.1.22
居酒屋で異臭騒ぎ(大阪市)	18.2.17
通り魔(大阪市)	18.8.24
だんじり祭りの地車が塀に衝突(忠岡町)	18.10.7
3歳児歩道橋から投げられ負傷(八尾市)	19.1.17
ペットボトル爆発(東大阪市)	19.8.5
胸に硬球が当たり死亡(富田林市)	19.9.1
体育授業中砲丸が当たり重傷(守口市)	19.10.2
祭りで重軽傷	19.10.7
路上で通り魔(茨木市)	20.3.11
穴に埋まって男児変死(大阪市)	20.3.27
天井から金網落下(大阪市)	20.4.16
保育所で男児死亡(大阪市)	20.5.18
大阪駅で通り魔(大阪市)	20.6.22
路上で通り魔(大阪市)	20.7.6
だんじり祭りでけが(泉佐野市)	20.10.12
路上で通り魔(大阪市)	20.10.21
ビルから角材落下(大阪市)	20.10.30
砂場の柵の扉に指を挟まれる(大阪市)	21.4.19
地下鉄駅で異臭(大阪市)	21.8.24
だんじりが横転(富田林市)	21.10.18
だんじりと接触(泉大津市)	22.10.10
無人カートで事故(河南町)	23.4.30
通り魔(大阪市)	23.5.29
プールで溺れる(泉南市)	23.7.31
転落事故(大阪市)	23.9.18
祭りのやぐらにひかれ死亡(阪南市)	23.10.10
転落事故(堺市)	23.10.12
理科実験中にペットボトル破裂(高槻市)	23.10.24
立体駐車場に挟まれ死亡(茨木市)	24.4.2
こたつで熱中症(大阪市)	24.4.6
立体駐車場で事故(吹田市)	24.5.18
通り魔(大阪市)	24.6.10
だんじり屋根から落下(東大阪市)	24.10.21
胆管がんの原因物質特定(大阪市)	25.3.14
砲丸当たり重傷(羽曳野市)	25.5.9
ビル外壁崩落(大阪市)	25.6.15
マンションから転落死(大阪市)	25.8.8

都道府県別一覧　　　　　　　　　兵庫県

マンションから転落(堺市)	25.11.25
水路で溺死(摂津市)	26.7.6
ズンズン運動で乳児死亡(大阪市)	27.3.4
公園の照明柱が倒壊(池田市)	28.2.11
マンションから転落(大阪市)	28.4.10
1歳児がうつぶせで昼寝中に死亡(大阪市)	28.4.12
うつぶせ寝死亡事故で書類送検(八尾市)	28.8.19
介護施設で窒息死(吹田市)	28.8.20
公園遊具で宙づり(大阪市)	29.1.31
障がい児施設で男児溺死(太子町)	29.6.14

【兵庫県】

◇気象災害

工事用囲い倒れ歩行者けが(神戸市中央区)	2.3.12
幼女熱中症で死亡(南光町)	10.8.5
強風でけが人相次ぐ	11.4.6
落雷で信号機故障(西宮市)	15.1.20
落雷	15.8.5
突風でパラグライダー転倒(猪名川町)	16.5.8
熱中症(尼崎市)	16.7.24
熱中症(篠山市)	16.7.30
突風で鉄製ふた落下(宝塚市)	19.5.10
豪雨・落雷(西宮市)	20.8.7
強風でフェリーあおられる(神戸市)	21.1.12
突風・豪雨	21.8.1
ヨット転覆(西宮市)	21.11.2
熱中症で死亡か(神戸市)	22.8.19
甲子園で熱中症(西宮市)	23.8.18
各地で雷雨被害	24.5.29
高校野球関連の熱中症(西宮市)	25.8.8〜
熱中症(神戸市)	25.8.13
強風で車が飛ばされ重軽傷(篠山市)	25.8.23

◇台風

台風9号	21.8.10
台風24号	25.10.9
川に転落して死亡(宝塚市)	28.9.20

◇豪雨(台風を除く)

土砂崩れ多発(多紀郡丹南町)	8.8.28
突風・豪雨	21.8.1
橋から転落(神戸市)	21.8.2
大雨で線路に土砂流入(神戸市)	22.5.24
大雨	26.9.10
落雷で住宅火災相次ぐ(小野市)	29.6.1

◇地震・津波

地震	6.6.17
地震	7.12.22
地震	8.1.3
地震	11.6.14
地震	13.1.14
地震	13.2.1
地震	13.2.16
地震	16.7.12
地震	25.4.13
地震(宍粟市、上郡町)	25.11.20
地震	26.8.26

◇地滑り・土砂崩れ

土砂崩れ多発(多紀郡丹南町)	8.8.28
工事現場土砂崩れ(神戸市北区)	8.10.4
団地の裏山崩れる(神戸市須磨区)	9.9.17
民家裏山崩れる(神戸市)	11.5.19
人工砂浜陥没(明石市)	13.12.30
土砂崩れ(神戸市)	15.8.15
姫路で県道陥没(姫路市)	20.11.28
マンション敷地で土砂崩れ(芦屋市)	25.6.22

◇動植物災害

イノシシ親子が特急に衝突	18.9.17
クマ被害(朝来市)	22.10.24

平成災害史事典総索引　439

兵庫県

都道府県別一覧

火力発電所でクラゲ原因のトラブル	24.8.29
マダニによる感染	25.1.
イノシシに襲われる(神戸市)	26.4.3
イノシシに襲われ負傷(西宮市)	27.1.17
イノシシに襲われケガ(芦屋市)	30.12.4

◇一般火災

車両火災(神戸市中央区)	2.3.3
大型トラック炎上(宝塚市)	2.3.3
異人館街火災(神戸市中央区)	4.1.30
トレーラー横転炎上(尼崎市)	5.1.26
商店街火災(明石市)	7.5.28
山陽道衝突炎上事故(相生市)	7.6.26
トラック・乗用車追突(川西市)	7.8.11
阪神高速玉突き事故(神戸市東灘区)	8.1.23
舞鶴自動車道玉突き事故(多紀郡丹南町)	8.2.10
カーフェリー火災(明石市)	12.2.28
連続不審火(姫路市)	17.2.7
JR芦屋駅ビル火災(芦屋市)	18.4.5
石油ストーブの蓋が外れ火災(加西市)	22.3.30
スクラップから出火(尼崎市東海岸町)	24.1.19
観光バスが出火しトンネル火災(神戸市)	25.5.31
市役所に放火(宝塚市)	25.7.12

◇住宅火災

住宅火災(西宮市)	1.2.13
防衛庁関係の寮放火(伊丹市)	2.1.16
住宅火災(尼崎市)	2.6.21
住宅火災(神戸市長田区)	2.9.3
工場宿舎火災(神戸市兵庫区)	4.2.22
マンション火災(神戸市北区)	4.7.3
作業場火災(神戸市須磨区)	5.11.10
アパート火災(高砂市)	6.5.16
仮設住宅全焼(芦屋市)	7.12.22
住宅火災(伊丹市)	8.7.10
震災仮設住宅全焼(神戸市北区)	8.10.22
住宅火災(豊岡市)	8.12.16
建設会社寮全焼(西宮市)	9.5.26
住宅火災(御津町)	9.11.1
住宅火災(揖保郡御津町)	9.11.1
仮設住宅火災(神戸市東灘区)	9.12.6
仮設住宅火災(尼崎市)	10.1.23
住宅火災(西宮市)	10.1.31
住宅火災(西宮市)	10.2.14
文化住宅火災(尼崎市)	10.2.20
住宅火災(尼崎市)	10.3.3
住宅火災(尼崎市)	10.3.10
住宅火災(太子町)	10.4.11
住宅火災(洲本市)	10.4.26
アパート火災(尼崎市)	10.6.1
団地火災(津名町)	11.2.14
団地火災(神戸市)	11.3.12
住宅火災(宝塚市)	11.8.9
震災復興住宅火災(西宮市)	12.8.18
住宅火災(宝塚市)	14.2.19
住宅火災(宝塚市)	14.3.15
住宅火災(尼崎市)	14.6.7
住宅火災(神戸市)	15.6.2
住宅火災(西宮市)	15.12.19
住宅火災(黒田庄町)	16.1.26
アパート火災(神戸市)	16.2.18
住宅火災(姫路市)	16.8.5
住宅火災(明石市)	17.1.3
住宅火災(姫路市)	17.8.20
住宅火災(神戸市)	17.8.29
住宅火災(尼崎市)	17.11.2
住宅全焼(姫路市)	18.1.4
団地火災(赤穂市)	18.4.7
住宅火災(加古川市)	18.11.11
住宅火災(朝来市)	19.3.10
共同住宅火災(伊丹市)	19.4.28
住宅火災(豊岡市)	19.6.9
住宅火災(猪名川町)	19.10.2
住宅火災(神戸市)	19.11.5
住宅火災(姫路市)	19.12.11
住宅火災(西宮市)	20.4.21

住宅火災(明石市)	20.8.30	ショッピングセンター火災(尼崎市)	21.3.8
住宅火災(姫路市)	20.12.15	ショッピングセンター火災(尼崎市)	21.3.20
住宅火災(加古川市)	21.9.3	市場で火災(尼崎市塚口町)	23.2.18
住宅火災(神戸市)	21.10.13	商店街で火災(尼崎市塚口本町)	24.1.17
住宅火災(豊岡市)	21.11.17	スナックで放火(姫路市)	24.3.3
住宅火災(神戸市)	22.1.28	ホームセンターで火災(明石市)	25.11.13
住宅火災(加西市)	22.4.26	店舗火災(神戸市)	29.2.23
集合住宅で火災(尼崎市)	23.4.8	酒蔵全焼	30.11.8
住宅火災(たつの市)	23.6.9	◇旅館・ホテル火災	
住宅火災(姫路市)	24.1.2	旅館全焼(神戸市兵庫区)	4.3.16
相次ぐ火災	24.1.6—	旅館全焼(赤穂市)	8.4.4
住宅火災(福崎町)	24.9.16	城崎温泉で店舗火災(豊岡市)	27.1.3
住宅火災(加古川市)	25.3.20	有馬温泉で火災(神戸市)	28.11.11
住宅火災(姫路市)	25.7.1	◇学校・病院火災	
住宅火災が相次ぐ(加古川市)	26.1.20	消毒薬から出火、生徒は避難し無事 尼崎の浦風小(尼崎市)	3.6.15
住宅火災が相次ぐ(佐用町)	26.1.20	須磨裕厚病院火災(神戸市須磨区)	5.8.14
県営住宅で火災(神戸市)	26.9.18	女子校でボヤ(宝塚市)	23.11.25
住宅火災(尼崎市)	26.11.21	グラウンドで火災(神戸市)	26.3.24
マンション火災(神戸市)	26.12.6	◇神社・寺院火災	
マンション火災(神戸市)	27.1.20	天理教分教会全焼(揖保郡揖保川町)	9.3.11
アパート火災(神戸市)	27.2.15	天理教分教会火災(西脇市)	14.2.12
住宅火災(西宮市)	27.2.19	重要文化財の神社が火事(姫路市)	24.2.3
住宅火災(多可町)	29.2.6	◇山林火災	
落雷で住宅火災相次ぐ(小野市)	29.6.1	山火事(宝塚市)	2.5.27
住宅火災(姫路市)	30.1.1	乗用車横転炎上(洲本市)	9.1.3
住宅火災(明石市)	30.2.4	山林火災(宝塚市)	14.3.19
マンション火災(尼崎市)	30.5.12	山林放火(赤穂市)	19.4.3
団地火災(加古川市)	30.5.30	山火事(高砂市)	23.1.24
住宅火災(稲美町)	30.11.19	山林火災(赤穂市)	26.5.11
◇店舗・事務所火災		◇ガス中毒事故	
料亭火災(西宮市)	1.4.7	一酸化炭素中毒死(神戸市長田区)	8.3.4
尼崎の長崎屋火災(尼崎市)	2.3.18		
甲子園市場全焼(西宮市)	4.11.20		
高層ビル火災(神戸市中央区)	5.3.8		
今津阪神市場全焼(西宮市)	5.5.30		
倉庫全焼(神戸市長田区)	8.9.18		
テレホンクラブ放火(神戸市)	12.3.2		
店舗火災(尼崎市)	12.3.10		
店舗火災(伊丹市)	17.3.26		
カラオケ店で火災(宝塚市)	19.1.20		
店舗火災(明石市)	19.8.4		

兵庫県

金網ストーブで一酸化炭素中毒(神戸市)	19.2.10
洗浄機の排ガスで一酸化炭素中毒(宍粟市)	20.10.29
工場でCO中毒(尼崎市大浜町)	24.4.15

◇都市ガス等の爆発事故

ガソリンスタンドガス爆発(神戸市灘区)	2.10.14
ガス爆発(芦屋市)	7.3.16
ガスタンク爆発(西脇市)	17.4.4
クリ焼き機爆発(西宮市)	18.8.5
居酒屋でガス爆発(神戸市中央区琴ノ緒町)	24.1.24
ガス管工事で火傷(神戸市)	30.11.5

◇産業災害

工事用囲い倒れ歩行者けが(神戸市中央区)	2.3.12
リサイクル工場爆発(姫路市)	15.6.9
自動車部品が直撃(三木市)	16.10.10
有害物質漏洩(神戸市)	16.11.27
高所作業車が転倒(姫路市)	21.3.5
コンテナから転落(神戸市)	21.10.7
アスベスト被害(尼崎市)	23.11.2
貨物船の船倉で事故(神戸市)	28.10.30
コンテナ火災、長期化(神戸市)	30.9.5
収集車から手(神戸市)	30.9.13

◇工場災害・汚染被害

化学工場爆発(明石市二見町南二見)	2.2.15
鋼管破裂(尼崎市)	2.11.8
ガス発生剤製造工程で爆発(揖保郡揖保川町)	3.6.27
発電所内で作業員死亡(高砂市)	3.9.19
化学工場爆発(加古郡播磨町)	4.1.22
重油タンク爆発(神戸市長田区)	4.9.13
工場全焼(伊丹市)	4.10.29
工場火災(川西市)	5.6.12
工場火災(高砂市)	6.6.18
脱水症状で死亡(加古川市)	7.8.19
工場爆発(姫路市)	13.1.7
重油タンク内に転落(尼崎市)	16.3.19
工場で爆発(神戸市)	17.8.14
海自潜水艦建造中に事故(神戸市)	20.7.9
タンクローリー火災(姫路市)	21.10.24
塩酸移し替え作業でやけど(神戸市)	22.8.17
工場でCO中毒(尼崎市大浜町)	24.4.15
化学工場で爆発(姫路市)	24.9.29
溶鉱炉から溶鉄がこぼれる(加古川市)	26.3.27
化学工場で火災(加古川市)	28.12.24
海自潜水艦整備中に死亡(神戸市)	29.1.23

◇土木・建築現場の災害

重油タンク火災(神戸市長田区)	2.1.27
建設現場で塗料缶落下(川西市)	2.9.27
鉄板落下(川西市)	3.4.25
軌道車衝突(佐用郡佐用町)	4.4.2
工事現場土砂崩れ(神戸市北区)	8.10.4
工事現場トラック突入(美囊郡吉川町)	8.10.22
地下鉄工事現場土砂崩れ(神戸市)	11.4.10
ガスタンク爆発(西脇市)	17.4.4
地下汚水槽点検中に死亡(神戸市)	19.4.20
クレーン倒壊(神戸市)	19.8.25
作業用足場が倒壊(神戸市)	20.8.12
トンネルの掘削工事現場で爆発(養父市)	20.10.11
建設中のごみ処理施設が爆発(姫路市)	22.3.25
ビル解体工事現場の足場が倒壊(神戸市)	26.4.3
橋桁が落下(神戸市)	28.4.22

都道府県別一覧　　　　　　兵庫県

トラックにはねられ死亡 (東灘区)	29.7.25

◇輸送機関の事故

ゴンドラ宙づり(神戸市中央区)	3.12.7
エレベーター落下(神戸市中央区)	6.12.7
リフトのワイヤ外れ転落 (養父市)	20.3.16
駅舎全焼(三木市)	30.3.4

◇列車・電車事故

土木作業車線路に落下(神戸市垂水区)	3.6.1
軌道車衝突(佐用郡佐用町)	4.4.2
東海道線寝台特急・工事用台車衝突(神戸市中央区)	7.4.2
山陽新幹線窓ガラス破損 (神戸市須磨区)	9.1.13
山陽新幹線人身事故(神戸市須磨区)	9.12.22
山陽新幹線保守用車両追突(神戸市)	11.9.27
JR福知山線脱線事故(尼崎市)	17.4.25
回送電車脱線(神戸市)	18.1.22
神戸電鉄脱線(神戸市)	18.2.4
イノシシ親子が特急に衝突	18.9.17
鉄道事故に巻き添え(明石市)	20.9.26
電車にイノシシが衝突(三田市)	21.9.27
新幹線内煙トラブル	22.3.3
ATS作動で緊急停止(尼崎市)	22.10.14
鉄道事故(神戸市)	22.12.17
トンネル内で列車にはねられる(神戸市)	28.9.18
山陽新幹線バッテリー発火事故	30.9.11
新幹線運転見合せ(姫路市)	30.10.19
標識未設置(新温泉町)	30.11.7

◇踏切事故

線路内へトラック突入(揖保郡太子町)	3.10.18
山陽電鉄電車・トラック衝突(明石市)	4.2.5
山陽線新快速・乗用車衝突(高砂市)	4.5.1
東海道線踏切事故(尼崎市)	6.5.13
乗用車・山陽電鉄普通電車衝突(明石市)	8.3.26
阪急電車と乗用車衝突(尼崎市)	17.1.10
踏切で車椅子脱輪(西宮市)	19.3.24
踏切事故(神戸市)	21.1.30
踏切事故(丹波市)	23.12.19
踏切事故(明石市)	24.2.17
踏切事故(川西市)	24.4.16
踏切でトラック立ち往生(高砂市)	25.2.12

◇自動車事故

大型トラック炎上(宝塚市)	2.3.3
ワゴン車中央分離帯に衝突(佐用郡上月町)	2.4.29
中国自動車道多重衝突(加東郡社町)	2.6.9
中国自動車道玉突き事故(西宮市)	2.6.15
玉突き事故(朝来郡朝来町)	2.7.22
ワゴン車ガードレールに衝突(神戸市東灘区)	2.7.29
マイクロバス・大型トラック追突(西宮市)	3.1.13
トラック横転(西宮市)	3.2.7
集団登校児童はねられ負傷(川辺郡猪名川町)	3.2.18
大型トラック・ワゴン車衝突(西宮市)	3.3.7
乗用車・ワゴン車衝突(尼崎市)	3.4.26
玉突き事故(神戸市西区)	3.4.30
玉突き事故(神戸市須磨区)	3.6.28
乗用車支柱に衝突(神戸市東灘区)	3.7.12
乗用車衝突(姫路市飾磨区)	3.7.16
タンクローリー暴走(神戸市兵庫区)	3.7.28
マイクロバス・乗用車衝突(西宮市)	3.8.9

平成災害史事典総索引　　443

兵庫県　都道府県別一覧

トラック追突(佐用郡上月町)	3.8.15
第2神明道路玉突き事故(神戸市西区)	3.10.24
日本交通山陰特急バス・大型トラック追突(美嚢郡吉川町)	4.4.5
乗用車衝突(神戸市西区)	4.7.10
トラック・タクシー衝突(神戸市灘区)	4.8.21
トラック暴走(神戸市灘区)	4.8.31
ワゴン車暴走(神戸市北区)	4.9.10
中国自動車道玉突き事故(川西市)	4.10.8
トレーラー横転炎上(尼崎市)	5.1.26
バス・トラック衝突(神崎郡福崎町)	5.4.2
中国道玉突き事故(西宮市)	5.4.24
乗用車川に転落(神戸市灘区)	5.6.6
名神高速乗用車逆走(西宮市)	5.11.12
高速の切れ目から乗用車転落(神戸市中央区)	7.6.8
山陽道衝突炎上事故(相生市)	7.6.26
トラック・乗用車追突(川西市)	7.8.11
ダンプ・トラック追突(美嚢郡吉川町)	7.9.21
多重衝突(神戸市北区)	7.10.18
タイヤが外れ作業員直撃(川西市)	7.11.9
乗用車踏切遮断機に衝突(小野市)	7.11.14
トラック荷物落下(西宮市)	8.1.9
阪神高速玉突き事故(神戸市東灘区)	8.1.23
トラック鋼材荷崩れ(西宮市)	8.1.25
軽乗用車横転(西宮市)	8.1.28
タンクローリー・西日本JRバス衝突(飾磨郡夢前町)	8.2.2
乗用車電柱に激突(神戸市須磨区)	8.2.4
新神戸トンネル追突事故(神戸市北区)	8.2.5
舞鶴自動車道玉突き事故(多紀郡丹南町)	8.2.10
新神戸トンネル追突事故(神戸市北区)	8.4.24
トラック・乗用車追突(美嚢郡吉川町)	8.5.11
乗用車池に転落(小野市)	8.5.27
ライトバンブロック塀に衝突(龍野市)	8.6.9
山陽自動車道玉突き事故(赤穂市)	8.6.11
乗用車転落(朝来郡和田山町)	8.8.24
ワゴン車・トラック衝突(美方郡村岡町)	8.9.29
工事現場トラック突入(美嚢郡吉川町)	8.10.22
乗用車電柱に衝突(加古川市)	8.11.29
乗用車横転炎上(洲本市)	9.1.3
中鉄観光バス・ダンプカー追突(美方郡温泉町)	9.5.8
中国自動車道玉突き事故(加西市)	9.6.3
乗用車側壁に衝突(神戸市兵庫区)	9.7.8
タンクローリー横転(姫路市)	9.8.25
中国自動車道多重衝突(東条町)	9.10.19
山陽道玉突き事故(相生市)	9.11.30
軽トラック中央分離帯に衝突(西宮市)	10.1.19
タクシー・軽トラック衝突(芦屋市)	10.2.13
トレーラー暴走(神戸市灘区)	10.3.3
軽乗用車・トラック追突(川西市)	10.6.13
乗用車横転(神戸市西区)	10.10.29
乗用車転落(姫路市飾磨区)	10.12.20
ひき逃げ(神戸市)	13.6.7
神戸淡路鳴門自動車道で多重衝突事故(淡路町)	14.7.11
飲酒運転バス運転手が女性をはねる(神戸市)	14.8.28
中国自動車道玉突き事故(伊丹市)	15.1.23
ワゴン車にはねられ死亡(明石市)	15.6.29

兵庫県

事項	日付
軽乗用車と普通電車衝突(尼崎市)	16.4.26
乗用車が電車に衝突(明石市)	16.6.3
トラックと乗用車玉突き(赤穂市)	16.8.7
ゴミ収集車が坂道暴走(神戸市)	16.9.22
中国自動車道で6台玉突き(宝塚市)	16.11.13
阪急電車と乗用車衝突(尼崎市)	17.1.10
路面凍結で37台衝突(神戸市)	17.2.1
軽乗用車とバイク衝突(川西市)	17.3.15
トンネル内でトラックと乗用車接触(宝塚市)	17.6.22
逃走中に衝突・炎上(西脇市)	17.7.19
パトカーに追われ交差点で衝突(神戸市)	17.7.21
トラックが追突(宝塚市)	17.9.8
トラックが乗用車に追突(川西市)	17.12.2
凍結路面でスリップ(神戸市)	17.12.17
大型トラックが陸自車両に衝突(福崎町)	18.2.22
トラック追突(赤穂市)	18.2.23
4台玉突き衝突(神戸市)	18.4.5
横転トラックに衝突(赤穂市)	18.4.11
バス追突(尼崎市)	18.6.1
パトカーがバイクに衝突(芦屋市)	18.6.2
乗用車が竹やぶに転落(神戸市)	18.6.28
ダンプカーが大型トラックに追突(神戸市)	18.8.24
トラックから落ちた鉄箱に追突(西宮市)	18.12.5
乗用車が横転(伊丹市)	19.4.1
乗用車同士が正面衝突(神戸市)	19.4.30
飲酒運転で衝突(尼崎市)	19.6.23
中国道で4台事故(宍粟市)	19.8.4
駐車場から軽乗用車転落(養父市)	20.3.9
軽乗用車全焼(神戸市)	20.6.5
国道で交通事故(赤穂市)	20.8.22
乗用車同士が衝突炎上(姫路市)	20.10.22
タクシーが家に突入(西宮市)	20.12.6
玉突き事故(神戸市)	21.5.2
ドリフト走行中に人をはねる(姫路市)	21.7.23
タンクローリー火災(姫路市)	21.10.24
乗用車が歩行者をはねる(加東市)	21.10.30
トンネル入り口で自動車追突(姫路市)	22.5.4
飲酒運転でひき逃げ(西宮市)	22.5.29
無免許ひき逃げ(尼崎市)	22.8.18
玉突き事故(神戸市)	22.9.5
マヨネーズ散乱で多重事故(加古川市)	22.9.25
川に車転落(神戸市)	23.5.31
トラック追突事故(佐用町)	23.7.20
交通事故(淡路市)	23.8.11
ひき逃げ(伊丹市)	23.11.16
玉突き事故(神戸市)	23.11.30
パトカー追跡中にバイク転倒(芦屋市)	23.12.4
交通事故(加西市)	23.12.10
玉突き事故(伊丹市)	24.1.27
バス事故で塾生徒ら負傷(加西市)	24.4.5
多重衝突事故(宝塚市)	24.5.1
工事作業車にトラックが追突(加古川市東神吉町)	24.7.10
乗用車が海に転落(神戸市中央区新港町)	24.9.24
乗用車とトレーラーが衝突(神戸市垂水区塩屋町)	24.10.26
老人施設送迎車が衝突(明石市)	25.1.15
高速で横転(姫路市)	25.2.2
軽自動車横転(川西市)	25.5.4

兵庫県　　　　都道府県別一覧

事故	日付
観光バスが出火しトンネル火災(神戸市)	25.5.31
トラック・乗用車玉突き事故(神戸市)	25.6.18
ワゴン車が衝突(加東市)	25.7.7
乗用車が暴走(西宮市)	25.8.6
バイパスで車衝突(姫路市)	25.9.2
ワゴン車壁衝突(養父市)	25.9.2
乗用車とパトカーが衝突(丹波市)	26.4.13
4台が絡む多重事故(神戸市)	27.2.23
ワンボックスカーとマイクロバスが衝突(宍粟市)	27.3.29
横断歩道で乗用車にはねられる(宝塚市)	27.6.25
乗用車同士が正面衝突(西宮市)	27.7.31
14台が絡む多重事故(加西市)	28.2.9
乗用車が歩道を暴走(神戸市)	28.5.3
玉突き事故(神戸市)	28.7.14
歩行者4人が乗用車にはねられる(神戸市)	28.7.23
小学生の列にタクシーが突っ込む(加古川市)	28.8.27
軽乗用車が逆走(淡路市)	28.11.29
登校児童の列に軽乗用車突入(姫路市)	29.1.17
乗用車が大破炎上(神戸市)	29.3.30
観光バスと乗用車が衝突(神戸市)	29.5.15
トラックにはねられ死亡(東灘区)	29.7.25
折れた枝がバイクに落下(尼崎市)	29.9.29
2人乗り自転車、軽乗用車と衝突(宝塚市)	29.12.16
玉突き事故で親子死亡(加古川市)	30.10.25

◇船舶事故・遭難

事故	日付
高速艇防波堤に激突(津名郡津名町)	1.2.2
高速艇岸壁に衝突	1.2.8
水上バイク衝突(明石市沖)	2.8.19
カーフェリー火災(明石市)	12.2.28
プレジャーボートから転落(明石市)	12.7.9
競艇で衝突(尼崎市)	16.3.28
水上バイク爆発(神戸市)	16.4.11
タグボート沈没(神戸市)	16.7.22
漁船転覆(香美町沖)	17.4.9
漁船が貨物船と衝突(淡路市)	17.7.23
プレジャーボート衝突(明石市)	18.5.3
漁船転覆(姫路市)	19.2.21
3隻玉突き衝突(神戸市)	20.3.5
フェリーと漁船衝突(淡路市)	20.6.20
強風でフェリーあおられる(神戸市)	21.1.12
コンテナ船の係留ロープ切断(神戸市)	21.3.20
ヨット転覆(西宮市)	21.11.2
砂利運搬船が沈没(姫路市)	21.11.28
貨物船衝突で沈没	22.3.28
コンテナ船、居眠り操舵で事故(神戸市)	23.8.19
漁船が転覆(洲本市)	24.8.29
押し船転覆(洲本市)	25.5.27
タンカー同士が衝突(姫路市)	26.3.26
タンカーが爆発炎上(姫路市)	26.5.29
漁獲物運搬船と漁船が衝突(姫路市)	27.6.15
プレジャーボートが防波堤に衝突(西宮市)	27.7.25
砂利運搬船と貨物船が衝突(姫路市)	28.7.15
貨物船の船倉で事故(神戸市)	28.10.30
空港シャトル船衝突(神戸市)	29.7.26
明石沖でフェリーが立往生(明石市)	30.3.18

◇航空機事故

事故	日付
阪急航空ヘリコプター墜落(美方郡村)	3.8.5
ヘリコプター墜落(西淡町)	13.6.5

都道府県別一覧　　　　　　　　兵庫県

パラグライダー墜落(青垣町)	16.3.27
小型機墜落(南淡町)	16.9.20
小型機墜落(豊岡市)	17.4.21
パラグライダー墜落(養父市)	17.6.26
グライダー墜落(豊岡市)	18.5.3
ヘリ墜落(豊岡市)	21.7.20
小型機が胴体着陸(神戸市)	22.8.23
小型機立ち往生(神戸市)	23.8.30
航空機エンジン火災	25.5.6
車輪格納不可で引き返し(伊丹市)	25.8.23
小型機墜落(相生市)	29.7.11

◇エレベーター・エスカレーターの事故

地下鉄駅でエレベーター事故(神戸市)	18.6.20
エレベーターから転落(姫路市)	21.2.25
エスカレーター事故(神戸市須磨区潮見台町)	24.4.14

◇公害

高濃度ダイオキシン検出(千種町)	10.4.

◇放射能汚染被害

被災地産牛肉を偽装の疑い(伊丹市)	24.4.13

◇医療・衛生災害

救急搬送遅れ死亡(姫路市)	19.12.6
ヒブ接種後に幼児死亡	23.3.4

◇伝染病流行

コレラ感染(西宮市)	2.4.29
神戸大学で結核集団感染(神戸市)	12.10.6
結核感染(神戸市)	13.12.-
耐性緑膿菌院内感染(神戸市)	19.9.-
新型インフル、国内での初感染	21.5.16

◇食品衛生・食品事故

食中毒(神戸市西区)	2.10.4
病院でサルモネラ菌食中毒(姫路市)	11.8.9-
生肉でE型肝炎感染	15.7.31
食品異物混入(神戸市)	17.10.4
ハンバーガーに釣り針混入(姫路市)	20.2.25
飲料に殺虫成分混入(神戸市)	20.6.21
キャンディにゴム手袋が混入	20.7.27-
こんにゃくゼリーで1歳児窒息死	20.7.29
ダイエット食品に劇薬(尼崎市)	21.1.30
給食からカドミウム検出	22.2.13
毒キノコで食中毒	22.10.18
タマネギ産地偽装(南あわじ市)	24.6.18
豆アジにフグの稚魚混入	25.5.10
酒造会社が不適切表示(神戸市)	25.11.11

◇集団食中毒

ホテルで食中毒(神戸市)	16.12.18
ボート選手集団食中毒(神戸市)	18.5.20
大学の宿泊施設で食中毒(三田市)	18.5.27-
旅館で食中毒(神戸市)	18.7.22
サッカー合宿で食中毒(上郡町)	20.7.30
ホテル食堂で食中毒(神戸市)	20.9.3-
学生寮で集団食中毒(西宮市)	21.7.10
バラフエダイで食中毒(宝塚市)	21.12.12
甲子園観戦の野球部員が食中毒(西宮市)	22.8.10
ノロウイルスで集団食中毒(神戸市)	22.12.25
ノロウイルス集団感染(神戸市)	27.12.18

平成災害史事典総索引　447

兵庫県　都道府県別一覧

宿泊施設で食中毒(南あわじ市)　30.12.25

◇薬害・医療事故

B型肝炎院内感染(加古川市)　11.2.28－
MRSA集団感染(神戸市)　11.7.
流行性結膜炎院内感染(神戸市)　12.6.5－
調整弁ミスで患者が酸欠死(神戸市)　12.10.21
点滴薬を誤投与(神戸市)　15.10.9
管挿入ミスで乳幼児死亡(神戸市)　15.11.19
医療器具誤用(西宮市)　16.11.13
温タオルで火傷しひざ下切断(尼崎市)　16.11.28
カテーテルで血管損傷(神戸市)　16.11.30
呼吸器チューブ外れ死亡(三木市)　17.4.14
栄養剤注入ミスで患者死亡(神戸市)　17.11.
心臓を傷つけ患者死亡(神戸市)　18.8.2
耐性緑膿菌院内感染(神戸市)　19.9.－
寝たきりの患者が骨折(佐用町)　21.3.21
術後の吸入で医療ミス(神戸市)　23.7.20
誤投与で乳児の足指壊死(神戸市)　25.6.28
無資格でレントゲン撮影(神戸市)　25.11.7
アラーム気付かず72分間放置(洲本市)　26.4.22
手術用ドリル片を放置(加古川市)　27.2.20
生体肝移植で死亡が相次ぐ(神戸市)　27.4.14
無痛分娩の母子死亡(神戸市)　27.9.
B型肝炎に院内感染か(神戸市)　28.2.17

◇山岳遭難

登山道で転落(養父市)　17.4.30
登山者滑落(養父市)　17.11.17
登山者が転落(養父市)　21.8.23
滑落死(姫路市)　25.1.5

◇軍隊・軍事基地の事故

大型トラックが陸自車両に衝突(福崎町)　18.2.22
海自潜水艦整備中に死亡(神戸市)　29.1.23

◇機雷・不発弾の爆発

不発弾処理(神戸市)　19.3.4

◇製品事故・管理不備

石油ストーブの蓋が外れ火災(加西市)　22.3.30
コメ産地偽装(神戸市)　24.11.22
遊具倒れ女児重傷(姫路市)　30.11.10

◇その他の災害

爆発事故(神戸市兵庫区)　1.4.18
防衛庁関係の寮放火(伊丹市)　2.1.16
積荷のワイヤ落下(神戸市東灘区)　2.7.18
ダイバー死亡(神戸市垂水区)　2.10.27
電話ケーブル損傷(尼崎市)　3.3.18
エレベーター落下(神戸市中央区)　6.12.7
高速の切れ目から乗用車転落(神戸市中央区)　7.6.8
脱水症状で死亡(加古川市)　7.8.19
隕石民家直撃(神戸市)　11.9.26
淡路花博で滑り台横転　12.8.27
明石歩道橋圧死事故(明石市)　13.7.21
人工砂浜陥没(明石市)　13.12.30
卓球台に挟まれ死亡(神戸市)　16.5.14
大学で異臭騒動(西宮市)　16.6.15
観覧車点検中に挟まれ死亡(神戸市)　17.6.9
地下溝で爆発(伊丹市)　17.12.19
ウオータージャンプで着水失敗(養父市)　18.6.14
クリ焼き機爆発(西宮市)　18.8.5

都道府県別一覧　　　　　　　　奈良県

石灯ろう倒壊(西宮市)	19.1.10
アーチェリーの矢刺さり重傷(神戸市)	20.4.28
コースター事故(姫路市)	20.4.29
突風で祭りの看板落下(神戸市)	20.5.18
頭にバーベルが落下(芦屋市)	20.6.3
道路に張られた糸で軽傷(加古川市)	20.9.30
ベランダから転落(西宮市)	21.2.8
受け身練習で柔道部員死亡(姫路市)	21.7.25
ビニールハウス倒壊(豊岡市)	22.1.7
ベッドで跳びはね女児転落(姫路市)	22.5.3
校舎から転落して女児死亡(篠山市)	22.6.2
林間学校で出窓から転落(養父市)	22.7.23
マンション屋上から転落(神戸市)	22.10.10
天窓破り転落(南あわじ市)	22.12.12
震災がれき処理で中皮腫か(明石市)	24.7.6
地車の下敷きになり死亡(南あわじ市)	25.4.7
ジェットコースター事故(神戸市)	25.5.17
やり投の練習中に事故(尼崎市)	26.5.7
公園の遊具で死亡事故(神戸市)	26.8.6
神社の例大祭で事故(三田市)	26.10.5
ロープウェイ鉄塔から転落(神戸市)	27.2.18
マンションから転落(西宮市)	28.8.4
川に転落して死亡(宝塚市)	28.9.20

【奈良県】

◇気象災害

渇水でダム貯水率低下(宇陀郡室生村)	12.9.1
渇水	14.7.5
落雷(奈良市)	18.4.2
車内で熱中症、男児死亡(奈良市)	29.7.24

◇豪雨(台風を除く)

大雨	23.6.20
豪雨	29.9.12

◇地変災害

増水で道路崩れる(奈良市)	3.3.23

◇地震・津波

地震	17.12.28
地震	23.7.24
地震	23.9.16
地震	25.12.15

◇地滑り・土砂崩れ

ゴルフ場建設現場土砂崩れ(吉野郡吉野町)	3.1.12
土砂崩れ(上北山村)	19.1.30
古墳で崩落(明日香村)	21.8.11
土砂崩れ(東吉野村)	24.3.2

◇動植物災害

カラスが感電しケーブルカー停止(生駒市)	16.7.11
鳥インフルエンザ(五條市)	23.2.28

◇一般火災

火災(大和高田市)	8.3.23
製材所火災(桜井市)	8.8.21
マンション駐輪場火災(奈良市)	9.6.7
トンネル内で衝突事故(川上村)	28.8.16
繁殖施設火災(葛城市)	30.12.28

◇住宅火災

住宅火災(奈良市)	7.6.14
住宅火災(大和郡山市)	8.1.10
住宅火災(奈良市)	10.2.19
住宅火災(御所市)	10.4.6
住宅火災(奈良市)	10.12.10
住宅火災(橿原市)	10.12.22

奈良県

住宅火災(菟田野町)	14.3.12
マンション火災(奈良市)	17.3.29
住宅火災(奈良市)	17.12.18
住宅火災(奈良市)	17.12.23
住宅全焼(高取町)	18.11.15
住宅全焼(高取町)	18.11.15
住宅火災(天理市)	19.4.10
住宅火災(奈良市)	21.1.7
住宅火災(奈良市)	23.5.24
住宅火災(宇陀市)	25.2.9
住宅火災(御所市)	26.7.30
住宅火災(橿原市)	26.9.2
住宅火災(生駒市)	27.3.26
住宅火災(葛城市)	27.8.15
住宅火災(奈良市)	29.2.15
豪雨	29.9.12

◇店舗・事務所火災

倉庫火災(橿原市)	8.8.23
土産物店火災(吉野町)	13.7.2
倉庫火災(大和郡山市)	30.11.5

◇旅館・ホテル火災

旅館全焼(奈良市)	4.12.28
旅館全焼(吉野郡十津川村)	5.8.13

◇学校・病院火災

県立城内高校火災(大和郡山市)	9.1.12

◇神社・寺院火災

橿原神宮神楽殿焼失(橿原市)	5.2.4
アジサイ寺火災(大和郡山市)	5.5.15
連続寺院放火	11.1.16–
天益寺火災(大宇陀町)	11.1.31
天理教分教会全焼(大和高田市)	18.7.14
国宝の拝殿に放火(天理市)	21.3.12

◇山林火災

春日山原始林火災(春日野町)	15.5.23

◇ガス中毒事故

ガス爆発(磯城郡田原本町)	8.9.15
僧堂で一酸化炭素中毒(田原本町)	17.1.22

◇産業災害

井戸水から発がん性物質検出(北葛城郡王寺町)	14.8.26
ダムの試験貯水で道路・民家に亀裂(吉野郡川上村)	15.8.1

◇工場災害・汚染被害

ゴム工場が全焼(生駒郡斑鳩町)	8.8.26
工場火災(大和郡山市)	20.12.2
リサイクル工場で事故が相次ぐ	28.8.2

◇土木・建築現場の災害

ゴルフ場建設現場土砂崩れ(吉野郡吉野町)	3.1.12

◇列車・電車事故

近鉄電車脱線(生駒郡平群町)	3.12.29
鉄道事故(王寺町)	25.3.22

◇踏切事故

ダンプカー・桜井線電車衝突(天理市)	1.11.7
桜井線電車・トラック衝突(大和高田市)	2.10.30
桜井線電車・マイクロバス衝突(天理市)	4.2.10
桜井線電車・軽乗用車衝突(天理市)	8.2.24
軽乗用車・近鉄大阪線特急衝突(香芝市)	8.4.15
近鉄大阪線人身事故(橿原市)	10.3.11
自転車・関西線快速電車衝突(奈良市)	10.11.7
軽自動車が踏切で柱に衝突(香芝市)	25.4.15

◇自動車事故

阪奈道路玉突き事故(奈良市)	2.10.31
乗用車分岐壁に激突(山辺郡山添村)	3.5.9

都道府県別一覧　　　　　　　奈良県

パトカー・乗用車衝突(生駒市)	4.1.8
阪奈道スリップ事故(生駒市)	5.6.23
多重衝突事故(天理市)	6.4.16
乗用車接触され川に転落(生駒市)	7.7.1
住宅火災(高市)	7.11.3
乗用車・トラック衝突(大和郡山市)	8.2.6
西名阪自動車道玉突き事故(天理市)	8.11.9
西名阪自動車道玉突き事故(天理市)	8.12.18
西名阪道追突事故(大和郡山市)	9.3.24
名阪国道玉突き衝突(天理市)	10.8.8
大型トレーラー・トラック追突(都祁村)	10.11.2
玉突き衝突(天理市)	12.12.8
トラック横転衝突事故(天理市)	16.3.22
バイクと乗用車衝突(上牧町)	17.8.18
名阪国道で玉突き事故(奈良市)	18.7.14
路線バスとワゴン車衝突(奈良市)	18.11.24
酒気帯び運転で衝突(橿原市)	19.2.4
トラックの鉄扉が直撃(大和郡山市)	19.7.2
トンネル内で正面衝突(曽爾村)	20.1.19
ペダル踏み間違えて事故(天理市)	22.5.3
スーパーに乗用車が衝突(奈良市)	22.5.28
小学生がはねられ死亡(橿原市)	22.8.20
路線バス水路に転落(大和郡山市)	23.11.17
飲酒運転(斑鳩町)	24.7.19
パッカー車とバイク衝突(田原本町)	25.5.17
タクシー客が転落(葛城市)	25.12.13
高速道路で正面衝突(五條市)	26.4.27
バスにはねられ死亡(奈良市)	26.12.2
乗用車が欄干に衝突(明日香村)	27.8.27
トンネル内で衝突事故(川上村)	28.8.16
積雪で8台絡む事故(生駒市)	30.2.12
バイク事故で死亡(奈良市)	30.8.31
バスと車が接触事故(奈良市)	30.12.11

◇航空機事故

ヘリコプター墜落(吉野郡川上村)	5.6.5
防災ヘリ墜落	11.7.13
小型機墜落(山添村)	29.8.14

◇エレベーター・エスカレーターの事故

エレベーター事故(香芝市)	23.9.18

◇公害

井戸水から発がん性物質検出(北葛城郡王寺町)	14.8.26

◇医療・衛生災害

国内で回帰熱を確認	22.11.6

◇伝染病流行

ノロウイルス感染(桜井市)	25.1.3-

◇食品衛生・食品事故

保育園でO-157集団感染(生駒市)	13.7.31
無洗米にステンレス片混入	18.10.27-
和牛偽装の成型肉にアレルギー物質(奈良市)	25.11.2

◇集団食中毒

少年刑務所で食中毒(奈良市)	16.7.31
O157で死亡(安堵町)	19.7.21
栽培したイモを食べ腹痛(奈良市)	21.7.16

和歌山県　　都道府県別一覧

ホテルで集団食中毒(大和高田市)　21.8.11

◇薬害・医療事故
結核集団感染(当麻町)　14.2.-
不要手術で死亡(大和郡山市)　21.9.9
除細動器が作動せず死亡(大和郡山市)　21.12.8
偽ED薬で意識障害　23.4.26

◇山岳遭難
登山者滑落(下北山村)　18.5.13
登山中川に転落(天川村)　20.4.12
山中で滑落死(下北山村)　22.1.5
合宿の中学生ら遭難(東吉野村)　24.8.13

◇製品事故・管理不備
箱型ブランコでけが(五條市)　16.9.20
除細動器が作動せず死亡(大和郡山市)　21.12.8

◇その他の災害
釣り人滝つぼに転落(十津川村)　10.5.31
水酸化ナトリウム混入事件　11.12.7
無許可工事で古墳破壊(御所市)　21.11.1-
古墳内で崩落(橿原市)　25.1.15
川遊び中に水死(五條市)　26.7.6
川に流され死亡(五條市)　27.5.2

【和歌山県】

◇気象災害
熱中症(和歌山市)　16.7.21
竜巻(串本町)　18.3.28
落雷で住宅全焼(田辺市)　18.11.11
落雷で鉄道トラブル(橋本市)　19.7.30
乱気流　21.11.19
熱中症　25.8.11
突風(串本町)　25.9.15
路面凍結でスリップ事故多発(橋本市、かつらぎ町)　26.12.15

拘置所で熱中症(和歌山市)　27.7.31

◇台風
ウメ、台風で被害　23.6.1

◇豪雨(台風を除く)
雷雨　18.9.6
豪雨　21.7.7
豪雨(和歌山市)　21.11.11
大雨　23.6.20
増水の川で流される(古座川町)　24.7.20
豪雨　29.9.12

◇地震・津波
群発地震　7.6.6-
地震　7.12.22
地震　11.3.25
地震　11.11.3
地震　12.4.15
地震　12.12.20
地震　13.2.5
地震　13.3.23
地震　13.8.10
地震　13.10.15
地震　14.1.4
地震　14.2.4
地震　15.3.23
地震　15.8.6
地震　19.10.14
地震で津波到達　21.1.4
地震　23.2.21
地震　23.5.10
地震　23.5.12
地震　23.7.5
地震(日高川町)　23.8.10
地震　23.9.16
地震　23.10.8
地震　25.1.5
地震　25.6.8
地震　25.8.30
地震　27.4.13
地震　28.11.19
地震　29.8.26
地震　29.9.27

◇地滑り・土砂崩れ
　工事現場土砂崩れ(東牟婁郡古座川町)　8.10.5
　土砂崩れ(高野町)　15.2.24
　岩が崩落し民家直撃(和歌山市)　17.3.4
　土砂崩れ(上富田町)　18.7.6

◇動植物災害
　寄生虫で養殖マダイ大量死(串本町)　15.12.13
　猟犬に噛まれて死亡(田辺市)　28.10.19

◇一般火災
　駅前商店街火災(新宮市)　6.8.8
　製鉄所で火災(和歌山市)　21.2.6
　タンカー火災(白浜町)　23.12.17
　観覧車で火災(白浜町)　28.11.29

◇住宅火災
　住宅全焼(和歌山市)　3.11.10
　住宅火災(和歌山市)　8.2.3
　団地火災(岩出町)　10.4.6
　住宅全焼(和歌山市)　12.2.16
　住宅火災(海南市)　13.2.21
　住宅火災(岩出町)　17.12.16
　落雷で住宅全焼(田辺市)　18.11.11
　住宅でガス爆発(和歌山市)　19.7.29
　住宅火災(和歌山市)　21.3.29
　住宅火災(岩出町)　23.6.18
　住宅火災(御坊市)　28.12.5
　豪雨　29.9.12
　棟割り長屋火災(橋本市)　29.10.29

◇店舗・事務所火災
　飲食店火災(和歌山市)　17.5.29

◇学校・病院火災
　和歌山県立医大付属病院火災(和歌山市)　9.3.18

◇神社・寺院火災
　宿坊寺院火災(伊都郡高野町)　4.2.12
　観音寺本堂全焼(橋本市)　5.6.26
　上池院宿坊火災(高野町)　15.4.4

◇山林火災
　山林火災(御坊市)　22.11.16

◇ガス中毒事故
　一酸化炭素中毒(有田郡湯浅町)　4.2.10
　一酸化炭素中毒(有田市)　12.3.25
　硫化水素中毒(和歌山市)　12.6.22
　化学工場でガス中毒(和歌山市)　16.12.13
　ラーメン店で一酸化炭素中毒(和歌山市)　20.7.31

◇都市ガス等の爆発事故
　ボンベ爆発(西牟婁郡串本町)　4.8.13
　ガス爆発(伊都郡高野町)　5.5.23
　住宅でガス爆発(和歌山市)　19.7.29

◇工場災害・汚染被害
　油槽所タンク爆発(和歌山市)　1.7.10
　住金工場火災(和歌山市)　2.5.26
　溶けたはがね流出(和歌山市)　2.8.16
　東燃工場火災(有田市)　2.8.17
　家具工場全焼(和歌山市)　3.2.21
　化学工場火災(和歌山市)　13.7.27
　製鉄所で火災(和歌山市)　21.2.6
　石油工場火災(有田市)　29.1.22

◇土木・建築現場の災害
　工事現場土砂崩れ(東牟婁郡古座川町)　8.10.5
　建設中の橋の下敷きで死亡(上富田町)　18.12.13

◇列車・電車事故
　線路上の丸太で脱線(海南市)　16.6.2
　踏切で工事車両が故障(和歌山市)　23.7.8
　列車にはねられ男児死亡(和歌山市)　24.5.30
　駅で停電(和歌山市)　25.6.26

◇踏切事故
　トラック紀勢線架線接触(田辺市)　3.1.19

和歌山県　　　都道府県別一覧

トレーラー・和歌山線電車衝突(伊都郡かつらぎ町)	3.2.16

◇自動車事故

乗用車川に転落(和歌山市)	2.3.5
乗用車転落(西牟婁郡中辺路町)	2.11.4
高速道乗用車逆走(海南市)	3.9.15
乗用車中央分離帯に激突(和歌山市)	4.2.9
多重衝突(和歌山市)	5.12.18
ワゴン車・大型トラック衝突(伊都郡かつらぎ町)	6.6.4
乗用車正面衝突(日高郡印南町)	8.1.13
クレーン車暴走(和歌山市)	8.7.8
大型トラック・軽乗用車衝突(伊都郡高野口町)	9.2.12
乗用車電柱に激突(伊都郡かつらぎ町)	9.10.4
乗用車・ダンプカー衝突(和歌山市)	10.2.28
軽乗用車母子をはねる(海南市)	10.5.4
乗用車同士衝突(和歌山市)	16.9.13
乗用車逆走しトラックと衝突(海南市)	16.10.9
トラックと乗用車衝突(印南町)	17.4.1
ガソリンスタンドに乗用車衝突(岩出市)	18.9.3
乗用車同士が正面衝突(有田川町)	19.1.4
4トンの鉄製容器がトラック直撃(岩出市)	19.11.19
ワゴン車がガードレールに衝突(すさみ町)	21.3.2
ひき逃げ(白浜町)	22.8.16
ひき逃げ(和歌山市)	23.12.17
飲酒運転(串本町)	23.12.31
相次ぐ小学生の交通事故	24.4.7-
マイクロバスが柱に衝突(海南市)	25.3.9
軽乗用車が葬儀場に突入(有田町)	25.3.16
路上の油で事故が相次ぐ	26.8.23
軽乗用車とタクシーが衝突(岩出市)	26.11.30
路面凍結でスリップ事故多発(橋本市,かつらぎ町)	26.12.15
乗用車がスーパーに突っ込む(白浜町)	27.2.11
4歳児が軽乗用車にはねられる(紀の川市)	28.7.1
乗用車、歩行者をはねる(和歌山市)	29.4.18

◇船舶事故・遭難

フェリー・貨物船衝突(串本町沖)	1.2.14
ボート沈没(有田市)	10.8.1
貨物船・タンカー衝突(有田市)	13.7.14
漁業調査船沈没(串本町潮岬沖)	15.3.14
押し船遭難(美浜町)	15.12.27
タンカーと漁船衝突(和歌山市)	16.2.25
釣り船が衝突(和歌山市)	16.12.30
タンカー同士衝突(串本町)	17.7.14
漁船から転落(串本町)	17.12.16
水先案内人が転落死(和歌山市)	18.1.23
客船沈没	18.9.2
貨物船同士が衝突	19.4.7
引き船が行方不明に(白浜町)	21.1.12
遊漁船から転落	23.4.5
貨物船と漁船が接触(由良町)	26.1.17

◇航空機事故

乱気流スチュワーデスけが(海南市上空)	2.10.26
超軽量機墜落(那賀郡桃山町)	4.6.27
小型機が山中で墜落(白浜町)	17.3.2
乱気流	21.11.19

◇公害

高濃度ダイオキシン検出(橋本市)	12.5.31

都道府県別一覧　　　　　中国地方

ダイオキシン無害化(橋本市)　13.5.10
断熱材用粉末にアスベスト(和歌山市)　22.7.27

◇伝染病流行
　寄生虫で養殖マダイ大量死(串本町)　15.12.13
　看護師が結核を発症(和歌山市)　28.9.20

◇食品衛生・食品事故
　給食で産地偽装(田辺市)　21.2.5
　老健施設でノロウイルス集団感染(田辺市)　26.1.25

◇集団食中毒
　小学生らノロウイルス感染(日高町)　16.5.20−
　ノロウイルス院内感染(有田市)　20.1.7−
　学校給食でノロ感染(御坊市, 日高川町)　29.1.25−
　マラソン大会で食中毒(新宮市)　30.11.18

◇薬害・医療事故
　カテーテルで心臓血管を傷つける(橋本市)　11.4.
　ノロウイルス院内感染(有田市)　20.1.7−
　ノロ院内感染が相次ぐ(県上富田町)　26.1.24

◇製品事故・管理不備
　トンネルの側壁が落下(橋本市)　25.1.3

◇その他の災害
　パチンコ店で客将棋倒し(御坊市)　8.12.23
　和歌山毒物カレー事件(和歌山市)　10.7.25
　走行中の車に発砲　17.9.26
　少年が写真館店主を殺害(高野町)　18.4.24
　水道管からドジョウ(湯浅町)　19.11.−

盲学校寄宿舎で入浴中事故(和歌山市)　21.10.16
海難事故(串本町)　23.2.22
猿と間違え発砲　23.6.26
漂白剤で中毒(和歌山市)　23.7.16
ゴムボートから転落した男児が死亡(広川町)　26.8.15
水難事故が相次ぐ(和歌山市)　27.7.25
海水浴中に溺死(有田市)　28.8.11
水難事故が相次ぐ(紀美野町)　28.8.14
点検中の波浪計爆発(和歌山市)　29.2.21
カワウ駆除で死亡(岩出市)　30.5.4
橋脚傾き通行止め(橋本市)　30.11.2

【中国地方】

◇気象災害
　西日本荒天　3.6.27
　落雷で新幹線停止　19.8.19
　強風　20.2.23
　落雷・大雨　20.12.5
　強風　25.3.10
　強風と大雪　28.1.19

◇台風
　台風22号　1.9.19−
　台風21号　2.10.8
　台風17号　3.9.12−
　台風11号　4.8.6−
　台風7号　5.8.10
　台風13号　5.9.3
　台風10号　10.10.17−
　台風13号　18.9.16−
　台風・大雨　25.6.19

◇豪雨(台風を除く)
　大雨　7.6.30−
　大雨　11.6.29−
　豪雨　17.7.1
　豪雨　17.7.3
　平成18年7月豪雨　18.7.15−
　中国・九州北部豪雨　21.7.19−
　西日本集中豪雨　22.7.
　台風・大雨　25.6.19

平成災害史事典総索引　455

鳥取県　　　　　　都道府県別一覧

大雨で住宅浸水相次ぐ　25.6.26
大雨　25.7.15
大雨　25.7.28−
大雨　25.8.25
大雨　25.9.4
大雨　26.8.5
◇豪雪
　大雪　24.1.23−
◇地震・津波
　地震　3.8.28
　地震　6.2.13
　阪神・淡路大震災　7.1.17
　地震　8.2.7
　地震　8.12.3
　地震　9.3.26
　地震　9.6.25
　地震　10.5.23
　地震　11.4.17
　地震　11.10.30
　地震　12.6.8
　地震　12.10.8
　地震　12.11.4
　地震　13.1.12
　地震　13.1.22
　芸予地震　13.3.24
　地震　13.4.3
　地震　14.3.6
　地震　14.9.16
　地震　16.9.21
　地震　17.2.14
　地震　17.3.8
　地震　17.5.27
　地震　17.7.28
　地震　18.6.12
　地震　18.9.26
　地震　19.4.26
　地震　19.5.13
　地震　19.10.14
　地震　20.3.8
　地震　20.5.2
　地震　26.3.14
　地震　26.3.22
　地震　27.2.6
　鳥取県中部地震　28.10.21
◇地滑り・土砂崩れ
　平成18年7月豪雨　18.7.15−
　中国・九州北部豪雨　21.7.19−
　大雨　25.7.15
　大雨　25.7.28−
　大雨　25.9.4
　大雨　26.8.5
◇列車・電車事故
　落雷で新幹線停止　19.8.19
◇食品衛生・食品事故
　弁当などに中国米混入　25.9.30
◇製品事故・管理不備
　異物混入　22.8.31
◇その他の災害
　酸性霧　1.この年
　西日本荒天　3.6.27

【鳥取県】

◇気象災害
　ハウス内で熱中症か(倉吉市)　24.4.28
　強風で自転車転倒(江府町)　25.4.6
◇台風
　台風24号　25.10.9
◇豪雪
　除雪機に挟まれ死亡(南部町)　29.1.23
　大雪で死者相次ぐ(鳥取市)　29.2.11−
　雪の重みで漁船沈没　29.2.13
　雪かき中、用水路に転落(八頭町)　29.2.15
◇地震・津波
　鳥取県西部地震　12.10.6
　地震　12.12.19
　地震　12.12.20

地震	13.2.11		◇列車・電車事故	
地震	13.3.30		電車にはねられ保線作業	
地震	14.10.24		員死亡(江府町)	18.1.24
地震(湯梨浜町)	27.10.17		◇自動車事故	
地震	27.12.14		登校中にはねられ死亡(八	
鳥取県中部地震	28.10.21		頭郡船岡町)	3.11.2
◇地滑り・土砂崩れ			登校の列に車突入(米子市)	3.12.9
土砂崩れ(東伯郡三朝町)	2.7.31		観光バス・大型トラック衝	
下水道工事現場土砂崩れ			突(東伯郡三朝町)	4.3.16
(日野郡日南町)	8.1.25		観光バス・乗用車衝突(八	
土砂崩れ(鳥取市)	8.3.17		頭郡若桜町)	5.3.28
採石残土で川をせき止め			観光バス・軽トラック衝突	
(八頭郡智頭町)	14.1.25		(米子市)	5.10.10
◇雪崩			マイクロバス横転(西伯郡	
スキー場で雪崩(江府町)	22.12.31		名和町)	6.10.3
◇動植物災害			ライトバン・4輪駆動車衝	
サメ出没(白兎海水浴場沖)	13.8.		突(日野郡溝口町)	8.1.3
放獣作業中にクマに噛ま			小型バス転落(八頭郡智頭町)	8.9.17
れる(八頭町)	28.6.27		乗用車・ダンプカー衝突	
◇住宅火災			(八頭郡郡家町)	8.10.16
住宅火災(倉吉市)	6.4.2		ワゴン車・大型トラック衝	
住宅火災(鳥取市)	8.8.15		突(八頭郡河原町)	9.6.28
アパート火災(鳥取市)	14.9.14		軽乗用車街路灯に衝突(米	
住宅火災(米子市)	23.1.9		子市)	9.10.5
住宅火災(鳥取市)	26.10.11		乗用車がトラックと正面	
住宅火災(北栄町)	27.6.18		衝突(八東町)	16.8.11
住宅火災(倉吉市)	28.5.22		崩れた角材がトラック直	
◇学校・病院火災			撃(鳥取市)	17.10.28
小学校給食室火災(岩美町)	19.6.20		衝突事故(伯耆町)	22.2.14
◇ガス中毒事故			乗用車が海に転落(岩美町)	25.1.19
一酸化炭素中毒死(大山)	7.1.1		軽乗用車同士が正面衝突	
◇土木・建築現場の災害			(伯耆町)	26.5.11
下水道工事現場土砂崩れ			乗用車と軽乗用車が衝突	
(日野郡日南町)	8.1.25		(鳥取市)	27.8.4
工事現場で鉄筋落下(東伯			◇船舶事故・遭難	
郡泊村)	11.6.15		漁船2隻転覆・不明(琴浦町)	20.1.29
◇輸送機関の事故			練習船衝突・沈没	20.10.8
強風で自転車転倒(江府町)	25.4.6		雪の重みで漁船沈没	29.2.13
			◇航空機事故	
			小型機墜落(鳥取市)	2.11.17
			◇エレベーター・エスカレーターの	

島根県

事故
　昇降用リフトから車いす
　　転落(鳥取市)　　　　24.7.21

◇放射能汚染被害
　腐葉土からセシウム検出　23.7.27

◇伝染病流行
　インフル集団感染(鳥取市)　25.1.21−

◇食品衛生・食品事故
　生肉でE型肝炎感染　　　15.7.31
　養殖アワビに感染症(湯梨
　　浜町)　　　　　　　　23.3.4

◇集団食中毒
　給食でノロウイルス感染
　　(鳥取市)　　　　　　19.1.26

◇薬害・医療事故
　病院で結核集団感染(取手
　　市)　　　　　　　　　15.9.24

◇山岳遭難
　遭難・滑落(若桜町)　　16.5.3
　登山者遭難(大山町)　　20.1.15
　大山で登山者が遭難　　26.3.10

◇製品事故・管理不備
　乾燥機に閉じ込められ死
　　亡(鳥取市)　　　　　21.3.22

◇その他の災害
　信号弾が暴発(西伯郡淀江町)　3.6.22
　花火暴発(日野町)　　　15.8.16
　ハンマー直撃(北栄町)　19.5.31
　高校女子寮から転落(米子
　　市)　　　　　　　　　21.6.23
　海難事故相次ぐ(岩美町)　29.8.11
　水難事故相次ぐ(鳥取市)　29.8.14
　高波にさらわれ死亡(鳥取
　　市)　　　　　　　　　30.12.10

【島根県】

◇気象災害
　旅客機に落雷　　　　　3.1.27

　熱帯夜の記録更新(松江市)　22.8.26
　突風被害(出雲市松寄下町)　24.2.1
　強風でシジミ漁船が転覆
　　(松江市)　　　　　　26.4.4

◇台風
　台風24号　　　　　　25.10.9

◇豪雨(台風を除く)
　山口島根豪雨　　　　　25.7.28
　豪雨　　　　　　　　　25.8.24
　豪雨　　　　　　　　　29.7.5

◇地変災害
　ため池あふれ避難(松江市)　16.9.16
　落石が軽乗用車を直撃(邑
　　南町)　　　　　　　　28.5.4

◇地震・津波
　地震　　　　　　　　　13.2.11
　地震　　　　　　　　　14.1.24
　地震　　　　　　　　　14.10.23
　地震　　　　　　　　　15.4.2
　地震　　　　　　　　　30.4.9

◇地滑り・土砂崩れ
　山口島根豪雨　　　　　25.7.28
　豪雨　　　　　　　　　25.8.24

◇動植物災害
　毒蛇海岸に漂着　　　　8.1.4−
　オウム病発症(松江市)　13.12.−
　鳥インフル検出(安来市)　22.11.29
　マダニによる感染　　　25.1.
　クマに襲われ重傷(浜田市)　28.6.15

◇一般火災
　火災(安来市)　　　　　4.6.11
　乗用車・大型トレーラー衝
　　突(益田市)　　　　　4.9.4

◇住宅火災
　住宅火災(那賀郡旭町)　8.1.28
　住宅火災(玉湯町)　　　13.5.9
　住宅火災(安来市)　　　29.4.24
　住宅火災(松江市)　　　30.9.28

島根県

◇学校・病院火災
　松江記念病院火災(松江市)　　8.2.3
　リコール未修理給湯器出
　　火(斐川町)　　　　　　　　18.8.21
◇神社・寺院火災
　隠岐国分寺全焼(隠岐の島町)　19.2.25
◇ガス中毒事故
　一酸化炭素中毒(浜田市)　　　8.5.28
　排水溝から硫化水素(松江
　　市)　　　　　　　　　　　20.5.28
◇自動車事故
　乗用車電柱に衝突(鹿足郡
　　日原町)　　　　　　　　　　2.9.1
　中国自動車道玉突き事故
　　(鹿足郡六日市)　　　　　　4.2.22
　乗用車・大型トレーラー衝
　　突(益田市)　　　　　　　　4.9.4
　軽乗用車・乗用車衝突(大
　　田市)　　　　　　　　　　　9.7.7
　乗用車緑地帯に激突(浜田
　　市)　　　　　　　　　　　　9.9.28
　ダンプカーに軽乗用車が
　　衝突(益田市)　　　　　　　16.4.27
　集団登校の列に暴走車(出
　　雲市)　　　　　　　　　　17.11.22
　乗用車とトラック衝突(雲
　　南市)　　　　　　　　　　18.2.3
　乗用車同士が衝突(大田市)　19.12.22
　トラックが暴走(松江市)　　21.12.12
　玉突き事故(益田市)　　　　25.10.16
　落石が軽乗用車を直撃(邑
　　南町)　　　　　　　　　　28.5.4
　登校の列に軽トラ突入(益
　　田市)　　　　　　　　　　29.1.30
◇船舶事故・遭難
　ナホトカ号重油流失事故
　　(隠岐島沖)　　　　　　　　9.1.2−
　貨物船沈没・重油流出　　　14.3.31
　渡し船・防波堤に衝突(西
　　ノ島町)　　　　　　　　　14.6.8
　漁船転覆　　　　　　　　　15.12.15
　漁船衝突(大田市)　　　　　16.4.11
　瀬渡船が防波堤に衝突(浜
　　田市)　　　　　　　　　　18.10.14
　漁船から転落　　　　　　　23.5.29
　漁船転覆(浜田市)　　　　　23.12.22
　強風でシジミ漁船が転覆
　　(松江市)　　　　　　　　　26.4.4
　中国船籍漁船が沈没　　　　26.9.30
　漁船が転覆(浜田市)　　　　26.12.24
　漁船転覆(松江市)　　　　　28.12.14
◇航空機事故
　旅客機に落雷　　　　　　　　3.1.27
　航空自衛隊輸送機墜落(隠
　　岐島沖)　　　　　　　　　12.6.28
　乱気流でけが人　　　　　　24.8.21
　水上飛行機墜落(松江市)　　29.4.15
◇公害
　ナホトカ号重油流失事故
　　(隠岐島沖)　　　　　　　　9.1.2−
◇医療・衛生災害
　野鳥死骸からインフル陽
　　性(松江市)　　　　　　　　23.11.10
◇伝染病流行
　オウム病発症(松江市)　　　13.12.−
◇食品衛生・食品事故
　集団食中毒　　　　　　　　　2.9.7
　給食に包丁破片が混入(吉
　　賀町)　　　　　　　　　　24.4.14
◇集団食中毒
　刑務所で食中毒(松江市)　　17.10.1
◇薬害・医療事故
　人工呼吸器誤って止め患
　　者死亡(松江市)　　　　　　12.1.22
　採血針使い回し(益田市)　　20.3.28−
◇軍隊・軍事基地の事故
　航空自衛隊輸送機墜落(隠
　　岐島沖)　　　　　　　　　12.6.28
　米軍機衝撃波で民家破損
　　(邑智郡桜江町)　　　　　　13.3.22

岡山県　都道府県別一覧

◇製品事故・管理不備
　リコール未修理給湯器出火(斐川町)　18.8.21

◇その他の災害
　信号弾暴発(浜田市)　12.4.1
　幼稚園で遊具に挟まれ死亡(益田市)　13.1.19
　貨物船積荷流出(大田市沖)　15.11.22
　水難事故相次ぐ　29.8.14

【岡山県】

◇気象災害
　ダウンバースト現象(岡山市)　3.6.27
　落雷(井原市)　13.8.4
　突風でコースター停止(倉敷市)　16.3.27
　突風でパネル飛ばされ(鏡野町)　22.7.6
　熱中症　25.7.10

◇台風
　豪雨(美作市)　21.8.9
　台風9号　21.8.10

◇豪雨(台風を除く)
　落雷で住宅火災相次ぐ(矢掛町)　29.6.1

◇地変災害
　落石事故(久米郡久米町)　8.5.5
　岡山県で地盤沈下(川北郡備中町)　11.4.1

◇地滑り・土砂崩れ
　土砂崩れ(倉敷市)　8.9.15
　採石工場崩落(総社市)　13.3.12
　JR津山線脱線事故(岡山市)　18.11.19
　豪雨(美作市)　21.8.9

◇動植物災害
　猟犬が児童襲う(備前市)　20.11.15
　マダニによる感染　25.1.
　鳥インフルエンザ(笠岡市)　27.1.15

　鳥インフルエンザ(笠岡市)　27.1.15

◇一般火災
　乗用車炎上(津山市)　1.3.30
　貨物船スタージャスミン号火災(倉敷市)　4.11.19
　アーケード街火災(岡山市)　8.10.11
　金山寺の本堂が全焼(岡山市)　24.12.24

◇住宅火災
　住宅火災(岡山市)　3.10.20
　タンクローリー民家に突入(邑久郡長船町)　5.1.25
　住宅火災(高梁市)　8.12.5
　住宅火災(山陽町)　10.12.12
　住宅火災(倉敷市)　10.12.12
　住宅火災(岡山市)　17.3.9
　住宅火災(岡山市)　19.3.13
　住宅火災(倉敷市)　20.12.8
　元会社寮で火災(岡山市)　21.2.5
　住宅火災(新見市)　21.11.9
　住宅火災(和気町)　22.12.12
　住宅火災(総社市)　23.2.26
　住宅火災(倉敷市)　23.6.28
　住宅火災(倉敷市)　25.9.8
　住宅火災(岡山市)　27.2.14
　住宅火災(倉敷市)　29.1.28
　住宅火災(真庭市)　29.4.5
　落雷で住宅火災相次ぐ(矢掛町)　29.6.1
　住宅火災(倉敷市)　30.2.22
　住宅火災(井原市)　30.2.27
　住宅火災(倉敷市)　30.9.12
　住宅火災(吉備中央町)　30.10.13

◇学校・病院火災
　川崎医大病院火事(倉敷市)　9.1.20
　学校の調理室から出火(倉敷市)　30.10.29

◇神社・寺院火災
　妙覚寺火災(御津町)　15.8.26

◇山林火災
　山火事(玉野市)　16.4.29

山林火災　　　　　　　　23.8.9

◇ガス中毒事故
　タンカーからガス漏れ(岡山市)　　　　　　　　17.4.8

◇産業災害
　採石工場崩落(総社市)　13.3.12
　精錬会社銅転炉で内壁崩落(玉野市)　　　　14.7.25
　ガスタンク無届けで補修(倉敷市)　　　　　24.7.13

◇工場災害・汚染被害
　日本鉱業水島製油所プラント爆発(倉敷市)　　 1.3.6
　カネボウ綿糸工場火災(岡山市)　　　　　　　 2.11.2
　ガソリン塔炎噴出(倉敷市)　　3.5.16
　ガス残留缶プレスで爆発(岡山市)　　　　　　 9.6.10
　製鉄所でガス漏れ(倉敷市)　17.1.24
　化学工場で爆発(岡山市)　　17.9.9
　れんが崩落(真庭市)　　　　19.12.24
　エネルギー会社で虚偽記録(倉敷市)　　　　　23.2.17
　製鉄所で火災(倉敷市)　　　27.4.18
　アルミ工場火災(総社市)　　30.7.6

◇土木・建築現場の災害
　海底トンネル事故(倉敷市)　24.2.7

◇輸送機関の事故
　ゴンドラ転落(岡山市)　　　 3.9.11

◇列車・電車事故
　山陽新幹線トンネルでモルタル片落下(笠岡市)　14.10.28
　山陽新幹線で居眠り運転　　15.2.26
　JR津山線脱線事故(岡山市)　18.11.19
　線路ではねられ男児死亡(岡山市)　　　　　　29.2.22

◇踏切事故
　山陽線列車・トラック衝突(浅口郡里庄町)　　 5.12.26

　踏切でトラック立ち往生(高梁市)　　　　　　19.8.24
　踏切でトラックと列車が衝突(倉敷市)　　　　27.2.13

◇自動車事故
　乗用車炎上(津山市)　　　　 1.3.30
　中国道玉突き事故(津山市)　 2.5.3
　大型トラック・ワゴン車衝突(阿哲郡哲西町)　 2.6.15
　乗用車がけ下に転落(川上郡川上町)　　　　　 2.8.17
　乗用車・大型トラック衝突(新見市)　　　　　 3.1.7
　マイクロバス・乗用車衝突(久米郡久米町)　　 3.6.15
　タンクローリー民家に突入(邑久郡長船町)　　 5.1.25
　観光バス・乗用車衝突(岡山市)　　　　　　　 5.6.28
　歩道に暴走車(井原市)　　　 5.8.21
　山陽道多重衝突事故(赤磐郡山陽町)　　　　　 5.12.19
　盗難車追突事故(浅口郡里庄町)　　　　　　　 6.2.18
　トラック横転(赤磐郡熊山町)　6.10.28
　山陽自動車道乗用車逆走(岡山市)　　　　　　 6.11.26
　トラック・トレーラー追突(笠岡市)　　　　　 7.6.14
　広島バス・大型トラック追突(吉備郡真備町)　 8.3.25
　落石事故(久米郡久米町)　　 8.5.5
　トラック・幼稚園バス正面衝突(津山市)　　　 8.10.23
　軽乗用車・大型トラック衝突(岡山市)　　　　 9.3.25
　トラックなど5台玉突き(瀬戸町)　　　　　　16.5.7
　認知症の74歳が山陽道逆走(倉敷市)　　　　　19.11.22
　トラックが乗用車と衝突(倉敷市)　　　　　　20.12.29
　トラックがパトカーに追突(岡山市)　　　　　22.2.15
　通学バスがクレーン車と衝突(新見市)　　　　23.2.7

バイクと車が衝突(津山市)	23.8.10
スクールバスが急停止(美咲町)	23.9.6
小学生の列に車(津山市)	23.10.17
相次ぐ追突事故(浅口市金光町)	24.2.3
バスとトラック追突(倉敷市)	24.4.9
トラックなど玉突き衝突(笠岡市)	24.7.20
電柱に乗用車が衝突(美作市)	25.5.3
坂道で乗用車が後退(高梁市)	25.6.22
玉突き事故(高梁市)	25.9.15
サーキットでバイク転倒(美作市)	29.4.24
タイヤ落下事故(津山市)	29.10.18
乗用車同士が衝突(岡山市)	29.10.19
集団下校の児童に車突っ込む(赤磐市)	30.1.30
追突事故で幼児死亡(美作市)	30.9.15

◇船舶事故・遭難
貨物船スタージャスミン号火災(倉敷市)	4.11.19
貨物船が防波堤に衝突(倉敷市)	30.11.8

◇航空機事故
軽飛行機墜落(久米郡柵原町)	13.8.16
バードストライク、滑走路閉鎖(桃太郎空港)	30.11.7

◇公害
ダイオキシン検出(中央町)	10.この年

◇食品衛生・食品事故
大学で飲料に毒物混入	20.5.20
毒キノコで食中毒	22.10.18

◇集団食中毒
O157で死亡(倉敷市)	16.4.21
合同合宿で食中毒(岡山市)	16.5.1–

◇薬害・医療事故
薬剤過剰投与で患者死亡(岡山市)	13.4.14
ツベルクリン注射で後遺症(倉敷市)	14.4.
レジオネラ菌感染(岡山市)	15.2.18
栄養管肺に誤挿入(勝央町)	19.8.27

◇軍隊・軍事基地の事故
米軍機の振動で土蔵倒壊か(津山市)	23.3.2

◇製品事故・管理不備
ゴンドラ落下(倉敷市)	30.9.24

◇その他の災害
花火爆発(加茂川町)	12.10.15
岡山突き落とし殺人(岡山市)	20.3.25
鍾乳洞増水で出られず(新見市)	22.6.26
ビニールハウス内で事故(倉敷市)	23.11.23
用水路で水難事故(岡山市)	24.6.24

【広島県】

◇気象災害
運動会で熱中症(広島市)	28.9.27
突風被害相次ぐ(広島市)	29.4.29
体育祭で熱中症(広島市)	30.7.20

◇台風
台風24号	25.10.9

◇豪雨(台風を除く)
集中豪雨(呉市)	14.8.11
広島土砂災害(広島市)	26.8.19
豪雨	29.7.5

◇豪雪
日本海側で大雪	23.1.30

◇地変災害
福塩線普通列車落石に衝突(府中市)	8.12.4

◇地震・津波
　地震　　　　　　　　　　　　11.7.16
　地震　　　　　　　　　　　　22.4.17
　地震　　　　　　　　　　　　23.11.21
　地震　　　　　　　　　　　　27.7.13

◇地滑り・土砂崩れ
　土砂崩れ(豊田郡安浦町)　　　3.7.4
　土砂崩れ(東広島市)　　　　　21.7.25
　広島土砂災害(広島市)　　　　26.8.19
　土砂崩れで列車が脱線(三
　　次市)　　　　　　　　　　28.7.14
　駐車場陥没(福山市)　　　　　30.10.2

◇動植物災害
　マダニによる感染　　　　　　25.1.

◇一般火災
　郵便車炎上(広島市安佐北区)　1.7.13
　乗用車炎上(呉市)　　　　　　5.2.3
　区役所放火(広島市)　　　　　12.2.13
　連続放火事件(東広島市)　　　19.1.2
　東広島山陽道トンネル火
　　災(東広島市)　　　　　　　28.3.17

◇住宅火災
　住宅火災(呉市)　　　　　　　2.7.18
　住宅火災(福山市)　　　　　　4.2.8
　一酸化炭素中毒(広島市西区)　7.12.29
　住宅火災(広島市安芸区)　　　8.4.2
　住宅火災(広島市安佐北区)　　9.4.10
　住宅火災(広島市中区)　　　　9.6.18
　住宅火災(神石町)　　　　　　9.9.27
　住宅火災(呉市)　　　　　　　15.10.11
　住宅火災(広島市)　　　　　　16.1.26
　住宅火災(福山市)　　　　　　17.5.17
　住宅火災(広島市)　　　　　　17.12.30
　アパート火災(広島市)　　　　18.12.12
　住宅火災(福山市)　　　　　　20.12.25
　マンション火災(広島市)　　　21.11.23
　住宅火災(福山市)　　　　　　22.5.6
　住宅火災(庄原市)　　　　　　23.2.18
　住宅火災(呉市)　　　　　　　23.11.9
　住宅火災(広島市)　　　　　　26.12.20
　マンション火災(広島市)　　　27.2.20
　マンション火災(広島市)　　　27.4.24
　住宅火災(尾道市)　　　　　　27.5.19
　住宅火災(東広島市)　　　　　28.9.22
　アパート火災(福山市)　　　　28.11.30
　住宅火災(北広島町)　　　　　29.4.19
　住宅火災(尾道市)　　　　　　29.9.9
　住宅火災(江田島市)　　　　　30.4.19

◇店舗・事務所火災
　版画工房全焼(沼隈郡沼隈町)　6.2.8
　倉庫火災(呉市)　　　　　　　21.4.15
　雑居ビル火災(広島市)　　　　27.10.8

◇旅館・ホテル火災
　ホテル火災(広島市中区)　　　5.2.6
　旅館全焼(広島市)　　　　　　18.2.12
　ホテル火災(福山市西桜町)　　24.5.13

◇学校・病院火災
　広島大で火災(広島市南区)　　3.11.11

◇山林火災
　山火事(高田郡吉田町)　　　　5.4.17
　山林火災(豊田郡瀬戸田町)　　12.8.30
　森林火災(瀬戸田町)　　　　　16.2.14
　山林火災(福山市)　　　　　　18.1.12

◇ガス中毒事故
　実験中にガス噴出(福山市)　　5.5.17
　一酸化炭素中毒(広島市西区)　7.12.29
　住宅で一酸化炭素中毒(広
　　島市)　　　　　　　　　　16.12.25
　理科実験中にガス発生(大
　　竹市)　　　　　　　　　　29.5.2

◇都市ガス等の爆発事故
　ガス爆発(広島市中区)　　　　8.12.26

◇産業災害
　建造中のタンカー爆発(能
　　美町)　　　　　　　　　　15.11.4
　工場ドックで転落(呉市)　　　16.7.5
　銭湯で作業中に死亡(広島
　　市)　　　　　　　　　　　22.10.3

広島県

◇工場災害・汚染被害
- 実験中にガス噴出(福山市) 5.5.17
- 工場火災(広島市) 16.12.15

◇土木・建築現場の災害
- 広島新交通システム工事現場橋げた落下(広島市安佐南区) 3.3.14
- 工事現場でコンクリート崩落(広島市) 16.10.26
- 台船作業員が海中に転落(呉市) 18.11.15
- 橋の足場破断で転落(広島市) 20.1.18
- 砕石場で土砂崩れ(福山市) 29.10.26

◇輸送機関の事故
- ロープウエー事故(宮島町) 16.5.6

◇列車・電車事故
- 土砂崩れ(豊田郡安浦町) 3.7.4
- 路面電車・ダンプ衝突(広島市西区) 5.10.8
- 福塩線普通列車落石に衝突(府中市) 8.12.4
- 鉄道トラブル(広島市) 22.10.29
- 土砂崩れで列車が脱線(三次市) 28.7.14

◇踏切事故
- 踏切事故(福山市) 21.4.19
- 踏切で女児死亡(福山市) 30.9.27

◇自動車事故
- 郵便車炎上(広島市安佐北区) 1.7.13
- 乗用車石垣に激突(三原市) 3.8.6
- トレーラー・ワゴン車衝突(福山市) 3.9.29
- マイクロバス・乗用車衝突(山県郡戸河内町) 4.6.7
- 中国自動車道玉突き事故(三次市) 4.8.12
- 乗用車炎上(呉市) 5.2.3
- 路面電車・ダンプ衝突(広島市西区) 5.10.8
- 山陽道玉突き事故(豊田郡本郷町) 6.7.8
- 乗用車・ワゴン車衝突(山県郡大朝町) 7.1.3
- 乗用車・軽ワゴン車衝突(御調郡久井町) 7.8.5
- バス横転(広島市安佐北区) 7.11.20
- 広島岩国道路玉突き衝突(佐伯郡大野町) 8.4.9
- 国道2号松永バイパス多重衝突(福山市) 9.9.7
- エアバッグ衝撃で乳児死亡(広島市安佐南区) 9.10.12
- 山陽自動車道多重衝突(福山市) 12.3.4
- 大型観光バス・タンク車正面衝突(広島市) 12.9.8
- 軽乗用車暴走 13.1.21
- 観光バスが乗用車と衝突(瀬戸田町) 16.4.14
- トレーラーがトラックに接触横転(廿日市市) 16.4.21
- タイヤ脱落し車に衝突(竹原市) 16.5.5-
- 大型トラック同士衝突(広島市) 16.6.18
- ワゴン車が分離帯に接触し玉突き(三原市) 17.9.12
- 山陽自動車道で多重衝突(広島市) 18.2.9
- 横転乗用車にトラック追突(三原市) 18.8.21
- バスが追突され横転(三原市) 19.5.8
- カーブで積み荷落下(安芸高田市) 19.8.16
- 乗用車が庭に突入(三原市) 20.12.29
- 通学バスにはねられ死亡(呉市) 21.4.8
- トレーラーが軽トラに追突(広島市) 21.5.7
- トラックが炎上(三原市) 21.12.17
- 正面衝突(世羅町) 22.2.23
- イノシシに衝突(尾道市) 22.12.20
- 飲酒運転で事故(広島市) 23.5.2
- 児童の列に車が突っ込む(福山市藤江町) 23.5.10
- 相次ぐ追突事故(福山市春日町) 24.2.3

都道府県別一覧　　　　　　　　広島県

パトカー追跡の車、自転車をはねる(広島市)　24.7.30
荷台の鉄板落下し乗用車直撃(東広島市河内町)　24.12.25
乗用車横転(安芸太田町)　25.2.21
ひき逃げ(広島市)　25.10.29
ワゴン車が街路樹に衝突(呉市)　26.3.15
乗用車同士が正面衝突(尾道市)　26.12.28
東広島山陽道トンネル火災(東広島市)　28.3.17
路面凍結で衝突事故(三次市)　29.1.14
トラックなど8台絡む事故(三原市)　29.4.17

◇船舶事故・遭難
観光フェリー座礁　16.6.12
貨物船が防波堤に衝突(大崎上島町)　16.9.4
浮き具に水上バイクが衝突(宮島町)　17.8.28
フェリーが桟橋に衝突　17.10.23
台船作業員が海中に転落(呉市)　18.11.15
軽乗用車がフェリーから転落(尾道市)　19.2.15
漁船から転落(尾道市)　25.1.24
海自輸送艦と釣り船が衝突(大竹市)　26.1.15
砂利運搬船と漁船が衝突(呉市)　26.12.18

◇航空機事故
アシアナ航空機滑走路逸脱(三原市)　27.4.14

◇公害
日本化薬工場跡地高濃度汚染(福山市)　3.この年

◇原子力発電所事故
原発点検漏れで運転停止(松江市)　22.3.30

◇医療・衛生災害
救急車が結核患者搬送拒否(福山市)　11.10.
ベッドに首挟まれ死亡(広島市)　20.2.17
入浴施設でレジオネラ菌感染(三原市)　29.3.

◇食品衛生・食品事故
ティラミスで食中毒　2.9.
刑務所で集団食中毒(広島市)　15.4.16—
フグ肝で意識不明(福山市)　22.10.3
毒物混入の予告で麦焼酎回収　25.8.16
中学校でノロ集団感染(広島市)　26.1.24

◇集団食中毒
弁当からノロウイルス(広島市)　24.12.—
集団食中毒(広島市)　24.12.14

◇薬害・医療事故
術後の蘇生処置が遅れて患者寝たきりに(広島市)　12.3.
誤診で乳房切除(広島市)　14.9.3
肺炎球菌院内感染(広島市)　16.5.—
モルヒネを誤投与(広島市)　26.11.18

◇軍隊・軍事基地の事故
海自輸送艦と釣り船が衝突(大竹市)　26.1.15
米軍機火炎弾訓練　29.10.11

◇製品事故・管理不備
銭湯で作業中に死亡(広島市)　22.10.3

◇その他の災害
エアバッグ衝撃で乳児死亡(広島市安佐南区)　9.10.12
ソリ遊びで転落(尾道市)　16.10.11
送水トンネル崩落で断水　18.8.25
商店街で通り魔(広島市)　19.11.30
滑り台に服絡まり死亡(廿日市市)　20.11.20

平成災害史事典総索引　465

山口県　　　都道府県別一覧

無差別連続殺傷事件(広島市)　22.6.22
就活生がハンドル奪う(東広島市)　23.2.26
水難事故(広島市)　23.5.13
用水路で女児死亡(東広島市豊栄町)　24.3.16
小学生が川に流され死亡(大竹市栗谷町)　24.7.16
スキーヤーとスノーボーダーが衝突(北広島町)　28.2.2

【山口県】

◇気象災害

竜巻(阿知須町)　11.8.21
突風で遊漁船転覆(岩国市)　15.7.19
強風でバックネット倒れる(山口市)　22.6.12
熱帯夜の記録更新(山口市)　22.8.26
漁船6隻が転覆(下関市)　27.9.1

◇台風

台風16号　24.9.15

◇豪雨(台風を除く)

豪雨　18.6.25−
豪雨　21.7.21
山口島根豪雨　25.7.28

◇地震・津波

漁船衝突(岩国市)　2.6.7
地震(周防大島町)　22.2.21

◇地滑り・土砂崩れ

豪雨　21.7.21
山口島根豪雨　25.7.28

◇動植物災害

毒蛇海岸に漂着　8.1.4−
ツキノワグマの出没相次ぐ　14.10.23
鳥インフルエンザ(阿武郡阿東町)　15.12.−
鳥インフルエンザ(阿武郡阿東町)　15.12.−
鳥インフルエンザ発生　16.1.12−

鳥インフルエンザ発生　16.1.12−
マダニによる感染　25.1.
鳥インフルエンザが発生(長門市)　26.12.14
鳥インフルエンザが発生(長門市)　26.12.14

◇一般火災

繁華街火災(宇部市)　4.5.13
トラック・ワゴン車追突(厚狭郡山陽町)　4.8.20
商店街火災(柳井市)　4.12.2
木工所全焼(山口市)　5.3.2
商店街火災(柳井市)　9.3.14
ショベルカー全焼(下関市)　9.5.15
タンカー爆発(上関町沖)　15.12.24
JR下関駅放火で在来線不通(下関市)　18.1.7

◇住宅火災

住宅火災(下関市)　4.8.21
住宅火災(下関市)　7.1.13
住宅火災(徳山市)　7.2.4
住宅火災(田万川町)　9.1.6
住宅火災(宇部市)　18.3.4
住宅火災(周防大島町)　27.10.20
住宅火災(阿武町)　30.11.24

◇店舗・事務所火災

店舗火災(豊浦郡豊田町)　4.3.5
大型店全焼(下関市)　4.9.13
店舗火災(柳井市)　6.2.11

◇旅館・ホテル火災

ホテルでボヤ(山口市)　3.5.5

◇神社・寺院火災

サビエル記念堂全焼(山口市)　3.9.5
厳島神社全焼(下関市)　4.6.17
延龍寺本堂全焼(菊川町)　5.9.21
仁壁神社全焼(山口市)　9.3.10

◇ガス中毒事故

化学工場で有毒ガス漏出(新南陽市)　13.6.10

都道府県別一覧　　　　　　　　山口県

貨物船の倉庫で死亡(下関市) 19.4.23
修学旅行先でCO中毒(美祢市) 21.6.2

◇都市ガス等の爆発事故
製パン工場ガス爆発(防府市) 2.6.19
ガス工場で爆発(山陽小野田市) 27.8.5

◇産業災害
希硫酸漏れる(徳山市) 2.8.20

◇工場災害・汚染被害
製パン工場ガス爆発(防府市) 2.6.19
メッキ工場塩酸流出(小野田市) 2.7.23
油圧ポンプ爆発(熊毛郡田布施町) 4.12.7
木工所全焼(山口市) 5.3.2
化学工場で有毒ガス漏出(新南陽市) 13.6.10
化学工場爆発(和木町) 15.11.12
化学工場で爆発(下関市) 21.11.4
化学工場で爆発(周南市) 23.11.13
化学工場で爆発(和木町) 24.4.22
ガス工場で爆発(山陽小野田市) 27.8.5

◇土木・建築現場の災害
工事用橋げたが落下(玖珂郡錦町) 3.11.22
橋げた崩落(下関市) 19.9.18

◇列車・電車事故
山陽新幹線で停電 11.9.24
架線切断で、車両から出火(岩国市) 24.1.5

◇踏切事故
山陽線貨物列車・乗用車衝突(防府市) 2.1.26
山陰線列車・軽乗用車衝突(長門市) 3.2.15

山陽線寝台特急・乗用車衝突(柳井市) 3.6.13
軽ワゴン車・山陽線特急衝突(宇部市) 7.12.22

◇自動車事故
乗用車・大型トラック衝突(徳山市) 2.2.20
中国自動車道多重衝突(下関市) 2.7.12
マイクロバス転落(豊浦郡豊田町) 2.10.24
トラック横転(下関市) 2.12.21
中国道多重衝突(玖珂郡錦町) 2.12.27
中国道多重衝突(佐波郡徳地町) 2.12.29
乗用車・ライトバン衝突(豊浦郡菊川町) 3.1.4
ワゴン車・乗用車衝突(山口市) 3.1.26
トラック・軽ライトバン衝突(徳山市) 3.2.10
中国自動車道多重衝突(美祢市) 3.7.16
トラック転落(熊毛郡熊毛町) 3.7.27
乗用車衝突(光市) 3.9.22
トラック4重衝突(下関市) 3.10.2
中学生はねられ負傷(防府市) 3.10.9
トラック・マイクロバス衝突(徳山市) 3.10.13
中国自動車道乗用車逆走(都濃郡鹿野町) 3.11.2
トラック・大型トレーラー衝突(下関市) 3.12.6
乗用車・大型トラック衝突(下関市) 3.12.28
中国自動車道多重衝突(鹿野町) 4.2.22
歩行者はねられる(下関市) 4.8.13
トラック・ワゴン車追突(厚狭郡山陽町) 4.8.20
マイクロバス横転(美祢市) 4.9.12
山陽道追突事故(防府市) 4.9.17
ワゴン車・大型トラック衝突(宇部市) 5.2.20
トラック暴走(山口市) 5.4.21

平成災害史事典総索引　467

山口県　都道府県別一覧

中国自動車道追突事故(下関市)	5.5.2
乗用車・ワゴン車衝突(小野田市)	5.5.29
トラック追突(下関市)	6.2.8
関門トンネル玉突き事故(下関市)	6.5.29
夜行高速バス・タンクローリー追突(防府市)	6.11.8
軽乗用車ブロック塀に激突(岩国市)	7.1.3
送迎バス横転(岩国市)	7.1.11
乗用車電柱に激突(光市)	7.3.26
山陽道多重事故(光市)	7.3.29
乗用車海に転落(宇部市)	7.5.2
観光バスホテルに衝突(秋芳町)	7.12.25
乗用車欄干に衝突(阿東町)	8.1.3
ワゴン車・大型トラック衝突(防府市)	8.1.4
山陽自動車多重追突(新南陽市)	8.5.2
大型トラック中央分離帯に衝突(徳地町)	8.5.14
バスため池に転落(宇部市)	8.8.18
トラック・乗用車衝突(下関市)	8.11.2
乗用車衝突(岩国市)	9.1.1
西鉄観光バス追突(山口市)	9.6.13
ワゴン車衝突(山口市)	9.8.17
マイクロバス・ワゴン車衝突(油谷町)	9.9.6
阪急バス高速バス・大型トラック追突(菊川町)	10.11.22
山陽自動車道多重衝突(防府市)	13.2.11
中国自動車道路多重衝突(小郡町)	15.8.11
衝突車が歩行者巻き添え(防府市)	16.6.26
盗難プレート車がトラックと衝突(萩市)	18.2.3
立体駐車場で車転落(下関市)	18.11.15
中央道で15台衝突(山陽小野田市)	20.12.29
多重衝突事故(下関市)	23.12.4
高速道で追突事故(美祢市)	25.10.5
6台が絡む多重事故(下松市)	28.5.3

◇船舶事故・遭難

貨物船・タンカー衝突(下関市沖)	1.1.26
フェリー衝突(大島郡東和町)	2.5.4
タンカー衝突(下関市沖)	2.6.28
タンカー護岸に衝突(玖珂郡大畠町)	4.4.25
漁船衝突(萩市)	5.10.14
突風で遊漁船転覆(岩国市)	15.7.19
タンカー爆発(上関町沖)	15.12.24
漁船転覆(防府市)	17.11.22
タンカー座礁で重油流出(周南市)	18.7.14
貨物船と運搬船衝突(下関市)	18.11.17
護衛艦とコンテナ船が衝突(下関市)	21.10.27
修学旅行の客船が座礁(周防大島町)	24.11.14
競艇場の壁にボートが衝突(下関市)	25.11.2
漁船6隻が転覆(下関市)	27.9.1

◇航空機事故

レジャーヘリ不時着(大津郡日置町)	2.1.14
日航ジャンボ外板落下(岩国市)	3.4.11
パラグライダー墜落(橘町)	5.8.29
米軍機墜落(岩国市沖)	9.10.24
海上自衛隊練習機墜落(下関市)	13.9.14
海自訓練機墜落(岩国市)	15.5.21
F15戦闘機が墜落(萩市)	20.9.11
エンジン不調で緊急着陸	25.9.5

◇公害

接着剤海に漏れる(岩国市)	2.5.25
川に工場廃液流出	14.12.6
PM2.5が104マイクログラムに	25.2.23
PM2.5初の注意喚起	25.3.5

都道府県別一覧　　　　　　　　四国地方

◇伝染病流行
　ワクチン副作用で10代死亡　21.12.9
◇食品衛生・食品事故
　食中毒(下関市)　2.6.15
　キノコで食中毒　2.10.7−
　毒物混入の予告で麦焼酎
　　回収　25.8.16
◇薬害・医療事故
　新生児やけどで死亡(岩国
　　市)　1.12.26
　ワクチン副作用で10代死亡　21.12.9
　抗がん剤過剰投与で死亡
　　(下関市)　30.8.10
◇軍隊・軍事基地の事故
　米軍機墜落(岩国市沖)　9.10.24
　米軍戦闘機墜落　11.6.4
　海上自衛隊練習機墜落(下
　　関市)　13.9.14
　海自訓練機墜落(岩国市)　15.5.21
　F15戦闘機が墜落(萩市)　20.9.11
　護衛艦とコンテナ船が衝
　　突(下関市)　21.10.27
◇製品事故・管理不備
　コースター追突(豊浦町)　2.12.24
◇その他の災害
　作業員焼死(下松市)　2.5.15
　実験中フラスコが破裂(宇
　　部市)　3.10.2
　ビニール製アーチ爆発(徳
　　山市)　4.4.24
　ショベルカー全焼(下松市)　9.5.15
　通り魔(下関市)　11.9.29
　連続通り魔(宇部市)　14.8.21
　花火爆発(厚狭郡山陽町)　15.11.8

【四国地方】

◇気象災害
　落雷・大雨　20.12.5
　強風・大雨　25.3.18
　強風と大雪　28.1.19

◇台風
　台風22号　1.9.19−
　台風21号　2.10.8
　台風11号(九州・四国地方)　4.8.6−
　台風7号　5.8.10
　台風13号　5.9.3
　台風10号　10.10.17−
　台風4号　15.5.31
　台風10号　16.8.2
　台風13号　18.9.16−
　台風4号　19.7.13
　台風・大雨　25.6.19
◇豪雨(台風を除く)
　大雨　7.6.30−
　大雨　11.6.29−
　豪雨　13.9.6
　豪雨　16.8.17
　豪雨　17.7.1
　豪雨　17.7.3
　豪雨　19.7.6
　大雨　20.6.28−
　大雨　24.6.21−
　台風・大雨　25.6.19
　大雨　25.9.4
　大雨　28.6.22
◇地震・津波
　地震　3.8.28
　地震　6.4.30
　阪神・淡路大震災　7.1.17
　地震　8.12.3
　地震　9.3.26
　地震　9.6.25
　地震　11.4.17
　地震　11.10.30
　芸予地震　13.3.24
　地震　13.4.3
　地震　15.3.26
　地震　15.8.14
　地震　16.9.21
　地震　17.2.14
　地震　17.3.8
　地震　17.5.27

平成災害史事典総索引　469

徳島県

地震	18.6.12
地震	18.9.26
地震	19.4.26
地震	20.3.8
地震	26.3.14
地震	26.3.22
地震	28.4.21
地震	29.3.2
地震	29.6.25

◇地滑り・土砂崩れ

大雨	25.9.4

◇食品衛生・食品事故

弁当などに中国米混入	25.9.30

◇製品事故・管理不備

異物混入	22.8.31

◇その他の災害

酸性霧	1.この年

【徳島県】

◇気象災害

渇水	19.5.24
竜巻(徳島市)	19.8.29
乱気流	21.11.19

◇台風

台風15号	14.8.―
台風9号	21.8.10

◇豪雪

徳島で大雪(北部)	30.2.13

◇地変災害

落石事故(鳴門市)	2.10.8

◇地震・津波

地震	6.6.17
地震	7.12.22
地震	13.2.8
地震	14.3.11
地震	27.2.6
大阪北部地震	30.6.18

◇地滑り・土砂崩れ

石垣崩れ生き埋め 徳島のダム工事現場で作業員2人が死亡(那賀郡木頭村)	8.2.20
マンション裏山崩れる(徳島市)	12.10.24
落石(上勝町)	15.4.29

◇動植物災害

赤潮で養殖ハマチ大量死(鳴門市)	15.7.
マダニによる感染	25.1.
飼い犬からSFTS感染	29.10.10

◇一般火災

乗用車・大型トラック衝突(鳴門市)	5.2.1

◇住宅火災

住宅火災(板野郡板野町)	2.11.28
住宅火災(徳島市)	5.3.9
住宅火災(徳島市)	8.3.2
住宅火災(徳島市)	8.3.9
住宅火災(阿波郡市)	8.4.22
住宅火災(阿南市)	16.2.11
住宅火災(北島町)	28.3.24
住宅火災(阿南市)	28.6.25
店舗兼住宅火災(徳島市)	29.1.27

◇店舗・事務所火災

店舗兼住宅火災(徳島市)	29.1.27

◇学校・病院火災

総合病院で火災(鳴門市)	23.2.9

◇神社・寺院火災

教会火災(石井町)	17.9.1
重文保有寺院で火災(石井町)	29.3.25

◇山林火災

山林火災(由岐町)	14.8.19

◇ガス中毒事故

一酸化炭素中毒(徳島市)	4.12.4

◇工場災害・汚染被害
　船舶工場ガス爆発(阿南市)　　9.10.27
　樹脂製造工場で爆発(徳島市)　18.2.8

◇土木・建築現場の災害
　石垣崩れ生き埋め 徳島の
　ダム工事現場で作業員2
　人が死亡(那賀郡木頭村)　　8.2.20
　土蔵解体中に倒壊(阿波市)　20.2.10

◇列車・電車事故
　作業員が列車にはねられ
　死亡(つるぎ町)　　　　　17.6.29

◇自動車事故
　スリップ事故(美馬郡穴吹町)　2.1.3
　乗用車衝突(徳島市)　　　　3.12.8
　乗用車・大型トラック衝突
　(鳴門市)　　　　　　　　　5.2.1
　乗用車激突(海部郡海部町)　　6.4.2
　乗用車転落(三好郡東祖谷山
　村)　　　　　　　　　　　9.1.5
　乗用車転落(徳島市)　　　　9.5.8
　乗用車衝突　　　　　　　　13.8.2
　乗用車が大型トラックと
　正面衝突(三加茂町)　　　　16.4.5
　トラックとバスが衝突(牟
　岐町)　　　　　　　　　　22.7.5
　下校の列に乗用車が突っ
　込む(阿波市阿波町)　　　　24.5.7
　ダンプカーにひかれて死
　亡(徳島市)　　　　　　　　27.10.3
　市長運転の車が事故(美馬
　市)　　　　　　　　　　　28.5.5
　「ポケモンGO」プレイ中
　に事故(徳島市)　　　　　　28.8.23
　路面凍結で軽乗用車転落
　(藍住町)　　　　　　　　　29.1.24
　トラックがバスに追突(鳴
　門市)　　　　　　　　　　29.8.25

◇船舶事故・遭難
　漁船同士衝突(阿南市)　　　16.9.20
　貨物船衝突で沈没　　　　　22.3.28
　フェリーで乗客不明(徳島
　市)　　　　　　　　　　　22.9.30

　ボート転覆(鳴門市)　　　　29.11.6

◇航空機事故
　乱気流　　　　　　　　　　21.11.19

◇薬害・医療事故
　栄養チューブ誤挿入(板野
　町)　　　　　　　　　　　19.1.27
　解熱剤と間違え筋弛緩剤
　投与(鳴門市)　　　　　　　20.11.18

◇山岳遭難
　山岳遭難　　　　　　　　　23.10.9

◇製品事故・管理不備
　ベッドと転落防止柵に挟
　まれる　　　　　　　　　　21.10.16

【香川県】

◇気象災害
　やぐら倒壊(坂出市)　　　　2.12.2
　渇水　　　　　　　　　　　19.5.24

◇地変災害
　体育館に落石(丸亀市)　　　5.10.28

◇地震・津波
　地震　　　　　　　　　　　15.12.13

◇動植物災害
　鳥インフルエンザ(さぬき市)　30.1.10

◇住宅火災
　住宅火災(高松市)　　　　　6.12.8
　住宅火災(綾歌郡綾南町)　　7.11.27
　住宅火災(高瀬町)　　　　　10.7.7
　住宅火災(坂出市)　　　　　17.2.3
　空き家全焼(多度津町)　　　20.4.6
　火災(高松市)　　　　　　　22.9.26
　住宅火災(さぬき市)　　　　24.5.28
　住宅火災(宇多津町)　　　　25.4.30

◇店舗・事務所火災
　パチンコ店火災(丸亀市)　　9.11.3
　火災(高松市)　　　　　　　22.9.26
　動物園で火災(東かがわ市)　26.3.28

香川県

◇山林火災
山林火災(高松市)	14.4.3
香川で山林火災(丸亀市)	14.8.20-
山林火災(直島町)	16.1.13
山林火災	23.8.9

◇ガス中毒事故
スケートリンクで一酸化炭素中毒(三木町)	19.2.19
ガス中毒(高松市)	19.6.21

◇産業災害
やぐら倒壊(坂出市)	2.12.2
瀬戸大橋陥没事故(坂出市)	6.5.3
建造中の貨物船爆発(丸亀市)	16.8.26
建造中の貨物船爆発(多度津町)	16.10.12

◇工場災害・汚染被害
東洋紡三本松工場火災(大川郡大内町)	9.2.22
工場の塩素漏れで異臭騒ぎ(坂出市)	18.8.7

◇土木・建築現場の災害
造船所で爆発(丸亀市)	4.8.22
建造中の貨物船爆発(丸亀市)	16.8.26
建造中の貨物船爆発(多度津町)	16.10.12
ガス中毒(高松市)	19.6.21
瀬戸大橋塗装中に転落(坂出市)	20.4.1

◇列車・電車事故
高松琴平電鉄の列車脱線	15.3.5

◇踏切事故
高徳線特急・トラック衝突(高松市)	2.1.8
予讃線快速・トラック接触(坂出市)	5.12.24

◇自動車事故
乗用車海に転落(坂出市)	2.4.5
乗用車海に転落(坂出市)	3.3.26
登校の列に車突入(三豊郡三野町)	3.12.9
乗用車標識鉄柱に激突(仲多度郡仲南町)	7.7.3
乗用車・普通トラック衝突(三豊郡高瀬町)	9.11.2
大型トラック・軽乗用車追突(坂出市)	9.12.20
乗用車同士が衝突(観音寺市)	19.9.15
乗用車が建物に突っ込む(高松市)	21.11.5
トラックが乗用車に追突(高松市)	21.11.30
運転手が意識失う(高松市)	22.2.11
乗用車と高速バスが衝突(さぬき市)	23.8.11
バスと車が衝突(三豊市財田町)	24.4.29
乗用車が横転(観音寺市吉岡町)	24.7.31
乗用車が橋脚に衝突(高松市)	27.1.31
軽乗用車が逆走(さぬき市)	28.2.9
祭りの列にトレーラーが突っ込む(観音寺市)	28.10.8
トラックにはねられ2歳児死亡(坂出市)	29.2.21
軽乗用車など3台衝突(東かがわ市)	29.8.24

◇船舶事故・遭難
貨物船衝突(小豆島沖)	14.6.5
プレジャーボートが漁船と衝突(直島町)	17.9.26
小型船炎上(内海町)	18.1.2
タンカー衝突で重油流出	18.11.28
貨物船と漁船衝突(三豊市)	19.5.7
プレジャーボートなど6隻転覆	20.9.21
貨物船とタンカーが衝突(さぬき市)	22.6.16
作業船が沈没(高松市朝日町)	24.6.23
漁船から漁師転落か	24.11.20
プレジャーボートと海上タクシーが衝突(三豊市)	27.4.18

◇航空機事故
　軽飛行機墜落(三豊郡仁尾町)　6.8.21
　小型飛行機墜落(小豆郡土庄町)　13.3.25
　海保ヘリが墜落(多度津町)　22.8.18
　ヘリ不時着し炎上(東かがわ市)　23.9.22

◇エレベーター・エスカレーターの事故
　エスカレーターで車いす転落(高松市)　29.7.10

◇伝染病流行
　百日ぜき集団感染(三木町)　19.5.24
　院内でインフル集団感染(坂出市)　29.1.10-

◇集団食中毒
　老人福祉施設でO157感染(香川町)　17.10.14-

◇薬害・医療事故
　医療ミスで患者死亡(高松市)　12.7.6
　投薬ミス(木田郡三木町)　12.9.13
　骨折手術で血管損傷(善通寺市)　17.5.27
　体外受精で取り違え(高松市)　21.2.19

◇その他の災害
　鉄塔倒壊事故(坂出市)　10.2.20
　神社の門柱転倒　16.10.13-
　鉄ぶたで圧死(高松市)　17.6.10
　川で死亡事故(さぬき市)　25.9.15
　ため池で水死(三豊市)　27.3.24
　ジェットコースターで事故(丸亀市)　27.6.13
　立ちこぎボード中に水死(東かがわ市)　28.6.26
　「フライボード」で死亡(坂出市)　30.8.26
　祭りの太鼓台倒れる(観音寺市)　30.10.20

【愛媛県】
◇気象災害
　貨物台船押し船沈没(三崎町)　14.1.26
　熱中症(宇和町)　14.8.29
　渇水　14.9.2
　強風でサッカーゴールが倒れる(伊方町)　21.11.2
　事情聴取中に熱中症か(松山市)　24.5.17

◇台風
　橋げた落下(今治市)　10.6.10

◇豪雨(台風を除く)
　大雨　23.6.20
　増水の川で流される(西条市)　24.7.20

◇地震・津波
　地震　13.1.9
　地震　14.3.25
　地震(松野町)　14.4.6
　地震　15.5.31
　地震　18.2.1
　地震　22.4.17
　地震(西予市)　27.7.13
　地震　29.9.19

◇地滑り・土砂崩れ
　土砂崩れ(双海町)　16.6.28
　愚陀仏庵が全壊(松山市)　22.7.12
　巨岩が道路に落下(西条市丹原町)　24.2.19

◇動植物災害
　赤潮発生(津島町)　16.7.22
　迷いクジラ救出中に死亡(宇和島市)　19.3.13
　マダニによる感染　25.1.
　ハチに襲われ死亡(大洲市)　29.9.11

◇一般火災
　タンカー火災(今治市)　2.6.2

愛媛県　　　　　都道府県別一覧

フェリーでトラック炎上（今治市沖）　4.6.3
海上タクシー火災（越智郡関前村沖）　8.9.6
託児施設火災（松山市）　12.1.15
タンカー爆発（長浜町）　16.12.15
製油所タンク火災（今治市）　18.1.17

◇住宅火災
　マンション火災（松山市）　16.1.7
　住宅火災（松前町）　16.12.2
　住宅火災（上島町）　17.1.23
　住宅火災（今治市）　18.2.11
　住宅火災（新居浜市）　19.7.26
　住宅火災（西条市）　23.1.6
　住宅火災（砥部町）　25.12.19
　各地で住宅火災相次ぐ（今治市）　29.1.26-
　住宅火災（西条市）　29.10.28

◇店舗・事務所火災
　「老人憩いの家」全焼（宇和島市）　8.5.20

◇旅館・ホテル火災
　松山の道後温泉街で6棟全半焼　けが人なし（松山市）　3.11.9

◇学校・病院火災
　障がい者施設放火（松野町）　29.3.12

◇神社・寺院火災
　一遍生誕の寺が全焼（松山市）　25.8.10

◇山林火災
　山林火災（宇摩郡土居町）　5.2.14-

◇ガス中毒事故
　化学工場で硫化水素中毒（東予市）　12.7.29
　化学工場で一酸化炭素中毒（松山市）　15.7.9

◇産業災害
　化学工場で一酸化炭素中毒（松山市）　15.7.9

製油所タンク火災（今治市）　18.1.17

◇工場災害・汚染被害
　工場で塩素ガス漏れ（新居浜市）　21.4.15
　工場で砂が崩れ作業員死亡（松山市）　24.7.7

◇土木・建築現場の災害
　工事現場で作業車衝突（今治市）　18.6.6
　クレーンから部品落下（大洲市）　30.11.8

◇踏切事故
　予讃線特急・軽トラック衝突（東宇和郡宇和町）　7.8.13
　鉄道事故（松山市）　22.10.5
　踏切事故で男児死亡（松山市）　26.1.5

◇自動車事故
　軽ワゴン車・大型トラック衝突（周桑郡丹原町）　5.12.25
　松山自動車玉突き事故（周桑郡小松町）　7.1.3
　ライトバン・大型トラック衝突（大洲市）　7.3.31
　乗用車街路樹に衝突（松山市）　7.4.19
　玉突き事故（八幡浜市）　7.4.28
　ワゴン車転落（新居浜市）　8.6.15
　軽トラック・オートバイ衝突（松山市）　8.12.31
　軽ワゴン車・大型トラック衝突（周桑郡丹原町）　9.12.7
　消防車が人身事故（保内町）　16.11.7
　横断中はねられ3人死亡（今治市）　17.2.8
　トンネルで4台玉突き（四国中央市）　19.3.5
　路線バスの運転手が急死（今治市）　21.3.19
　パトカー追跡中に事故（宇和島市）　22.4.29
　多重衝突事故（今治市）　23.7.25

愛媛県

 自転車の列に車突っ込む
  （今治市） 23.9.18
 相次ぐ小学生の交通事故 24.4.7−
 海に乗用車転落(上島町) 25.3.7
 大型バスと乗用車が正面
  衝突(新居浜市) 26.2.15
 乗用車とトラックが衝突
  （四国中央市） 27.11.17
 ワゴン車が歩道に乗り上
  げる(今治市) 28.9.5
 トラック等6台絡める事故(四
  国中央市) 29.2.14

◇船舶事故・遭難
 運搬船沈没(今治市沖) 1.5.2
 タンカー火災(今治市) 2.6.2
 フェリーでトラック炎上
  （今治市沖） 4.6.3
 高速艇衝突(松山市) 5.1.29
 海上タクシー火災(越智郡
  関前村沖) 8.9.6
 貨物船・自動運搬船衝突
  （今治市） 11.6.29
 貨物台船押し船沈没(三崎
  町) 14.1.26
 漁船転覆(北条市) 16.6.18
 タンカー爆発(長浜町) 16.12.15
 貨物船衝突(大洲市) 18.7.15
 漁船転覆(松山市) 19.8.1
 運搬船沈没(愛南町) 19.8.18
 海自艇に漁船が衝突(伊予
  市) 21.10.29
 貨物船と押し船衝突(松山
  市) 24.6.4
 フェリーと貨物船接触 25.1.12
 海上タクシーが炎上(今治
  市) 27.4.12

◇航空機事故
 米軍機墜落(東宇和郡野村町) 1.6.12
 ヘリコプター墜落(温泉郡
  重信町) 3.9.24
 ヘリ不時着事故(松山市) 25.3.16
 小型機着陸失敗(松山市) 25.10.26

◇公害
 倉庫から硝酸ピッチ漏出
  （越智郡玉川町） 15.8.14
◇原子力発電所事故
 原発で蒸気漏れ(伊方町) 22.3.5
 原発の弁が故障(伊方町) 22.3.15
◇食品衛生・食品事故
 集団食中毒(宇摩郡土居町) 11.11.11
 食品に金属混入(西条市) 20.7.−
 ウナギの産地を偽装(伊予
  市) 21.6.10
◇集団食中毒
 病院でノロウイルス集団
  感染(松山市) 29.1.31−
◇薬害・医療事故
 薬剤誤投与で患者死亡(新
  居浜市) 22.1.23
 インフルエンザ院内感染
  （西条市） 27.1.23
 病院でノロウイルス集団
  感染(松山市) 29.1.31−
◇山岳遭難
 山岳救助中に滑落し死亡
  （西条市） 26.9.15
◇軍隊・軍事基地の事故
 米軍機墜落(東宇和郡野村町) 1.6.12
 海自艇に漁船が衝突(伊予
  市) 21.10.29
◇その他の災害
 拳銃暴発(伊方町) 16.10.24
 祭りで重軽傷 19.10.7
 滝つぼで滑落事故(四国中
  央市) 23.8.15
 無届で放射性物質を保管
  （新居浜市） 24.12.19
 川遊び中に水死(西条市) 26.7.12
 ホテルから男児が転落(松
  山市) 27.5.31

高知県

【高知県】

◇気象災害
- 竜巻(高知市)　　　　　　　15.9.12
- 竜巻(土佐清水市)　　　　　18.11.26
- 乱気流　　　　　　　　　　20.10.1
- 熱中症(土佐清水市、高知市)　25.8.12
- 竜巻(宿毛市)　　　　　　　25.9.4
- 突風(香南市、南国市、安芸市、芸西村)　25.12.10
- 突風(室戸市)　　　　　　　27.8.30

◇台風
- 台風5号(高知市)　　　　　　11.7.28-
- 台風15号　　　　　　　　　14.8.-
- 用水路で女性不明(南国市)　　23.9.16

◇豪雨(台風を除く)
- 大雨(室戸市)　　　　　　　11.8.10-
- 大雨　　　　　　　　　　　12.9.1
- 豪雨(土佐市)　　　　　　　13.9.2-
- 大雨　　　　　　　　　　　23.6.20

◇地震・津波
- 地震で津波到達　　　　　　21.1.4
- 地震(室戸市、安田町)　　　　21.7.22
- サモア沖地震で津波観測　　　21.9.30
- 地震(黒潮町)　　　　　　　21.12.16
- 地震　　　　　　　　　　　22.4.17
- 地震　　　　　　　　　　　22.10.6
- 地震　　　　　　　　　　　27.2.6
- 地震　　　　　　　　　　　28.4.21
- 地震　　　　　　　　　　　29.9.19

◇地滑り・土砂崩れ
- 工事現場土砂崩れ(中村市)　　8.7.22
- 大雨(室戸市)　　　　　　　11.8.10-

◇動植物災害
- マダニによる感染　　　　　　25.1.

◇住宅火災
- 住宅火災(宿毛市)　　　　　　8.3.1
- 住宅火災(高知市)　　　　　　16.5.15
- 住宅火災(高知市)　　　　　　17.12.3
- 不審火で住宅全焼(高知市)　　18.2.25
- 住宅火災(南国市)　　　　　　22.7.21
- 住宅火災(宿毛市)　　　　　　29.3.17

◇神社・寺院火災
- 神社火災(香我美町)　　　　　16.1.1

◇ガス中毒事故
- 化学工場爆発(高知市)　　　　14.7.1
- 硫化水素自殺で避難(香南市)　20.4.23

◇工場災害・汚染被害
- 化学工場爆発(高知市)　　　　14.7.1

◇土木・建築現場の災害
- 工事現場土砂崩れ(中村市)　　8.7.22
- 下水道工事で生き埋め(高知市朝倉横町)　24.10.27
- ヘリから生コンが落下(大豊町)　30.10.20

◇列車・電車事故
- 土佐くろしお鉄道列車衝突(大方町)　10.6.11
- 特急が駅舎に突入(宿毛市)　　17.3.2
- 路面電車とトレーラーが衝突(高知市)　24.9.15

◇踏切事故
- 軽トラック・土讃線特急衝突(窪川町)　10.9.11

◇自動車事故
- 乗用車・大型保冷車衝突(高知市)　2.8.15
- ワゴン車・大型トラック衝突(土佐清水市)　3.3.16
- 乗用車転落(土佐郡大川村)　　4.3.16
- 乗用車石垣に衝突(須崎市)　　6.10.3
- ワゴン車川に転落(吾川郡吾川村)　8.1.17
- 乗用車電柱に衝突(吾川郡伊野町)　8.6.3
- 軽乗用車転落(土佐市)　　　　9.4.17
- トラック信号柱に激突(南国市)　9.8.28

乗用車・ライトバン衝突
　　　（土佐市）　　　　　　12.2.11
　　交通事故（香美市）　　　23.11.11
　　ワゴン車が横転（津野町）　24.8.15
　　路面電車とトレーラーが
　　　衝突（高知市）　　　　 24.9.15
◇船舶事故・遭難
　　タンカー沈没（室戸市沖）　1.10.31
　　フェリー座礁
　　　（安芸郡東洋町）　　　 11.7.27
　　貨物船沈没（室戸岬沖）　　13.1.7
　　韓国貨物船沈没（足摺岬沖）13.4.10
　　プレジャーボートが大破
　　　（土佐市）　　　　　　21.11.28
　　火災で漁船が遭難（室戸市）26.3.2
◇航空機事故
　　小型機墜落（吾川郡池川町）6.5.7
　　米軍機墜落（土佐郡土佐町）6.10.14
　　乱気流　　　　　　　　　14.9.27
　　前輪下ろせず胴体着陸　　19.3.13
　　乱気流　　　　　　　　　20.10.1
　　海自飛行艇が大破・水没　27.4.28
　　米海兵隊機が墜落（土佐清
　　　水市）　　　　　　　　 28.12.7
◇公害
　　高濃度ダイオキシン検出　12.10.26
◇伝染病流行
　　学校で結核集団感染（高知
　　　市）　　　　　　　　　11.1.28-
◇薬害・医療事故
　　麻酔ミスで患者死亡　　　14.4.9
　　多剤耐性緑膿菌院内感染
　　　（南国市）　　　　　　 18.1.-
　　抗生物質の誤投与で死亡
　　　（宿毛市）　　　　　　 26.12.26
◇山岳遭難
　　山岳遭難　　　　　　　　23.10.9
◇軍隊・軍事基地の事故
　　米軍機墜落（土佐郡土佐町）6.10.14
　　米軍戦闘機墜落（香美郡夜須
　　　町）　　　　　　　　　11.1.20

　　海自飛行艇が大破・水没　27.4.28
　　米海兵隊機が墜落（土佐清
　　　水市）　　　　　　　　 28.12.7
　　米海兵隊機2機が空中衝突、
　　　墜落　　　　　　　　　30.12.6
◇製品事故・管理不備
　　室内遊具のピンが目に刺
　　　さる　　　　　　　　　22.8.10
◇その他の災害
　　金属バットが当たり死亡
　　　（本山町）　　　　　　 17.5.7
　　花火大会で事故（津野町）　20.8.15
　　室内遊具のピンが目に刺
　　　さる　　　　　　　　　22.8.10
　　水難事故が相次ぐ（南国市）28.8.14
　　海難事故相次ぐ（大月町）　29.8.11

【九州地方】

◇台風
　　台風11号　　　　　　　　1.7.27-
　　台風22号　　　　　　　　1.9.19-
　　台風20号　　　　　　　　2.9.23-
　　台風21号　　　　　　　　2.10.8
　　台風17号　　　　　　　　3.9.12-
　　台風11号（九州・四国地方）4.8.6-
　　台風7号　　　　　　　　 5.8.10
　　台風13号　　　　　　　　5.9.3
　　台風10号　　　　　　　　10.10.17-
　　台風10号　　　　　　　　18.8.18
　　台風13号　　　　　　　　18.9.16-
　　台風4号　　　　　　　　 19.7.13
　　台風・大雨　　　　　　　25.6.19
　　台風12号　　　　　　　　28.9.1
　　台風5号　　　　　　　　 29.8.4-
　　台風22号　　　　　　　　29.10.29
◇豪雨（台風を除く）
　　豪雨　　　　　　　　　　2.6.28-
　　大雨　　　　　　　　　　7.6.30-
　　大雨　　　　　　　　　　11.6.29-
　　豪雨　　　　　　　　　　13.7.6
　　豪雨　　　　　　　　　　13.9.6
　　豪雨　　　　　　　　　　13.10.16

福岡県　　　　　　　都道府県別一覧

九州で豪雨	15.7.19–
豪雨	18.6.25–
平成18年7月豪雨	18.7.15–
豪雨	19.7.6
中国・九州北部豪雨	21.7.19–
西日本集中豪雨	22.7.
大雨	23.6.16
大雨	24.7.3–
九州北部豪雨	24.7.12–
台風・大雨	25.6.19
大雨	25.8.25
大雨	27.6.10
大雨	28.6.20
大雨	28.6.22

◇地震・津波

地震	3.8.28
地震	3.10.28
地震	6.2.13
地震	6.4.30
阪神・淡路大震災	7.1.17
地震	7.10.19
地震	8.9.9
宮崎・日向灘地震	8.10.19
地震	8.12.3
地震	9.1.18
地震	9.3.26
地震	9.4.3
余震	9.4.4
地震	9.5.13
地震	9.6.25
地震	9.7.26
地震	10.5.23
地震	11.1.24
地震	12.6.8
地震	14.11.4
地震	15.3.26
地震	16.11.4
福岡県西方沖地震	17.3.20
地震	17.4.20
地震	17.5.31
地震	17.6.3
地震	18.2.4
地震	18.3.27
地震	18.6.12
地震	18.9.26
地震	20.7.8
地震	26.3.14
熊本地震	28.4.14
地震	29.3.2
地震	29.6.20

◇地滑り・土砂崩れ

平成18年7月豪雨	18.7.15–
中国・九州北部豪雨	21.7.19–

◇動植物災害

キウイフルーツかいよう病の感染拡大	26.5.29

◇船舶事故・遭難

釣り船接触(玄界灘)	2.8.5

◇公害

PM2.5が104マイクログラムに	25.2.23

◇食品衛生・食品事故

弁当にばんそうこう混入	25.4.2
エナジードリンクでカフェイン中毒	27.12.21

◇製品事故・管理不備

異物混入	22.8.31

【福岡県】

◇気象災害

竜巻(北九州市門司区)	2.9.14
落雷で火災(筑後市)	3.7.27
ビル工事現場足場崩れる(福岡市中央区)	3.12.11
渇水	14.10.1
落雷(志摩町)	17.4.3
熱中症	25.7.10

◇台風

台風16号	24.9.15

◇豪雨(台風を除く)
　豪雨でキャンプ場が孤立
　　　(那珂川町)　　　　　　21.7.26
　歩道が陥没(福岡市)　　　　21.8.11
　大雨　　　　　　　　　　　26.8.22
　九州北部豪雨　　　　　　　29.7.5－

◇地変災害
　道路冠水(福岡市)　　　　　5.6.30
　歩道が陥没(福岡市)　　　　21.8.11

◇地震・津波
　地震　　　　　　　　　　　17.4.1
　地震　　　　　　　　　　　17.4.10

◇地滑り・土砂崩れ
　住宅裏で土砂崩れ(北九州
　　市八幡西区)　　　　　　　3.7.4
　がけ崩れ(嘉穂郡庄内町)　　4.3.17
　土砂崩れ(北九州市)　　　　14.7.18
　豪雨でキャンプ場が孤立
　　　(那珂川町)　　　　　　21.7.26

◇動植物災害
　毒蛇海岸に漂着　　　　　　8.1.4－
　カメムシ異常発生　　　　　8.6.－
　鶏舎4棟全焼(三輪町野町)　9.8.9
　JR鹿児島線普通・快速列
　　車追突(宗像市)　　　　　14.2.22
　土佐犬にかまれ死亡(水巻
　　町)　　　　　　　　　　　20.6.23
　バードストライク　　　　　21.8.22
　毒グモ被害(福岡市)　　　　24.9.3

◇一般火災
　火災(北九州市畑区)　　　　1.1.27
　商店街火災(久留米市)　　　1.10.11
　製作所全焼(北九州市八幡西
　　区)　　　　　　　　　　　2.1.16
　製パン所全焼(北九州市小倉
　　北区)　　　　　　　　　　2.3.17
　火災(柳川市)　　　　　　　3.9.12
　作業場火災(粕屋郡粕屋町)　4.3.14
　商店街火災(北九州市戸畑区)4.11.26
　鉄工所火災(福岡市博多区)　4.12.5

　乗用車・トラック衝突(前
　　原市)　　　　　　　　　　5.3.12
　火災(久留米市)　　　　　　5.3.20
　天満宮横丁商店街火災(福
　　岡市中央区)　　　　　　　5.5.23
　団地バイク置き場火災(福
　　岡市中央区)　　　　　　　6.4.6
　雷山キャンプ場火災(前原
　　市)　　　　　　　　　　　6.7.22
　軽乗用車炎上(久留米市)　　6.11.4
　火災(福岡市早良区)　　　　7.3.11
　建設現場事務所全焼(篠栗
　　町)　　　　　　　　　　　8.1.2
　商店街火災(北九州市八幡西
　　区)　　　　　　　　　　　8.4.30
　鶏舎4棟全焼(三輪町野町)　9.8.9
　火災(福岡市城南区)　　　　9.12.28
　自衛隊官舎火災(築城町)　　16.1.10
　鶏舎火災(岡垣町)　　　　　18.11.21
　台船火災(北九州市)　　　　20.11.4

◇住宅火災
　住宅火災(北九州市小倉北区)2.1.6
　市営団地全焼(福岡市博多区)2.1.13
　住宅火災(北九州市小倉北区)2.2.5
　マンション火災(福岡市博多
　　区)　　　　　　　　　　　2.2.23
　住宅火災(大川市)　　　　　2.6.19
　アパート火災(北九州市小倉
　　北区)　　　　　　　　　　2.9.17
　住宅火災(北九州市戸畑区)　2.11.16
　アパート全焼(北九州市小倉
　　北区)　　　　　　　　　　2.12.28
　住宅火災(久留米市)　　　　4.1.18
　住宅火災(福岡市中央区)　　4.1.19
　ビル火災(福岡市中央区)　　4.2.1
　住宅全焼(福岡市早良区)　　4.2.14
　住宅火災(福岡市博多区)　　4.3.9
　火災(福岡市中央区)　　　　4.5.14
　住宅火災(福岡市東区)　　　4.7.21
　住宅火災(苅田町)　　　　　6.8.21
　住宅火災(城島町)　　　　　6.11.14
　火災(中間市)　　　　　　　7.12.1
　市営住宅火災(筑後市)　　　8.1.27
　住宅火災(福岡市中央区)　　8.5.3

福岡県　都道府県別一覧

住宅火災(稲築町)	8.11.29
住宅火災(北九州市小倉北区)	9.2.19
アパート火災(北九州市八幡東区)	9.3.4
住宅火災(那珂川町)	15.4.24
住宅火災(前原市)	17.5.12
住宅全焼(豊前市)	18.10.21
住宅火災(太宰府市)	23.5.12
長屋で火災(大牟田市)	27.3.9
住宅火災(宗像市)	27.4.29
各地で住宅火災相次ぐ(北九州市)	29.1.26−
北九州市アパート火災(北九州市)	29.5.7
住宅火災(大牟田市)	29.11.25

◇店舗・事務所火災

雑居ビル火災(田川市伊田)	2.1.12
倉庫全焼(北九州市小倉南区)	2.2.1
バイク販売店火災(直方市)	2.12.23
店舗火災(鞍手郡鞍手町)	4.1.18
倉庫火災(北九州市小倉南区)	4.8.14
青果市場火災(福岡市博多区)	4.9.26
刑務所冷蔵室出火(北九州市小倉南区)	5.8.28
繁華街火災(北九州市八幡西区)	5.11.2
若宮町商工会館全焼(若宮町)	6.5.10
無人駅舎全焼(久留米市)	6.6.7
雑居ビル全焼(北九州市小倉北区)	7.4.3
地下スナックから出火(北九州市戸畑区)	7.6.30
ビル火災(久留米市)	8.5.20
雑居ビル火災(北九州市八幡西区)	9.1.31
作業場火災(那珂川町)	9.5.20
日本最古のスーパー全焼(北九州市)	11.9.14
商店街火災(北九州市)	13.10.26
歓楽街で火災(北九州市)	16.7.12
商店街で火災(北九州市)	18.2.16
商店街で火災(福岡市)	22.3.1

◇旅館・ホテル火災

博多のホテル火事、500人避難 3ヵ所から火つきたばこ(福岡市博多区)	3.8.17
ホテル火災(福岡市博多区)	6.7.6

◇学校・病院火災

長糸小学校本館全焼(糸島郡前原町)	2.10.12
中学校倉庫火災(北九州市小倉北)	3.4.22
筑山中学校管理人室全焼(筑紫野市)	3.5.27
工事現場火災(北九州市小倉北区)	5.1.27
安徳北小学校で教室焼ける(那珂川町)	5.3.15
貴船小学校火災(北九州市小倉北区)	5.12.5
アイソトープ施設ボヤ(福岡市東区)	6.1.10
大学の女子寮が全焼(福岡市)	24.12.21
医院火災(福岡市)	25.10.11
九大箱崎キャンパス火災(福岡市)	30.9.7

◇神社・寺院火災

大法寺全焼(糸島郡二丈町)	2.10.18
風治八幡社務所全焼(田川市)	2.10.24
白鳥神社本殿全焼(田川市)	4.10.30

◇山林火災

平尾台でまた枯れ草燃える 今度は南側(北九州市小倉南区)	3.3.17
草地燃える(北九州市小倉南区)	5.3.20
山林火災(福岡市早良区)	5.4.26

◇ガス中毒事故

一酸化炭素中毒死(福岡市博多区)	2.3.10
塩素ガス漏れる(福岡市博多区)	2.6.18

都道府県別一覧　　　　　　　福岡県

一酸化炭素中毒(北九州市戸畑区)	3.9.21
可燃ガス流出(北九州市小倉北区)	3.9.27
一酸化炭素中毒(福岡市早良区)	5.7.10
ガス瞬間湯沸かし器不完全燃焼(城島町)	5.7.27
一酸化炭素中毒死(水巻町)	7.1.29
ガス中毒(筑紫野市)	11.10.6
硫化水素ガス中毒(久留米市)	14.6.10
ハロンガス漏れ(福岡市)	19.5.25
空調設備からガス漏れ(太宰府市)	21.3.9
バーガーショップでCO中毒	21.7.29

◇都市ガス等の爆発事故

ガス爆発(福岡市西区)	2.4.25
プロパンガス爆発(北九州市八幡西区)	3.1.21
都市ガス爆発(北九州市小倉北区)	4.3.19
ホテルでガス爆発(福岡市中央区)	4.3.26
ガス爆発(大野城市)	5.11.17
ガス爆発(吉井町)	5.12.4
プロパンガス爆発(北九州市八幡西区)	7.3.17
ガス爆発(田川市)	7.11.4
調理実習室ガス爆発(福岡市早良区)	7.12.6
工事現場ガス漏れ炎上(久留米市)	8.1.26
ダンススタジオガス爆発(福岡市中央区)	9.10.22
マンションでガス爆発(飯塚市)	26.11.10

◇産業災害

ベルトコンベヤーに巻き込まれて死亡(北九州市八幡東区)	3.5.31
ドラム缶爆発(春日市)	3.6.6
可燃ガス流出(北九州市小倉北区)	3.9.27
水道管破裂(北九州市八幡東区)	4.2.4
高圧線に触れ死傷(大牟田市)	4.6.12
大型タンクローリー横転(北九州市門司区)	4.7.31
ガス中毒(筑紫野市)	11.10.6
船内作業で船員死亡(北九州市)	15.12.3

◇工場災害・汚染被害

製作所全焼(北九州市八幡西区)	2.1.16
製パン所全焼(北九州市小倉北区)	2.3.17
人形工場全焼(八女市)	2.8.20
機械工場全焼(山門郡大和町)	2.8.27
工場全焼(直方市)	3.4.19
鉄板倒れる(北九州市戸畑区)	3.9.21
三菱化成黒崎工場火災(北九州市八幡西区)	3.11.22
ビル工事現場足場崩れる(福岡市中央区)	3.12.11
作業場火災(粕屋郡粕屋町)	4.3.14
花火倉庫爆発(三池郡高田町)	4.9.9
鉄工所火災(福岡市博多区)	4.12.5
紡績工場全焼(春日市)	5.4.25
タンク破裂(苅田町)	5.8.31
工場火災(古賀町)	6.3.19
トラックガスタンクに衝突(大野城市)	6.9.20
製紙工場火災(高田町)	6.12.1
仏壇工場火災(鞍手町)	7.8.24
プラスチック加工場全焼(北九州市若松区)	7.11.18
倉庫兼工場全焼(福岡市東区)	8.9.23
食品工場全焼(小郡市)	9.6.17
工場火災(北九州市小倉北区)	9.6.21
工場火災(田川市)	9.8.3
工場爆発(北九州市)	12.6.24
製鋼工場で鉄流出(北九州市)	15.7.11
工場火災(北九州市)	16.1.5
工場火災(甘木市)	16.8.20
花火工場全焼(八女市)	18.2.21
コークス工場火災(北九州市)	20.7.29
八幡製鉄所で爆発(北九州市)	25.11.25

平成災害史事典総索引　481

福岡県　都道府県別一覧

工場タンク爆発(小竹町)　30.10.13

◇鉱山災害

三井三池鉱落盤(三池郡高田町)　4.6.9

◇土木・建築現場の災害

鋼材落下作業員死亡(北九州市小倉北区)　2.5.10

工事現場火災(北九州市小倉北区)　5.1.27

トレーラー工事現場に突入(北九州市小倉南区)　7.6.6

建設現場事務所全焼(篠栗町)　8.1.2

工事現場ガス漏れ炎上(久留米市)　8.1.26

地下水道工事で中毒(北九州市)　20.1.7

解体中の観覧車が倒壊(福岡市)　23.7.7

JR博多駅前道路陥没事故(福岡市)　28.11.8

◇輸送機関の事故

清掃会社従業員ゴンドラから転落(北九州市八幡東区)　8.1.9

リフト式重機海中に転落(福岡市東区)　8.6.12

◇列車・電車事故

JR香椎線列車脱輪(福岡市東区)　2.8.7

線路内に落下物(博多市)　2.9.21

列車にはさまれ死亡(北九州市門司区)　4.12.28

山陽新幹線トンネルでコンクリート塊落下(糟屋郡久山町)　11.6.27

山陽新幹線トンネル側壁剥落(北九州市)　11.10.9

JR鹿児島線普通・快速列車追突(宗像市)　14.2.22

九州新幹線、5時間停止　24.3.13

人をはね新幹線破損、運休(北九州市)　30.6.14

◇踏切事故

乗用車・西鉄宮地岳線電車衝突(宗像郡福間町南町)　2.3.16

日豊線列車・冷凍車衝突(北九州市小倉南区)　2.8.10

西鉄大牟田線急行・トラック衝突(筑紫野市)　2.10.4

乗用車・鹿児島線列車接触(福岡市南区)　3.2.26

香椎線遠足列車・パワーショベル衝突(福岡市東区)　3.3.12

トラック横転(北九州市小倉北区)　3.3.23

西鉄大牟田線踏切事故(小郡市)　3.7.27

乗用車・筑豊線列車衝突(飯塚市)　3.12.14

日豊線特急・軽乗用車衝突(豊前市)　4.1.7

軽ワゴン車・西鉄宮地岳線電車衝突(福岡市東区)　4.1.9

乗用車・西鉄大牟田線電車衝突(福岡市中央区)　4.1.15

鹿児島線特急・軽乗用車衝突(久留米市)　4.3.19

日豊線特急・乗用車衝突(苅田町)　4.4.5

西鉄大牟田線特急・軽乗用車衝突(小郡市)　4.4.8

軽トラック・日豊線特急衝突(椎田町)　5.3.22

オートバイ・香椎線列車衝突(福岡市東区)　5.5.18

乗用車・筑豊線列車衝突(筑紫野市)　5.7.18

平成筑豊鉄道ディーゼルカー・大型トラック接触(田川市)　6.1.21

トラック・鹿児島線特急衝突(福岡市南区)　6.2.5

久大線列車・乗用車接触(久留米市)　6.5.12

筑肥線列車・ライトバン衝突(福岡市西区)　6.9.17

鹿児島線踏切人身事故(福岡市南区)　7.1.19

都道府県別一覧　　　　　　　福岡県

鹿児島線特急・軽ワゴン車衝突(久留米市)	7.2.1
鹿児島線特急・乗用車衝突(太宰府市)	8.1.11
軽トラック・西鉄大牟田線電車衝突(高田町)	8.1.13
乗用車・西鉄大牟田線特急衝突(福岡市南区)	8.1.27
鹿児島線特急・乗用車衝突(福岡市博多区)	8.2.14
鹿児島線普通列車・軽乗用車衝突(宗像市)	8.3.7
筑豊電列車・軽トラック衝突(北九州市八幡西区)	8.4.3
西鉄太宰府線電車・ワゴン車衝突(太宰府市)	8.10.11
軽乗用車・筑豊電鉄普通列車衝突(北九州市八幡西区)	8.11.5
西鉄大牟田線普通列車・乗用車衝突(福岡市博多区)	9.3.9
軽ワゴン車・筑豊線列車衝突(北九州市若松区)	9.4.19
自転車・鹿児島線特急衝突(福岡市博多区)	9.7.7
軽トラック・鹿児島線特急衝突(筑後市)	9.11.26
軽乗用車・普通電車衝突(久留米市)	13.12.15

◇自動車事故

トラック衝突(北九州市門司区)	2.2.8
乗用車標識に衝突(山門郡山川町)	2.2.20
九州縦貫道玉突き事故(粕屋郡久山町)	2.2.23
乗用車川に転落(鞍手郡小竹町)	2.2.25
九州自動車道多重追突(鞍手郡若宮町)	2.3.28
乗用車・ワゴン車衝突(宗像市)	2.4.22
乗用車衝突(福岡市東区)	2.5.4
乗用車衝突(北九州市八幡西区)	2.6.3
乗用車・大型トラック衝突(行橋市)	2.6.13
トラック・西鉄特急バス追突(北九州市八幡西区)	2.8.24
玉突き事故(福岡市博多区)	2.11.6
乗用車・ボンゴ車衝突(山田市)	2.12.30
乗用車・ワゴン車衝突(北九州市門司区)	3.1.2
タクシー・乗用車衝突(太宰府市)	3.2.10
北九州道路多重衝突事故(北九州市八幡東区)	3.2.14
軽乗用車海に転落(北九州市若松区)	3.2.27
九州道玉突き衝突(久留米市)	3.3.8
乗用車衝突(春日市)	3.3.16
都市高速追突事故(北九州市八幡西区)	3.4.1
消防車横転(飯塚市)	3.4.11
乗用車・軽トラック衝突(北九州市小倉南区)	3.4.27
乗用車コンクリートミキサー車に激突(田川市)	3.4.29
乗用車衝突(朝倉郡杷木町)	3.5.5
軽乗用車欄干に激突(大牟田市)	3.5.8
タクシー・乗用車衝突(北九州市八幡西区)	3.5.22
玉突き衝突(北九州市小倉南区)	3.7.4
トラック転落(宗像郡福間町)	3.7.15
大型トラック・乗用車衝突(大野城市)	3.7.23
オートバイ・軽ワゴン衝突(久留米市)	3.8.7
乗用車衝突(北九州市若松区)	3.8.8
乗用車街路樹に激突(北九州市八幡西区)	3.8.24
マイクロバス・軽自動車衝突(福岡市西区)	3.10.23
乗用車・ブルドーザー衝突(嘉穂郡頴田町)	3.10.27
冷水トンネル追突事故(筑紫野市)	3.10.30
オートバイ鉄柱に衝突(福岡市中央区)	3.11.1
フォークリフト転落(福岡市中央区)	3.11.9

平成災害史事典総索引　483

福岡県　　　　都道府県別一覧

軽貨物車・軽トラック衝突(北九州市小倉南区)	3.11.13
陸上自衛隊トラック・乗用車追突(北九州市小倉北区)	3.11.13
九州自動車道多重衝突事故(宗像郡福間町)	3.11.27
工事現場に乗用車突入(福岡市南区)	3.12.1
トラック衝突(遠賀郡岡垣町)	3.12.21
タンクローリー川に転落(鞍手郡若宮町)	3.12.28
覆面パトカー・乗用車衝突(福岡市博多区)	4.1.2
乗用車・西鉄バス衝突(北九州市八幡西区)	4.1.2
高速バスタイヤ外れる(筑紫野市)	4.1.7
通学バス・軽乗用車衝突(筑紫野市)	4.2.19
西鉄高速バス・乗用車衝突(北九州市八幡西区)	4.2.23
北九州都市高多重衝突(北九州)	4.3.17
関門トンネル玉突き事故(北九州市門司区)	4.4.21
ワゴン車・トラック衝突(大野城市)	4.5.5
トラック多重追突(久留米市)	4.5.8
九州道スリップ事故(粕屋郡新宮町)	4.6.18
大型タンクローリー横転(北九州市門司区)	4.7.31
路線バス・乗用車追突(福岡市城南区)	4.8.20
ブルドーザー落下(夜須町)	4.11.2
乗用車塀に激突(福岡市南区)	4.11.16
トラック暴走(北九州市八幡東区)	5.2.1
乗用車・トラック衝突(前原市)	5.3.12
乗用車道路標識に衝突(柳川市)	5.3.17
乗用車歩道橋に激突(遠賀郡水巻町)	5.4.24
関門鉄道トンネルで列車止まる(北九州市門司区)	5.4.24
乗用車・タクシー衝突(北九州市小倉北区)	5.6.3
乗用車・トラック衝突(北九州市小倉南区)	5.6.15
バス衝突(筑紫野市)	5.7.27
登園児の列に乗用車(北九州市小倉南区)	5.10.5
乗用車ガードレールに激突(宗像市)	5.12.6
九州自動車道玉突き事故(若宮町)	6.1.17
ライトバン・路線バス衝突(宇美町)	6.3.6
マイクロバス・乗用車衝突(志免町)	6.3.14
九州自動車道玉突き事故(北九州市八幡東区)	6.4.29
乗用車・ガードレール衝突(福岡市西区)	6.5.4
乗用車・ごみ収集車衝突(福岡市博多区)	6.5.12
多重衝突(福岡市博多区)	6.5.15
軽乗用車・大型トラック衝突(飯塚市)	6.7.23
九州自動車道多重衝突(小郡市)	6.8.16
バス衝突(福岡市東区)	6.9.17
トラックガスタンクに衝突(大野城市)	6.9.20
軽乗用車炎上(久留米市)	6.11.4
乗用車衝突(久山町)	7.1.9
乗用車電柱に激突(八女市)	7.2.11
西鉄バス銀行突入(福岡市中央区)	7.3.1
西鉄バス・軽乗用車衝突(北九州市小倉北区)	7.3.12
西鉄バス・トラック衝突(福岡市博多区)	7.3.14
西鉄バス衝突(福岡市中央区)	7.3.21
乗用車・西鉄観光バス衝突(久留米市)	7.4.1
乗用車電柱に激突(飯塚市)	7.4.2
トレーラー工事現場に突入(北九州市小倉南区)	7.6.6
西鉄バス・乗用車追突(福岡市中央区)	7.6.15

西鉄バス・乗用車衝突(直方市)	7.7.2	乗用車街路灯に激突(福岡市東区)	10.11.23
西鉄高速バスが走行中に黒煙(若宮町)	7.8.4	九州自動車道で軽乗用車・保冷車追突(北九州市)	12.7.29
乗用車衝突(福岡市東区)	7.9.8	軽乗用車・2トントラック正面衝突(二丈町)	13.2.10
乗用車・ダンプカー衝突(浮羽町)	7.9.12	西鉄バス交通事故多発	13.この年
九州自動車多重衝突(久山町)	7.9.23	スキーバス事故(北九州市)	16.1.24
多重衝突(若宮町)	7.10.3	乗用車衝突(古賀市)	16.3.21
軽乗用車逆走(粕屋町)	7.12.30	乗用車とマイクロバス正面衝突(立花町)	17.11.20
西鉄路線バス・乗用車衝突(福岡市東区)	8.1.6	乗用車衝突(久留米市)	18.1.3
トラック衝突(北九州市小倉北区)	8.1.11	RVが海に転落(福岡市)	18.8.25
大型トラック・普通トラック追突(北九州市小倉北区)	8.1.12	パトカー追跡中の車が衝突(福岡市)	19.8.11
軽貨物車・タンクローリー衝突(北九州市八幡西区)	8.1.22	飲酒運転の原付が衝突(福岡市)	19.8.23
スリップ事故(北九州市小倉南区)	8.2.2	乗用車がホームセンターに突入(古賀市)	20.9.28
逆走乗用車衝突(福岡市博多区)	8.2.11	軽乗用車が壁に激突(水巻町)	21.8.28
JRバス横転(福間町)	8.3.5	送迎バスにひかれ死亡(春日市)	22.3.9
トレーラー・トラック衝突(甘木市)	8.5.14	車衝突、池に転落(太宰府市)	22.12.24
軽乗用車・清掃車追突(北九州市八幡西区)	8.6.11	飲酒運転で事故(粕屋町)	23.2.9
通園バス・乗用車衝突(桂川町)	8.6.15	多重衝突事故(八女市)	24.3.20
乗用車・トラック衝突(大野城市)	8.7.5	乗用車が川に転落(北九州市)	24.9.29
マイクロバス電柱に衝突(北九州市若松区)	8.9.10	暴走車が次々と車に衝突(北九州市)	25.7.5
乗用車ブロック塀に衝突(鞍手町)	8.11.6	交通事故が続発(北九州市)	26.7.14
関門自動車道多重衝突事故(北九州市門司区)	8.12.5	バイクと乗用車が衝突(行橋市)	26.8.16
西鉄バス・トラック衝突(北野町)	8.12.28	オートバイと乗用車が衝突(古賀市)	28.5.8
西鉄バス・保冷車衝突(新宮町)	9.4.16	タクシーが病院に突っ込む(福岡市)	28.12.3
軽乗用車衝突(北九州市八幡西区)	9.5.19	バスと乗用車が衝突(飯塚市)	29.4.17
乗用車転落(福岡市東区)	9.7.5	乗用車が軽乗用車と衝突(筑紫野市)	29.6.19
乗用車暴走(久留米市)	9.10.5	バイク事故で高校生死亡(田川市)	30.12.5
		空港でタクシーが人はねる(福岡市)	30.12.26

◇船舶事故・遭難

瀬渡し船転覆(玄界灘)	1.4.24

福岡県

遊漁船沈没(福岡市東区) 6.1.9
遊漁船転覆(玄海町) 11.7.4
自動車運搬船座礁(福岡市) 13.2.5
漁業取締船・貨物船衝突
(玄界灘) 15.7.6
台船火災(北九州市) 20.11.4
護衛艦とコンテナ船が衝
突(北九州市) 21.10.27

◇航空機事故
軽飛行機木に激突(小郡市) 2.4.16
グライダー墜落(志摩町) 6.4.24
パラグライダー墜落(田川
市) 7.1.8
インドネシア旅客機炎上
(福岡市) 8.6.13
ジャイロプレーン墜落(北
九州市若松区) 9.3.5
航空機から部品落下(福岡
市) 17.8.12
バードストライク 21.8.22
小型機が滑走路灯に接触
(北九州市) 21.9.7
小型機が着陸失敗(北九州市) 26.11.16
前輪パンク、滑走路で動け
ず(福岡空港) 30.3.24

◇エレベーター・エスカレーターの
事故
エスカレーター事故(福岡
市) 19.8.15

◇公害
高濃度ダイオキシン検出
(大牟田市) 12.8.25

◇伝染病流行
高校で結核集団感染 11.10.7
小学校で結核集団感染(福
岡市) 12.1.26-
特養ホームで感染症(北九
州市) 17.1.8
ノロウイルス集団感染 22.11.1

CRE院内感染(北九州市) 29.8.10

◇食品衛生・食品事故
食中毒(福岡市中央区) 2.9.8-
高校で結核集団感染(久留
米市) 13.2.21
O-157集団感染(福岡市) 14.6.29

◇薬害・医療事故
生体用ボンド使い患者死
亡(北九州市) 12.2.24
ポリオワクチン接種を一
時中断 12.4.-
VREによる院内感染(北九
州市) 14.5.
多剤耐性菌に集団感染(福
岡市) 21.1.23
CRE院内感染(北九州市) 29.8.10

◇軍隊・軍事基地の事故
陸上自衛隊トラック・乗用
車追突(北九州市小倉北区) 3.11.13
自衛隊官舎火災(築城町) 16.1.10
護衛艦とコンテナ船が衝
突(北九州市) 21.10.27

◇製品事故・管理不備
温水洗浄便座が発火(鞍手
町) 19.9.8
ジェットコースターが緊
急停止(北九州市) 25.10.10

◇その他の災害
タイル外壁落下(北九州市小
倉北区) 1.11.21
搭乗橋点検作業中圧死(福
岡市) 2.6.20
酸欠死(北九州市若松区) 3.7.11
転落事故(北九州市) 3.10.30
マンション外壁落下(福岡
市南区) 4.1.20
国旗掲揚ポール直撃で小
学生死亡(前原市) 11.5.29
17歳少年がバスジャック 12.5.3
歩道上のゴミ箱から出火
(福岡市) 14.2.9

都道府県別一覧　　　佐賀県

竹が目に刺さり死亡(大牟田市)	17.11.15
園児が車に取り残され熱射病(北九州市)	19.7.27
コースター事故(北九州市)	19.12.31
テレビ局の玄関で爆発(福岡市)	21.2.22
用水路で児童死亡(筑後市)	24.6.23
駅で通り魔(福岡市)	24.10.20
柔道部の練習中に事故(福岡市)	27.5.28
ゴール下敷きで男児死亡(大川市)	29.1.13
海に流され死亡(古賀市)	29.8.11
シーカヤックで死亡(糸島市)	30.11.11

【佐賀県】

◇気象災害

信号設備に落雷(杵島郡有明町)	3.3.11
竜巻(佐賀市)	16.6.27
熱中症(佐賀市)	16.7.7
竜巻(佐賀市)	19.10.4
野球部員が熱中症(佐賀市)	21.5.10

◇豪雪

ゲレンデで屋根崩落(佐賀市)	20.3.4

◇地震・津波

地震と津波(白石町)	27.11.14

◇動植物災害

マダニによる感染	25.1.
鳥インフルエンザ(有田町)	27.1.15
鳥インフルエンザ(有田町)	27.1.15

◇一般火災

観光バス全焼(小城町)	6.6.6
商店街火災(武雄市)	6.12.11
気球炎上(佐賀市)	14.11.4

◇住宅火災

住宅火災(佐賀市)	4.7.13
住宅火災(佐賀市)	5.12.29
住宅火災(佐賀市)	30.11.9

◇店舗・事務所火災

ビル火災(佐賀市)	2.3.17
店舗火災(佐賀市)	16.7.19

◇学校・病院火災

病院で火災(嬉野市)	26.3.2

◇ガス中毒事故

二酸化炭素中毒(佐賀郡諸富町)	4.3.27
排ガス中毒(東脊振村)	9.12.4

◇都市ガス等の爆発事故

ガス会社爆発(佐賀市)	3.5.10
スーパーガス爆発(佐賀市)	5.4.15
ガス爆発(鳥栖市)	8.8.31

◇産業災害

風力発電所火災(唐津市)	29.8.21

◇工場災害・汚染被害

火薬爆発(東松浦郡北波多村)	2.9.6
作業員圧死(東松浦郡玄海町)	3.6.27
二酸化炭素中毒(佐賀郡諸富町)	4.3.27
製鋼工場で爆発事故(武雄市)	30.4.29

◇列車・電車事故

佐世保線コンクリート剝落で停電(杵島郡山内町)	12.1.3
寝台列車が電柱接触(鳥栖市)	25.10.7
唐津駅ホームで人身事故(唐津市)	26.3.26

◇踏切事故

長崎線特急電車・乗用車衝突(小城郡牛津町)	2.8.4
長崎線特急・ライトバン衝突(杵島郡白石町)	2.8.13
長崎線特急列車・軽乗用車衝突(小城郡三日月町)	4.1.18

佐賀県　　　都道府県別一覧

◇自動車事故

乗用車転落(神埼郡東脊振村)	2.5.5
トラック横転(三養基郡中原町)	2.7.14
乗用車衝突(佐賀市)	2.11.10
乗用車スリップ事故(武雄市)	2.12.31
乗用車ガードレールに衝突(東松浦郡相知町)	3.2.28
軽トラック・長崎線特急衝突(鹿島市)	3.4.22
軽ライトバン電柱に激突(神埼郡脊振村)	3.4.22
乗用車・送迎バス衝突(武雄市)	3.10.16
西鉄バス信号機にあて逃げ(北茂安町)	4.6.15
乗用車衝突(鳥栖市)	4.8.5
乗用車・トラック衝突(佐賀市)	4.8.30
ワゴン車衝突(佐賀市)	4.10.29
送迎用マイクロバス・ミキサー車衝突(大和町)	5.3.1
観光バス全焼(小城町)	6.6.6
乗用車衝突(嬉野町)	7.1.10
乗用車電柱に衝突(浜玉町)	7.3.2
乗用車ガードレールに衝突(西有田町)	7.7.28
乗用車衝突(伊万里市)	7.9.28
トラック・ワゴン車衝突(鳥栖市)	7.11.20
大型トラック・乗用車衝突(北波多村)	7.12.21
乗用車佐賀署に突入(佐賀市)	8.1.21
大型保冷車・乗用車衝突(鳥栖市)	8.2.24
道路補修作業員ひかれる(神埼町)	8.3.22
ライトバン中央分離帯に衝突(鳥栖市)	8.5.9
軽4輪駆動車・軽トラック接触(鹿島市)	8.6.14
職務質問の乗用車標識支柱に激突(北方町)	8.9.23
バス土手から落ちる(佐賀市)	8.11.29
乗用車ガードレール衝突(北方町)	9.2.10
乗用車・大型トラック衝突(神埼町)	9.12.25
児童の列に暴走車(牛津町)	10.5.1
ラリーカー事故(吉野ヶ里町)	19.8.25
軽乗用車が街路灯に衝突(伊万里市)	26.7.13
車転落(唐津市)	30.9.9

◇航空機事故

ハンググライダー墜落(唐津市)	5.9.26
超軽量機墜落(白石町)	7.10.29
ヘリコプター横転(佐賀郡川副町)	12.4.10
気球炎上(佐賀市)	14.11.4
ヘリコプター墜落	16.12.24
離陸トラブル	19.10.5
熱気球が墜落(神埼市)	27.12.20

◇原子力発電所事故

玄海原発1号機で海水漏れ(玄海町)	11.7.18
原発で原子炉自動停止(玄海町)	23.10.4
玄海原発で冷却水漏れ(玄海町)	23.12.9

◇医療・衛生災害

B型肝炎の集団感染(佐賀市)	14.5.11
医療事故(佐賀市)	22.4.-
多剤耐性結核の集団感染	23.4.15

◇伝染病流行

こども園で集団胃腸炎(多久市)	30.10.23
比渡航者デング熱感染	30.10.31

◇食品衛生・食品事故

食中毒(杵島郡山内町)	2.7.12
茶漬けにカッターの刃混入(鳥栖市)	18.8.22
給食にボルト混入(上峰町)	30.10.31

◇集団食中毒
　ホテルで食中毒(佐賀市)　　　20.11.29
　毒キノコで食中毒(唐津市)　　30.10.12

◇薬害・医療事故
　使用済み注射器で注射(小
　　城郡三日月町)　　　　　　2.10.13−
　保育器から赤ちゃん転落
　　(佐賀市)　　　　　　　　10.7.14

◇軍隊・軍事基地の事故
　自衛隊ヘリが民家に墜落
　　(神埼市)　　　　　　　　30.2.5

◇その他の災害
　使用済み注射器で注射(小
　　城郡三日月町)　　　　　　2.10.13−
　かんしゃく玉爆発(小城市)　　3.11.12
　花火が横に飛び児童負傷
　　(佐賀市)　　　　　　　　12.8.26
　門扉に挟まれ男児死亡(神
　　埼市)　　　　　　　　　18.6.19
　人違いされ病院で射殺(武
　　雄市)　　　　　　　　　19.11.8

【長崎県】

　◇気象災害
　　竜巻(壱岐の郷ノ浦町)　　　　9.10.14
　　突風でテント倒壊(琴海町)　　12.5.21
　　巻き網漁船が転覆(平戸市)　　21.4.14
　　漁船6隻が転覆(対馬市)　　　27.9.1
　　竜巻(長崎市)　　　　　　　28.9.30

　◇豪雨(台風を除く)
　　水無川土石流(島原市)　　　　4.8.12−
　　大雨で土砂災害が相次ぐ
　　　(長崎市)　　　　　　　　28.6.28

　◇地変災害
　　水無川土石流(島原市)　　　　4.8.12−

　◇地震・津波
　　群発地震(雲仙)　　　　　　　2.11.20
　　雲仙岳で震度4(雲仙普賢岳)　　3.6.27

◇噴火・爆発
　雲仙・普賢岳噴火(雲仙普賢
　　岳)　　　　　　　　　　　2.11.17
　雲仙・普賢岳火砕流発生
　　(雲仙普賢岳)　　　　　　　3.6.3
　雲仙岳火山性地震　　　　　　13.1.19

◇地滑り・土砂崩れ
　土砂崩れ(新魚目町)　　　　　1.9.13
　大雨で土砂災害が相次ぐ
　　(長崎市)　　　　　　　　28.6.28

◇動植物災害
　毒蛇海岸に漂着　　　　　　　8.1.4−
　クラゲ大発生(対馬市)　　　　21.6.30
　マダニによる感染　　　　　　25.1.

◇一般火災
　瀬渡し船炎上(五島・奈良尾
　　町)　　　　　　　　　　　9.2.10
　米軍基地司令部全焼(佐世
　　保市)　　　　　　　　　11.2.12
　豪華客船火災(長崎市)　　　　14.10.1
　漁船炎上(生月島沖)　　　　　15.4.10
　造船所で船舶火災(長崎市)　　16.5.9
　高速船で火災(西海市)　　　　27.11.15

◇住宅火災
　住宅火災(佐世保市)　　　　　4.12.22
　住宅火災(佐世保市)　　　　　6.12.4
　住宅火災(五島・富江町)　　　8.2.7
　住宅火災(南高来郡小浜町)　　13.6.15
　住宅火災(川棚町)　　　　　　14.8.13
　アパート火災(大村市)　　　　19.12.1
　住宅火災(長与町)　　　　　　21.8.1
　住宅火災(長崎市)　　　　　　27.7.23
　住宅火災(長崎市)　　　　　　27.12.25
　住宅火災(長崎市)　　　　　　28.1.27
　市営住宅で火災、幼い兄弟
　　死亡(長崎市)　　　　　　30.1.3
　住宅火災(長崎市)　　　　　　30.7.23

◇店舗・事務所火災
　公民館全焼(松浦市)　　　　　4.8.28
　住宅火災(長崎市)　　　　　　27.7.23
　レストランで火災(長崎市)　　28.8.23

長崎県

◇学校・病院火災
　中学校火災(佐世保市)　　　3.9.17
　老人施設全焼(大村市)　　　18.1.8
　高齢者施設で火事(長崎市)　25.2.8

◇ガス中毒事故
　水産加工会社で1人死亡(佐世保市)　25.5.30
　トンネル工事現場でCO中毒(長崎市)　28.11.19

◇都市ガス等の爆発事故
　漁船爆発(北松浦郡小佐々町沖)　4.5.27

◇産業災害
　酸欠死(佐世保市)　　　　　3.8.17

◇工場災害・汚染被害
　造船工場爆発(平戸市)　　　2.7.30
　魚雷部品の実験中に出火(諫早市)　4.8.28
　橋げた用鉄板が倒れる(佐世保市)　4.8.29
　ハム工場爆発(川棚町)　　　15.2.17
　造船所で船舶火災(長崎市)　16.5.9

◇鉱山災害
　炭鉱火災(西彼杵郡外海町)　12.2.14

◇土木・建築現場の災害
　足場崩れ作業員死傷(松浦市)　3.5.2
　豪華客船火災(長崎市)　　　14.10.1
　トンネル工事現場でCO中毒(長崎市)　28.11.19

◇列車・電車事故
　特急電車横転(諫早市)　　　15.7.18

◇踏切事故
　軽トラック・大村線列車衝突(大村市)　3.1.26
　乗用車・佐世保線列車衝突(佐世保市)　3.8.10
　大村線特急・ダンプカー衝突(佐世保市)　4.5.16
　トレーラー・松浦鉄道列車衝突(佐世保市)　8.1.18

◇自動車事故
　乗用車転落(上県郡峰町)　　1.1.3
　スクールバス横転(諫早市)　3.7.24
　路線バス・クレーン車衝突(佐世保市)　3.10.1
　多重衝突(西彼杵郡西彼町)　4.5.15
　玉突き事故(佐世保市)　　　4.5.27
　乗用車自動販売機に衝突(北松浦郡田平町)　4.10.26
　乗用車畑に転落(西彼杵郡長与町)　5.9.21
　乗用車海に転落(野母崎町)　6.1.5
　乗用車正面衝突(吾妻町)　　8.6.2
　タクシー逆走(長崎市)　　　9.1.26
　観光バス接触事故(小浜町)　9.2.28
　乗用車・軽乗用車衝突(美津島町)　9.10.29
　バイク・軽乗用車衝突(北有馬町)　13.2.16
　乗用車とバスが衝突(長崎市)　26.11.14

◇船舶事故・遭難
　漁船転覆(奈良尾町沖)　　　2.4.5
　漁船爆発(北松浦郡小佐々町沖)　4.5.27
　瀬渡し船炎上(五島・奈良尾町)　9.2.10
　高波で砂運搬船転覆(小値賀町)　11.1.12
　漁船漂流(西彼杵郡大島町)　13.7.24
　貨物船沈没(五島列島沖)　　14.2.11
　外国船転覆(福江市沖)　　　15.2.20
　漁船炎上(生月島沖)　　　　15.4.10
　大型船転覆(新上五島町)　　17.11.30
　高速旅客船がクジラと衝突(対馬市)　18.3.5
　遊漁船座礁(壱岐市)　　　　18.3.18
　貨物船が高圧線を切断(平戸市)　19.7.19
　巻き網漁船が転覆(平戸市)　21.4.14
　韓国漁船が沈没(対馬市)　　21.12.20
　漁船沈没　　　　　　　　　22.1.12

漁船6隻が転覆(対馬市) 27.9.1
高速船で火災(西海市) 27.11.15
海上タクシー船、防波堤に
　衝突(佐世保市) 29.5.14
作業船沈没(平戸市) 29.8.22

◇航空機事故
　自衛隊ヘリコプター不時
　　着(雲仙市) 3.6.6
　航空自衛隊戦闘機墜落(南
　　松浦郡福江島沖) 11.8.15
　小型機墜落(対馬市) 15.9.16
　小型機墜落(大村市) 20.7.26
　海自ヘリが不時着(長崎市) 21.12.8

◇伝染病流行
　死亡患者から緑膿菌確認
　　(長崎市) 17.9.27

◇食品衛生・食品事故
　大学野球大会で食中毒(長
　　崎市) 12.8.17

◇薬害・医療事故
　高齢者施設で火事(長崎市) 25.2.8
　点滴の過剰投与で死亡(川
　　棚町) 28.9.23

◇軍隊・軍事基地の事故
　自衛隊ヘリコプター不時
　　着(雲仙市) 3.6.6
　米軍基地司令部全焼(佐世
　　保市) 11.2.12
　航空自衛隊戦闘機墜落(南
　　松浦郡福江島沖) 11.8.15
　海自ヘリが不時着(長崎市) 21.12.8
　海自でミサイルの不具合
　　放置(佐世保市) 29.10.17

◇機雷・不発弾の爆発
　魚雷部品の実験中に出火
　　(諫早市) 4.8.28

◇その他の災害
　流木が大量に漂着 18.7.-
　スポーツクラブで銃乱射
　　(佐世保市) 19.12.14

タンク事故(雲仙市) 25.6.11
花火大会で爆発(平戸市) 27.8.16

【熊本県】

◇気象災害
　落雷で住宅全焼(菊池市) 5.6.18
　熱中症(中央町) 13.7.24
　落雷で空の便欠航 18.8.11

◇豪雨(台風を除く)
　大雨 28.6.19
　豪雨で倒木、土砂崩れ(熊
　　本市) 29.6.25

◇地変災害
　赤潮発生(天草郡) 2.7.

◇地震・津波
　地震 19.3.23
　地震 21.8.3
　地震 23.10.5
　地震 27.7.13
　熊本地震 28.4.14
　地震 28.6.12
　地震 28.6.22
　地震(嘉島町) 28.8.9
　地震 28.8.31
　地震 28.9.1
　地震(産山村) 28.10.22
　地震 29.7.2

◇噴火・爆発
　阿蘇中岳噴火(阿蘇中岳) 2.4.20
　阿蘇山噴火 23.5.15
　阿蘇山が噴火 27.9.3
　阿蘇山噴火 28.10.8

◇地滑り・土砂崩れ
　建設現場土砂崩れ(球磨郡
　　湯前町) 2.3.4
　工事現場土砂崩れ(水俣市) 2.5.16
　豪雨で倒木、土砂崩れ(熊
　　本市) 29.6.25

熊本県

◇動植物災害
豚の伝染病オーエスキー
　　大量発生(阿蘇郡一の宮町)　2.6.12
ブロイラー大量死　　　　　　2.7.
赤潮発生(天草郡)　　　　　　2.7.
赤潮　　　　　　　　　　　12.7.7
狂牛病発生　　　　　　　　16.9.13
祭りで馬が暴走(熊本市)　　16.9.20
チンパンジーかみつく(阿
　　蘇市)　　　　　　　　　24.9.6
マダニによる感染　　　　　　25.1.

◇一般火災
乗用車炎上(下益城郡松橋町)　2.7.29
旅客船全焼(天草郡姫戸町)　　4.7.25
落雷で住宅全焼(菊池市)　　　5.6.18
食堂街火災(熊本市)　　　　　6.11.27

◇住宅火災
住宅火災(荒尾市)　　　　　　14.2.6
住宅火災(一の宮町)　　　　15.11.27
住宅火災(菊水町)　　　　　　17.3.7
住宅火災(玉名市)　　　　　　19.9.9
住宅火災(人吉市)　　　　　　23.1.7
住宅火災が相次ぐ　　　　　　26.1.2
住宅火災(荒尾市)　　　　　　26.7.4

◇店舗・事務所火災
スナック放火(熊本市)　　　　15.6.24

◇神社・寺院火災
本妙寺拝殿全焼(熊本市)　　　13.2.8

◇山林火災
山火事(南阿蘇村)　　　　　　19.3.1

◇ガス中毒事故
ガス中毒(水俣市)　　　　　　1.11.24

◇都市ガス等の爆発事故
ガスボンベ爆発(天草郡新和
　　町)　　　　　　　　　　2.5.2
雑居ビルガス爆発(熊本市)　　2.9.25
ガス爆発(玉名郡長洲町)　　　3.1.12
ガス爆発(熊本市)　　　　　　7.10.17

◇工場災害・汚染被害
花火工場爆発(飽託郡北部町)　2.7.9

◇土木・建築現場の災害
建設現場土砂崩れ(球磨郡
　　湯前町)　　　　　　　　2.3.4
工事現場土砂崩れ(水俣市)　　2.5.16

◇踏切事故
鹿児島線普通列車・乗用車
　　衝突(宇土市)　　　　　　9.5.24
踏切で衝突事故(八代市)　　　29.11.3

◇自動車事故
乗用車民家に衝突(熊本市)　　2.1.13
多重衝突(山鹿市)　　　　　　2.5.11
乗用車炎上(下益城郡松橋町)　2.7.29
歩行者ひかれ死傷(荒尾市)　　3.1.10
保冷車転落(菊池郡西合志町)　3.4.17
乗用車転落(鹿本郡植木町)　　3.7.15
軽乗用車・大型トレーラー
　　衝突(天草郡大矢野町)　　3.8.31
乗用車転落(下益城郡富合町)　3.11.23
乗用車標識に激突(熊本市)　　4.4.19
オートバイ・乗用車衝突
　　(熊本市)　　　　　　　　4.7.4
小型バス横転(玉名郡菊水町)　4.8.4
乗用車衝突(玉名市)　　　　　5.12.5
トラック衝突(山鹿市)　　　　6.3.2
軽乗用車・大型トレーラー
　　衝突(山鹿市)　　　　　　6.3.12
九州自動車道玉突き事故
　　(菊池郡西合志町)　　　　6.6.11
大型トラック・乗用車衝突
　　(大津町)　　　　　　　　6.12.24
バス・トラック衝突(有明町)　7.3.24
九州自動車道多重衝突(松
　　橋町)　　　　　　　　　7.7.22
乗用車・トラック衝突(坂
　　本村)　　　　　　　　　7.9.14
ワゴン車転落(菊池市)　　　　8.1.1
バス・トラック衝突(本渡市)　8.1.30
ワゴン車衝突(坂本村)　　　　8.4.28
乗用車標識板に衝突(人吉
　　市)　　　　　　　　　　8.4.29

軽乗用車・大型トラック衝
　突(坂本村)　　　　　　8.6.22
乗用車暴走(熊本市)　　　9.7.23
大型トラック・乗用車追突
　炎上(人吉市)　　　　　15.6.24
1歳児がはねられ死亡(多良
　木町)　　　　　　　　　21.8.19
無免許の車とバス衝突(熊
　本市)　　　　　　　　25.10.12
酒気帯び運転事故(熊本市)　29.4.16

◇船舶事故・遭難
　フェリー衝突(宇土郡三角町)　2.9.14
　旅客船全焼(天草郡姫戸町)　　4.7.25

◇航空機事故
　パラグライダー落下(阿蘇
　　郡一の宮町)　　　　　3.11.3
　ハンググライダー墜落(阿
　　蘇町)　　　　　　　　6.4.2
　ジャイロ機墜落(一の宮町)　9.4.20
　グライダー墜落(阿蘇町)　9.7.21
　軽飛行機墜落(坂本村)　　9.11.2
　セスナ機墜落(球磨郡球磨村)　14.1.4
　災害訓練に参加のヘリ墜
　　落(山鹿市)　　　　　　22.8.1
　小型機不明　　　　　　　23.1.4
　ライトプレーン墜落で死
　　亡(産山村)　　　　　30.11.11

◇公害
　PM2.5初の注意喚起　　　25.3.5

◇医療・衛生災害
　狂牛病発生　　　　　　　16.9.13

◇伝染病流行
　豚の伝染病オーエスキー
　　大量発生(阿蘇郡一の宮町)　2.6.12

◇食品衛生・食品事故
　保育園で集団食中毒(熊本
　　市)　　　　　　　　　13.12.1

◇薬害・医療事故
　患者の肺、一部誤摘出(熊
　　本市)　　　　　　　　25.6.-

◇山岳遭難
　登山者転落死(球磨郡水上村)　2.8.26
　滝から転落(御所浦町)　　17.8.6
　阿蘇山で男性不明　　　　24.12.22

◇軍隊・軍事基地の事故
　小銃暴発(阿蘇郡南小国町)　4.6.10
　機関銃暴発(上益城郡矢部町)　13.7.7

◇機雷・不発弾の爆発
　不発弾処理(熊本市)　　　13.1.21

◇その他の災害
　配膳リフトで事故死(熊本
　　市)　　　　　　　　　3.4.27
　手投げ花火が爆発(人吉市)　3.8.15
　アドバルーン爆発(熊本市)　4.4.19
　福祉センターで薬物混入
　　事件(長洲町)　　　　　13.2.21
　散歩中に通り魔(熊本市)　19.5.4
　川の事故が相次ぐ(多良木町)　26.7.27
　死球で高2死亡(熊本市)　30.11.18

【大分県】

◇気象災害
　落雷で火薬爆発(津久見市)　3.7.27
　濃霧で貨物船衝突(佐賀関
　　町沖)　　　　　　　　5.5.19
　竜巻(日田市)　　　　　　21.9.6
　熱中症　　　　　　　　　25.8.11

◇豪雨(台風を除く)
　大雨で土砂崩れ　　　　　17.7.10
　大雨で山崩れ(九重町)　　20.6.11
　九州北部豪雨　　　　　　29.7.5-

◇地震・津波
　地震　　　　　　　　　　19.6.6-
　地震(中津市、日田市、東峰村)　21.6.25
　地震(佐伯市)　　　　　　21.8.5
　地震　　　　　　　　　　27.7.13
　熊本地震　　　　　　　　28.4.14
　地震　　　　　　　　　　28.4.29
　地震　　　　　　　　　　28.10.22

大分県

◇地滑り・土砂崩れ
　土石流(竹田市)　　　　　　　　2.7.1
　土砂崩れで豊肥線列車脱
　　線(大分市)　　　　　　　　　5.6.15
　大雨で土砂崩れ　　　　　　　17.7.10
　落石(中津市)　　　　　　　　　17.9.7
　巨岩が民家直撃(竹田市)　　　17.11.4
　大雨で山崩れ(九重町)　　　　20.6.11
　土砂崩れ(竹田市)　　　　　　21.8.10
　大分中津土砂崩落(中津市)　　30.4.11

◇動植物災害
　ひよこ1万羽焼死(緒方町)　　　9.2.7
　ライオンに襲われ死亡(宇
　　佐郡安心院町)　　　　　　　15.4.23
　イノシシ暴走(大分市)　　　　19.2.25
　鳥インフルエンザ発生(大
　　分市)　　　　　　　　　　　23.2.2
　イノシシ大暴れ(大分市)　　　25.9.7

◇一般火災
　火災(大分郡湯布院町)　　　　　2.1.14
　商店街火災(別府市)　　　　　　5.6.28
　ひよこ1万羽焼死(緒方町)　　　9.2.7

◇住宅火災
　住宅火災(別府市)　　　　　　　9.3.8
　住宅全焼(臼杵市)　　　　　　13.4.21
　住宅火災(別府市)　　　　　　22.1.13
　住宅火災(大分市)　　　　　　22.6.6
　住宅火災(中津市)　　　　　　27.1.23
　自宅に放火(杵築市)　　　　　27.7.5
　住宅火災(別府市)　　　　　　29.2.5
　住宅火災(由布市)　　　　　　30.4.10

◇店舗・事務所火災
　店舗火災(大分市)　　　　　　　6.7.7
　市役所火災(宇佐市)　　　　　13.3.4
　パチンコ店放火(大分市)　　　13.12.5
　倉庫火災(佐伯市)　　　　　　27.9.13

◇旅館・ホテル火災
　旅館全焼(別府市)　　　　　　　2.8.14
　ホテルでボヤ(別府市)　　　　　2.11.1

◇学校・病院火災
　教材用テレビから出火(宇
　　佐市)　　　　　　　　　　　5.2.24
　山口病院火災(大分市)　　　　　6.2.10

◇山林火災
　山林火災(九重町)　　　　　　　6.5.7
　野焼きで火災(由布市)　　　　21.3.17

◇産業災害
　臭素液漏れ(大分市)　　　　　　3.3.20
　落雷で火薬爆発(津久見市)　　　3.7.27
　貨物船内で荷揚中に酸欠
　　(大分市)　　　　　　　　　21.6.13

◇工場災害・汚染被害
　造船所で落下事故(大分市)　　21.1.23
　製鉄所事故(大分市)　　　　　23.10.19

◇土木・建築現場の災害
　転落事故(中津市)　　　　　　　3.10.17

◇列車・電車事故
　土砂崩れで豊肥線列車脱
　　線(大分市)　　　　　　　　5.6.15
　トンネル側壁崩落　　　　　　11.2.22
　倒木に乗り上げ脱線(日田
　　市)　　　　　　　　　　　　26.2.13

◇踏切事故
　ライトバン・原付きバイク
　　衝突(別府市)　　　　　　　　3.3.5
　日豊線電車・トラック衝突
　　(山香町)　　　　　　　　　　6.1.29
　日豊線特急・耕運機衝突
　　(山香町)　　　　　　　　　　7.6.9
　軽乗用車・日豊線特急衝突
　　(宇佐市)　　　　　　　　　　8.1.15
　乗用車・日豊線特急衝突
　　(日出町)　　　　　　　　　　8.7.12
　日豊線特急列車・ワゴン衝
　　突(日出町)　　　　　　　　　8.8.27
　乗用車・日豊線普通列車衝
　　突(大分市)　　　　　　　　　8.12.9
　久大線特急・トラック衝突
　　(玖珠郡玖珠町)　　　　　　　9.2.1

都道府県別一覧　　　　　　　　　　大分県

◇自動車事故
　トラック・観光バス衝突
　　（日田市）　　　　　　　　2.4.20
　軽乗用車電柱に衝突（下毛
　　郡耶馬渓町）　　　　　　　2.5.20
　タンクローリー・バス追突
　　（大野郡朝地町）　　　　　2.7.21
　乗用車・トラック衝突（大
　　分市）　　　　　　　　　　2.8.18
　大型トラック・乗用車追突
　　（速見郡日出町）　　　　　3.2.8
　陸上自衛隊大型トレーラー
　　横転（別府市）　　　　　　3.7.6
　小型観光バス転落（湯布院町）　3.9.2
　バス待ちの列に車（大分市）　4.1.10
　大型トラック転落（庄内町）　4.4.7
　軽乗用車・大型貨物衝突
　　（山香町）　　　　　　　　4.7.18
　乗用車・トラック正面衝突
　　（山香町）　　　　　　　　5.4.8
　保冷車・トラック衝突（日
　　田市）　　　　　　　　　　6.8.2
　バス・保冷車衝突（南海部郡
　　直川村）　　　　　　　　　6.9.17
　慰安旅行バス横転（九重町）　6.9.24
　送迎用ワゴン車・乗用車衝
　　突（野津原町）　　　　　　7.3.13
　大型トラック衝突（直川村）　7.6.13
　乗用車・トレーラー衝突
　　（湯布院町）　　　　　　　8.1.14
　乗客バスに引きずられ死
　　亡（大分市）　　　　　　　8.4.14
　西鉄バスガードレールに
　　衝突（九重町）　　　　　　8.6.14
　オートバイ・乗用車衝突
　　（山香町）　　　　　　　　8.6.30
　乗用車・西鉄バス衝突（日
　　田市）　　　　　　　　　　9.5.31
　バスが横転（日出町）　　　　21.7.11
　高校球児乗車のバスが追
　　突（別府市）　　　　　　　23.7.10
　スキーバスが線路に突っ
　　込む（九重町）　　　　　　25.2.17
　バスが横転（別府市）　　　　27.7.4

◇船舶事故・遭難
　濃霧で貨物船衝突（佐賀関
　　町沖）　　　　　　　　　　5.5.19
　海上自衛隊掃海艇・貨物船
　　衝突（中津市）　　　　　　11.2.22
　小型ボート爆発（蒲江町）　　13.3.20
　漁船乗組員転落（臼杵市）　　15.7.21
　漁船と貨物船衝突（国東町）　18.6.10
　漁途中に転落　　　　　　　　20.3.13
　貨物船の衝突事故　　　　　　22.5.10

◇航空機事故
　軽飛行機墜落（津原町）　　　11.3.25
　パラグライダー墜落（玖珠
　　町）　　　　　　　　　　　13.5.3
　自衛隊ヘリコプター墜落　　　14.3.7
　グライダー練習中墜落（竹
　　市）　　　　　　　　　　　17.5.17
　UAVが緊急着陸（玖珠町）　　27.3.16

◇公害
　コバルト60落下（速見郡日
　　出町）　　　　　　　　　　1.3.13

◇伝染病流行
　レジオネラ菌で死亡（国東
　　市）　　　　　　　　　　　30.1.19

◇食品衛生・食品事故
　食中毒（宇佐市）　　　　　　2.7.16−
　集団食中毒（別府市）　　　　5.4.1−

◇山岳遭難
　転落死（玖珠郡九重町）　　　1.7.25

◇軍隊・軍事基地の事故
　陸上自衛隊大型トレーラー
　　横転（別府市）　　　　　　3.7.6
　海上自衛隊掃海艇・貨物船
　　衝突（中津市）　　　　　　11.2.22
　自衛隊ヘリコプター墜落　　　14.3.7
　UAVが緊急着陸（玖珠町）　　27.3.16

◇その他の災害
　柔道部合宿で死亡事故（竹
　　田市）　　　　　　　　　　22.5.1

平成災害史事典総索引　　495

宮崎県　　　　　　都道府県別一覧

ゴルフカートで横転事故
　（別府市）　　　　　　23.10.5
ため池に転落(臼杵市)　　27.5.29
水難事故、各地で相次ぐ
　（大分市）　　　　　　29.5.6

【宮崎県】

◇気象災害
　竜巻(えびの市)　　　　3.6.25
　落雷(東臼杵郡北方町)　3.7.27
　竜巻(日南市)　　　　　3.11.28
　竜巻(高鍋町)　　　　　25.10.6

◇豪雨(台風を除く)
　九州地方で大雨　　　　22.7.3

◇地震・津波
　地震　　　　　　　　　13.4.25
　地震　　　　　　　　　21.9.3
　地震(日南市)　　　　　22.1.25
　地震　　　　　　　　　27.8.26
　地震　　　　　　　　　28.10.22

◇噴火・爆発
　新燃岳噴火　　　　　　23.1.26
　新燃岳の火口に穴　　　25.11.15
　えびの高原で火山性微動
　　（えびの市）　　　　　27.7.26
　えびの高原で火山性微動
　　（えびの市）　　　　　27.9.2
　霧島連山・御鉢火山性地震　27.9.15
　新燃岳噴火　　　　　　29.10.11-
　霧島山噴火(えびの市)　30.4.19

◇地滑り・土砂崩れ
　がけ崩れ(東諸県郡高岡町)　2.9.29
　工事現場土砂崩れ(椎葉村)　4.2.2
　九州地方で大雨　　　　22.7.3

◇動植物災害
　口蹄疫感染(宮崎市)　　12.3.25
　鳥インフルエンザ発生　19.1.-
　鳥インフルエンザ発生　19.1.-
　鳥インフルウィルス検出　23.1.19
　マダニによる感染　　　25.1.

鳥インフルエンザが発生
　（延岡市、宮崎市）　　　26.12.14
鳥インフルエンザが発生
　（延岡市、宮崎市）　　　26.12.14
会見中にマダニ逃亡(宮崎市)　　　　　　　　29.9.4

◇住宅火災
　住宅火災(北川町)　　　6.3.9
　住宅火災(都城市)　　　6.5.19
　住宅火災(西都市)　　　15.11.29
　住宅火災(宮崎市)　　　16.5.27
　店舗兼住宅で火災(都城市)　27.11.1

◇店舗・事務所火災
　店舗兼住宅で火災(都城市)　27.11.1

◇旅館・ホテル火災
　国民宿舎火災(北諸県郡山之口町)　　　　　　　　1.11.4

◇神社・寺院火災
　寺が全焼、住職死ぬ(延岡市)　3.1.31

◇ガス中毒事故
　サイロでCO中毒(五ヶ瀬町)　21.9.29
　調理実習中にCO中毒(門川町)　　　　　　　　28.8.4

◇都市ガス等の爆発事故
　マンションガス爆発(宮崎郡清武町)　　　　　　　　2.2.27
　花見中にガスボンベ破裂
　　（延岡市）　　　　　　29.4.9

◇産業災害
　解体ビル外壁落下(宮崎市)　2.7.16
　下水道で酸欠(宮崎市)　2.8.29
　竜巻(日南市)　　　　　3.11.28
　牛3頭口蹄疫感染(都農町)　22.4.20

◇工場災害・汚染被害
　工場火災(延岡市)　　　14.3.12

◇土木・建築現場の災害
　工事現場土砂崩れ(椎葉村)　4.2.2

都道府県別一覧　　　　　　　　　鹿児島県

◇踏切事故
　日南線列車・軽乗用車衝突
　　（宮崎市）　　　　　　2.8.14
◇自動車事故
　乗用車追突（延岡市）　　2.8.15
　トラック転落（えびの市）　3.6.29
　トラック・乗用車衝突（宮
　　崎郡佐土原町）　　　　4.1.24
　乗用車衝突（日向市）　　4.3.28
　大型トレーラー民家に転
　　落（西臼杵郡日之影町）　4.3.30
　多重衝突（宮崎郡佐土原町）　4.5.3
　大型トラック転落（日之影町）　6.4.13
　軽ワゴン車・マイクロバス
　　衝突（日向市）　　　　7.9.10
　マイクロバス・乗用車衝突
　　（山田町）　　　　　　8.7.26
　正面衝突事故（北川町）　9.10.1
　ワゴンと乗用車が衝突（宮
　　崎市）　　　　　　　25.10.26
　軽乗用車が歩道を暴走（宮
　　崎市）　　　　　　　27.10.28
◇船舶事故・遭難
　タグボート座礁（宮崎市）　15.4.8
　海自潜水艦がタンカーと
　　接触（都井岬）　　　18.11.21
　漁船が炎上（川南町）　23.11.22
◇航空機事故
　自衛隊機墜落（東方沖）　1.3.22
　オートジャイロ墜落死（都
　　城市）　　　　　　　　2.11.4
　自衛隊機墜落（日向灘）　9.7.4
　訓練機墜落（宮崎市）　15.7.11
　海自ヘリが墜落（えびの市）　27.2.12
◇医療・衛生災害
　レジオネラ菌集団感染（日
　　向市）　　　　　　　14.8.11
◇伝染病流行
　ノロウイルス院内感染（宮
　　崎市）　　　　　　　22.12.19
　口蹄疫　　　　　　22.この年

　口蹄疫疑い（都城市）　23.4.25
　ノロウイルス集団感染（日
　　南市）　　　　　　　24.12.23
◇集団食中毒
　猛毒キノコを食べ死亡（延
　　岡市）　　　　　　　18.8.26
　菌性髄膜炎で高校生死亡
　　（小林市）　　　　　　23.5.
　ホテルで食中毒（都城市）　30.9.25
　「たたき」で食中毒（宮崎市）　30.11.7
◇薬害・医療事故
　人工呼吸器外れ死亡（川南
　　町）　　　　　　　　15.3.3
◇山岳遭難
　新燃岳噴火　　　　　　30.3.1
　硫黄山250年ぶり噴火（（硫
　　黄山））　　　　　　30.4.19
◇軍隊・軍事基地の事故
　自衛隊機墜落（東方沖）　1.3.22
　自衛隊機墜落（日向灘）　9.7.4
　海自潜水艦がタンカーと
　　接触（都井岬）　　　18.11.21
　F15機部品落下　　　23.10.7
　海自ヘリが墜落（えびの市）　27.2.12
◇その他の災害
　解体ビル外壁落下（宮崎市）　2.7.16
　水鉄砲遊具で女性入院（宮
　　崎市）　　　　　　　11.8.12
　体育館の床が剥がれて負
　　傷（都城市）　　　　26.4.5

【鹿児島県】

◇気象災害
　竜巻（枕崎市）　　　　2.2.19
　突風で車転落（名瀬市）　2.10.6
　竜巻（姶良郡）　　　　3.6.25
　突風でテント倒壊（喜入町）　12.5.27
　副振動で漁船が転覆　21.2.24–
　突風・竜巻　　　　　　30.9.28

平成災害史事典総索引　497

鹿児島県　　　都道府県別一覧

◇台風
大型貨物船座礁(志布志湾)	14.7.25
台風15号	24.8.26
小型機が墜落(指宿市)	26.10.12

◇豪雨(台風を除く)
土石流(出水市)	9.7.10
豪雨	13.9.2
大雨で脱線(指宿市)	19.7.3
九州地方で大雨	22.7.3
豪雨	22.10.20
大雨	23.9.25
豪雨	23.11.2
大雨で特急列車が脱線(指宿市)	26.6.21
大雨	27.4.30
大雨	28.6.19
大雨で土砂災害が相次ぐ(姶良市)	28.6.28

◇地変災害
鉄砲水(奄美大島)	2.2.22
高波(日置郡東市来町)	2.6.24
土石流(肝属郡根占町)	2.9.29
土石流(出水市)	9.7.10
大雨で道路陥没し軽トラック転落(鹿屋市)	12.6.3

◇地震・津波
地震(奄美大島)	2.5.24
地震	6.6.6
地震	6.7.2
地震	7.1.15
地震	7.7.30
群発地震	7.8.10
地震	7.10.18
地震	7.11.1
地震	7.12.17
地震	7.12.20
地震(奄美大島)	8.2.18
地震	8.6.2
地震	8.10.18
余震	9.4.5
地震	9.4.9
地震	10.3.3
奄美大島悪石島地震(鹿児島郡十島村)	12.10.2
地震	19.1.16
地震(奄美諸島)	19.8.9
地震(奄美地方)	21.10.30
地震(天城町)	22.1.7
地震	22.1.25
ソロモン地震で津波	25.2.6
地震	26.10.22
桜島で地震(鹿児島市)	27.3.31
地震	27.5.22
地震と津波	27.11.14
地震(知名町)	28.9.26
地震	29.7.11

◇噴火・爆発
桜島噴煙(桜島南岳)	2.5.1
桜島噴火	12.10.7
御岳小噴火(十島村)	14.8.19
桜島昭和火口噴火	18.6.4
桜島が爆発(鹿児島市)	21.2.1—
桜島が噴火(鹿児島市)	21.3.10
桜島が爆発(鹿児島市)	21.4.9
桜島の爆発的噴火(鹿児島市)	21.12.21
桜島の爆発的噴火が300回(鹿児島市)	22.3.9
新燃岳噴火	23.1.26
桜島爆発(鹿児島市)	23.12.2
桜島爆発で大量の降灰(鹿児島市)	24.5.20
噴火警戒レベル引き上げ(三島村)	25.6.4
桜島噴火(鹿児島市)	25.8.18
桜島噴火(鹿児島市)	25.9.4
新燃岳の火口に穴	25.11.15
桜島が爆発的噴火(鹿児島市)	26.5.10
口永良部島噴火(屋久島町)	26.8.3
桜島の爆発回数前年越え(鹿児島市)	27.5.2
口永良部島で爆発的噴火(屋久島町)	27.5.29
桜島噴火(鹿児島市)	27.8.15
霧島連山・御鉢火山性地震	27.9.15
桜島が噴火(鹿児島市)	28.2.5
新燃岳噴火	29.10.11—

鹿児島県

桜島噴火((桜島)) 30.6.16
口永良部島火山活動(屋久島町) 30.8.15
新岳噴火(口永良部島) 30.12.18

◇地滑り・土砂崩れ
がけ崩れ(鹿児島市新照院町) 2.4.12
土砂崩れで日南線列車脱線(志布志町) 5.6.24
がけ崩れ(姶良町) 17.2.8
土砂崩れ(志布志市) 19.11.23
九州地方で大雨 22.7.3
大雨で土砂災害が相次ぐ(姶良市) 28.6.28

◇動植物災害
イノシシ軽乗用車と衝突(伊集院町) 5.11.15
マッコウクジラ漂着(大浦町) 14.1.22
ツルに鳥インフル感染の疑い 22.12.21
鳥インフルウィルス検出 23.1.19
マダニによる感染 25.1.
野鳥から鳥インフルウイルス検出(出水市) 26.11.27
飼育員がトラに襲われ死亡(鹿児島市) 30.10.8

◇住宅火災
住宅火災(鹿児島市) 2.1.7
住宅火災(松元町) 5.12.30
住宅火災(垂水市) 9.5.24
住宅火災(枕崎市) 14.3.15
住宅火災(奄美大島) 16.8.30
住宅火災(垂水市) 16.10.22
住宅火災(加世田市) 17.3.4
住宅火災(隼人町) 17.3.31
住宅火災(薩摩川内市) 18.5.31
住宅全焼(奄美市) 18.11.15
住宅火災(屋久島町) 25.1.21
住宅火災が相次ぐ 26.1.2
アパート火災(鹿児島市) 26.12.15
住宅火災(曽於市) 30.5.11
住宅火災(いちき串木野市) 30.10.20

◇旅館・ホテル火災
ホテル全焼(姶良郡霧島町) 4.5.11

◇ガス中毒事故
火山ガス中毒(姶良郡牧園町) 13.10.24
たき火で一酸化炭素中毒(鹿児島市) 17.4.9
調理実習中にCO中毒(出水市) 21.1.26

◇工場災害・汚染被害
工場火災(名瀬市) 8.3.9
ガス供給工場でボヤ(鹿児島市) 12.12.15
花火工場爆発(鹿児島市) 15.4.11

◇列車・電車事故
土砂崩れで日南線列車脱線(志布志町) 5.6.24
日豊線快速電車倒木に衝突(財部町) 7.6.25
大雨で脱線(指宿市) 19.7.3
大雨で特急列車が脱線(指宿市) 26.6.21

◇踏切事故
軽乗用車・指宿枕崎線列車に衝突(喜入町) 7.2.11

◇自動車事故
突風で車転落(名瀬市) 2.10.6
トラック追突(伊佐郡菱刈町) 4.1.29
イノシシ軽乗用車と衝突(伊集院町) 5.11.15
乗用車信号に衝突(頴娃町) 6.5.16
マイクロバス・トラック衝突(鹿児島市) 7.4.11
運転免許試験場で暴走(姶良町) 7.8.3
大雨で道路陥没し軽トラック転落(鹿屋市) 12.6.3
中学生の集団に車突入(宮之城町) 17.2.21
車転落で死亡(日置市) 30.11.12

鹿児島県

◇船舶事故・遭難
米潜水艦乗組員転落(川辺郡沖)	1.5.1
漁船火災で遭難(名瀬市)	12.3.26
大型貨物船座礁(志布志湾)	14.7.25
漁船沈没(種子島沖)	15.1.30
漁船転覆(下甑村)	16.4.18
瀬渡し船転覆(十島村)	16.12.4
漁船と遊漁船衝突(黒之瀬戸)	17.1.5
韓国漁船が転覆	17.12.4
高速船が流木に衝突(佐多岬)	18.4.9
漁船衝突され遭難(種子島沖)	19.2.10
香港貨物船と衝突し中国船沈没(十島村)	20.4.11
海自潜水艦と漁船が接触(霧島市)	21.1.10
漁船が転覆	24.3.23
ヨットから転落	24.5.1

◇航空機事故
フジテレビ取材ヘリコプター墜落(奄美大島)	6.11.13
ヘリコプター墜落(鹿児島市)	8.6.10
軽飛行機墜落(垂水市)	9.10.26
軽飛行機墜落(三島村)	9.11.6
JAS機車輪故障(天城町)	16.1.1
急患搬送の陸自ヘリが墜落(徳之島町)	19.3.30
ヘリ墜落	22.9.26
航空トラブル(奄美市)	23.1.8
小型機が墜落(指宿市)	26.10.12
海自ヘリが墜落(伊佐市)	27.2.12
空自の飛行点検機が墜落(鹿屋市)	28.4.6
主翼の下敷きで死亡(霧島市)	29.12.29
JAC、日に二度引き返す	30.12.26

◇原子力発電所事故
川内原発冷却装置故障(川内市)	1.3.20
川内原発1号機発電機タービン停止(川内市)	11.8.25
川内原発1号機で蒸気発生器にひび割れ(川内市)	12.9.14

◇伝染病流行
豚コレラ感染(鹿屋市)	16.7.21
口蹄疫	22.この年

◇食品衛生・食品事故
ゴマ産地偽装(湧水町)	30.10.30

◇薬害・医療事故
院内感染(鹿児島市)	30.8.2

◇山岳遭難
沢登り中に遭難(屋久町)	16.5.4
沢に流され登山者死亡(屋久島)	29.6.11
新燃岳噴火	30.3.1

◇軍隊・軍事基地の事故
急患搬送の陸自ヘリが墜落(徳之島町)	19.3.30
海自潜水艦と漁船が接触(霧島市)	21.1.10
海自ヘリが墜落(伊佐市)	27.2.12
空自の飛行点検機が墜落(鹿屋市)	28.4.6
空自ヘリからドア落下(沖永良部島)	30.3.6

◇機雷・不発弾の爆発
民家敷地内で爆発事故(喜界町)	30.10.18

◇製品事故・管理不備
原発監視システムが一時停止(薩摩川内市)	25.2.21

◇その他の災害
亜ヒ酸混入事件(鹿児島市)	11.10.7
マンション屋上から転落(鹿児島市)	15.1.5
縄文杉ツアーで転倒死(上屋久町)	18.4.30
ボクシング選手が意識不明(鹿児島市)	21.5.29
学校屋上天窓から児童転落(霧島市)	22.4.8
闘牛訓練中に事故死(天城町)	25.5.1

都道府県別一覧　　　　　　　沖縄県

| 中国船沈没 | 30.11.19 |
| 老人ホームで死亡続く(鹿屋市) | 30.11.21 |

【沖縄県】

◇気象災害

竜巻(金武町)	2.4.3
竜巻(久米島)	3.4.7
竜巻(佐敷町)	9.3.29
潮干狩り中高波にさらわれ死亡	19.4.18
強風・大雨(石垣島)	25.3.18
突風・竜巻	30.9.28

◇台風

台風16号	13.9.7−
台風14号	15.9.11
台風3号(浦添市)	18.7.8−
台風で国内線欠航	21.8.6
台風15号	24.8.26
台風16号	24.9.15
台風・大雨	25.6.19
台風9号	27.6.30
シュノーケリング中に流される(宮古島市)	27.8.10
台風で扉に指、切断(うるま市)	30.7.2

◇豪雨(台風を除く)

| 鉄砲水(那覇市) | 21.8.19 |
| 台風・大雨 | 25.6.19 |

◇地変災害

| 西表島北西部で地盤沈下(西表島) | 4.この年 |

◇地震・津波

地震	2.4.25
西表島群発地震(西表島)	3.1.23−
地震(西表島)	4.8.24
地震	4.9.19
地震(八重山地方)	4.9.29
群発地震(八重山地方)	4.10.7
群発地震(沖縄西表島付)	4.10.14
群発地震(先島諸島)	4.10.15
群発地震(西表島)	4.10.18
群発地震(西表島)	4.10.20
群発地震(西表島)	4.10.27
群発地震(西表島)	4.11.18
群発地震(八重山地方)	4.11.29
地震(西表島)	4.12.12
地震(西表島)	5.2.7
西表島で震度5(西表島)	5.5.17
地震(西表島)	5.8.20
地震(西表島)	6.1.18
地震	7.1.15
地震	7.12.20
地震	9.2.12
地震	9.6.19
地震	10.5.4
地震	16.10.15
地震(宮古島地方)	19.4.20
地震	19.8.9
地震	20.4.28
地震	20.7.8
地震(宮古島市)	21.8.5
地震	21.8.17
地震	22.2.7
地震	22.2.27
地震	22.10.4
緊急地震速報を発表せず	26.3.3
地震(宮古島市,多良間村)	26.9.18
地震	26.10.15
地震	26.10.22
地震(与那国町)	27.4.20
地震	28.9.26
地震(西表島)	30.3.1

◇動植物災害

| 養豚舎場火災(豊見城村) | 4.4.16 |
| オニヒトデ駆除 | 14.9.9 |

◇一般火災

養豚舎場火災(豊見城村)	4.4.16
コンビナート火災(与那城町)	8.4.26
米軍キャンプ・ハンセン演習場火災(金武町)	9.6.23

◇住宅火災

| プレハブ全焼(沖縄市) | 5.4.6 |

沖縄県　　　　　　都道府県別一覧

住宅火災(浦添市)	8.6.10
住宅火災(南風原町)	16.11.14
住宅火災(中頭郡)	17.3.7

◇店舗・事務所火災

連続放火(北谷町)	13.1.15
飲食店火災(沖縄市)	17.10.15
風俗店火災(那覇市)	19.10.14

◇山林火災

不発弾爆発で山林火災(与那原町)	3.7.18
山火事(金武町)	9.9.18

◇ガス中毒事故

ガス中毒死(糸満市)	8.12.30
船室で一酸化炭素中毒(伊是名島)	15.6.21

◇都市ガス等の爆発事故

プロパンガス爆発(南風原町)	4.10.6

◇産業災害

コンビナート火災(与那城町)	8.4.26
原油漏洩事故(うるま市)	24.11.7

◇工場災害・汚染被害

ガス窯爆発(玉城村)	3.12.30
工場火災(西原町)	16.9.9

◇土木・建築現場の災害

不発弾が爆発(糸満市)	21.1.14
工事現場で作業員圧死(北中城村)	29.8.15

◇自動車事故

乗用車電柱に激突(石垣市)	2.7.24
乗用車電柱に激突(読谷村)	3.2.25
乗用車立木に衝突(北谷町)	3.3.8
オートバイ・乗用車衝突(浦添市)	3.3.23
信号待ちの歩行者はねられる(那覇市)	5.1.3
盗難車電柱衝突(沖縄市)	5.1.12
乗用車衝突(南風原町)	5.1.23
乗用車信号機に激突(西原町)	5.4.6
2重衝突(恩納村)	5.9.21
乗用車トンネル壁に激突(浦添市)	6.10.31
乗用車樹木に衝突(伊江村)	7.11.13
乗用車歩行者はねる(北谷町)	8.1.7
乗用車信号柱に衝突(宜野湾市)	8.5.25
乗用車街灯に激突(恩納村)	8.6.15
高速道で衝突、炎上1人焼死 沖縄・石川市(石川市)	8.8.14
米海兵隊トラック横転(浦添市)	8.12.10
乗用車衝突(嘉手納町)	9.2.2
ひき逃げ(那覇市)	21.4.4
米兵がひき逃げ(読谷村)	21.11.7
高校生の列に乗用車突入(恩納村)	25.3.7
大型トレーラーと軽自動車2台が衝突(北中城村)	26.1.13
元サッカー代表選手が事故死(宮古島市)	26.10.17
小6男児バイク酒気帯び事故(恩納村)	29.2.12
米軍トラックが軽トラに衝突(那覇市)	29.11.19
スクールバスと衝突(うるま市)	30.5.12
車転落で夫婦死亡(今帰仁村)	30.10.10

◇船舶事故・遭難

大型コンテナ船座礁(那覇市)	12.9.28
貨物船と漁船衝突	20.10.23
貨物船遭難	22.11.11
貨物船で乗務員死亡(石垣島)	30.11.9

◇航空機事故

米軍ヘリコプター墜落(読谷村沖)	1.3.14
米海ヘリコプター墜落(喜屋武岬南東沖)	1.5.30
軽量飛行機墜落(具志川市)	2.5.6
エアーニッポン機エンジンカバー落下(石垣島)	2.7.29

都道府県別一覧　　　　　　　　沖縄県

全日空ジャンボ機エンジンから出火(宮古郡伊良部町)	2.12.11
ジャイロプレーン墜落(石垣市)	5.9.19
米軍戦闘攻撃機空中衝突(那覇市)	5.12.17
米軍ヘリ墜落(宜野湾市)	6.4.6
米軍戦闘機墜落	6.8.17
パラグライダー墜落(名護市)	10.7.5
米軍ヘリコプター墜落	11.4.19
旅客機エンジンから出火(那覇市)	12.8.9
戦闘機墜落	14.3.21
軽飛行機墜落(本部町)	15.4.29
米軍ヘリコプター墜落(宜野湾市)	16.8.13
戦闘機空中接触(嘉手納町)	16.10.4
米軍戦闘機墜落(那覇市)	18.1.17
パラグライダー墜落(南城市)	19.7.11
中華航空機が爆発炎上(那覇市)	19.8.20
飛行機急降下	23.9.6
航空トラブル(那覇市)	24.7.5
米軍ヘリ墜落現場からヒ素検出(宜野座村)	26.2.11
米軍戦闘機が着陸後に出火(嘉手納町)	26.9.4
米軍ヘリが不時着(うるま市)	27.8.12
米海兵隊の攻撃機が墜落(国頭村)	28.9.22
オスプレイ不時着(名護市)	28.12.13
米軍ヘリ不時着(うるま市)	29.1.20
沖縄米軍ヘリ炎上(東村)	29.10.11
米軍ヘリから窓枠等落下(宜野湾市)	29.12.7,13
中国機、管制許可なく離陸(那覇空港)	30.3.18

◇公害

米軍基地跡地でダイオキシンを検出(沖縄市)	25.6.13

◇伝染病流行

新型インフルで初の死者	21.8.15
4年ぶり、沖縄ではしか発生	30.3.23

◇食品衛生・食品事故

遺伝子組み換え生物	23.2.23
遺伝子組み換えパパイアを栽培	23.4.21
給食にピン混入(北谷町)	30.5.24
給食に異物混入(沖縄市)	30.9.5

◇薬害・医療事故

タミフル服用後転落死(豊見城市)	18.7.3

◇山岳遭難

登山者遭難	12.3.10

◇軍隊・軍事基地の事故

米軍ヘリコプター墜落(読谷村沖)	1.3.14
米海兵隊ヘリコプター墜落(喜屋武岬南東沖)	1.5.30
爆弾落下(喜屋武岬南東沖)	1.6.15
米軍基地内で爆発(金武町)	4.1.30
米軍戦闘攻撃機空中衝突(那覇市)	5.12.17
米軍ヘリ墜落(宜野湾市)	6.4.6
米軍戦闘機墜落	6.8.17
米海兵隊トラック横転(浦添市)	8.12.10
米軍キャンプ・ハンセン演習場火災(金武町)	9.6.23
山火事(金武町)	9.9.18
米軍ヘリコプター墜落	11.4.19
戦闘機墜落	14.3.21
ロケット弾爆発(沖縄市)	15.8.31
米軍ヘリコプター墜落(宜野湾市)	16.8.13
戦闘機空中接触(嘉手納町)	16.10.4
米軍戦闘機墜落(那覇市)	18.1.17
米兵がひき逃げ(読谷村)	21.11.7
米軍車両追突事故(名護市)	22.3.16
米兵の車が交通事故(宜野湾市)	22.5.29
F15機が墜落	23.7.5
米軍戦闘機墜落	25.5.28

平成災害史事典総索引　503

米軍基地跡地でダイオキシンを検出(沖縄市)	25.6.13	スーツケースに閉じこもり死亡(那覇市)	17.10.7
米軍ヘリが墜落(宜野座村)	25.8.5	水牛車が暴走	23.5.8
米軍基地でアスベスト被害	26.1.9	海水浴で溺死(宮古島市)	26.7.10
米軍ヘリ墜落現場からヒ素検出(宜野座村)	26.2.11	海水浴場で水死(宮古島市)	26.8.14
米軍戦闘機が着陸後に出火(嘉手納町)	26.9.4	シュノーケリング中に流される(宮古島市)	27.8.10
米軍ヘリが不時着(うるま市)	27.8.12	橋から転落死(宮古島市)	29.9.4
米海兵隊の攻撃機が墜落(国頭村)	28.9.22	公園に毒グモ(沖縄市)	30.10.16
オスプレイ不時着(名護市)	28.12.13	公園に除草剤(浦添市)	30.10.29

【その他】

◇動植物災害
　ウイルスでカエル大量死(地域非公表) 　21.3.6
　野良ネコからSFTS感染(不明(西日本方面)) 　29.7.24

◇一般火災
　日航ジャンボのトイレでボヤ(太平洋上) 　1.7.2

◇船舶事故・遭難
　えひめ丸衝突沈没事故(ハワイ・オアフ島沖) 　13.2.10

◇航空機事故
　日航ジャンボのトイレでボヤ(太平洋上) 　1.7.2
　乱気流(太平洋上空) 　11.1.20
　着陸時に前輪軸破損(グアム島) 　17.8.19

◇医療・衛生災害
　野良ネコからSFTS感染(不明(西日本方面)) 　29.7.24

◇伝染病流行
　SARS流行(中国広東省) 　14.11.-

◇軍隊・軍事基地の事故
　えひめ丸衝突沈没事故(ハワイ・オアフ島沖) 　13.2.10

米軍ヘリ不時着(うるま市)	29.1.20
米軍嘉手納基地で降下訓練(嘉手納町)	29.9.21
沖縄米軍ヘリ炎上(東村)	29.10.11
米軍トラックが軽トラに衝突(那覇市)	29.11.19
米軍ヘリから窓枠等落下(宜野湾市)	29.12.7,13
米軍機が那覇沖で墜落	30.6.11
空自戦闘機、管制指示違反(那覇空港)	30.6.14
米軍機海に墜落(北大東島)	30.11.12

◇機雷・不発弾の爆発
不発弾爆発で山林火災(与那原町)	3.7.18
不発弾処理(那覇市)	10.5.31
不発弾撤去(那覇市)	14.1.12
不発弾回収	14.2.15
ロケット弾爆発(沖縄市)	15.8.31
不発弾が爆発(糸満市)	21.1.14
不発弾処理(那覇市)	22.10.17
ホテル建設現場で不発弾(那覇市)	27.10.4
不発弾処理(那覇市)	30.12.9

◇製品事故・管理不備
　電気ストーブで発火事故 　21.1.14

◇その他の災害
エアーニッポン機エンジンカバー落下(石垣島)	2.7.29
幼児脱水死(石川市)	10.7.11
通り魔殺人(島尻郡佐敷町)	13.8.1

平成災害史事典 総索引

2019年6月25日　第1刷発行
2021年9月25日　第2刷発行

発　行　者／山下浩
編集・発行／日外アソシエーツ株式会社
〒140-0013 東京都品川区南大井6-16-16 鈴中ビル大森アネックス
電話 (03)3763-5241（代表）FAX(03)3764-0845
URL https://www.nichigai.co.jp/

電算漢字処理／日外アソシエーツ株式会社
印刷・製本／株式会社 デジタル パブリッシング サービス

不許複製・禁無断転載
＜落丁・乱丁本はお取り替えいたします＞
ISBN978-4-8169-2780-5　　　Printed in Japan, 2021

本書はディジタルデータでご利用いただくことができます。詳細はお問い合わせください。

平成災害史事典

台風・地震などの自然災害から公害・医療・列車事故などの社会的災害まで、各種災害・事故を年表形式に排列した記録事典。災害の概略や具体的な被害データも記載、どの時期にどんな災害が発生したかを通覧することができる。

平成26年～平成30年
A5・490頁　定価14,850円（本体13,500円＋税10％）　2019.3刊

平成21年～平成25年
A5・510頁　定価14,300円（本体13,000円＋税10％）　2014.3刊

平成11年～平成15年
A5・410頁　定価13,750円（本体12,500円＋税10％）　2004.5刊

ものづくり記念館博物館事典

A5・490頁　定価14,850円（本体13,500円＋税10％）　2018.12刊

地域発祥の産業、企業の製品・技術など、ものづくりに関する博物館・資料館・記念館216館を収録した事典。全館にアンケート調査を行い、沿革・概要、展示・収蔵、事業、出版物・グッズ、館のイチ押しなどの最新情報に加え、外観・館内写真、展示品写真を掲載。「館名索引」「種別索引」付き。

読み間違えやすい 全国地名辞典

A5・510頁　定価6,600円（本体6,000円＋税10％）　2018.6刊

全国の現行地名の中から複数の読みを持つ地名、一般に難読と思われる地名など32,000件の読みかたを収録。「地域順一覧」により"読み間違えやすい地名"を都道府県別、地域毎に一覧できる。

写真レファレンス事典 災害篇 1991～2020

武田徹・野口武悟編
B5・710頁　定価39,600円（本体36,000円＋税10％）　2021.5刊

1991～2020年に国内外で撮影された自然災害を対象とした写真の索引。新聞社の報道写真集・グラフ誌や地方自治体や地方出版社が刊行した写真集など128冊と、写真週刊誌3誌に掲載されている写真のべ9,600点を、「雲仙普賢岳　大火砕流発生」「東日本大震災」「西日本豪雨」「インドネシア・スマトラ沖地震」などの災害ごとに検索できる。各災害の簡単な説明、撮影年月日、撮影地情報も併載。

データベースカンパニー
日外アソシエーツ

〒140-0013　東京都品川区南大井6-16-16
TEL.(03)3763-5241　FAX.(03)3764-0845　https://www.nichigai.co.jp/